Hans von Schack

Beiträge zur Geschichte der Grafen und Herren von Schack

Hans von Schack

Beiträge zur Geschichte der Grafen und Herren von Schack

ISBN/EAN: 9783742816948

Hergestellt in Europa, USA, Kanada, Australien, Japan

Cover: Foto ©Andreas Hilbeck / pixelio.de

Manufactured and distributed by brebook publishing software (www.brebook.com)

Hans von Schack

Beiträge zur Geschichte der Grafen und Herren von Schack

BEITRÄGE
ZUR
GESCHICHTE DER GRAFEN UND HERREN
VON SCHACK.

I.
DREIHUNDERT SCHACK-ESTORFF'SCHE URKUNDEN
AUS DER ZEIT VON
1162—1303.

VON

HANS VON SCHACK,
PREMIER-LIEUTENANT IM GRENADIER-REGIMENT KÖNIG FRIEDRICH WILHELM IV.
(1. POMM.) NO. 2, COMMANDIRT IM GROSSEN GENERALSTABE.

BERLIN 1884.
WILHELM BAENSCH VERLAGSHANDLUNG.

Auf Veranlassung mehrerer Familienmitglieder veröffentliche ich einen ersten Beitrag zur Geschichte unserer Voreltern aus dem reichen Quellenmaterial, welches ich in oft sehr beschränkten Mussestunden gesammelt und bearbeitet habe. — Möge dieser Versuch, gewidmet der Familienpietät, freundlich aufgenommen werden!

Berlin, im December 1883.

Hans von Schack.

Inhalts-Verzeichniss.

Einleitung . . . . S. VII—IX.
Urkunden . . . . „ 1—154.
Verzeichniss a) der Familienmitglieder . . . . „ 155—162.
     b) der Familienbesitzungen . . . . „ 163—167.
     c) der Familiensiegel . . . . „ 168—170.
Noten . . . . „ 171—192.
Urkunden- und Siegel-Abbildungen . . . . Tafel 1—8.
Stammtafel . . . . „ 9.

Mit dem Ausgang des 12. Jahrhunderts beginnen in unserer Heimat Niedersachsen aus persönlichen Beinamen sich erbliche Familiennamen allmählich zu entwickeln; dieselben bleiben jedoch noch während des 13. Jahrhunderts vielfach Schwankungen und Wechsel unterworfen. Für Familiengeschichtsforschungen, welche in diese früheste Periode zurückreichen, erwächst hierdurch die schwierige Aufgabe, zunächst festzustellen, welche Namen ursprünglich von den Familienmitgliedern geführt worden sind. Eine Beantwortung dieser Frage habe ich theils in den Anmerkungen, theils in den Noten versucht; ein näheres Eingehen hierauf, wie auf so manches Andere muss ich mir jedoch für die geschichtliche Bearbeitung vorbehalten, welche erst nach Edirung der Urkunden des 14. Jahrhunderts veröffentlicht werden kann, da sich nur unter Zuhülfenahme dieser Urkunden die ursprünglichen Besitz- und socialen Verhältnisse der Familie übersehen lassen.

Die vorliegende Urkundensammlung enthält für die Zeit von 1102 bis zum 25. Mai 1303 dreihundert Urkunden bezw. Urkunden-Regesten*), in welchen Mitglieder der stammverwandten eine Lilie im Wappen führenden Familien Schack und von Estorff**) genannt werden. Dasjenige Material, welches in das Dunkel vor 1102 Streif-

---

*) Von diesen 300 Urkunden werden 82 hier zum ersten Male gedruckt.
**) Vergl. Note 1. Die Angabe bei Pfeffinger, Gesch. der braunschw.-lüneb. Lande. L. p. 436, dass die Schack-Estorff's in alten Zeiten einen Menschenkopf im Wappen geführt, beruht lediglich auf einer Verkennung des Helmes, welchen dieselben im 14. Jahrhundert und später zuweilen im Siegel führten, wie dies zur damaligen Zeit durchaus nicht ungebräuchlich war. Als Beweis ist auf Tafel 8 unter No. 9 und 10 ein Theil der Urkde. vom 1. Februar 1345 mit zwei „Menschenkopf"-Siegeln abgebildet. Nach Pfeffinger, handschriftl. Gesch. der v. Estorff, I., p. 194 n. 226, führt das Siegel No. 9 „nicht eine Lilie, sondern einen Menschenkopf mit einer zugespitzten Pfaffenmütze, aus welcher oben zwei Bande geben, sammt einem spitzen Kragen, nach seliger Mode von vier Zipfeln, deren Enden einer halben Lilie gleichsehen, nebst der Umschrift: S. Eghardi de Estorpe"; auch Otto von Estorpe (Siegel No. 10) soll den Menschenkopf, die Übrigen aber eine Lilie führen. Thatsächlich zeigen Siegel No. 9 und 10 den Helm mit dem noch jetzt von den Estorff's geführten Helmschmuck, den Birkhahnfedern, und wird der Irrthum nur erklärlich, wenn man die Tafel resp. die Siegel auf den Kopf stellt.

— VIII —

lichter wirft, habe ich hier nicht aufgenommen, da dasselbe nach Lage der vorerwähnten Verhältnisse urkundliche Beweiskraft nicht haben kann; den Schluss bildet die Sterbeurkunde des letzten Familienmitgliedes, welches sich der Namen Schack und von Estorff wechselnd oder im Verein bediente. Mit dem Beginn des 14. Jahrhunderts gehen die Wege beider Familienzweige so schnell und vollständig auseinander, dass eine getrennte Behandlung ihrer Geschichte angängig wird; für diese spätere Zeit werde ich mich ausschliesslich auf Beiträge zur Geschichte der Grafen und Herren von Schack beschränken.

Dass aus den ältesten Zeiten die Nachrichten nur bruchstückweise auf uns gekommen sind, ist selbstverständlich. Was sich erhalten hat, bin ich bestrebt gewesen, gewissenhaft zu sammeln und zu prüfen; gar manchen alten Folianten habe ich ohne Erfolg durchstöbert, und wenn sich schliesslich auch als Resultat ein Quellenreichthum ergeben hat, wie ihn meines Wissens bisher keine norddeutsche Adelsfamilie aufzuweisen vermag, so lässt sich doch eine absolute Vollständigkeit bei derartigen Arbeiten wohl niemals erreichen. Etwaige Berichtigungen oder Ergänzungen werden stets sehr willkommen sein.

Die Urkunden sind buchstäblich wiedergegeben, nur ist behufs leichteren Verständnisses die anerkannt bedeutungslose Willkür in der Wahl der grossen und kleinen Anfangsbuchstaben, der Buchstaben u und v, f und s, i und j nicht beibehalten, auch durchweg die moderne Interpunktion zur Anwendung gelangt. Ferner habe ich in den Inhalts-Angaben die Landesherren meist nicht mit den oft sehr weitschweifigen und wechselnden Titeln bezeichnet, welche sich dieselben in den Urkunden beilegen, sondern derart, wie es den thatsächlichen Verhältnissen entspricht*).

Die beigegebenen Abbildungen von Urkunden und Siegeln sind nach den Originalen ohne Retouche hergestellt und geben daher die jetzige Beschaffenheit derselben mit Flecken, Schäden oder späteren Nachträgen getreu wieder.

Eine Arbeit, wie die vorliegende, war nur ausführbar bei allseits freundlichem Entgegenkommen, namentlich auch Seitens der Archiv-Verwaltungen zu Berlin, Hannover, Lüneburg, Oldenburg, Hamburg,

---

*) Der die Urkunden 5, 9, 12, 14 und 17 ausstellende Graf Albert nennt sich z. B. in Urkde. No. 5 Graf in Transalbingien, in No. 9 Graf von Holstein, in No. 12 Graf von Orlamünde und in No. 14 u. 17 Graf von Orlamünde und Holstein. Die Herzöge von Lauenburg nennen sich fast stets Herzöge von Sachsen, Engern und Westfalen, die Herzöge von Lüneburg auch nach der Theilung noch Herzöge von Braunschweig etc.

Lübeck, Schleswig etc. Zu ganz besonderem Danke verpflichtet bin ich der Frau Aebtissin des adeligen Klosters Lüne, Frau von Meding, für die grosse Liebenswürdigkeit, mit welcher mir die Benutzung dieses für unsere Familie besonders reichhaltigen Klosterarchives auf jegliche Art erleichtert worden ist, ferner dem Königlichen Ceremonienmeister und Kammerherrn Grafen von Oeynhausen, welcher meine zuerst irreschweifenden Studien in die richtigen Bahnen lenkte, und den Königlichen Archivräthen Herrn Dr. Friedlaender zu Berlin und Herrn Dr. Janicke zu Hannover, welche gleichfalls immer bereit waren, mir Rath und Auskunft zu ertheilen.

1.

1162.

Heinrich der Löwe, Herzog von Baiern und Sachsen, schenkt dem Propst und den zwölf Domherren zu Ratzeburg 27 Mark Renten aus dem Zoll zu Lübeck.

— — Et ut hoc ratum et inconvulsum omni futuro tempore permaneat, sigilli mei impressione et subscriptorum testium astipulatione confirmo: domini Hartwici Hammenburgensis archiepiscopi, domini Bernonis Magnopolitani episcopi, domini Evermodi predicto loco presidentis episcopi, domini Geroldi de Aldenburg episcopi, Brunonis abbatis de Hirsevekle, Marcwardi abbatis de Luneburg, Brumingi abbatis de Ullesen; comitum: Heinrici ibidem advocati et filii sui Bernhardi, Sifridi comitis de Blanckenberg, comitis Adolfi de Schouwenburg, comitis Vollaradi de Dannenberg, comitis Ottonis de Assenburg, comitis Wernheri de Velthemi; nobilium: Liuthardi de Meuersem, Ludolfi de Waldenroth, Guncelini de Hagen, Hermanni de Liuchowe, Hugoldi de Hirmansberg, Gerlagi et filii sui de Wege, Adulfi de Nuwenkirchen, Theodorici de Viclingen, Skaccl de Bardewic*), Arnoldi de Canielsen; ministerialium: Hinrici de Wida, Reinaldi de Erteneburg, Zippoldi de Hirtzberg, Ludolfi de Peine, Cesarii de Blankenberg et Jordani fratris sui, Gerhardi de Lachenn et filiorum eius Thiderici et Detlevi, Henrici de Luneburg, Heinrici de Dalenberg, Theodorici de Hidesacker, Ottonis de Medlingen, Bruniggi de Sumersberg, Marcwardi de Bederikesa, Gerungi de Brema, Brunonis de Marboldestorp, Hertoldi de Odirstikle, Conradi advocati, Hildemari de Othentorp.

Urkdb. der Stadt Lübeck, I., No. 2.

*) Vergl. Note 2.

2.*)

1169, November 7. Artlenburg.

Heinrich der Löwe, Herzog von Baiern und Sachsen, befreit die den drei Bisthümern im Wendenlande zugelegten Hufen von der Bede und dem Herzogszinse und bestimmt die Abgaben der Wenden.

— — Testium vero — — nomina sunt hec: Evermodus Razenburgensis episcopus, Conradus Lubicensis episcopus, Berno Szwirinensis episcopus, Marcqwardus abbas de Luneburg, Baldewinus prepositus de Razeburg, Theodericus prepositus de Sigeberg, Gerardus prepositus de Alesburg, Baldewinus de Bruneswic capellanus ducis, magister David sacerdos curie ducis, magister Hardwicus curie ducis notarius, Walterus, Robertus, Stephanus, Daniel, Heinricus, Bertoldus, canonici Razerburgensis ecclesie, Odo Lubizensis ecclesie decanus, Folcherus, Sibernus, eiusdem ecclesie canonici; Gunzelinus comes, Bernardus comes de Razesburg, Cunradus comes de Reinesteine, comes Otto de Hartbeche, Cunradus vicedominus de Hildenesheim, comes Meinricus de Daseburg, Heinricus de Westem, Ludegerus de Harlesthorp, comes (Adolfus) de Schowenburg, Eilbertus de Wilpe, Walterus de Berge, Meinricus de Almanesthorp, Schacco de Erteneburg***), Jordanus dapifer, Josarius frater eius, Heinricus marschalcus, Heinricus pincerna, Lupoldus pincerna, Erchenbertus dapifer, Wernerus camerarius, Otto advocatus de Erteneburg, Fredericus frater eius, Heinricus advocatus de Hidesaker, Heinricus advocatus de Luneburg, Gerardus schiteius, Bertoldus de Rotheshof, Walbertus Mule, Rothardus et Givebardus de Haldesleve, Georgius de Hidesbakere, Hildebrandus, Marcradus Hoverhode, Marcradus filius eius de Holsatia.

Mecklenburgisches Urkdb. I., No. 90.

---

*) Nach J. J. Gruber, Sammlung niedersächsischer Urkunden, Bd. I (Manuscript der Univ.-Bibl. zu Göttingen):
20. Juli 1106 und 2. April 1107. Graf Albert von Eberstein tauscht mit Kloster Am Ilmsgsborn verschiedene Besitzungen, u. A. diejenigen „qui dicuntur bona Frederici Seneconis."
In dem Abdruck bei Spilcker, Gesch. d. Grf. v. Eberstein, Urkdb. No. 21 — nach einem Copialbuch von Amelungsborn — steht „Frederici Seneconis."
Diese Urkunde gehört keinenfalls dem 12. Jahrhundert an und ist daher, falls nicht ein Fehler in der Jahresangabe vorliegt, gefälscht.

**) Vergl. Note 3.

3.*)

1200, im August.

Herzog Wilhelm von Lüneburg (Sohn Heinrichs des Löwen) bestätigt den Vertrag, durch welchen Abt Burchard die Ansprüche Otto's von Rapenstede an Salzgütern beseitigte, welche dessen Bruders Wittic Olgena dem Kloster Lüne geschenkt hat.

— — Testes autem fuerunt: Anno dapifer noster, Wernerus (de Meding) marschalkus, Ekkehardus Scakke, Wasmodus, Olricus Vultur senior, Hartmannus advocatus et alii quam plures castellani nostri. Cives etiam nostri aderant isti: Achilles, Adam, Wasmodus de Barscampe, Lambertus Nipere, Godefridus, Helmvicus, Albertus et alii multi.

Urkdb. d. Klosters S. Michaelis zu Lüneburg, No. 28.

4.

Ohne Jahr (1211).

Heinrich, Herzog von Sachsen und Pfalzgraf bei Rhein (Sohn Heinrichs des Löwen), bestätigt dem Kloster Neudorf die ihm von Reinhard von Fornholt überwiesenen Güter zu Rotkelorpe.

— — Testes sunt: Henricus de Borch et fratres sui Manegoldus et Sigebodo. Gerardus de Dorin et frater eius Lupoldus et Manegoldus de Esdorpe et Alexander de Werlin et Daniel de Blidimelorpe et Bruningus de Huusebinge, Henricus de Ochtubusin et Sigebandus frater suus.

v. Hodenberg, Hoyer Urkdb., VII., No. 6.

---

*) a) Nach Pfeffinger, Gesch. d. braunschw.-lüneb. Lande, I, p. 415:
„1200. Huser v. Olegar verkauft die Mühle in Melbeck. Unter den Zeugen Ekkehart Schakko et frater suus Manegoldus de Estorff, Schackonis filii." — Diese Angabe scheint auf einem Irrthum zu beruhen, vergl. Urkunde No. 111.

b) „1204. Scacco, comes Thetmarciae." (Helmold, Chron. Slavorum, p. 405 bk.) Vergl. Note 1.

5.

1211, Mai 10. Neu-Ardenburg.

Graf Albert von Orlamünde entsagt zu Gunsten des Klosters S. Michaelis in Lüneburg allen Gerechtsamen an das Dorf Hittbergen oder andere Güter dieses Klosters.

— — Testes hii sunt: comites Hermannus, Guncelinus, Hermannus de Stortebutle; Gerhardus sacerdos capellanus, Heinricus Scakko, Ekkehardus, Marquardus de Darmestede, Nevelunghus Albus, Gevehardus de Luneburg, Everhardus de Seveneken et alii quam plures.

Urkdb. d. Klosters S. Michaelis, No. 32.

6.*)

Ohne Jahr (1211 oder 1212).

Die Bischöfe von Paderborn, Verden, Ratzeburg und Leal, der Propst der Kathedrale von Riga und der Abt von Dünamünde bekunden den Vergleich zwischen dem Bischof von Riga und dem Deutschen Orden über die Theilung Lettlands.

— — Presentes fuerunt cum hec fierent: Alobrandus sacerdos, Rudolphus canonicus in Soessad, Henricus sacerdos de Lon, Helmoldus de Plesse, Conradus de Vardenberge, Nicolaus de Bnina, Egechardus Schakke, Segebandus de Luneba, Wridolphus miles, Frethericus de Bodenthke et alii quam plures.

Bunge, Liev-, Kur- und Esthländisches Urkdb., I., No. 23.

---

*) Wedekind, Noten zu Geschichtsschreibern d. Mittelalters, III., No. 91: „Schlacht bei Bouvines, 27. Juli 1214:
„Julius VI. Kalend. ob. Hartwigus et Eggihardus occ......' (Aus dem Nekrol. des Klosters S. Michaelis in Lüneburg.)
In einer Liste der Kampfgenossen des Kaisers Otto IV. (Sohn Heinrichs des Löwen) in der unglücklichen Schlacht wider König Philipp von Frankreich bei Bouvines, unweit Tournay in Flandern, würden wir diese beiden Namen und in dem letzten vermuthlich einen Eggihardus Scacco vorfinden. Den 27. Julius 1214. einen Sonntag, bestimmt das Chron. Monast. Mortuimaris, in Mart. et Dur. thesaur., III., pag. 1402 u. Math. Parisiens., p. 174."

7.

1215. Juli 29. Lübeck.

König Waldemar von Dänemark bestätigt dem Bisthum Lübeck alle Güter und Freiheiten.

— — Testes sunt: Nicholaus episcopus de Windelscra, Bertoldus Lubicensis episcopus, prepositus maior eiusdem ecclesie Rodolfus, Cono decanus; canonici Lubicenses: Conradus plebanus sancti Petri, Johannes Ethelinus, Heinricus scriptor, Alexander plebanus sancte Marie, Heinricus Thuringus, Conradus Scakko; de familia regis: Dorstannus notarius, magister Iwanus, Michahel; laici: Nicholaus Sconig, Tako longus, Dhurbernus et alii quam plures clerici et laici, teutonici et dani.

Leverkus, Urkdb. d. Bisth. Lübeck, I., No. 29.

8.

1216.

Bischof Bertold von Lübeck bestätigt dem Kloster Segeberg die Schenkungen seiner Vorgänger, u. A. „medietatem decime — — Schakkendorpe".)

— — Huius autem rei testes sunt: dominus Yso Verdensis episcopus, Detardus abbas Reyneveldensis, Cristofferus Stadensis abbas, Gherardus sancti Johannis in Lubeke abbas cum suo couventu, Rodolphus maior prepositus Lubicensis, Cono decanus, magister Detmarus, Alexander, Conradus Stako (Scako**), magister Henricus, Lambertus, Ludingerus, canonici; Theodericus regularis in novo monasterio; layci: Tymmo advocatus, frater eius Marquardus, Emeke, Ubbo, milites; Werlavimus, Theodericus Duncker, Bertoldus Luscus, Godescalcus de Curen, Sigifridus Stule et alii quam plures clerici et laici.

Leverkus, Urkdb. d. Bisth. Lübeck, I., No. 32.

*) Vergl. Note 5.
**) Vergl. Note 6.

9.

1217.

*Graf Albert von Orlamünde überträgt dem Bischof Iso von Verden zwei
Hufen auf der Insel Kirchwerder.*

— — Testes: Lutherus Verdensis canonicus, Heinricus Hardwicensis canonicus, Fridericus capellanus, Maroldus, Arnoldus sacerdos, Hermannus de Stortebotele, Vitekindus de Bocberge, Arnoldus de (Munster), Fridericus de Haseldorp, Reinfridus dapifer, Heinricus Schacko, Hermannus de Kircdorp et fratres sui.

v. Hodenberg, Verdener Geschichtsquellen, II., No. 42.

10.*)

1219.

„Bertoldus, dei gracia Lubicensis ecclesie episcopus, Conradus prepositus**), Ludolfus decanus, Ludengerus scolasticus et universus eiusdem ecclesie conventus" *urkunden über die Bedingungen, unter welchen der Geistliche Theobald ihrer Kirche eine Salzpfanne aus der Saline zu Lüneburg geschenkt hat.*

— — Nos itaque Lubicensis ecclesie canonici: Conradus Swevus, Fridericus, Johannes de Wesenberge, Heinricus scriptor, Gerdhancus, Johannes de Bardewich, Johannes Episcopus, Lambertus Affuntius,

---

*) a) „August 1220." Unter diesem Datum findet sich bei (G. G. Leibniz) Origines Guelphicae III, p. 850, fälschlich die Urkunde No. 3 vom August 1200.
b) 1228: „Benedictus de Predole et Schacco frater suus." (Lappenberg, Hambg. Urkdb., No. 411.) — 8. Januar 1231: „Benedictus et frater suus Sracko de Perdole," (Michelsen, Holst. Urkdb., L, p. 110, No. 3.) — 10. Januar 1231. „Benedictus de Predole et frater suus." (Lappenberg, Hambg. Urkdb., No. 113.) Zeugen bei Graf Albert von Orlamünde. — Vergl. Note 4.

**) In der Zeit vor 1219 führten den Vornamen Conrad zwei Lübeckische Domherren: Conradus (Swevus) plebanus sancti Petri und Conradus Scakko. Ersterer — als der ältere vermutlich identisch mit dem 9. Juni 1200, 12. Mai 1201 und 1211 urkundlich vorkommenden Domherren Conrad — erscheint in der vorliegenden Urkunde als ältester Domherr und wird mithin der in der gleichen Urkunde als Propst auftretende Conrad identisch sein mit dem früheren Domherrn Conrad Schack. Hiermit steht im Einklang, wenn Propst Conrad (Urkunde No. 23) der Domkirche Einkünfte aus seinen ritterlichen Erbgütern in der Saline zu Lüneburg schenkt, in welcher die Schack's seit ältesten Zeiten berechtigt waren; auch werden die steten Beziehungen der späteren Domherren der Familie zu der vom Propste Conrad aus Einkünften des Dorfes Blusow gestifteten Vikarie auf das verwandtschaftliche Verhältniss zum Stifter zurückzuführen sein.

Elyas, Beringerus, Arnoldus, Otto, Gerardus, Maroldus consensimus
subscribendo. Testium etiam de Luneborch hec sunt nomina: Hart-
mannus advocatus, Manegoldus de Estorpe, Lambertus Vultur,
Helmoldus, Alexander de Werdhen, Ilie, Abbo, Leonardus, Vincentius,
Thomas de Heitveldhe; cives: Adam, Tidericus Hanneruvot, Wasmot
de Berscampe, Nicolaus de Pomerio, Nicolaus Ilie, Abbo, Leonardus
monetarius, Godefridus, Heinricus Crispus, Jordanis et alii quam plures.
Leverkus, Urkdb. d. Bisth. Lübeck, I., No. 34.

11.

1222, März 31. Schwerin.

*Bischof Brunward von Schwerin bestimmt die Verehrung des heiligen
Blutes im Dome zu Schwerin.*

— — Testes hii aderant: clerici Brunwardus episcopus, Mattheus
abbas Doberanensis, Hermannus prepositus Hammenburgensis, Conradus
prepositus Lubicensis, Alvericus prepositus in Campo Solis, Fre-
dericus canonicus Hildensemensis; canonici Sverinenses Bruno prepo-
situs, Appollonius scholasticus, Laurentius custos, Edwardus, Johannes,
Eustachius, Wernerus, Giselbertus, Hermannus, Matthias, Wilhelmus;
laici: Wernerus de Louenberg, Hartwicus de Riczerowe, Fridericus
de Everuuge, Reinboldus de Driburge, Alardus, Rodolphus de Plote,
Engelbertus, Theodoricus et alii quam plures clerici et laici.
Mecklenburgisches Urkdb., I., No. 280.

12.

1222, Juni 1. Wittenburg.

Graf Albert von Orlamünde schenkt dem Kloster Preetz Grundbesitz.

— — Huius rei testes sunt: Bertoldus Lub. episcopus, Con-
radus prepositus maior, Gerhardus de Wittenborch plebanus,
Florentius capellanus noster; laici: Wipertus dapifer, Heinricus came-
rarius, Jaketo et Heinricus frater eius de Saltwedele, Hildebodo de Wit-
tenborch, Daniel, Salemon, Hermannus, Herebertus, Godescalcus de
Kuren, Verestus, Tidericus advocatus de Plone et alii quam plures.
Michelsen, Schlesw.-Holst.-Lauenbg. Urkdb., I., p. 191. No. 4.

13.

1222, Juli 6. Lübeck.

Die Bischöfe Brunward von Schwerin und Bertold von Lübeck, sowie Heinrich, Herr von Werle, urkunden über die Beilegung der Streitigkeiten zwischen den Domherren und den Bürgern zu Lübeck.

— — Ad sopiendam discordiam inter canonicos Lubicenses et burgenses civitatis eiusdem consensum est in arbitros: C. prepositum, E. decanum, Johannem, Maroldum canonicos Lubecenses ex una parte, Elverum, Heinricum, Alvewinum, Ditericum, consules civitatis ex parte altera, qui sub articulis sibi commissis concordaverunt. — —

Leverkus, Urkdb. d. Bisth. Lübeck, I., No. 42.

14.

1223. Segeberg.

Graf Albert von Orlamünde gestattet dem Kloster Neumünster eine Pfarrkirche in Flintbeck zu erbauen.

— — Testes autem huius consensus sunt: Bertoldus episcopus Lubicensis, Conradus prepositus et Gerardus canonicus Lubicensis, Johannes prepositus et Bertoldus prior et totus conventus Segebergensis ecclesie; Wipertus dapifer, Heinricus pincerna, Marquardus plebanus in Itzeho, Hartmodus de Plone et alii quam plures clerici et laici.

Lappenberg, Hamburgisches Urkdb., I., No. 471.

15.

1224. Lübeck.

Bischof Bertold von Lübeck urkundet über den „cum consensu et voluntate domini Conradi maioris ecclesie nostre prepositi simulque universorum fratrum et canonicorum nostrorum connivencia" geschehenen Verkauf gewisser Zehnten im Weichbilde der Stadt Lübeck.

— — Sunt igitur nomina canonicorum hec: Conradus prepositus, Helyas decanus, Lambertus custos, Ludengerus scolasticus, Conradus presbiter, Johannes pbr., Berengerus pbr., Arnoldus subdiaconus, Gerardus pbr., Ludolfus subdiaconus, Johannes diaconus, Hermannus subdiaconus; et hec nomina consulum: Elverus de Bardewic, Heinricus Vullenpunt, Theodericus de Heringe, Lutbertus Lentzing, Godescalcus de Bardewic, Willehelmus Albus, Heinricus Albus.

Leverkus, Urkdb. d. Bisth. Lübeck, I., No. 51.

16.

1224. Juni 24. Bremen.

Erzbischof Gerhard von Bremen bestätigt die schiedsrichterliche Entscheidung des Streites zwischen dem Bischof Bertold von Lübeck und dem Kloster Segeberg über den Zehnten in Sestermühe.

— — Huius rei testes sunt: Christopforus abbas Stadensis, Johannes sancti Johannis in Lubeke abbas, Conradus Lubicensis ecclesie prepositus, Hermannus sancti Anscharii in Brema prepositus, magister Arnoldus et magister Albertus canonici Bremenses, Ludolfus de Luchoe Lubicensis canonicus, Gerfridus Wrideke, Sigebodo de Borch et alii quam plures.

Leverkus, Urkdb. d. Bisth. Lübeck, I., No. 49.

17.

1225, Januar 11. Segeberg.

Graf Albert von Orlamünde überlässt dem Bisthum Lübeck eine durch den Bischof Bertold angekaufte Holländerhufe in Sibsdorf.

— — Huius facti testes sunt: Johannes abbas sancti Johannis, Lambertus prepositus de novo monasterio, Conradus prepositus, Helyas decanus Lubicensis, Wipertus dapifer, Marquardus Vot, Otto advocatus de Utin, Edhelerus de Grobe et alii quam plures clerici et laici.

Leverkus, Urkdb. d. Bisth. Lübeck, I., No. 52.

18.

1225, Juni 6.

Herzog Otto von Lüneburg bestätigt den Befehl und das Privileg des Kaisers Lothar, durch welches dem Abt und Convent des Klosters S. Michaelis zu Lüneburg verboten wird, Jemandem, der nicht Klosterdienstmann und ein tauglicher Lehnsträger ist, Kirchengüter zu Lehn zu ertheilen.

— — presentibus nostris fidelibus: Wernero dapifero, Gevehardo fratre suo, Segebando, Thiderico de Monte, Ekkehardo Scacken, Ottone Magno, Henrico de Grabowe, Beringo advocato, Alexandro de Odem, Wernero de Merewede, Frederico Pusteken, Crachtone scriptore nostro.

Urkdb. d. Klosters S. Michaelis, No. 40.

19.

1225, im August.

Herzog Otto von Lüneburg bestätigt die vom Abt Johann vollzogene Einlösung des Salzzolles, welcher dem Kloster S. Michaelis zu Lüneburg vom König Otto II. geschenkt worden.

— — Presentibus nostris fidelibus: Wernero de Louenborch, Gevehardo fratre suo, Segebando, Thiderico de Monte, Paridamo marescalco, Ekkehardo Scakk, Hartmanno advocato nostro; Adam cive, Leonhardo, Thiderico ante portam, Abbone, Nicolao, Ottberno, Lamberto Nipere, Thetmaro, Ludero Dorlin et Crachtone.

Urkdb. d. Klosters S. Michaelis, No. 41.

20.

1226. Lauenburg.

Herzog Otto von Lüneburg genehmigt den Verkauf zweier Hufen in Süd-Wittingen, denen er noch drei als Geschenk hinzufügt, an das Kloster Diesdorf.

— — presentibus fidelibus nostris: Burchardo de Valferbutle dapifero nostro, Gevehardo de Laueborch, Ekkehardo Schakk, Ermenoldo de Bevenhusen, Heurico Ribe, Lippoldo de Tsarnhusen, Johanne de Mirica et Crachtone scriptore nostro.

Riedel, Codex dipl. Brand., I. 22, No. 9.

21.

1226, im December.

Herzog Otto von Lüneburg bestätigt eine Schenkung von Sülzgut aus der Saline zu Lüneburg Seitens des Domherrn Jordan an das Domkapitel zu Bardowick.

— — Huius rei testes sunt: Gervasius prepositus in Elstorp, prepositus Helmericus, Conradus custos, Fridericus et Crachto capellani nostri, Gevehardus, Hartmannus, Druchtlevus, Seghebandus et Tidericus fratres, Otto Magnus, Wernerus de Louwenborg, Eghardus Scako, Adam Burge, Leonardus, Lampertus Nipere, Tidericus ante portam, Tidericus Holle, Nicolaus Biel et alii quam plures.

Volger, Urkdb. d. Stadt Lüneburg, I, No. 48.

22.

Ohne Jahr.

Bischof Lüder von Verden, Graf Günzel von Schwerin und Graf Bernhard von Dannenberg bekunden, dass der Hildesheimer Domherr Friedrich, Bruder des Grafen Heinrich von Schwerin, dem Kloster Ebstorf seine Erbgüter zu Lehmke im Jahre 1227 geschenkt hat.

— — Preterea quidam ministeriales de Luneborg*) affuerunt: Olricus Vultur, Bernardus Sprengere, Olricus de Bluchere, Manegoldus, Nicolaus dapifer, Gevehardus de Maldessen, Wichbertus, Conradus de Palude, Henricus Scake, Ricwardus et alii quam plures.

Urkdb. d. Klosters S. Michaelis, No. 42.

23.

1227. April 23.

Propst Conrad von Lübeck schenkt der Domkirche daselbst eine Mark Pfennige aus der Saline zu Lüneburg und acht Schffel Roggen aus Büssow.

In nomine Domini Dei eterni. Conradus Dei gratia Lubicensis prepositus omnibus in perpetuum. Ut ea que ad honorem Dei et sancte matris eius ad emendacionem ecclesiarum iuste et racionabiliter conferuntur, semper possint et illibata persistere et perhenni stabilitate gaudere, ideo instrumentis legaliter confectis fides et auctoritas indubitata inpenditur, ut contra improbos et malignos in bonis pia devocione collatis viri ecclesiastici non solum donacionis sed etiam possessionis tytulum usque ad prescripcionem legitimam valeant comprobare. Noverint ergo tam presentes quam posteri, quod de bonis meis, que ex paterna hereditate iuste et racionabiliter consecutus sum, marcam denariorum ex consensu fratrum meorum carnalium ecclesie Lubicensi liberaliter contuli et donavi, cum omni iure et utilitate et sine contradiccione qualibet heredum et consanguineorum meorum, de salina in Luneborg annis singulis exhibendam et perpe-

---

*) Die Schenkung, bei welcher die Zeugen zugegen gewesen, ist 1227 zu Luneburg erfolgt, die Urkunde aber erst nachträglich (1231—1236) ausgestellt. Es ist daher möglich, dass der Ausdruck „ministeriales de Luneborg" nicht völlig correct gewählt ist; Heinrich Schack erscheint sonst nicht in Lüneburgischen Diensten

tuis temporibus possidendam. Statuens etiam ut de novalibus agris in Bussowe census octo modiorum siliginis, quem iusto precio emi et comparavi, annis singulis cum marca predicta in die anniversarii mei canonicis Lubicensibus in prebendam ipsorum pro remedio anime mee debeat exhiberi. Et ne predicta donacio mea tam racionabiliter facta in dubium valeat revocari, presentem paginam sigilli mei inpressione monivi. Facta sunt hec anno dominice incarnacionis M°CC°XXVII°, nono Kal. Mai, pontificatus domini Honorii anno XI°, coram domino meo Bertoldo episcopo Lubicensi, domino Johanne decano, Arnoldo custode, Johanne Wolquardi, Lamberto et aliis canonicis ecclesie Lubicensis, quos interesse rogavi.

Leverkus, Urkdb. d. Bisth. Lübeck, I., No. 55. (Das Original — mit dem wohlerhaltenen Siegel No. I — befindet sich im Grossh. Haus- u. Central-Archiv zu Oldenburg.)

24.*)

Ohne Jahr (vor 29. April 1227).

Heinrich, Herzog von Sachsen und Pfalzgraf bei Rhein (Sohn Heinrichs des Löwen), mitbelehnt Ermentrud, Ehefrau des Albert von Bremen, mit den dem letzteren zu Lehnrecht verliehenen Gütern.

— — Huius facti testes sunt: Thietmarus de Rothe, Heinricus de Saltwedele, Jusarius de Blankenburg, Heinricus Iliscæ, Lippoldus de Thorpmarke, Heinricus de Ochtenhusen, Meinricus de Sutthorne et frater suus Ludolfus, Hermannus de Westerbeke, Vastradus de Esekestorp, Gerwicus de Elme, Thietwart de Horschtorp, Wilbrant de Halremunt, Conradus de Waneberch, Herman de Ellessen, Ulveke, Alardus et Manegoldus de Estorp.

Bremisches Urkdb., I., No. 189.

---

*) a) Nach Urkdb. d. Kl. S. Michaelis No. 45: „1. November 1229; Hildemarus Scakken (fälschlich statt Scukken), Zeuge in einer Urkunde Herzogs Otto von Lüneburg." - Vergl. Note 7.

b) Wigger, Gesch. d. v. Blücher, I., No. 5: 1. November 1229. Unter diesem Datum findet sich hier die in vorstehender Anmerkung erwähnte Urkunde.

25.*)

1230. Juni 3. Rotenburg.

Bischof Iso von Verden bekundet, dass Conrad und Heinrich von Wuneberg, Söhne des Verdener Vogtes Conrad, vor Gericht bei Achim am 14. Mai auf ihre vermeintlichen Ansprüche an die Belehnung mit dieser Vogtei und sonstige Güter Verzicht geleistet und dafür Bürgen theils gestellt haben, theils stellen wollen.

— — Promisit etiam idem Conradus pro se quod adhuc duos dabit fideiussores in eadem forma Paridamum et Heckehardum Scacken vel alios duos equivalentes usque ad festum assumcionis prime venturum — —.

v. Hodenberg, Verdener Geschichtsquellen, II., No. 61.

26.

Ohne Jahr (1230—1234).

Register der von den Bischöfen von Ratzeburg verliehenen Zehnten.

— — In terra Sadelbandie dominus terre nichil habet in beneficio ab episcopo, sed qui subscripti sunt, taliter ac taliter iubeneficiati sunt: Ad Corun:**)
— — Gultzowe***) Heinricus Scakko totam decimam habet ab episcopo XII (mansos).

Mecklenburgisches Urkdb., I., No. 375.

---

*) Nach Urkdb. der Stadt Lübeck, III., No. 1: 14. Mai 1230. Hyldemarus Scakke (fälschlich statt Scukke), Zeuge in einer Urkunde Erzbischofs Gerhard von Bremen." Vergl. Note 7.

**) d. i. (Kirchspiel) Hohenhorn.

***) Gültzow war bis 1654 im Besitz der Seback's, welche wegen dieses Gutes, gleichwie wegen ihrer übrigen Lauenburgischen Stammgüter niemals Lehnbriefe genommen, trotz mannigfacher hierdurch entstehender Zerwürfnisse mit den Landesherren.

27.

1231, Juli 15. Stade.

Edelherr Dietrich von Diepenau genehmigt, dass sein Vasall Ritter Segebodo von Otterstedt Grundstücke zu Buxtehude und zu Ludelwesdorf dem Kloster Buxtehude verkauft.

— — Testes autem hii sunt: Heinricus de Borch, Segebodo frater eius, Godefridus advocatus, Otto frater eius, Heinricus de Lid, Iwanus de Blitherstorp, Alardus de Estorp, Hermannus gogravius, Otto de Bederekesa, Liuderus de Domo, Heinricus Clipearius, Johannes filius Nicolai, Fridericus monetarius, Jacobus filius Bernardi, Conradus Slodde et alii quam plures.

Vaterl. Archiv für Nieder-Sachsen 1868, p. 115.

28.

1231, im November.

Heinrich und Ekkehart Schack verkaufen dem Kloster Buxtehude ihre Erbgüter in Elstorf.

Heinricus et Eghebardus Scachinggi universis ad quos hoc scriptum pervenerit salutem. Notum facimus omnibus tam presentibus quam futuris, quod nos de bona voluntate et consensu omnium heredum nostrorum vendidimus preposito de Buchstehuthe bona nostra in Ellestorpe cum omnibus attinentiis et cum omni iure et utilitate, qua nos ea possedimus et parentes nostri; bona eciam, que in eadem villa quidam habuerunt in beneficio de manu nostra, simul cum aliis integraliter vendidimus preposito predicto. Sed quia eadem bona pertinent domino episcopo Bremensi et nos ea non potuimus vendere sine consensu domini episcopi, promisimus domino Segebando et fratri suo Theoderico de monte Lunenborg ad manus prepositi nos et amici nostri, scilicet Otto Magnus, Olricus Vultur, Alardus de Estorp et frater suus Manegoldus, Ekehardus iuvenis filius Heinrici et alii amici nostri, quod eadem bona teneamus in beneficio a domino episcopo Bremensi, donec prepositus predictus proprietatem predictorum bonorum ab ecclesia Bremensi possit optinere. Cum autem optinuerit debemus ea resignare iam sepedicto episcopo, ut ipse ea offerat cum omni iure ecclesie in Buchstehuthe et utilitate. Ut autem hec rata permaneant et ab heredibus nostris inconvulsa, iussimus hanc testimonialem paginam sigillo nostro roborari. Acta sunt hec anno dominice incarnationis M°CC°XXXI°, mense Novembris.

Vergl. Tafel No. 1. Nach dem Original im Königl. Staatsarchiv zu Hannover. An Pergamentstreifen Siegel No. II von gelbem Wachs. Spuren eines zweiten Siegels zeigen sich nicht.

29.

1232. August 3. Lauenburg.

Herzog Albert von Sachsen bestätigt die Stiftung des Klosters Preetz.

— — Huius rei testes sunt: Heinricus comes de Dannenberch, Walterus dominus de Amersleve, Ulricus burchgravius de Within, Theodericus dapifer, magister Heinricus de Werbene, Johannes canonicus Lub., magister Johannes phisicus, Bertrammus pincerna, Heinricus Schacke, Theodericus marscalcus, Itaveno de Raceborg, Otto de Kowal, Fridericus Damme, Eghardus de Culpin, Hermannus de Mordale, milites, Godescalcus prefectus, Heinricus de Barmezstede, Wernerus marscalcus, Theodericus Danker et alii quam plures viri providi et discreti.

Michelsen, Schlesw.-Holst.-Lauenbg. Urkdb., I., p. 200, No. 9 u. 10.

30.

Ohne Jahr (um 1234).

Die Mitglieder des Domkapitels zu Lübeck urkunden über die Gründung des Heiligen-Geist-Hauses zu Lübeck.

— — Ego Nicolaus decanus consentio in hec verba et subscribo. Ego Johannes subscribo. Ego Johannes subscribo. Ego Arnoldus custos subscribo. Ego Otto subscribo. Ego Gerardus subscribo. Ego Ludolfus subscribo. Ego Johannes subscribo. Ego Fredericus subscribo. Ego Henricus subscribo. Ego Godescalcus subscribo. Ego Theodericus subscribo. Ego Segebodo subscribo*). Ego Nicolaus schola(s)ticus subscribo. Ego Theilvardus subscribo. Ego Thybaldus subscribo. Ego Henricus subscribo. Ego Bertrammus subscribo.

Urkdb. d. Stadt Lübeck, I., No. 66.

---

*) Segebodo, Domherr, später Propst zu Lübeck und gleichzeitig Domherr und Archidiakon zu Schwerin (vergl. Urkde. No. 40), war ein Bruder des Lübecker Domherrn Ekkehard Schack (vergl. Urkde. No. 58 u. 103) und wird in späteren Kirchenregistern stets Segebodo Schack genannt (vergl. Anmerkg. zu Urkde. No. 104).

31.

1234.

Herzog Otto von Lüneburg schenkt dem Kloster S. Michaelis zu Lüneburg drei Freigüter zu Reppenstedt und Hagen, sowie die Vogtei über die Abtsmühle in Lüneburg.

— — Huius facti testes sunt: comes de Glichen cognatus noster, dominus Hermannus Hode; clerici vero: dominus Fridericus plebanus sancti Cyriaci, Bernardus plebanus de Modestorp, Thebaldus canonicus Lubisensis; ministeriales nostri: Segebandus et Thidericus frater suus, Wernerus marschalcus et frater suus Fridericus, Otto Magnus et frater suus Wernerus, Otto de Boyzenborg et frater suus Thidericus, Gerardus de Doren, Wasmodus et frater suus Otto, Olricus Valtur, Eckehardus Schaco, Gevehardus iuvenis, Hermannus advocatus, Alexander de Odem, Olricus de Blugere, Gefridus de Echem, Johannes de Mule et frater suus Wernerus, et alii quam plures.

Urkdb. d. Klosters S. Michaelis, No. 49.

32.

1234. März 15. Lübeck.

Bischof Johann von Lübeck und das Domkapitel daselbst treten der Stadt Lübeck alle ihre Rechte auf die Stelle von Alt-Lübeck ab.

— — Presentes autem erant hii: Nycolaus decanus, Johannes Eccelim, Johannes Volcwardi, Arnoldus custos, Frethericus sacerdos, Thidericus sacerdos, Johannes Lyvo, Nycolaus scolasticus, Godescalcus subdiaconus, Otto diaconus, Segebodo subdiaconus, Thetlvardus diaconus, Heinricus sacerdos, Bertrammus sacerdos, Conradus sacerdos; de ordine predicatorum: Arnoldus prior et frater Eylbertus domus Lubicensis; de ordine fratrum minorum domus Lubicensis: frater Heinricus et frater Eylbertus; de consilibus Lubicensis civitatis, qui tunc temporis presidebant consilio: Heinricus Vallenpunt, Godescalcus de Bardewic, Willehelmus Albus, Heinricus Albus, Richardus de Docholte, Bernardus de Ullesen, Elyas Ruz, Godefridus de Nasse, Wernerus Wenethlsce, Meluberuus et alii quam plures.

Urkdb. d. Stadt Lübeck, I., No. 59.

33.

Ohne Jahr (1236).

Vergleich zwischen Erzbischof Gerhard von Bremen und Herzog Otto von Lüneburg.

— — Hanc composicionem compromiserunt: dux predictus, marchio de Brandenburg, H. de Dannenberge, G. de Zwerin, C. de Welpa, comites; J. dapifer, W. marscalcus, W. et F. fratres de Medinge, B. advocatus, E. de Wulferb., F. de Esbeke, Th. de Monte, O. et Wer. fratres, H. et A. Scuck*), G. de Doren, A. de Odem, Th. de Hiddesackere, O. de Boiceneborg, O. Ger, H. de Weneden, L. de Gustede, Ghevehardus et Ghevehardus, Helmbertus, H. Scacko**), Wasmodus et Otto fratres.

Sudendorf, Urkdb. z. Gesch. d. Herzöge v. Braunschw.-Lünebg., I., No. 19.

34.

1237, April 23. Lauenburg.

Herzog Albert von Sachsen bestätigt die Schenkung einiger Güter in Alten-Gamme Seitens des Geistlichen Segewin und dessen Schwester Alburgis an das Domkapitel zu Hamburg.

— — Huius rei testes sunt: fidelis noster Adolfus illustris comes Holtsatie, Georius advocatus de Hammenborch, Theodericus de Madelen, Henricus Schacco, Ulricus et Ericus de Cnyve, Gevehardus de Luneborch, Conradus exactor, Bertramus pincerna noster et Burchardus frater suus, Nicolaus de Cubesel et alii quam plures.

Lappenberg, Hamburgisches Urkdb., I., No. 507.

---

*) Hildemar und Alvericus Scacke.
**) Heinrich Scacko.

35.

Ohne Jahr (am 1238).

Heinrich der Schreiber, Domherr von Lübeck, bittet den Grafen Adolf von Holstein um die Bestätigung seiner letztwilligen Anordnung, nach welcher er das Dorf Burnitz den Domherren Dietrich und Segebodo zu Lübeck auf Lebenszeit überträgt.

— — Ego H. scriptor, canonicus Lubicensis, in ultima voluntate constitutus villam Berclae, quam feci extirpari multis laboribus et expensis, domino Theoderico et domino Sybodoni canonicis Lubicensibus regendam commisi, ut ipsam omnibus diebus vite ipsorum pacifice possideant et quiete, ita tamen ut singulis annis canonicis Lubicensibus serviant in refectorio, — — ut qui altero moriente supervixerit ipsam villam solus tempore vite sue regat et custodiat, et post mortem utriusque capitulum Lubicense — — de personis qui ipsam villam custodiant et redditibus qui per industriam ipsorum acreverint ordinabit. — —

Leverkus, Urkdb. d. Bisth. Lübeck, I., No. 79.

36.

1238, August 14. Lüneburg.

Herzog Otto von Lüneburg schenkt dem Kloster S. Michaelis zu Lüneburg alle Vogteigerechtsame über die Güter des Klosters in Bienenbüttel, Neetze, Vastorf, Rieste und anderen in der Nähe liegenden Ortschaften, unter Vorbehalt des Rechts an den von den Kaufleuten zu benutzenden gemeinsamen Strassen.

— — Testes affuere: Segebandus de Wittorp miles et castellanus noster, Johannes de Lobeck, Hinricus de Oedem, Manegoldus de Estorpe et Hartmannus advocatus noster in Luneborg aliique quam plures manni nostri, fide digni.

Urkdb. d. Klosters S. Michaelis, No. 50.

37.

1239, September 27.

Herzog Albert von Sachsen schenkt auf Bitten des Grafen Gerbert von Stotel dem Kloster Walsrode Güter zu Marzen, welche der Graf von ihm zu Lehen getragen hat.

— — Huius rei testes sunt: Bertrammus pincerna noster, Ulricus et Ericus de Cnyve, Fredericus Nudipes, Ecgehardus Schacko. Nycolaus de Cubesal, Otto Magnus de Luneburch, Ludolfus Olla et alii quam plures.

v. *Hodenberg, Urkdb. d. Klosters Walsrode, No. 29.*

38.

1239, November 2. Lüneburg.

Herzog Otto von Lüneburg bekundet, dass der Schuster Rikuard gegen Erlegung von zehn Mark und die Verpflichtung, den Mönchen jährlich Schuhe zu liefern, zwei Salzpfannen des Hauses Volcwarding in der Saline zu Lüneburg von dem Kloster S. Michaelis auf Lebenszeit erhalten habe.

— — Huius rei testes sunt: Jordanis dapifer noster, Baltwinus frater suus, Druchtlevus, Everardus de Odem, Wernerus de Mediage, Mauegoldus de Estorp, Olricus Vultur et Lambertus. Johannes et Fredericus de Moule, Gerfridus, Wasmodus, Segebandus de Witthorp, milites; burgenses vero: Lambertus Nipere, Olberus, Nicolaus Puer, Theodericus de Valva, Alardus et frater suus Ricberuus, Fridericus aurifaber, Bertrammus monetarius, Jacobus de Harena, Johannes de Dhude, Widekinus, Ludengerus et alii quam plures.

Urkdb. d. Klosters S. Michaelis, No. 51.

39.

1240, Mai 29. Rom.

Papst Gregor IX. beauftragt den Erzbischof von Bremen und den Bischof von Verden, den postulirten Bischof Dietrich von Schwerin, ungeachtet des Makels seiner Geburt, in seine Würde einzusetzen, mit Rücksicht auf die vorgelegten Dokumente und die Bitten desselben, vorgebracht „per dilectos filios magistrum Elgerum Hamburgensem et Sibodonem Zwerinensem canonicos, nuncios suos, viros providos et discretos, qui apud nos super assumpti promotione fideliter institerunt."

Mecklenburgisches Urkdb., I., No. 510.

40.

1243.

Vogt Friedrich zu Lüneburg und der Rath daselbst bekunden, dass Ermengard, Wittwe Segebands von dem Berge, sowie die lüneburgischen Bürger Dietrich Hanerot und Hermann Simodis dem Kloster Scharnebeck Salzgut geschenkt haben.

— — Huius rei testes sunt: Wernerus marscalcus, Otto Magnus, Wernerus de Zvirin frater eius, Johannes de Moul, Ekgardus Schakke, hii omnes milites; de burgensibus autem affuerunt: Richbernus et Alardus frater eius, Johannes filius Thedonis, Nykolaus de Lubeke, Bertramus monetarius, Jordanus Parvus et alter Jordanus et alii quam plures.

Volger, Urkdb. d. Stadt Lüneburg, I., No. 65.

41.

1243.

Das Kloster Neukloster überlässt dem Domkapitel zu Lübeck die Lehnsherrlichkeit über das Dorf Kastahn, welches das Kapitel von dem Lübecker Bürger Sigfrid von Brügge gekauft hat.

— — Testes huius rei sunt hii: Johannes Volquardi, Hermannus de Brelin, Johannes Livo, Godescalcus scolasticus Lubicensis, Seghebodo, Willekinus, Bernardus et alii canonici Lubicenses; Henricus Vullenpont, Willehelmus, Helyas Ruz, Syfridus de Ponte, Rodolfus Wrot, cives Lubicenses.

Mecklenburgisches Urkdb., I., No. 545.

42.*)

1245. Lüneburg.

Herzog Otto von Lüneburg genehmigt den Verkauf eines Wispels Salz aus der Saline zu Lüneburg durch Scback von Lüneburg an das Kloster Wienhausen.

Dei gratia Otto dux de Bruneswich omnibus in perpetuum. Notum esse volumus tam futuris quam presentibus universis quibus hoc audiendum vel videndum fuerit presentatum, quod nos Scackonis de Luneburg**) et Werneri de Medigge et aliorum amicorum suorum precibus inclinati de voluntate bona et consensu admisimus, quod idem Scacko superius nominatus vendidit claustro Winhusen chorum salis in salina Luneburg quiete et libere perpetuo possidendum. Ut autem in contractu isto noster assensus manifestius declaretur, presentem paginam inde conscriptam sigilli nostri monimine roboravimus ad cautelam. Testes vero sunt: dominus Baldewinus de Blankenburg, Wernerus de Medigge, Tidericus de Worth, Everardus de Odenhem, Nicolaus Welher, Henricus ducis notarius et alii quam plures. Datum Luneburg anno dominice incarnationis M°CC°XL° quinto.

Nach dem Original — mit dem Siegel des Herzogs an grünrother Seide — im Königl. Staatsarchiv zu Hannover.

43.

1246.

Bischof Johann von Lübeck und das Domkapitel daselbst verzichten auf alle Ansprüche wegen der neuen, an der Wakenitz angelegten Mühle gegen eine Entschädigung von 60 Mark Pfennige.

— — Huic ordinationi interfuerunt et unanimiter consenserunt: Fridericus Lubicensis ecclesie decanus, Johannes Volquardi, Arnoldus custos, Hermannus de Brelin, Johannes Lyvo, Godescalcus scolasticus, Seghebodo, Willehelmus, Bernardus, Gerhardus, Thomas, Luderus, Henricus de Bocholt, canonici Lubicenses.

Urkdb. d. Stadt Lübeck, I., No. 119.

---

*) 1265. „Scacco de Ramore, miles," Zeuge bei Godschalcus de Parkentin, prefectus Holsatiae. (Westphalen, Monumenta inedita II., p. 38). — Vergl. Note 4.
**) Vergl. Note 8.

44.

1247. Lüneburg.

Herzog Otto von Lüneburg kauft von Eckehard Schack, Geistlichen zu Bardowiek, ein Talent jährlicher Zinsen aus der Saline zu Lüneburg und überweist diese Zinsen der Kirche zu Wittingen.

Dei gratia Otto dux de Bruneswik omnibus presens scriptum intuentibus in perpetuum. Notum esse volumus universis quibus hoc scriptum fuerit presentatum, quod nos ab Ekkehardo Scakken, clerico de Bardewik, eminus talentum unum annuatim in redditibus in salina, in domo que Sutheringe nuncupatur, ad quod omnes fratres dicti Ekkehardi, consensum ipsorum adhibuerunt pariter et assensum. Sane nos premissum talentum assignavimus ecclesie Witinge, de salina annis singulis de domo Sutheringe persolvendum, in restaurum decime in Glasinge, de qua ecclesie supradicte talentum unum anno quolibet solvebatur. Volentes ut illa decima claustro Ysenhagen cedat libere in futurum. Huius rei testes sunt: Manegoldus, Alardus, Ludolfus, Henricus fratres de Estorpe, Segebandus de Withtorpe advocatus noster et alii quam plures. Acta sunt hec Luneborch, anno Domini M°CC°XL° septimo.

Urkdb. d. Klosters Isenhagen, No. 19. (Das Original — mit dem Siegel des Herzogs — befindet sich im Archiv des Klosters Isenhagen.)

45.

1247, April 28. Lüneburg.

Herzog Otto von Lüneburg bestätigt den Bürgern in Lüneburg die von seinen Vorgängern ertheilten Begünstigungen und vermehrt dieselben.

— — Huius rei testes sunt: Olricus comes de Regenstein, Ludolfus comes de Halremunt, Burchardus comes de Woldenberge, Hermannus nobilis de Werberge, Ekbertus de Assebnrch, Anno de Heimborch, Baldewinus de Blankenborch, Josarius pincerna noster, Anno dapifer noster, Henricus Grubo marschalcus noster, Herewicus camerarius noster, Fridericus de Esbeke, Heino de Weneden, Gevehardus de Bortvelde, Otto Magnus, Gerhardus de Doren, Werner de Medinge, Gevehardus iuvenis, Otto de Bolceneborch, Segebandus et Luderus fratres de Monte, Manegoldus et Alardus fratres de Estorpe, Segebandus de Marboldestorpe, Nycolaus Aries, Tydericus de Area, Everhardus de Odeme, Segebandus advocatus noster, milites; burgenses vero: Nicolaus de Lubeke, Hogerus, Jordania, Gerhardus filius Lamberti Nipere, Hartmannus iuxta cimiterium, Lambertus institor, Wasmodus, Lutwardus filius Eleri, Bertrammus monetarius, Gerbertus, Johannis Todonis, Ricbernus, Bernardus Zabel, Volquardus, Johannes Sartor, Johannes Lamberti et frater eius, Nicolaus, Jacobus et Johannes filii Jacobi, Lodengerus, Olbernus, Fridericus aurifaber, Leonardus, Florentius, et alii quam plures viri probi et honesti.

Urkdb. d. Klosters S. Michaelis, No. 58.

46.

1247, April 28. Lüneburg.

Herzogin Mechtilde von Lüneburg entlässt mit Zustimmung ihrer Söhne Albrecht, Johann und Otto und ihrer Töchter auf Bitten der Bürger zu Lüneburg für 50 Mark Silber alle ihre zu Lüneburg wohnenden Leibeigenen und deren Nachkommen der Leibeigenschaft.

Zeugen wie in der Urkunde No. 45.

Sudendorf, Urkdb. z. Gesch. d. Herzöge v. Br.-Lünebg., I., No. 29.

47.

1248.

Bischof Luder von Verden schenkt dem Kloster Scharnebeck den Zehnten zu Adenbroke.

— — Factum hoc est testibus: Gerardo abbate Luneburgense, Friderico canonico Bardowicense, Waltmanno plebano de Mozelorp, Hugoldo plebano de civitate, Wernero de Medinge, Wernero de Swerin, Hermanno Greviugio, Hunero*) et Alardo de Estorpe, Joanne de Muol, Lippoldo de Chernhusen, militibus, ac denique Nicolao Labeco consule, Alardo de S. Maria et Jordano Parvo civibus Luneburgensibus.

Aus Hofmann's Manuskript über Kloster Scharnebeck im Königl. Staatsarchiv zu Hannover.

---

*) Huner gehört der Familie Odeme an.

48.

1248, Februar 27. Lüneburg.

Bischof Luder von Verden genehmigt die Ueberlassung des Zehntens zu Lüne Seitens des Archidiakonats zu Modestorpe an das Kloster Lüne.

— — Testes sunt hii: Helmericus prepositus de Ebbekestorpe, Gerardus scolasticus Verdensis, Henricus dictus de Holtesminhe custos beati Andree in Verda, qui predicti etiam fuerunt mediatores venditionis predicte; Ekkehardus dictus Scacko canonicus Bardwicensis, Gisselbertus, Tydericus canonici Bardwicenses, Eslcus sacerdos, Johannes miles dictus de Moule.

Nach dem Original im Archiv des Klosters Lüne. An rothseidenen Schnüren die Siegel des Bischofs und des Domkapitels zu Verden; ein Siegel an zweiter Stelle ist abgefallen.

49.

1248, März 17. Tribsees.

Fürst Jaromar von Rügen schenkt dem Bisthum Schwerin die Lehnsherrlichkeit über das Dorf Eixen und vierzig Hufen in dem angrenzenden Walde.

— — cum testium subscriptione — — quorum nomina sunt hec: clerici Sibodo prepositus Lubecensis et archidiaconus Zwerinensis ecclesie, Thidericus sacerdos et canonicus eiusdem ecclesie, Petrus Gustrowensis ecclesia canonicus, Heinricus sacerdos de Marlowe, Bernerus sacerdos de Ecsen, Ratislaus sacerdos; milites: Henricus de Zarnyn, Johannes de Walsleve, Johannes Thuringus, Johannes et Reinfridus fratres de Peultz, Wernerus de Erteneborg, Thidericus Zoye, Wernerus et Ricolvus et Thidericus longus castellani de Tribnsees, Johannes de Rethem, Nortmannus officialis episcopi et eius filius Hartmodus et alii quam plures.

Mecklenburgisches Urkdb., I., No. 602.

50.

1248, März 18. Stralsund.

Fürst Jaromar von Rügen bekundet nochmals die vorstehende Schenkung.

— — cum testium subscriptione — — quorum nomina sunt hec: Sibodo prepositus Lubicensis et archidiaconus ecclesie Sverinensis, prepositus Ruie, Robertus sacerdos de Barth, Thidericus sacerdos et canonicus Sverinensis ecclesie, Petrus canonicus Gustrowensis, Henricus sacerdos de Marlowe, Bernerus sacerdos de Eczen; laici: Iwanus de Bliderstorp, Johannes de Pyron, Henricus de Zarnin, Johannes de Walsleve, Johannes Thuringus, Johannes et Reinfridus fratres de Peniz, Wernerus de Ertheneborch, Thidericus Zole, Wernerus et Nicolius et Thidericus longus castellani de Tribuses, Johannes de Rethim Nortmannus et filius Hartmodus et alii quam plures clerici et laici.

Mecklenburgisches Urkdb., I., No. 602.

51.

1248, April 27. Lüneburg.

Herzog Otto von Lüneburg verzichtet auf alles Recht an einer Salzpfanne in der Saline zu Lüneburg, welche sein Geistlicher Thebald der Domkirche zu Lübeck geschenkt hat, und lässt die Domkirche auf übliche Art in den Besitz einweisen.

— — et ad maiorem firmitatem ac evidentiam veritatis duos canonicos ipsius ecclesie videlicet Johannem de Tralowe scolasticum et Ekkehardum Scakken in corporalem eiusdem sartaginis possessionem duci per nostrum fecimus advocatum. Qui tedam extractam de igne supradicte sartagini subiacentem in signum possessionis dictis canonicis nomine ecclesie presentavit, quia ius est et consuetudo in salina possessionem taliter assignari. — — Huius rei testes sunt: Baldewinus de Blankenburch, Everardus de Odeme, Nicolaus Aries, Segebandus de Withtorpe advocatus noster, Manegoldus et Alardus fratres de Estorpe, Gevehardus iunior; clerici: Waltmannus et Hugoldus plebani in Luneburch, Titmarus capellanus noster; burgenses: Bertrammus monetarius, Johannes filius Todonis, Hogerus, Jordanis, Godehardus, Johannes Sartor, Lambertus institor, Fridericus aurifaber et alii quam plures.

Leverkus, Urkdb. d. Bisth. Lübeck, I., No. 102.

52.

[1249.]

Bischof Luder von Verden genehmigt den Ankauf der Güter, welche Ritter Manegold von Estorff in Ekheym besitzt, Seitens des Klosters Scharnebeck.

Luderus dei gratia Verdensis ecclesie episcopus universis Christi fidelibus hanc pagi[nam in]specturis vel audituris imperpetuum. In libro experientie satis didicimus, quod multociens per industriam presentium caventur pericula futurorum. Huius rei consideratione ad universorum [no]titiam volumus pervenire, quod filii nostri abbas scilicet et conventus de domo sancte Marie Cisterciensis ordinis bona, que Manegoldus miles dictus de Estorp habuit in Ekheym, pertinentia [ad] curtem, quam ex nostra manu tenet [in R]olvesdorp tam in silvis quam in pratis, in siquis quoque et in pascuis certerisque utilitatibus communibus et privatis, ab eodem Maneg[oldo suisque] heredib[us XVIII m]arc[is Bremensis], argenti precio comparaverunt. Idem vero Manegoldus ipsa bona in manus nostras cum consensu heredum s[uo]rum resignavit. [Sed et nos ab omni iure dominiove seculari libera prefatis fratribus] ad honorem beate Marie perpetuo possidendam tradidimus. Hoc igitur factum nostrum ne a quolibet [temere possit irritari, presenti scripto sigilli]que nostri testimonio confirma[mus], hoc nichilominus adicientes, quod quisquis ipsa vel alia prefate ecclesie bona contra institie mod[eramen] attrect[are presumpserit, sciat se auc]toritate Dei et nostra anath[ematis] vinculo innodatum. Hii sunt testes qui interfuerunt: Theodericus abbas predicte domus sancte Marie, Ulricus canonicus Verdensis, ... [canonicus sancti An]dree [Verde]nsis, Martinus dictus Friso sacerdos; milites vero: Wernerus de Medinge, Wernerus de Zvirin, Hermannus Grevinc, Hunerus, Alardus de Estorp et alii [quam plures]. Factum est autem anno [Domini mille]simo ducentesimo quadragesimo nono, indictione septima.

Nach dem stark beschädigten Original — mit dem Siegel des Bischofs — im Königl. Staatsarchiv zu Hannover. Die eingeklammerten Stellen sind Lücken des Originals, welche nach dem dortigen Copialbuch IX, 254 ergänzt sind.

53.

1249, im Februar.

„Albertus Dei gracia episcopus, S. prepositus, F. decanus totumque capitulum Lubicense" *vergleichen sich mit den Brüdern Johann und Gerhard, Grafen von Holstein, über die Zehnten im Lande Oldenburg und wegen dreier Dörfer im Lande Dassow.*

— — Nomina testium, qui presentes fuerunt, sunt: Sigebodo prepositus, Fredericus decanus, Arnoldus custos, Johannes scolasticus, Johannes Volcwardi, Hermannus de Brelin, Johannes Livo, Conradus, Willekinus, Bernhardus, Thomas, Gherhardus Pylatus et plures alii canonici Lubicenses, frater Adolfus; milites: Hartwicus dapifer, Otto de Barmestede, Johannes Solder, Marcwardus de Beienvlet, Marcwardus Faber, Marcwardus de Runnowe, Luderus de Ridestorp.

Leverkus, Urkdb. d. Bisth. Lübeck, I., No. 103.

54.

1249, März 27. Lübeck.

Graf Johann von Holstein verpfändet mit Zustimmung seines Bruders Gerhard dem Diechof Albert und dem Cantor Gerhard von Lübeck für dreihundert Mark Pfennige die Zehnten von mehr als dreissig Dörfern.

— — Huius rei testes sunt: S. prepositus et F. decanus cum capitulo Lubicensi, B. prepositus de Segheberghe, H. et O. fratres de Barmestede, Hartwicus prefectus, Marquardus Faber, Georius de Hammeburg, Luderus de Zwartepuc, Radolfus et frater suus, Fridericus de Crempa et Poppo frater suus, Willehelmus Vasburgis, Godefridus de Nuse, Hinricus de Wirinchusen, Hinricus de Bocholte, Hinricus Vorrat, Gerardus de Haghen, Nicolaus Wullenpunt et alii quam plures.

Leverkus, Urkdb. d. Bisth. Lübeck, I., No. 104.

55.

1250, Juni 1. Hamburg.

Die Grafen Johann und Gerhard von Holstein bestätigen ein Legat ihrer Mutter zur Beschaffung von Oblaten und Wein für Pfarrkirchen ausserhalb der Stadt Hamburg.

— — Testes huius rei sunt: frater Adolfus pater noster, frater Albertus quondam abbas beate Marie in Stadio, frater Ortglaus; canonici Hammenburgenses: Alardus decanus, Helpradus, Bertoldus, Johannes scolasticus, Johannes Thideri, Sifridus custos, Hechardus Scachko, Bruno de Tralouve, Henricus filius prefecti; milites: Georgius advocatus, Henricus de Hamme, Reimbernus de Widele; consules: Bertrammus filius Esici, Bernardus de Bucstehude, Johannes de Tvedorp et alii quam plures milites, clerici et laici.

Lappenberg, Hamburgisches Urkdb., I., No. 557.

56.

1250, December 15. Bisdorf.

Bischof Rudolf von Schwerin bestätigt dem Kloster Neukloster alle Verleihungen, welche demselben von seinen Vorgängern Brunward und Dietrich, sowie von den Fürsten von Rügen gemacht sind.

— — Testes sunt: Seghebodo prepositus Lubicensis, Thidericus canonicus Zverinensis, Bernerus sacerdos de Ecsen; milites: Godescalcus de Warsowe, Thidericus Zoye et alii quam plures.

Mecklenburgisches Urkdb., I., No. 643.

57.

1251, im März. Reinsfeld.

Graf Johann von Holstein urkundet über seine Entscheidung der Streitigkeiten zwischen dem Bischof Albert von Lübeck und dem Ritter Heinrich von Godau.

— — cum testibus subscriptis, quorum nomina sunt hec: prepositus Slbodo, Johannes Volquardi, magister Guilhelmus, canonici Lubicenses; Marquardus de Rennowe, Ratwicus dapifer advocatus de Utbin, Egghebardus de Vizsowe, Marcquardus Breide, Marcquardus de Beienvlete, milites; Guilhelmus Vasburgis, Henricus de Bocheueburg, cives Lubicenses, laici et alii quam plures clerici et layci.

Leverkus, Urkdb. d. Bisth. Lübeck, I., No. 109.

58.

1251. Juni 26. Lüneburg.

Die Ritter Manegold, Alard und Ludolf von Estorff schenken dem Kloster Scharnebek zu Seelenmessen für ihren verstorbenen Bruder Heinrich einen Hof in Boltersen.

Universis Christi fidelibus hoc scriptum inspecturis Manegoldus, Alardus, Ludolfus milites de Esdorp salutem in Domino. In libro experieutie satis didicimus, quod multociens per industriam presencium caventur pericula futurorum. Huius rei consideratione ad universorum notitiam volumus pervenire, quod pro remedio anime fratris nostri Henrici, qui in Sckerenbeke sepultus est, eidem ecclesie contulimus domum in Boltersen solventem tres quadrantes siliginis iure perpetuo. Testes autem huius rei sunt: Sigebodo canonicus in Zwirin, Ekkardus Scakko, frater suus, canonicus in Lubeke, Ekkardus Scakko de Frisdorp, Ekkardus filius suus, Otto de Bussenneborg, Scakko filius domini Ekkardi, Wernerus de Midingin, Hunerus milites, Bertramus monetarius et Jordanus frater eius et alii quam plures. Ut autem hec rata et inconvulsa permaneant, sigilli nostri impressione presentem paginam fecimus roborari. Acta sunt hec anno Domini M°CC°LI° in Luneaburg, Johannis et Pauli.

Vergl. Tafel No. 2. Nach dem Original — mit den Siegeln No. III und IV — im Königl. Staatsarchiv zu Hannover. (Gedruckt bei Pfeffinger, Gesch. d. braunschw.-lüneb. Lande, I. p. 434.)

59.

Ohne Jahr (1251—1257).

Das Domkapitel zu Hamburg nimmt Herdice, Herrn Johann des Dithmarschen Wittwe, zur geistlichen Schwester an und stiftet eine Gedächtnissfeier für beide.

— — Testes huius rei sunt: Bertoldus decanus, Helpradus, Johannes scolasticus, Johannes Tideri, Sifridus custos, Ecgehardus Scacko, Henricus filius prefecti, Lambertus, canonici; consules vero: Bertramus Esici, Bernardus de Buxtehude, Johannes de Twedorp, Willekinus Hillekonis, Hartwicus de Erteneburg, Alwardus de Brema et alii quam plures clerici et laici.

Lappenberg, Hamburgisches Urkdb., I., No. 565.

60.

1252. Hamburg.

Das Domkapitel zu Hamburg überweist die Einwohner des Dorfes Lütgensee von der Kirche zu Bergstedt an diejenige zu Trittau.

— — Testes huius rei sunt: Bertoldus, Johannes scolasticus, Sifridus castos, Eckehardus, Bruno, canonici; Richardus prior et Willekinus camerarius Reineveldenses; Heinricus de Hamme miles et Georgius advocatus miles et alii quam plures.

Lappenberg, Hamburgisches Urkdb., I., No. 571.

61.*)

1252, September 11. Boizenburg.

Graf Gunzelin von Schwerin verleiht dem Kloster Zarrentin 9 Hufen in Zweedorf, welche dasselbe von dem Bürger Wichfrid in Wittenburg gekauft hat.

— — Testes huius rei sunt: Albertus notarius noster; milites: Henricus Ribe, Willehelmus de Rosendale, Sifridus de Darghenov, Ekehardus Scacke et Cristancius, quam plures m.

Mecklenburgisches Urkdb., II., No. 704.

62.**)

1253.

Das Kloster Königslutter verkauft der Cyriakskirche zu Lüneburg Salzrenten aus der Saline zu Lüneburg.

— — Testes autem huius venditionis sunt: prescripti Lodewicus abbas, H. prior, W. cantor, G. cellerarius, Lodegerus, Johannes custos, Bertrammus camerarius et alii domini nostri quam plures; clerici

---

*) J. J. Gruber, Sammlung niedersächsischer Urkunden, Bd. XXVIII. (Manuscript der Univ.-Bibl. zu Göttingen): 11. September 1252. „Hermannus de Estorpe (fälschlich statt Elstorpe), canonicus Verdensis," Zeuge in einer Urkunde des Klosters Schinna. — Vergl. Note 9.

**) a) 5. Mai 1253. „dominus Scacco de Rumore," Zeuge bei den Grafen Johann und Gerhard von Holstein (Michelsen, Holst. Urkdb. I., p. 69, No. 61). — Vergl. Note 4.

b) „5. April 1254." Unter diesem Datum findet sich im Copialbuch XIV, 12, des Königl. Staatsarchives zu Hannover die Urkunde No. 130 vom 5. April 1274.

vero: predictus Hugoldus, Eckehardus dictus Scakke; milites vero: Wernerus de Zwerin, Wernerus de Todendorp advocatus; consules etiam eiusdem civitatis: Leonardus, Gerhardus filius domini Lamberti, Ludwardus filius domini Eleri, Gerbertus, Lambertus institor, Fridericus aurifaber, Hoierus de Pomerio, Hermannus Albus, Volcmarus de Erteneborch, Henricus de Mezinge, Nicolaus Paron, Vulveko de Mulbeke, Johannes filius domini Todonis, Jordanis frater domini Bertrammi et alii quam plures.

Leverkus, Urkdb. d. Bisth. Lübeck, I., No. 114.

63.

1254, October 31.

„Sibodo divina favente clementia prepositus, Conradus decanus totumque Lubicense capitulum" *bestimmen die Feier des Gedächtnisses aller Seelen nach dem Wunsche des Domherrn Magister Willekin van der Molen, welcher dafür eine Mark aus der Saline zu Lüneburg behufs Vertheilung unter die der Feier anwohnenden Domherren schenkt.*

Leverkus, Urkdb. d. Bisth. Lübeck, I., No. 117.

64.

1255.

Das Domkapitel zu Hamburg urkundet über die Einkünfte einer Präbende des Altars S. Johannis in der Domkirche zu Hamburg.

— — Testes sunt: Helpradus, Johannes Tideri, Echardus, Sifridus custos, Bruno, Henricus de Zevenna, Hildeboldus, Thitmarus, Radolfus, canonici; dominus Sifridus, dominus Hartwicus dapifer, dominus Henricus de Hamme, Bertrammus filius Esici, Leo, Bernardus de Buxtehude, Thancmarus, Wunerus et alii quam plures clerici et laici.

Lappenberg, Hamburgisches Urkdb., I., No. 600.

65.

1255. Hamburg.

Das Domkapitel zu Hamburg kauft von Heinrich und Otto von Burmstedt den Zehnten von Grevenkop und die Gerichtsbarkeit zu Burmstedt und Rellingen.

— — Huius rei testes sunt — —: Bertoldus decanus, Helpradus, Johannes, Sifridus custos, Bruno, Ekkehardus, Heinricus scolasticus, Heinricus de Szevena, Heldebaldus, Radolfus, Thitmarus, canonici; dominus Fredericus de Haseldorpe, Heinricus de Hamme, Heinricus de Trauvize, Theodericus de Campe, milites; Bertrammus Esici filius et Nicolaus gener suus, Bernardus de Buckeshude, Fredericus Hartwici filius de Erteneburch, Volpertus de Crempa, Leo, Johannes Ecberti filius, cives Hamburgenses et alii quam plures clerici et laici.

Lappenberg, Hamburgisches Urkdb., I., No. 598.

66.

1256. Hamburg.

Die Grafen Johann und Gerhard von Holstein vergleichen sich mit dem Domkapitel zu Hamburg über dessen neu erworbene Besitzungen in Grevenkop.

— — Testes huius rei sunt: Bertoldus decanus, Helperadus, Johannes, Sifridus custos, Ekkehardus, Bruno, Heinricus, Thetmarus, canonici; Hartwicus prefectus Holtsazie, Lupus dapifer, Georgius de Hamborg, Reymbertus de Modeborst, milites; Leo, Gerebertus advocatus, Sifridus thelonearius.

Lappenberg, Hamburgisches Urkdb., I., No. 611.

67.

1256. Hamburg.

Das Domkapitel zu Hamburg vergleicht sich mit den Grafen Johann und Gerhard von Holstein über die von Heinrich und Otto von Burmstedt gekauften Güter in Grevenkop.

Zeugen wie in der Urkunde No. 66.

Lappenberg, Hamburgisches Urkdb., I., No. 612.

68.

1256, Februar 8. Hamburg.

Das Domkapitel zu Hamburg urkundet über zwei vom Ritter Friedrich von Haselthorpe gestiftete Canonicate und deren Einkünfte.

— — Testes autem huius donacionis sunt hii: Thidericus abbas Stadensis, Bertoldus decanus, Helpradus, Johannes Tyderi, Sifridus custos, Ekkehardus Scakko, Bruno de Tralowe, Heinricus de Zievens, Arnoldus de Wilstria, magister Thitmarus, magister Hildeboldus, magister Rudolfus, Albertus, Albertus, canonici Hammemburgenses; Fretherieus de Haselthorpe, Hartwicus dapifer et Heinricus de Hamme, milites; Leo burgensis.

Lappenberg, Hamburgisches Urkdb., I., No. 603.

69.

1256, März 12.

Bischof Johann von Lübeck vermittelt einen Vergleich zwischen dem Domkapitel und dem Rathe zu Lübeck über die fernere Verwaltung des Gotteskastens der Domkirche und über einige Zehnten und Aecker bei und in der Stadt.

— — Testes huius rei sunt: canonici Lubicensis ecclesie: Sibodo prepositus, Conradus decanus, Arnoldus custos, Johannes scolasticus, Willekinus plebanus sancte Marie, Bernardus de Ulsen, Thomas, Gerhardus Pilatus, Loderus de Luneborg, Hinricus de Bocholte, Hermannus de Lippia, Bruno de Tralowe, Borchardus, Herbordus de Oldenburg, Otto; consules civitatis memorate: Hillemarus, Hinricus de Wittenburg, magistri burgensium, Sigestus, Willehelmus Albus. Rodolfus Wrot, Sifridus de Ponte, Hinricus Vorrat, Hinricus de Boyceneburg, Willekinus de Stadio, Johannes Campsor, Hermannus de Morum, Hinricus de Molne, Fredhericus de Bardewic, Wernherus de Quedlingheborg, Alfwinus de Domo, Willekinus de Bornhovede, Nicholaus Wullenpunt, Johannes de Bremis, Alexander de Soltwedele, Conradus Vorrat, Johannes de Molne, Johannes de Bardewic, Sifridus de Bocholte, Marsilius de Indagine et alii quamplures tam clerici quam laici.

Leverkus, Urkdb. d. Bisth. Lübeck, I., No. 120.

70.

1256, März 12.

Bischof Johann von Lübeck urkundet über einen zwischen dem Kloster zu Cismar und dem S. Johannisklosler zu Lübeck geschlossenen Vergleich.

— — Testes huius rei sunt: Herebordus abbas, Johannes prior, Johannes de Luneborg, Lutbertus, Wernherus, Franco, Nycholaus; canonici ecclesie Lubicensis: Sigebodo prepositus, Conradus decanus *(u. s. w. wie in Urkunde No. 69).*

Urkdb. d. Stadt Lübeck, I., No. 226.

71.

1256, März 12.

Bischof Johann von Lübeck urkundet über einen zwischen dem Domkapitel und dem S. Johannisklosler zu Lübeck geschlossenen Vergleich.

— — Testes huius rei sunt: canonici ecclesie Lubicensis: Segebodo prepositus, Conradus decanus, Arnoldus custos, Johannes scolasticus, magister Willikinus plebanus sancte Marie, Bernhardus de Ulsen, Thomas, Gerhardus Pylatus, Luderus de Luneburg, Henricus de Bocholte, Hermannus de Lyppia, Bruno de Tralowe, Borchardus, Herebordus de Oldenburg, Otto; consules civitatis eiusdem: Hillemarus, Henricus de Wittenburg, magistri burgensium, Sigestus, Willehelmus Albus, Rodolfus Wrot, Hinricus Vorrat, Sifridus de Ponte, Henricus de Boyceneburg, Willikinus de Sibadio, Johannes Campsor, Hermannus de Morum, Henricus de Molne, Fridericus de Bardewik, Wernherus de Quidelingeburg, Alfwinus de Domo, Willikinus de Bornhovede, Nycholaus Vollenpunt, Hinricus Storm, Johannes de Bremis, Alexander de Saltwedele, Conradus Vorrat, Johannes de Bardewik, Sifridus de Bocholte, Marsilius de Indaghine et alii quam plures, tam clerici quam layci.

Urkdb. d. Stadt Lübeck, I., No. 227.

72.

1256, im Mai. Lübeck.

„Jo. Dei gratia Lubicensis ecclesie episcopus, S. prepositus, C. decanus totumque eiusdem ecclesie capitulum" *bestätigen dem Domherrn Otto zu Lübeck, Capellan des Grafen von Holstein, und allen seinen Nachfolgern das Recht des Gnadenjahres.*

Leverkus, Urkdb. d. Bisth. Lübeck, I., No. 121.

73.

1256, December 21. Lübeck.

Bischof Johann von Lübeck vergleicht sich mit Volrad Sten und dessen Neffen gleichen Namens dahin, dass diese ihm die Vogtei zu Eutin überlassen und auf ihren Wohnsitz daselbst und alle ihre Güter in den Grenzen des Bischofs gegen 600 Mark Lübisch verzichten.

— — Nomina autem testium qui huic compositioni interfuerunt sunt hec: Segebode prepositus maioris ecclesie, Conradus decanus, Arnoldus custos, Gerardus Pylatus cantor, Heinricus de Bucholte, Johannes Livo, canonici ecclesie Lubicensis; Eggehardus Holtsatus, Marquardus de Rennowe et frater suus Bertoldus, Fredericus de Crempa et frater suus Poppo, milites et alii quam plurimi.

Leverkus, Urkdb, d. Bisth. Lübeck, I., No. 123.

74.

1257, April 17. Lübeck.

Die Grafen Johann und Gerhard von Holstein bekunden, dass der Bürger Alfwin Swarte sechs Hufen in Sülssau von ihnen gekauft und mit ihrem Willen dem Domkapitel zu Lübeck geschenkt habe.

— — Huius rei testes sunt: Segebodo prepositus, Conradus decanus et alii quamplures canonici Lubicenses; Eilardus sacerdos et Johannes de Werdingehusen, notarii nostri; Marquardus de Rennowe, Hartwicus quondam dapifer, Pape Wolf, Radolfus de Travenemunde, milites; Johannes advocatus in Oldenborch, Hildemarus, Heinricus Vorradi, Alfwinus de Domo, Rodolfus Wrot, totumque consilium civitatis Lubicensis et plures alii tam milites quam burgenses.

Leverkus, Urkdb. d. Bisth. Lübeck, I., No. 128.

75.

1257, April 17.

„Segebodo Dei gratia prepositus, Conradus decanus totumque capitulum ecclesie Lubicensis" *urkunden über die Stiftung und Dotation einer Vikarie in der Marienkirche zu Lübeck durch Alfwin Swarte.*

— — Huius rei testes sunt: Seghebodo prepositus, Conradus decanus, Arnoldus custos, magister Willekinus plebanus sancte Marie, totumque capitulum Lubicensis ecclesie; consilium sepedicte civitatis: Henricus Vorrat, Alfwinus de Domo, Willehelmus Albus, Rodolfus Wrol, Hillemarus, Henricus de Wittenborg, Hermannus de Morum. Alfwinus Niger cognatus sepedicti Alfwini totumque consilium Lubicensis civitatis et alii quam plures cives Lubicenses necnon et Henricus notarius einsdem civitatis.

Leverkus, Urkdb. d. Bisth. Lübeck, I., No. 129.

76.

1257, (April 17).

„Segebodo Dei gratia prepositus, Conradus decans totumque capitulum ecclesie Lubicensis" *bekunden, dass Alfwin Swarte die Mark Pfennige, welche unter die Domherren am Jahrestage seines Gedächtnisses vertheilt werden soll, während seines Lebens zu geniessen und jährlich vom Domdechanten zu empfangen habe.*

Leverkus, Urkdb. d. Bisth. Lübeck, I., No. 130.

77.

1257, August 10. Lager bei Ebsdorf.

Erzbischof Gerhard von Bremen und Herzog Albrecht von Braunschweig, für sich und Namens seiner Brüder, vergleichen sich dahin, dass der Erzbischof den Herzögen das Schloss Harburg und diese ihm das Schloss Langreddel überlassen.

— — Hec sunt nomina illorum militum qui pro compositione servanda fide data promiserunt: Albertus dux de Bruneswic domino S. Padebornensi episcopo et Gerhardo comiti Holtzatie fidem dedit; dominus Johannes marchio Brandenb. comiti Joh. de Scowenburg fidem dedit; comes Adolphus de Dannenberg comiti Heur. de Oldenburg fidem dedit; comes Heur. de Luchowe comiti Joh. de Oldenburg fidem dedit; Wernerus de Medinge Hermanno du Holte fidem dedit; Otto de Doyceneburg Ott. de Darmezstede fidem dedit; Manegoldus de Esthorpe Henr. advocato Stadensi; Hermannus Ribo, Hartwico Overboden; Alardus de Esthorpe Erponi de Luneberg; Segebodo de Monte Henr. de Borg; Nicolaus Aries Ludolfo de Henbroke; Gevehardus de Luneburg Thid. dapifero; Everhardus de Olem Henr. de Ellesthorpe; Lippoldus de Doren Henr. de Bederekesu; Hanerus de Luneburg Ott. de Urbe; Conr. de Grabowe Fr. de Reymershusen; Heuo de Godinge Conr. de Ochtenhusen; Frid. de Luderdeshusen Gerlago de Lu; Everhardus de Ulestede Gerfrido de Urbe; Eckeh. Scacko Erico de Scolsike; Conr. de Ost Gerfrido de Line; Drutblevus de Bensholte Henr. de Edselenthorpe fidem dedit cum militibus supradictis.

Sudendorf, Urkdb. z. Gesch. d. Herzöge v. Br.-Lüneby., I., No. 43.

78.

1257, September 8.

„Segebode miseracione divina prepositus, Conradus decanus totumque Lubicensis ecclesie capitulum" urkunden über das Patronat der beiden Vikarien, welche Heinrich Wullenpunt und sein Sohn Nicolaus in der Domkirche zu Lübeck gestiftet haben.

Leverkus, Urkdb. d. Bisth. Lübeck, I., No. 132.

79.

1257. October 27. Lübeck.

Die Grafen Johann und Gerhard von Holstein verkaufen dem Domkapitel zu Lübeck zwei Hufen in Süssau.

— — Huius rei testes sunt: Segebodo prepositus, Conradus decanus, Arnoldus thesaurarius, Gerardus cantor, Willekinus, Thomas et alii quam plures canonici Lubicenses; Eilardus sacerdos et Johannes de Werdinhusen notarii nostri; Marquardus de Rennove, Hartwicus dapifer, Radolfus de Travenemunde, Poppo de Crempa, Johannes advocatus in Oldenborch, Henricus Vorradi, Alfwinus de Domo, Rodolfus Wrot, Helmricus Albus et Vromoldus, camerarii totumque consilium civitatis Lubicensis et quamplures alii tam milites quam burgenses.

Leverkus, Urkdb. d. Bisth. Lübeck, I., No. 133.

80.

1257, December 22. Lüneburg.

Herzogin Mechtilde von Lüneburg ertheilt den Einwohnern zu Lüneburg die Erlaubniss, dass jeder sein Salz auf der Saline binde (in Tonnen stosse) oder das nicht Gebundene in seinem Gewahrsam behalte, falls er nur von jedem Wispel 7½ Pfennig Zoll entrichte.

— — certior fides fiat, — — per nomina disserendas inter quas principalis existit clericus noster et confessor dominus Hiur. de Brecic, dominus Alardus de Estorpe, Hauerus de Odem, Fredericus de Mol et dominus Herbordus milites nostri et pariter castellani; necnon de consulibus eiusdem oppidi: dominus Ricberuus, Hartmannus, Jord. Gher, Johannes Eleri, Johannes Albus, Johannes de novo foro, Volcquardus et Nicolaus Paron et alii quam plurimi eiusdem oppidi consules et burgenses.

Sudendorf, Urkdb. z. Gesch. d. Herzöge v. Br.-Lüneb., I., No. 44.

81.

1259. Hamburg.

Die Grafen Johann und Gerhard von Holstein verzichten auf ihre Rechte an dem Bruchzehnten in Stormarn zu Gunsten des Domkapitels zu Hamburg.

— — Testes huius rei sunt: Helpradus prepositus, Johaunes decanus, Sifridus custos, Henricus de Zevena, Eckehardus, Bruno, Hildebaldus, Radolfus, Thitmarus, Albertus et Albertus, canonici Hamburgenses; Hartwicus dapifer noster, Georgius, Gerbertus, milites; Leo, Sifridus teolenarius, cives Hamburgenses et alii quam plures.

Lappenberg, Hamburgisches Urkdb., I., No. 649.

82.

1259. Hamburg.

Das Domkapitel zu Hamburg genehmigt die Verfügung der Grafen von Holstein rücksichtlich des Bruchzehntens in Stormarn und verzichtet auf den Kleinzehnten.

— — Testes huius rei sunt: Helpradus prepositus, Johannes decanus, Sifridus custos, Eckehardus, Bruno, Henricus de Zevena, Hildebaldus, Radolfus, Thitmarus, Albertus et Albertus, canonici Hamburgenses; Hartwicus dapifer, Georgius, Gherbertus, milites; Leo, Sifridus theolenarins, cives Hamburgenses.

Lappenberg, Hamburgisches Urkdb., I., No. 650.

83.

1259. im April.

Bischof Johann von Lübeck verkauft dem Dompropst Segebodo für 40 Mark einige Hufen in Puttekendorpe, behufs testamentarischer Verfügung zu Gunsten der Domkirche.

Frater Johannes Dei gracia Lubicensis episcopus. Universis presencia visuris eternam in Domino salutem. Cum nos domino disponente et capitulo nostro studiose persuadente advocatiam in Uthin et alias quamplures redditus et pensiones a Volrado dicto Sten et a consanguineis et suis heredibus universis pro sexcentis marcis den. Lub. de prudentum consilio comparaverimus, intendentes nostre ecclesie conditionem reddere meliorem et ad solutionem tante pecunie redditus mense nostre non sufficiant, cum sint tenues et exiles, Sybodoui preposito Lub. mansos quos hactenus Puttekendorpe habuimus cum indicio et omni integritate inris et terminis eorumdem pratis pascuis aquis aquarumque decursibus ad disponendam ultimam voluntatem suam in ecclesia Lub. pro quadraginta marcis den. Lub. de consensu nostri capituli vendidimus, ut dicta ecclesia Lub. mansos eosdem pacifice possideat et quiete, per quam pecuniam partem debiti solvimus supradicti. Non enim credimus reputandum maxime cum venditum ab ecclesia non transferatur, sed incorporatum ipsi ecclesie forcius uniatur. In cuius rei memoriam presentem litteram nostro et capituli nostri sigillo fecimus communiri. Datum anno Domini M°CC°LVIIII°, mense Aprili.

Leverkus, Urkdb. d. Bisth. Lübeck. I., No. 140. (Das Original — mit dem Siegel des Domkapitels — befindet sich im Grossh. Haus- u. Central-Archiv zu Oldenburg.)

84.

1259, Juni 18. Bützow.

Bischof Rudolf und das Domkapitel zu Schwerin verkaufen dem Kloster Neukloster die Zehnten aus den Dörfern Müggenhof, Papenhagen und Penin für 160 Mark.

— — Testes sunt: prepositus Wernerus Zwerinensis, Segebode prepositus Lubicensis, Nicolaus scolasticus, Tidericus cantor et Johannes custos Zwerinensis.

Mecklenburgisches Urkdb., II., No. 842.

85.

1259. August 12.

„Segebodo prepositus, Conradus decanus totumque capitulum Lubycensis ecclesie." *ferner die Predigermönche und die Minoriten zu Lübeck ersuchen, unter Beglaubigung der von König Woldemar II. am 12. Juni 1220 und König Christoph I. am 31. Juli 1252 den Lübeckern ertheilten Privilegien, den König Erich von Dänemark um deren Bestätigung.*

Urkdb. d. Stadt Lübeck, II., No. 29.

86.

Ohne Jahr (1259).

„S. prepositus, C. decanus totumque capitulum Lubicensis ecclesie," *ferner die Predigermönche und die Minoriten zu Lübeck ersuchen Wartislaw III., Herzog der Slaven, unter Beglaubigung seines den Lübeckern am 23. März 1234 ertheilten Privilegiums, dieselben gegen deren Verletzung zu schützen.*

Urkdb. der Stadt Lübeck. II.. No. 33.

87.

Ohne Jahr (1259).

„S. prepositus, C. decanus totumque capitulum Lubicensis ecclesie," ferner die Predigermönche und die Minoriten zu Lübeck ersuchen Barnim I., Herzog der Slaven, unter Beglaubigung seines den Lübeckern am 23. März 1234 ertheilten Privilegiums, dieselben gegen dessen Verletzung zu schützen.

Urkdb. d. Stadt Lübeck, II., No. 34.

88.

1259, im September.

„Zeghebodo Dei gratia prepositus, Conradus decanus totumque Lubicensis ecclesie capitulum" urkunden über Veranlassung und Zweck der Anlegung ihres ersten Urkunden-Registers.

Leverkus, Urkdb. d. Bisth. Lübeck, I., No. 141.

89.

1259, October 25. Lübeck.

Das Domkapitel zu Lübeck berichtet dem Erzbischof Hildebold von Bremen über den Hergang der Bischofswahl, bei welcher der bisherige Domscholaster Johannes (von Tralau) zum Bischof von Lübeck gewählt worden ist.

Venerabili in Christo patri ac domino suo H. Dei gratia sancte Bremensis ecclesie archiepiscopo S. prepositus, C. decanus totumque Lubicensis ecclesie capitulum cum debita subiectione promptissimam ad beneplacita voluntatem. Ecclesia nostra pastoris solatio destituta per mortem venerabilis patris. fratris Johannis quondam episcopi nostri, indiximus terminum convenientem ad celebrandam electionem futuri pontificis, videlicet VI feriam post festum Luce preteritum, in quo termino presentibus omnibus qui electioni interesse volebant poterant et debebant, de communi consensu ad formam scrutinii processimus, tres eligendo scrutatores voluntatum, videlicet dominum S. prepositum Lub., dominum Johannem scolasticum Lub. nunc electum, et magistrum A. prepositum de Strant canonicum Lub. Qui requisiti vota sua primo et secreto et sigillatim expresserunt et in scriptis redegerunt, duobus ex hiis tercium inquirentibus. Deinde secreto et sigillatim cunctorum vota diligenter inquirentes, ea in scriptis redegerunt sub hac forma. Dominus S. prepositus Lub. Interrogatus in quem consentiret ut eligeretur in episcopum Lubicensem respondit: secundum meam conscienciam magis ydoneum scolastico Johanne non invenio in capitulo Lub., in quem consentirem, si pre timore comitum ausus essem. Johannes scolasticus interrogatus in quem consentiret ut eligeretur respondit: ego Johannes scolasticus consentio in prepositum S.; interrogatus de zelo respondit: quia credo ecclesie expedire. Amilius prepositus de Stranl interrogatus respondit: ego A. consentio in scolasticum Johannem; interrogatus de zelo respondit: quia credo ecclesie expedire. Decanus interrogatus respondit: se non audere eligere propter timorem comitum. Arnoldus interrogatus respondit: ego A. custos consentio in Johannem scolasticum, et bono zelo: quia credo ecclesie expedire. Magister W. interrogatus respondit: ego W. consencio in prepositum S., quia credo ecclesie expedire. Magister Tho. interrogatus respondit: ego magister Tho. consencio in scolasticum Johannem, quia credo ecclesie expedire. Gerardus cantor interrogatus respondit: ego G. cantor consentio in Joh. scol., quia credo ecclesie expedire. E g. interrogatus respondit: ego E. consentio in scol. Joh., quia credo ecclesie expedire. H. de Bochoth interrogatus respondit: ego H. consentio in scol. Joh., quia credo ecclesie expedire. Bruno interrogatus respondit: ego B. consentio in scol. Joh., quia credo ecclesie expedire. Burh. interrogatus respondit: ego B. consentio in prepositum S., quia credo ecclesie expedire. Herbordus in nullum consensit. Johannes Livo interrogatus respondit: ego Jo. consentio in scol. Joh., quia credo ecclesie expedire. Alexander cum maiori parte consensit. Otto interrogatus respondit: ego O. consentio in decanum Conradum. Hec vota scrutatores predicti mox in communi publicaverunt, et hinc inde in communi collationibus habitis, numeri ad numerum, zeli ad zelum, meriti ad meritum, invenimus quoad numerum: VIII tam prelatos tum (!) canonicos in dominum scolasticum Johannem, tres in prepositum et unum in decanum vota sua direxisse. Prepositus tamen licet non directe, indirecte tamen videtur in eundem consensisse, et decanus votum suum exprimere non audebat. H. in nullum consensit. A. consensit in eum, in quem pars maior consentiret. Quare biis pro non adiectis habitis deprehendimus non solum maiorem et saniorem partem capituli, verum eciam duas partes electorum in predictum scolasticum consensisse. Deinde zeli ad zelum et meriti ad meritum collationem facientes, invenimus eos qui in ipsum scolasticum vota sua direxerunt bono et sincero zelo eum ad huiusmodi officium desiderasse, tum pro eo quod numerus et auctoritas consentientium pro ipso faciebant, tum pro eo quod persona in quam consenserant ydonea habebatur, utpute que morum honestate, litterarum scientia prefulgebat. Reliqui vero duo, videlicet prepositus et decanus, quamvis essent persone valde commendabiles et honeste sufficientem tamen numerum consentientium non habebant. Tunc alii requisiti et rogati ut a suo proposito recederent et dictum scolasticum eligerent, in quem non solum maior pars et sanior electorum, verum etiam due partes et amplius consenserant, ut idem scolasticus ab omnibus communiter eligeretur, concorditer et benivole consenserunt. Unde magister A. prepositus de Straut canonicus Lubicensis hiis collationibus prehabitis, de mandato et voluntate communi omnium nostrum sepedictum Johannem scolasticum in episcopum elegit Lubicensem in hec verba: Ego A. prepositus de Straut et can. Lub. pro me et pro toto capitulo eligo Johannem scolasticum Lubicensem in pastorem et episcopum ecclesie Lubicensis, in nomine patris et filii et spiritus sancti. Quam electionem gratam habuimus et acceptam. Idem etiam electus electioni de se facte consensit, et nos mox sollempniter electionem publicavimus eandem, „te Deum laudamus" cantando, deinde viris religiosis clero et populo qui electionem exspectando desiderabant, sicut congruit exponentes. In huius rei testimonium presentem paginam subscriptionibus et sigillis capituli nostri, prepositi et decani et quorumdam can. Lub. fecimus roborari. Datum in ecclesia Lubicensi. Anno Domini M°CC°LIX°, in die Crispini et Crispiniani. Ego S. prepositus Lubicensis huic electioni interfui et subscripsi. Ego C. decanus Lubicensis huic electioni interfui et subscripsi. Ego A. custos Lubicensis huic electioni interfui et subscripsi. Ego Will. interfui et subscripsi. Ego Th. huic electioni interfui et consensi et sub. Ego G. cantor Lubicensis huic electioni interfui, consensi et sub. Ego E. interfui, consensi et sub. Ego Her. interfui et consensi et sub. Ego A. interfui, con. et sub. Ego H. de Docholt interfui, con. et sub. Ego Bruno interfui, con. et sub. Ego Borch. huic electioni interfui, con. et sub. Ego A. interfui, con. et sub. Ego Joh. Livo huic electioni interfui, con. et sub. Ego Otto interfui, con. et subscripsi.

Leverkus, Urkdb. d. Bisth. Lübeck, I., No. 143 (dort gedruckt nach einem Copialbuch).

90.

1259, November 8. Hamburg.

Die Grafen Johann und Gerkard von Holstein bestätigen den Verkauf des Dorfes Elmhorst von Seiten des Hermann Morsel an das Domkapitel zu Hamburg.

— — Testes sunt: Helpradus prepositus, Johannes decanus, Sifridus custos, Henricus, Bruno, Eckehardus Scacco, canonici Hamburgenses; Hartwicus dapifer noster, Georgius, Henricus de Hamme, Gherbertus advocatus noster, milites; Willekinus filius Hildegundis, Johannes de Twedorpe, Bertrammus Esici filius, Willekinus Crane, cives Hamburgenses et alii quam plures.

Lappenberg, Hamburgisches Urkdb., I., No. 646.

91.*)

(1260 oder 1261), Februar 13.

Aus dem „Liber memoriarum ecclesie Lubicensis:"

Idibus Februarii**) obiit Segebodo prepositus, qui dedit canonicis III marcas, unde vicariis IX sol. (debentur), quos prebendatus prebenda salinari exponet. Et est sepultus sub lapide suo posito ante et prope armarium circa lapidem M. Johannis Borgermesters. Modo exponet episcopus Lubicensis.

Leverkus, Urkdb. d. Bisth. Lübeck, I., No. 159. Anm.

92.

1261, Januar 28. Dalenburg.

Herzog Albert von Braunschweig schenkt dem Kloster Medingen den Königszins aus den Dörfern Secklendorf und Niendorf.

— — Huius itaque rei testes sunt: Henricus prepositus sancti Blasii, Jordanis notarius noster, Thidericus de Hyddesackere, Nicolaus Aries, Ilunerus de Luneborg, Otto Magnus, Eckehardus Scacko, Ludolfus de Grabowe, Fridericus de Vredhe, Winandus de Witinge, Rodolfus de Hare, Gevehardus advocatus in Tune et alii quam plures.

Aus Mscrpt. XXIII., 975 d. Königl. Bibliothek zu Hannover.

---

*) „6. Oktober 1260." Unter diesem Datum findet sich im Copialbuch IX. 265 p. 68 des Königl. Staatsarchives zu Hannover die Urkunde No. 120 vom 6. Oktober 1260.

**) Nach dem Präbenden-Verzeichnis (Urkde. No. 112) war der Gedächtnistag des Propstes Segebodo der Valentinstag, d. i. 14. Februar.

93.

1261, Juni 29. Lüneburg.

Vogt Segeband und der Rath zu Lüneburg bekunden, dass der Bürger Johann, Berthold's Sohn, von dem Ritter Manegold von Estorff einen Wispel Salzrente aus der Saline zu Lüneburg gekauft hat.

Seghebandus advocatus, consules in Luneborg Ricbernus, Gherbertus, Jordanus, Bertoldus institor, Hogerus de Pomerio, Bernardus Zabel, Bevo, Wicbernus, Nycolans Paron, Elerus Longus, Hermannus Albus, Volmarus omnibus hanc litteram visuris salutem in omnium salvatore. Litteris presentibus protestamur, quod Johannes, filius Bertoldi, emit a domino Manegoldo de Estorp unum chorum salis iure hereditario possidendum. Iste chorus est in domo Meunighe ad dextram manum cum itur in domum, in sartagine que dicitur Gungpanne. Ne autem emptio coram nobis rationabiliter ordinata posterorum violentia infestetur, presens scriptum nostre civitatis sigillo duximus roborandum. Datum Luneborg, anno Domini M°CC°LXI°, in vigilia apostolorum Petri et Pauli.

Nach einer Volger'schen Abschrift des Originals — mit dem gewöhnlichen Stadtsiegel — im Archiv des Klosters Lüne.

94.*)

1262.

Das Kloster S. Michaelis zu Lüneburg entlässt Ludwig von Oldershausen der Eigenbehörigkeit und macht ihn zu seinem Ministerialen, wofür Ludwig und seine Gattin Gertrud dem Kloster 3 Mark und eine Hausstelle in Bardowiek gegeben.

— — Huius rei testes sunt: Johannes decanus, Eckehardus Scacko, Bertoldus, canonici in Bardewic, Johannes sacerdos de Handorpe, Volkerus de Jersedeborch et Johannes de Ramesle, sacerdotes; Otto Magnus, Eckehardus Scacko, Herbordus, Eckehardus de Boyzeneborch, Manegoldus, milites; Wernerus, Syderus, Williklaus, Johannes de Olderdeshusen et alii quam plures.

Urkdb. d. Klosters S. Michaelis, No. 81.

---

*) Nach Pfeffinger, handschriftl. Gesch. der v. Estorff L. p. 31: „anno 1262 testirt Manegold Strave, als Bischof Conrad von Verden dem Kloster Ebstorff den Zehnten in Weinede, Meltzing und Allenbostel konferirt." Vergleiche jedoch Urkunde No. 128. — Conrad wird erst 1269 Bischof von Verden.

95.

1262, Februar 12.

Graf Bernhard von Wölpe schenkt das Eigenthum über ein Haus in Emmendorf, welches Dietrich Vultur zu Lehen trägt, an die Kirche zu Medingen.

— — Huius rei testes sunt: milites Heynricus de Waneberghen, Wernerus de Medigge, Otto de Boyceneborg, Georgius de Hitzackere, Hunerus de Luneborg, Eckehardus Scacco de Lonenborg*). Fredericus de Monle et alii quam plures.

Pfeffinger, Handschriftl. Gesch. der v. Estorff, II., p. 56.

96.

1262, Februar 17. Lauenburg.

*Herzogin Helena von Sachsen schenkt mit Consens ihrer Söhne Johann und Albert der Stadt Mölln das Dorf Gulz**).*

— — Huic vero donationi nobiscum intererant et testes sunt: Henricus de Riche, Eggehardus de Cocstede, Bartholomeus pincerna noster, Eggehardus Scakke, Nicolaus de Cubsole, Thietlevus de Parchentin, Hinricus de Crumesse, Johannes de Colpin, Bartoldus de Ritserowe, Conradus Wackerbart, Hartwicus Stormarius, Volcmarus de Grunowe, Johannes de Stralle, milites nostri, et alii quam plures fide digni.

Nach dem Original, von welchem beide Siegel abgefallen, im Königl. Staatsarchiv zu Schleswig. (Gedruckt in „Gründl. Nachricht von dem an Lübeck verpfändeten Dominio Mölln, Beilage F.)

97.

1262, October 16. Segeberg.

Die Grafen Johann und Gerhard von Holstein genehmigen den Verkauf des Zehntens aus Hoisbüttel Seitens der Brüder von Stamersdorp an den Hamburgischen Domherrn Eckehard.

Johannes et Gerhardus, Dei gracia comites Holtsatie et de Scowemborg, omnibus presens scriptum visuris salutem in auctore salutis.

*) Vergl. Note 10.
**) Gulz, Gültz, auch Gültzow (v. Urkde. No. 204), ein nicht mehr nachzuweisendes Dorf auf der Möllner Feldmark, ist nicht zu verwechseln mit dem nordwestlich von Lauenburg gelegenen Schack'schen Stammgut Gültzow.

Ne ea que a nobis rite geruntur tollat oblivio, placuit ea scripture testimonio commendari. Inde est, quod notum fieri cupimus universis, quod cum dominus Eggehardus, canonicus Hammemburgensis ecclesie, a Nicolao, Hartwico et Marquardo, fratribus dictis de Slamerstorp, pro quadam peccnie summa ad usus Hammemburgensis ecclesie emisset decimam in Hoyersbutle, nos ob reverentiam dicte ecclesie et etiam predictorum fratrum petitionem, omne ius, quod nobis et nostris heredibus in eadem decima, quam utique dicti fratres a nobis in feodo tenuerunt, competebat aut competere videbatur, in perpetuum contradidimus et donavimus ecclesie supradicte. In cuius rei testimonium ac perpetuam firmitatem presens scriptum sigillorum nostrorum munimine et testium inscriptione fecimus roborari. Testes autem sunt: Eggo de Slamerstorp, Bertoldus de Rennowe, Papewulf, milites; Burchardus de Wesenberge et alii quam plures. Actum et datum Segeberge, anno Domini M°CC°LXII°, feria secunda post assumptionem sancte Marie virginis.

Lappenberg, Hamburgisches Urkdb., I., No. 664. (Das Original — mit den beiden Siegeln der Grafen — befindet sich im Staats- u. Stadt-Archiv zu Hamburg.)

98.

1263.

Die Brüder Manegold und Bruno von Estorff überlassen dem Kloster Lüne einen Hof zu Kirchgellersen als Vergütung für den demselben in Nutzfelde zugefügten Schaden.

Manegoldus de Estorp et frater eius Bruno omnibus ad quos pervenerit presens scriptum salutem. Cum tempora pretereant more fluentis aque, acta in tempore solent scripturarum testimonio perhennari, ne per oblivionem excedant scientiam futurorum. Innotescat ergo presentis pagine inspectoribus posteris ac modernis quod prepositum et ecclesiam de Lune in bonis Nutlekesvelde indebite molestavimus tempore aliquando, sed nunc sano ducti consilio honestorum virorum, quos predictus prepositus pro compositione facienda inter nos ad nostram causam induxit, ad eorum protestationem ecclesie iam dicte domum unam Keregelderdessen contulimus in restaurum, attendentes etiam locis religiosorum pocius succurrendum quam ad eorum gravamen aliquatenus aspirare. Ne autem futuro tempore super predictis possit questio suboriri, acta inter nos sigillis et litteris communimus, ut collatione scriptorum possit rei veritas conprobari. Huius rei testes sunt: Wernherus de Zverin, Wernherus de Medigge, Otto de

Boyceneburch, Otto Magnus, Hunerus, Lippoldus, milites et alii quam plures. Actum anno incarnationis dominice M° ducentesimo sexagesimo tertio.

Nach dem Original im Archiv des Klosters Lüne. An Pergamentstreifen das wohlerhaltene Siegel No. III.

99.

1263, Februar 23. Lübeck.

Bischof Johann von Lübeck verkauft dem Magister Willekin van der Molen für den Altar S. Blasii in der Domkirche, welchen derselbe errichtet, den Zehnten von anderthalb Hufen zu Fargemiel und einer Hufe zu Dävau.

— Huius rei testes sunt: Bruno prepositus, Conradus decanus, Arnoldus thesaurarius, Heinricus scolasticus, Thomas, Ecchardus, Hermannus de Lippia, Borchardus, Amelias, Herbordus, Johannes Lyvo, Nicolaus, Gerardus, Johannes Friso.

Leverkus, Urkdb. d. Bisth. Lübeck, I., No. 158.

100.

1263, April 21. Verden.

Bischof Gerhard von Verden schenkt dem Kloster Lüne das Eigenthum über einen Hof in Kirchgellersen, welchen die Gebrüder Manegold und Bruno von Estorff dem Kloster überlassen haben.

Gerhardus Dei gratia Verdensis ecclesie episcopus omnibus presentem paginam visuris salutem in Domino. Publice utilitatis interest, ut quod in tempore dignum memoria agitur, ne cum tempore labatur, scriptis commendetur. Ad noticiam igitur universorum tam futurorum quam presentium volumus pervenire, quod ob favorem et peticionem domini Werneri prepositi de Lune, quem speciali prosequimur dilectione, proprietatem domus cuiusdam in Kerrgelderdessen site quam Manegoldus et frater suus Bruno dicti de Esthorpe a nobis in pheodo tenuerunt et liberaliter nobis et absolute resignaverunt de consensu capitali nostri, quod per appensionem sigilli sui protestatur cenobio eiusdem loci contulimus quiete et pacifice perpetuo possidendam. Et ne hec nostra donatio et illorum resignatio possit ab aliquibus succe-

dente tempore retractari ad decidendam totius dubietatis materiam
presentem paginam conscribi fecimus utrinsque sigilli appensione tam
nostri quam capituli ipsam roborantes. Datum Verle anno Domini
M°CC°LX°III°, pontificatus nostri anno XII°, XI° Kal. Maii.

*Nach einer Volger'schen Abschrift des Originals — mit den
wohlerhaltenen Siegeln des Bischofs und des Domkapitels — im
Archiv des Klosters Lüne.*

101.*)

1263, April 28. Celle.

*Herzog Johann von Lüneburg bekundet, von den Bürgern zu Lüne-
burg eine Geldhülfe aus den Salinegütern erhalten zu haben und ver-
spricht, dass eine ähnliche Steuer nie wieder erhoben werden solle.*

— — Huius rei testes sunt: Conradus de Dorstat, Luthardus
de Meynersen, nobiles; Baldwinus de Campo, Baldwinus de Wendhen,
Hinricus de Wrestede, Jordanis pincerna noster, Fredericus de Nen-
dhorpe, Heinricus de Heinborgh, Heinricus de Borghdorpe, fideles nostri;
Otto Magnus, Hunerus de Odem, Wernerus de Medinge, Egehardus
Scacke, Lippoldus et Tethardus fratres de Doren, Fredericus de
Moule, Otto de Boyzeneborgh, Everardus de Odem, fideles nostri;
Item: Gerardus Nypre, Hogerus de Pomerio, Ricbernus, Bernardus
Zabel, Godehardus, Volcmarus de novo foro, Wicbernus, Paron, Hoge-
rus Stufen, Hogerus Albus, Johannes Todonis, Ludengerus, consules
et alii quam plures.

Volger, Urkdb. d. Stadt Lüneburg, I., No. 91.

102.

1263, Juli 6. Lübeck.

*Die Herzöge Albrecht und Johann von Braunschweig-Lüneburg wieder-
holen vorstehende Erklärung betreffend die Salzsteuer.*

Zeugen wie in der Urkunde No. 101.

Volger, Urkdb. d. Stadt Lüneburg, I., No. 92.

---

*) 5. Juli 1263. „Scacke de Langwedele, — — Marquardus Scacho
(fälschlich statt Schacht), milites." Zeugen bei Graf Gerhard von Holstein. (Lappen-
berg, Hamburgisches Urkdb., I., No. 671.) — Vergl. Note 4 und Note 11.

103.

1263, August 14. Lübeck.

Bischof Johann von Lübeck überweist dem Domherrn Eckehard, welcher nach der letztwilligen Verfügung seines Bruders, des verstorbenen Propstes Segebodo, zur Stiftung von Vikarien 400 Mark ausgesetzt hat, das für diese Summe angekaufte Dorf Ripsdorf.

Johannes Dei gracia Lubicensis episcopus universis presencia visuris in perpetuum. Noverint universi, quod Eghebardus, ecclesie nostre canonicus, ultimam sui fratris Syghebodonis, olim prepositi Lubicensis, fideliter cupiens exequi voluntatem, tam de suis quam de predicti fratris sui facultatibus nobis quadringentas marcas pecunie numerate presentavit, supplicans cum instancia, ut in dyocesi nostra predia vel bona similia pro instaurandis vicariis congrua nomine ecclesie nostre emere nullatenus differremus. Nos itaque accepta et loci et temporis oportunitate villam quandam que Ribekesdorp dicitur, in terra Aldenborch sitam, a Ludero milite dicto de Quale, Henrico et Johanne fratribus suis quorum intererat de consensu et voluntate fratris Werneri generalis commendatoris ordinis fratrum domus Theutonice per Lyvoniam, pro eisdem quadringentis marcis pecunie comparavimus, adicientes triginta marcas denariorum de nostra pecunia, quas dictus commendator a nobis recepit, ut dominium feodi cum iudicio totali in nos et nostros successores perpetuo transferretur, sicut per evidencia commendatoris eiusdem docere possumus instrumenta. Porro memoratam villam cum omnibus suis pertinenciis, terminis videlicet cultis et incultis, ibidem ab antiquo distinctis cum omni iure et utilitate, qua domus Theutonica possedit temporibus retroactis, dicto Eghardo ecclesie nostre canonico duximus assignandam, ita videlicet ut disponendi vicarios, qui in ecclesia nostra Deo deserviant, et de predicte ville proventibus gaudeant, liberam habeat facultatem. Nos vero prefate ville iudicium nobis et nostris successoribus decrevimus reservandum, quod sub nostro et capituli nostri sigillo publice protestamur. Preterea quartam partem ville predicte emendi pro C marcis denariorum, si infra septennium nobis collibuerit, et mense episcopali applicandi habebimus potestatem. Datum Lubeke anno Domini M°CC°LXIII°, in vigilia assumptionis beate virginis Marie.

Laverkus, Urkdb. d. Bisth. Lübeck, I., No. 159. (Das Original — mit dem Siegel des Bischofs — befindet sich im Grossh. Haus- u. Central-Archiv zu Oldenburg.)

104.

Ohne Jahr (1263).

Verzeichniss der Vikarien in der Domkirche zu Lübeck.

— — Segebodo olim prepositus huius ecclesie instituit duas vicarias. Una vicaria recipit annuatim medietatem omnium proventum de villa Ribegkestorpe provenientium, in terra Aldenburg. Ista villa ad presens habet VIII mansos expeditos solventes pro censu annuatim XXXII marcas denariorum. In futurum cum amplius ibidem extirpatum fuerit, amplius poterit provenire. De istis XXXII marcis iste vicarius percipit medietatem, hoc est XVI marcas. Iste vicarius oblationes sibi oblatas singulis mensibus divisoribus presentabit. Privilegia super condicione huius vicarie require supra. Judicium istius ville est episcopi Lubicensis totaliter, quia suis denariis comparavit. Hereditas mansorum supradictorum est libera. Alia vicaria¹), quam idem prepositus instituit, suos habet proventus in Luneburg, de sartagine in domo Cluvinge; ista sartago non est integra, sed subtracta est una planstrata, que debetur claustro in Ebbegkesdorpe. De ista sartagine solvuntur annuatim pro censu due marce canonicis Verdensibus in festo Michaelis, unde de ista sartagine pertinent duo chori ad vicariam istam; hoc est due partes sartaginis, sed alie due planstrate sunt pro memoria dicti prepositi in suo anniversario, de quibus etiam dicti prepositi vicariis duobus due debentur marce singulis annis. Oblationes similiter isti vicario non debentur, sed divisoribus presentantur. Jus patronatus istarum duarum vicariarum post obitum Egardi, Burgardi*), Ludolfi**) canonicorum Lubicensium capitulo pertinebit.

¹) Am Rande von jüngerer Hand: Ista vicaria postmodum versa est in prebendam minorem et vocatur salinaria.***) Hodie autem est incorporata mense episcopali apostolica auctoritate et loco sui alia minor prebenda creata.

Leverkus, Urkdb. d. Bisth. Lübeck, I., No. 161.

---

*) Burchard gehört dem Geschlecht von Serkem an und erscheint seit 12. März 1250 als Lübecker Domherr; 1276 wurde er zum Bischof von Lübeck erwählt und starb als solcher am 13. März 1317, angeblich 121 Jahr alt. Er war ein Stiefbruder des Dompropstes Segebodo und des Domherrn Eckehard, vergl. die unter seiner Regierung aufgestellte Uebersicht der Urkleinkünfte des Domkapitels, Urkd. No. 145.

**) Ludolf übernahm 1261 die Curie des Domherrn Eckehard, an welcher ein Meierhof in Büsow gehörte, und wird daher identisch sein mit dem Domherrn Ludolf von Estorff, welcher am 3. Februar 1283 Einkünfte aus Büsow verpfändet. — Auch wird 1273—1300 Ludolf von Bardowick als Domherr zu Lübeck genannt.

***) S. Anmerkung p. 52.

105.

1263—1264.

Uebersicht der wichtigeren Verhandlungen der Domkirche zu Lübeck aus den Jahren 1262 bis 1266.

— — Anno Domini M°CC°LXIII°.

Per anni circulum hec sunt acta: Ecgardus dictus Scake canonicus noster ante obitum suum disposuit, ut Burghardus et Ludolfus consanguinei sui, canonici nostri, diebus suis ius patronatus habeant super IIII vicariis instauratis per ipsum et fratrem suum quondam prepositum Lub.; post obitum vero Burghardi et Ludolfi patronatus ad capitulum pertinebit, quod et episcopus confirmavit.*)

— — Anno Domini M°CC°LXIIII°.

Villicatio quedam in Sceruekowe empta est ab episcopo pro centum marcis ad opus refectorii in die Gregorii et subsidium vicariorum, quos Eghardus canonicus instituit, sicut in privilegiis super hoc confectis declaratur.**)

Leverkus, Urkdb. d. Bisth. Lübeck, I., No. 163.

***) a) 11. März 1300. Das Domkapitel zu Lübeck verwandelt mit Zustimmung des Bischofs Burchard zwei Vikarien in Canonikate, nämlich diejenige, welche der verstorbene Domdechant Friedrich gestiftet hat, und „alia quoque vicaria a domino Segebodone dicto Scacken bone memorie quondam ecclesie nostro preposito instaurata, quam dominus Johannes dictus Gans optinuit, cuius vicarie redditus seu proventus sunt in salinis Luneburg, in sartagine sita in domo Cluvinghe." (Leverkus, Urkdb. d. Bisth. Lübeck, I, No. 412.)

b) Andreas von Mandelsloh (gest. 1585). Registrum ecclesiae Verdensis:
.— — Item domini Verdenses habent in salina quattuor marcas denariorum in festo sancti Michaelis, dum videlicet in sartagine Cluvinge, que est prepositi Segeboden Schacken, una marca in domo Menninge in bouls Frederici de Monle." (v. Hodenberg, Verdener Geschichtsquellen, I., p. 10.)

*) Vergl. Urkunde No. 109.

**) Vergl. Urkunde No. 113.

106.

1264.

Propst Werner zu Lüne kauft von dem Burgmann Wasmod in Lüneburg zwei Mark jährlicher Salzrenten aus der Saline zu Lüneburg.

— — Testes huius emptionis sunt: Lippoldus et Gerhardus fratres de Doren, Ekkehardus Scacko, Otto Magnus, Otto de Royceneborch, milites; Hogerus de Pomerio, Jordanus, Dhenkerus, burgenses et alii quam plures.

Nach dem Original — mit den Siegeln des Bischofs von Verden und des Propstes Werner — im Archiv des Klosters Lüne.

107.

1264. Lüneburg.

Abt Haldus und der Convent des Klosters S. Michaelis zu Lüneburg überlassen an Hermann von Thune verschiedene Ländereien zu Hitbergen.

— — Huius rei testes sunt: domini nostri viri religiosi: Conradus prior, Wernerus custos, Gerardus quondam abbas, Nycolaus infirmarius, Ludolphus de Monte, Gerardus Prioreke, Heinricus iuvenis, Heinricus de Mersche, Johannes de Hildensem, Fredericus Pater, Hermannus et alii domini nostri; milites quoque: Wernerus de Medinghe, Otto Magnus, Otto de Boyzemburg et filius ipsius Eckehardus, Everardus et Hennerus de Odeme, Gerardus de Doren, Thidericus Vultar, Ludolphus de Merwede, Manegoldus de Estorpe et alii quam plures.

Urkdb. d. Klosters S. Michaelis, No. 86.

108.

1264, August 27. Laueuburg.

Herzogin Helena von Sachsen bekundet, dass ihre Söhne Johann und Albrecht den Arnold von Sachsenhagen mit dem Zehnten über zwei Hufen zu Bergedorf belehnt haben.

— — Huius rei testes sunt: Cletevus (Detlevus) de Parkentyn, Heinricus de Crumesse, Bertoldus de Litzerowe (Ritzerowe), Albertus et frater suus Bertrammus, Eckehardus Stacko (Scacko*), Olricus et fratres sui de Tuyne (Thune), Heinricus de Sago (Fago) et alii quam plures.

v. Hodenberg, Calenberger Urkdb., III., No. 283.

---

*) Vergl. Note 8.

109.

1264. September 17. Lübeck.

Bischof Johann von Lübeck bestätigt das Testament des Domherren Eckehard.

Johannes Dei gratia Lubicensis episcopus universis presentia visuris salutem in Domino. Testamentum Egbardi, canonici ecclesie nostre Lubicensis, de verbo ad verbum taliter vidimus ordinatum: Notum sit omnibus quod ego Egbardus canonicus Lubicensis coram domino decano Gumperto, Giselberto et aliis quampluribus canonicis Bardewicensibus et presente Burghardo et Ludolfo canonicis Lub. et Ulrico vicario eiusdem ecclesie et aliis quam pluribus clericis et laicis condidi testamentum sub hac forma: Sartaginem in domo Clavinge sitam, plaustrata minus, Ulricus dictus Draco pro vicaria habebit in ecclesia Lub., ita tamen quod de eisdem bonis idem Ulricus vel successor suus, qui pro tempore fuerit, in anniversario fratris mei Sybodonis bone memorie prepositi Lubicensis exhibebit canonicis et vicariis ecclesie Lubicensis secundum quod in registro ecclesie est conscriptum, hoc adiecto quod idem Ulricus vel successor suus, qui celebrabit in capella beate virginis sub armario, duas marcas exhibebit singulis annis duobus vicariis, uni videlicet qui sub ambone ex mea institucione missam alternis septimanis celebrat animarum, et alteri vicarie, quam nunc de novo instituo de quarta parte ville in Ribeckestorp, quam pro C marcis a domino meo episcopo Lubicensi comparavi. Preterea hiis duobus vicariis adicio XX modios avene et VIII siliginis et VIII ordei et VI pullos, quos ex quadam proprietate in Voderrode frater meus bone memorie habuit prepositus Lub. Preterea aream quandam in ulteriori Bussowe in orientali parte sitam, que solvit XII solidos den., et aream in occidentali parte sitam, que solvit II sol. et VIII pullos; preterea XXX marcas den., quas Ludolfus cognatus meus pro medietate curie mee dabit, eisdem vicariis exhibebit, reliquam partem curie eidem Ludolfo duxi gratis conferendam. Intentionis mee est, ut iste vicarius de novo creatus summo mane dicat missam infra pulsationem matutinarum in civitate, si canonicis placuerit. Preterea villicationem, quam habeo in Bussowe, que solvit IIII talenta siliginis et II talenta avene et IIII solidos den., confero canonicis Lubicensibus in anniversario meo presentibus tantum. Cum contigerit vacare istas vicarias supradictas et similiter vicariam Nicolai, que est quarta, ad eas Burghardus et Ludolfus personas ydoneas presentabunt, sacerdotes vel vicinas sacerdotis, que personaliter deserviant beneficiis supradictis. Post obitum autem predictorum Burghardi et Ludolfi capitulum porriget beneficia antedicta. Execucionem istorum omnium et etiam aliarum rerum nobilium domino decano et Burghardo, Nicolao de Luneburg et magistro Gerardo committo canonicis Lubicensibus, ut de hiis disponant sicut eis melius videbitur expedire. In cuius rei testimonium sigillum capituli Bardewicensis duxi apponendum. Nos itaque quod ab eodem Egbardo canonico provide ac devote est ordinatum, gratum et ratum habentes, id auctoritate presentium confirmamus et presentis scripti patrocinio communimus. Nulli ergo omnino hominum liceat hanc paginam nostre confirmationis infringere vel ei ausu temerario contraire. Si quis autem hoc attemptare presumpserit, indignationem omnipotentis Dei se noverit incursurum. Datum Lubeke anno Domini M°CC°LXIIII°, in die Lamberti, pontificatus nostri anno quinto.

Leverkus, Urkdb. d. Bisth. Lübeck, I., No. 164. (Dort gedruckt nach einem Copialbuch.)

110.

1265, Januar 22. Lüneburg.

Die Herzöge Albrecht und Johann von Braunschweig-Lüneburg übertragen dem Kloster Doberan das Eigenthum einer von den Grafen Gunzelin und Helmold von Schwerin erkauften Salzpfanne zu Lüneburg.

— ·· presentibus viris nobilibus et honestis: comite Gunzelino de Zwerin et filio suo Helleboldo, domino Frederico de Dorstat iuniori, Ludolfo et Henrico fratribus de Weinden, Herewico camerario de Nutoren, Willekino de Gustede, Ottone Magno de Luneborch, Wernero de Medinge, Hunero de Odeme, Willekino de Aldonhusen, Manegoldo de Estorp et aliis quam pluribus fide dignis.

Mecklenburgisches Urkdb., II., No. 1033.

111.

(1265), März 13.

Aus dem „Liber memoriarum ecclesie Lubicensis":

III. Idibus Martii. Obiit Eghardus Schacke canonicus, qui dedit canonicis II marcas de superiori Bussow. Idem Eghardus sepultus est sub lapide suo ante armarium, in cuius superficie sculpte sunt due imagines canonicales, inter quarum crura sculpta est imago sacerdotalis. Et iacet prope lapidem M. Johannis Borgermestera.

Leverkus, Urkdb. d. Bisth. Lübeck, I., No. 160, Anm.

112.

Ohne Jahr.

Präbenden-Verzeichniss der Domkirche zu Lübeck.

— — De singulis villis quantum derivetur: — — et decimam agrariam, quam episcopus habuit in Wesenberge, ubi ecclesia sita est, cum suis appenditiis etiam reliquit capitulo et recepit a capitulo in restaurum IIII mansos in Pottekendorpe, quos olim prepositus Segebodo ecclesie contulit, ut cantaretur Salve regina sextis feriis. — — Preterea quasdam in communi recipimus consolationes pro defunctorum memoriis ordinatas: — — Item prepositus Sigebodo ordinavit in suo anniversario scilicet in die Valentini, ut quilibet canonicus in vigiliis existens recipiat I solidum, quilibet vicarius VI denarios, preterea mane in missa animarum quilibet canonicus presens iterum unum solidum recipiat, quilibet etiam vicarius integrum solidum percipiat. Istam pecuniam erogare tenetur de sua sartagine vicarius ab eodem preposito institutus. — — Item pro memoria Conradi prepositi I marcam denariorum de salina annuatim; ista marca recipitur in domo Butzinghe in sartagine que dicitur Wecpanne, que posita est ad latus domus Berlinghe. Item VIII modii siliginis de novalibus in Bussowe inter canonicos presentes in suo anniversario dividantur. — — Item in crastino Gregorii obiit Eghardus canonicus, qui ipso die ordinavit inter presentes canonicos equaliter dividendum quod de sua villicatione in Bussowe annuatim recipitur, videlicet IIII talenta siliginis, item II talenta avene, item IIII solidos denariorum, que estimantur ad XLII solidos.

Leverkus, Urkdb. d. Bisth. Lübeck, I., No. 160.

113.

1265, März 31. Lübeck.

Bischof Johann von Lübeck verkauft ein Erbe im Dorfe Zarnekau zur Verbesserung der von dem verstorbenen Domherrn Eckehard errichteten Vikarien und zur Stiftung eines Gedächtnissmahles an dem Todestage desselben.

Johannes Dei gratia Lubicensis episcopus universis presentia visuris salutem in Domino. Cum post obitum Tutonis in villa Scernekowe olim commorantis hereditatem, que suis competebat heredibus in loco predicto pro quinquaginta marcis den. Lub. de consilio nostri capituli emerimus, et soluta dicta pecunia predictos Tutonis heredes a memorata villa prorsus excluserimus, nos eandem hereditatem cum terminis patenter distinctis, prout idem Tuto, cum viveret, dinoscitur possedisse, pro centum marcis denariorum vendidimus, ut vicarie ab Eghardo quondam ecclesie nostre canonico institute per huiusmodi bona emendentur, et in suo anniversario singulis annis de eisdem bonis in refectorio fratribus servietur. Tres vero mese, que canonicis annuatim de predictis bonis debentur, volumus, ut de provincia Aldenburg per manum collectoris expedite de cetero persolvantur. Preterea si in posterum nobis aut successori nostro collibuerit, predicta bona pro dicte pecunie summa liberam reemendi habebimus potestatem. In cuius rei firmitatem tam nostrum quam ecclesie nostre sigillum presentibus est appensum. Datum Lubeke anno Domini M°CC°LXV°, II. Kalendas Aprilis.

Leverkus, Urkdb. d. Bisth. Lübeck, I., No. 168. (Das Original — mit dem Bruchstück eines Siegels, anscheinend des Bischofs — befindet sich im Grossh. Haus- u. Central-Archiv zu Oldenburg.)

114.

1265, Mai 11. Lüneburg.

Ritter Huner von Odeme zu Lituchurg verkauft an Friedrich von Melbeck sein Erbeigenthum an der Mühle in Melbeck.

— — Huius rei testes sunt: Otto Mangnus, Ekkehart Schakko et frater suus Manegoldus de Estorpe, Ekkehardus de Grestorpe (Vrestorpe*), item Manegoldus de Estorpe, Hunerus iunior de Odeme, Hinricus Greviugh, Ricmarus Grevingh, Johannes Grevingh, Fredericus de Melbeke, molendinarius Luderus de Emmessen et alii quamplures milites et servi.

Urkdb. d. Klosters S. Michaelis, No. 90.

*) Vergl. Urkunde No. 134.

115.

1265. December 19. Hamburg.

Der päpstliche Legat Cardinal Guido bekundet, dass das Domkapitel und die Dominicaner zu Hamburg ihre Streitigkeiten seinem Schiedsspruche unterworfen haben.

— — Quia vero discreti viri Bruno scolasticus, magister Hilleboldus, Johannes de Werhausen, Ulricus et Arnoldus, eiusdem ecclesie Hamburgensis cannonici, necnon fratres Luderus, Gerardus, Johannes de Segeburch, Eckeardus, Tidericus de Aquis, Thidericus de Boizeleneburch et Emericus eiusdem ordinis, qui huiusmodi debebant interesse negotio, erant absentes, voluerunt et consenserunt, quod nos ab eisdem scolastico ac aliis canonicis nec non fratribus reciperemus de observandis predictis omnibus expressis superius iuramenta. — —

Lappenberg, Hamburgisches Urkdb., I., No. 685.

116.

Ohne Jahr, März 14.

Aus dem „Necrologium capituli Hamburgensis":

II. Idibus Martii. Obiit Eckehardus Scacko, noster canonicus, qui fecit ecclesie vicariam, in cuius anniversario dabitur memoria, canonicis 1 sol., vicariis 6 den., per vicarium, qui nunc dicitur Johannes Holdenstede, scilicet anno Domini 1358.

Zeitschrift für Hamburgische Geschichte, 1875, p. 61.

117.

1266. Juli 6. Lüneburg.

Die von Meding verkaufen dem Kloster Medingen für zehn Mark den Zehnten zu Virle.

— — Huius autem rei testes sunt: milites dominus Lippoldus de Doren, dominus Manegoldus Scholte (Schlichte?*), dominus Eckehardus de Wustrowe (Wrestorpe?), dominus Scacko, et burgenses civitatis: dominus Johannes ante valvam, Johannes de Lubeke, Gerbertus Hoier et alii quam plures.

Aus Gebhardi's Collect., III, p. 615 der Königl. Bibliothek zu Hannover.

*) Vergl. Anmerkung p. 59.

118.

1266. September 8. Lüneburg.

Ritter Werner von Meding verkauft dem Domkapitel zu Bardowiek ein Gut zu Mechtersen.

— — Huius rei testes sunt: milites Gevehardus de Bortvelde, Hunerus, Otto Magnus, Heynricus de Wrestede, Daldewinus, Lippoldus, Ecchehardus Scacko, Wasmodus et alii quam plures.

Nach dem Original — mit dem schlecht erhaltenen Siegel des Ausstellers — im Königl. Staatsarchiv zu Hannover.

119.

1267. November 14. Verden.

Bischof Gerhard von Verden bekundet, dass Ritter Manegold der Struve und seine Brüder ihre Besitzungen zu Rullstorf für 260 Mark an das Kloster Scharnebeck verkauft haben.

In nomine sancte et individue trinitatis. Gerardus Dei gratia Verdensis ecclesie episcopus universis Christi fidelibus presentem litteram visuris salutem in Domino sempiternam. Ne ea que geruntur in tempore labantur simul cum lapsu temporis, poni solent lingua testium vel scripture memoria perhennari. Notum igitur esse volumus universis, quod cum dilecti in Christo abbas et conventus monasterii in Scherenbeke ordinis Cysterciensis a Manegoldo milite dicto Strave*) suisque fratribus bona in Rolvestorpe, sita prope Scherenbeke, et homines dictis bonis attinentes in eisdem tantum commorantes ceteraque omnia in aquis, pratis, pascuis et nemoribus predictis bonis attinencia, que de manu et ecclesia nostra idem M. et fratres sui predicti in pheodo habuerant, abbas et conventus prefati pro CC" et LX* marcis examinati argenti comparassent, nos emptionem eorum ra-

---

*) Vergl. Urkde. No. 150 (Manegold von Estorff, genannt der Struve). — Es lebten in der zweiten Hälfte des 13. Jahrhunderts drei Vettern von Estorff, welche den Vornamen Manegold führten und (augenscheinlich nach der Beschaffenheit ihrer Haare) unterschieden wurden als Manegold der Strave oder Kraus, Manegold der Schlichte oder Weisse und Manegold der Schwarze. Von diesen gelangte besonders Manegold der Strave zu hohem Ansehen und erhielt dadurch sein Beiname „Strave" einen derart guten Klang, dass er von den Kindern, Enkeln und Urenkeln fortgeführt wurde, ohne jedoch — was sonst häufig der Fall — den Familiennamen von Estorff ganz zu verdrängen.

tam per omnia habere cupientes, tam in animae nostre remedium, tam ut ibidem commodius habeatur regularis observancia discipline, proprietatem dictorum bonorum in Rolvestorpe et decime Hudzelo abbati et fratribus antedictis contulimus favorabiliter et benigne. In cuius rei testimonium presentem litteram sigillo nostro duximus roborandam. Nos Burchardus prepositus, Gerhardus decanus totumque Verdensis ecclesie capitulum, quia prefate donationi consensum nostrum adhibuimus et de nostra prodiit voluntate, presenti litere sigillum nostrum duximus apponendum in perpetuum testimonium et munimen. Acta sunt hec Verde anno Domini M°CC°LX° septimo, XVIII° Kalendas Decembris, pontificatus nostri anno XV°. Testes huius rei sunt: Henricus burcgravius de Stromberge, Hermannus Poppo, Johannes de Grafio, milites; Hildewardus de Stederdorpe, Dithardus de Ride, Hermannus dapifer, Holto de Zendorpe et alii quam plures.

Nach dem Original im Königl. Staatsarchiv zu Hannover. An Pergamentstreifen das Siegel des Domkapitels; dasjenige des Bischofs ist abgefallen.

120.*)

1268, October 6.

Der Rath der Stadt Lüneburg bekundet, dass der Burgmann Wasmod Kint dem Kloster Wienhausen Renten aus der Saline zu Lüneburg verkauft hat.

— — Hulus autem contractus testes sunt: dominus Johannes prepositus in Ebbekestorpe, dominus Heinricus de eadem villa, dominus Godehardus, dominus Matthias; milites: Otto Magnus, Huperus de Odeme, Eggehardus de Boyzeneborg, Eggehardus Schakke, Lippoldus, Tethardus, Gherardus de Doren, Wasmodus et Paridam de Kuesebecke et alii quam plures.

Pfeffinger, Gesch. der Braunschw.-Lüneb. Lande, I., p. 789.

---

*) 1268. „Senkko de Clawestorpe" verkauft ein in der Dänenstrasse zu Kiel gelegenes Haus. (Hasse, Kieler Stadtbuch No. 408.) — Vergl. Note 4.

121.

1269.

Ritter Werner von Meding zu Lüneburg verkauft dem Kloster Lüne die Vogtei über eine dem Kloster gehörende Hufe in Volksturf.

— — Huius rei testes sunt: Everhardus plebanus de S. Cyriaco dominus Eckehardus Scacke de Boyceneborch*), dominus Honerus, dominus Manegoldus Struve, dominus Heynricus de Bercum, Heynricus Greving, Johannes Groving, Albertus de Reinestorpe, Frithericus de Moule, Georgius de Etzenthorp, Ludolfus de Heynestorp, Olricus de Dalenborch et alii quam plures.

Urkdb. d. Klosters S. Michaelis, No. 94.

122.

1269, Februar 25. Bergen.

Herzog Johann von Lüneburg bekundet, dass die Berechtigten in der alten Saline das zum Guss der Bleipfannen bestimmte Gebäude „Bora" in der Saline von ihm käuflich erworben haben.

— — Huius rei testes sunt: milites Ghevehardus de Bortvelde, Johannes de Saldere, Tidericus de Walmede, Wernerus de Medige, Honerus de Odeme, Otto Magnus, Hildemarus de Oberghe, Eggehardus Scacke, Ludolfus de Estorpe, Eggehardus de Boyzeneburgh, Manegoldus de Estorpe, Manegoldus filius Alardi de Estorpe; burgenses: Gherbertus, Johannes Todonis filius, Wasmodus, Hermannus Albus, Hogerus de Pomerio, Heinricus Puer, Johannes de Lubeke et alii viri quamplures honesti.

Volger, Urkdb. d. Stadt Lüneburg, I., No. 104.

123.

1271.

Das Domkapitel zu Hamburg urkundet über die Dotirung und die Verpflichtungen der Vikarie „ante faciem" in der Domkirche zu Hamburg.

— — Ad hoc autem redditus dominus Godescalcus sacerdos dicto contulit altari duas marcas nummorum in Luneborg in sartagine domini Eghardi, quondam ecclesie Hammemburgensis canonici, in domo dicta Suderstinge et Guucpanne singulis annis, — —.

Lappenberg, Hamburgisches Urkdb., I., No. 747.

---

*) Vergl. Note 12.

124.

1271. Lüneburg.

Die Brüder Bernhard und Bertold Sprenger einigen sich mit dem Kloster Scharnebeck wegen der Erbauung einer Mühle an der Nectze.

— — Huius rei testes sunt: Manegoldus Cruse*), Manegoldus filius domini Alardi de Estorpe, Gevehardus de Todendorpe, Hinricus Greving et frater suus Ricmarus et Johannes Greving et alii quam plures probi viri et honesti**).

Nach dem Original — mit dem Siegel der Aussteller — im Königl. Staatsarchiv zu Hannover.

125.

1271, März 15.

Ritter Manegold der Schlichte zu Lüneburg und sein Bruder Alard verkaufen dem Kloster Lüne für 24 Mark Silber zwei Höfe in Sülbeck und behalten sich für sechs Jahre das Wiedereinlösungsrecht vor.

Omnibus Christi fidelibus tam presentibus quam futuris, ad quorum audientiam vel visionem presentes littere pervenerint, Manegoldus miles in Luneborch dictus Slichte"***) et Alardus frater suus salutem in eo, qui est salus omnium. Cum omnium habere memoriam sit divinum potius quam humanum ideo ne super actibus hominum, qui pro tempore celebrantur, possit in posterum calumpnia suboriri, necesse est ipsos litteris commendari. Noverit igitur universitas vestra, quod nos de consensu et voluntate omnium consanguineorum et amicorum nostrorum vendidimus et resignavimus pro XXIIII "r marcis argenti examinati claustro in Lune duas domos, sitas in Sole-

---

*) Vermuthlich Manegold der Struve, d. i. der Krause, siehe Anm. p. 50.

**) Pfeffinger, handschriftl. Geschichte der v. Estorff, L. p. 151, bringt den Schluss der Urkunde in deutscher Übersetzung, wie folgt:

„Dusser dinge tüge sint gewesen: Maneke, Kanso Marcke, Hern Alerdes Sohne van Estorp, Geverdt van Hodendorppe, Hinrich Grefingk und syn Broder, Richmer, und Johan Grefingk, und andere vele fromme und eerlike Lüde."

***) Vergl. Urkunde No. 132 (Manegold von Estorff, genannt der Schlichte) und Anmerkung p. 59.

beke, que erant nobis proprie et hoc tali fecimus conditione, quod si ego Manegoldus potero ipsas infra sex annos et ante dominicam Letare propriis denariis et ad usus proprios emptionis titulo rehabere, nullam a memorato claustro contradictionem debeam sustinere. Si autem medio tempore unus nostrum nature debitum persolverit, memorate domus non possunt nec debent emptionis iure rehaberi, sed pro anima ipsius defuncti stabit, si prefate domus fuerint meliores in aliquo pecunia iam predicta. Si vero dominus vitam nobis concesserit et ego Manegoldus non decrevero memoratas domos emptionis contractu rehabere, sed pro remedio anime mee claustro assignavero sepedicto, sanctimoniales, que ibidem Deo et beate virgini die noctuque deserviunt, in suis orationibus memores nostri erunt et post mortem nostram anniversarium nostrum sicut fratrum et sororum suarum agere tenebuntur. In cuius rei evidentiam, firmitatem et memoriam presentes litteras scribi fecimus et sigilli nostri munimine roborari. Testes autem qui interfuerunt sunt hii: Johannes archidiaconus in Luneborch, Wernerus de Medingbe, Lippoldus de Dore, Thitharius de Dore, Johannes de Dore, Nicolaus Ursus, Bernardus Saltator, Manegoldus Struve et fratres sui, Jacobus de Pomerio, Johannes Grevingus, Thidericus Vultur, Heinricus Boemus, Albertus Hollo et alii quam plures. Acta sunt hec anno Domini M°CC°LXXI°, dominica Letare.

Nach dem Original im Archiv des Klosters Lüne. An Pergamentstreifen das wohlerhaltene Siegel No. V.

126.

127. Mai 5. Lüneburg.

Lippold von Doren und seine Brüder übertragen dem Kloster Medingen ihre Rechte auf den Zehnten in Colene.

— — Testes: dominus Wernerus de Medinge, Hunerus de Odeme, Otto Magnus, Ekehardus de Boyzeneburg, Ekkehardus de Wrestorpe, Ludolfus de Merwede, Nycholaus Ursus, Alexander de Odeme, Wernerus de Zwerin, Gevehardus Magnus, Tidericus de Monte et Segebandus frater suus et alii quam plures viri providi et honesti.

Aus Gebhardi's Collect., III, p. 609 der Königl. Bibliothek zu Hannover.

127.*)

1272, October 9. Lauenburg.

Die Herzöge Johann und Albrecht von Sachsen übertragen dem Kloster Reinbeck das Dorf Wentorf.

— — Testes huius collationis sunt: dominus Fridericus Barvot, dominus Heinricus de Crumesse, dominus Bertrammus de Lauenburg, dominus Ecbardus Scacko, milites et alii quam plures fide digni.

Michelsen, Schlesw.-Holst.-Lauenbg. Urkdb., I., p. 101, No. 94.

128.

1272, November 29.

Bischof Conrad von Verden bestätigt den von seinem Vorgänger Gerhard am 20. October 1263 vollzogenen Verkauf der Zehnten zu Weihe, Melzingen und Allenbostel an das Kloster Ebstorf.

— — Testes huius rei sunt: Gherhardus decanus maioris ecclesie Verdensis, Ludolfus de Lo cellerarius, prepositus Olricus, Alvericus Schukke, Alvericus de Bederkesa, Ludolfus de Wega, Johannes de Monle prepositus de Repin, Florencius custos, Henricus de Hultesminne, magister Johannes de Neuthorpe, Giseke, Parlam de Knesebeke, Manegoldus de Estorpe et alii quam plures.

Aus Copialbuch IX, 200 des Königl. Staatsarchives zu Hannover.

---

*) „1. Mai 1272 (anno Domini M°CC°LXX° secundo, Quasi modo geniti)." Dies Datum hat eine im Königl. Staatsarchiv zu Hannover befindliche, 1321 beglaubigte Abschrift der Urkunde No. 153 jedenfalls nur versehentlich, denn Herzog Otto I. von Lüneburg starb 1252 und Herzog Otto II. folgte erst 1277 seinem Vater, Herzog Johann, in der Regierung. Voraussichtlich wird in der Jahreszahl ein „X" fehlen, so dass, wie auch Sudendorf, Urkdb. I., No. 97 annimmt, das Original „1282" hatte, und demgemäss das Datum in „5. April 1282" aufgelöst werden muss. Hiermit steht im Einklang die Erwähnung des Bischofs Conrad von Verden, welcher 1279 bis 1289 die Vormundschaft über Herzog Otto II. führte.

129.*)

1273, Juni 15.

Herzog Johann von Lüneburg verkauft die von ihm angelegte neue Saline in der Stadt Lüneburg den in der alten Saline Berechtigten zum Abbruche und verpflichtet sich, keine neue Saline wieder anzulegen.

— — Testes autem hii: Gher. decanus Verdensis, Hinricus prepositus de Lune, Bernardus prepositus de Boxstehude, Lippoldus canonicus sancti Blasii in Bruneswic, Adam monachus in Reynevelde; milites: dominus Hinricus comes de Woldenberge, Geverhardus senior de Bortvelde, Geverhardus filius suus, Geverhardus filius domini Ludolfi, fratres de Veneden Boldwinus et Hinricus, Olricus de Tune, Bernardus Sprengerus, Eghardus Scacko; burgenses: Johannes de Berge, Wasmodus, Albertus Holle, Johannes de Lubeke et quam plures alii fide digni.

Urkdb. d. Klosters S. Michaelis, No. 101.

130.

1274. April 5. Lauenburg.

Herzog Albrecht von Sachsen bekundet, dass der Domherr Arnold von Schinna dem Kloster Schinna verschiedene Güter geschenkt hat.

— — Huius rei testes sunt: Hermannus Ribo, Henricus de Whitthorpe, Thetlevus de Parkentin, Henricus de Crumesse, Arnoldus de Sassenhagen, Henricus Schakke, milites et alii quam plures fide digni.

v. Hodenberg, Hoyer Urkdb., VII., No. 53 u. 54.

---

*) a) Hofmann, Album curiae Luneburgicae (Mscrpt. des Königl. Staatsarchives zu Hannover): „anno 1273. Senatores: Ehrhard Schacke, Johann von Bergen, Wasmuth Ludewich, Albert Holle, Johan von Luebeck — —. Hoc anno hat Hertzog Johannes diese neu angelegte Sültze dem Rahte verkaufft." Augenscheinlich liegt hier betreffs Ehrhard Schacke ein Irrthum vor, entstanden aus unrichtiger Lesung der Urkunde No. 129.

b) 2. Januar 1274. „Consules Stadenses: Clyco, Ghermarus, Luderus de Arena, Conradus de Cimiterio, Thidericus de Halstenvlete, Johannes de Citerehaven, Hin. de Bikoven, Johannes de Aste, Hardolfus Scacke, Jo., Johannes Guntheri, Johannes de Lamsted" bekunden, dass Rudolf aus dem Spitale des Klosters Zevern über seine Güter zu Gunsten dieses Klosters testirt hat. (v. Hodenberg, Bremer Geschichtsquellen, III. p. 91.) — Vergl. Note 1. — Obgleich sich im Mittelalter nicht weiten Edelleute unter den Rathsmitgliedern finden, trage ich doch Bedenken, Hardolf zu unserer Familie zu rechnen, da derselbe niemals in Familien-Urkunden erwähnt wird, auch der Vorname in der Familie durchaus ungebräuchlich ist.

131.

1274, September 28. Lüne.

Ritter Druchtler von Beneshülle verkauft dem Kloster Lüne den Zehnten zu Oderereerigge.

— — Huius rei testes sunt: dominus Otto Magnus, Wernherus de Medigge, Lippoldus de Doren, Thetbardus de Doren, Manegoldus Struve, Wasmodus Puer, Alvericus Scucke, Eckehardus Scacko, Bernhardus Saltator, Conradus de Estorp, milites; Wernherus de Zvirin, Ludolfus de Estorp, Johannes Grevincg, Ludolfus de Reynestorp, Hunerus de Odeme, famuli; Johannes Albus, Hogerus Albus, Albertus Holle, burgenses et alii quam plures.

Nach dem Original — mit den wohlerhaltenen Siegeln des Klosters und des Ausstellers — im Archiv des Klosters Lüne.

132.

1274, October 1. Lüneburg.

Ritter Manegold von Estorff, genannt der Schlichte, und sein Bruder Alard verkaufen dem Kloster Lüne zwei Häuser nebst einer Hausstelle in Sülbeck.

Omnibus Christi fidelibus ad quorum audientiam vel visionem presentes littere pervenerint, Manegoldus miles de Estorp dictus Slichte et Alardus frater suus salutem in eo, qui est salus omnium. Quoniam geste rei noticia propagatur in posteris a testimonio et firmo robore litterarum, noscant tam posteri quam presentes, quod nos de consensu et voluntate omnium consanguineorum et amicorum nostrorum vendidimus claustro in Lune pro XXVIIII marcis examinati argenti duas domos cum area una, sitas in Solbeke, quas possedimus hereditario iure, ut quicquid in eisdem domibus in omni usu hactenus fuerat nostri iuris, predicta ecclesia in reliquum iure emptionis percipiat libere ac secure. Et ut ista vendicio permaneat rata, nos cum cognatis nostris domino Manegoldo Struven et fratre suo Ludolfo, Manegoldo nigro et fratre suo Ottone fidem dedimus nostrorum prepositu eiusdem claustri et domino Willekino de Aldebusen, domino Lippoldo et Thethardo de Doren, domino Gerrardo Suckoni*), ut nullus heredum vel parentum nostrorum prefata bona in posterum valeat infestare. Quod si quis attemptare presumpserit, nos pactione fidei nostre data

---

*) Im Urkdb. des Klosters S. Michaelis No. 106 steht „Gherardo Scuckoni", das Original hat jedoch deutlich „Gerrardo Suckoni"; vergl. Note 7.

predictam ecclesiam absolutam a tocius iniurie vel infestationis calumpnia proloquemur et qui nunc presentes non sunt postea protestationem resignationis bonorum facient predictorum. Et ut hec acta permaneant in vigore perpetue firmitatis presentem paginam sigillo nostro et appensione sigilli domini Manegoldi facimus communiri. Huius rei testes sunt, quorum nomina in presenti sunt littera prenotata, et dominus Constantinus et Johannes canonici de Ramesle, dominus Luderus de Monte sancti Michaelis, dominus Eckehardus de Boyceneburch, Druchtlevus de Benasholte, Wasmodus Puer et alii quam plures. Datum Luneburc anno Domini M°CC°LXX°IIII°, in die Remigii.

Nach dem Original — mit den beiden Siegeln No. V und IV, letzteres stark beschädigt — im Archiv des Klosters Lüne. (Gedruckt im Urkdb. des Klosters S. Michaelis No. 106.)

133.

1275, März 28. Reval.

Edard, Hauptmann zu Reval, spricht dem Kloster Dünamünde ein streitig gewesenes Stück Landes zu.

— — cum sigillis aliorum dominorum presentium, videlicet Odwardi de Loden, Johannis de Loysen, Henrici de Ulsen, Johannis de Wessenberg, Segebodde et Conradi de Estorp fecimus communiri.

Bunge, Liev-, Kur- u. Esthländisches Urkdb., III., No. 440a.

134.

1276, April 23. Lüneburg.

Ritter Eckehard Schack und sein Bruder Schack verkaufen dem Kloster Lüne ein Haus in Rode für 55 Mark Lüb.

Eckehardus Scacko et frater suus Scacko, Eckehardus de Boyceneburch, Wasmodus Puer, Manegoldus Sclichte, milites omnibus hoc scriptum cernentibus salutem in Domino. Ad noticiam omnium tam future quam presentis etatis volumus pervenire, quod Eckehardus et frater suus Scacko superius nominati domum quandam sitam in Rodbe, quam possederunt hereditario iure, vendiderunt ecclesie in Lune pro quinquaginta quinque marcis Lubicensium et Hamburgensium denariorum, quam ad manus prepositi virginum monasterii supradicti voluntarie resignaverunt, ut quicquid hactenus fuerat iuris ipsorum in perceptione predicte domus idem prepositus, qui nunc est et qui pro tempore fuerit successivo, ad necessariam refectionem virginum in eodem monasterio Deo famulantium in reliquum percipiat libere ac secure. Nos vero, qui contractum vendicionis celebrate presentibus fatemur et protestamur, fidem dedimus preposito eiusdem claustri domino Ottoni Magno, domino Lippoldo et domino Thethardo fratribus de Doren, Wernbero de Zvirin, quod resignatio predicte domus cum omni iure proprietatis sic a nobis et ab heredibus nostris fiat, ut tam propinquis quam heredum nostrorum successoribus nostro ac illorum testimonio, qui fidem nostram receperunt, omnis infestationis ac calumpnie occasio auferatur, ne aliquis ipsorum in posterum hoc confectum valeat revocare. Et ut emptio memorata in vigore ac securitate perpetue permaneat firmitatis, presens scriptum sigillorum nostrorum appensione facimus communiri. Huius rei testes sunt: Bernhardus Saltator, Everhardus de Vlestede, milites; Heynricus et Johannes sacerdotes de sancto Ciriaco, Heynricus Behem, Heynricus Redding, Heynricus de Zvirin, Wernherus et Sifridus de Mirica, Segebandus de Withorp, Fridthericus de Monte, Herderus burgensis et alii quam plures. Acta sunt hec anno incarnationis dominice millesimo ducentesimo septuagesimo VI°. Datum Luneburch, in die Georgii martiris.

Vergl. Tafel No. 3. Nach dem Original im Archiv des Klosters Lüne. An Schnüren von rother und gelber Seide befinden sich Siegel No. III, Siegel des Eckehard von Boizenburg, des Wasmod Kint von Lüneburg und Siegel No. V, letzteres beschädigt.

135.
1276, Juni 25. Lüneburg.

Herzog Johann von Lüneburg verkauft dem Bürger Siegfried von Brügge 50 Mark Bremer Silber, als eine von 50 Häusern der Lüneburger Saline unter dem Namen Herzogssilber zu entrichtende Abgabe.

— — Testes huius rei sunt: Ano et Heyno fratres de Heymburg, Gevehardus de Bortfelde senior, Boldewinus de Wenden, Thydericus de Walmode, Hildemarus de Oberghe, Gevehardus longus de Bortfelde, Borchardus de Cramme, Gevehardus iunior de Bortwelde, Willikinus de Ghutsteile, Wernerus de Medinghe, Heyno de Wrestede, Otto Magnus, Egkehardus de Boyceneburg, Lippoldus et frater eius Dhethardus de Doren, Eghardus Stakko (Scakko°), Wasmodus dictus Kint, Luderus de Merwede, Drochtlevus de Rensholte, milites; famuli quoque: Wernerus de Sverin, Tydericus de Monte, Hunerus de Odem et alii quam plures.   *Urkdb. d. Stadt Lübeck, I., No. 373.*

°) Vergl. Note a.

136.

1276, September 20. Lüneburg.

Herzog Johann von Lüneburg verkauft dem Kloster Lüne Salzgut aus der Saline zu Lüneburg.

— — Testes aderant presentes: milites: Willekinus advocatus, Wernherus de Medingen, Otto Magnus, Eckehardus de Boyceneborg, Lippoldus et Dethardus fratres de Doren, Eckehardus et Scacko de Wrestorp, Manegoldus Struve, Manegoldus d. Estorp, Bernhardus Saltator; famuli: Wernherus de Zverin et fratres sui Henricus et Georgius, Segebandus de Monte, Ludolfus de Estorp, Johannes Greving, Hunerus de Odem; burgenses: Albertus Holle, Martinus Loso, Harderus de Toppenstede et alii quam plures milites, famuli et burgenses.

Volger, Urkdb. d. Stadt Lüneburg, I., No. 119.

137.

1277.

Bischof Conrad von Verden bekundet, dass die Brüder Manegold und Alard von Estorff, Söhne des verstorbenen Ritters Alard Schack, den Zehnten zu Aernsen an das Kloster Buxtehude verkauft haben.

Conradus Dei gratia Verdensis ecclesie postulatus et eiusdem tutor omnibus Christi fidelibus paginis presentis inspectoribus cum affectu sincero salutem in Domino. Quoniam omnium memoriam habere divinum est potius quam humanum, ob hoc contractus, ab hominibus secundum diversitatem temporum celebratos, necessarium est, cum subscriptione testium scripti munimine perhennari. Ad notitiam igitur tam posterorum quam presentium cupimus pervenire, quod dilectus in Christo Bernhardus prepositus monasterii monialium in Buxtehude decimam in Avenhusen, in parrochia Holdenstede sitam, cum omni iure tam annona quam de animalium nutrimentis, exceptis examinibus et equorum pullis, qui spectant ad episcopum Verdensem, qui fuerit pro tempore, redemit, vel ut verius dici potest, nomine sui monasterii emptionis titulo comparavit a Manegoldo milite et Alardo famulo fratre eiusdem militis, dictis de Estorpe, filiis bone memorie Alardi militis dicti Scucken (Scacken*), solutis eisdem fratribus centum et octo marcis Hamborgensium denariorum pro taxata decima per prepositum prefati monasterii, qui fuerit pro tempore, et priorissam

*) Vergl. Note 7.

et virgines, in eodem monasterio Domino famulantes, possidenda. Nos autem habita consideratione ad tenuitatem rerum monasterii iam predicti in remedium anime nostre, ut orationum priorisse et virginum premissarum esse participes mereamur, ob dilectionem eciam prepositi sepius antedicti decimam eandem, quam Manegoldus et Alardus fratres nominati de manu nostra tenuerunt et tenere debuerunt, ad liberam resignationem eorundem in manus nostras de consensu et bona voluntate Borchardi prepositi, Gerhardi decani et capituli nostri Verdensis monasterio contulimus et donavimus. In huius rei memoriam presens scriptum exinde confectum placuit nostri et nostri capituli sigillorum inpressione consignari. Testes sunt: Gerhardus prepositus, Ludolfus cellerarius de Leo, canonici Verdenses etc. Datum anno Domini MCCLXXVII.

(Pratje), Altes u. Neues aus d. Herzogth. Bremen u. Verden, III., p. 172. (Dort gedruckt ohne Quellenangabe.)

138.

1277, August 15.

Ritter Johann von Doren verkauft dem Kloster Scharnebeck die Zehnten zu Pattensen und Gellersen.

— — Testes huius rei geste sunt: dominus Wernerus marscalcus et dominus Otto Magnus, item dominus Ekkehardus Scakko de Louenborg et dominus Ekkehardus Scakko de Wresdorp, dominus Manegoldus Struve et alius miles dictus Scakko et alii quam plures.

Nach dem Original — mit dem gut erhaltenen Siegel des Ausstellers — im Königl. Staatsarrhiv zu Hannover.

139.

1277, März 20.

Herzogs Johann von Lauenburg Zollrolle für Lüneburg.

— — Testes huius rei sunt: avunculus noster dominus Conradus Verdensis ecclesie episcopus, avunculus noster dominus Albertus dux de Brunsw., Henricus de Cramesse, Henricus de Withorp, Ludolfus Scoriomorle, Rechardus Scacko, Ludolfus Scharpenberg, Hermannus Ribo, nostri milites; Pareslam advocatus de Luneborg, Johannes de Berghe, Thidericus Rofsack, Albertus Holle, Johannes de Lubeke, Johannes de Melbeke, Gerardus Garlop et alii quam plures fide digni.

Volger, Urkdb. d. Stadt Lüneburg, I., No. 126.

140.

1278, März 29.

Herzog Johann von Lauenburg verschreibt seiner Gemahlin Ingeburg zum Leibgeding die Stadt Mölln, die Zölle zu Artneburg und Ratzeburg, Hebungen aus den Zöllen zu Lauenburg und Hitzacker, sowie die Dörfer Schmielau, Bandow, Nüssau, Breitenfelde, Gudow, Havekost, Basthorst, Graban, Woltersen, Kancklau, Pumpau, Lancken und Müssen.

— — Acta sunt hec presentibus nostris vasallis: Hinrico de Crumesse, Walrabeno de Rizerowe, Thetlevo de Parchentin, Hechardo Scakke, Frederico Barevoto, Hinrico de Withorp, Ludolfo Scarpenberc, Hermanno Ribone, Ottone Bunteko.

Sudendorf, Urkdb. z. Gesch. d. Herzöge v. Br.-Lüneb., VII, No. 2, Anm.

141.

1279, Juni 11. Graft.

Herzog Albrecht von Braunschweig bekundet, dass sein Neffe Otto auf alle Ansprüche an die Stadt Wildeshausen und den Hof in Daverden zu Gunsten des Erzbisthums Bremen verzichtet hat.

— — et nobiscum promiserunt: venerabilis dominus Conradus Verdensis ecclesia postulatus frater noster et nobilis Gerhardus comes Holtsatie et Gerhardus filius suus, Otto Magnus de Luneborch et frater suus Gevehardus, Lippoldus et Thetbardus fratres de Doren, Eckehardus de Boyceneborch, Eckehardus Scack, Wasmodus dictus Puer, Conradus et Ludolfus fratres de Estorpe, Wernerus de Medinge, Heyno de Wretstede, Meinricus de Heybrok, Conradus de Osta, Bernardus Sprengere, milites; Wernerus de Zwerin, Honerus de Odim, Willekinus Rusche.

Sudendorf, Urkdb. z. Gesch. d. Herzöge v. Br.-Lüneb., I., No. 89.

142.

1280, April 7.

Herzog Otto von Lüneburg verzichtet auf alle Ansprüche an die Stadt Wildeshausen und den Hof zu Daverden zu Gunsten des Erzbisthums Bremen.

Zeugen wie in der Urkunde No. 141.

Sudendorf, Urkdb. z. Gesch. d. Herzöge v. Br.-Lünebg., I., No. 91.

143.

1280, Mai 6.

Aus einem Verzeichniss der Memorienstiftungen der Domkirche zu Bardowick:

— — Anno Domini MCCLXXX in die Johannis ante portam latinam obiit Scacko [„de Wrestorpe" — *Zusatz von einer Hand des 16. Jahrhunderts,*] laicus qui dedit annuatim — — [*Hier bricht die Notiz ab.*]

Im Kalendarium des Domkapitels zu Bardowick findet sich bei dem obigen Tage von einer Hand des 15. Jahrhunderts folgende Marginalnote:

„Schakko laycus, qui dedit I quadrantem siliginis in Vrestorpe, non peragitur."

Aus Copialbuch IX, 194 d. Königl. Staatsarchives zu Hannover.

144.

1280, November 2. Lauenburg.

Herzog Johann von Lauenburg hebt für eine ihm bewilligte Abgabe den gerichtlichen Zweikampf auf, ordnet dafür die Reinigung mit Eideshelfern an und verspricht, keine willkürlichen Abgaben zu erheben.

— — Et testes huius sunt: Volcmarus de Gronowe, David de Carlowe, Walravenus de Rizerowe, Johannes de Colpin, Thetlevus de Parchestin, Hartwicus de Rizerowe, Johannes de Crumesse, castelani nostri de Raceburg; Hechardus Scakke, Hinricus de Withorpe, Scacko de Lunenburch, Johannes de Berge, Hermannus Ribo, Reywardus de Schorlemere, Ludolfus Scacke et Bertrammus, nostri castelani de Lonenburg, et alii quam plures.

Mecklenburgisches Urkdb., II., No. 1550.

145.

Ohne Jahr (1281).

Uebersicht der jährlichen Geldeinkünfte des Domkapitels zu Lübeck.

— — Item de memoriis et de hils que refectorio sunt exhibenda collige simul et fac summam pecunie singulis annis capitulo persolvende. Ecce in diebus electionis capituli de civitate Lub. ita fuit estimatum. — — Item episcopus Burchardus XL sol. In die nativitatis beate Marie, item Clenebin XVIII sol. Item Egardus frater suus*) II marcas in Bussowe et XL sol. in Scernekowe. — — Item Conradus prepositus et Wilhelmus decanus II marcas monete Lunebnrgensis. — —

Lererkus, Urkdb. d. Bisth. Lübeck, I., No. 278.

146.

1281.

Bischof Conrad von Verden, Herzog Otto von Lüneburg und der Rath der Stadt Lüneburg bekunden, dass der Priester Johann von Paderborn, als Vikar des Altars S. Crucis in der Cyriakskirche zu Lüneburg, die zu seinem Altare gehörigen Salzgüter durch Verkauf des unbequem liegenden und Ankauf anderer Salzeinkünfte vereinigt und zu diesem Behufe auch von dem Ritter Conrad von Estorff ein Wispel Salz gekauft hat.

— — Et cum prelibata summa pecunie dictus dominus Johannes unum chorum salis emit in salina ad quotlibet flumen de domino Conrado dicto de Estorp cum unanimi consensu suorum fratrum et heredum ad altare supradictum perpetuo pertinendum postposita reclamatione qualibet et exclusa. Qui chorus iacet in domo Denquininghe in sartagine que vocatur Vechpanne et est posita ad dextram manum, qua in ipsam domum intratur. Igitur ne pia acta domini Johannis et contractus inter ipsum et dictas personas, scilicet Johannem filium Bertoldi et Bernardum Imprian dominumque Conradum de Estorp et suos heredes racionabiliter celebratus non lateant universos, littere presentes instrumentis memorata duximus profiteri. — —

Urkdb. d. Klosters S. Michaelis, No. 111. (Das Original befindet sich im Königl. Staatsarchiv zu Hannover. An Pergamentstreifen Siegel des Huxer von Odeme und das wohlerhaltene Siegel No. VIII; die Siegel an 1. und 2. Stelle sind abgefallen.)

*) Vergl. Anmerkung p. 51.

147.

1281.

Herzog Otto von Lüneburg genehmigt, dass der Bürger Siegfried von Brügge die von Herzog Johann erworbenen 50 Mark Silber aus der Lüneburger Saline zur Hälfte an das S. Johannis-Kloster, zur Hälfte an das Heilige-Geist-Hospital zu Lübeck verkauft.

— — Testes sunt: milites et fideles nostri Otto Magnus, Eggehardus de Boyceneborch, Heyno de Wrezstede, Gevehardus Magnus, Wernerus de Zwerin, Manegoldus Struwe, Thydericus de Berghe, Ecghardus Schakko, Hunerus et alii quam plures.

Urkdb. d. Stadt Lübeck, I., No. 420.

148.

1281. Lüneburg.

Der Rath der Stadt Lüneburg bekundet, dass die Bürger Dietrich, Richern's Sohn, und Johann, Bertold's Sohn, an das Kloster Lüne Salzgut aus der Saline zu Lüneburg verkauft haben.

— — Huius rei testes sunt: viri honesti ac fide digni Manegoldus Struwe et Thomas advocati; Johannes de Melbeke, Adololdus, Volcmarus de Harena, Thidericus Rofsac, Garhardus Garlop, Alardus Schilzsten, Mathias Zabel, Thidemannus Zabel, Wolbertus de Melbeke, Hogerus Stove, Johannes filius institoris, Andreas frater Ludiggeri, consules.

Nach dem Original — mit dem Stadtsiegel — im Archiv des Klosters Lüne.

149.

1281. Lüneburg.

„Manegoldus de Estorpe advocatus" *und der Rath der Stadt Lüneburg bekunden, dass das Kloster Wienhausen von Huner von Odeme einen halben Wispel Salz aus der Saline zu Lüneburg gekauft hat.*

Pfeffinger, Gesch. d. Braunschw.-Lüneb. Lande, I., p. 437.

150.

1282. Februar 3. Lübeck.

Das Domkapitel zu Lübeck bekundet, dass der Domherr Ludolf von Estorff dem Priester Johannes eine lebenslängliche Rente von zehn Mark aus seiner Meierei zu Bussow verpfändet hat.

Prepositus, decanus totumque Lubicensis ecclesie capitulum universis presentia visuris. In nostra constitutus presentia Ludolfus dictus de Esdorp, concanonicus noster, publice recognovit, centum marcas pecunie numerate Lubicensis monete se recepisse a Johanne presbitero, filio Lefardi, cum quibus centum marcis redditus suos in salina diu distractos absolvit et ad manus suas suffragante sibi huiusmodi pecunia revocavit. Sane dictus Ludolfus pro adiutorio dicte pecunie sibi impenso dicto Johanni presbitero decem marcas denariorum Lubicensium in sua villicatione Bussowe assignavit, quas idem Ludolfus ipsi Johanni singulis annis, quoad vixerit, ammoto (?) cuiuscumque generis impedimento vel scrupulo, exhibebit in festo beati Martini vel saltem in festo purificationis, non obstante si ipsa villicatio, quod absit, rapinis vel incendiis vastaretur, quam villicationem ipse Ludolfus suis laboribus et expensis tenebitur resarcire. Porro si predictum Ludolfum prius mori contingat, Johanne presbitero superstite, ipse Johannes plane et plene de predicta villicatione se intromittet et diebus suis de dictis bonis disponet, ita ut suas decem marcas singulis annis preassumat, censu prius deducto, et quicquid residuum fuerit in ipsa villicatione, nostro capitulo fideliter exhibeat et presentet secundum seriem testamenti a dicto Ludolfo pro sua memoria disponendi et pro dicto Johanne et suorum parentum salute, eo quod post mortem dicti Johannis totum scilicet predicte decem marce et quicquid amplius de ipsa villicatione potuerit provenire, perpetuis temporibus nostre ecclesie debeat permanere. Ad cuius rei evidentiorem cautelam presentem litteram sigillo nostri capituli fecimus communiri. Testes sunt: Nicolaus decanus, Heinricus scolasticus, Herbordus cellerarius, Alexander cantor, Gerhardus custos, canonici Lubicenses; Bertrammus Mornweck, Johannes Tattarus, Gerhardus de Bocholte, consules civitatis eiusdem et alii quam plures clerici et laici. Datum Lubeke, in die beati Blasii, anno Domini M°CC°LXXXII°.

Leverkus, Urkdb. d. Bisth. Lübeck, I., No. 280. (Das Original — mit dem wohlerhaltenen Siegel des Domkapitels — befindet sich im Grossh. Haus- und Central-Archiv zu Oldenburg.)

151.

1282, Februar 21. Hannover.

Herzog Otto von Lüneburg verkauft dem Stift S. Blasii zu Braunschweig sechs Wispel Salz aus der Saline zu Lüneburg für 420 Mark.

— — Huius rei testes sunt: vir nobilis Johannes de Adenoys, Otto Magnus et Gevehardus frater suus, Eckehardus de Boyceneburch, Eckehardus Scacke, Thidericus de Monte, Henricus de Wrestede, Thidericus de Walmede, Johannes de Escherte, Borchardus de Cramme, Thidericus de Alten, Luderus de Hanense milites et quam plures alii fide digni.

Scheidt, Codex diplomaticus, p. 434.

152.

1282, April 3. Lüneburg.

Herzog Otto von Lüneburg verkauft dem Kloster Scharnebeck drei Wispel Salz aus der Saline zu Lüneburg für 210 Mark.

— — Insuper et nostri consiliarii Otto Magnus, Eckardus de Boyceneburg, Manegoldus Struve, Theodericus de Monte, Wernerus de Zverin, Theodericus de Altene, Eckehardus Scacke, milites, pro nobis fideiusserunt.

Aus Gebhardi's Collect., V., p. 88 der Königl. Bibliothek zu Hannover.

153.

1282, April 5. Lüneburg.

Herzog Otto von Lüneburg verkauft an Heinrich von Gardelage und Johann Miles, Bürger zu Hamburg, 10 Wispel Salz aus der Saline zu Lüneburg.

— — Huic rei testes aderant: patruus noster iam sepedictus Conradus et ex fidelibus nostris Otto Magnus, Echardus de Boyceneborgh, Thidericus de Monte, Manegoldus Struve, Wernerus de Zwerin, Echardus Scacko, Burgardus de Cramme, Thidericus de Alten, milites.

Sudendorf, Urkdb. z. Gesch. d. Herzöge v. Br.-Lünebg, I., No. 97.

154.

1282, April 23.

*Die Ritter Eckehard und Schack von Vrestorf schenken die Johannes-
kirche zu Bardowick mit dem Patronatsrechte und allen Ländereien
an das Domkapitel zu Bardowick.*

Nos Eccheharbus et Scaccho fratres et milites dicti de Frestorpe omnibus presentem paginam inspicientibus salutem in Domino. Que ad Dei decorem ab hominibus rationabiliter ordinantur, ne alicuius temeritate mutentur, necesse est, ut eadem scriptis et testimonio fidelium roborentur. Hinc est, quod omnibus notum esse volumus, quod nos ecclesiam sancti Johannis sitam in Bardowic et ius patronatus eiusdem ecclesie, quod ad nos speciali iure hereditario a progenitoribus nostris spectat, ecclesie beati Petri et canonicis in Bardovic de consensu omnium heredum nostrorum liberaliter contulimus et omnem possessionem, quam in eadem ecclesia habebamus, cum omnibus pertinentiis suis, prediis, pratis et arvis et areis et uno prato apposito, quod Roge dicitur, et uno campo prope Hutham trans flumen ad orientem et interiacentibus agris integraliter resignavimus, hoc adhibito moderamine, ut predicta ecclesia semper indempnis permaneat et in suo robore, sicut antea ita deinceps et perpetuo, integra consistat. Igitur ut ratum et verum nostre donationis habeatur testimonium, presens scriptum sigillis nostris et sigillo domini Ecchehardi de Louenborg et filiorum suorum et sigillo advocati domini Manegoldi et fratrum suorum duximus moniendum. Huius rei testes sunt: dominus Oto et Gevehardus frater suus, dominus Thidericus de Monte, dominus Hanerus, dominus Ecchehardus de Boiceneborg, dominus Maogoldus(?) et Conradus frater suus et alii quam plures. Data anno Domini M°CC°°LXXX° secundo, IX. Kal. Mai, in die Georgii martiris.

*Vergl. Tafel No. 4. Nach dem Original, von welchem die drei
Siegel abgefallen sind, im Königl. Staatsarchiv zu Hannover.
(Gedruckt bei Schlöpken, Chronik von Bardowick, p. 242.)*

155.

1282, April 28. Lüneburg.

„Manegoldus de Estorpe advocatus in Luneborch" und der Rath der Stadt Lüneburg bekunden, dass der Pfarrer Jakob zu Oldenburg von seinem Bruder ihn Hermann Witte Salzgut aus der Saline zu Lüneburg gekauft hat.

Leverkus, Urkdb. d. Bisth. Lübeck, I., No. 283.

156.

1282, Mai 10. Lüneburg.

Vogt Manegold und der Rath der Stadt Lüneburg bekunden, dass der Ritter Manegold, genannt der Schlichte, Sohn Alard's von Estorff, der Domkirche zu Lübeck einen Wispel Salz aus der Saline zu Lüneburg verkauft hat.

Manegoldus advocatus, consules ac communitas civitatis Luneburg omnibus has litteras inspecturis salutem in eo, qui est omnium salus. Tenore presentium recognoscimus manifeste protestantes, quod Manegoldus miles dictus Sclichte, Alardi filius de Estorpe chorum salis ad quodlibet flumen, quem libere possedit ex parte uxoris sue Alheydis in salina Luneburg, ecclesie Lubicensi vendidit pro LXXII marcis puri argenti de voluntate dicte uxoris sue et heredum suorum ac omnium, ad quos idem chorus posset per successionem hereditariam devenire, hereditario iure libere et perpetuo possidendum. Qui chorus situs est in domo Bernendinge in sartagine que Guncpanne dicitur ad manum sinistram, qua Intratur in domum prenotatam, et eundem chorum salis secundum iura et consuetudinem dicte civitatis coram nobis ad lapides resignavit extincta tedа dominium et proprietatem in dictam ecclesiam transferendo. Igitur ne dictus contractus legitime celebratus a memoriis hominum cursu temporis elabatur, appensione sigilli civitatis sepius repetita ad presentem litteram devotionis affectu supradictam ecclesiam Lubicensem duximus muniendam. Huius facti testes sunt: consules civitatis eiusdem Albertus dictus Hollo, Elverus de Withtinghe, Bertoldus Longus, Betemannus monetarius, Nicolaus Paron, Johannes Abbenburg et alii quam plures. Datum Luneburg anno Domini M°CC°LXXX° secundo, in die sanctorum Gordiani et Epymachi.

Leverkus, Urkdb. d. Bisth. Lübeck, I., No. 284. (Das Original — mit dem Siegel der Stadt Lüneburg und Siegel No. V — befindet sich im Grossh. Haus- und Central-Archiv zu Oldenburg.)

157.

1282, Mai 12. Lüneburg.

„Manegoldus de Estorpe advocatus in Luneborch" *und der Rath der Stadt Lüneburg bekunden, dass Albert Ritter, Eilmann's Sohn, an das Domkapitel zu Lübeck Salzgut aus der Saline zu Lüneburg gegen eine Hufe zu Nedze vertauscht hat.*

Leverkus, Urkdb. d. Bisth. Lübeck, I., No. 285.

158.

1282, Juni 15. Lüneburg.

Herzog Otto von Lüneburg bekundet, dass der Ritter Munegold von Estorff, genannt der Schlichte, Alard's Sohn, der Domkirche zu Lübeck einen Wüspel Salz aus der Saline zu Lüneburg verkauft hat.

Otto Dei gratia dux de Bruneswik universis presentia visuris salutem in Domino. In nostra constitutus presentia Manegoldus miles de Estorpe dictus Slichte, Alardi filius, chorum salis, quem habebat et libere possidebat in sartagine que vulgariter dicitur Gnnepanne, que sita est in domo Berendinge ad sinistram manum, cum in eandem domum intratur, in salina Luneburg, de consensu uxoris sue et heredum suorum omnium quos tangebat cum omni iure, quo dictum chorum salis possederat, pro LXXII marcis argenti examinati ecclesie Lubicensi vendidit et ad lapidem secundum loci consuetudinem resignavit, transferendo cum teda extincta dominium in eandem. Nos autem exigente devotionis affectu, quam circa ecclesiam Lubicensem gerimus specialem, quod circa ecclesiam dictam a prefato milite factum est, gratum et ratum habentes, ex certa scientia et dilecti patrui nostri Conradi ecclesie Verdensis postulati, tutoris nostri, et consiliariorum nostrorum voluntate requisita et obtenta presentibus confirmamus. In cuius rei evidentiam presenti scripto predicti tutoris nostri sigillum cum sigillo nostro decrevimus apponendum. Testes sunt: Otto Magnus et frater suus Ghevehardus, Eckehardus de Boyceneburg, Manegoldus Struvo, Eckekardus Scacco, Thidericus de Monte, Thidericus de Moule, Seghebandus de Widdorpe, milites, et alii quam plures. Datum Luneburg anno Domini M°CC°LXXII°, in die sanctorum Viti et Modesti.

Leverkus, Urkdb. d. Bisth. Lübeck, I., No. 286. *(Das Original — mit dem beschädigten Siegel des Herzogs — befindet sich im Grossh. Haus- und Central-Archiv zu Oldenburg; das Siegel des Bischofs Conrad ist abgefallen.)*

159.

1282, August 22.

Ritter Manegold von Estorff, genannt der Struve, verkauft mit Genehmigung seiner Brüder dem Priester Johann von Paderborn eine Last Salz aus der Saline zu Lüneburg.

Nos Manegoldus miles de Estorpe dictus Struve recognoscimus publice protestantes, quod nos cum consilio et consensu fratrum nostrorum Conradi et Ludolfi militum, Johannis et Seghebandi famulorum aliorumque omnium heredum nostrorum vendidimus domino Johanni de Paderborne vicario sancte crucis in ecclesia sancte Cyriaci ad manus domine Jelen unam plaustratam salis, sitam in domo Bovinghe in sartagine que dicitur Wechpanne et est posita ad dextram manum cum ipsa domus intratur, iure hereditario possidendam. Que domina Jela superius dicta distribuit prefatam plaustratam in hunc modum: dedit dimidietatem ad luminare s. Marie virginis ad lumen perpetuum, aliam dimidietatem dedit domine Albeldi fille fratris sue ad tempora vite sue et post mortem eius ad infirmariam perpetualiter pertinendam. Huius rei testes sunt: Conradus de Estorpe et Ludolfus frater suus, Eckeardus Scacko, Lippoldus de Doren, Bernardus Saltator et Segbebandus de Monte, milites, Gheveardus et Gherardus fratres de Odem, Johannes filius Bertoldi, Verdewart aurifaber, Thomas advocatus et alii quam plures fide digni. Ut igitur istud factum ratum et firmum permaneat, presens scriptum nostro sigillo et nostrorum fratrum sigillis fecimus communiri. Datum anno Domini M°CC°LXXX°II°, in octava assumptionis Marie gloriose virginis.

Nach dem Original im Archiv des Klosters Lüne. An Pergamentstreifen die wohlerhaltenen Siegel No. IV, VIII und X.

160.

1282, December 26.

Bischof Conrad von Verden bekundet, dass er die von seinem Vorgänger an das Kloster Scharnebeck verpfändeten Zehnten zu Bardowick wieder eingelöst habe.

— — Testes huius rei sunt: Otto Magnus, Gevehardus frater eius, Wernerus de Zverin, Theodericus de Monte, Manegoldus dictus Struve milites, Heinricus et Segebandus dicti de Monte famuli.

Nach dem Original — mit dem zerbröckelten Siegel des Bischofs — im Königl. Staatsarchiv zu Hannover.

161.

1282. December 27.

Bischof Conrad von Verden und Herzog Otto von Lüneburg bekunden, dass Ritter Huner von Odeme der Kirche S. Michaelis zu Lüneburg zwei Hausstellen daselbst verkauft hat.

— — Ut nullus ergo omnino hominum hanc emptionem audeat vel presumat infringere, Hunerus miles cum suis avunculis Alverico et Ghiveardo Senckonibus (Senckonibus*) in Biredhe residentibus, et castellanis in Luneburch: Ottone Magno et Ghiveardo Magno et Eckeardo de Boyceneburg Manegoldoque advocato**) manualiter fideiussit.

Urkdb. d. Klosters S. Michaelis, No. 117.

162.

1282, December 27. Lüneburg.

Herzog Otto von Lüneburg vertauscht an das Kloster Scharnebeck die Vogtei über drei Hufen zu Wormeringen gegen eine Hufe zu Emedendorpe.

— — Testes huius rei sunt: Otto Magnus, Ghevehardus frater suus, Ekehardus de Boyceneborg, Wernerus de Zverin, Theodericus de Monte, Wernerus de Medinge, Manegoldus Struve, milites et alii quam plures fide digni.

Nach dem Original — mit dem Siegel des Herzogs — im Königl. Staatsarchiv zu Hannover.

163.

1283, Januar 21. Lüneburg.

Vogt Thomas und der Rath der Stadt Lüneburg bekunden, dass das Kloster Isenhagen je einen halben Wispel Salz aus der Saline zu Lüneburg von Dietrich von dem Berge und von Ludolf von Estorff gekauft hat.

Thomas advocatus et consules in Luneburg presentem paginam inspecturis salutem. Litteris presentibus protestamur, quod moniales in Isenhaghen emerunt a domino Thiderico de Monte milite dimidium

*) Vergl. Note 7.
**) Vergl. Urkunde No. 149.

chorum salis quolibet flumine in domo Bovinghe in duabus sartaginibus sitis in dextera parte ipsius domus; item dominus Ludolfus de Estorpe unanimi consensu fratrum suorum, videlicet domini Manegoldi et domini Conradi, vendidit eisdem monialibus dimidium chorum salis in predicta domo et in eisdem sartaginibus perpetuo possidendum. In cuius rei testimonium presentem cyrographum nostre civitatis sigillo duximus roborandum. Cuius testes sunt: Nycholaus Paron, Johannes Om, Bertoldus Longus, Albertus Holle, Elverus de Witinghe, Herderus, Bethemannus monetarius, Verdewardus, Johannes Rofsac, Johannes de Ullessen, Johannes Abbenburg, Johannes Todonis et quam plures alii fide digni. Datum Luneburg anno Domini M°CC°LXXXIII°, in die Agnetis virginis et martiris.

Urkdb. des Klosters Isenhagen, No. 42. (Das Original — mit dem Siegel der Stadt Lüneburg — befindet sich im Archiv des Klosters Isenhagen.)

164.

1283, April 9. Reinoldsburg.

Graf Gerhard von Holstein gewährt dem Ritter Conrad von Estorff die Anwartschaft auf den Zehnten zu Weyhe.

Nos Dei gratia comes Gerhardus Holtzatie et Schowenborg recognoscimus presentibus publice protestantes, quod Conrado de Estorpe militi decimam in Weynethe, que nobis vacat per mortem Tyderici militis dicti de Mul, salvo iure Werneri fratris sui in ipsa decima, si quod poterit demonstrare, tytulo pheodi concessimus possidendam*), ita tamen quod domina Druda, relicta prefati domini Tyderici, dotalitium vite sue, quod Lyfgedinge dicitur, obtineat in eadem. In cuius rei testimonium presens scriptum sigillo nostro munitum ipsi contulimus in cautelam. Datum Reynoldesborch anno Domini M°CC°LXXXIII°, feria sexta ante diem Palmarum.

v. Aspern, Codex diplom. Schauenburg., p. 288. — Vergl. Lünig, Corpus iuris feudal. germ., II., p. 1789, No. 2. (Dort gedruckt ohne Quellenangabe.)

---

*) Lünig druckt: „salvo iure Werneri fratris sui, quod in ipsa decima potuit demonstrare tytulo pheudi, concessimus possidendam".

165.

1283, Juni 13.*) Rostock.

Herzog Johann von Lauenburg und die Fürsten, Vasallen und Städte der wendischen Ostseeländer schliessen ein Landfriedensbündniss vorläufig auf zehn Jahre.

— — Cum domino Johanne duce Saxonie spoponderunt et iuraverunt hii: Volcmarus et Volcmarus filius eius, David de Carlowe, Ditlevus de Parkentin, Emeke Hake, Heyno Schacke de Lunenborch**), Hartwicus de Ritzerowe, Johannes de Balch, Borchardus de Gezow, milites; Johannes de Crumesse famulus.

Mecklenburgisches Urkdb., III., No. 1682.

166.

1283, Juli 6. Boitzenburg.

Herzog Otto von Lüneburg schliesst mit den Fürsten der wendischen Ostseeländer ein Friedensbündniss auf zehn Jahre.

— — Nomina vero dominorum et militum nobiscum promittentium sunt hec: nobilis vir comes Borchardus de Welpia, Johannes dominus de Adenes, Johannes de Esscerde, Theodericus de Walmoden, Ludolfus de Hanense, Heinricus de Heinbroke, Eckehardus de Boizenburg, Manegoldus Struvo, Ghevehardus Magnus, Mundeke advocatus. Eckehardus Scacko, Wernerus de Zwerin, Theodericus de Berge, Theodericus de Alten, Heinricus de Wrestede.

Mecklenburgisches Urkdb., III., No. 1688.

167.

1283, November 10.

Rechnung des Domküsters Gerhard zu Lübeck über seine Verwaltung der grösseren und der kleineren Kollektur.

— — Sequitur de pecunia de minori collectura solvenda, quam sic collegit, de locis infra scriptis: — — Item de prato Ludolfi de Esdorpe duas marcas. — — Item in Bussowe superiori de piscatura iuxta pontem marcam. Item ibidem quidam de quadam area XVIII den. Item ibidem alius, qui solvit duas marcas pro memoria Egardi Scake. — —

Leverkus, Urkdb. d. Bisth. Lübeck, I., No. 289.

---

*) Urkdb. d. Stadt Lübeck, I., No. 416 bringt Urkunde No. 165 mit unrichtig aufgelöstem Datum „14. Juni" für „dominica proxima ante festum beati Viti" 1283.
**) Vergl. Note a.

168.

1264, März 25. Ratzeburg.

Die Herzöge Johann und Albrecht von Sachsen bekennen die ihnen von der Stadt Lübeck, als deren Schutzvögte, gebührenden Kaiser- und Reichsgefälle für zwei Jahre empfangen zu haben und versprechen, falls das vogteiliche Verhältniss sich früher auflösen sollte, das zuviel Empfangene zurückzuzahlen, unter Verpflichtung mehrerer ihrer Ritter zum Einlager in Mölln.

— — super eo nos in solidum et fide media cum infra scriptis militibus nostris promisimus, scilicet David de Carlowe, Hermanno Ribe, Valraveno, Henickone Hakes, Hinrico Scacken, Dhetlevo de Parkentin, Hinrico de Cromese, Hartwico de Ritzerowe, quod quicquid non fuerit complanatum, illud ipsis consulibus secundum estimationem illius defectus in tempore, quo dicti duo anni non fuerint plenarie evoluti, integraliter persolvatur. Nam si, XIIII dierum per dictos consules monitione premissa, illud non fuerit persolutum, extunc dicti milites Molne intrabunt et ibidem non exituri continue iacebunt, quousque sit ipsis consulibus in premissis plenarie satisfactum.

Urkdb. d. Stadt Lübeck, I., No. 457.

169.

1264, November 11.

Rechnung des Domküsters Gerhard zu Lübeck über die im Laufe des Jahres aus dem Kirchenschatz ausgeliehenen Gelder.

— — Ad illam pecuniam appone VIIII marcas denariorum, quas Ludolfo de Esdorpe demonstravi. — —

Leverkus, Urkdb. d. Bisth. Lübeck, I., No. 292.

170.

„Anno 1285 testirt Manegold Strure neben anderen Zeugen, als die Herren von Schwerin und Groot (dem) Propst Nicolao und Convent in Medinge ihr Dorf Chote verkauft."

Pfeffinger, Handschrift. Gesch. der v. Estorff, I., p. 32.

171.

1285. August 10. Lüneburg.

Ritter Manegold, genannt der Struve, zu Lüneburg verkauft dem Kloster Lüne je einen Hof in Sülbeck und in Bottersen für 80 Mark. Hambg.

Omnibus Christi fidelibus tam presentibus quam futuris, ad quorum audientiam vel visionem pervenerit presens scriptum, Manegoldus miles in Luneburch dictus Struve salutem in omnium salvatore. Notum omnibus esse volo, quod ego arbitrii mei voluntate et consensu fratrum meorum ac filiorum vendidi pro octoginta marcis Hamburgensium denariorum claustro in Lune duas domos solventes sex quadrantes siliginis, duos porcos et sex solidos denariorum; una domus sita in Solbeke solvit duos quadrantes, porcum unum et duos solidos denariorum, altera domus sita in Boltersen solvit quatuor quadrantes, porcum unum et quatuor solidos denariorum, et resignavi ad manus prepositi ac provisoris virginum monasterii eiusdem et hoc tali feci conditione, quod si potero a die sancti Jacobi post tres annos ad usus iterum proprios titulo emptionis pro eadem videlicet summa, quam ab eis percepi rehabere, nullam a memorato claustro contradictionem debeam sustinere; sed si prefixo tempore hoc neglexero, ecclesia iam prescripta iure emptionis predicta bona ab omni infestatione libera tranquilla securitate, sicut ego proprie ac libere possedi, in reliquum consequetur. In cuius rei evidentiam et memoriam presentem paginam scribi feci et appensione sigillorum videlicet pretaxati claustri ac prepositi eiusdem ac meo fratrumque meorum pro cautela firmiter roborari. Testes aderant presentes: dominus Thidericus de Monte advocatus, Ghevehardus Magnus, Lippoldus de Doren, Eckehardus de Boyceneburch, Wasmodus Puer, Wernherus de Sculenburch, Ghevehardus de Monte, Eckehardus Scacko et frater eius Scacko, Manegoldus Sclichte, Wernherus de Meilingge et alii quam plures fide digni. Acta sunt hec anno incarnationis dominice M°CC°LXXX quinto. Datum Luneburch, in die sancti Laurentii.

Nach dem Original im Archiv des Klosters Lüne. An Pergamentstreifen die Siegel des Kloster-Convents und des Propstes, sowie Siegel No. IX und X. Ein Siegel an dritter Stelle ist abgefallen.

172.

1285, August 10. Lüneburg.

Propst Alward von Lüne bekundet, dass er Namens des Klosters von Ritter Manegold dem Struven je einen Hof in Sülbeck und in Boltersen für 80 Mark Hambg. gekauft habe.

Alwardus Dei gratia prepositus virginum Christi in Lune omnibus presentem literam visuris vel audituris salutem in eo qui est omnium vera salus. Innotescat posteris et modernis, quod ego nomine ecclesie mee comparavi pro octoginta marcis Hamburgensium denariorum apud dominum Manegoldum militem in Luneburch dictum Struven duas domos solventes sex quadrantes siliginis, duos porcos et sex solidos denariorum; una domus sita in Solbeke solvit duos quadrantes, porcum unum et duos solidos, altera domus sita in Boltersen solvit quatuor quadrantes, porcum unum et sex solidos denariorum, tali conditione subiuncta, quod si a festo Jacobi post tres annos predicta bona redimere complacuerit sibi, restituet nobis integraliter pecuniam quam recepit; quod si prefixo tempore neglexerit, prescripta bona ecclesia nostra in reliquum percipiet ad possidendum perpetuo libere ac secure. Quod ut inviolabiliter observetur a prefato Manegoldo et fratribus suis domino Eckehardo plebano, domino Conrado et Ludolfo, Johanne et Seghebodo et filio suo Manegoldo, pactionem receperunt mecum ad manus ecclesie testes, qui aderant presentes: dominus Thidericus advocatus dictus de Monte, Ghevehardus Magnus, Lippoldus de Doren, Eckehardus de Boyceneburch, Wasmodus Poer, Wernherus de Sculenburch, Ghevehardus de Monte, Eckehardus Scacko et frater eius Scacko, Manegoldus Sclichte, Wernherus de Medingge et alii quam plures fide digni. In protestationem autem mutui contractus nostri ne possit in irritum per alicuius calumpniam revocari, presens scriptum inde confectum sigillo ecclesie nostre ac meo et appensione sigillorum prenominati domini Manegoldi fratrumque suorum ad cautelam facimus communiri. Acta sunt hec anno incarnationis Domini M°CC°LXXX quinto. Datum Luneburch, in die sancti Laurentii.

Nach dem Original im Archiv des Klosters Lüne. An Pergamentstreifen die Siegel des Kloster-Convents und des Propstes, sowie die wohlerhaltenen Siegel No. IV, IX und X.

173.

1286, Februar 11. Lübeck.

Bischof Burchard von Lübeck bekundet einen Vergleich zwischen dem Domkapitel und dem Rathe zu Lübeck, betreffend das Patronatrecht über die Pfarrkirchen der Stadt.

— — Huius rei testes sunt: Otto decanus, H. scolasticus, Johannes cantor, Ludolfus thesaurarius*), nostre ecclesie canonici et prelati, et alii quam plures canonici, nec non honorabiles et discreti viri: Henricus dictus Stenlke, Vromoldus de quinque domibus, magistri burgensium; Volmarus de Attendore camerarius civitatis, Marquardus de Cosvelde, Bertrammus dictus Mornewech et Rudolphus de Fago, consules Lub., et quamplures alii clerici et laici fide digni.

Leverkus, Urkdb. d. Bisth. Lübeck, I., No. 299.

174.

1286, März 25. Lübeck.

Graf Gerhard von Holstein und sein Sohn Gerhard bekunden, dass die Brüder Markward und Gottschalk von Helmsdorf das Dorf Dannau an die Domkirche zu Lübeck verkauft haben.

— — Huius rei testes sunt: comes Adolfus, Johannes de Slamerstorpe, Hermannus de Hammo, Ludolfus de Kuren et Henricus frater eius, Lodewicus Post, Theodericus Hoken, Otto de Hadelen, milites; Otto decanus, Henricus scolasticus, Johannes cantor, Ludolfus thesaurarius, Hermannus de Morum, canonici; Johannes de Bardewic, Henricus Steneke, Henricus de Revalia, Godefridus Alant, Volmarus de Atenderne, Johannes Thodonis, Rodolfus de Fago, Hermannus Niger, Willikinus Brunonis et alii quam plures canonici, milites, consules, clerici et laici fide digni.

Leverkus, Urkdb. d. Bisth. Lübeck, I., No. 303.

———

*) Ludolf von Estorff, vergl. Urkunde No. 176 und 177.

175.

1286, November 26. Lübeck.

Herzog Albrecht von Sachsen nimmt den Grafen Helmold von Schwerin in Kriegssold gegen Herzog Otto von Lüneburg und verpflichtet sich als Bürgschaft mit mehreren Rittern zum Einlager in Mölln.

— — Si vero dictos denarios non solverimus in terminis prenotatis, extunc intrabimus Molne cum nostris dictis militibus, quorum nomina hec sunt: Hermannus Ribe, Emike Hake, Dhellewus de Parkentin, Scakko de Louenborch*), Scakko de Lonenborch**), Hinricus de Crumesse, Hartwicus de Ritcerowe, G. de Hagenowe, Hermannus de Tralowe et Hermannus dictus Breide, non exituri, nisi de dicti comitis aut suorum heredum fuerit voluntate.

Mecklenburgisches Urkdb., III., No. 1874.

176.

1287, April 13.

Gertrud Crane, Wittwe des Hermann Vorrat, und ihre Söhne Heinrich, Wilhelm, Hermann und Gerhard verzichten zu Gunsten des Klosters Scharnbeck auf einige Güter, welche ihr Grossvater dem Kloster geschenkt hat.

— — Testes qui aderant: frater Heinricus avunculus noster, qui hec omnia et singula ordinavit, Ludolfus de Hestorpe thesaurius(?) ecclesie Lubicensis, Vulbodo quondam canonicus ibidem; consules et burgenses civitatis Lubicensis: Marquardus Hildemarl, Theodericus Vorrat et fratres sui Marquardus et Gerrardus patrui nostri, Godefridus de Cremon, Sifridus de Ponte, Nicolaus Vallenpunt.

Nach dem Original im Königl. Staatsarchiv zu Hannover. An Pergamentstreifen zehn wohlerhaltene Siegel, an erster Stelle Siegel No. XIV.

---

*) Vergl. Note 10.
**) Vergl. Note 8.

177.

Ohne Jahr (1287).

„L. dictus de Estorpe thesaurarius ecclesie Lubicensis" und Priester Vulbodo bekunden eine Zeugnussaussage über eine testamentarische Schenkung des Wilhelm Grus an das Kloster Scharnebeck.

Aus Copialbuch IX, 254, p. 308 des Königl. Staatsarchives zu Hannover.

178.

1287, August 5.

Die Ritter Manegold der Struve, Conrad und Ludolf von Estorff verkaufen dem Kloster Reinfeld für 640 Mark Lüb. eine Salzpfanne aus der Saline zu Lüneburg.

Nos Manegoldus dictus Struve, Conradus et Ludolfus fratres, milites de Estorpe, presentibus protestamur, quod cum beneplacito et consensu fratrum nostrorum, scilicet domini Ekkehardi plebani de Mozatorpe, Johannis et Segebandi, vendidimus abbati et conventui monasterii in Reynevelde pro sexcentis et XL marcis Lubicensium denariorum unam sartaginem in domo Starthusen saline in Luneborgh, que dicitur Gnepanne, ad dextram manum ingressus domus cum dominio et omni iure et libertate sicut hereditate libera possideramus eandem; et ne ab heredibus nostris aut quibuslibet cognatis et amicis super hoc in posterum valeant impediri, quin ipsam perpetuo possideant libere cum omni iure, presens eis scriptum contulimus in huius venditionis testimonium sigillis nostris et sigillis militum, cognatorum et amicorum nostrorum roboratum. Testes huius facti sunt: dominus Ekkekardus Scakko, dominus Wasmodus de Kuesbeke, dominus Manegoldus Planus*), dominus Ekkehardus de Boyzeneborg, dominus Tidericus de Monte, dominus Gevehardus de Monte, dominus Gevehardus Magnus, dominus Hunerus de Odeme, dominus Wernerus de Mediuge, dominus Thethardus de Doren, dominus Lippoldus de Doren et dominus Segbebandus de Witthorpe aliique plures fide digni. Actum et datum Nonas Augusti, anno Domini M°CC°LXXX°VII°.

Aus Gebhardi's Collect., IV., p. 350 der Königl. Bibliothek zu Hannover.

---

*) Vergl. Siegel No. VI und Anmerkung p. 50.

179.

1287, November 24.

Das Domkapitel zu Hamburg bewilligt den Vikarien ein Gnadenjahr.

— — nos canonici Hamburgenses, videlicet: Albertus prepositus, Helpradus decanus, Johannes de Hamme scolasticus, Henricus de Wegben custos, Fridericus de Lutekenborg cantor, Hartwicus de Herslo, Henricus Bars, Bernardus Sledingus, Eggardus Schako*), Wulf, magister Hildebrandus, Godescalcus de Travemunde, Nicolaus Tideri, Bruno, Sigfridus de Herslo, Johannes de Luneborgh, Bernhardus, notarius prepositi.

Lappenberg, Hamburgisches Urkdb., I., No. 832.

180.**)

1288, Januar 15.

Graf Bernhard von Dannenberg überträgt dem Kloster Scharnebeck die Vogtei über eine Hufe zu Erbstorf, welche die Wittwe Elisabeth Grope beansprucht hatte.

— — Huius nostre donationis testes sunt: Gerbertus prepositus de Dannenberge, Alvericus cappellanus noster, Helmbertus de Comen, Manegoldus Struve, Manegoldus filius eius, Ribo et plures alii fide digni.

Nach dem Original, von welchem das Siegel abgefallen, im Königl. Staatsarchiv zu Hannover.

---

*) Staphorst, Hamburgische Kirchengeschichte, II., p. 77, aus welcher bei Lappenberg die Urkunde entnommen ist, druckt „Eggardus Starke".

**) a) Pfeffinger, hanäschr. Gesch. der v. Estorff, L, p. 24: „1288. Bäcker Albert in Lüne kauft von Siffridus von Estorff (fälschlich statt „de Edestorpe") und dessen Gattin Alburg einen halben Wispel Salz aus der Saline zu Lüneburg." — Vergl. das Original im Archiv des Klosters Lüne, sowie Note 13.

b) Aus Celle, Briefsch.-Arch., Design. 49 des Königl. Staatsarchives zu Hannover: „anno 1288 hat Ludolphus de Estorpp dem Kloster Isenhagen verkauft ein churum salis in domo Bovinghe". — Vergl. jedoch Urkde. vom 5. Februar 1289. No. 189.

181.

1288, im Februar.

Ritter Manegold, genannt der Struve, resignirt dem Kloster Scharnebeck das Dorf Nutzfelde, dessen Schutz ihm von dem Kloster übertragen worden war.

Omnibus Christi fidelibus ad quos presens scriptum pervenerit Manegoldus miles dictus Struve salutem in Domino sempiternam. Ubi periculum malus intenditur, ibi procul dubio est plenius consulendum. Noscant igitur presencium inspectores seu eciam auditores, quod ego Manegoldus villam slavicam Nuthlikesvelde, que michi quondam commissa fuerat protectionis gratia a viris religiosis et discretis abbate videlicet et conventu monasterii in Scherembeke, resignavi in manus eorundem cum omnibus attinentiis eiusdem ville, pascuis, pratis, agris, silvis et decima tam maiore quam minuta. Et ne supra dictis abbati et conventui de predicta villa sive decima impetitionis in posterum molestia generetur, omnes heredes meos a predicta villa ac eius decima alienos penitus et exclusos, sed nec me ipsum unquam in ipsa aliquid iuris habuisse profiteor presentibus et protestor; sed et sigillis honestorum militum, quibus in presenti negotio credita sunt et commissa testimonia veritatis, petii et obtinui presentia roborari. Testes autem hii sunt: dominus Lippoldus de Doren, Eckehardus de Boyzeneborgh, Drochtlevus de Benesholte, Segebandus de Wlthdhorpe, Hunerus de Odeme, Manegoldus Planne, Conradus et Ludolfus fratres mei dicti de Estorpe et plures alii milites et servi, qui huic facto interfuerunt fide digni. Insuper et sigillum meum cum horum omnium qui nominati sunt presenti pagine appendi perpetuo valiture. Datum anno Domini M°CC°LXXX°°VIII°, mense Februario.

Vergl. Tafel No. 5. Nach dem Original im Königl. Staatsarchiv zu Hannover. An Pergamentstreifen Siegel No. IV, VI, IX und X, sowie die Siegel des Lippold von Doren, Erkehard von Boitzenburg, Huner von Odeme und Segeband von Wittorf. Ein Siegel an 9. Stelle ist abgefallen.

182.

1288, Februar 18.

Herzog Otto von Lüneburg urkundet über einen mit der Stadt Hamburg abgeschlossenen Freundschaftsvertrag.

— — Acta sunt hec presentibus: nobili viro Borchardo de Welpia comite, Wernero de Medinge, Manegoldo Strave, Echardo de Boycenebarg, Ghevehardo de Monte, militibus; Johanne de Lubeke advocato in Luneborch et viris discretis: Hellenberno, Johanne Milite et Henrico Longo, consulibus Hamburgensis civitatis.

Lappenberg, Hamburgisches Urkdb., I. No. 834.

183.

1288, März 10.*)

Eckehard von Estorff verkauft je ein Haus zu Wistedt und Breittendorf dem Kloster Zeven für 60 Mark.

Universis Christi fidelibus presentia inspecturis Egchardus dictus de Estorpe in omnium salvatore salutem. Ne ea que sunt in tempore labantur cum tempore, expedit ut ea que aguntur, in scripta publica redigantur. Hinc est quod tam presentibus quam futuris presencia visuris notum facio publice protestans, quod mea iusta bona in Wichstede et Brettenthorpe, videlicet duas domos, dominabus sanctimonialium in Szevena, scilicet domine Jutten priorisse et eius sociabus, pure et liberaliter vendidi pro sexaginta marcis denariorum nullo obstaculo sive contrarietate obstante. Que decreverunt, ut domus in Wichstede omni anno in perpetuum perveniat ad usum candellarum et luminum, a festo septuagesime usque ad festum trinitatis inclusive, alia domus videlicet in Brettenthorpe serviat in communi infirmarie. Quam vendicionem venerabilis dominus noster archiepiscopus Bremensis ratam habens et predictis dominabus contulit libertatem integraliter ac perpetualiter in bonis antedictis. Ne igitur meam vendicionem ac sepedictarum dominarum emptionem aliquorum impediat calumpnia sive fratrum vel successorum, sed firma et inconvulsa perpetuis temporibus permaneat, presentem paginam conscribi feci et sigilli mei munimine roborari. Huius facti testes sunt: Seghebodo marscalcus, Hertoldus

---

*) v. Hodenberg datirt die Urkunde auf den 13. Juni 1288. Die „translatio s. Viti" fällt in der Verdener und Halberstädter Diöcese auf den 10. März, in der Paderborner auf den 13. Juni.

de Reymersbusen, Bertoldus Sculte, milites, et Willikinus de Stadio
famulus. Acta sunt hec temporibus venerabilis domini Bernardi in
Brema maioris ecclesie prepositi et in Szevana. Datum anno Domini in-
carnationis M°CC°LXXXVIII°, in translatione beatissimi martiris Viti.

v. *Hodenberg, Bremer Geschichtsquellen, III., p. 23. (Das Ori-
ginal mit dem Siegel No. XI an rothseidener Schnur —
befindet sich im Königl. Staatsarchiv zu Hannover.)*

1288. März 14. 184.

*Ritter Manegold von Estorff verkauft mit Genehmigung seiner Brüder
dem Kloster Lüne zwei Häuser in Adendorf für 100 Mark Hamhg.*

Manegoldus miles dictus de Estorp cum fratribus suis
omnibus presens scriptum visuris salutem in omnium salvatore. Que
secundum diversitatem temporum geruntur a modernis, ne per obli-
vionem labantur a memoria posterorum, scripture solent testimonio
commendari. Hinc est quod tam presentibus quam etiam future posteri-
tatis hominibus volumus esse notum, quod ego Manegoldus de arbi-
trio proprie voluntatis mee et consensu fratrum meorum Ludolfi
videlicet et Conradi, Johannis et Seghebandi filiorumque
meorum Manegoldi et Eckehardi, preposito Alwardo, priorisse et
conventui virginum Christi in monasterio Lune Deo famulantium ven-
didi duas domos sitas in villa Adenthorp, quas hactenus a progeni-
toribus meis iure hereditario possedi, pro centum marcis Hamburgensis
monete, et feci resignationem predictorum bonorum liberaliter fide data
cum predictis fratribus meis Ludolfo et Conrado filioque meo
Manegoldo ad manus prepositi, qui cum priorissa et conventu eius-
dem monasterii recepit fidem a nobis ac cum domino Eckehardo
dicto Scacken et domino Seghebando de Witborp, ut omni remota
occasione eodem iure, eadem libertate ac proprietate, qua ego hac-
tenus tenui dicta bona, ipsi in reliquum possideant libere ac secure.
Ut autem venditio premissorum bonorum tam ab heredibus meis quam
a fratribus et omnibus parentibus meis inviolabiliter observetur, ne in
hiis in posterum sibi quisquam valeat iuris aliquid vendicare, in pro-
testationem memorati contractus presens scriptum inde confectum ap-
pensione sigilli mei fratrumque meorum et domini Thiderici de Monte
ac domini Eckehardi Scacken et domini Seghebandi de Witborp
et domini Georgii soceri mei firmiter facio communiri. Huius rei
testes sunt prescripti, videlicet dominus Eckehardus Scacke,
fratres mei dominus Ludolfus et dominus Conradus, dominus
Segbebandus de Witborp, dominus Georgius socer meus. filius

meus Manegoldus, capellanus comitis de Dannenberch dominus Alvericus, capellani predicti monasterii dominus Godefridus et dominus Heynricus, fratres Bertrammus et Johannes, dominus Johannes et dominus Verdewan burgenses in Luneborch et alii quam plures fide digni. Datum in dominica Judica, anno Domini M°CC°LXXX°VIII°.
Vergl. Tafel 6. Nach dem Original im Archiv des Klosters Lüne. An Pergamentstreifen die Siegel No. IV, III, IX und X, sowie die Siegel des Dietrich von Berge und Segeband von Wittorf.

185.
1288, April 24. Ingolstadt.
Herzog Otto von Lüneburg und Herzog Ludwig von Baiern urkunden über die Mitgift und Leibzucht der Tochter des Letzteren Mechtilde, Gemahlin Herzogs Otto von Lüneburg.

— — De hiis eidem socero nostro vel nunciis suis, quos ad hoc miserit, per viros nobiles dominum Gerhardum filium illustris comitis Holsatie avunculum nostrum, Burchardum de Welpia et Bernhardum de Tannenberch comites, Meinricum de Heymbroc nobilem, et fideles nostros Wernherum de Medingen marscalcum, Hunerum de Oleme, Manegoldum dictum Struven, Chunradum de Esdorp, Gevehardum de Berge, Eggehardum dictum Schacke, Wachsmodum dictum Chint, Eggehardum de Boyzenborch, Segebandum de Witdorp, Chunradum de Osda, Heinricum dictum Weder, Drochlevum de Bensholde, milites, Johannem dictum Groten, Georium de Zwerin, Heinricum de Berge et Ludolfum de Heymbroc fideiussoriam prestabimus cautionem — —.

(G. G. Leibniz) Origines Guelphicae, III., p. 72.

186.
1288, Mai 31. Uelzen.
Bischof Conrad von Verden bekundet, dass Johann von Grabow und seine Brüder den Zehnten zu Oitzen an das Kloster Oldenstadt verkauft haben.

— — Testes huius facti sunt: dominus Ekkehardus de Boyceneborg, dominus Manegoldus et dominus Ludolfus dicti de Estorp, dominus Wernerus de Merica, dominus Johannes de Elsendorp, dominus Wernerus de Medinge, dominus Wer. de Ghevensleve, dominus Hinricus dictus Zabel, milites; Johannes de Lobeke, Jo. dictus Greving, Philippus de Odem, Otto de Berkampe, Ludolfus Moltsan, Ludolfus de Everinge, Wernerus de Edendorpe, famuli.

Zeitschrift des hist. Vereins für Niedersachsen, 1852, p. 45.

187.

1288, December 15. Mölln.

Herzog Albrecht von Sachsen ertheilt den Vasallen des Landes Ratzeburg für die Uebernahme einer fürstlichen Schuld von 4000 Mark einen Freibrief.

— — Testes huius sunt: vir nobilis consanguineus noster dilectus dominus Johannes Magnopolensis, Hermannus Ribe, Emeco Hake, Thetlevus de Parkentin, Otto Wackerbart, Hinricus Scakko, Hartwicus de Rizerowe, Hinricus de Cramesse, Volradus de Zulen et frater eius Marquardus, Johannes de Haghen, Godescalcus de Haghenowe, Volcmarus de Gronowe, Albertus Lupus, Nicolaus de Cubbesol, Ludolfus Wackerbart, Ericus de Lonenborch, Hermannus Ribe iunior, milites, et alii quam plures fide dinguicc.

Mecklenburgisches Urkdb., III., No. 1990.

188.

1289.

Der Rath der Stadt Lüneburg verkauft der Johanniskirche daselbst ein Grundstück.

Nos consules civitatis Luneborch — — unanimi cum consensu permutationem fecimus arearum quarundam cum domino Eckehard, nostro plebano*), dando sibi aream quandam sitam iuxta novum pontem, que nostre fuerat civitatis, pro area quadam iuxta valvam rubeam, que fuerat ecclesie sancti Johannis, et in hac permutatione nostre civitatis necessitas simul et utilitas consistebat. Ne igitur de dictarum arearum permutatione a nobis facta in posterum aliqua questio vel dubietas oriatur in preiudicium dicti domini Eckehardi necnon omnium eiusdem ecclesie plebanorum, presentem litteram sigillo nostre civitatis duximus roborandum. Datum anno dominice incarnacionis M°CC°LXXXIX°.

Volger, Urkdb. d. Stadt Lüneburg, I., No. 169. (Das Original — mit dem beschädigten Stadtsiegel — befindet sich im Archiv der Stadt Lüneburg.)

---

*) Vergl. Urkunde No. 172.

189.

1289, Februar 5.*)

Ritter Conrad von Estorff verkauft mit Genehmigung seiner Brüder dem Kloster Isenhagen eine Last Salz aus der Saline zu Lüneburg.

Nos Conradus miles dictus de Estorpe recognoscimus et protestamur, quod de communi consensu fratrum nostrorum, scilicet domini Eckeardi plebani de Modestorpe, Manegoldi et Ludolfi militum, Seghebandi et Johannis famulorum simulque omnium heredum nostrorum vendidimus claustro in Isenhaghen unam plaustratam salis sitam in domo Bovinghe in duabus sartaginibus, que iacent ad dextram manum, cum ipsa domus intratur, possidendam iure perpetuo postposita reclamatione qualibet et exclusa. Ne igitur super venditione dicte plaustrate dubitatio aliqua sive questio in posterum oriatur in eiusdem claustri preiudicium et gravamen, dedimus eidem claustro presentem litteram sigillorum nostrorum munimine roboratam. Datum anno Domini millesimo ducentesimo LXXXVIIII, in die beate Agathe virginis.

Urkdb. d. Klosters Isenhagen No. 45. (Das Original — mit den Siegeln No. IX, XIII und X, sowie einem Bruchstück anscheinend des Siegels No. IV — befindet sich im Archiv des Klosters Isenhagen.)

190.

1289, Februar 5.*) Lüneburg.

Vogt Johann Prekel und der Rath der Stadt Lüneburg bekunden, dass Ritter Conrad von Estorff mit Genehmigung seiner Brüder dem Kloster Isenhagen eine Last Salz aus der Saline zu Lüneburg verkauft hat.

Nos Johannes Prekel advocatus in Luneborch, Albertus Hollo, Johannes de Melbeke, Johannes Om, Herderus, Alardus de Scilaten, Andreas, Johannes Hogeri, Gherardus Gharloph, Heyno Remensuidere, Johannes Dicke, Ludolfus Hoppensach, Thidericus Burmester, eiusdem consules civitatis, recognoscimus literas per presentes, quod dominus Conradus de Estorpe de communi consensu fratrum suorum vendidit claustro in Isenhaghen unam plaustratam salis, sitam in domo Bovynge in duabus sartaginibus ad dextram manum, cum domus prehabita subintratur, iure perpetuo possidendam postposita reclamatione

---

*) Im Urkdb. d. Klosters Isenhagen ist das Datum unrichtig aufgelöst in „21. Januar."

qualibet et exclusa. Ne igitur super venditione dicta plaustrate dubitatio aliqua sive questio in posterum valeat exoriri in eiusdem claustri preiudicium et gravamen, presens scriptum sigilli nostre civitatis munimine predicto claustro dedimus communitum. Datum Luneborch anno Domini millesimo ducentesimo octuagesimo nono, in die beate Agathe virginis.

Urkdb. des Klosters Isenhagen No. 46. (Das Original — mit anhängendem Stadtsiegel — befindet sich im Archiv des Klosters Isenhagen.)

191.

1289, Juni 12. Hodenhagen.

Heinrich von Hodenhagen und seine Söhne übertragen dem Herzog Albrecht von Sachsen ihre Burg Hodenhagen und empfangen dieselbe nach Lehnrecht zurück.

— — Huius rei testes sunt nobiles viri ac milites infrascripti, videlicet: Gherardus et Otto comites de Hoya, nostri dilecti consanguinei, vir nobilis dominus Johannes de Mekelenborch, Nicolaus comes de Dannenberc, Otto Wackerbart, Scakko de Luneborg*), Hinricus Scakko de Louenborge**), Volradus de Zulen, Ludolfus Wackerbart, Stacius de Monechusen, Godescalcus de Haghenowe, Johannes de Crumesse, Hermannus Ribe, Johannes Balch, Marquardus de Zulen, Hinricus de Queren, Marquardus Haverber, Conradus Coribake, Godescalcus Selcop, Rodolfus Clencok, Johannes Clencok, item Johannes Clencok, Origis Clencok, Bernardus de Wechtedhe, Godescalcus de Werpe et alii quam plures fide digni.

v. Hodenberg, Hodenberger Urkdb., No. 98.

192.

1289, August 2.

Herzog Otto von Lüneburg verkauft der Domkirche zu Lübeck vier Wispel Salz aus der Saline zu Lüneburg.

— — volumus et procuravimus ad habundantem cautelam, ut viginti quatuor milites sive armigeri nostri vasalli dilecti, quorum nomina hic duximus exprimenda, videlicet: Theodericus de Alten, Henricus de Wenden, Henricus de Wrestede, Lippoldus et Thethardus de Doren, Echardus de Boyceneburg, Echardus Scacko, Manegoldus

---

*) Vergl. Note 8.
**) Vergl. Note 10.

de Estorpe, Wasmodus Kint, Manegoldus Struve, Theodericus
et Gevehardus de Monte, Wernerus de Medinge, Hunerus de Odeme,
Henricus de Monte, Otto Barwot, Ludolfus et Conradus de Es-
torpe, Theodericus et Seghebandus de Witdorpe, Albertus Eylemanni
filius, milites, Seghebandus et Johannes de Monte, Henricus de Zweryn,
Johannes Magnus, Otto de Medingbe, una nobiscum prestita fide pro-
mittentur», — —. Huius rei testes sunt: venerabilis pater dominus
abbas Luderus, prior et conventus in castro nostro Luneburg, Hen-
ricus prepositus montis sancti Cyriaci in Bruneswich, Echardus
plebanus in Modestorpe*), predicti vasalli et alii milites et armi-
geri, predicti consules et alii layci quamplures.

Leverkus, Urkdb. d. Bisth. Lübeck, I., No. 312.

193.

1289, August 2.

*Herzog Otto von Lüneburg bestätigt nachträglich einen von der Dom-
kirche zu Lübeck mit Johann von Berge geschlossenen Kaufvertrag.*

— — Huius rei testes sunt: venerabiles domini abbas Luderus
in Luneburgh, Henricus prepositus montis sancti Cyriaci in Brunes-
wich, Echardus plebanus in Modestorpe, Henricus de Wenden,
Henricus de Wrestede, Theodericus de Alten, Echardus de Boycene-
burgh, Wernerus de Medinghe, Gevehardus de Monte, Otto Barvut,
milites.

Leverkus, Urkdb. d. Bisth. Lübeck, I., No. 311.

194.

1289, October 22. Lüneburg.

*Ritter Manegold der Weisse, Burgmann zu Lüneburg, verkauft dem
Domkapitel zu Bardowiek ein Haus zu Gotenstorf.*

Universis presens scriptum visuris vel audituris nos Mane-
goldus Planus miles et castellanus in Luneborg salutem in
omnium salvatore. Ne ea que ab hominibus rationabiliter ordinantur
simul cum tempore a memoria hominum labantur, necesse est, ut scriptis
et fide dignorum testimoniis roborentur. Noscat igitur tam presentium
etas quam posteritas successiva, quod nos unam domum propriam et
liberam, sitam in villa Godigstorpe, cum omnibus pertinentiis suis,
advocatia videlicet et omnibus aliis, que iure hereditario ad nos et ad
heredes nostros specialiter pertinebat, vendidimus ecclesie sancti Petri

*) Vergl. Urkunde No. 178.

in Bardewich et eiusdem loci canonicis in presentia multorum militum qui aderant, de consensu heredum nostrorum voluntario libere resignavimus perpetuo possidendam. Ne igitur hec emptio ab aliquo successorum nostrorum in posterum infringatur, presentem litteram sigilli nostri et amicorum nostrorum munimine duximus roborandam. Huius rei testes sunt: dominus Ludolfus de Estorpe canonicus Lubicensis, Fredericus Vlr canonicus Verdensis, Egbardus plebanus in Modestorpe, clerici; Manegoldus, Ludolfus, Conradus fratres de Estorpe, Egbardus Scacko, Tethardus de Doren, Druchtlevus de Benesholte, milites; Ghevehardus, Hinricus, Seghebandus, Johannes fratres de Monte, Hinricus et Georgius de Zwerin fratres, Gevehardus de Odeme, Lippoldus de Doren, Otto Rous, Prekel advocatus et alii quam plurimi fide digni. Datum Luneburch anno Domini M°CC°LXXX nono, in die Severi confessoris.

Nach dem Original im Königl. Staatsarchiv zu Hannover. Die beiden ersten Siegel sind abgefallen, an dritter Stelle Siegel No. X.

195.

1289, November 22. Hamburg.

Das Domkapitel zu Hamburg urkundet über die Dotation eines Altares in der S. Katharinenkirche zu Hamburg.

— — Testes huius rei sunt: dominus Albertus prepositus, Helpradus decanus, dominus Godescalcus custos dictus de Travenemunde, dominus Johannes scolasticus dictus de Hamme, dominus Fredhericus cantor dictus de Luttekenborch, dominus Hildebrandus, dominus Hinricus dictus Bars, dominus Hartwicus de Herslo, dominus Johannes de Luneborch, dominus Siffridus de Herslo, dominus Bernardus scriptor, dominus Nicolaus filius Thideri, dominus Ecghehardus dictus Schaco, dominus Bruno de Metzekendorpe, dominus Alvinus, dominus Bernardus Stedingus, dominus Hartramnus filius domini Hartwici de Heymechtilthe, dominus Johannes dictus Scinkel, canonici Hamburgenses; Helligbernus Iuvenis, Nicolaus de Rokesberghe, Willekinus de Horborch, Conradus de Boyceneborch, Reymbernus de ponte molendini, Hinricus Longus, Johannes de Monte, Nicolaus de Luneborch, Johannes Albus, Johannes de Rokesberghe, Ecgbo de Hadheleria, Olricus Ameias, Nicolaus de Nesse, Johannes Franzoysere, Thidemanus Butenschone, Johannes Ecghehardi, Johannes filius Oseri, Thiderus, Volchwinus de Kylo, consules Hamburgenses.

Lappenberg, Hamburgisches Urkdb., I., No. 850.

196.*)

1290.

Herzog Otto von Lüneburg bekundet den Verkauf einer Salzpfanne aus der Saline zu Lüneburg Seitens des Ritters Eckehard von Buitzenburg an das S. Johannis-Kloster zu Lübeck.

— — Hujus rei testes sunt: milites Heinricus de Wichorp (Withorp), Manegoldus Strovo (Struvo), Tidericus de Monte, Gevehardus de Monte, Eckehardus Scakko, Heinricus Scakko et Ludolfus fratres de Louenborch**), Wasmodus Puer, Tidericus, Seghebandus et Hinricus fratres de Withorpe, Johannes Magnus.

Urkdb. d. Stadt Lübeck, I., No. 544.

197.

1290, Februar 3. Lüneburg.

Herzog Otto von Lüneburg verkauft dem Domkapitel zu Verden einen Wispel Salz aus der Saline zu Lüneburg.

— — Item ex superhabundanti cautela nostri milites: Manegoldus Struvo, Otto et Fredhericus Barvot fratres, Lippoldus de Doren, Wasmodus Puer, Eckehardus Scacko, Albertus Dise, Conradus de Estorpe, Thidericus de Withorpe et Henricus de Withorpe famulus, supradictis dominis manualem fidem dederunt ad observanciam omnium premissorum.

v. Hodenberg, Verdener Geschichtsquellen, II., No. 103.

198.

1290, Februar 5.

Vogt Johann Prekel und der Rath der Stadt Lüneburg bekunden, dass Ritter Manegold der Struve einen halben Wispel Salz aus der Saline zu Lüneburg an Johann von Nezen verkauft hat.

Nos Johannes Prekel advocatus in Luneburg, Nicolaus Paron, Johannes de Melbeke, Fredericus de Arena, Thidericus Zabel, Verdu-

---

*) v. Pratz, handschriftl. Gesch. der v. Schack: „1290. Heino Schacke, Ritter auf Gültzow, war Zeuge als Albert, Herzog zu Sachsen, Engern und Westphalen, den Fluss Wakenitz an die Stadt Lübeck verkaufert." — Vergl. Urkunde No. 207 vom 18. Mai 1291.

**) Vergl. Note 10.

wardus, Johannes de Ullessen, Adeloldus, Johannes Rofsac, Nicolaus Puer, Johannes Hogari, Johannes de Blekede, Nicolaus de Molendino, Sifridus de Ullessen, Ludolfus Viscule, einsdem consules civitatis, recognoscimus litteras per presentes publice protestando, quod dominus Manegoldus miles dictus Struve ex parte venerabili domini nostri Conradi episcopi Verdensis ac de consilio et consensu Ludolfi et fratris sui Meynrici, consanguineorum domini Meynekini quondam plebani in Hiddezaker, et omnium heredum ipsorum vendidit Johanni de Nezen civi nostro suisque veris heredibus dimidium chorum salis quolibet flumine tollendum in salina Luneburg in domo Soderstinghe ad sinistram manum cum dicta domus subintratur in sartagine, que wechpanne vulgariter nuncupatur, iure hereditario perpetualiter possidendum. Ne autem hec venditio coram nobis rationabiliter ordinata alicuius posterorum temeritate sive violentia permutetur, presentem paginam sigillo nostre civitatis duximus roborandam. Datum anno Domini M°CC°LXXXX°, in die Agathe virginis et martiris.

Nach dem Original, von welchem das Siegel abgefallen, im Stadtarchiv zu Lüneburg. (Als Regeste gedruckt bei Volger, Urkdb. d. Stadt Lüneburg, I., No. 175.)

199.

1290, Februar 5.

Die Herzöge Albrecht und Johann von Sachsen übertragen dem Kloster Reinbeck das Dorf Wentorf.

— — Et ad maiorem firmitatem optinendam testes subscripti sunt: clerici: dominus Johannes prepositus de Brots, dominus Walterus plebanus de Molne, dominus Johannes Calvus, dominus Tidericus de Hurov; laici: Hermannus Ribo et Hermannus filius eius, Thetlevus de Parkentin, Heino Scacke, Ludolfus frater eius, Marquardus de Sulen et Volradus de Sulen, Octo Wackerbart, et Luderus Wackerbart, Ribo de Tune, Marquardus de Lasbeke, Hinricus de Wedele, milites; Hartwicus de Hummerbotle, Lodeke de Lasbeke, Wedeke de Hamme, Tethlevus Lupus, Marquardus de Scarpenberch, Johannes Luscus, Sabel.

Michelsen, Schlesw.-Holst.-Lauenbg. Urkdb., I., p. 471, No. 6.

200.

1290, nach 2. April.

Ritter Manegold der Schlichte verkauft dem Kloster Lüne eine Hausstelle zu Süllbeck für 24 Schilling Hambg.

Omnibus presens scriptum visuris Manegoldus miles dictus Sclichte salutem in eo, qui est omnium vera salus. Tenore presentium fateor et protestor, quod ego de arbitrio voluntatis mee et consensu heredum meorum vendidi claustro in Lune aream unam in Solbeke, solventem duos solidos denariorum et duos pullos, pro viginti quatuor solidis Hamburgensium denariorum et ad manus prepositi eiusdem cenobii libere resignavi. Ne autem in posterum super hac venditione ab aliquo parentum vel amicorum meorum possit dubium vel questio suboriri, presentem scedulam appensione sigilli mei munio et confirmo. Huius rei testes sunt: dominus Eckehardus Scacko, dominus Heynricus de Withorp et dominus Seghebandus de Withorp, dominus Manegoldus Struve et dominus Conradus de Estorp frater eius, Johannes Grevinghe et alii quam plures fide digni. Datum anno incarnationis Domini M°CC°LXXXX°, post festum pasche.

Nach dem Original im Archiv des Klosters Lüne. An Pergamentstreifen Siegel No. VI, beschädigt.

201.

1290, November 11.

Margarethe, Wittwe des Ritters Johann von Doren, verkauft mit Zustimmung ihres Sohnes Gerhard dem Kloster Diesdorf ihr Anrecht an dem Dorfe Abbendorf*).

— — litterarum testimonio cum sigilli nostri ac fratrum meorum impressione fecimus roborari. Huius rei testes sunt: vicepreposituus Everhardus in Doren, dominus Henricus plebanus in Lodelsem, dominus Henricus plebanus in Abbenthorp, sacerdotes; dominus Manegoldus, dominus Conradus, dominus Ludolfus, milites, fratres mei; Henricus scultetus in eadem villa et alii quam plures fide digni.

Riedel, Codex diplom. Brandenbg., I., 22, No. 23. (Das Original, von welchem die Siegel abgefallen sind, befindet sich im Königl. Geheimen Staatsarchiv zu Berlin.)

---

*) Abbendorf in der Altmark, nicht zu verwechseln mit dem zeitweise im Besitz der Schack's gewesenen Abbendorf (jetzt Juliusburg) in Lauenburg.

202.

1291.

Herzog Otto von Lüneburg verkauft dem Kloster Scharnebeck anderthalb Wispel Salz aus der Saline zu Lüneburg für 300 Mark Hamby.

— — Sed et nostri consiliarii Theodericus de Monte, Eckehardus de Boyzeneborgh, Manegoldus Struve, Gevehardus de Monte, Heynricus de Monte, Theodericus de Alten, Bertholdus de Rethem, Heynricus de Dannenberge, Otto Barvoth, milites pro nobis id ipsum fideiusserunt.

Nach dem Original — mit dem Siegel des Herzogs — im Königl. Staatsarchiv zu Hannover.

203.

1291, Januar 19. Dutzow.

Herzog Otto von Lüneburg, die Grafen Adolf und Gerhard von Holstein und Graf Nicolaus von Schwerin urkunden über die Beilegung der Fehde zwischen den Mecklenburgischen Landesfürsten und der Stadt Lübeck einerseits und den Rittern Hermann Ribe, Reinbern von Karlow und deren Verbündeten andererseits.

— — Hinc inde nos una cum prefato principe duce Saxonie et militibus infrascriptis fidem dedimus pro hiis manualem, quorum nomina sunt hec: Theodericus de Alten, Eckehardus de Boyeensborch, Wernerus de Medinghe, Theodericus de Monte, Emeke Hake, Marquardus dapifer, Hermannus Rybe senior, Cristoforus de Borstel, Otto Wackerbart, Vulveke de Svartenbeke, Tetlevus de Parkentin, Heyne Scacke, Gotscalcus de Haghenowe, Wolradus de Zule, Luderus Wackerbart, Johannes Balch, Reynbernus de Karlowe, Marquardus Scarpenberch, Georius de Hidsaker, Hermannus Reybe de Tune et Rodolphus de Jericho.

Urkdb. d. Stadt Lübeck, I., No. 572.

204.

1291, Januar 29.

Heinrich von Berge verkauft mit Consens seiner Brüder dem Kloster Lüne ein Haus in Boltersen.

— — Huius venditionis et emptionis testes sunt: milites Echardus de Boyceneborch, Manegoldus Struve, Thidericus de Monte, Manegoldus Planus, Segbebandus de Wildorp, Otto Barvoth, Rodgherus de Gustede; dominus Heynricus de Berscampe capellanus domini ducis; famuli: Jordanus marschalcus domini ducis, Olricus de Bervelde, Johannes Ursus, Johannes de Rosen et alii quam plures.

Nach dem Original im Archiv des Klosters Lüne. An Pergamentstreifen die Siegel des Heinrich, Gerchard, Segeband und Johann von Berge, sowie des Eckehard von Boitzenburg; ein sechstes Siegel ist abgefallen.

205.

1291, Februar 3. Lüneburg.

Herzog Otto von Lüneburg tauscht das Dorf Barendorf von dem Domkapitel zu Ratzeburg für eine Lüneburger Salzhebung ein und verkauft dasselbe an das Kloster Lüne.

— — Preterea nos et consiliarii nostri: Henricus de Wrestede, Eckehardus de Boyceneburch, Theodericus de Alten, Theodericus de Monte, Gevehardus de Monte, Manegoldus Struve, Henricus de Monte, Henricus de Danneberge et Asquinus de Saldere, milites, in manus prepositi antedicti fidem dedimus manualem — —.

Mecklenburgisches Urkdb., III., No. 2107.

206.

1291, Mai 1. Lüneburg.

Herzog Otto von Lüneburg bekundet nochmals den in Urkunde No. 205 vollzogenen Tauschvertrag.

— — Huius rei testes sunt: (Henricus) de Wrestede, Thidericus de Alten, Ekkehardus de Boyceneburg, Boldewinus de Bodendyke, Aschen de Salderen, Johannes de Esscerlen, Wernerus de Medinge, Thidericus de Monte, Gevehardus de Monte, Heyno de Dannenberge, Manegoldus Struve et alii quam plurimi clerici tam laici fide digni.

Mecklenburgisches Urkdb., III., No. 2114.

207.

1291, Mai 16. Lauenburg.

Herzog Albrecht von Sachsen verkauft der Stadt Lübeck für 2100 Mark das Wasser der Wakenitz und des Ratzeburger Sees zum Gebrauch ihrer Mühlen und verspricht, die künftige Bestätigung dieses Verkaufs Seitens seiner Neffen zu bewirken, unter Verpflichtung mehrerer Ritter zum Einlager in Mölln.

— — Super quo fide media promisimus personaliter et dicti fratrueles nostri Johannes et Albertus, Gerardus comes Holzacie, et milites nostri: Henningus de Gatersleve, Rodolfus de Jerechowe, Raudwicus, Hermannus Ribo senior, Emeke Hake, Dethlevus de l'arkentin, Heine Schakke, Wulveke de Swartenbeke, Hartwicus de Ritzerowe, Volcmarus de Gronowe, Johannes de Crummesse et Volradus de Zulen, ut si defectum passi fuerint in hac parte, ad iacendum cum omnibus compromissoribus nostris Molne intrare teneamur, non exituri, nisi dicta eis fratruelium nostrorum, ut premisimus, privilegia sint collata.

Urkdb. d. Stadt Lübeck, I., No. 576.

208.

1291, Mai 19. Lübeck.

Herzog Albrecht von Sachsen bekundet nochmals den in Urkunde No. 207 vollzogenen Verkauf.

— — Testes sunt: nobilis vir Gerardus comes Holtsacie, Hinricus prepositus Racebnrgensis, Hildebrandus custos ibidem et Hermannus de Blachere canonicus; milites quoque: Henningus de Gatersleve, Rolf de Jaricho, Raudwicus, Emeke Hake, Ditblewus de Perkentin, Heyna Schacke, Vulveke de Swartenbeke, Hinricus de Kuren, Marquardus Santberge; item consules Lubicenses: Hinricus Stepeke, Thidericus Vorrat, Allexander de Soltwedele, Vromoldus de Vifhusen, Marquardus Hildemari, Alvinus et Meynricus dicti de Lapide, Johannes de Doway, Johannes de Hadersleve, Wernerus Hano, Bruno de Warendorpe et Albertus de Bardewic et ibidem consules universi et alii quam plures layci et clerici fide digni.

Urkdb. d. Stadt Lübeck, I., No. 577.

209.

1291, Mai 25. Ratzeburg.

Bischof Conrad von Ratzeburg und das Domkapitel daselbst überlassen der Stadt Lübeck für 200 Mark das Wasser der Wakenitz und des Ratzeburger Sees.

— — Testes sunt: illustris dominus Albertus Saxonie dux, sublimes quoque domicelli Johannes et Albertus duces ibidem, ipsius fratrueles, et nobilis vir dominus Gerardus Holzacie comes; Hinricus ecclesie nostre prepositus, Thidericus prior, Hermannus camerarius, Hildebrandus custos, magister Hinricus de Brander, Hartwicus de Ritzerowe, Hermannus de Blochere et Fredericus de Lancowe, Reinbernus de Jesevitze, Segebandus de Tune et ceteri concanonici nostri; milites quoque: domini Henningus de Gatersleve, Rolf de Jerechowe, Dhetlevus de Parkentin et Heino Schakke et alii milites quam plures; consules quoque Lubicenses: Hinricus Steneke, Thidericus Vorrat, Marquardus Hildemari, Alvinus de Lapide, Vromoldus de Vifhusen, Volmarus de Attenderen, Johannis Thodonis, Rodolfus de Fago, Johannes Runese, Johannes de Dowaie, Alexander de Soltwedele, Meinricus de Lapide et ceteri consules universi.

Urkdb. d. Stadt Lübeck, I., No. 578.

210.

1291. Juli 9.

Ritter Segebund von Wittorf verkauft einen von den Erben des Ritters Johann von Verden erkauften Hof in Bardowiek an den Thesaurar Heinrich und den Domherren Heinrich Greving zu Bardowiek.

— — Huius rei testes sunt: dominus Eckehardus de Boyzeneborg et filius eiusdem Eckehardus et dominus Manegoldus Sclichte miles.

Nach dem Original — mit dem Siegel des Ausstellers — im Königl. Staatsarchiv zu Hannover.

211.

1291, September 25. Lauenburg.

Herzog Albrecht von Sachsen bestätigt die den Hamburgern verliehenen Rechte und erniedrigt den Salzzoll zu Eslingen.

... — Testes autem huius gratie et donationis sunt hii: Hermannus Ribe dapifer noster, Heyno Scako, Volradus de Zulen, Balch et Nicolaus de Cubbesele, milites nostri; Helincbernus, W. de Horburg, Hartwicus de Erteneborg, Theodericus dictus Wrac, consules Hamburgenses, et alii quam plures fide digni.

Lappenburg, Hamburgisches Urkdb., I., No. 857.

212.

1291, December 31. Lüneburg.

Ritter Manegold von Estorff, genannt der Struve, verkauft dem Kloster Lüne für 180 Mark Hamby. je einen Hof zu Sülbeck und zu Bollersen, sowie zwei Höfe zu Adendorf.

Manegoldus miles de Esthorpe dictus Struve omnibus in perpetuum. Cum res divine perfectissime sint, humane vero imperfecte, necessarium est, ut acta presencium scripturarum testimonio perhennentur, ne per oblivionem que racionabiliter a presentibus fiunt a posteris valeant violari. Huius rei gratia recognosco publice protestans, quod ego de unanimi consensu Ludolfi et Conradi militum, Johannis dicti Elewere*) et Segebandi armigerorum fratrum meorum necnon Heckehardi filii mei ac omnium qui collaudare debebant, monasterio sanctimonialium in Lune quatuor domos ad me iure proprietatis pertinentes receptis centum et octoginta marcis Hamburgensium denariorum vendidi hereditario iure liberas ac ab omni onere advocacie penitus exemptas dicto monasterio cum iuris cuiuslibet integritate perpetuo possidendas. Una domus istarum domorum sita est in villa Solbeke solvens duos quadrantes siliginis, porcum unum et duos solidos denariorum, altera domus sita est in

---

*) Pfeffinger liest irrthümlich „Glewero". — Vergl. Note 14.

villa Boltessen solvens quatuor quadrantes siliginis, porcum unum et quatuor solidos denariorum, due vero domus alte sunt in villa Adenthorpe solventes sex quadrantes siliginis, dimidium ordei, dimidium avene et duos porcos valentes marcam denariorum. Istas predictas quatuor domos ego Manegoldus predictus cum filio meo Eckehardo et aliis amicis meis quorum interest lingua et manu, sicut moris est, resignavi monasterio antedicto de voluntate et consensu fratrum meorum antedictorum nichil iuris michi heredibus et successoribus meis in eisdem domibus reservando. Preterea ut omnia prescripta inviolabiliter observentur per me et meos heredes sive successores et ut plene ipsius monasterii caverem indempnitati, ego Manegoldus sepefatus una cum Heckehardo Schakkone et Segebando de Withthorpe militibus fide data promisimus, quod ab eisdem domibus cuiuslibet obstaculi removebimus inpedimentum, si forte in ipsarum possessione a quoquam gravaretur monasterium antedictum; volo insuper, quod omnes impetitiones et questiones, si quas contra sepedictum monasterium de iure sive per iniuriam super quibuscunque rebus sive bonis movere possem, funditus sint sopite. Ceterum instrumenta quondam a me sepefato monasterio super duabus domibus Adenthorpe sitis tradita robur nichilominus optinebunt perpetue firmitatis presentis scripti patrocinio non obstante. In quorum omnium testimonium et evidens argumentum presens scriptam meo et fratrum meorum Lodolfi et Conradi militum memoratorum sigillis procuravi roborari. Nos vero Conradus Dei gratia Verdensis ecclesie episcopus, qui predicto contractui canonice et rationabiliter attemptato interfuimus, ipsum ratificamus ac nostre confirmationis munere insignimus, sigillum nostrum rogati a prelibato Manegoldo ad maiorem evidenciam presentibus apponendo. Datum Luneborch anno Domini M°CC°LXXXX°I°, pridie kalendas Januarii. Testes huius facti sunt: Conradus dictus de Hemwltha, Erpo dictus de Hedderen, Henricus dictus Cruceman, Thidericus de Dotsinche, milites, Hartmannus canonicus Bardewicensis, Heckehardus notarius illustris principis Otthonis ducis Luneburgensis, Everhardus et Henricus, clerici venerabilis patris Verdensis episcopi memorati, ac alii quam plures fide digni.

Nach dem Original im Archiv des Klosters Lüne. An Pergamentstreifen das Siegel des Bischofs, sowie Siegel No. IV, IX und X; ein Siegel an zweiter Stelle ist abgefallen.

213.*)

1292, October 14. Lüneburg.

Vogt Dietrich von Berge und der Rath der Stadt Lüneburg beurkunden, dass das Kloster Scharnebeck an Ludolf von Estorff, Domherrn zu Lübeck, zu Gunsten der Nicolaikirche zu Lübeck Salzgut aus der Saline zu Lüneburg verkauft hat.

Nos Thidericus de Monte advocatus in Luneborch, Christianus miles, Verdewardus, Thidericus Zabel, Herderus, Johannes Rofsac, Andreas, Nycolaus de molendino, Thidericus Volcmari, Johannes Dicke, Otto Herwici, Johannes Helmoldi, Hartwicus Volmari eiusdem consules civitatis litteris presentibus recognoscimus publice protestantes, quod venerabilis dominus Ludolfus abbas in Schermbeke de communi consilio et consensu conventus sui vendidit honorabili viro domino Ludolfo dicto de Estorpe canonico Lubicensi unum chorum cum dimidio salis quolibet flumine in salina Luneburg in domo Ekbertinghe ad sinistram manum, cum ipsa domus intratur, in sartagine, que wechpanne vulgariter nominatur, ad manus et usum et utilitatem ecclesie sancti Nycolai in Lubeke iure perpetuo possidendos. In huius

---

*) Pfeffinger, Gesch. d. braunschw.-lüneb. Lande, I., p. 440, giebt (ohne Quellenangabe) folgende Urkunde:

1292, November 1. Eckehard von Estorff kauft von Jürgen von Hitzacker das Gut Veersen. „Wy her Jürgen van Hitscher und Dietrich min sone und unse erven, med her Jürgen, de tho Dötzing wahnet, unde Olde Guss, alle geheten van Hitscher, wy bekennen und betügen in dussem brefe apenbar, vor alle denjenen, de ehn sehn, horen edder lesen, dat wy und unse erven, redeliken und rechtliken verkofft hebben tho enem rechten erffkope ewighlik tho bewittend, so kl unse vader geerfft hefft, hern Eggerde van Estorp und sinen erven unse borch tho Versen unde dat dorp tho Versen, unde dat Gerichte binnen dem dorpe und den Lha unde den Nienhoff und dat dorp Brodesende und dat gerichte in demsülven dorpe, unde de Frien-Hoy in dem holte tho Versen, unde de Frie-Drifft in demsülven holte. Wer et, dat se dar wat anne verkofften, effte vorgreven, dat mogen se mit rechte don, als wy dat beseten mit allerleye rechte und thobehoringe, vor drudehalff hundert marck Lüneburger penning, de uns na willen bereit sindt; des wille wy und schollen ene ein rechte warende wesen, als fryen egen gudes recht ist. Alle dusse vorgeschreven dinge have wy alle vorbenommet mit ener mamelen handt hern Eggerde van Estorp und sinen erven stede und vaste tho holdende under jennigveley argelist. Tho ener groteren bewisunge dusser dinge, so hebbe wy alle vorbenommet willicken unse ingegel gehanget tho dussem brefe, de gegeven is na Godes gebort dusent twe hundert darna in dem twe und negentigesten jare, in aller Gades hilligendage etc."

An dieser Urkunde ist zunächst auffallend der Gebrauch der deutschen Sprache und die Art der Diktion. Aber auch der Inhalt steht wenig in Einklang mit der unzweifelhaften Thatsache, dass Veersen Ende des 13. Jahrhunderts als Schweriner

contractus evidens testimonium coram nobis rationabiliter ordinatum presens scriptum inde confectum sigillo nostre civitatis duximus muniendum. Datum Luneburg anno Domini M°CC°LXXXII°, Kalixti pape et martiris.

Leverkus, Urkdb. d. Bisth. Lübeck, I., No. 315. (Das Original — mit Bruchstücken eines Siegels der Stadt Lüneburg — befindet sich im Grossh. Haus- u. Central-Archiv zu Oldenburg.)

214.

„Anno 1293 ward Manegold Struve Zeuge, als Herzog Otto von Br(aunschweig) und Lüneb(urg) einige Saltzgüter an das Kloster Ebstorff erb- und eigenthümlich abgetreten."

Pfeffinger, handschriftl. Gesch. der v. Estorff, I., p. 33.

Leben im Besitz von Manegold von Estorff gewesen (vergl. Urkde. No. 234) und erst demnächst an Eckehard von Estorff gelangt ist. Wollte man annehmen, dass Manegold das Gut an die Hitzacker verkauft und diese es an Eckehard abgetreten, so würde in der vorstehenden Urkunde jedenfalls der früheren Besitzverhältnisse, wie auch des Schweriner Lehnsgrafen gedacht worden sein. Ebenso ist es kaum glaublich, dass Eckehard Veersen 1293 von den Hitzacker gekauft, es den weitentfernten Grafen von Schwerin als Lehen aufgetragen, demnächst das Lehen an Manegold abgetreten und von diesem wieder zurückempfangen habe. — Verdächtig wird die Urkunde ferner durch den Umstand, dass in dem Königl. Staatsarchiv zu Hannover sich eine andere Estorff-Veersen'sche Urkunde befindet, welche unzweifelhaft gefälscht ist. In derselben bestätigt Herzog Otto von Lüneburg 16. August 1325 — auf Bitten des Abts Thomas zu S. Michaelis und des Ritters Eckehard von Estorff den Verkauf einer Wiese an der Umenau von Seiten der Friedrich und Gewerd von Hösserringen an den Rektor der neuen Pfarre zu Veersen und ertheilt diesem Holzungs- und Weidegerechtsame. Schon das Urkdb. des Klosters S. Michaelis, Urkde. No. 819 bezeichnet die Handschrift des „angeblichen" Originals als der Mitte des 15. Jahrhunderts angehörend und die Diktion für ungewöhnlich. Hierzu kommt, dass dem Abt Thomas schon 1321 Abt Werner zu S. Michaelis gefolgt war, und dass Ritter Eckehard von Estorff vor 14. April 1323 verstorben ist. — Berücksichtigt man aus, dass Pfeffinger'sche Angaben stets mit Vorsicht aufzunehmen sind (vergl. Anmerkung zu p. 3, 45, 62 etc.) und durchaus nicht auf absolute Glaubwürdigkeit Anspruch machen können, so braucht man wohl kaum Bedenken zu tragen, beide Urkunden auf gleiche Stufe zu stellen, d. h. auch die Pfeffinger'sche für eine Fälschung (des 15. Jahrhunderts) zu erachten.

— 111 —

215.

1293.

Herzog Otto von Lüneburg und seine Gemahlin Mechtilde bekunden, dass Propst Heinrich zu Braunschweig einen halben Wispel Salz aus der Saline zu Lüneburg dem Kloster Scharnebeck überlassen hat.

— — Huius nostri facti testes sunt: Gerhardus de Boyceneborg, Thidericus de Monte, Wernerus filius eius, Manegoldus Struve, Wernerus de Medigghe, Gevehardus, Heinricus, Johannes dicti de Monte, milites nostri, et alii quam plures.

Nach dem Original — mit den beiden Siegeln des Herzogs und der Herzogin — im Königl. Staatsarchiv zu Hannover.

216.

1293, Januar 1.

Herzog Otto von Lüneburg verkauft der Domkirche zu Lübeck drei Wispel Salz aus der Saline zu Lüneburg.

— — Huius rei testes sunt: venerabilis pater dominus abbas Ludolfus, . . . prior et conventus in castro nostro Luneburg, Henricus prepositus montis sancti Cyriaci in Bruneswich, Echardus plebanus in Modesdorp, Echardus noster notarius, Thidericus de Monte, Wernerus marscalcus de Medinge, predicti consules et alii clerici et laici quam plures.

Leverkus, Urkdb. d. Bisth. Lübeck, I., No. 318.

217.

1293, Januar 6. Lüneburg.

Herzog Otto von Lüneburg und seine Gemahlin Mechtilde überlassen ihren Unterthanen die Münze zu Lüneburg, bestimmen über die Gerichtsbarkeit in Münzangelegenheiten und geloben keine andere Münze zu errichten.

— — Ut autem hec premissa inconcussa maneant et perpetua, ad manus abbatum, prepositorum, militum, famulorum, burgensium predictorum, et hominum tocius terre, Ekhardo Schackoui, Thiderico de Monte, Ghevehardo de Monte et Hinrico de Zwerin, militibus, Alberto Hollen, Johanni Bartoldi, Herdero et Johanni Rofsac, burgensibus in Luneburch, fidem prestitimus manualem.

Urkdb. d. Klosters S. Michaelis, No. 146.

218.

1293, Januar 16. Lüneburg.

Ritter Dietrich von Berge verkauft dem Kloster Ebstorf für 40 Mark alle Anrechte an den halben Zehnten zu Lehmke, Bohlsen und Hansen, welche er von dem Ritter Gerhard von Schulenburg erworben hat.

— — Compromissores — — sunt hii: Wernerus miles et Thydericus famulus, filii mei predicti, Conradus dictus de Boldensele, Eckehardus dictus de Boyceneborch, Eckehardus dictus Scakke, Alvericus dictus Scukke, Wernerus dictus de Sculenborch, Manegoldus, Conradus et Ludolphus fratres dicti de Estorpe, Wasmodus dictus Puer, Wernerus dictus de Medinghe, Seghebandus, Johannes et Henricus fratres dicti de Monte, consanguinei mei; Henricus dictus de Sverin, Seghebandus dictus de Wittorpe, Johannes de Tune, Drochthlevus dictus de Bensholte, Ghevehardus et Gherhardus fratres dicti de Odhem, milites; Hode nobilis de Hodenberghe, gener meus, Cunradus de Boldensele, Johannes dictus Magnus et Wernerus dictus de Sverin, famuli.

v. Hodenberg, Hodenberger Urkdb., No. 103.

219.

1293, Januar 24. Lüneburg.

Werner von der Schulenburg verkauft dem Kloster Ebstorf den halben Zehnten in Lehmke, Bohlsen und Hansen.

— — Compromissores mei sunt hii: Gevehardus miles, frater meus, et Otto famulus, filius suus, Gevehardus, Wernerus et Ottbo, filii mei predicti, Conradus de Boldensele, Thidericus de Monte, Eckehardus dictus de Boyceneborch, Eckehardus dictus Schacke, Alvericus dictus Schukke, Manegoldus, Conradus et Ludolfus fratres dicti de Estorpe, Wasmodus dictus Puer, Segebandus, Johannes et Henricus fratres dicti de Monte, Henricus dictus de Swerin, Johannes de Tune, Droichtlevus de Bensholte, Wernerus de Medinghe, Gevehardus et Gerhardus dicti de Odhem et Ulricus Mule, milites; Hode nobilis dictus de Hodenberge, Conradus dictus de Boldensele, Johannes dictus Magnus, Wernerus de Swerin, Nicolaus Man et Albertus dictus Bocmaste, famuli.

v. Hodenberg, Hodenberger Urkdb., No. 104.

220.

1293, Januar 25. Verden.

Bischof Conrad und das Domkapitel zu Verden bekunden, dass Propst Christian zu Lüne der Johanniskirche zu Modesthorpe „consencientibus nichilominus honorabili viro Burchardo archidiacono et Eckehardo rectore dicte ecclesie in Modesthorpe" zehn Schilling jährlicher Einkünfte aus der Saline zu Lüneburg überwiesen, wogegen die Kirche auf ihre das Kloster betreffenden Pfarrrechte verzichtet hat.

— — In huiusmodi quidem ordinationis testimonium presens scriptum nostrorum Burchardi archidiaconi et Eckehardi rectoris sepefate ecclesie memoratorum munimine sigillorum procuravimus roborari. — —

Nach dem Original im Archiv des Klosters Lüne. An Pergamentstreifen die beschädigten Siegel des Bischofs, des Domkapitels und des Archidiakons Burchard, sowie das wohlerhaltene Siegel No. XIII.

— — — —

221.

1293, März 22.

Ritter Manegold, genannt der Weisse, überlässt dem Domkapitel zu Bardowiek eine Erbrente aus seinem Hofe zu Godenstorf.

Universis tam presentibus quam futuris presens scriptum audituris Manegoldus miles dictus Planus salutem in eo, qui est omnium vera salus. Ne ea que rationabiliter ab hominibus ordinantur simul cum tempore a memoria labantur, necesse est, ut scriptorum et fidedignorum testimoniis roborentur. Noscat igitur tam presenclum etas quam future etatis successiva posteritas, quod nos vendidimus unam marcam denariorum Luneborgensium annuatim in Godenstorpe in curia, quam inhabitant Margareta et filius Thidericus einsdem Margarete, que iure hereditario ad nos et heredes nostros pertinebat, ecclesie sancti Petri in Bardewich et eiusdem loci canonicis, quam possunt, si in festo sancti Mychaelis non datur, dicti canonici per se vel per suos a predicta curia sine omni querimonia et alieno auxilio extorquere. Igitur ut ratum et firmum huius facti nostri habeatur testimonium, presentem paginam sigilli nostri testimonio fecimus communiri. Huius rei testes sunt: dominus Thidericus dictus de Monte, dominus Gevehardus de Monte et fratres sui milites de Monte dicti, dominus Hinricus de Zwerin, dominus Ludolfus de Estorpe et frater suus dominus Conradus et alii quam plures. Datum anno Domini MCCXCIII, XI. Kal. Aprilis.

Nach dem Original, von welchem das Siegel abgefallen, im Königl. Staatsarchiv zu Hannover.

222.

1293, Mai 1. Lauenburg.

Herzog Albrecht von Sachsen und seine Neffen bekunden, dass die Wittwe und Kinder des Werner Huno die Hälfte der Dörfer Wulfsdorf, Beidendorf und Blankensee an den Lübeckischen Bürger Gottfried von Cremun verkauft haben.

— — Huius rei testes sunt: dilecti ac fideles nostri Hermannus Ribo dapifer noster, Schacko de Luneborg*), Ludeko Schacko, Johannes Balch, Reymbertus de Karlowe, Hermannus Ribo, Luderus Wackerbart, Volradus de Zule, Reynfridus Schulche et alii quam plures fide digni.

Urkdb. d. Stadt Lübeck, I., No. 602.

223.

1293, Mai 25.

Seyeband von Wittorf schenkt dem Kloster Medingen eine Geldrente aus Immo's Hof am Markt zu Bardowick.

— — Testes sunt: dominus Ludolfus abbas de Luneborg, socer noster Ekebardus de Boyceneborg, Eckebardus Scacko et alii plures fide digni.

Urkdb. d. Klosters S. Michaelis, No. 147.

*) Vergl. Note 8.

224.

1293, Juli 25.

Die Gebrüder von Berge in Lüneburg überlassen der Kirche zu Soltau das Eigenthum der Zehnten in Meiningeholte und Hotringe, welche die Kirche von Albrecht und Johann Wulfhagen gekauft hat.

— — Testes vero hujus emcionis et vendicionis sunt: Thidericus de Monte, Mauegoldus, Conradus et Ludolphus fratres dicti de Estorpe, Johannes Ursus, Erp de Hedere, Conradus de Volle, Rodolphus Clenkoc, milites; Helmoldus de Hope, Johannes apud Seranghen, Megardus de Boclo, burgenses; Johannes Magnus de Dangherninghe, Ludolphus villicus de Stubekeshorne, Albertus Alfdinge et Reimer de Honborstolde, iurati ecclesie sepedicte et alii quam plures fide digni.

Vogell, Geschlechtsgesch. der v. Behr, II., No. 14.

225.

1293, October 31.

Herzog Otto von Lüneburg und seine Gemahlin verkaufen der Stadt Lüneburg zwei Wispel Salz aus der Saline daselbst.

— — Nos igitur volentes presentem contractum prenotatis consulibus et civitati Luneburch a nobis et a nostris heredibus inviolabiliter ac perpetualiter observari testibus ydoneis, videlicet: dilecto patruo nostro venerabili domino Conrado episcopo Verdensi, Ekhardo de Boyceneburch, Thiderico de Monte, Ghevehardo de Monte, Mauegoldo Struven, Wernero de Medinghe, Hinrico de Monte, Wasmodo de Kuesbeke, Ottoni Barvoth, Thiderico de Alten et Hinrico de Wreslede, fidelibus nostris militibus, conscriptis et sigillorum nostrorum appensionibus presentem paginam eisdem dedimus insignitam.

Volger, Urkdb. d. Stadt Lüneburg, I., No. 198.

226.

1293, November 25. Lüneburg.

Herzog Otto von Lüneburg und seine Gemahlin Mechtilde verkaufen einen Wispel Salz aus der Saline zu Lüneburg an Werner von Metzendorf und Werner, Lippold's Sohn.

— — Huius rei testes sunt: Theodericus de Alten, Theodericus de Monte, Manegoldus Struvo, Echardus de Boyceneborch, Ghevehardus et Henricus de Monte, milites, ac alii quam plures fide digni.
Sudendorf, Urkdb. z. Gesch. d. Herzöge v. Br.-Lüneb., I., No. 126.

227.

1293, November 25. Lüneburg.

Herzog Otto von Lüneburg und seine Gemahlin Mechtilde verkaufen anderthalb Wispel Salz aus der Saline zu Lüneburg an Albrecht Wulfhagen.

— — Huius rei testes sunt: Theodericus de Alten, Manegoldus Struvo, Echardus de Boyceneborgh, Ghevehardus et Henricus de Monte ac alii quam plures fide digni.
Lappenberg, Hamburgisches Urkdb., I., No. 874.

228.

1293, November 25. Lüneburg.

Herzog Otto von Lüneburg und seine Gemahlin Mechtilde verkaufen einen Wispel Salz aus der Saline zu Lüneburg an Heinrich Lange.

— — Huius rei testes sunt: Theodericus de Alten, Echardus de Boyceneborch, Theodericus de Monte, Manegoldus Struvo, Ghevehardus de Monte et Henricus frater suus ac alii quam plures fide digni.
Lappenberg, Hamburgisches Urkdb., I., No. 875.

229.

1293, November 25. Lüneburg.

Herzog Otto von Lüneburg und seine Gemahlin Mechtilde verkaufen einen Wispel Salz aus der Saline zu Lüneburg an Nicolaus, Sohn des Nanno Nicolai.

Zeugen wie in der Urkunde No. 228.

Lappenberg, Hamburgisches Urkdb., I., No. 876.

230.

1293, November 25. Lüneburg.

Herzog Otto von Lüneburg und seine Gemahlin Mechtilde verkaufen zwei und einen halben Wispel Salz aus der Saline zu Lüneburg an die Brüder Conrad und Johann von Holdenstede.

— — Huius rei testes sunt: Theodericus de Alten, Theodericus de Monte, Echardus de Boyceneborch, Manegoldus Struvo, Ghevehardus et Henricus de Monte, milites, et alii quam plures fide digni.

Urkdb. d. Stadt Lübeck, II., No. 84.

231.

1294. Lüneburg.

Herzog Otto von Lüneburg schlichtet unter Beistand einiger Ritter „militibus nostris, videlicet Eckehardo Scaccone, Manegoldo Struvo, Gevehardo et Heynrico de Monte, Heynrico de Zweryn, Ottone Barvuot, Wasmodo et Paridam de Knesbeke assumptis" einen Streit zwischen den Gebrüdern Sprenger und dem Kloster Scharnebeck, wegen Tödtung des Bertold Sprenger durch einen Mönch des genannten Klosters.

Nach dem Original im Königl. Staatsarchiv zu Hannover. An Pergamentstreifen die wohlerhaltenen Siegel des Herzogs und der acht Ritter; an 2. und 3. Stelle Siegel No. III und IV.

232.

1294, Januar (7—13). Wittenburg.

Graf Nicolaus von Schwerin bekundet, dass die Räthe der Herzöge von Sachsen „honesti et discreti milites et domini videlicet Hermannus dictus Ribo senior et Emeco dictus Haco et Thetlewus de Parcantin et Hinricus Scacowe et Godscalcus de Mustin et Albertus Lupus et Johannes Balch, illustris principis Alberti Saxonie ducis ac nobilium domicellorum scilicet Johannis et Alberti eiusdem Saxonie ducum, dicti ducis Alberti fratruelium, consiliarii ac vasalli fideles" dem Domkapitel zu Ratzeburg herzogliche Rechte in den Besitzungen des Kapitels verkauft und sich verpflichtet haben, die Bestätigung der Herzöge zu erwirken, widrigenfalls das Einlager in Wittenburg zu leisten.

Mecklenburgisches Urkdb., III., No. 2275.

233.

1294, Januar 10. Lüneburg.

Herzog Otto von Lüneburg und seine Gemahlin Mechtilde bekunden, dass Bischof Conrad von Verden drei Wispel Salz aus der Saline zu Lüneburg mit ihrer Zustimmung an das Domkapitel zu Verden übertragen hat.

— — Insuper ex superhabundanti cantela nos et milites nostri infrascripti videlicet: Eckehardus dictus de Boyceneborch, Thidericus dictus de Monte, Manegoldus dictus Struve, Wernerus dictus de Medinche, Gevehardus et Heinricus fratres dicti de Monte et Wasmodus dictus de Knesbeke fide data promisimus, — —. Huius rei testes sunt: Eckehardus dictus de Boyceneburch, Manegoldus dictus Struve, Conradus dictus de Esthorpe, Johannes dictus de Monte, Honerus dictus de Odim et Manegoldus Niger dictus de Esthorpe, milites; Johannes dictus Meibeke, Adhevoldus et Herderus fratres dicti de Toppenstede, Volcmarus de Arena et Johannes Rofasc, burgenses, et alii quam plures fide digni.

v. Hodenberg, Verdener Geschichtsquellen, II., No. 110

234.

1294, Februar 10. Lüneburg.

Herzog Otto von Lüneburg und seine Gemahlin Mechtilde verpfänden die Hälfte der Vogtei zu Gandersheim an die Edelherren Johann und Conrad von Woldenberg.

— — Huius rei testes sunt: Theodericus de Monte, Echardus de Boyceneborch, Otto Barvut, Manegoldus Struvo, Wernerus de Medinge, Johannes Heger, Georrius de Hidsakere, Henricus de Szwerin, Ghevehardus et Henricus fratres de Monte, milites, ac alii quam plures fide digni.

Sudendorf, Urkdb. z. Gesch. d. Herzöge v. Br.-Lünebg., I., No. 127.

235.*)

1294, März 21. Lüneburg.

Herzog Otto von Lüneburg bekundet, dass einige Bürger zu Lübeck Salzgut aus der Saline zu Lüneburg an den Domdechanten Johann von Bocholt und den Domherrn Hermann von Morum zu Lübeck verkauft haben.

— — Huius rei testes sunt: Echardus de Boycenborch, Manegoldus Struvo, Ghevehardus et Henricus fratres de Monte, milites, ac Echardus noster prothonotarius.

Leverkus, Urkdb. d. Bisth. Lübeck, I., No. 331.

236.

1294, Juni 30.

Bischof Burchard von Lübeck bestimmt die Obliegenheiten der Domherren und der Domvikare zu Lübeck.

— — ordinamus, ut missae singulis diebus dicant ac in missis dicendis servent ordinem infrascriptum. — — Post istos incipient vicarius prepositi Seghebodonis magister Indolfus vel qui pro tempore erit, et vicarius decani Frederici dominus Th. de Bucowe

---

*) Mecklenburgisches Urkdb., III., No. 2140: Aus dem Wismarer Stadtbuch, R p. 222: "(1295.) Schakko emit quartam partem de granario, quod situm est retro scolas, cum curia, quod sibi attinet a Bertoldo de Pule, quod sibi coram consulibus resignavit." Dieser Schack ist ein Bürger zu Wismar, welcher keinenfalls zu unserer Familie gehört. — Vergl. Note 1.

vel qui pro tempore erit, et vicarius domini Rosekonis, et alter vicarius prepositi Seghebodonis dominus Hinricus de Zelmerstorpe vel qui tempore erit, et hii IIII^{or} simul dicent missas. Post istos incipient vicarius secundus domini Nicolai decani dominus Nicolaus de Luneborch vel qui.pro tempore erit, et vicarius Stenekonis, et vicarius prepositi Seghebodonis Wernerus de Estorpe*) vel qui pro tempore erit — —.

Leverkus, Urkdb. d. Bisth. Lübeck, I., No. 835.

237.

1295. Mölln.

Herzog Albrecht von Sachsen und seine Neffen Johann und Albrecht verkaufen dem Domkapitel zu Ratzeburg das Eigenthum der Kapitelgüter im Lande Ratzeburg mit allem Rechte ausser der Landwehr und dem Burgwerk.

— — in presentia testium ad hoc rogatorum: domini Ribonis senioris et domini Hemyconis Hako et Thetlevi de Parkenthin, Gotscalci de Mustin et Hinrici Scako, militum.

Mecklenburgisches Urkdb., III., No. 2307.

238.

1295, März 9. Mölln.

Herzog Albrecht von Sachsen und seine Neffen bekunden den mit Kloster Reinfeld getroffenen Vergleich wegen dessen Güter in Neuengamme.

— — Huius rei testes sunt: comes Nikolaus de Wittenborg et nostri milites: Hermannus dictus Ribo, Detlevus de Parkentin, Emeke Hake, Heino Schacke, Johannes Balk, Wulf de Swartenbeke, Godscalcus de Hagenowe, Statius de Monnighusen, Arnoldus de Sassenhagen, Christoforus de Borstelde, Volcmarus de Gronowe, Henricus de Parkentin, Otto de Grabowe et alii quam plures fide digni.

Lappenberg, Hamburgisches Urkdb., I., No. 804b.

*) Zweifelhaft, ob zur Familie gehörig.

239.

1295, Juni 24. Uelzen.

Johann von Oberg resignirt dem Grafen Helmold und Nicolaus von Schwerin die Vogtei über zwei Höfe in Riesta zu Gunsten des Klosters Oldenstadt und verpflichtet sich als Bürgschaft zum Einlager in Lüneburg.

— — Item promiserunt Manegoldus miles dictus Struve, frater suus Ludolfus de Estorpe et miles Druchbolt de Beneshold et Eylardus cum fratre suo Johanne de Oberghe fide data in manus istorum militum: Gevehardi de Monte et fratris sui Segebandi et Johannis dicti Ursi, et in famulorum manus: Eckebardi de Boyceneburg et Eckebardi de Estorpe, quod si ecclesia in istis bonis aliquam patitur inpeditionem, intrabunt civitatem Luneburg et inde non exibunt, donec a quolibet impedimento dicta bona fuerint libera et soluta.

Mecklenburgisches Urkdb., III., No. 2346.

240.

1295, August 31.

Gevehard und Gerhard von Odeme verkaufen ihrem Bruder Hildemar, Domherrn zu Verden, eine Salzrente aus der Saline zu Lüneburg.

— — Huius venditionis et emptionis testes sunt et ad certitudinis evidentiam plenioris eorum sigillis nostro sigillo annexis presentem litteram duximus muniendam: Hanerus de Odem frater noster, Eckeardus de Boyceneborch, Segebandus de Monte, Druchtlevus de Beneshoilte, Ludolfus de Estorpe, Wernerus de Sverin, Johannes sacerdos dictus Parvus et Johannes Bevo civis in Luneborch et alii quam plures digni.

Nach dem Original, von welchem alle 9 Siegel abgefallen sind, im Königl. Staatsarchiv zu Hannover.

242.

1295, September 28. Lüneburg.

Herzog Otto von Lüneburg genehmigt, dass Ritter Wasmod Kint sein Burglehn an den Rath der Stadt Lüneburg verkauft.

— — Huius rei testes sunt: Thidericus de Monte, Heyne de Zwerin, Wernerus de Medinghe et Manegoldus Struve, milites, nostri fideles, et plures alii fide digni.

Volger, Urkdb. d. Stadt Lüneburg, I., No. 218.

242.*)

„Anno 1296 hat Herr Werner von Schwerin beneben seinen Brüdern Otto und Ghevehard unter anderen auch Herrn Ludolf Scakken zum Zeugen erbethen, wie sie ihre Güter im Vorwerk Propst Hurtwichen in Medingen käuflich überlassen."

Pfeffinger, Handschriftl. Gesch. der v. Estorff, II., p. 7.

243.

1296, Januar 15. Nycoping.

Graf Gerhard von Holstein gelobt dem Herzoge Albrecht von Sachsen eine Schuld von 900 Mark in zwei Terminen zurückzuzahlen und bekundet, dass er dem Herzoge zu Händen des Ritters Conrad von Estorff 100 Mark Silber bezahlt habe.

— — Ceterum constare volumus, quod nos centum marcas argenti puri domino Conrado de Estorp militi ex parte domini ac ducis persolvimus sepedicti, ad quorum evidentiam pleniorem presentes literas conscribi fecimus nostri sigilli munimine roboratas. — —

Sudendorf, Urkdb. z. Gesch. d. Herzöge v. Br.-Lünebg., Bd. VII., p. 216. Anmerk. 1.

---

*) Zweifelhaft, ob identisch mit Urkunde No. 258 vom 24. Juni 1296.

244.

1296, Januar 15. Nycoping.

Graf Gerhard von Holstein gewährt dem Ritter Conrad von Estorff die Anwartschaft auf den Zehnten zu Weyhe.

Gerh. Dei gratia comes Holtzacie et in Schowenborch omnibus presens scriptum cernentibus salutem in Domino sempiternam. Noverint presentes et futuri temporis posteritas, quod nos decimam in Weynedhe villa sitam concedimus domino Conrado de Estorpe militi post mortem domine, que nunc possidet dictam decimam, libere pro sue voluntatis arbitrio ordinandam. Ceterum si quisquam ipsum dominum Conradum super memorata decima inpetere voluerit vel incusare, talis coram nobis suam exequatur. In cuius rei evidens testimonium sigillum nostrum presentibus est appensum. Datum in Nycoping anno Domini M°CC° nonagesimo VI°, proxima dominica post octavam Epyphanie.

v. Aspern, Codex diplom. Schauenburg., II., No. 202a. (Dort gedruckt nach einem Copialbuch.)

245.

1296, Januar 28. Lüneburg.

Graf Adolf von Holstein gewährt dem Ritter Conrad von Estorff die Anwartschaft auf den Zehnten zu Weyhe.

Adolfus Dei gratia comes Holtsacie et in Schowenborch omnibus presens scriptum cernentibus salutem in Domino sempiternam. Noverint presentes et futuri temporis posteritas, quod nos decimam in villa Weynedhen sitam concedimus domino Conrado militi de Estorpe ac suis veris heredibus post mortem domine Drude, que nunc possidet dictam decimam, libere pro sue voluntatis arbitrio ordinandam. In cuius rei evidens testimonium sigillum nostrum presentibus est appensum. Datum Luneborch anno Domini M°CC°XCVI°, in octava beate Agnetis.

v. Aspern, Cod. diplom. Schauenburg., II., No. 202b. (Dort gedruckt nach einem Copialbuch.)

246.

1296, April 5.

Bischof Burchard von Lübeck urkundet über das Testament des Domkustos Ludolf von Estorff.

Borchardus Dei gratia Lubycensis ecclesie episcopus. Ad perpetuam rei memoriam notum facimus universis, quod dominus Ludolfus de Estorpe ecclesie nostre thesaurarius ultimam suam voluntatem seu testamentum disposuit in hunc modum. Proventus duorum chororum salis in salina Luneburg sua pecunia ac industria comparatorum cedent ad usus clericorum, octo ad hoc specialiter deputatorum, ut omnibus horis divino officio chori intersint, inter quos dicti proventus seu redditus distribuentur equaliter singulis septimanis. Ius autem assumendi tales clericos et removendi similiter et corrigendi quantum ad mores et vitam, ac distribuendi redditus supradictos ad cantorem pertinebit, qui pro hoc labore et sollicitudine distributionis predicte unam marcam denariorum de pretactis proventibus nomine salarii retinebit et hec omnia de decani consilio exequetur. Si vero dicti clerici in choro excesserint, a ... scolastico vel magistro scolarium corrigentur. Preterea tres mansos curie ipsius Ludolfi in inferiori Bussowe adiacentes cum villicatione dicte curie ecclesie nostre contulit pro sua memoria peragenda, hoc modo videlicet, ut in die beati Johannis evangeliste ante portam latinam in capella cantetur sequentia: „Verbum Dei Deo natum", et de proventibus dicte villicationis cuilibet canonico tunc in missa presenti duodecim denarii tribuantur. In die vero anniversarii dicti Ludolfi viginti quatuor solidi vicariis et quod residuum fuerit canonicis, exceptis quatuor solidis, quorum tres pro victualibus et candelis offerendis expendentur, unus campanario proveniet, in vigiliis et in missa animarum presentibus equaliter dividatur. Quia vero dicta curia domno Johanni Lefhardi ad tempora vite ipsius pensionalis existit, disposuit idem Ludolfus, quod quamdiu dicto domno Johanni superstiti pretacta curia fuerit obligata, de plaustrata salis ab eodem Ludolfo in salina Luneburg similiter comparata, quia ecclesie nostre de pretacta villicatione nichil vel modicum interim provenire poterit, cuilibet canonico presenti in missa in die beati Johannis ut predictum est duodecim denarii et in die anniversarii sex denarii in vigiliis et tantumdem in missa animarum annis singulis tribuatur. Cum vero dicta curia a pensione dicto domno Johanni debita modo quolibet fuerit liberata, dicta plaustrata usui clericorum choralium applicabitur, et de proventibus dicte curie prout expressum est superius disponetur. Ut autem hec ordinatio firma permaneat, eam auctoritate qua fungimur confirmamus, inhibentes in virtute sancte obedientie, ne quisquam ipsam sua temeritate audeat violare, et ut firmior perseveret, presentem paginam nostro ac capituli nostri sigillis fecimus communiri. Datum anno Domini millesimo ducentesimo nonagesimo sexto, in crastino beati Ambrosii epischopi et confessoria.

Leverkus, Urkdb. d. Bisth. Lübeck, I., No. 344. (Das Original befindet sich im Grossh. Haus- u. Central-Archiv zu Oldenburg. Es ist nicht zu erkennen, dass an den beiden Pergamentstreifen der Urkunde Siegel befestigt gewesen sind.)

247.

Ohne Jahr.

In einem (ca. 1285 aufgestellten) Verzeichniss der Einkünfte der bischöflichen Tafel zu Lübeck findet sich folgende Marginalnote von sehr alter Hand:

Duas vicarias quas instituit prepositus Segebodo et frater suus Echardus, redditus unius sunt in salina, redditus alterius in dimidia villa Rybekesdorpe. Item vicariam quam instituit dominus Ludolfus de Estorpe, cuius redditus sunt in salina.

Leverkus, Urkdb. d. Bisth. Lübeck, I., No. 288.

248.

1296, Juni 9.

Das Domkapitel zu Hamburg trifft Verordnungen betreffend das Heilige-Geist-Haus zu Hamburg.

— — Testes sunt: Albertus prepositus, Gotscalcus decanus, Johaunes scolasticus, Hartvicus de Herslo, Hinricus Bars, Ecgehardus Scacko, Lupus, Nicolaus Thideri, Siffridus de Herslo, Bruno, Johannes de Luneborg, magister Hildebrandus, magister Rodolfus, Bernhardus Stedingus, canonici Hamburgenses; consules vero: Hartvicus de Erteneborg, Wernerus de Metzendorpe, Hellincbernus, Johannes Miles, Johannes filius Useri, Hinricus Longus et alii quam plures.

Lappenberg, Hamburgisches Urkdb., I., No. 891.

249.

1296, Juli 5. Ebstorf.

Bischof Conrad von Verden und Herzog Otto von Lüneburg errichten ein Bündniss und ernennen ein Schiedsgericht für ihre und ihrer Unterthanen etwaige Irrungen.

— — Preterea si alicuius questionis seu dissensionis materia inter memoratum patruelem nostrum et nos vel homines ipsius et nostros fuerit exorta, ad ipsam in amicicia vel iure sopiendam quatuor milites, duos ex parte sepefati patruelis nostri, videlicet nobilem virum Conradum de Roldansel et Thidericum dictum de Monte, et totidem nostro nomine, scilicet Manegoldum dictum Struven et Harnithum marschalcum, de unanimi utriusque nostrum consensu duximus statuendos, quorum ordinationem, sine cuiuslibet contradictionis obstaculo utrimque, tenebimur observare.

Sudendorf, Urkdb. z. Gesch. d. Herzöge v. Br.-Lüneb., I., No. 148.

250.

1296, September 17. Lüneburg.

Herzog Otto von Lüneburg und die Herzöge Johann und Albrecht von Lauenburg ernennen für ihre, ihrer Unterthanen und Vögte etwaige Irrungen ein Schiedsgericht.

— — Nos vero Otto dux de Luneborch ex parte nostra statuimus tres milites, scilicet Theodericum de Monte, Heynricum de Zwerin, H. de Monte, nos vero Johannes et Albertus duces Saxonie ex parte nostra statuimus similiter tres milites, scilicet Thetlevum de Parkentin, Ludolfum Scacken et Albertum Lupum de Swartenbeke, qui fide data nobis promiserunt et nos eis, et ipsi invicem inter se iuramento firmaverunt quod omnem rancoris materiam, ut supra dictum est, infra quatuordecim dies discutient in amicicia vel in iure, et quicquid dicti milites dixerint faciendum, de hoc infra quatuordecim dies restaurum debet fieri seu emenda.

Sudendorf, Urkdb. z. Gesch. d. Herzöge v. Br.-Lüneb., I., No. 149.

251.

1296, September 20. Lauenburg.

*Die Herzöge Albrecht und Johann von Lauenburg bestätigen den
während ihrer Minderjährigkeit von ihrem Oheime Herzog Albrecht
mit der Stadt Lübeck geschlossenen Vertrag wegen Ueberlassung des
Wassers der Wakenitz und des Ratzeburger Sees.*

— — Testes sunt: milites et fideles nostri: Otto Wackerbart, Dethlevus de Parkentin, Luderus Scakke, Albertus Vulf, Hartwicus de Ritzerowe, Hinricus et Johannes fratres dicti de Crummesse, Reynfridus Scorlemorie et dominus Johannes Calvus capellanus noster et alii quam plures clerici et layci fidedigni.

Urkdb. d. Stadt Lübeck, I., No. 651.

252.

1296, September 21. Lübeck.

*Herzogin Ingeburg von Lauenburg und ihre Söhne Johann und
Albrecht urkunden über die Gleichstellung des Zolles zu Herrenburg
mit dem Möllner Zoll.*

— — Testes sunt: nobilis dominus Adolfus comes de Scowenburgh, milites quoque nostri: Otto Wakkerbard, Dhetlevus de Parkentin, Ludeke Scakke, Albertus Wulf, Hartwicus de Ritzerowe, Hinricus et Johannes fratres de Crummesse, Reinfridus Scorlemorie, capellanus quoque noster dominus Johannes Calvus et alii quam plures clerici et layci fide digni.

Urkdb. d. Stadt Lübeck, I., No. 652.

253.

Ohne Jahr (1296—1297).

*Lehnrolle der Grafen von Schwerin über ihre Besitzungen auf der
linken Seite der Elbe.*

— — Item dominus Manegoldus de Estorpe villam et decimam et molendinum in Verseue et villam Brodeseude et decimam in Bercdorpe et villam Suthdorpe et villam Stockem. — —

Mecklenburgisches Urkdb., III., No. 2421.

254.

1297. Verden.

Bischof Conrad von Verden willigt in die „cum consensu decani et capituli nostre ecclesie, Frederici dicti Man archidiaconi, Ekkehardi rectoris ecclesie Modestorp et consulum civitatis Luneburg" geschehene Verlegung eines Altars der Johanniskirche zu Lüneburg in die Kapelle S. Spiritus am Markte daselbst.

— — Nos quoque Otto Dei gratia prepositus, Henricus decanus et capitulum ecclesie Verdensis, Fredericus archidiaconus in Modestorpe, Ekkehardus rector eiusdem ecclesie et consules civitatis Luneb. memorati, quia prefate translationi et ordinationi consensimus et consentimus, sigilla nostra presenti littere ad nostri consensus manifestationem duximus apponenda.

Volger, Urkdb. d. Stadt Lüneburg, I., No. 225. (Das Original befindet sich im Archiv der Stadt Lüneburg. An Pergamentstreifen die Siegel des Bischofs und des Archidiakons Friedrich, ein kleines Bruchstück des Siegels No. XIII und das gewöhnliche Stadtsiegel. Das Siegel des Domkapitels ist abgefallen.)

255.

1297, Juni 24. Lüneburg.

Die Ritter Mangold der Struve, Conrad und Ludolf von Estorff bestimmen die Grenzen zwischen dem an das Kloster Scharnebeck verkauften Dorfe Rullstorf und ihren Dörfern Boltersen und Sülbeck.

Omnibus Christi fidelibus ad quos presens scriptum pervenerit Manegoldus dictus Struve, Conradus, Ludolfus dicti de Estorpe milites salutem in Domino. Quoniam que in tempore fiunt, cum tempore a memoria hominum elabuntur, nisi scriptis ac testibus muniantur, hinc est quod tam presentibus quam futuris notum esse volumus, quod vistam distinctionem terminorum ville Rolvestorpe, quam abbas et conventus in Scerembeke a nobis emerunt, ac villarum Boltersen et Sulbeke, sicut pie memorie dominus Manegoldus dictus de Estorpe pater noster longo tempore possederat et ad nos iure hereditario fuerat devoluta, eisdem in presencia multorum proborum virorum demonstravimus a monte qui vocatur Rugeberg ad villam Rolvestorpe pertinens, usque ad locum qui Klynte dicitur ad villam Rolvestorpe pertinens iam predictam, prout grandes lapides in signum distinctionis terminorum ibidem positi manifestant. Et ne predicti abbas et conventus super distractione terminorum ville Rolvestorpe dubitationem impetitionem aut molestiam paciantur, presentem paginam eis dedimus sigillorum nostrorum munimine roboratam. Testes qui aderant quando hanc demonstracionem fecimus: dominus Cristianus prepositus in Lone, dominus Hinricus dictus Greving canonicus in Bardewich, Wasmodus dictus Kynt, Hunerus de Odem, Segebandus de Monte, Drochtlevus de Benneskolte, Johannes dictus Ursus, Arnoldus de Todendorpe, milites, Hinricus de Withdorpe, Bernardus Sprengere, famuli, et alii quamplures fide digni. Datum Luneborgh anno Domini M°CC°X°CVII°, in nativitate sancti Johannis baptiste.

Nach dem Original — mit den Siegeln No. IV, X und IX von rothem Wachs — im Königl. Staatsarchiv zu Hannover.

256.

1297, Juli 8. Lüneburg.

Ritter Conrad von Estorff verkauft dem Kloster Ebstorf für 70 Mark sein Recht auf den Zehnten in Westerweyhe, sowie ein Haus daselbst und ein Haus in Kirchweyhe.

Omnibus hoc scriptum visuris sive audituris Conradus miles dictus de Esthorpe affectuosam ad omnia voluntatem. Noverint universi tam posteri quam presentes, quod ego de consensu et bona voluntate uxoris mee filiorumque, heredum meorum et aliorum, ad quos spectare videbitur, habito meorum amicorum consilio propter maiorem mee utilitatis fructum venerabili viro Alberto preposito, priorisse et conventui monasterii Ebbekestorpe receptis ab ipsis septuaginta marcis argenti Bremensis et ponderis universum ins, quod Anwardinche dicitur, decime ville Weinethe non habentis edificium ecclesie, tam maioris decime quam minute, et unius domus in eadem villa versus partem australem iuxta amnem, in qua moratur Johannes Bekemann, et alius domus in villa ecclesiali Weynethe versus partem occidentalem, quam Thidericus inhabitat, sitarum, necnon omnia iura michi vel heredibus meis in futurum in decima et domibus antedictis competentia vendidi perpetuo possidenda, promittens fide data una cum meis compromissoribus infra positis, qui pro me et mecum fide prestita promiserunt, quod dictam emtionem seu venditionem cum meis heredibus, paratam habebo, nec aliquid contra ipsam attemptabo, sed ego et mei heredes universa et singula, que ad utilitatem prepositi et monasterii antedictorum spectant, in prefata empcione tenebimur efficaciter adimplenda. Compromissores mei sunt hii: Conradus miles*) de Boldensel, Georg longus dictus de Hidsaker, Segebandus de Monte, Johannes Bere, Geveharl de Odem et Ludolfus frater meus, milites, necnon Manegoldus filius meus, annos discretionis habens. In quorum omnium testimonium meo et compromissorum meorum sigilla habentium sigillis feci presentem litteram roborari. Datum Luneburg anno Domini M°CC°XCVII°, VIII° Ydus Julii.

Nach dem Original, von welchem die Siegel abgefallen sind, im Archiv des Klosters Ebstorf. (Als Regeste gedruckt bei Pfeffinger, Vitriar. illustr., II., p. 861.)

257.

1297, September 8. Lüneburg.

Die Ritter Manegold der Struve, Ludolf und Conrad von Estorff bekunden, dass ihr verstorbener Vater Manegold verschiedene Güter zu Echem an das Kloster Scharnebeck verkauft hat.

Omnibus Christi fidelibus, ad quos presens scriptum pervenerit, Manegoldus dictus Struvo, Ludolfus, Conradus dicti de Estorpe, milites, salutem in Domino. Tenore presentium protestamur, quod abbas et conventus in Scerembeke pratum et piscaturas infra terminos ville Echem sitas ad curiam villici in Rolvestorpe pertinentes a patre nostro pie memorie domino Manegoldo emerunt, quarum hec sunt nomina: Dhyders ow o tota, medietas de eo quod Stac dicitur, medietas de Tzysecolc, Bunen sitas inter Scoven et Tzysecolc, medietas de Wezzeleswere, colc ante Wezzeleswere, sepes que Supra montem vocantur, Elerse, amnis de Elerse usque Ramhorst, Hunse, maior Kolvelake, que protenditur de Cleyegeworth usque Rarse, minor Kolvelake, que protenditur de maiori Kolvelake usque Eckerense, pratum quod Eckerenworth vocatur. Protestamur etiam, quod bona supra scripta ab advocacia et ab omni servicio libera sunt et semper extiterunt. In cuius rei testimonium paginam eis dedimus sigillorum nostrorum munimine roboratam. Datum Luneborgh anno Domini M°CC°XC°VII, in nativitate beate Marie virginis.

Nach dem Original — mit den Siegeln No. IV, X und IX von gelbem Wachs — im Königl. Staatsarchiv zu Hannover.

---

*) In der Regeste bei Pfeffinger, Vitriar. illustr., II., p. 861 steht „nobilis" statt „miles".

258.

1298, Juni 24.

Die Gebrüder Werner, Otto und Gerehard von Schwerin verkaufen das Eigenthum von vier Häusern im Dorfe Ketsendorpe dem Kloster Medingen.

— — Testes: Ludolf Scako etc.*)

Aus Gebhardi's Collectan., III., p. 609 der Königl. Bibliothek zu Hannover.

259.

1298, August 1.

Propst Christian zu Lüne kauft von Gertrud, Wittwe des Ekkehard von Godigge, zwei Häuser in Adendorf für 102 Mark Humbg.

— — Huius rei testes sunt: Heynricus de Sverin, Wernerus, Otto fratres de Medigge, Segebandus, Gevehardus, Heynricus fratres de Monte, Conradus de Estorpe, Johannes de Lobeke, Georgius Longus, milites; Johannes de Palborn sacerdos, Ludolfus Olla, Olricus de Godigge et alii quam plores.

Nach dem Original im Archiv des Klosters Lüne. An Pergamentstreifen Siegel des Heinrich von Schwerin, Siegel No. IX, Siegel des Georg Longus und des Propstes zu Lüne. Die Siegel an 2. und 3. Stelle fehlen.

260.

1298, September 21.

Herzog Otto von Lüneburg überträgt dem Kloster Ebstorf ein Haus zu Westerweyhe, auf welches Conrad von Estorff Verzicht geleistet hat.

In nomine Domini. Amen. Dei gracia Otto dux de Brunsvich et Luneborch omnibus Christi fidelibus presens scriptum legentibus seu audientibus salutem in Domino sempiternam. Ut bona bonorumque iura seu proprietates a nobis venerabilibus ac Deo sacratis locis personisque religiosis pietatis intuitu largita perseverent inmobilia, nostras mandamus donaciones litterarum muniminibus stabiliri. Noscant igitur presentes et sciant posteri, quod nos prehabita deliberacione matura proprietatem domus in villa Weyneden que occidentalis dicitur site,

*) Weitere Zeugen sind nicht angegeben.

quam a nobis Conradus miles dictus de Estorpe iure tenuit pheodali, recepta primitus eiusdem Conradi libera resignacione Al. preposito, M. priorisse et conventui monasterii in Ebbekestorpe ob divine remuneracionis spem donamus perpetuo possidendam. Et ne ista nostra donacio queat a posteris irritari, presentem literam cum appensione nostri sigilli duximus solidandam. Datum in die Mathei apostoli et ewangeliste, anno incarnacionis Domini MCC nonagesimo VIII".

Nach Copialbuch IX, 200, p. 11 des Königl. Staatsarchives zu Hannover.

261.

1298, October 31. Warin.

Bischof Gottfried von Schwerin bestätigt eine Vicarie im Armenhause zum Heiligen-Geist in Parchim.

— — Testes quoque huius rei sunt: Ludolfus de Bulowe Zwerinensis canonicus, Wilhelmus plebanus in Sulta, Johannes Scacko*) plebanus in Pruzeken et Gheroldus dictus Moltzan, capellani nostri, et Hildebrandus de Iserlo, civis in Parchim laycus, et plures alii tam clerici quam layci fide digni.

Mecklenburgisches Urkdb., IV., No. 2521.

262.**)

1299.

Ritter Manegold von Estorff, mit dem Beinamen der Schwarze, schenkt dem Kloster Scharnebeck ein und eine halbe Hufe zu Erteneburg und ein Haus zu Pattensen.

Universis Christi fidelibus, ad quos presens scriptum pervenerit, Manegoldus miles dictus de Estorpe cognomento Niger salutem in Domino. Noverint hec videntes, quod ego de communi consensu legitimorum heredum meorum dedi monasterio in Rivo sancte Marie, quod vulgo dicitur Scermbeke, pro remedio anime mee et uxoris mee Ode omniumque parentum meorum mansum et dimidium in Erteneburg et unam domum in Pattenhusen, quibus dotavi capellam

*) Zweifelhaft, ob zur Familie gehörig.
**) „2. August 1298." Unter diesem Datum findet sich im Urkundenbuch des Klosters S. Michaelis No. 169 fälschlich die Urkunde No. 192 vom 2. August 1299.

et altare ibidem constructum in honorem beate Marie semper virginis, ubi ego et prefata uxor mea locum elegimus sepulture. Et ne quis filiorum aut heredum meorum hanc meam donationem valeat revocare, ego et **frater meus Eckehardus** miles dictus de Estorpe sigillorum nostrorum munimine presentem paginam roboramus. Datum anno Domini M°CC°XC°IX°.

Nach dem Original — mit den Siegeln No. VII und XII — im Königl. Staatsarchiv zu Hannover.

263.

1299, September 21. Bergedorf.

Herzogin Ingeburg von Lauenburg und ihre Söhne verkaufen mehrere Dörfer und Hufen an den Ritter Hasso von Herslo, an das Hamburgische Domkapitel und an Markward Kalleskruch.

— — Huius facti compromissores sunt: Tetlevus de Parkentyn, Hinricus et Johannes de Krumesse fratres, Hartwicus de Rytzerowe, Hermannus de Tralov, Volcmarus de Gronowe, Albertus Lupus, Otto Wackerbard, Cristoforus de Borstelde, milites; Walraven de Krumesse, Hinricus Scacko, Arnoldus Korner, famuli.

Lappenberg, Hamburgisches Urkdb., I., No. 915.

264.

1299, September 28.

Heinrich und Werner von Schwerin schenken der Kirche S. Michaelis zu Lüneburg drei Güter zu Eimstorf.

— — Huius rei testes sunt: Wernerus de Medighe, Conradus de Estorpe, milites; Otto, Ghevehardus de Zerin..., Nicolaus de Pomerio, famuli, et quam plures alii fide digni.

Urkdb. d. Klosters S. Michaelis, No. 167.

265.

1299, November 1. Mölln.

Die Herzöge Johann und Albrecht von Lauenburg gestatten den Bürgern von Hamburg die Errichtung eines Leuchtthurmes auf der Insel Neuwerk.

— — Huius rei sunt testes: Ditlevus de Parkentin, Emeko Hake, Johannes et Hinricus de Crummesse, Hartwicus de Ritzerowe, Volcmarus de Gronowe, Otto Wackerbard, Vulveke de Swartenbeke, Luderus Scacko, Luderus Wackerbard, Hermannus Longus de Tralov et Hermannus de Wigersrodhe, milites; dominus Johannes Calvus, summus noster notarius, canonicus Hamburgensis, Hartwicus de Erteneborg, Johannes de Berghen, Johannes filius Oseri, Gerardus Longus, Hinricus Longus, Otto de Twedorpe, Bernardus Stedingus, Conradus de Boyceneborg, Thidericus Wrac, Reinerus de Stouria, Bertramus Lusens, Gerardus de Coloula, Thidemannus Butenscone et Gotscalcus de Bilna, tunc consules Hamburgenses, et alii quamplures clerici ac laici fide digni.

Lappenberg, Hamburgisches Urkdb., I., No. 917.

266.

1299, November 13. Wunstorf.

Bischof Ludolf von Minden und Herzog Otto von Lüneburg einigen sich über die Theilung der Grafschaft Wunstorf und schliessen ein Bündniss auf drei Jahre.

— — Fideiussores domini ducis sunt hii: Otto comes de Welpa, Henricus prepositus sancti Ciriaci, Aswinus de Saldern, Thidericus de Bodenstede, Willehelmus de Staden, Roth. de Gusteden, Henricus de Walmode, Wasmodus de Kuebeck [*], Ge. de Odem, Johannes de Stuma, R.[*]) de Estorp, Pyl, milites.

Würdtwein, Nova subsidia diplomatica, IX., p. 101.

---

[*] Würdtwein scheint „R." falsch gelesen zu haben, wenigstens findet sich ein entsprechender Vorname unter den Estorff's nicht. Nachforschungen nach dem Original der Urkunde, sowie in Copialbüchern sind vergeblich gewesen.

267.

Ohne Jahr. September 21.

„Necrologium monasterii S. Michaelis in Luneburg". *Eintragungen mit Schrift aus dem 13. Jahrhundert*):*

September. XI. Kal.: O(biit) Eckehardus Scaco laicus fr(ater) nr. IX sol. in Ludolvinghe**).

Wedekind, Necrologium monasterii S. Michaelis, p. 70.

268.

Ohne Jahr***).

Lehnregister der Herrschaft Wölpe.

Hir is dat lengut gescreven, dat horet in de herschup der Welpe des hertogen:

— — Her Cunrat unde her Ludolf van Estorpe, desse dorp marke sin Honstede, Hassendorpe, Rendorpe, Stetendorpe, Ollessen, Munclo unde 1 hus to Heymbeke.

— — Her Egert van Estorpe unde her Manegolt de Struve 1 hus to Otstede.

v. Hodenberg, Lüneburger Lehnregister, p. 85.

269.

Ohne Jahr (um 1300).

Verzeichniss der Salzgüter der Domkirche zu Lübeck in der Saline zu Lüneburg.

— — Item singulis annis feria secunda post Michaelis solvitur in salina ecclesie nostre pro censu una marca denariorum in domo Bussinghe de sartagine que dicitur Wechpanne. Hec marca datur pro memoria prepositi Conradi in anniversario eiusdem inter canonicos tunc presentes, ut consuetum est hactenus, dividenda.

---

*) Bei nochmaliger Prüfung des im Königl. Staatsarchiv zu Hannover befindlichen Originals hat sich ergeben, dass die Schrift der ersten Hälfte des 13. Jahrhunderts angehört.

**) Ludolvinghe ist der Name eines Salzhauses in der Sülze zu Lüneburg.

***) Anscheinend aus dem Ende des 13. Jahrhunderts; geschrieben um die Mitte des 15. Jahrhunderts.

— — Item habet ecclesia unum chorum salis emptum a domino Manegoldo de Estorpe dicto Slichten in sartagine que vulgariter Guncpanne dicitur in domo Berendingke sita, cum (in) dictam domum intratur ad sinistram manum. Hic chorus emptus de denariis episcopalibus pertinet ad servitia refectorialia. — —

Leverkus, Urkdb. d. Bisth. Lübeck, I., No. 380.

270.

1300, Februar 5. Eutin.

Bischof Burchard und das Domkapitel zu Lübeck urkunden über die von dem Hamburgischen Bürger Hartwich von Ertenburg, genannt Löwe, gestiftete Präbende.

— Huius rei testes sunt: venerabilis pater ac dominus Borchardus episcopus, Johannes dictus de Stolp abbas de Cycemer ordinis beati Benedicti, Johannes dictus de Bocholte decanus, Ludolfus de Hardewich, Hildemarus cellerarius, Hermannus de Morum cantor, magister Seghebandus thesaurarius, Albertus de Boyceneburg, Alfwinus de Domo, Johannes de Clotze, Theodericus Vullespont, Alardus de Estorpe, Bartrammus Mornewech et Rotcherus de Kamene, Lubicensis ecclesie canonici; magister Lupus Hammenborgensis ecclesie canonicus, Conradus prepositus Segbebergensis, Thetbernus prepositus Porescensis, Emeko Hako miles et alii quam plures clerici et laici fide digni.

Leverkus, Urkdb. d. Bisth. Lübeck, I., No. 366.

271.

1300, März 3. Hamburg.

Ritter Johann von Homore kauft von dem Domkapitel zu Hamburg den Haselhorst im Dorfe Todendorf.

— — Testes sunt: Albertus prepositus, Gotscalcus decanus, Johannes scolasticus, Hinricus cantor, Hartwicus de Harslo, Eckehardus Scacko, Lupus, Nicolaus Tileri, Sifridus de Harslo, Bruno, Johannes de Luneborch, magister Hillebrandus, magister Rodolfus, Bernardus Stedingus et Hinricus thesaurarius, canonici Hamburgenses; Christoforus de Borstelde, Marquardus de Lasbeke, Hinricus et Hermannus de Hamme et Hartwicus de Hummersbotle, milites.

Lappenberg, Hamburgisches Urkdb., I., No. 920.

272.

1300, März 15. Lauenburg.

Die Herzöge Johann, Albrecht und Erich von Lauenburg bestätigen den Verkauf des Dorfes Utecht an das S. Johanniskloster zu Lübeck.

— — Huius rei testes sunt dilecti ac fideles nostri: milites: Dhetlevus de Parkentyn, Hinricus et Johannes de Crummez, Hartwicus de Rithzerowe, Hinricus de Parkentyn, Volcmarus de Gronowe, Hermannus de Tralowe, Ludeke Scacko; consules Lubicenses: Marquardus Hyldemari, Bernardus de Cosvelde, Johannes Albus, Johannes Piscis et alii quam plures fide digni.

Urkdb. d. Stadt Lübeck, I., No. 720.

273.

1300, März 15. Lauenburg.

Die Herzöge Johann, Albrecht und Erich von Lauenburg bekunden, dass die Bürger Gottfried und Johann von Cremon die Hälfte der Dörfer Wulfsdorf, Beidendorf und Blankensee an das S. Johanniskloster zu Lübeck verkauft haben.

— — Huius rei testes sunt dilecti et fideles nostri: milites: Dhetlevus de Parkentyn, Hynricus et Johannes de Crummesse, Hartwicus de Ryzerowe, Hynricus de Parkentyn, Volcmarus de Gronowe, Hermannus de Tralowe, Ludeke Schacko*); consules Lubicenses: Marquardus Hyldemari, Bernardus de Costvelde, Johannes Albus, Johannes Piscis et alii quam plures fide digni.

Urkdb. d. Stadt Lübeck, I., No. 721.

274.

1300, März 15.

Die Herzöge Johann, Albrecht und Erich von Lauenburg bekunden, dass die Bürger Gottfried und Johann von Cremon das Dorf Schattin an das S. Johanniskloster zu Lübeck verkauft haben.

Zeugen wie in der Urkunde No. 273.

Urkdb. d. Stadt Lübeck, I., No. 722.

---

*) Nach v. Kobbe, Geschichte von Lauenburg, II., p. 36, sollen hier nachstehende Zeugen folgen: „— — Heyno Schacke, Emeko Hahr, Wasmodus Kist, Bartold Ritzerowe, Heinrich von Duvensee und der Kapellan und Kanzler Ulricus."

275.*)

1300, April 2.

Ritter Ludolf von Estorff verkauft seine Erbgüter in Melbeck an Luder von Embsen unter Vorbehalt des ihm und der Kirche zu Betzendorf zuständigen Zinses aus denselben.

Nos Ludolphus miles dictus de Estorpe recognoscimus publice protestantes, quod unanimi consilio et consensu filiorum nostrorum Manegoldi et Hinrici atque omnium heredum nostrorum vendidimus Ludero de Emnessen et suis veris heredibus bona nostra sita in media villa Melbike iure hereditario et perpetuo, excepto censu nostro, quem augmentare non debemus; illum nobis et nostris heredibus integraliter reservamus, scilicet XXIIII solidos denariorum Luneburgensium et unum porcum; ecclesie vero in Betzendorpe IIII solidi et duo plaustra feni, mediocriter bona de supradictis bonis perpetualiter ministrentur. Additum est etiam, quod nos nec nostri heredes prefatum Luderum vel suos heredes in sepedictis bonis residentes ultra quod nostri homines universaliter faciunt, non debemus specialiter aggravare. Ut igitur ista emptio et venditio a nobis et a nostris heredibus firma et inviolata observetur, iam sepius memorato Ludero et suis heredibus pro warandia Conradum fratrem nostrum et Eckeardum de Estorpe, milites, posuimus fideiussores, quorum sigillis nostro sigillo annexis presentem litteram decrevimus roborari. Datum anno Domini M°CCC°, in vigilia palmarum.

Urkdb. d. Klosters S. Michaelis, No. 173. (Dort gedruckt nach einem Copialbuch.)

---

*) 1300, April 24. „Wy Reinwertt und Maneke von Estorp brodere, Manegoldes kindere des Swarten von Estorp" verkaufen „alle use gutt in der olden Uamme" an „Heinrich Schacken, hern Wasmode sone, — — und tho einer truwen handt heren Wasmode und heren Geverde Schacken, ridderen, Otten Schacken und Henneken, heren Geverdt Schacken sohne, und Vicken Marschalck deme jungen, knapen." Nach einer im Staatsarchiv zu Lübeck befindlichen Abschrift aus dem 17. Jahrhundert. (Als Regeste gedruckt bei Lappenberg, Hamburgisches Urkdb., I., No. 930b.) — Die genannten Personen treten sämmtlich erst mehrere Jahrzehnte später urkundlich auf und wird daher die Angabe bei Pfeffinger, handschriftl. Gesch. der v. Estorff, II., p. 3, nach welcher die Urkunde von 1353 datirt, zutreffend sein, die Jahreszahl 1300 also auf einem Schreibfehler beruhen.

276.

1300, Mai 26. Eutin.

Bischof Burchard von Lübeck meldet dem Papste Bonifacius VIII., dass er die Rathsherren von Lübeck wegen der gegen den Domherrn Alard verübten Gewaltthätigkeiten zur Verantwortung gezogen und sie banne, falls die Uebelthäter nicht bestraft würden.

— — Ad aures sanctitatis vestre cupio pervenire, quod cum satellites et famuli consulum ac universitatis civitatis Lubicensis Iwanus dictus de Crummendike ac Hane eorumque complices suum sacrilego quendam ecclesie mee canonicum Alardum*) nomine, negocia ecclesie in terra nobilium dominorum Magnopolensium agentem, irruentes, in eundem manu armata persecutione horribili fugavissent, famulos letaliter vulnerassent equosque mutilando, truncando penitus occidissent, —.

Mecklenburgisches Urkdb., IV., No. 2613.

277.**)

1300, Juli 15.

Ritter Bertram von Harboldessen verkauft mit Zustimmung seiner Frau Giseldrud den Zehnten zu Weyhe dem Kloster Ebstorf.

— — Ut igitur universa superius narrata inviolabiliter serventur, ego me pro stabili singulorum et universorum premissorum observantia fide manuali prestita sepefato Manegoldo de Estorp dicto Schlichte, Segebando de Monte, Hunero et Gerhardo fratribus dictis de Odem, Ludolfo et Conrado fratribus dictis de Estorp, militibus, et Hinrico dicto de Wittorp famulo nomine prepositi et monasterii prestita obligavi.

Pfeffinger, Vitriarius illustr., II., p. 881.

---

*) Vergl. Urkunde No. 270.
**) Copialbuch IX., 945, p. 134 des Königl. Staatsarchives zu Hannover enthält mit dem unrichtigen Datum „1300, Juni 16 (feria quinta in octava corporis Christi)" statt „1313, Juni 21 (desgl.)" eine Urkunde, in welcher Herzog Erich von Lüneburg mit Rücksicht auf die Verdienste des Heinrich Schack und seiner Brüder der Kirche zu Rameslob ein Haus in Brakel schenkt.

278.

1300, Juli 22. Lüneburg.

Ritter Conrad von Estorff resignirt den Grafen Gerhard, Heinrich und Adolf von Holstein den Zehnten in Weyhe, welchen er dem Kloster Ebstorf verkauft hat.

Nobilibus viris dominis suis carissimis Gerhardo, Henrico et Adolfo comitibus Holtzatie Conradus miles dictus de Estorp cum debite fidelitatis constantia obsequium in omnibus benevolum et paratum. Decimam in Weynede, quam a vobis et vestris heredibus tenui et teneo multis annis in pheodo meique veri ac legitimi heredes post discessum meum sunt adepturi, vestre nobilitati sub ea forma, quam honorabilis vir Albertus prepositus in Ebbekestorpe statuit, qui dictam decimam a me, heredum meorum consensu accurrente, titulo emptionis comparavit, videlicet, quod perpetuo maneat in monasterio Ebbekestorpe ad Dei honorem et divinum cultum ampliandum, per presentes literas resigno coram vobis ore et manu, quandocunque vestri copiam habere potero et quandocunque requisitus fuero, conabor resignare. In cuius mee resignationis testimonium presentem literam meo sigillo feci roborari. Datum Luneborg anno Domini M°CCC°, in die S. Marie Magdalene.

Lünig, Corp. iur. feud. Germ., II., p. 1790, No. 3. (Dort gedruckt ohne Quellen-Angabe.)

279.

1300, October 6. Lüneburg.

Ritter Conrad von Estorff resignirt den Grafen Nicolaus und Gunzelin von Schwerin ein Haus in Kirchweyhe, welches er dem Kloster Ebstorf verkauft hat.

Nobilibus viris dominis suis carissimis Nicolao et Gunzelino comitibus de Sverin Conradus miles de Estorpe cum debite fidelitatis constancia obsequium benivolum et paratum. Domum in villa, que Weynde vocatur, in qua est ecclesia constructa, cum omnibus attinentiis suis, quam a vobis et vestris heredibus ego et mei heredes tenemus in pheodo, vestre nobilitati sub ea forma, quam honorabilis vir Albertus prepositus in Ebbekestorpe statuit, qui dictam domum cum suis attinenciis a me et meis heredibus tytulo empcionis comparavit, videlicet quod perpetuo maneat in monasterio Ebbekestorpe, ad Dei honorem et divinum cultum ampliandum resigno litteras per presentes et coram vobis ore et manu, quandocunque requisitus fuero, conabor resignare. In cuius mee resignacionis testimonium presens scriptam meo sigillo volui roborari. Datum Luneborch anno Domini M°CCC°, in octava sancti Michaelis archangeli.

Mecklenburgisches Urkdb., IV., No. 2630. (Dort gedruckt nach einem Copialbuch.)

280.

1300, October 31. Banzkow.

Graf Gunzelin von Schwerin schenkt dem Kloster Eustorf das Eigenthum eines Hauses in Kirchweyhe, welches Ritter Conrad von Estorff von den Grafen von Schwerin zu Lehen getragen hat.

In nomine Domini. Amen. Guntzelinus Dei gratia comes de Sverin omnibus Christi fidelibus presens scriptum legentibus seu audientibus salutem in Domino sempiternam. Ut bona bonorumque iura seu proprietates a nobis venerabilibus ac Deo sacratis locis personisque religiosis pietatisque intuitu largita perseverent immobilia, (per) nostras mandamus donaciones literarum muniminibus stabiliri. Noscant igitur presentes et sciant posteri, quod nos prehabita deliberacione matura proprietatem domus in villa Weynedhen, in qua est ecclesia constructa, site, quam a nobis Conradus miles de Estorpe iure tenuit pheodali, recepta primitus eiusdem Conradi libera resignacione, Al. preposito, M. priorisse et conventui monasterii in Ebbekestorpe ob divine remuneracionis spem donavimus perpetuo possidendam. Et ne ista nostra donacio queat a posteris irritari, presens littera (?) cum appensione nostri sigilli duximus solidandam. Datum Rancekowe anno Domini M°CCC°, in vigilia omnium sanctorum.

Mecklenburgisches Urkdb., IV., No. 2633. (Dort gedruckt nach einem Copialbuch.)

281.

1300, November 11.

Graf Adolf von Holstein verkauft den Testamentarien des Hamburgischen Domherrn Johann von Lüneburg zehn Mark Rente aus dem Zoll zu Hamburg.

— — nos vendidimus et resignavimus dominis Ecghehardo dicto Schacken et Hermanno plebano de Hilghenstede, canonicis ecclesie Hamburgensis, et dominis plebanis videlicet Godescalco de Rellinghe, Wernero de Radolvestede et Nicolao de Suderowe, necnon Hartwico Leoni dicto de Erteneborch civi Hamburgensi, testamentariis domini Johannis de Luneborch, quondam canonici Hamburgensis pie recordacionis, ad vicariam perpetuam, quam idem dominus Johannes in ecclesia Hamburgensi fundavit et instituit ob anime sue progenitorum suorum salutem et omnium fidelium defunctorum, decem marcarum denariorum redditus annuatim in theloneo et Ungeldo nostro Hamburgensi pro centum sexaginta marcis denariorum Hamburgensium infra viginti annos exnunc proximos libere reemendos. — —

Lappenberg, Hamburgisches Urkdb., I., No. 926.

282.

1301, Januar 1. Lauenburg.

Ritter Arnold von Sassenhagen schenkt zu Memorien für seine verstorbenen Frauen Agnes und Elisabeth dem Kloster Scharnebeck fünf Ruthen Land bei Erteneborch.

— — Huius rei testes sunt: dominus Ludolfus*) Scacco et Fredericus dictus de Valkenberge, milites; Hinricus de Wittulorpe et Heinricus Scacco, famuli.

Nach dem Original — mit dem Siegel des Ausstellers — im Königl. Staatsarchiv zu Hannover. (Als Regeste gedruckt bei Pfeffinger, Vitriar. illustr., II., p. 881.)

283.

Ohne Jahr (1301).

Ritter Eckehard von Estorff schwört der Stadt Lübeck wegen erlittener Gefangenschaft Urfehde.

Noverint universi Christi fideles presencium inspectores, quod super captivitate domini Eggehardi militis de Estorpe et detencione famuli dicti Manen, qui ipsum militem in civitate Lubicensi captum tenuit, est inter ipsum dominum Eggehardum ex una et consules et universitatem civitatis Lubicensis ex parte altera taliter placita, tum quod infrascripti sedecim*) viri communi manu in solidum et fide media promiserunt in manus consulum et universitatis civitatis predicte cancionem, que Orveydhe communiter vocatur, pro natis omnibus et nascendis perpetuis temporibus observandam et quod ipsius militis captivitas super burgenses Lubicenses nunquam debeat per aliquem modo aliquo vindicari. Si vero burgensibus Lubicensibus dampnum aliquod per quemcunque fuerit illatum, extunc iidem promissores subscripti infra quatuordecim noctes, postquam moniti fuerint, civitatem Lubeke intrabunt, nunquam exituri, nisi iusticiam vel amorem faciant, quod racione captivitatis predicte tale dampnum non sit factum. Sed si forte illustris dominus dux de Luneborg vel marschalcus suus suo nomine erecto vexillo cum exercitu aliquid manifeste contra civitatem Lubeke fecerit, et si amici dicti domini Eggehardi ipsi exercitui interfuerint, propter hoc non debent aliquatenus incusari. Sed si forte aliqua congregacio per quoscunque facta fuerit, vel si forte vexillum ducis predicti occulte in sacco vel alio modo ductum fuerit, et cum aliquid facere possint, erexerint vel servos suos aut dextrarios, arma, equos vel quascunque alias res ad huius modi dampnum faciendum prestiterint amici militis memorati, intrabunt promissores infrascripti civitatem Lubeke nec exibunt, nisi iusticiam fecerint, quod tale dampnum propter captivitatem predictam non sit factum, nam cancio predicta sive Orveydhe debet absque malo zelo, quod Arghelist vocatur, tempore perpetuo fideliter observari. Nomina autem illorum, qui pro huiusmodi Orveydhe promiserunt, sunt hec: domini Eggehardus de Estorpe et Manegoldus Niger frater suus, Schacko de Luneborg, Ludolfus de Estorpe, milites; Eggehardus filius domini Eggehardi de Boycensborg, Manegoldus filius domini Manegoldi Slichten,

---

*) Es sind offenbar zu den am Schluss dieser Urfehde genannten Edelleuten die Aussteller der nächstfolgenden Urkunde vom 7. Januar 1301 hinzugerechnet.

Thidericus et Alardus fratres dicti Bromes*), Schacko filius
domini Schackonis de Luneborg, dominus Couradus miles
de Estorpe et Manegoldus filius suus, dominus Thidericus de
Hidzakere et Manegoldus frater suus dicti de Dotsinge et Egge-
hardus filius domini Manegoldi Struven.

> *Vergl. Tafel No. 7. Nach dem Original im Staatsarchiv zu
> Lübeck. An Pergamentstreifen die Siegel No. XV, X, Siegel
> des Eckehard von Doitzenburg, No. VI, IX, Siegel des Dietrich
> und Manegold von Hitzacker, No. XI, XIV und XV**). Die
> Siegel an 1., 2. und letzter Stelle sind abgefallen. (Gedruckt in
> Urkdb. d. Stadt Lübeck, II., No. 135.)*

284.

1301, Januar 7.

*Johann und Gottfried von Brocberg urkunden über die wegen der
Gefangennehmung ihres Verwandten, des Ritters Eckehard von Estorff,
der Stadt Lübeck geleistete Urfehde.*

Universis Christi fidelibus presens scriptum cernentibus Johannes
et Godefridus milites dicti de Brocberghe salutem in Domino. Tam
presentibus quam futuris volumus notum esse, quod super captivitate
domini Eggebardi consanguinei nostri de Estorpe militis,
quem quidam nomine Manen in civitate Lubicensi captum tenuit, est
inter ipsum dominum Eggehardum et suos amicos ex una et consules
et universitatem civitatis Lubicensis ex parte altera taliter placitatum,
quod nos in solidum et communi manu fide media promisimus ad manus
consulum et universitatis civitatis predicte — (*Das Folgende wie
in Urkunde No. 283.*) — — In cuius rei testimonium sigilla nostra
appensa sunt huic scripto. Datum et actum anno Domini M°CCC°
primo, in crastino festi Epiphanie Domini.

> *Urkdb. d. Stadt Lübeck, II., No. 136. (Das Original — mit
> den beiden Siegeln der Aussteller — befindet sich im Staatsarchiv
> zu Lübeck.)*

---

*) Vergl. Note 15.

**) Es benutzen hier Schack III. von Lüneburg und sein Sohn Schack IV. den
gleichen Siegelstempel und zwar anscheinend denjenigen des Eckehard VI. Schack.
Später (1317 f.) führt Schack IV. ein eigenes Siegel mit der Umschrift „† S
SCHACKEN DE LVNEBORCH".

285.*)

1301. **Schauenburg.**

Graf Adolf von Holstein trägt dem Bischofe Friedrich von Verden den Zehnten zu Weyhe auf, nachdem Ritter Conrad von Estorff und Frau Giseldrude von Harboldessen auf ihre Anrechte Verzicht geleistet haben.

Adolfus Dei gratia comes in Schowenborch omnibus hoc scriptum visuris sive audituris salutem in Domino sempiternam et gestorum negociorum noticiam inmortalem. Ambiguitatis scrupulum et calumpniarum veracias a nostris sequestrari actibus desiderantes tam presencium quam futurorum cupimus noticie propalari, quod cum ius pheodale decime Weynedhe nostris olim pertinens progenitoribus ad nos duntaxat solos de ordinacione et beneplacito dilectorum fratrum nostrorum Gerhardi et Hiurici comitum Holtzacie illustrium et non ad ipsos spectare noscatur, idem ius pheodale nobis a Conrado milite de Estorpe, qui a fratribus nostris et a nobis quondam ius quod Anwardinghe, et Gyseldrude uxore Bertrammi militis dicti de Harboldessen, que ius quod Lifghedinge nuncupatur tenuerunt pheodaliter, secundum morem decimarum resignandarum libere resignatum reverendo patri et domino nostro karissimo Frederico Verdensi episcopo et ecclesie sue, quod idem pheodum ab ipsis et ipsorum predecessoribus tenuimus et tenere debuimus, resignamus per presentes et resignabimus ore et manu, quando fuerimus requisiti; hanc tamen condicionem adicientes, quod prefate decime proprietas et universum ius decimale ad prepositum et conventum

---

*) Pfeffinger, handschriftl. Gesch. der v. Estorff, I., p. 177 giebt (ohne Quellenangabe, jedoch mit dem Vermerk: „Annonis v. Bodendike Siegel siehet dem Campischen ganz ähnlich") folgende Urkunde:

1301, Februar 22. Anno von Bodendick und sein Sohn Henning verkaufen den Brüdern Eckehard und Otto von Estorff ihren Hof zu Gogherndorpe. „Ick Anne und Henninch min ***** knapen gheten van Bodendike bekennen und bethugen in dessen openen breve, dat wi Junghen Egherde und Otten sinen broder knapen gheten van Estorpe und eren rechten erven hebben verkoft enes nees hof tho Gogheendorpe in dem dorpe myd allerleyghe rechte, also wi den beweten hebben, behalven her Gheverd van Esche de preester und vor Giese, sin moder, de hebben den tyns al, den de hof ghelt, erv dag, welch erer de lenst leret, de scal den tynsen breken, alles dat de hof gelt sine dage. Were over, dat dat god wonthe wolde, wodane wu dat were, so scolde de vorsprokene her Gheverd und vor Ghese, sin moder, soken den tyns uth holte, uth velde, uth wyschen, uth weyden, uth wathere und uth allerleyghe stucken, de tho den hove horet, na rechte, sunder jenegerleyghe hyndernisse des vogedheren. Wurdmer dat heren Gheverkes und Ghesen, siner moder, de hir vorsproken sind, (tho kord wurde, so valt de vorebenomede tyns Egherde und Otten sinen broder, knapen, vorbenomed und eren rechten erven an, sunder heren Gheverkes und siner moder Ghesen erven

10

monasterii Ebbekestorpe pro sustentacione ancillarum Cristi ipsi Cristo
iugiter ibidem famulancium, eo quod ipsam decimam empcionis tytulo
comparaverint seu de manu layca redemerint, a prefatis episcopo et
capitulo ecclesie sue perpetuo transferatur. Preterea ad amputandum
omnes impeticiones seu questiones a prefatis fratribus nostris super
iure pheodali preposito et conventui memoratis monendas et plenam
warandie prestacionem nos litteris presentibus obligamus. Ad istius
igitur resignacionis et omnium premissorum perhennem memoriam
nostro sigillo fecimus hanc paginam communiri. Datum Schowenborch
anno Domini M°CCC°I°.

*Aus Copialbuch IX, 200, p. 85 des Königl. Staatsarchives zu
Hannover.*

286.

1301. Schauenburg.

*Graf Adolf von Holstein trägt dem Bischof Friedrich von Verden den
Zehnten zu Weyhe zu Gunsten des Klosters Ebstorf auf, welches
denselben von Ritter Conrad von Estorff und Frau Oiseldrude von
Hurboldessen gekauft hat.*

Reverendo in Christo patri ac domino suo carissimo Frederico
Verdensis ecclesie episcopo nec non venerabilibus viris, preposito,
decano et capitulo eiusdem ecclesie Adolfus Dei gratia comes in

---

jenegherleyghe hispruke. Wordner wille ich Anne und Henniseb, min sone, hirvore-
screven knapen, Egherde und Otten, einen broder, knapen gheheten van
Estorpe, de hirvorebenomed sint, an den hoven waren, also wi van rechte seuken.
Alle desse stucke unde en jewellich sunderlich love ich Anne und min son Hennineb
und hebbe gelovet myd ener samenden hand an truwen myd minen medelovere
Wolter van Boldensen, Werners sone, den vorbenomeden Egharde und Otten sinen
broder, und erea rechten erven stede und vast tho holdene; und vordmer de
leuware wille wi en holden tho ghode und nicht tho arge; wan se de leuware van
us esehet, so wole wi se en aplaten vor usen heren van Luneborg sunder jeneger-
leyghe wedersprake. Tho ener bethuginghe desser voresereveren dine hebbe ich
Anne mid minem sone Hennineho und myd minen medelovers yughereghelo desser
bref beseghelot. Datum anno Domini M°CCC°I°, feria tertia post dominicam qua
cantatur Invocavit."

Die Diktion steht mit der Jahreszahl 1301 nicht in Einklang; der Gebrauch
der deutschen Sprache ist für diese Zeit auffallend und auch dem Inhalt nach lässt
sich die Urkunde mit der angegebenen Zeit schwer in Uebereinstimmung bringen.
Der Knappe Eckehard IX., welcher schon 1268 selbstständig über Grundbesitz ver-
fügt, also 1301 schwerlich „jung" gewesen sein wird, hat einen Bruder Otto nicht
gehabt; der am 1. October 1274 genannte Otto kann gleichfalls nicht gemeint sein.

— 147 —

Scowenborg cum dilectionis constantia debitam sue possibilitatis promptitudinem serviendi. Cum Conradus miles dictus de Estorpe et Ghiseldrudis uxor Bertrammi militis dicti de Harboldessen decimam in Weynedhe, quam a nostris progenitoribus et nobis in feodo, ita quod dictus Conradus ius quod Anwardinghe et prefata Ghiseldrudis ius quod Lifgbedinghe nuncupatur, tenuerunt, nobis prout decimarum resignatio fieri consueverit, resignaverint libere et perfecte, nos recepta huinsmodi resignatione predictorum prescriptam decimam, quam nostri progenitores et nos a vobis et predecessoribus vestris iure feodali tenuimus, vobis et ecclesie vestre in his scriptis resignamus et nichilominus ore et manu resignare parati erimus, quandocunque fuerimus requisiti, observata forma subscripta, videlicet quod prefate decime proprietas et omne ius decimale a nobis preposito et conventui monasterii Ebbekestorpe, qui memoratam decimam a prefatis Conrado et Ghiseldrude emptionis tytulo comparaverunt, de manu redimentes layca, iure hereditario perpetualiter assignetur. In huius nostre resignacionis evidenciam presentem literam nostro sigillo fecimus consignari. Datum Scowenborg anno Domini M°CCC°I°.

Aus Copialbuch IX, 200, p. 86 des Königl. Staatsarchives zu Hannover.

---

denn sein Bruder Eckehard VIII. war schon 1299 Ritter. Des letzteren Söhne Eckehard und Otto, deren Schwester Ermgard 1318 mit Anno von Bodendick verheirathet war, treten erst erheblich später urkundlich auf und werden 1301 (vergl. Urkunde No. 283) schwerlich erwachsen gewesen sein. Auch Anno von Bodendick und sein Sohn Henning werden zusammen anderweit erst 1344 und 1350 urkundlich genannt, desgleichen Werner von Boldensen und sein Sohn Wolter erst 1341 und 1342; Werner lebt noch 1340. — Alle diese Bedenken lösen sich sofort, wenn man die Urkunde um einige Jahrzehnte später (vielleicht auf MCCCL statt MCCCI) datirt. Es würden dann die Käufer identisch sein mit den Knappen Eckehard und Otto, welche 27. October 1338 als Söhne des verstorbenen Ludolf von Estorff eine Geldrente aus Veermen unter Zustimmung ihrer Vaterbrüder, der Knappen Eckehard und Otto von Estorff, verkaufen. Letztgenannter Otto starb ca. 1343 und blieb 1350 also nur noch Eckehard zur Unterscheidung von seinem Onkel gleichen Namens als der Jüngere zu bezeichnen. Ich glaube somit, dass die Jahresangabe 1301 nur auf einem Irrthum beruht; im Uebrigen scheint die Urkunde jedoch authentisch, wenn auch vielleicht undeutlich übersetzt. Als am 22. October 1432 Otto und Heinrich von Estorff, Otto's Söhne, ihren Hof zu Goghendorype an das Kloster Leenbagen verkauften, wird „Werner von Bodendike, her Werner's sone" als Bürge hinzugezogen.

287.

1301, Mai 15. Verden.

Bischof Friedrich und das Domkapitel zu Verden übertragen dem Kloster Ebstorf den Zehnten zu Weyhe.

In nomine sancte et individue trinitatis. Amen. Fredericus Dei gratia Verdensis ecclesie episcopus, Florencius prepositus, decanus et capitulum eiusdem ecclesie fidelium universitati cunctorum presens scriptum audienciam seu intuencium salutem in Domino sempiternam. Quia layci decimas sine interitu salutis eterne persepe possidere nequeunt, utile dinoscitur, ut de manibus laycorum ad ecclesias transferantur. Quapropter tam presentibus quam futuris notum fieri volumus, quod nobilis vir Adolfus comes de Schowenborch decimam in Weynethe sibi primo a Conrado milite dicto de Estorpe, qui eam quodam iure quod Anwardinghe dicitur, et Ghyzeldrude uxore Bertrammi militis dicti de Harboldesen que eandem quodam iure quod Lifghedinghe nuncupatur, ab ipso comite pheodaliter tenuerunt, resignatam libere nobis et ecclesie nostre, quod iure pheodali ipsam decimam a nobis solus, fratribus suis nichil iuris in eadem, sicut per suas protestatur litteras, habentibus, tenuerit et tenere debuerit, per suas patentes litteras resignavit, eandem resignacionem coram nobis ore et manu, cum ab ipso petitum fuerit, iteraturus, cupiens, ut prefate decime proprietas et universum ius decimale preposito et monasterio Ebbekestorpe, qui eandem decimam a Conrado milite et Gyzeldrude memoratis empcionis tytulo comparaverunt redimendo de manu layca conferantur. Nos igitur, qui monasteriorum nobis subiectorum incrementa et profectus appetimus, sepefate decime proprietatem cum omni iure decimali eiusdem preposito et monasterio in Ebbekestorpe sepedictis conferimus et donamus in nomine Domini in hiis scriptis perpetuo possidendam. Ne igitur super hac nostra donacione et collacione quam inposterum oriatur dubium, tam presentem litteram ad premissorum evidenciam nostris sigillis duximus muniendam. Datum et actum Verde anno Domini M°CCC° primo, Ydus Maii, pontificatus nostri anno primo.

Aus Copialbuch IX. 200, p. 86 des Königl. Staatsarchives zu Hannover.

288.

1301, Juni 24.

Die Herzöge Johann und Albrecht von Lauenburg, sowie Graf Gerhard von Holstein bekunden, dass sie auf drei Jahre die Schirmvogtei der Stadt Lübeck übernommen haben.

— — Testes sunt: nobilis domicellus Woldemarus filius ipsius domini comitis, et dominus Johannes de Luttekenborgh notarius eius, item Emeke Hake, Detblevus de Parkentin, Lodeke Scakke, Hinricus et Johannes fratres de Crummesse, Hinricus de Parkentin, item Nicolaus de Blisestorpe, Dhetlevus dictus de Dhorne, milites.

Urkdb. d. Stadt Lübeck, II., No. 142.

289.

1301, September 22. Lüneburg.

Graf Nikolaus von Dannenberg schenkt der Wittwe des Ritters Albert von Dise und ihren Kindern den Zehnten zu Glüsingen.

— — Huius rei testes sunt: Thidericus de Withdorpe, Johannes de Lubeke et Ekhardus de Estorpe, milites, et Johannes de Gamme famulus et plures alii fide digni.

Urkdb. d. Klosters S. Michaelis, No. 177.

290.

1301, October 27. Eutin.

Bischof Burchard und das Domkapitel zu Lübeck stiften zu Gunsten des Heinrich Goldoge und Johannes Bule, um sich ihres desto eifrigeren Dienstes in den Rechtssachen der Kirche zu versichern, zwei neue Präbenden.

— — et nos Gerhardus prepositus, Johannes decanus predicti, Hyldemarus cellerarius, Hermannus de Morum cantor, magister Seghebandus thesaurarius, Albertus de Boyceneburg, Alfvinus de Domo, Johannes de Clutz, Thidericus Vullenpunt prepositus sanctimonialium in Poretzæ, Alardus de Estorpe, Henricus de Hattorpe, Bertrammus Mornewech, Rotcherus de Kamene, canonici ecclesie Lubicensis omnibus supradictis consensimus et subscripsimus — —.

Leverkus, Urkdb. d. Bisth. Lübeck, I., No. 390.

291.

1302, Januar 3. Redow.

Die Gebrüder Hermann und Eckehard Ribe bekunden, dass Herzog Otto von Lüneburg ihnen sein vor Hitzacker gegebenes Versprechen erfüllt hat.

— — presentibus viris subscriptis videlicet: domino Wer. de Medige et domino Conr. de Estorpe et domino Hinr. de Monte et domino Ber. de Rethen et domino Par. de Knesebeke et domino Wil. de Stadis, necnon domino Gh. de Odeme, militibus, et aliis quam pluribus fide dignis.

Sudendorf, Urkdb. z. Gesch. d. Herzöge v. Br.-Lünebg., I., No. 166.

292.

1302, Januar 16. Lauenburg.

Die Herzöge Johann und Albrecht von Lauenburg schenken der Stadt Mölln das Dorf Pinnow.

— — Hii sunt testes et nobiscum intererant: Dethlevus de Perkentyn, Ludeke Scacko, Hinricus et Johannes de Crummesse, Otto Wackerbart, Hardwicus de Ritzerowe, Wolff de Swartenbecke, Volr. de Tzule, Hermannus de Tralowe, Reynfridus Scorlemorle, Dethlevus Lupus, milites, et alii quam plures fide digni.

Nach dem Original, dessen Siegel völlig zerbröckelt ist, im Königl. Staatsarchiv zu Schleswig. (Gedruckt in „Gründl. Nachricht von dem an Lübeck verpfändeten Dominio Mölln, Beilage 6".)

293.

1302. Januar 16. Lauenburg.

Die Herzöge Johann und Albrecht von Lauenburg bestätigen der Stadt Mölln alle Freiheiten, sowie den Gebrauch des Lübischen Rechts.

Zeugen wie in der Urkunde No. 292.

Nach dem Original — mit zwei sehr beschädigten Siegeln — im Königl. Staatsarchiv zu Schleswig. (Gedruckt in „Gründl. Nachricht von dem an Lübeck verpfändeten Dominio Mölln, Beilage 8".)

294.

1302, Januar 16. Lauenburg.

Herzogin Ingeburg von Lüneburg bestätigt mit Consens ihrer Söhne Johann und Albrecht der Stadt Mölln den Besitz des Dorfes Güllzow.*)

— — Huic vero donationi nobiscum intererant et sunt testes: Emke Hacke, Dethlevus de Parkentin, Ludeke Schacke, Hinricus et Johannes de Crumesse, Otto Wackerbart, Hardewicus de Rizerow, Wulff de Swartenbeck, Volradus de Zuele, Hermannus de Grabow (Tralow), Reinafridus de Scorlemorle, Dethlevus Lupus, milites nostri, et alii quam plures fide digni.

Lübeck's Defensio, den auf Mölln haftenden Kaufschilling betreffend, 1670, Beilage 6.

295.

1302, Mai 21. Ratzeburg.

Die Herzöge Johann und Albrecht von Lauenburg verkaufen dem Domkapitel zu Ratzeburg ihre Rechte an dem Dorfe Mist, welches dasselbe von den Erben Gottfrieds von Cremun erworben hat.

— — in presentia testium: domini Thetlevi de Perkentyn et Henrici de Perkentyn, Ludolfi Scacken, Hermanni de Tralows, Ottonis Wackerbarth, Alberti Lupi de Swartenbeke et Dethlevi Lupi et Reinfridi Scorlemorle, Henrici et Johannis de Crummesse fratrum, militum, et Edeleri advocati et aliorum plurimorum fide dignorum.

Mecklenburgisches Urkdb., V., No. 2793.

296.

1302, Mai 21. Ratzeburg.

Die Herzöge Johann und Albrecht von Lauenburg genehmigen, dass das Domkapitel zu Ratzeburg Güter zu Schlagsdorf und Schlagbrügge gegen solche in Alten- und Neuen-Gamme an Siegfried vom Broke vertauscht.

Zeugen wie in der Urkunde No. 295.

Mecklenburgisches Urkdb., V., No. 2794.

---

*) Vergl. Anmerkung p. 46.

297.

1302, Juni 30. Hamburg.

Das Domkapitel zu Hamburg bestimmt die Zahl und Grösse der Dom-Präbenden.

— — Et ego Godescalcus decanus hiis omnibus interfui et consensi sigillumque meum apposui, et ego Henricus cantor —, et ego Henricus thesaurius [1] —, et ego Hartwicus de Herslo —, et ego Echardus Schacko interfui et consensi et sigillum meum apposui, et ego Bruno —, et ego Magister Rodolphus —, et ego R. Stedingus —, et ego Johannes Calvus —, et ego Hildemarus —, et ego Bertramus —, et ego Wonnerus —, et ego Hermannus Moltsan —, et ego magister Peregrinus interfui et consensi et sigillum meum apposui.

Staphorst, Hamburgische Kirchengeschichte, I. 2., p. 225.

298.[*]

1303.

Graf Nicolaus von Dannenberg verzichtet gegen eine Leibrente auf Schloss und Stadt Dannenberg und auf das Land bis zur Elbe und Jetze zu Gunsten des Herzogs Otto von Lüneburg.

— — Huius facti testes sunt: nobilis de Halremunt et dominus Conradus de Boldensen, dominus Egbardus notarius, Gevehardus et Hinricus de Monte fratres, Wernerus de Medingen, Wernerus de Monte, Wernerus et Johannes fratres de Bodendike, Hinricus de Zverin, Conradus de Esdorpe, milites; Eghebardus de Boysenborg, Otto Magnus, Wasmodus Kint, famuli, et ceteri fide digni.

Sudendorf, Urkdb. z. Gesch. d. Herzöge v. Br.-Lüneb., I., No. 172.

---

[*] Bei J. Z. Hartmannus, De etymologia vocis Weichbild, Kiel 1735, p. 11 findet sich mit dem Datum „16. Januar 1303" fälschlich die Urkunde No. 292.

299.

1303, April 23. Lüneburg.

Die von Grote*) verkaufen dem Kloster Lüne das Dorf Wiecheln und die Mühle daselbst.

— — Nos fratres superius nominati et nos quoque Hinricus et Wernerus de Cwerin, milites, Ottho et Ghevehardus dicti de Cwerin, Lippoldus de Dore, Wasmodus et Gherardus fratres dicti Kint, famuli una cum ipsis et pro ipsis domino Kristiano preposito et ad manus suas et sui monasterii domino Echardo scriptori, Ludolfo rectori capellule sancti spiritus in Lunebnrch, Seghebardo sacerdoti, Ludolfo Gropen clerico, Hunero de Odem, Conrado de Estorp, militibus, Wernero de Bodendike, Henrico et Seghebando dictis de Wittorpe in solidum promisimus fide data.

Nach dem Original im Archiv des Klosters Lüne. An Pergamentstreifen die Siegel der Otto und Gerehard Grote, Heinrich und Werner von Schwerin, Lippold von Doren und Wasmod Kint.

300.

1303, Mai 25.

Aus dem „Necrologium capituli Hamburgensis":

Mai. VIII. Kal. Anno Domini 1303 obiit Echardus de Estorp dictus Scacko huius ecclesie canonicus, qui fecit memoriam 2 mr., de quibus vicario celebranti missam pro defunctis dabitur tantum sicut canonico. Hec memoria datur de vicaria fundata per Johannem de Lunenborch ad altare sancti Johannis, scillicet Ludolfus (*) Sterneberch.**)

Zeitschrift für Hamburgische Geschichte 1875, p. 81.

---

*) „Otto, Ghevehardus, Wernerus et Ghevehardus fratres dicti Magni, Elyzabeth mater predictorum puerorum, Konegundis uxor Othonis predicti".

**) In Msc. J. 40 des Königl. Staatsarchives zu Hannover (Luneburgensia von einer Hand aus dem 15. Jahrh.) findet sich folgende Notiz: „Vicarie in Modestorpe: Dominus Ekhardus Schacke dotavit altare beate virginis dimidio choro salis in domo Brenlage in Ghancymannen ad dextram; consules conferant."

In Msc. J. 55 ebendaselbst (aus dem Ende des 16. Jahrh.) ist die gleiche Vikarie „Ecclesiae S. Johannis, altare Mariae virginis" erwähnt, mit dem Zusatz: „Presentatio ad consulatum Luneburgensem. Fundator Eggerdus Schakke plebanus in Modestorp."

Verzeichniss
der
Familien-Mitglieder,
welche in den Urkunden von 1162 bis 25. Mai 1303 genannt werden*).

Alard I. von Estorff, 24 (ca. 1227 Al. et Mg. d. E.), 27 (1231), 28 (1231 Al. d. E. et frater suus Mg.).

Alard II. von Estorff, genannt Schack, 44 (1247 v. Eck. V.), 45 (1247 miles, v. Mg. III.), 46 (1247 dt.), 47 (1248), 51 (1248 v. Mg. III.), 52 (1249), 58 (1251 v. Heinr. II.), 77 (1257), 80 (1257 castellan. Lunebg.). — 122 (Mg., filius Alardi d. E.), 124 (dt.), 137 (Mg. et Al., filii bone memorie Alardi militis dicti Scacken), 156 (Mg. Schl., Alardi filius d. E.), 158 (dt.).

Alard III. von Estorff, 125 (1271 v. Mg. V.), 132 (1274 dt.), 137 (1277 famulus, dt.), 270 (1300 canon. Lub.), 276 (1300), 290 (1301).

Alard IV. Bremes, 283 (1301 v. Dietrich).

Alheydis, Gattin des Manegold V. von Estorff, 156 (1282 v. Mg. V.), 158 (1282 dt.).

Bruno von Estorff, 98 (1263 v. Mg. IV.), 100 (1263 dt.).

*) Die Nummer der Urkunde steht vor der Klammer; in der letzteren, falls die Urkunde bei Lebzeiten ausgestellt ist, die Jahreszahl und etwaige Personal-Notizen, jedoch sind Ritter- oder geistliche Würden nur bei ihrer ersten Erwähnung vermerkt.

Bei diesem und den folgenden Verzeichnissen sind u. A. nachstehende Abkürzungen gebraucht: Al. = Alard, Conr. = Conrad, Eck. = Eckehard, d. E. = de Estorpe, Heinr. = Heinrich, Lud. = Ludolf, Mg. = Manegold, S. = Schack, Schl. = Schlichte, Str. = Struve, ferner v. = siehe, dt. = desgleichen.

Conrad I. Schack, 7 (1215 canon. Lub.), 8 (1216), 10 (1219 prepositus Lub.), 11 (1222), 12 (1222), 13 (1222), 14 (1223), 15 (1224), 16 (1224), 17 (1225), 23 (1227, verschenkt m. Consens s. Brüder Einkünfte aus d. Saline). — 112 (todt), 145 (dt.), 260 (dt.).

Conrad II. von Esterff, 131 (1274 miles), 133 (1275), 141 (1279 Conr. et Lud. fratres d. E.), 142 (1280 dt.), 146 (1281 verk. Einkünfte aus der Saline m. Consens s. Brüder), 154 (1282 v. Mg. IV.), 159 (1282 dt.), 163 (1283 v. Lud. III.), 164 (1283 erhält Anwartschaft auf d. Zehnten in Weyhe), 172 (1285 v. Mg. IV.), 178 (1287 dt.), 181 (1288 dt.), 184 (1288 dt.), 185 (1288), 180 (1289 verk. Einkünfte aus der Saline m. Consens s. Brüder Eck. plebani de Modestorpe, Mg., Lud., Segb. et Joh.), 190 (1289 dt.), 192 (1289), 194 (1289 v. Mg. IV.), 197 (1290), 200 (1290 v. Mg. IV.), 201 (1290 dt.), 212 (1291 dt.), 218 (1293 v. Mg. IV.), 219 (dt.), 221 (1293 v. Lud. III.), 224 (1293 v. Mg. IV.), 233 (1294), 243 (1296), 244 (1296 betr. Weyhe), 245 (1296 dt.), 255 (1297 v. Mg. IV.), 256 (1297 betr. Weyhe; Zeugen: Lud. frater s. et Mg. filius u.), 257 (1297 v. Mg. IV.), 259 (1298), 260 (1298 betr. Weyhe), 261 (1299), 269 (o. J., her Conr. u. her Lud. d. E. besitzen Honstede, Hassendorpe, Rendorpe, Stetendorpe, Ollessen, Munclo u. ein Haus zu Heymbeke), 275 (1300 v. Lud. III.), 277 (1300 dt.), 278 (1300 betr. Weyhe), 279 (1300 dt.), 280 (1300 dt.), 283 (1301 Conr. d. E. et Mg. filius suus), 285 (1301 betr. Weyhe), 286 (1301 dt.), 287 (1301 dt.), 291 (1302), 298 (1303), 299 (1303).

Dietrich Bromes, 283 (1301 Thidericus et Alardus fratres dicti Bromes).

Eckehard I. Schack, 3 (1200 castellan. Lunebg.), Anm. p. 4 (1214 gefallen bei Bouvines?).

Eckehard II. Schack, 5 (1211), 6 (ca. 1211), 18 (1225), 19 (1225), 20 (1226), 21 (1226), 25 (1230), 28 (1231 v. Heinr. I.), 31 (1234 minist. Lunebg.), 40 (1243 miles), 267 (gestorben 21. September, verschenkt Einkünfte aus der Saline). — 58 (Scakko, filius domini Eckardi).

Eckehard III. Schack, 29 (1231 iuvenis, v. Heinr. I.), 37 (1239), 61 (1252 miles), 95 (1262 Eck. S. de Louenborg), 90 (1262), 108 (1264), 127 (1272), 138 (1277 Eck. S. de Louenborg), 139 (1278), 140 (1278), 144 (1280 castellan. de Lauenbg.), 154 (1282 Eck. de Lauenbg. u. seine Söhne).

Eckehard IV. Schack, 58 (1251 Eck. S. de Frisdorp miles, Eck.
filius suus), 77 (1257), 92 (1261), 94 (1262), 101 (1263), 102 (1263),
106 (1264), 114 (1265 Eck. de Vrestorpe), 117 (1266 dt), 120
(1268), 122 (1269), 126 (1271 Eck. de Vrestorpe), 131 (1274), 134
(1276 Eck. S. et frater suus Scacko verk. ein Haus in Rode), 135
(1276), 136 (1276 Eck. et Scacko de Wrestorp), 138 (1277 Eck. S.
de Wresdorp), 141 (1279), 142 (1280).

Eckehard V. Schack, 44 (1247 clericus de Bardewik, verk.
Einkünfte aus der Saline mit Consens seiner Brüder: Mg., Al., Lud.,
Heinr. fratres d. E.), 48 (1248 canon. Hardwicensis), 51 (1248 canon.
Lub.), 59 (1251 v. Segebodo I.), 62 (1253 clericus), 89 (1250 can.
Lub.), 94 (1262 can. Bardw.), 99 (1263 can. Lub.), 103 (1263, sein
Bruder ist der verst. Propst Segebodo), 104 (ca. 1263), 105 (1263
u. 1264), 109 (1264 Testaments-Bestätigung, führt das Siegel des
Domkapitels zu Bardowiek), 111 (13. März 1265 stirbt, begraben in
der Domkirche zu Lübeck). — 112 (todt), 113 (dt.), 145 (dt), 167
(dt.), 247 (dt.).

— *) 55 (1250 canon. Hambg.), 56 (ca. 1251), 60 (1252),
64 (1255), 65 (1255), 66 (1256), 67 (1256), 68 (1256), 81 (1259),
82 (1259), 80 (1259), 97 (1262), 115 (1265), 116 (14. März stirbt). —
123 (todt).

Eckehard VI. Schack, 58 (1251 miles, v. Eck. IV.), 118 (1266),
129 (1273), 147 (1281), 151 (1282), 152 (1282 consiliar. d. Herzogs
Otto von Lünebg.), 153 (1282), 154 (1282 Eck. et Scacko fratres
dicti de Frestorpe versch. die Johanniskirche zu Bardowiek), 158
(1282), 159 (1282), 166 (1283), 171 (1285 Eck. S. et frater
eius Scacko), 172 (1285 dt.), 178 (1287), 184 (1288), 185 (1288),
192 (1289), 194 (1289), 196 (1290), 197 (1290), 200 (1290), 212
(1291), 217 (1293), 218 (1293), 219 (1293), 223 (1293), 231 (1294).

Eckehard VII. von Esterff, genannt Schack, 114 (1265 Eck.
S. et frater suus Mg. d. E.), 121 (1269 Eck. S. de Boycene-
borch miles), 172 (1285 plebanus, v. Mg. IV.), 178 (1287 plebanus
de Mozstorpe, dt.), 179 (1287 canon. Hambg.), 188 (1289 pleban.
Lunebg.), 189 (1289 pleb. de Modestorpe, v. Conr. II.), 192 (1289),

*) Da der Hamburger Domherr Eckehard in Urkde. No. 113 als nicht an-
wesend bezeichnet wird, so ist es möglich, dass er zur Zeit schon verstorben ge-
wesen ist; die einugige Differenz in der Angabe des Todestages des Hamburger und
des Lübecker Domherren (Urkde. No. 111 u. 116) spricht eher für, wie gegen die
Identität, vergl. Anm. zu Urkde. No. 91.

193 (1289), 194 (1289), 195 (1289 canon. Hambg.), 216 (1293 pleb.
in Modesdorp), 220 (1293 rector eccles. in Modesdorpe), 248 (1296
canon. Hambg.), 254 (1297 rector ecclesie Modest.), 271 (1300 canon.
Hambg.), 281 (1300), 297 (1302), 300 (25. Mai 1303 Eck. d. E.
dictus Scacku canon. Hambg. stirbt).

Eckehard VIII. von Estorff, 239 (1295 fam.), 262 (1299 miles,
v. Mg. VI.), 268 (o. J., Eck. d. E. und Mg. Str. besitzen ein Haus
zu Otstede), 275 (1300), 283 (1301 schwört der Stadt Lübeck Urfehde;
sein Bruder Mg. Niger), 284 (1301), 289 (1301).

Eckehard IX. von Estorff, 183 (1288 verk. je ein Haus in
Wistedt u. Brüttendorf), 184 (1288 Sohn des Mg. IV.), 212 (1291
dt.), 283 (1301 dt.).

Heinrich I. Schack, 5 (1211), 9 (1217), 22 (1227 minist. d.
Lunebg.), 26 (ca. 1230 auf Gültzow), 28 (1231 Heinr. n. Eck. S.
verk. ihre Güter in Elsdorf; Eck. iuvenis filius Heinrici), 29 (1232
miles), 33 (ca. 1236), 34 (1237).

Heinrich II. von Estorff, 44 (1247 v. Eck. V.), 58 (1251 todt,
begraben in Scharnebeck. Mg., Al. u. Lud. d. E. schenken zu Seelen-
messen für ihren verst. Bruder Heinr. einen Hof in Boltersen).

Heinrich III. Schack*), 130 (1274 miles), 168 (1284), 175 (1286
S. de Lonenborch), 187 (1288), 191 (1290 Heinr. S. d. Lonenborg),
196 (1290 Heinr. S. et Lud. fratres de Lonenborch), 190 (1290
Heino S., Lud. frater eius), 203 (1291), 207 (1291), 208 (1291), 209
(1291), 211 (1291), 232 (1294), 237 (1295), 238 (1295).

Heinrich IV. Schack, 263 (1299 famulus), 282 (1301 dt.).

Heinrich V. von Estorff, 275 (1300 v. Lud. III.).

Johann I. von Estorff, genannt Elewere, 159 (1282 famulus,
v. Mg. IV.), 172 (1285 dt.), 178 (1287 dt.), 184 (1288 dt.), 189 (1289
fam., v. Conr. II.), 212 (1291 dictus Elewere, famulus, v. Mg. IV.).

Johann II. Schack, 261 (1298 plebanus in Pruzecken, capellan.
des Bischofs von Schwerin); zweifelhaft, ob zur Familie gehörig;
vergl. Note 2.

Ludolf I. von Estorff, 44 (1247 v. Eck. V.), 58 (1251 miles,
v. Heinr. II.), 122 (1269).

*) Vergl. Anm. p. 101.

Ludolf II. von Estorff, 104 (ca. 1263 canon. Lub.), 105 (1263), 109 (1264), 150 (1282), 167 (1283), 169 (1284), 173 (1286 thesaurarius Lub.), 174 (1286), 176 (1287), 177 (ca. 1287), 194 (1289 canon. Lub.), 213 (1292), 240 (1296 thesaur. Lub., Testaments-Bestätigung). — 247 (todt).

Ludolf III. von Estorff, 131 (1274 famulus), 132 (1274 v. Mg. IV.), 136 (1276 famulus), 141 (1279 miles, v. Conr. II.), 142 (1280 dt.), 159 (1282 v. Mg. IV.), 163 (1283 verk. Einkünfte aus der Saline mit Consens s. Brüder Mg. u. Conr.), 172 (1285 v. Mg. IV.), 178 (1287 dt.), 181 (1288 dt.), 184 (1288 dt.), 186 (1288), 189 (1289 v. Conr. II.), 192 (1289), 194 (1289 v. Mg. IV.), 201 (1290 dt.), 212 (1291 dt.), 218 (1293 v. Mg. IV.), 219 (dt.), 221 (1293 Lud. d. E. et frater suus Conr.), 224 (1293 v. Mg. IV.), 239 (1295 dt.), 240 (1295), 255 (1297 v. Mg. IV.), 256 (1297 v. Conr. II.), 257 (1297 v. Mg. IV.), 268 (o. J., v. Conr. II.), 275 (1300 verk. Güter in Melbeck mit Consens s. Söhne Mg. u. Heinr.; Zeuge: sein Bruder Conr.), 277 (1300 Lud. et Conr. fratres d. E.), 283 (1301).

Ludolf IV. Schark, 144 (1280 castellan. de Lauenbg.), 196 (1290 miles, v. Heinr. III.), 199 (1290 dt.), 222 (1293), 242 (1296), 250 (1296), 251 (1296), 252 (1296), 258 (1298), 265 (1299), 272 (1300), 273 (1300), 274 (1300), 282 (1301), 288 (1301), 292 (1302), 293 (1302), 294 (1302), 295 (1302), 296 (1302).

Manegold I. von Estorff, 4 (ca. 1211), 10 (1219).

Manegold II. von Estorff, 22 (1227 minist. d. Lüneburg.), 28 (1231 v. Al. I.), 30 (1238), 36 (1239 miles).

Manegold III. von Estorff, 44 (1247 v. Eck. V.), 45 (1247 miles, Mg. et Al. fratres d. E.), 46 (1247 dt.), 51 (1248 dt.), 52 (1249 verk. Güter in Echem), 58 (1251 v. Heinr. II.), 77 (1257), 93 (1261 verk. Einkünfte aus der Saline). — 255 (todt, s. Söhne Mg. Str., Conr. et Lud. d. E.), 257 (dt.).

Manegold IV. von Estorff, genannt der Strave. 94 (1262 miles), 98 (1263 Mg. d. E. et frater eius Bruno verschenken einen Hof zu Kirchgellersen), 100 (1263 dt.), 107 (1264), 110 (1265), 114 (1265 v. Eck. VII.), 119 (1267 Mg. Str. u. seine Brüder verk. Besitzungen zu Rullstorf), 121 (1269 Mg. Str.), 122 (1269), 124 (1271 Mg. Cruse), 125 (1271 Mg. Str. et fratres sui), 131 (1274 Mg. Str.), 132 (1274 Mg. Str. et frater suus Lud.), 136 (1276 Mg. Str.), 138 (1277 dt.), 147 (1281 dt.),

149 (1281 advocatus in Lunebg., dt.), 149 (1281 dt.), 152 (1282 Mg. Str., consiliar. Herzogs Otto v. Lünebg.), 153 (1282 Mg. Str.), 154 (1282 Mg. advocat. et fratres sui; unter letzteren: Conr.), 155 (1282 advocat. in Lunebg.), 156 (1282 dt.), 157 (1282 dt.), 158 (1282 Mg. Str.), 159 (1282 Mg. d. E. dictus Str. verk. Einkünfte aus der Saline m. Consens s. Brüder Conr., Lud., Joh. et Segbd.), 160 (1282 Mg. Str.), 161 (1282 advoc. et castellan. in Lunebg.), 162 (1282 Mg. Str.), 163 (1283 v. Lud. III.), 166 (1283 Mg. Str.), 170 (1285 dt.), 171 (1285 Mg. miles in Lunebch. dictus Str. verk. je einen Hof in Sülbeck u. Boltersen m. Consens s. Brüder u. Söhne), 172 (1285 dt., Brüder: Eck. plebanus, Conr., Lud., Joh. et Segbd.; Sohn: Mg.), 178 (1287 Mg. Str., Conr. et Lud. fratres d. E. verk. Einkünfte aus der Saline m. Consens ihrer Brüder Eck. pleb. de Mozstorpe, Joh. et Segbd.), 180 (1288 Mg. Str., Mg. filius eius), 181 (1288 Mg. Str. resignirt Nutzfelde; Brüder: Conr. et Lud. d. E.), 182 (1288 Mg. Str.), 184 (1288 verk. zwei Häuser in Adendorf m. Consens s. Brüder Lud., Conr., Joh. et Segbd. u. seiner Söhne Mg. et Eck.; sein Schwiegervater ist dominus Georg), 185 (1288 Mg. Str.), 186 (1288), 189 (1289 v. Conr. II.), 192 (1289 Mg. Str.), 194 (1289 Mg., Lud., Conr. fratres d. E.), 196 (1290 Mg. Str.), 197 (1290 dt.), 198 (1290 Mg. Str. verk. Einkünfte aus der Saline), 200 (1290 Mg. Str. et Conr. d. E. frater eius), 201 (1290 Mg., Conr., Lud. milites, Brüder der Margarethe, Wittwe des Joh. v. Doren), 202 (1291 Mg. Str., consiliar. Herzogs Otto v. Lünebg.), 204 (1291 Mg. Str.), 205 (1291 dt.), 206 (1291 dt.), 212 (1291 Mg. d. E. dictus Str. verk. Höfe zu Sülbeck, Boltersen u. Adendorf m. Consens s. Brüder Lud., Conr., Joh. et Segbd. und s. Sohnes Eck.), 214 (1293 Mg. Str.), 215 (dt.), 218 (1293 Mg., Conr. et Lud. fratres d. E.), 219 (1293 dt.), 224 (1293 dt.), 225 (1293 Mg. Str.), 226 (1293 dt.), 227 (1293 dt.), 228 (1293 dt.), 229 (1293 dt.), 230 (1293 dt.), 231 (1294 dt.), 233 (1294 dt.), 234 (1294 dt.), 235 (1294 dt.), 239 (1295 Mg. Str., frater s. Lud. d. E.), 241 (1295 Mg. Str.), 249 (1296 dt.), 255 (1297 Mg. Str., Conr., Lud. d. E., Söhne des verst. Ritters Mg. d. E., bestimmen die Grenzen zwischen d. verk. Dorfe Rullstorff u. ihren Dörfern Boltersen u. Sülbeck), 257 (1297 Mg. Str., Lud., Conr. d. E. bekunden, dass ihr verst. Vater Mg. Güter zu Echem verk. hat), 268 (o. J., v. Eck. VIII.). — 283 (Eck. filius des Mg. Str.).

Manegold V. von Esterff, genannt der Schlichte oder der Weise, 114 (1265), 117 (1266 Mg. Schl. miles), 122 (1269 Mg. filius Alardi de E.), 124 (1271 dt.), 125 (1271 Mg. miles in Lunebg. dictus Schl. et Alardus frater suus verk. zwei Höfe in Sülbeck), 128 (1272), 132

(1274 Mg. d. E. dictus Schl. et Al. frater suus verk. Häuser in Sülbeck), 134 (1276 Mg. Schl.), 137 (1277 Mg. et Al. fratres d. E, filii bon. mem. Alardi dicti Scacken, verk. d. Zehnten zu Avensen), 156 (1282 Mg. Schl., Alardi filius d. E., verk. Einkünfte aus der Saline m. Consens s. Gattin Alheydis), 158 (1282 dt.), 171 (1285 Mg. Schl.), 172 (1285 dt.), 178 (1287 Mg. Planus), 181 (1288 dt.), 194 (1289 Mg. Planus castellan. in Lunebg. verk. ein Haus zu Gödenstorf), 200 (1290 Mg. Schl. verk. ein Haus zu Sülbeck), 204 (1291 Mg. Planus), 210 (1291 Mg. Schl.), 221 (1293 Mg. Planus verk. einen Hof zu Gödenstorf), 269 (o. J., Mg. d. E. dictus Schl. hat Einkünfte aus der Saline verkauft), 277 (1300 Mg. d. E. dictus Schl.), 283 (Mg. Sohn des Mg. Schl.).

Manegold VI. von Estorff, genannt der Schwarze, 132 (1274 Mg. Niger et frater suus Otto), 186 (1276 miles), 192 (1280), 233 (1294 Mg. Niger dictus d. E.), 253 (ca. 1296 besitzt Versene, Brodesende, Beredorpe, Suthdorpe u. Stockem), 262 (1299 Mg. d. E., cogn. Niger, versch. zu seinem u. seiner Gattin Ode Seelenheil Güter zu Erteneburg u. Pattensen; Zeugen: frater meus Eck.), 283 (1301 Mg. Niger, v. Eck. VIII.).

Manegold VII. von Estorff, 172 (1285 Sohn des Mg. IV.), 180 (1288 dt.), 184 (1288 dt.).

Manegold VIII. von Estorff, 256 (1297, annos discretionis habens, Sohn des Conr. II.), 283 (1301 v. Conr. II.).

Manegold IX. von Estorff, 275 (1300 Sohn des Ludl. III.).

Manegold X. von Estorff, 283 (1301 Sohn des Mg. V.).

Margarethe von Estorff, 201 (1290 Wittwe des Ritters Johann von Doren, v. Mg. IV.).

Ode, Gattin des Manegold VI. von Estorff, 262 (1299 v. Mg. VI.).

Otto von Estorff, 132 (1274 v. Mg. VI.).

Schack I., 1 (1102 S. de Bardewic, nobilis), 2 (1109 S. de Erteneburg).

Schack II., 42 (1245 S. de Lunebg. verk. Einkünfte aus d. Saline), 58 (1251 miles, v. Eck. II.), 117 (1266), 134 (1276 v. Eck. IV.), 136 (1276 dt.), 138 (1277), 143 (S. de Vrestorpe stirbt 6. Mai 1280).

Schack III.*), 144 (1260 S. de Lnnebg. castellan. de Lanenbg.), 154 (12"2 S. de Frestorpe miles, v. Eck. VI.), 171 (1285 dt.), 172 (1285 dt.), 175 (1286 S. d. Lunebg.), 191 (1289 dt.), 222 (1293 dt.), 288 (1301 S. d. Lunebg., Scacko filius sum).

Schack IV., 283 (1301 Sohn des Schack III.).

Segebode I. Schack, 30 (ca. 1234 canon. Lub.), 32 (1234 subdiaconus Lub.), 35 (ca. 1238 canon. Lub.), 39 (1240 canon. Zwerin.), 41 (1243 canon. Lub.), 43 (1246), 49 (1248 prepos. Lub. et archidiacon. Zwerin.), 50 (1248), 53 (1240 prep. Lub.), 54 (1249), 56 (1250), 57 (1251), 58 (1251 Sigebodo canon. in Zwirin, Eck. S. frater suus canon. in Lubeke), 63 (1254 prepos. Lub.), 69 (1256), 70 (1256), 71 (1256), 72 (1256), 73 (1256), 74 (1257), 75 (1257), 76 (1257), 78 (1257), 79 (1257), 83 (1259), 84 (1259), 85 (1250), 86 (ca. 1259), 87 (ca. 1259), 88 (1259), 89 (1250), 91 (stirbt 13. Februar 1260 oder 1261; begraben in der Domkirche zu Lübeck). — 103 (todt), 104 (dt.), Anm. p. 52 (dt.), 105 (dt.), 109 (dt.), 112 (dt.), 236 (dt.), 247 (dt.).

Segeband (Segebodo) II. von Estorff, 133 (1275), 159 (1282 famulus, v. Mg. IV.), 172 (1285 dt.), 178 (1287 dt.), 184 (1288 dt.), 189 (1289 famulus, v. Com. II.), 212 (1201 v. Mg. IV.).

Thiderikus s. Dietrich.

Werner von Estorff, 236 (1294 canon. Lub.); zweifelhaft, ob zur Familie gehörig; vergl. Note 1.

---

*) Möglicherweise identisch mit dem in Urkde. No. 165 genannten Heyno Schacke de Lonenborch; wahrscheinlicher ist jedoch hier „Louenborch" zu lesen, also Heinrich III. gemeint. Scacko de Lonenborch 175 (1286 v. Heinr. III.).

Verzeichniss
der
Familien-Besitzungen*),
welche in den Urkunden von 1162 bis 25. Mai 1303 genannt werden.

Aus der nachfolgenden Zusammenstellung lässt sich der Umfang der ursprünglichen Familienbesitzungen noch nicht übersehen, denn so lange wie die Güter im ungestörten Besitz der Familie verblieben, gelangen dieselben in Urkunden nur ausnahmsweise zur Erwähnung. Einen Rückschluss dagegen gestattet der Umstand, dass sich aus der Zeit vor 1303 Kenntniss erhalten hat von 34 Veräusserungen, dagegen von keiner einzigen Erwerbung**), desgleichen finden sich unter den etwa dreihundert lediglich Schack'schen Urkunden des 14. Jahrhunderts 57 Veräusserungen und nur 9 Erwerbungen, und trotzdem ist die Familie im 15. Jahrhundert und später noch reich begütert.

Adendorf, Kirchdorf im hannov. Amt Lüneburg, 184 (1288 Mg. IV. verk. 2 Häuser in A. dem Kloster Lüne), 212 (1291 Mg. IV. verk. 2 Häuser in A. dem Kloster Lüne).

*) Diejenigen Besitzungen, welche nur vorübergehend in Händen von geistlichen Familienmitgliedern gewesen sind, als Pfründen oder auch in Folge Ankaufs zum Besten der Kirche, sind in das Verzeichniss der Familienbesitzungen nicht aufgenommen; hierher gehören die Dörfer Baruta (35) Büssow (23, 100, 111, 112, 145, 150, 167, 246), Holzbüttel (97), Puttekendorpe (83, 112), Ripsdorf (103, 104, 109, 247), Voderrode (109), Soernekowo (105, 109, 113, 145), sowie einzelne Renten aus der Saline zu Lüneburg (213, 246).

**) Die dem Ritter Conrad II. bewilligte Anwartschaft auf den Zehnten in Westerweyhe war thatsächlich keine Erwerbung, denn Conrad überliess dieselbe noch vor erfolgtem Besitzantritt dem Kloster Ebstorf.

Artlenburg (Ertenebnrg), Flecken im hannov. Amt Lüneburg, 2 (1100 Schack I. zu Ertenebnrg), 262 (1299 Mg. VI. schenkt dem Kloster Scharnebeck 1½ Hufen zu E.); vergl. Note 3.

Asendorf (Hassendorpe), Dorf im Kirchspiel Hanstedt, hannov. Amt Winsen a. d. Lnhe, 208 (ca. 1300 Conr. II. u. Lud. III. besitzen Dorf H.).

Avensen (Avenhnsen), Dorf im Kirchspiel Hollenstedt, hannov. Amt Tostedt, 137 (1277 Mg. V. u. Al. III. verk. d. Zehnten zu A. an Kloster Buxtehude).

Bardowiek, Flecken im hannov. Amt Lüneburg, 1 (1102 Schack I. Edelherr zu B.), 154 (1282 Eck. VI. und Schack III. schenken die Johanniskirche zu B. mit allen Ländereien an das Domkapitel daselbst); vergl. Note 2.

Bargtorf (Bercdorpe), Dorf im Kirchspiel Wichmannsburg, hannov. Amt Medingen, 253 (ca. 1299 Mg. VI. besass den Zehnten in B.).

Bottersen, Dorf im Kirchspiel Neetze, hannov. Amt Lüneburg, 58 (1251 Mg. III., Al. II. und Lud. I. schenken einen Hof in B. dem Kloster Scharnebeck), 171 (1285 Mg. IV. verk. dem Kloster Lüne einen Hof in B.), 172 (1285 dt.), 212 (1291 Mg. IV. verk. dem Kloster Lüne einen Hof in B.), 255 (1297 v. Rullstorf).

Bredenende, Wüstung, früher Dorf bei Veersssen, hannov. Amt Oldenstadt, 253 (ca. 1299 Mg. VI. besass Dorf Br.).

Bröttendorf (Brettenthorpe), Dorf im Kirchspiel Zeven, hannov. Amt Zeven, 183 (1289 Eck. IX. verk. ein Haus in Br. an Kloster Zeven).

Echem (Ekheym), Kirchdorf im hannov. Amt Lüneburg, 52 (1249 Mg. III. verk. seine Güter in E. an Kloster Scharnebeck), 257 (1297 Mg. III. Söhne bekunden vorstehenden Verkauf).

Elstorf, Kirchdorf im hannov. Amt Tostedt, 26 (1231 Heinr. I. u. Eck. II. verkaufen dem Kloster Buxtehude ihre Erbgüter in E.); vergl. Note 9.

Estorf, Wüstung, früher Dorf bei Vinstedt, Kirchspiel Barum, hannov. Amt Oldenstadt, vergl. Note 1.

Erteneburg v. Artlenburg.

Gädemtorf (Godigstorpe, Godenstorpe), Dorf im Kirchspiel Salzhausen, hannov. Amt Winsen a. d. Luhe, 194 (1289 Mg. V. verk. ein Haus zu G. dem Domkapitel zu Bardowiek), 221 (1293 Mg. V. verk. eine Rente aus G. dem Domkapitel zu Bardowiek).

Gültzow. Kirchdorf im Herzogthum Lauenburg, 20 (ca. 1230 Heinr. I. besitzt den Zehnten zu G.).

Hanstedt (Honstede). Kirchdorf im hannov. Amt Winsen a. d. Luhe, 268 (ca. 1300 Conr. II. und Lud. III. besitzen Dorf H.).

Hassendorpe v. Asendorf.

Heimbuch (Heymbeke). Dorf im Kirchspiel Hanstedt, hannov. Amt Winsen a. d. Luhe, 269 (ca. 1300 Conr. II. und Lud. III. besitzen ein Haus zu H.).

Kirchgellersen, Kirchdorf im hannov. Amt Lüneburg, 98 (1263 Mg. IV. u. Bruno schenken dem Kloster Lüne einen Hof in K.), 100 (1263 dt.).

Kirchweyhe. Kirchdorf im hannov. Amt Oldenstadt, 256 (1297 Conr. II. verk. an Kloster Ebstorf ein Haus in villa ecclesiali Weyoethe), 279 (1300 dt.), 280 (1300 dt.).

Lüneburg, Saline daselbst, 33 (1227 Conr. I. schenkt mit Conseus seiner Brüder der Domkirche zu Lübeck eine Rente aus der Saline), 42 (1245 Schack II. verkauft dem Kloster Wienhausen Salz), 44 (1247 Eck. V. verkauft dem Herzog Otto von Lüneb. Renten aus d. Hause Sutheringe), 93 (1261 Mg. III. verkauft Salz aus d. Hause Mennighe), 104 (ca. 1263 Segebodo I. schenkt der Domkirche zu Lübeck Salz aus d. Hause Clovinghe), 109 (1264 dt.), 112 (1265 Conr. I. hat Salz aus d. Hanse Butzinghe verschenkt), 146 (1281 Conr. II. verkauft Salz aus d. Hanse Denquininghe), 156 (1282 Mg. V. verkauft der Domkirche zu Lübeck Salz aus d. Hause Bernendinge), 158 (1282 dt.), 159 (1282 Mg. IV. verkauft Sulz aus d. Hanse Bovinghe), 163 (1283 Lud. III. verk. Salz aus d. Hause Bovinghe), 178 (1287 Mg. IV., Conr. II. und Lud. III. verkaufen Salz aus d. Hanse Starthusen), 189 (1289 Conr. II. verkauft Salz aus d. Hause Bovinghe), 190 (1289 dt.), 198 (1290 Mg. IV. verkauft Salz aus d. Hanse Soderstinghe), 207 (o. J., Eck. II. schenkt dem Kloster S. Michaelis eine Rente aus d. Hause Ludulvinghe), 269 (v. 112 u. 156), Anm. p. 153. (Eck. VII. schenkt der Johanniskirche zu Lüneburg Salz aus d. Hause Breninge).

Melbeck, Dorf im Kirchspiel Embsen, hannov. Amt Lüneburg, 275 (1300 Lud. III. verkauft seine Erbgüter in M.).

Munclo*) v. Undeloh.

Olsen (Ollessen), Dorf im Kirchspiel Hanstedt, hann. Amt Winsen a. d. Luhe, 208 (ca. 1300 Conr. II. und Lud. III. besitzen Dorf O.).

Ostedt (Otstede), Dorf im Kirchspiel Lebmke, hannov. Amt Oldenstadt, 268 (ca. 1300 Eck. VIII. u. Mg. IV. besitzen ein Haus zu O.).

Pattensen (Pattenhosen), Kirchdorf im hann. Amt Winsen a. d. Luhe, 262 (1299 Mg. VI. schenkt dem Kloster Scharnebeck ein Haus zu P.).

Reindorf (Rendorpe), Dorf im Kirchspiel Jesteburg, hannov. Amt Harburg, 268 (Conr. II. u. Lud. III. besitzen Dorf R.).

Rade (Rodhe), Wüstung, früher Kirchdorf, am Raderholz bei Lüne, hannov. Amt Lüneburg, 134 (1276 Eck. IV. u. Schack II. verk. dem Kloster Lüne ein Haus in R.).

Rullstorf (Rulvesdorpe), Dorf im Kirchspiel Scharnebeck, hannov. Amt Lüneburg, 52 (1249 Mg. III. hat R. vom Bischof von Verden zu Lehn), 119 (1267 Mg. IV. u. seine Brüder verk. ihre Besitzungen zu R. dem Kloster Scharnebeck), 255 (1297 Mg. IV., Conr. II. u. Lud. III. bestimmen die Grenzen zwischen dem an Kloster Scharnebeck verkauften Dorf R. und ihren Dörfern Boltersen u. Sülbeck).

Stederdorf (Stetendorpe), Kirchdorf im hannov. Amt Oldenstadt, 268 (ca. 1300 Conr. II. und Lud. III. besitzen Dorf St.).

Stöcken (Stockem), Kirchdorf im hannov. Amt Oldenstadt, 253 (ca. 1206 Mg. VI. besitzt Dorf St.).

Sülbeck (Solbeke), Dorf im Kirchspiel Wendhausen, hannov. Amt Lüneburg, 125 (1271 Mg. V. u. Al. III. verk. dem Kloster Lüne 2 Höfe in S.), 132 (1274 Mg. V. u. Al. III. verk. dem Kloster Lüne 2 Häuser

---

*) Munsel im Amt Linden, westlich Hannover, wird keinesfalls gemeint sein und ebenso nicht Münster, Kirchdorf im hannov. Amt Ebstorf, welches nach Hammerstein's Bardengau früher Munclo genannt worden sein soll (?). Ich vermuthe, dass beim Abschreiben der Lehnrolle im 15. Jahrhundert (Copialbuch IX, 58 des Königl. Staatsarchives zu Hannover; v. Anmerkg. zu Urkde. 268) der Name Munclo falsch gelesen worden und dass das jetzige Undeloh, früher Unnelo gemeint ist, welches in unmittelbarer Nähe der gleichzeitig genannten Ortschaften Hanstedt, Asendorf, Olsen und Heimbuch liegt.

nebst einer Hausstelle in S.), 171 (1285 Mg. IV. verk. dem Kloster Lüne einen Hof in S.), 172 (1285 dt.), 200 (1290 Mg. V. verk. dem Kloster Lüne eine Hausstelle in S.), 212 (1291 Mg. IV. verk. dem Kloster Lüne einen Hof in S.), 255 (1297 v. Rullstorf).

Süttorf, Dorf im Kirchspiel Stöcken, hannov. Amt Oldenstadt, 253 (ca. 1206 Mg. VI. besitzt Dorf S.).

Undeloh (Unuelo; Munclo?), Kirchdorf im hannov. Amt Winsen a. d. Luhe, 209 (ca. 1300 Conr. II. u. Lud. III. besitzen Dorf M.).

Veerssen, Kirchdorf im hannov. Amt Oldenstadt, 253 (ca. 1206 Mg. VI. besitzt „villam et decimam et molendinum in Versene"); vergl. Anmerkung p. 109.

Vrestorf, ein adelig freies Gut bei Bardowiek, welches erst im 18. Jahrhdt. der Landesmatrikel einverleibt worden; 58 (1251 Eck. IV. S. de Fristorp), 114 (1265 Eck. IV. de Vrestorpe), 117 (1266 dt.), 125 (1271 dt.), 136 (1276 Eck. IV. et Schacko II. de Vrestorp), 138 (1277 Eck. IV. S. de Vrestorpe), 143 (1280 Schacko II. de Vrestorpe schenkt eine Rente aus V. dem Domkapitel zu Bardowiek), 154 (1282 Eck. VI. u. Schack III. de Vrestorpe, v. Bardowiek).

Westerweyhe (Weynethe), Dorf im Kirchspiel Kirchweybe, hannov. Amt Oldenstadt, 164 (1283 Conr. II. erhält Anwartschaft auf den Zehnten zu W.), 244 (1296 dt.), 245 (1296 dt.), 256 (1297 Conr. II. verk. sein Anrecht auf d. Zehnten in W. und ein Haus daselbst dem Kloster Ebstorff), 260 (1298 dt.), 278 (1300 dt.), 285 (1301 dt.), 286 (1301 dt.), 287 (1301 dt.).

Wistedt (Wichstede), Dorf im Kirchspiel Elsdorf, hannov. Amt Zeven, 183 (1288 Eck. IX. verk. ein Haus zu W. dem Kloster Zeven).

Verzeichniss
der
Familien-Siegel,
welche sich unter den Urkunden von 1162 bis 25. Mai 1303 befinden.

Aus der vorgenannten ältesten Zeit haben sich 59 Original-Familiensiegel — den Unbilden von mehr als einem halben Jahrtausend trotzend — bis auf unsere Tage erhalten. Dieselben gehören 16 verschiedenen Siegelstempeln an und zeigen — mit Ausnahme der beiden geistlichen Siegel No. I und XIV — sämmtlich das noch gegenwärtige Wappenbild, die Lilie.

a) Weltliche Siegel.

No. II.*) Umschrift**): „...... H ...... CACCO . W ... D ...". Urkde. 28 (1231) v. Tafel 1.

No. III. „† SIGILLVM ECKEHARDI SCACCONI D L". Urkde. 58 (1251) v. Tafel 2; 98 (1263 geführt von Mg. IV. u. Bruno v. Estorf); 134 (1276) v. Tafel 3; 184 (1288) v. Tafel 6; 231 (1294).

No. IV. „† SIGILVM MANEGOLDI DE ESTORPE". Urkde. 58 (1251) v. Tafel 2; 132 (1274); 159 (1282); 172 (1285); 181 (1288) v. Tafel 5; 184 (1288) v. Tafel 6; 189 (1289); 212 (1291); 231 (1294); 255 (1297); 257 (1297).

No. V. „S. MANEGOLDI DE ESTORPE". Urkde. 125 (1271) v. Abbildg. 4 auf Tafel 8; 132 (1274); 134 (1276) v. Tafel 3; 156 (1282).

---

*) Die römischen Nummern bezeichnen die Siegelstempel.
**) Die Umschrift ist auf dem Originalsiegel noch schwerer erkennbar, wie auf Tafel 1; vielleicht „SIGILLVM HENRICI SCACCO. D. WRESDORP".

No. VI. „† S. MANEGOLDI PLANI DE ESTORPE". Urkde. 181 (1288) v. Tafel 5; 200 (1290); 283 (1301) v. Tafel 7.

No. VII. „† S' MANEGOLDI DE ESTORPE". Urkde. 262 (1299) v. Abbildg. 2 auf Tafel 8.

No. VIII. „† S. CONRADI DE ESTORP". Urkde. 140 (1281) v. Abbildg. 8 auf Tafel 8; 159 (1282).

No. IX. „† SIGGILLVM CONRADI DE ESTORPE". Urkde. 171 (1285); 172 (1285); 181 (1288) v. Tafel 5; 184 (1288) v. Tafel 0; 189 (1289); 212 (1291); 255 (1297); 257 (1297); 259 (1298); 283 (1301) v. Tafel 7.

No. X. „S' LVDOLFI DE ESTORPE MILI*)". Urkde. 159 (1282); 171 (1285); 172 (1285); 181 (1288) v. Tafel 5; 184 (1288) v. Tafel 0; 189 (1289); 194 (1289); 212 (1291); 255 (1297); 257 (1297); 283 (1301) v. Tafel 7.

No. XI. „S EGHARDI DE ESTORPE". Urkde. 183 (1288) v. Abbildg. 1 auf Tafel 8; 283 (1301) v. Tafel 7.

No. XII. „† S. EGGEHARDI DE ESTORPE". Urkde. 262 (1299) v. Abbildg. 3 auf Tafel 8.

No. XV. „SIGILLVM EKKEHARDI SCAKKONIS". In zwei Abdrücken**) unter Urkde. 283 (1301) v. Tafel 7.

No. XVI. „S' THEODERICI BROMES DE ESDOR"***). Urkde. 283 (1301) v. Tafel 7.

b) Geistliche Siegel.

No. I. „... RADI PPOSITI LVBICES ..." Ein Geistlicher kuleend in einer Nische, über welcher wachsend die Gestalt eines Heiligen (?) mit Bischofsstab. Urkde. 23 (1227) v. Abbildg. 6 auf Tafel 8.

---

*) Anscheinend „MILI" (militis), doch bleiben diese Buchstaben auf sämmtlichen Originalabdrücken zweifelhaft.

**) Vergl. Anmerkung p. 144.

***) Nach einem älteren Gipsabgusse des noch unversehrten Siegels. — Auf p. 144 Zeile 9 von oben ist XVI statt XIV zu lesen.

No. XIII. „† S' EGEHARDI:CAN. HAMEBVRGEN. ECCE". Ein Geistlicher knieend vor dem heiligen Johannes zwischen zwei Bäumen; zu Füssen ein Herzschild mit der Lilie. Urkde. 189 (1290), 220 (1203), 254 (1207) v. Abbildg. 7 auf Tafel 8.

No. XIV.*) „† S' THESAVRARII ECCLE LVBICEN". Ein Geistlicher knieend; im Siegelfeld: „XPC DS ADIVTOR MEUS". Urkde. 176 (1287) v. Abbildg. 5 auf Tafel 8.

Noten.

I.

Der Name Schack, ursprünglich Vorname, wurde — gleichwie bei unserem eine Lilie im Wappen führenden uradeligen Geschlecht — auch bei anderen Familien des Adels-, Bürgers- und Bauernstandes im Laufe der Zeit zum Familiennamen.

So erwähnt das „Lexicon over adelige Familier i Danmark, Norge etc." eine nordische Familie von Schack, welche als Wappen im silbernen Feld drei rothe auswärtsgekehrte Hummerscheeren führt.

In Oesterreich blüht gegenwärtig eine Familie von Schack, deren Stammreihe mit Leonhard Franz Schack beginnt, welcher 1684 von dem Comes Palatinus Freiherrn Walderode den Adel mit dem Prädikat „von Radobeil" und nachstehendes Wappen erhielt: geviert: 1. in Blau ein laufender Hase, 2. in Roth ein weisser goldgekrönter, doppeltgeschwänzter Löwe, 3. in Gold ein einfacher schwarzer Adler goldgekrönt, 4. in Blau ein grüner Berg. Der gekrönte Helm mit offenem Flug (vorderer Flügel von Roth über Weiss, hinterer von Schwarz über Gold quergetheilt) trägt den Löwen wachsend zwischen den Flügeln. Decken weiss-schwarz und roth-gold.

Des vorstehenden Bruder Johann Wenzel Carl Schack, Rechnungsrath bei der deutschen Buchhaltung in Prag, erhielt vom Kaiser Leopold d. d. Laxenburg 22. Mai 1699 ein Reichsritterstands-Diplom mit der Bewilligung, sich nach den zu erwerbenden Gütern benennen zu dürfen. Dabei wird das seinem inzwischen verstorbenen Bruder verliehene Wappen bestätigt und mit einem weissen Herzschildlein vermehrt, in welchem der goldene Buchstabe L (Leopold) gekrönt erscheint.

Von Familien ähnlichen Namens mögen Erwähnung finden:

1. **von Schacken.** — Anton Schacken, Gutsbesitzer und Lehnsträger vom Hochstift Lüttich im Herzogthum Lothringen, erhielt 11. Juli 1740 den Adel mit nachstehendem Wappen: getheilt: oben in Blau zwei goldene sechseckige Sterne, unten in Roth zwei silberne Lilien über goldenem Dreiberg. Helmkleinod: zwischen offenem schwarzen Flug eine silberne Lilie. Decken blau-gold und roth-silber.

2. **Schach von Wittenau**, auch **Graf Schack von Wittenau**. — Wenzel Schach, auch (urkundlich 25. September 1565) Wentzel Schacken genannt, Kanzler des Herzogs Albrecht von Preussen, und sein Bruder Michael Schach wurden, nachdem sie bereits früher mit Kaiserlichem Wappenbrief begnadet worden, vom Kaiser Rudolf II. d. d. Regensburg 13. August 1576 in des Heilg. Römischen Reichs Adelstand erhoben. Das ursprüngliche Wappen zeigte in rothem Schilde einen aus Strauchwerk und Bäumen gemischten Wald von grüner Farbe, aus dem ein Wolf in seiner natürlichen Farbe zur Hälfte hervorbricht; über dem Helm der hervorwachsende Wald. 1576 wurde dies Wappen für den „Gesandten mehrerer Höfe Wenzel Schach von Wittenau" und seinen Bruder dahin gebessert, dass an Stelle des Waldes ein Schachfeld von sechs rothen und weissen Steinen trat; der Helm erhielt eine goldene Krone, aus welcher der Wald hervorbricht; Decken roth-weiss. — Magnus Ludwig Schach von Wittenau erbat d. d. Warschau 24. Februar 1759, unterstützt durch ein eigenhändiges Schreiben des Königs von Polen, vom Kaiser den Grafenstand: „— — welchergestalt meine Familie allschon in denen ältesten Zeiten von Wladislao, Könige von Böhmen, die Bestätigung ihres ohndenklich uralten Adels erhalten hat. Indessen ferner Gefolge haben auch Ihre Kais. Maj. Rudolphus II. meiner Familie, namentlich Wenceslaum et Michaelem Schack von Wittenau ihrer allschon unter Kaiser Carolo V. dem durchlauchtigsten Erzhause treu geleisteten Dienste halber aus eigner allermildester Bewegnuss in des Reichs-Adel- und Ritterstand erhoben. — — Mein Ur-Ur-Grossvater Wentzel Schack von Wittenau, Erbherr auf Calan, Stangenberg, Freienberg, Diedrichsdorf, war bereits Alberti Friderici, Herzogs in Preussen, Cantzler und Geh. Rath; mein Vater aber Johann Wentzel war Starost von Straszowa und Administrator des Amts Schoenberg. — — Um desto getroster nehme mir die Freiheit Ew. Kays. Maj. mittelst Sr. Königl. Maj. von Polen Hohen Vorwort um die allermildeste Erhebung in den Reichsgrafenstand für mich und meine eheliche Nachkömmlinge beyderlei Geschlechts, sodann um Bestätigung und Vermehrung meines uralten

Wappens in tiefster Ehrfurcht alleruntertänigst zu bitten." Schon d. d. 15. März 1759 ward die Bitte gewährt und Magnus Ludwig zum Grafen Schack von Wittenau erhoben. Wappen: 1. u. 4. in Gold ein schwarzer Adler, 2. u. 3. in Roth ein goldener Reichsapfel; Mittelschild das Stammwappen.

3. Schach von Koenigsfeld. — Der Kammerprokurator in Vorder-Oesterreich Johann Thaddäus Schach wurde 10. April 1783 vom Kaiser Joseph II. mit dem Prädikat „Edler von Koenigsfeld" geadelt. Wappen quadrirt: 1. u. 4. in Gold stehend ein König in rothem Gewande und abhängendem Mantel mit goldener Zackenkrone und goldenem Scepter, 2. u. 3. von Schwarz und Silber geschacht; Helmkleinod: der König zwischen zwei goldenen Hörnern; Decken rothgold und schwarz-silber.

4. von Schach. — Hans Schach, „Rechnungsdiener bei der Nieder-Oestr. Cammerbuchhalterei, der 12 Jahre als solcher treu, vorher 30 Jahre zu Ungarisch-Altenburg gedient hat", erhielt vom Kaiser Mathias d. d. Linz 23. Mai 1614 den Adelstand mit nachstehendem Wappen: getheilt: oben in Gold ein wachsendes weisses Einhorn, unten von Schwarz und Silber geschacht; auf dem gekrönten Helm das Einhorn zwischen offenem Flug, dessen vorderer Flügel weissroth, dessen hinterer gold-schwarz getheilt; Decken: schwarz-gold und roth-silber.

5. von Schaeck. — Adolph Martin Schaeck, Honorar-Consul beim österr. ungar. Consulate zu Genf erhielt am 22. Juli 1870 den Orden der österr. eisernen Krone 3. Klasse und damit den erblichen österreichischen Ritterstand. Das Diplom d. d. Wien 6. März 1871 giebt folgendes Wappen: Rother Schild mit goldenem Schildeshaupt; in dem von zwei silbernen schrägrechten Balken belegten Schilde ein natürlicher Leopard, in den Vorder-Pranken ein rothes Herz tragend; im Schildeshaupt ein schwarzer Wappenadler wachsend; zwei Helme: 1. der Leopard mit dem Herz wachsend, Decken roth-silber; 2. von Gold über Schwarz getheilte Hörner, Decken schwarz-gold.

In gleicher Weise wie bei den Schack's kann auch bei den von Estorff's eine Familienzugehörigkeit nicht lediglich aus dem Namen gefolgert werden. Letzterer ist, wie die nie fehlende Präposition „de (von)" anzeigt, einem Orte entlehnt, und schon seit den ältesten Zeiten finden sich verschiedene Orte des Namens Estorff.

Nach Hammerstein, Bardengau p. 494 sollen die uradeligen eine Lilie im Wappen führenden von Estorff's sich nach dem in Kirchspiel

Barum eingegangenen Ort Estorpe nennen, dessen zwischen Vinstedt und Wessenstedt gelegene, wüst gewordene Höfe Ende des 15. Jahrhunderts den Bauern in Vinstedt eingethan worden sind. Das Landschatzregister von 1450 rechnet zum „Gho to Bevensen, Kerspel Darem: Tetendorpe, Vinstede, Estorppe 3 h(öfe), Rornstorppe, Darem". Urkunden über Estorff'schen Besitz in Estorpe haben sich leider nicht erhalten, dagegen wird der Ort mehrfach anderwelt urkundlich genannt. Graf Gunzelin von Schwerin bekundet 14. August 1303, dass Heine und Werner von Schwerin vier Höfe in Melzingen, drei in (Hohen-) Bünstorf und „in villa Esdorpe unam domum" von ihm zu Lehen tragen, jedoch wird dies unterm 9. September 1303 auf ein Haus in Bünstorf und „in villa Esdorpe tres domos" berichtigt. Am 8. September 1318 resigniren die von Melzing den Grafen von Schwerin ihre Güter „in villa Estorpe" zu Gunsten des Klosters in „Ebbekestorpe" (Ebstorf); 4 Juli 1319 verleiht Graf Nicolaus von Schwerin demselben Kloster zwei von den Knappen von Melzing gekaufte Höfe „in villa Estorpe" und desgleichen 1322 Graf Heinrich von Schwerin zwei Hufen und eine Kathe „in Estorpe", welche das Kloster von Johann von Melzing erworben hat. Am 28. Juli 1326 tauscht Propst Nicolaus zu „Ebbekestorpe" mit Abt Werner zu S. Michaelis zwei Leibeigene seines Klosters gegen „Johanne dicto Dikeman, morante in Estorpe, litone domini abbatis antedicti".

Ein anderes Estorf*), jetzt Kirchdorf im Amt Stolzenau, bis 1701 zu Landesbergen eingepfarrt, erscheint schon 1006 in einer Minden'schen Urkunde als „Estorpe", auch wird das im Amt Hoya gelegene Kirchdorf Eystrup in älteren Urkunden stets „Estorp" — in einer bremischen Urkunde 1170 „ecclesia parochialis Estorp" — genannt, während das im Kirchspiel Oldendorf, Amt Himmelpforten, gelegene jetzige Dorf Estorf in den älteren Urkunden meist Esgkestorp heisst.

Nach einem dieser letzgenannten Orte wird sich vielleicht Werner de Estorpe (Urkunde No. 236) oder der Thidericus de Estorpe genannt haben, welcher 1324 das Bürgerrecht zu Hannover erwarb, desgleichen auch die später im Bremischen blühende Familie von Estorff, welche mit der uns stammverwandten Familie dieses Namens in keinem Zusammenhang stehen soll und um die Mitte des 16. Jahrhunderts erloschen ist. Das Wappen derselben zeigt in Grün einen oben und

---

*) Unweit von diesem Estorpe liegt auch ein Vrestorf, jedoch ist die ursprüngliche Namensform dieses Ortes nicht derjenigen des Schack'schen Stammgutes gleich: 1202 Vredegrestorpe, 1211 Fredestorff, 1221 Vredestorpe, 1235 Vredegedestorpe, 1243 Vrethekestborp und erst 1298 und später Vrestorpe.

unten abgehauenen schrägrechts liegenden und an jeder Seite zweimal
gerasteten silbernen Baumstamm"); auf dem Helm zwischen zwei Büffel-
hörnern der Baumstamm.

II.

Bardewiek, Flecken nördlich Lüneburg, noch 1102 eine der be-
deutendsten Städte des nördlichen Deutschlands, ward am 28. October
1189 von Heinrich dem Löwen völlig zerstört. Von der früher in-
mitten der Stadt gelegenen herzoglichen Burg ist jegliche Spur ver-
schwunden, während der Schack'sche Stammsitz, das am südwestlichen
Ausgang an der Ilmenau gelegene, von Gräben umzogene Vrestorf
noch jetzt erkennbar sein soll.**) Zu Zeiten des Edelherrn Schack war
der Ministerial Gerhard (1163, 1164, 1169) „prefectus" oder „scultetus
de Bardewik". — Nach der Stadt nannten sich eine grosse Zahl ange-
sehener Bürgerfamilien. Esicus de Bardewik 1188, wohl identisch mit
dem Hamburgischen Consul Esicus 1190, dessen Sohn Bertram 1242
und 1264 gleichfalls Rathsherr zu Hamburg war. — Aus einer Lübecker
Familie von Bardowiek***) waren im 13. Jahrhundert Rathsherren:
Albert 1291—1307, Elver 1222—25, Fredericus 1251—56, Gerhardus
1298, Godescalcus 1224—34, Henricus 1230—32, Johann 1253—90,
Marquard 1286 und Meinward 1224—33; auch werden vermuthlich
dieser Familie angehören: Fredericus, 1214—31 Domherr, 1243—49
Dechant, demnächst Propst zu Lübeck, gestorben 14. August 1253
oder 1254; Johann 1219, ein anderer dieses Namens 1293 und
Ludolf 1273—1306 Domherr zu Lübeck. — Eine Lüneburger Pa-
tricier-Familie von Bardowiek, welche auch unter dem Namen Preckel
vorkommt, erlosch 1500.

---

*) Merkwürdige Aehnlichkeit dieses Wappenbildes mit der Estorff'schen schräg-
rechts liegenden silbernen Lilie!

**) In Gebhardi's Collect. V. p. 337 f. der Königl. Bibliothek zu Hannover heisst
es: „Dan so ist auch das Haus zu Vrestorf noch anno 1600 mit doppelten Grabens
und Zugbrükken umbgeben gewesen, davon der innerste umgeworfen und zum Garten
aptiret worden." — Am 26. Mai 1330 verkauften Wasmod, Heinrich und Ludolf Schack
ihren Hof zu Vrestorpe.

***) Auch östlich Lübeck liegt ein Dorf Bardowiek, welches möglicherweise
seinen Namen von der oben erwähnten Patricierfamilie erhalten hat.

III.

Erteneburg*), jetzt Artlenburg, Flecken an der Elbe, eine Meile von Bardowiek. Zur Zeit des Edelherrn Schack war der Ministerial Reinald herzoglicher Vogt (advocatus) zu Erteneburg (1162—64), demnächst Otto (1109—72), Bruder des Vogts Friedrich zu Dalenburg. Später werden Vögte oder Burgmannen gewesen sein: Bernherus de Erthenebarch 1188, Heinrich de Ertheneburg 1237 und Werner de Erteneburg. Letzterer wandte sich, wahrscheinlich in Folge der Zerstörung der Burg 1238, nach Vor-Pommern. Er erscheint dort 1239—65; sein Sohn Ritter Johann (1264—87) war vermählt mit Ludgard, Tochter des Ritters Johann von Wachholz, Burgmann zu Demmin; er hinterliess vier Söhne: Werner, gest. vor 1. August 1291, Johann 1291, Reimbern 1291—1303 und Bertold 1291—1313, Ritter und Burgmann zu Demmin. Bertold führte im Wappen drei Jagdhörner, während das Siegel des Vaters in einem längs getheilten Schild rechts die Jagdhörner, links drei Reihen Zinnen zeigt. — Auch Bürgerfamilien nannten sich nach dem Flecken Erteneburg. In Lübeck soll schon 1158 ein Heinrich von Erteneburg Rathsherr gewesen sein; in Lüneburg war 1253 Volcmar de Erteneburg und 1287 sein Sohn Dietrich Rathsherr; in Hamburg erscheint zuerst der Rathsherr Hartwig Leo 1285—1306 mit dem Beinamen „de Erteneburg", wohl zur Unterscheidung von dem älteren Rathsherrn Leo, Hartlev's Sohn, welcher urkundlich 1230—69 genannt wird. Hartwig Leo starb am 11. Mai und hinterliess aus seiner Ehe mit Ida, gestorben als Wittwe am 21. September, vier Söhne: Leo de Erteneburg, seit 1303 Domherr und 1314—28 Dompropst zu Hamburg, gestorben 21. März; Hartwich Leo de Erteneburg 1291—96 Rathsherr zu Hamburg, demnächst 1300—1314 Domherr zu Lübeck; Hogerus, und Friedrich de Erteneburg 1323—26 Domherr zu Hamburg, gestorben 4. August vor 1329.

IV.

Ueber „Scacco, comes Thetmarciae" berichtet Helmold's Chron. Slavorum: Nachdem Heinrich der Löwe 1181 den Grafen Adolf von Holstein vertrieben, übertrug er dem Präfekten Marcrad die Burg

---

*) Vergl. Urkde. No. 262. — Am 20. Sept. 1310 verkauft Johann Schack an Herzog Erich von Lauenburg „unum mansum in Erteneburg liberum ab omni exactione et servicio et cum omni iure tam decimali quam iudiciali, qui mansus vulgo dicitur mansus Scackonum."

Ploen. Dieser musste, als der Graf im folgenden Jahr sein Erbland zurück erhielt, das Land räumen und flüchtete mit seinen Blutsverwandten zum Herzog Waldemar von Schleswig, den er zum Krieg gegen den holsteinischen Grafen aufzureizen suchte. Da letzterer in seinem eigenen Lande sehr willkürlich schaltete, verschiedenen Edelen Geldstrafen auferlegte oder sie gefangen in Fesseln warf, so wurden ihm auch bald von den Seinigen Nachstellungen bereitet. Hierüber freuten sich jene, welche der Graf aus dem Lande vertrieben hatte, nämlich „Schacco et fratres eius Widdagus et Radulfus, Ubbo, Timo cum fratre Marquardo, omnes consanguinei Marcradi prefecti". 1201 fiel Herzog Waldemar in Holstein ein, schlug den Grafen Adolf bei Stellau und eroberte noch vor Ausgang des Jahres das ganze Land. Darauf übertrug er dem Timo die Belagerung der Feste Segeberg und dem Bruder desselben diejenige von Travemünde, welches beides noch von der Mannschaft des Grafen gehalten wurde, „Scacconem etiam comitam Thetmarciae declaravit et fratrem eius Widdagum Ploene prefecit; Radulfum quoque in Hammenburg locavit", auf dass diejenigen, welche seinetwegen in die Verbannung gegangen waren, durch ihn Grösseres zurückerhielten. Wenige Wochen später kehrte Graf Adolf zurück, vertrieb die herzogliche Mannschaft, wurde aber bald von Herzog Waldemar von Neuem geschlagen und gefangen genommen. Waldemar, nach dem Tode seines Bruders Kanut dänischer König, ernannte hierauf den Grafen Albert von Orlamünde zum Grafen über Holstein, welches 1225 von dem Sohn des vertriebenen Grafen, Adolf IV., zurückerobert wurde.

Vergleicht man vorstehende Erzählung des Chronisten mit den gleichzeitigen Urkunden, so ergiebt sich, dass Präfekt Marcrad dem Geschlecht der Overboden angehört (v. Urkd. 2. Marcradus Hoverbode, Marcradus filius eius de Holsatia 1189). Einen Anhalt dafür, dass dies Geschlecht mit den erst 1253 urkundlich auftretenden Westensee's eines Stammes sei, habe ich nirgends ermitteln können, und kann ich mich deshalb auch der weiteren Folgerung, dass der obengenannte Schack als Verwandter Marcrad's gleichfalls ein Westensee sei, nicht anschliessen. Meiner Ansicht nach ist derselbe identisch mit dem Schacko de Perdole, welcher mehrfach urkundlich in Verein mit den vorgenannten Edelleuten auftritt; so waren 1220 „Timmo prefectus Holsatie et frater suus Marquardus, Radulfus, filius Timmonis prefecti, Benedictus de Predole et Schacco frater suus" Zeugen bei Graf Albert von Orlamünde, desgleichen 8. Januar 1221 „Timmo prefectus Holsatiae, Marquardus frater suus, — Benedictus et frater suus Scacko de Perdole, Ubbo et frater suus Emeko" und am 10. Januar 1221 „Timmo prefectus Holsatiae et Marquardus frater

12

eins, — Benedictus de Predole et frater anus". Der Beiname „de Perdole" mag von dem im Preetzer Gütardistrict gelegenen Perdoel entlehnt sein; es gab jedoch verschiedene Orte dieses Namens, u. A. bei Dannenberg, Lüchow, Wittenburg etc. und erscheinen deshalb, wenn auch nur sporadisch, in den verschiedensten Gegenden Edelleute und Bürger unter diesem Namen. In Pommern wird genannt: Ludolf marschalcus de Pardole 1263, Johannes Pridole famulus 1267, Otto de Predole famulus 1281 etc., in Schlesien Ritter Heinricus de Predil 1289, in Mecklenburg Ritter Conrad Predal 1314, in Hamburg Sifridus de Perdole 1270. In späteren Holsteinischen Urkunden erscheint nur eine Kieler Bürgerfamilie dieses Namens: Johannes de Predole und seine Schwester domina Abele de Predole verkaufen (ca. 1264—89) ein Haus in Kiel und 1359 werden Johannes Pardole und sein patruus Christianus Perdole als dortige Bürger genannt. Da somit der Beiname keinerlei Anhalt zur Bestimmung der Vorfahren oder Nachkommen des Schacko de Perdole giebt, so müssen sich etwaige Vermuthungen lediglich auf die Vornamen beschränken. Diese wählte man in damaligen Zeiten nicht nach Gutdünken, sondern man hielt sich streng an die in der eigenen Familie oder unter den mütterlichen Verwandten üblich gewesenen, derart, dass fast häufiger ein Wechsel im Beinamen (dem jetzigen Familiennamen) wie in den Vornamen constatirt werden kann; es lässt sich daher kaum annehmen, dass bei dem immerhin ungebräuchlichen Vornamen Schack eine Ausnahme gemacht sein wird. Die Brüder Schack und Benedict, bezw. Schack, Widdag und Radulf ganz zu den Schack-Estorff's zu rechnen, scheint nicht angängig mit Rücksicht darauf, dass die übrigen Vornamen in unserer Familie durchaus ungebräuchlich sind, es wird also der Vorname Schack aus der mütterlichen Verwandtschaft entlehnt, d. h. die Mutter eine Tochter oder Schwester des Edelherrn Schack gewesen sein. Was die Nachkommen der Gebrüder Benedict und Schack betrifft, so ist bemerkenswerth, dass Benedict der gebräuchlichste Vorname der Ahlefeldt's, Schack desgleichen der Rumohr's gewesen ist und dass beide Familien dem Wappen und der Tradition nach stammverwandt sein sollen. Die Möglichkeit, dass der 1245 urkundlich auftretende Stammvater der Rumohr's, Scacko de Rumore, ein Sohn des vorgenannten Scacko de Perdole gewesen ist, ist keinesfalls ausgeschlossen. Ebenso berechtigt ist aber auch die Annahme einer Zusammengehörigkeit mit dem am 5. Juli 1203 genannten Schack de Langwedele, um so mehr, als gerade zu Zeiten Schack's von Perdole ein Wechsel im Besitz des bei Bordesholm gelegenen Gutes Langwedel eingetreten zu sein scheint*) und nach Ausweis des Kieler Stadtbuches unter den späteren Besitzern dieses Gutes die Vornamen Marquard und Radulf mehrfach vorkommen.

Im weiteren Verlauf des Mittelalters bis zur Gegenwart finden wir den Namen Schack als beliebten Vornamen namentlich bei den alten holsteinischen Adels-Geschlechtern, den Ahlefeldt, Rumohr, Rantzau, Brockdorff, Buchwald etc. Die nachfolgende Zusammenstellung**) hierdurch entstehender Namensverbindungen***) dürfte zur Vermeidung von Verwechselungen mit denjenigen, welche in unserer Familie während des 13. Jahrhunderts und später vorkommen, von Interesse sein.

Schack von Ahlefeldt. — Schack v. A. 1417 Knappe; Gotzick v. A., Schacken's Sohn, 1466; Benedict, Otto, Schacko und Claus v. A., Wulf's Söhne, 1470; Schack v. A., pfandberechtigt an Hadersleben 1476 u. 1480; Schack v. A. auf Niebye u. Düttebüll 1540, auf Lankbalge 1543 u. 1546; Schack v. A.'s Wittwe 1557 an Niebye und Düttebüll berechtigt; Schack, Sohn des Wulf v. A. auf Haselau und der Emerintia, Schack's Rantzau auf Panker und Helmsdorf Tochter, verkauft 1584 Wolfsborstel an König Friedrich

---

*) 1197 Volquinus de Langwedele, 1220 Gotschalcus de Langwedele et fratres sui Thetlerus et Volquinus, 8. Januar 1231 Godeszalens de Gudelande et fratres sui Volquinus et Syricus.

**) Diese Zusammenstellung macht keinerlei Anspruch auf Vollständigkeit.

***) a) Eine eigenthümliche Namensverbindung finden wir bei dem im 13. Jahrhundert lebenden Ritter Thidericus Schackmann. Derselbe wird zuerst genannt 1221 in dem Vertrage über die Freilassung des Königs Waldemar II. von Dänemark aus der Gefangenschaft des Grafen Heinrich von Schwerin, in welchem es u. A. heisst: „Item bona, que Thidericus Seacmus a comite Alberto (von Orlamünde) eum filio materterio suo debet habere, de jure tenebit". Thidericus Seacman, auch Schackman, Scakemannus, Seachmannus wird demnächst als Ritter (15. Februar 1224, 10. Februar 1234, 1237, 1241, 18. Januar 1241, 27. Juni 1241, 14. Juni 1244, 1245, 1246, 25. Juni 1246, 1247, 27. September 1248 und 1251) im Gefolge der Grafen von Schwerin oder in rechtselbischen Urkunden genannt. Möglicherweise ist derselbe identisch mit dem Dietrich Man, welcher in dem Ratzeburger Zehntenregister 1230—34 genannt wird und 1249 von den Grafen von Schwerin das Dorf Gallentin zum Lehen trägt, und dessen Enkel vermuthlich der Ende des 13. Jahrhunderts auftretende Dietrich Man, (Stief-) Bruder des Ritters Iwan von Below, gewesen ist. Letztgenannter Dietrich II. Man (1290—1332) siegelt 1329 mit einem Eberkopf, dem Wappen der Boitzenburg's (s. Note 12); hieraus weiter zu folgern, dass beide Familien nicht nur wappen-, sondern auch stammverwandt, d. h. Dietrich I. Man resp. Schackman identisch ist mit dem Dietrich, welcher als Bruder des Otto von Boitzenburg 1234 und 1247 ohne Beinamen vorkommt, scheint sehr gewagt, aber es würden die nahen Beziehungen der Boitzenburg's und Schack's die Annahme des Namens Schackmann wohl erklären.

b) Der in Buchhändler-Annoncen jüngst mehrfach genannte Schriftsteller-Name „Schack von Igar" ist Pseudonym einer Frau Jakach aus Riga.

von Dänemark und starb vor 1609; seine Wittwe Margaretha, Schack's Krummendick Tochter, auf Wedeldorf und Aspe wurde von ihren Schwestern beerbt.

Schack Blome, Sohn des Hans Blome auf Seedorf, Gronenberg etc. und der Anna Sophia, Schack's Rantzau auf Helmsdorf Tochter, tauscht 1592 Besitzungen zu Pansdorf gegen solche in Dankersdorf und verkauft 1601 Gronenberg.

Schack von Brockdorff. — Schack v. B., seit 1691 Freiherr und Besitzer der Baronie Scheelenburg, starb als Generallieutenant und Ritter vom Danebrog 1730; Friedrich Schack Frhr. v. B., Sohn des vorigen, auf Scheelenburg, Birkholm u. Knabstrup, starb 1755; des letzteren Sohn Schack Frhr. v. B. auf Scheelenburg u. Birkholm, geb. 1724, starb 1784 als Kammerherr und Ritter vom Danebrog; Schack v. B. auf Grundet 1747. Hans Schack Frhr. v. B., geb. 1729, Enkel des Cay Lorenz Graf Brockdorff auf Kletkamp und der Sophia Amalia, des Grafen Hans Schack-Schackenburg Tochter, war vermählt mit Friederike Anna Sophia Gräfin Schack-Schackenburg und starb 1770 als Kammerherr und Amtmann zu Rendsburg, Herr auf Kl. Nordsee und Marutendorf. Adolf Friedrich Schack v. B. wurde 1832 Preuss. Sec.-Lieut. in d. Garde-Artillerie-Brigade und 1835 dimittirt*). Franz Bülow Schack v. B. Rittmeister ward 1848 Ritter vom Danebrog. Ferdinand Schack v. B. war 1875 Dänischer General-Consul in Antwerpen und F. G. Schack v. B. 1875 Dänischer Vice-Consul daselbst.

Schack von Buchwald. — Schack v. B. auf Nienhagen, gest. 1673; Schack v. B. auf Johannsdorf, Domherr zu Lübeck, 1720 und 1750; Schack, Sohn des vorigen, auf Basthorst, Landrath zu Ratzeburg, starb 1819; Friedrich Hermann Schack v. B., Herzogl. Sachs.-Goth. wirklicher Geh. Rath und Oberhofmeister 1740.

Schack von Bülow, Sohn des Hans von Bülow und der Dorothea Elisabeth, Tochter des Schack von Buchwald auf Nienhagen, starb als Dänischer Capitain 1772 unvermählt.

Schack von dem Haghen (aus dem mit den Scharpenberg's wappenverwandten, Anfang des 15. Jahrhunderts ausgestorbenen Geschlecht dieses Namens), 1395 Domherr zu Ratzeburg, 1402—25 Prior daselbst.

Schack Vielinghof Holk auf Wrane, Enggaard etc., Sohn des Generalmajor Burchard Rud Holk zu Valloe und der Margaretha Helene geb. von Dalendorff, gest. 1767.

---

*) Er wird in den Preuss. Ranglisten als „Schack von Brockdorff" fälschlich zur Familie v. Schack gerechnet.

Hans Schack Graf Knuth, Königl. Dänischer Kammerherr, Amtmann und Ritter vom Danebrog, geb. 1787, gest. 1861; dessen Sohn Hans Schack Rudolf Graf K. auf Conradsborg, geb. 1832.

Schack von Krummendick. — Schack v. K. auf Drage 1424; Schack v. K., Hartig's Sohn, auf Beken 1543—74; mit des letzteren Sohn Heinrich starb 1508 das Geschlecht aus.

Hans Friedrich Schack von Levetzau, geb. 1779, Sohn des Oberst Christian Friedrich v. L. u. der Lucie Hedwig geb. von Brockdorff a. d. H. Grundet, gest. 1850 als Oberst a. D.

Schack von Lütticbau, geb. 1771, gest. 1810 als General-Kriegs-Commissar auf Grundet.

Schack Plessen 1594 auf Rastorf, 1613 u. 1626 in Itzehoe, desgl. seine Wittwe 1630.

Schack von Rantzau. Die in der Rantzau'schen Familiengeschichte, Hübner's genealog. Tabellen etc. genannten Schack I. 1220 und Schack II. 1283 habe ich urkundlich nirgends ermitteln können, ebenso keinerlei Anhalt für die behauptete Abstammung von den Burggrafen von Leisnigk. Ich vermuthe den Ahnherrn der Familie in dem Marquard, welcher nach dem Ratzeburger Zehntenregister (1230—34) zu Rantsowe in parochia Pokrente (Gr.- u. Kl.-Renzow bei Gadebusch) angesessen war, um so mehr, als der Vorname Marquard in der Familie der gebräuchlichste und die Präposition „de" anzeigt, dass der Name einem Ort entlehnt ist. Der erste „Scagke de Rantzowe" wird genannt 1359 als Knappe; demnächst Schack v. R. Knappe 1365, 1390 u. 1391, Ritter 1397, 1415 bis 1428, 1438, 1441 (verkauft Rekbrok u. Niegeholt) u. 1443. Schack's v. R. Söhne: Heinrich 1413 auf Dülck u. Gotzick 1420 Knappe; desgl. Claus 1441—94 (1465 auf Dierkstorf u. Moenkeberg), Cay 1441—80, Hans 1460—84 (Amtmann zu Seegeberg), Heinrich 1460—80 (Amtmann zu Gottorf) u. Hartwig 1469—70 (Amtmann zu Flensburg). Des vorerwähnten Claus ältester Sohn Schack erscheint 1469—80; Cay's Söhne waren Detlev und Schack 1469 u. 1490, ersterer hinterliess einen Sohn Schack zu Helmsdorf 1543—48, letzterer auf Kletkamp hatte zwei Söhne: Schack 1531 Knappe, gest. unvermählt, und Heinrich auf Putloss, dessen einzigster Sohn Schack als Kind starb. Ferner werden genannt: Schack, Marquard u. Claus, alle Henneken's Söhne 1469 u. 1470; Schack, Wolfgang's Sohn 1469; Claus u. Sievert, Schack's Söhne 1508; Schack, Wulff's Sohn, zu Siggen 1550—65; Otto u. Melchior, Schack's zu Helmsdorf Söhne 1557; Hartwig und Jakob, Schack's Söhne 1587. Späterhin habe ich den Vornamen Schack nur noch gefunden bei dem in der Struensee'schen Katastrophe vielgenannten Schack Carl Graf von Rantzau-Aschberg, geb. 1717, Sohn des Grafen Hans und der Margaretha Hedwig geb. Freiin v. Brockdorff, Dänischer General und Staatsminister, Ritter vom Elephanten-Orden, gest. 1789 ohne Nachkommen.

Schack und Detlev Rixtorpe 1421, einem im 15. Jahrhdt. ausgestorbenen, mit den Scheel's wappenverwandten Geschlecht angehörend.

Schack von Rumohr. Der nach Moller p. 26, Praun p. 097 etc. angeblich 1183 vorkommende Schack von Rumohr gehört in das Gebiet der Erfindung; die Familie tritt urkundlich erst auf mit dem früher erwähnten Ritter Scacco de Rumore 1245 u. 1253. Später werden genannt: Scacke, Kerstoffer u. Volrad, brodere, 1351 Knappen; Schack v. R. Knappe auf Söhren 1379—94; sein Sohn Benedict verkauft Söhren 1437; Schack, Henneke's Sohn, 1497 Knappe, kauft 1498 Roest u. 1499 Cappeln, gefallen 1500 in der Schlacht bei Hemmingstede; Schack v. R., ein Enkel des vorigen, 1564, auf Düttebüll 1581, gestorben 1585 ohne Nachkommen; ein Enkel seines jüngeren Bruders Asmus, Schack v. R., wurde 1606 in Tübingen immatrikulirt; er kauft 1614, auf Düttebüll gesessen, im Verein mit seinen Brüdern Joachim und Asmus das Gut Kronsgaard u. 1630 das Gut Olpenitz; auch zu Orfeldt wird er genannt; Schack v. R. starb ca. 1642, sein Sohn Schack v. R. desgl. 1654. Schack v. R. 1721 Sächsischer Oberst auf Steschwitz.

Schack von Sehestedt. — Schack's v. S. Wittwe 1466; Schack u. Sievert Brüder 1504; Schack tor Hemmelmargk 1519, cedirt 1527 dies Gut dem König Friedrich von Daenemark, weil dieser ihm das Leben, so er verbrochen, geschenkt; er starb bald nach 1550. Im Jahr 1581 erging ein Urtheil in Sachen Metta von Ahlefeldt wider Schack und Asmus von Rumohr betreffend den Nachlass des Benedict S. zu Rundhof und seiner Söhne Schack, Otto, Hans, Detlef u. Caspar v. S.

Schack Smalstedt soll 1500 bei Hemmingstedt von den Dithmarschen erschlagen sein.

Schack von Staffeldt, Dänischer Kammerherr und Amtmann zu Schleswig 1824.

Schack Wulf (von Schwartzenbeck), der letzte dieses Geschlechts, widmete sich dem geistlichen Stande und resignirte 1477 seine Rechte an Saluna, Elmenhorst und Pampow dem Herzog Johann von Lauenburg.

Schack Julius Georg von Zepelin, geb. 1727, Sohn des Volrad Hartwig v. Z. und der Luise Friederika, geb. Gräfin Holk, gest. 1759 unvermählt.

Auch in Bürgerfamilien findet sich der Vorname Schack zuweilen. Ob Scakko de Clawestorpe, welcher 1269 in Kiel ein Haus besass, hierher zu rechnen, ist zweifelhaft; aber der 1295 in Wismar einen Speicherantheil kaufende Schakko ist jedenfalls ein dortiger Bürger und vermuthlich identisch mit einem im März 1324 genannten Wismarer Bäcker Schack. Am 2. Februar 1342 war Scacko Pape Rathsherr zu Alten-Treptow, und erscheint derselbe in einer Urkunde vom 22. März 1343 an der gleichen Zeugenstelle unter dem Namen Scacko de Rosemersowe, ein Beispiel, wie wenig constant noch im 14. Jahrhundert die Beinamen resp. Familiennamen waren. 1370 ist ein Schacko de Arndorpe opidanus in Luneborg und 1381 wird ein Schackbe als Bürger zu Arnswalde genannt.

V.

Schakkendorpe, Dorf bei Seegeberg. Aehnliche Ortsnamen finden sich häufig, doch lässt sich nur in seltenen Fällen nachweisen, dass unsere Familie den Namen gegeben, wie dies z. B. der Fall bei der noch gegenwärtig im Familienbesitz befindlichen Grafschaft Schackenburg in Schleswig, dem in der unteren Elbe gelegenen Schackenwerder (wegen dessen die Schack's zu Gültzow mehr als hundert Jahre mit den Herzögen von Lauenburg processirt), dem Schackenplatz und der Schack'schen Freiheit in Ratzeburg.

Am frühesten wird genannt Schackstedt, Kirchdorf bei Alsleben an der Saale, welches der Abt von Fulda 973 als „Scekkenstati" an den Erzbischof von Magdeburg vertauscht (Syfridus de Scagestide 1213; Heino miles de Schackenstede besitzt 1311 vier Hufen daselbst). Eine viertel Meile nordwestlich liegt die anhaltische Domäne Schackenthal, schon 1400 zu Schackstedt eingepfarrt, und nicht fern davon am Salzigen See südlich Coelme eine Anhöhe, der Schackenberg. Im Kreis Neuhaldensleben liegt Schackensleben (domina Godelinde de Schackensleben vor 1096, Heinrich von Schackensleben 1282). Von dem Schackenwald bei Meienburg verkaufen 1427 die v. Werzebe ihren Antheil an die Gebrüder v. Stinstedt, während es 1500 heisst: „item de Schackenwaldt horet den Cluvern unde den van der Hude." In Schleswig-Holstein findet sich ausser der Grafschaft Schackenburg und dem obengenannten Schackendorf noch ein Dorf Schackenborg im Kirchspiel Ketting auf Alsen, der Schackenbusch, ein Theil des Löhrsdorfer Holzes im Gute Güldenstein, der Schackensee, Wiese im Gute Kletkamp, der Schackenteich, ein grösstentheils trocken gelegter Teich im Gute Schoenhorst und 1451 die Schackgemark. In Vor-Pommern gehörte der Schackenberg zu den Lehngütern, welche nach dem Tode Christoph's von Lindstedt 1659 an Bogislaff von Schwerin fielen. In der Provinz Preussen liegt Schaaken, auch Schacken, im 15. Jahrhdt. Schoken genannt, Dorf mit Schloss am Kurischen Haff, und Schackenhof, Rittergut im Kreis Gerdanen. In Brandenburg wird ein Kirchdorf Schakow bei Dobrilugk 1250 urkundlich erwähnt (Rudegerus de Schachowe 1286, Rudegerus plebanus in Schakowe 1290; Johannes dictus de Schakow, 1318 plebanus in dem nahen Sonnenwalde); in derselben Gegend liegt Schacksdorf. Das gegenwärtig adelige Fräuleinstift Schaken, auch Schacken, in der Grafschaft Waldeck erscheint schon 1223 urkundlich als Kloster Scaken.

VI.

Verwechselungen der Namen Scacke und Stacke kommen mehrfach vor und werden zurückzuführen sein auf irrthümliches Lesen der Urkunden oder undeutliche Schreibweise der Buchstaben t und c. Der Name Stacke, meist Stake, findet sich urkundlich zuerst mit Hermann Stake 1259 zu Grolland, 1266, 1276, 1278, 1288 u. 1289 zu Kirchbuchtingen; Gyseko dictus Stacge et sui fratres zu Kirchbuchtingen 1290; Johannes Stache 1205 famulus, Zeuge bei den v. Hodenhagen, ferner Ritter Stagge 1295 Zeuge bei den Herzögen Barnim und Otto von Pommern. In späterer Zeit finden sich Edelleute dieses Namens fast nur in Holstein. Hier sind mir drei Stake'sche Wappen bekannt geworden: ein viermal quergestreifter Schild, ein aufrecht stehender Donnerbesen mit acht Federn belegt und ein aufrechtstehender Pfahl, jedoch scheint es fast, als ob dieselben der gleichen Familie angehören. Das erste Wappen wird z. B. geführt 1366 von dem Knappen Marquard Stake, das zweite 1369 von dem Knappen Voldemar und 1369 werden die Knappen Marquard und Voldemar als Brüder bezeichnet. Das dritte Wappen ist demjenigen gleich, welches die nach dem Gute Görtz bei Heiligenhafen benannte Familie de Gortze, Goritze führte. Diese Familie, welche 1280 mit Ritter Nicolaus de Goritz zum erstenmal auftritt, verschwindet mit der zweiten Hälfte des 14. Jahrhdts.; 1365 findet sich ihr Wappen bei dem Knappen Henneke Stake; 1443 ist Marquard Stake, Hennike's Sohn, an Görtz berechtigt und der das gleiche Wappen führende Holsteinische Rath Johann Stake heisst 3. Juni 1428 „anders genannt van Gerwitze". Es scheint daher dieser Zweig der Familie Stake Erbe des Wappens, Namens und der Besitzungen der Goritze gewesen zu sein. Im Uebrigen werden genannt Johann Stake 1312—44, seit 1337 Ritter, und sein Bruder Marquard 1312—20, Holsteinischer Vogt zu Ploen; dieselben verkaufen 1323 Winterhude; Johann Stake zu Ekede (auch Mekede) 1352—65, seit 1361 Ritter; Nicolaus 1374 u. 1397 und Johann Stake, Brüder; Herdingh Stake 1386—1425, seit 1413 Ritter, verkauft Seefeld, Molkenweh und die Mühle zu Nutzelkow; seine Söhne Otto (1430—50 auf Poelze, welches seine Wittwe Tale 1468 verkauft), Vivian, Eventin und Bertram verkaufen 1442 Holz zu Schulendorf. Bei dem Verkauf von Poeltz 1468 waren Zeugen: Bertram Staks, Herding's Sohn, Marquard Stake, Henneken Sohn zu Hadersleben, Harding und Eler Brüder, Eventin Staken's Söhne, Johann und Detlof, ... Staken's Söhne. Gerd Stake verkauft 1447 Wesenberg; Benedict u. Claus Stake 1469; Balthasar Stake 1475 Knappe; Otto Stake, Claus' Sohn 1490—1508, wohnhaftig zu Buckhagen 1498, und Johann Stake 1542 zu Wargarde. Erwähnt mag noch werden, dass 1324 zu Stralsund ein Stake als Seeräuber verfestet wird; auch 1370 wird ein Stacke als Seeräuber genannt. Eler Stake wurde nach Angell's Chronik, „da er in der Jugend sehr auf den Strauch geritten", 1377 von denen zu Lübeck gefangen und geköpft; und Peter Stake soll nach einer Handschrift vom Jahr 1376 ein „Stratenrover" gewesen sein, „bei eme dat hovet tho Stade aveghehouwen wart".

VII.

Noch häufiger als Scacke und Stacke werden die Namen Schacke und Schncke verwechselt. Letzteren Namen führte eine angesehene, reich begüterte adelige Familie, welche mit den Cluver (Cluvinghe) und den späteren von Schlepegrell eines Stammes ist. Der Stammvater scheint der 1162 urkundlich auftretende Ministerial Hildemar von Othendorf zu sein, denn in Othendorf waren die Schucke's seit ältesten Zeiten berechtigt und Hildemar ihr gebräuchlicher Vorname. Der Name Schucke findet sich zuerst 1215 mit Hildemar Schucke, derselbe überlässt 1220 den Zehnten zu Bruwele dem Kloster Ebstorf, verkauft 1220 im Verein mit seinem Bruder Alverich den Zehnten zu Yzenbüttle, 1236 mit Consens seiner Söhne Hermann und Alverich, sowie seiner Gattin Hildeburg die Zehnten zu Abbenhusen und Diederstorpe, 1241 den Zehnten zu Achim. Als Hermann dictus Cluvinghus mit Consens seiner Gattin Alheyd de Haghene*) und seiner Söhne 1244 dem Kloster Ebstorf seine Besitzungen in Othendorf und Tadendorf verkauft, consentirt Hildemar Schukke, predicti Clavinghi frater. — Hildemar's Sohn, Hermann Schucke 1236, seit 1244 Ritter, verkauft 1253 seinen Antheil am Ochsenwerder, überlässt 1256 dem Kloster Buxtehude den Zehnten in Everaldestorpe und Avenhusen und 1258 den Zehnten zu Wodensete. 1263 bestätigt Bischof Gerhard von Verden den Verkauf der Zehnten in Wodensete, Fredesio und Jardessen Seitens des Ritters Hermann Scucke an Kloster Buxtehude. Hermann wird zuletzt genannt 28. October 1263, er hatte vom Bischof von Verden zu Lehen die Zehnten zu Haarstorp, Bünstorpe, Othendorpe und Thedeudorpe. Hermann's Bruder, Alverich II. Schucke wird als Domherr zu Verden seit 1244 und Archidiakon zu Schemel (Scesio) 1262—83 genannt. Nachkommen haben diese beiden Brüder anscheinend nicht hinterlassen. — Hildemar's Bruder, Alverich I. Schncke 1227, verkauft 1244 als Ritter den Zehnten in Odestingen und 1253 einen Antheil am Ochsenwerder; sein Sohn wird gewesen sein Gevehard I. Scucko, welcher 1261 mit Consens seiner Gattin Mechtilde und seiner Söhne Alverich III. und Gerhard den Zehnten zu Ottingen verkauft und ausser den beiden vorgenannten Söhnen noch einen dritten Sohn Gevelhard II. hinterliess. Von diesen Söhnen wird Gerhard genannt 1261, als Ritter 1270—74; bald darauf ist er gestorben, denn 1275 überlassen seine Brüder Alverich III. und Gevehard II. dem Kloster Walsrode zum Seelenheil für ihren dortselbst begrabenen Bruder Gerhard dessen Haus zu Wolterdingen. Nach dem Schweriner Lehnregister aus dem Jahre 1296—97 besassen die beiden überlebenden Brüder die Zehnten zu Ozstede, Graft, Horethvlete, Bramhorste, Heinboke, Mothemore, Rimeringe, den halben Zehnten zu Elstorpe, sowie den Zehnten von je drei Hufen zu Querenvlete und Twilenvlete; sie wohnten 1282 zu Bierde, und besass der ältere Bruder Alverich III. nach einem Lehnregister der Herrschaft Wölpe ausser dem

---

*) In einer Pfeffinger'schen Abschrift dieser Urkunde heisst es „dominus Hermannus de Haghene predicti Alheydis frater". In einer Gebhardi'schen Abschrift (gedruckt in der Zeitschrift des histor. Vereins für Niedersachsen 1855, p. 361) statt dessen „predicti Hermanni (Clavinghi) frater". Die Urkunde scheint mir verdächtig, jedoch wird dadurch die Stammverwandtschaft der Schucke und Claver nicht unwahrscheinlicher. Schon Andreas de Mandelsloh (gest. 1585) berichtet in seinem Registrum ecclesiae Verdensis: „Item de Claver, item de Stepegrellen, item de Schorken, Is eyn Geslechte · · · — beffen si dre gefort eyne Baren-Clawen im Schilde." — Hermann Claving wird anderweitig 1249 genannt und hinterliess vier Söhne Alverich, Johann, Hermann und Hildemar, die Clavere, welche das Geschlecht fortpflanzten.

Hof zu Bierde den dritten Theil des gräflichen Holzes zu Stubekeshor, sowie vier Häuser nebst der Mühle zu Hernthere und ein Haus zu Tidelinge, welche letztere Güter seinem „wif" Belen zum Leibgeding verschrieben waren. Alverich III. wird als Ritter genannt 1261—93, sein Bruder Gevehard II. desgleichen 1261—1313. Letzterer überlässt 1292 mit Zustimmung seiner Söhne Gevehard III. und Johann dem Kloster Walsrode den Zehnten zu Heimbuch, 1302 dem Kloster Buxtehude seine Anrechte an dem Zehnten zu Everaldestorp; er erscheint zuletzt 1313 als avunculus des Ritters Gerhard von Odem.

Im 13. Jahrhundert wird ferner genannt: Gerhard Scuko (Scoko), advocatus de Robele 1232—42; im 14. Jahrhundert: Gevehard's III. Söhne: Gevehard IV., Alverich IV. und Arnold (1311, 1327; die beiden letzteren kaufen 1330 von Heinrich von Hodenberg dessen Güter in Bierde), ferner Arnold's Söhne: Alverich V., Wolfert, Gevehard V. und Roder 1360; ausserdem Hermann Schocke 1337 Domherr zu Verden; die Brüder Wilhelm und Otto Schocke 1370 (meist Schocke genannt, jedoch im Siegel die Bärenklaue führend); Otto Schocke und sein Sohn Willekin (gleichfalls mit der Bärenklaue) verpfänden 1405 dem Grafen von Hoya vier Höfe zu Hucvelde, zwei zu Lutkentzelen und einen Hof zu Eddingheborstele; zum letzten Male habe ich den Namen urkundlich gefunden 1437, als Wylken Schocke dem Stift Bremen das Elmerholz und seinen Theil an dem Westerholz verkauft.

Die Familie von Schlepegrell tritt in der ersten Hälfte des 14. Jahrhunderts urkundlich auf; 1330 sind die Gebrüder Arnold und Alverich zu Bierde berechtigt. Am 15. Mai 1327 überlassen Johann und Gevehard milites, Arnoldus und Alverich famuli, fratres „cognominati" Slepegrellen die Advokatie über einen Hof in Delvendal dem Kloster S. Michaelis und 1337 vergleicht sich das Kloster Walsrode mit dem „hern Conrade Haverenbeer unde den vromen luden alle den Slepegrellen" dahin, dass am Altar S. Nicolai jährlich fünf Jahres-Gedächtnisse gefeiert werden sollen, und zwar des „hern Gheverdes (I.) Schocken, hern Gheverdes des olden (II.), hern Gheverdes des Jungen (IV.), hern Gheverdes des middelsten (III.) unde (des) hern Johannes (Gevehard's II. Sohn?)".

VIII. u. X.

Von den vor dem 25. Mai 1303 urkundlich genannten siebzehn Familienmitgliedern des Namens Schack führen vier diesen Namen zugleich als Vornamen*), sieben heissen Eckehard und drei Heinrich. Es kann daher nicht Wunder nehmen, wenn in gleicher Weise wie bei den Manegold's von Estorff (Anm. p. 50) Vor- und Familiennamen häufig nicht genügten, um die Persönlichkeit bestimmt zu bezeichnen. Während man nun bei den Estorff's, wo der Familienname einem Ort entlehnt war, zu Eigenbezeichnungen seine Zuflucht nahm, wählte man bei den Schack's, wo der Familienname schon Eigenname war, Ortsbezeichnungen zur Aushülfe, d. h. man unterschied die Schack's zu Vrestorf oder auch allgemein die Schack's in Lüneburg von denjenigen in Lauenburg und in Boitzenburg. Diese Bezeichnungen waren keineswegs feststehender Natur, sondern man wählte sie lediglich nach dem augenblicklichen Bedürfniss. Als Schack III. aus dem Hause Vrestorf in lauenburgische Dienste trat, wird er dort, obgleich Burgmann zu Lauenburg, als Schack de Luneburg, d. h. als Lüneburger Schack bezeichnet, und als er demnächst in seine frühere Heimath Lüneburg zurückkehrt, heisst er dort (30. Juli 1315, 17. Sept. 1316) zur Unterscheidung von seinen in Lüneburg verbliebenen Verwandten Scacko de Lauenburg, d. h. der Lauenburger Schack. Zur Zeit als nur ein Lüneburger und ein Lauenburger Schack (Schack III. und Heinrich II.) Burgmannen zu Lauenburg waren, unterschied man beide wohl auch kurzweg als Scacko de Luneburg und Scacko de Lauenburg, man liess also den Vornamen des letzteren fort, da derselbe zur Bezeichnung der Persönlichkeit augenblicklich nicht erforderlich war. Wie wenig überhaupt die Namen im 13. Jahrhundert festen Normen unterlagen, sich vielmehr lediglich dem praktischen Bedürfniss anpassten, zeigt der Umstand, dass man bei den vorerwähnten Aushülfebezeichnungen auch wohl den Familiennamen fortliess und z. B. statt Ekkehard Schack de Vrestorpe kurzweg Ekkehard de Vrestorpe, oder auch statt Eckehard Schack de Louenborg Ekkehard de Louenborg sagte.

Aehnliche Erscheinungen finden sich bei vielen Lüneburgischen und Lauenburgischen Adelsfamilien, besonders häufig bei den Grote, ferner bei den Kint, Knesebeck, Meding, Odeme, Schorlemmer, Vultur,

---

*) In der Entwickelungszeit der Familiennamen ist es nicht selten, dass die Familiennamen gleichzeitig Vornamen sind, so 1207 Nicolaus Borko und Borko, 1318 Spragerus et Bartoldus, filii quondam Bernardi dicti Sprenger, 1390 Clavere, Conradus et Hildemarus fratres dicti Clavere etc.

Zabel; sie bedingen für jeden einzelnen Fall sorgfältigste Prüfung, in wie hohem Grade, das zeigt das Beispiel Eckehard Schack de Boitzenburg und Eckehard de Boitzenburg der Note 12.

IX.

Elstorf. Es sind mir sechs Dörfer des Namens Elstorf (Elsdorf) bekannt geworden; die Schack's waren anscheinend in Elstorf, Kreis Tostedt, die Schncke's in Elsdorf, Kreis Zeven, begütert; auch Bertold und Heinrich de Emelenthorpe besassen 1241 Güter in Elsdorf. Nach dem Zevener Elsdorf wird sich der Bremische Ministerial Ritter Heinrich de Elsthorpe 1233—62 (1237 in einer Urkunde des Klosters Zeven), sowie Hermann de Ellestorp 1344—54 Domherr zu Verden genannt haben. Am 18. December 1297 resignirt „Wilhelm miles dictus de Gustede, domina Gertrudis uxor eiusdem dicta de Elstorpe, necnon Segeband filius eius dictus de Elstorp" dem Herzog Otto von Lüneburg die Fischerei zu Levermannesgrave. Dieser Segeband de Elstorpe besass nach dem Schweriner Lehnregister von 1296—97 „unum mansum in Luwe et unam domum in Szesenze" und nach einem Hoyer Lehnregister die Zehnten in Roterslo und Hope, ein Haus in Zitznis und einen Hof in Bekedorpe. Im späteren Mittelalter wird eine hamburgische Bürgerfamilie des Namens Elstorf mehrfach erwähnt.

XI[*]).

Die holsteinische adelige Familie **Schacht** soll sich nach dem bei Rendsburg gelegenen Dorfe Schacht genannt haben, jedoch findet sich der Name niemals mit der Präposition „von" oder „de". Die Familie führte wie die Rübe und Barsbeke einen Fisch im Wappen, und beginnt ihre Stammreihe mit Marquard Schacht 1253 u. 1263. Demnächst werden genannt: Heinricus dictus Scacht consul zu Kiel 1290; Thimmo Schacht miles Holsatus 1293; Otto 1301 und Marquard 1303 u. 1323, famuli; Otto, Detlev und Marquard fratres dicti Schacht vel de Hoo verkaufen 1340 ihr Gut Klein-Harrie. Ulricus dictus Schacht 1342;

[*]) Note 10 ist mit Note 8 zusammengezogen worden.

Timmo Schacht 1300; Hennig Schacht Hauptmann zu Aleholm 1376; Heinrich Schacht zu Niendorp 1443, etc.

Auch auf Rügen war eine adelige Familie Schacht gesessen: Johann Schacht de Ruia 1284; Johann und Ekolf Schacht 1332—33; Vicko Schacht, Ekolf's Sohn 1340; Matheus Schacht 1302. Der jüngere Johann Schacht führt im Siegel drei Sterne und zwischen denselben ein kleines Schild mit dem v. d. Osten'schen Wappen; die Siegel von Vicko und Matheus zeigen nur die drei Sterne.

XII.

Boitzenburg, Flecken an der Elbe, woselbst Eckehard Schack vermuthlich Burgmann war. Nicht zu verwechseln ist dieser Eckehard Schack de Boitzenburg mit dem zu gleicher Zeit vielgenannten Ritter Eckehard von Boitzenburg, welcher der einen Eberkopf im Wappen führenden*) Lüneburgischen Ministerialen - Familie dieses Namens angehört. Die urkundliche Stammreihe dieser Familie beginnt mit Ritter Otto de Boiceneburg 1219—65 und seinem Bruder Thidericus 1234 und 1247 (vergl. Thidericus Schackmann, Anmerkg. p. 179). Otto wird 1244 vom Graf Gunzelin von Schwerin mit je einem Haus in Masendorpe und in Stockem, sowie mit dem indicium in Ketelendorpe belehnt; ca. 1260 bestätigt Graf Gunzelin die von den Rittern Otto und Eckehard de Boyceneburg geschehene Verpfändung eines Hauses zu Welenstedt. Otto war verheirathet mit Ermgard und hinterliess einen Sohn, den obengenannten Ritter Eckehard von Boitzenburg 1262—1303, Burgmann und Rath Herzogs Otto von Lüneburg. Eckehard verkauft 1284 und 1289 Salinegüter und schenkt 1287 eine Mark Rente aus der Saline zu Lüneburg dem Kloster S. Michaelis zur Feier des Jahresgedächtnisses seines Vaters Otto und seiner Mutter Ermgard. Nach einem Wölpe'schen Lehnregister besass er einen Hof in Lüneburg, das Dorf Ochterdinge, Häuser zu Borleverstorpe, Lingmen, Glusinge, Betsendorpe, sowie einen Antheil an dem Dorfe Honstedt, ausserdem nach dem Schweriner Lehnregister von 1290—97 „advocaciam in Kethelendorpe et decimam in Telligmere et unam domum in Stockem." Eckehard, dessen Wittwe (geb. von Odeme) 0. December 1315 genannt wird, hinterliess ausser zwei Töchtern, von welchen die eine 1293 mit Segeband von Wittorf vermählt war, die andere 1315 im Kloster Ebstorf lebte, drei Söhne: Eckehard,

*) Vergl. die Siegelabbildungen auf Tafel 3, 5 und 7.

Heinrich und Otto. Eckehard 1291—1303 Knappe, 1306 Ritter, und Otto 1306—10 „rector ecclesiae in Modesthorpe" besassen die Lehen ihres Vaters gemeinschaftlich; zu diesen gehörte auch als Lehen der Herzöge von Lauenburg der Fährschatz zu Artlenburg und der Heringszoll von den an der Bochorster Mühle anlegenden Schiffen. Im Anfang des 14. Jahrhunderts gerieth Eckehard mit den Herzögen in Fehde und diese zogen die Lehen ein; Otto sonderte sich von seinem Bruder und vertrug sich 1306 mit den Herzögen, Eckehard wird demnächst nicht weiter genannt. Der dritte Bruder Heinrich, Domherr zu Verden, resignirt einige Jahre später dem Grafen von Schwerin die Güter zu Kettelsdorf, welche er von seinem Vater geerbt; 1309 verkauft er als Domherr zu Verden und Archidiakon zu Modestorp den Zehnten zu Oerrel; er wird noch genannt 1342 und starb vor 1360 als letzter des Geschlechts.

Nach dem in der Uckermark gelegenen Flecken Boitzenburg nannte sich vermuthlich eine andere Adelsfamilie, welcher Gozwinus de Boyceneburch 1215—30 (in brandenburgischen Urkunden), Johann von Boyceuburg 1238—50 marscalcus, später dapifer des Herzogs Barnim von Pommern und Gerhard 1267 (in einer märkischen Urkunde) angehören. — Unter den zahlreichen Bürgerfamilien des Namens Boitzenburg mögen nur diejenigen zu Hamburg und Lübeck Erwähnung finden; der ersteren gehört an: Wirardus de Boyceneburg, welcher 1164 in einer Urkunde Graf Adolf's von Holstein als „fidelis noster" zu Hamburg genannt wird, die Neustadt daselbst gründete und vom Grafen Adolf dieserhalb ca. 1190 einen Freibrief erhielt; am 24. December 1190 wird Wirad unter den „consules Hamburgenses" genannt. Heinrich von Boitzenburg 1239 u. 1245 Rathsherr, 1248 u. 1256 institor (Krämer), sein Sohn Heinrich 1259—60; Jordan de Boyceneburg 1259—61 Notarius civitatis Hambg.; Conrad 1260, seit 1263 Rathsherr, starb 1304. Vielleicht gehört dieser Patrizierfamilie auch an Gerbert de Boizenburg, vor 1263 holsteinischer Vogt zu Hamburg, demnächst Ritter bis 1271, sowie Thidericus de Hoizenburg 1205 Domherr zu Hamburg. — Der Lübecker Familie dieses Namens gehört an Heinrich 1238, 1245—68 consul Lub.; Albert seit 1260 Domherr zu Lübeck, gestorben 27. April 1304, etc.

Vereinzelt findet sich wie bei den Schack's auch bei anderen Familien der Name „de Boizenburg" als vorübergehende Bezeichnung, so 1298 Borchardus dictus de Molen de Boyceneborgh; 1305 u. 1311 Ida, filia Johannis Peyne de Boiceneborch, Nonne zu Lüne.

XIII.

Nach v. Hodenberg, Verdener Geschichtsquellen u. A. soll das jetzige Kirchdorf Egestorf in der Amtsvogtei Garlstorf identisch sein mit dem in alten Urkunden genannten Edestorp. Nach letzterem Orte nannten sich wohl ausser Siefrid de Edestorpe 1283, auch domina Abele de Edestorpe 1340 und der Lüneburger Bürger Elver van Edestorpe; letzterer kauft 1362 von Heyne Ribe und dessen Schwiegervater Huner von Odeme einen Hof zu Edestorp, welchen Huner an Heyne Ribe als Mitgift seiner Tochter gegeben hatte. 1290—97 besass Johannes de Dachtenbroke Schweriner Lehen in Edestorpe und Clecke, 1320 schenkt Ritter Otto dictus de Bekendorpe den von seinem Vetter, dem Knappen Hermann de Bekendorpe gekauften Zehnten in Edestorpe an Kloster Scharnebeck, und 1332 schenkt Graf Heinrich von Schwerin demselben Kloster den Zehnten aus Edestorpe.

Am 22. Mai 1343 verkaufen die Knappen Echardus de Estorpe senior, Sohn des verstorbenen Ritter Manegohl (Struve*), und sein Sohn Echardus junior an den Bürger Hassekin zu Lüneburg den Zehnten im Dorfe Eedestorpe, doch wird hier wohl Ehestorf, westlich Harburg, gemeint sein**).

XIV.

Der Name Elewere findet sich zum ersten Mal urkundlich 1291 bei Johann von Estorff, demnächst 1293 bei Gerhard dictus Elwere und 1307 bei Lodew. et Gerhard fratres de Elweren famuli. Die Nachkommen dieser Brüder, wechselnd Elwere und Elewere genannt, führten drei Rauten im Wappen und wenn es hiernach auch unwahrscheinlich ist, dass die Brüder Söhne des Johann von Estorff gewesen, so ist die Möglichkeit (vergl. Note 6) nicht ausgeschlossen. 1321 resigniren des verstorbenen Ludwig Elwere und dessen Gattin Mechthild Söhne Gerhard, Conrad, Johann und Heinrich, ausserdem Hartmann und Gerhard, alle Knappen de Eleweren, den Zehnten in Westenem zu Gunsten des Klosters Loccum; Conrad de Elewere besitzt 1327 den Zehnten in Gr. Ricklingen; Knappe Hartmann dictus Elwer und sein Sohn Johann verzichten 1346 auf Rechte in Allesdorpe und 1375 verkauft Cordt Elwere Knappe (Conrad's Sohn) den Zehnten in Bekedorpe. Die Familie scheint bald darauf erloschen zu sein.

---

*) Die unter dieser Urkunde befindlichen Siegel der beiden Eckehard's führen die Umschrift „S. Eckehardi Struve"; vergl. Abbildg. 11 auf Tafel K.

**) Auch in unmittelbarer Nähe des Zevener Eisdorf liegt ein Ebestorf.

XV.

Nach Ausweis des Siegels No. XVI. sind Thidericus et Alardus fratres dicti **Bromes** unzweifelhaft Familienmitglieder. Woher der Beiname „Bromes" stammt, wird gleichwie bei „Elewere" sich schwerlich ermitteln lassen, das Fehlen der Präposition „de" deutet an, dass er einem Ort, etwa dem 1321 u. 1340 in Händen der Knesebeck's befindlichen Schloss Brome, nicht entlehnt ist. Vereinzelt findet sich der Name „Bromes" schon früher, so wird 1244 ein Ritter Heinrich Bromes als Zenge bei Bischof Meinhard von Halberstadt genannt. Am 10. August 1315 bekundet „Thidericus de Prome una cum Alheyde mea uxore — — et domino Thiderico preposito in Winhusen fratre meo", dass er die Hälfte des Zolles zu Hannover vom Herzog Otto von Lüneburg pfandweise erhalten habe, und am 24. August 1316 schenkt Ritter Dietrich von Prome zwei Hufen in Hoheneggelsen dem Kloster S. Michaelis in Hildesheim. Die Siegel zeigen unter beiden Urkunden einen Halbmond und wird daher dieser Dietrich oder sein Bruder gleichen Namens, welcher als Propst des Klosters Wienhausen urkundlich 1309—15 erscheint, mit dem eine Lilie im Siegel führenden Dietrich Bromes nicht identisch sein. Möglicherweise besteht dagegen ein Zusammenhang mit dem um die Mitte des 14. Jahrhunderts mehrfach urkundlich vorkommenden Dietrich Bromes. 1340 verkauft Hermann von Meding an Thiderico Bromes und Johann de Netze zu Lüneburg ein Wohnhaus daselbst; 13. Januar 1351 ist Diderik Prome Zenge bei den Herzögen Otto und Wilhelm von Braunschweig und 1355 Dyderic Prome, Knappe, Zeuge bei Herzog Ludwig von Braunschweig. Nach dem Lüneburger Lehnregister von 1360 besass „Diderc Prome III hove to Stockem unde IV kot unde dat halve Obroc unde I Wisch, de Lude unde twene hove to der Doderlege unde I hof to Winhorst". Gleichzeitig, 1351, wird auch ein Magister Thidericus Bromes als „rector capelle sancti Spiritus in novo foro Luneborch" und 1353 „her Diderik Bromese cappelan" zu Lüneburg genannt, demnächst, 1377—90, Thidericus Bromes als Rathsherr zu Lüneburg.

Druck: Offizin der Verlagshandlung.

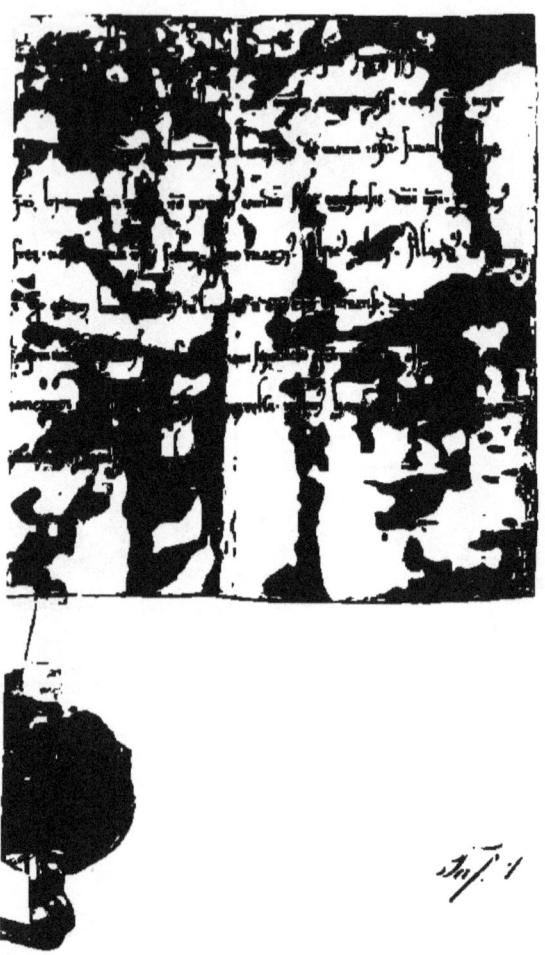

Vniuersis xpi fidelib[us] h[a]s l[itte]ras inspectur[is]
Scto[...] in d[omi]no. In h[uius] rei p[er]petuam h[uius] [...]
f[...] h[uius] rei [con]firmac[i]one ad univ[er]s[...]
f[...] n[ost]r[...] d[omi]ni henrici qui in [...]ch[...]nlube sepult[...]
[...] p[re]sencia[rum] [...]ligim[us] i[ur]e p[er]pet[uo]. Testes [...]
[...]do ff suus Canon[icus] i[n] [...] Eckar[...] [...]
[...]ldesfil[...] d[omi]ni Eckarte. V[...] de [...]
aly qu[a]m plures. V[...] a[u]t her[...]
fec[imus] roborari. [A]ct[um] [...] h[...] anno d[omi]ni [...]

Nr. 58.

Mangoldus Alardus Iwanus milites de Espenc
ʃ mulsoauy ꝑ industriā ꝓnaū onuon̄ꝑ ꝑuida
uocauy uolun̄ puenire quod pro remedio anime
eſꝛ eadem ectie nolaʃ noy ij Boloſloy columēꝛ
Si huc raſuno Sigꝛlaſto caūtis ip zuuy Ekbardꝰ
y de fridorp Ekbard ſid ſi ſi Otto de buſſenrod g
nonoal onluoʃ Bruny monoari z Jordany fi et er
nanour Sigilli noſtri impreſſione ꝓſens ꝑagnam
r . Li . Jn Louenburgo Johes z pauli .

Inſ 2

Gebehardus Scacho, & frater suus Scacho. Gebehardus [...] suis
salutem in domino. Ad noticiam omnium cui iuste, quia p[re]sens cart[ul]a [...]
[...]sum in Roste, quia possedere Gebhario iuste, vendiderunt ea
[...] ipsius, & [...] monastery suprad[ic]ti, voluntate resig[...]
[...] qui no[n] e[st], [...] suor[um] successor[um]. ad necessaria [...]
ac seruire. hos u[ero] qui p[re]dictu[m] vendicionis celebrare p[re]senabo facti[m] [...]
paldo, & d[omi]no Gerhardo fr[atr]ib[us] de Doren, Weynhero de [...], q[uo]d [...]
[...] sp[...]g[...] quia Hesu[m] n[ost]r[um]q[ue] successorib[us]. n[ost]ro. ac illor[um] testimonio [...]
[...] in p[...] si consectu[m] valeat reuocare. Vt empcio memoriam
n[ost]ror[um] app[re]sione facia[mus] communiri. hui[us] rei testes s[un]t. Berahardus Saluati[...]
[...], Hernandus[...]ho[...], Hernrich reste[...], Henricus de[...], &
de[...]le, Herderus Busgensis, & alij quam plures. Acta sunt hec a[pud]
Dam[...] lunebeh in die Georgij m[arti]ris.

...odus pres. Manegoldus ...aere milites omnibus hoc scriptum cernentibus. q...p uenire. q8 Eckeh... n frat suus Isaachus supius nominati domui e in sume y quinquaginta qng. marcas lubic... t hanburgens... denarios ...ere, ut quicq8 hacten' fuer uxrs ipsor in p...epttone p dicte domus ...t usq...u in eodem monastio de famulan... ...kam, fidem dedunt iposum eidem damini. dno aueme magno, dno Iup ...ario p...dicte domj cu omi uxe iperant. Iuanob t ab hebibus uris fuat, ut ...sam receperet omis in festacons ac calupniae occasio auferat. ne aliqs ...uigore ac ... yperme p maneat firmurans p sens s...pturum sigille... Cuerhardus de Uleste...de milites. Heynricus. t Joh...s. sacerdones de s...o ...ynus t Sifridus de ...yuca. Segebandus de ... thorp. Friderichus ...no incarnationis dnice. millesimo ducatesimo septuages... vj.

Ǧ os ecchehardus ⁊ scaccho fřes ⁊ milites bati[…]
salute ī dno. Que ad dei decore ab hoīb ratōnī
t ur eāde scriptas ⁊ testimonio fideliū roborē. ḣ
Johānn suam Hardwic ⁊ Jul paīnar eidem ecłe
spetnar ecłe beña per ⁊ canoñicati bardunie de gl
ꝑ t eade ecła habebam comuub prutēms sui pred
dicti ⁊ uno capo ꝑ͂ hurbane tusflumen ad oriete
godamino. u p dca ecła sep idequaľ puauerē ⁊ filus ⁊
sgrū ū racū ⁊ uere nře donacōil hac testimoniū pl
⁊ filios suos ⁊ sigillo aduo cuābm n ẏ anegoldi ⁊ firms s
⁊ euehard fr suus· dns thidic de moce daſ hanoc l
suus ⁊ alii q̃ plures· ⌐ aca āno dni oĩ. cc·ͦ lxxiiijoͦ

de Crestorpe o͞ib; ꝑlure pagina ĩ sp̃ialieub;
able ordinat͛ ne ali⁹ temeritate mu͞ıet͛ neĉe
ḣie e͞ q͞d o͞ib; notu͞ ee uoluı͛⁹ q͞d nos eccl͞am sc͞ᵃ
q͞d ad nos sp͞aliꝭ iure h͛edıtario· apꝑtinentıb; a͞d
eiſm o͞um h͛edu͞ n͞roꝝ ſub aty conūhuı͞ ꝫ eñ poſſib; diȝ
h͞il ꝑatꝫ a͞riꝭ ꞇ arciꭑ ꞇ uno pro apposiꞇo q͞d boge
ꞇ u͞iuisco͞ıb; agſ tregl͛ reſıg͞naumꝰ· hoc adhıbıtꝰ
ꝯſueẛ ſicuꞇ antea ıta deincepſ ıp͡ꝑenıū urgıllaꝛ
ñl ſcꝑe ſıgıllıſ n͞rıſ·ꞇ ſıgıllo dn͞ı eccharch de loueꝫ
tor dur͛i uı͞muu͞diu͞·Huı⁹ ro1 teſtes ſu͞t dn͞s oto dux
ñi eccheḣaud’ de boreueb dn͞ꝭ maogold ꞇ comeſ ſr
doiꝑ· Hꞇorꭑ aıꝫ duꝫ Ceazu͞ ꝫ acurꝛe̅.

1258

Omnibus xpi fidelibus ad quos presens scriptum pervenerit, / Vbi periculum maius intenditur, ibi proculdubio est plenius consu res quod ego manegoldus villam slauicam Nurthlikesnetze que et dicitur Abbate vdalr̄ et conuentui monasterii in Scherembeke / pascuis / pratis / Agris / siluis / et decima tam maiore quam minus decima / inpennonis in posterum molesta generet / Omnes l sos / sed nec me ipm unqm in ipa aliquid iuris habuisse / pfit in presenti negotio exhibita sunt et omissa testimonia veritatis Dn̄s lupoldus de dren / Ekehardus de borzenebgh / Dȳo de oeme / manegoldus planus / Conradus et Ludolfus fi facto interfuerunt fide digni / Insup et sigillum meum cum valitute / Datum Anno dom̄ etc.

Bancoplaus miles dictus Struue, salutem in domino sempiternam;
[...]dum. Flossant igitur presentium inspectores seu etiam audito[res]
michi quondam pmissa fuerat protectionis gra a nyris religiosis
resignaui in manus eorundem cum omnibz attinentiis eiusdem uille
[...]a. Et ne supra dictis abbati et conuentui de predicta uilla siue
[h]eredes meos a predicta uilla ac eius termia alienos penitus et exclu[si]
[...]or presentibz et protestor. Sed et sigillis honestor militum quibz
peni et obtinui presentia roborari. Testes autem hii sunt
[...]enus de Benessholte, Segebardus de Withthorpe, Hinricus
[...]es mei dicti de Estorpe, et plures alii milites et serui qui huic
[...] omnium qui nominati sunt, presenti pagine appendi ꝓpetuo
L xxx viij; o mense februario.

Manegoldus miles dictus de Eschere fil[ius] f[rat]r[i]s sui [omn]ib[us] p[rese]ns scriptu[m] visur[is]
a[d] memor[iam] ne p[er] obliuione[m] labant[ur] a memoria post[er]ita[ti]s sc[ri]pti solent testamon[io]
noct[um] q[uo]d ego Manegold[us] de Arbur[n] sp[ont]e uoluntar[is] mee[t] consensu fr[atr]m meo[rum]
et Ekeh[ar]di, ip[s]or[um] aliu[m] P[ro]nat[e]ss[er] et conuentui uirgin[u]m in m[o]n[ast]er[io] s[an]c[t]i
n[ost]r[i] a[d] p[er]p[et]uand[um], maus m[e]e b[?]o[?] poss[ider]. p[ro] centu[m] or[i]s ha[m]b[u]rgñ s[u]m [?]
me[i]s ludolf[us] et Conr[a]do filiq[ue] m[e]o Manegoldo ad man[um] sp[irit]m [?]
bo b[ea]to Sictskeri et d[omi]no Segheband[us] de Wirhorp, ut om[n]i [?]
bona. ip[s]i in reliqui[s] possideant libe[re] a[t] secure. Ut a[utem] uendit[i]o p[re]-
uiolabilit[er] obseruet[ur]. ne in hiis in poster[um] sibi q[ui]sq[ue] ualeat u[er]s[u]s a[d]
inde confect[u]m. appensione sigilli mei. fr[atru]mq[ue] meo[rum]. et d[omi]ni Th[eo]d[orici]
thorp. et d[omi]ni G[e]o[r]gii socer[i] mei. firmiter f[a]cio communiri. H[uius]
d[omi]n[us] ludolfus et d[omi]n[us] Conr[adus]. d[omi]n[us] Segheband[us] de Wirhorp. D[omi]nus]
miro de dannenbch d[omi]n[us] aluereus. Capellan[us] p[re]d[ict]i monasterii, [?]
et d[omi]n[us] prodesman burg[en]ses in luneb[urg] [?]alii q[uam] plures f[ratres]

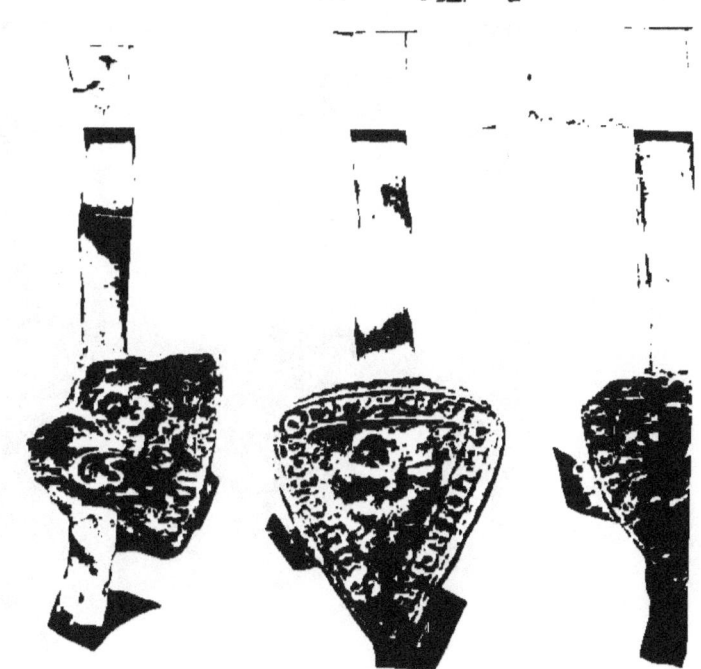

...salutem in omnium salvatore. Ea sedm diuersitate tempore geruntur
a commendari. Notu e qd cum pfeantib; q ī supra positarunt hoib; uolum eē
y ludolfi gloriose, y Conradi. Iohis y Sygbehandi filior; meor; oīanegoldi
ie do familiaritate uendidi duas domos sitas in uilla Benthorp qe habe-
mere, y seu resignatione puiator; bonor; libralr. fide data cu pdcīs frib;
parilla y conuentui eide monasty; respr fide a nob, ae cu dno Echeha-
ihone eode nīce eade libratr se psentare qua ego harten' reguli dicta
nysiar; bonor; tam ab hedib; meis qm a frib; y oīb; parentib; meis in
lugd uendicare, in puelarione memorati cōmtus ptens sptū
i de monte, ae dni Ekehardi senken, y dni Syghebandi de yn
l vei testes sr psptii. quelicz dns Eikehardus senke fres mei
ns Gongrius locr meuī. fili meī oianegoldus. Capellan' G-
ns Godefrid y dns heinric? fres bramoī y Iohes. Dns Iohes
sigru. Datu in dnīca iudica Ao dni m̄. cc. lxxxviii.

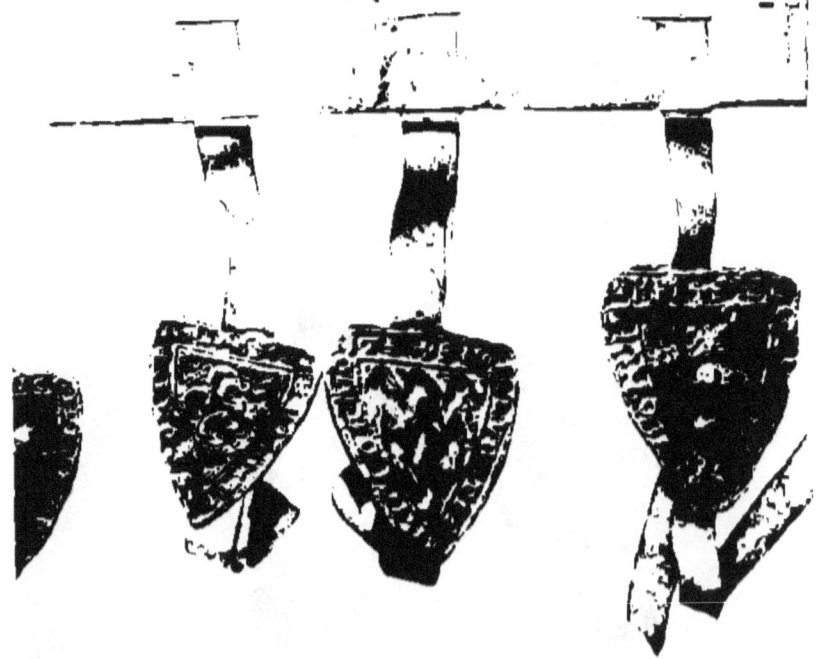

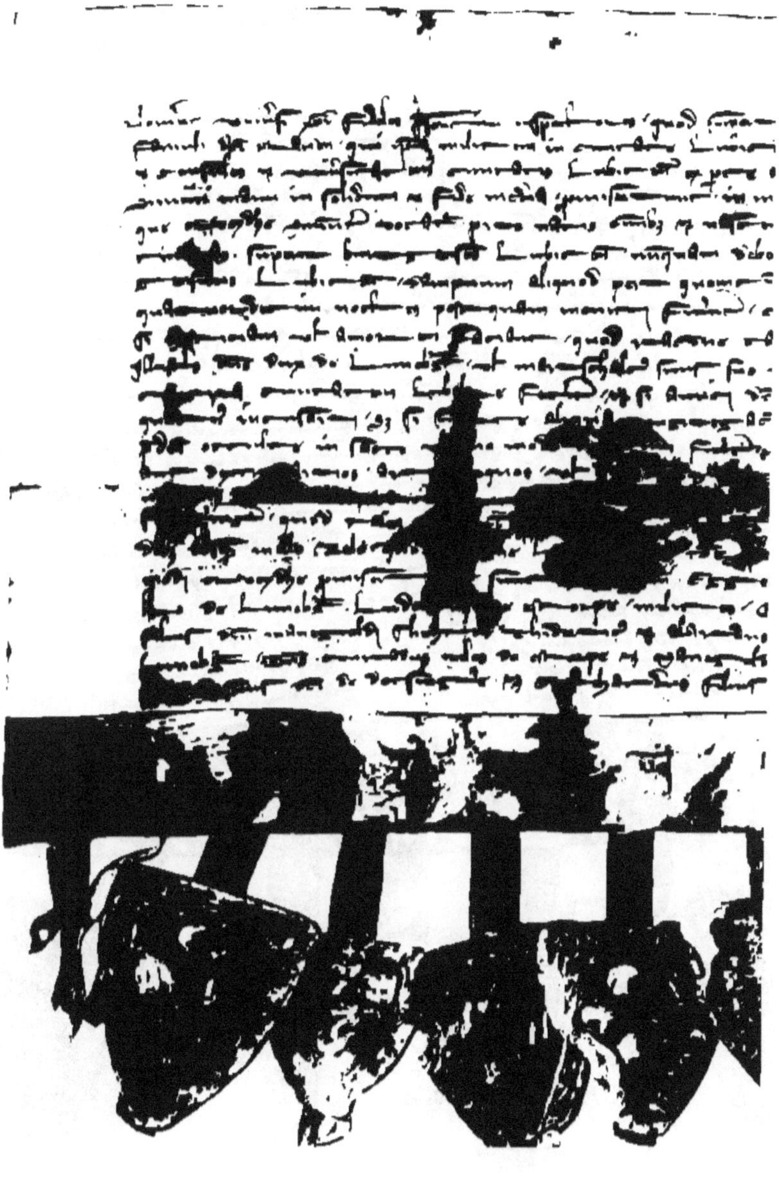

tlenburg.

Man

k,
t
erin,   Doml
|(01).   1:

| II.   Ludolf III.
orff,   von Estorff,
r,   Ritter.
f.   1274 t.

|VIII.   Manegold I
orff,   von Estorf
                1300.

C&
De

gold II. von Estorff,
Ritter, 1257—80.

ckebard V. Schack,
Geistlicher zu Bardowiek,
Herr zu Lübeck und Hamburg,
17, gest. 13. März 1305.

Johann I. Segeband II.
von Estorff, von Estorff,
genannt Knappe,
Elewere, 1375 f.
Knappe,
1382 f.

 Heinrich V.
 von Estorff,
 1300.

BEITRÄGE
ZUR
GESCHICHTE DER GRAFEN UND HERREN
VON SCHACK.

II.
DIE PRILLWITZER LINIE.

HERAUSGEGEBEN UND BEARBEITET
VON
HANS VON SCHACK,
MAJOR UND BAT.-KOMMANDEUR IM 7. RH. INF.-RGT. Nr. 69.
UND
Dr. MAX BÄR,
KÖNIGLICHER ARCHIVAR.

SCHWERIN I. M.
VERLAG DER STILLERSCHEN HOFBUCHHANDLUNG (J. RITTER).
1896.

Vorwort.

Als vor etwa zwanzig Jahren eine Felddienstübung mich auf den bei Halle gelegenen Schackenberg führte, fasste ich den Entschluss, meine verwandtschaftlichen Beziehungen zu diesem Namensvetter und zu den unweit gelegenen Ortschaften Schackstädt und Schackenthal festzustellen.

Mit jugendlichem Eifer ging ich an diese unlösbare Aufgabe. Bald häuften sich Urkunden auf Urkunden, Akten auf Akten in unglaublichen Mengen, so dass es mir gegenwärtig geradezu räthselhaft ist, wo ich die Zeit hergenommen habe zu derart umfangreichen Forschungen neben den vielerlei anderen Dingen, welche mich damals beschäftigten, und — glücklicherweise — neben der gewissenhaftesten Erfüllung meiner Berufspflichten!

Am Ausgang meiner Lieutenantsjahre fand ich in der Eisenbahn-Abtheilung des Grossen Generalstabes die Musse, als I. Beitrag zur Geschichte meiner Familie 300 Urkunden aus den Jahren 1162 bis 1303 zu veröffentlichen. In dem folgenden Jahrzehnt ununterbrochener Generalstabsthätigkeit wurde meine Zeit durch wichtigere Dinge in Anspruch genommen. Nur bei den häufig stattfindenden Garnisonwechseln kamen die Urkunden- und Aktenstösse an das Tageslicht und mahnten an viel aufgewendete Zeit, Mühe und Geld.

Nachdem aber die seit Jahrhunderten getrennten Familienzweige sich zu einem Familienverbande zusammengeschlossen, nachdem die Familienmitglieder 1892 und 1894 sich auf Familientagen vereinigt, da wurde ich immer dringender und lebhafter bestürmt, einen weiteren Theil meiner familiengeschichtlichen Sammlungen durch Drucklegung für die Familie nutzbar zu machen.

Bei Erfüllung dieses Wunsches war zu berücksichtigen, dass meine Sammlungen, so umfangreich dieselben auch sind, doch zwei empfindliche Lücken aufweisen: das Geh. und Hauptarchiv zu Schwerin ist erst theilweise, das Reichsarchiv zu Kopenhagen noch garnicht nutzbar gemacht. Vor Drucklegung weitere Zeit und Geld zu verwenden zu einer in's Unabsehbare gehenden Vermehrung des handschriftlichen Materials schien mir wenig verlockend; es konnten somit für die Drucklegung nur diejenigen beiden Abschnitte der Familiengeschichte in Frage kommen, für welche die vorgenannten Archive kaum bedeutungsvoll sind: die sehr interessante älteste Geschichte des Geschlechts oder die weniger bedeutende Geschichte der seit Jahrhunderten in Pommern, jetzt in Schlesien angesessenen Prillwitzer Linie. Da mein im Jahre 1884 veröffentlichter I. Beitrag zur Familiengeschichte bereits die älteste Geschichte des Geschlechts betrifft, so habe ich den Wünschen meiner Geschlechtsvettern nachgegeben und als II. Beitrag die Prillwitzer Linie gewählt.

Auch gegenwärtig gestatten meine Berufspflichten mir nur in beschränktem Maasse, mich Privatstudien zu widmen; die beabsichtigte Drucklegung würde daher schwerlich bald zur Ausführung gelangt sein, wenn nicht der Königliche Archivar am Staatsarchiv zu Stettin, Herr Dr. Max Bär, sich freundlichst bereit erklärt hätte, mit mir vereint die Herausgabe und Drucklegung zu bewirken.

Die Familie ist Herrn Dr. Bär zu lebhaftem Dank verpflichtet, dass derselbe sein fachmännisches Wissen und Geschick der Familiengeschichte zur Verfügung gestellt hat; ich persönlich bin noch zu besonderem Dank verpflichtet für das bereitwillige Entgegenkommen, mit welchem Herr Dr. Bär bei Herausgabe wie Drucklegung meinen vielfachen Wünschen nach Möglichkeit entsprochen hat.

Trier, im Dezember 1895.

Hans von Schack.

Vorbemerkungen.

Die in dem vorliegenden Beitrage zur Darstellung gebrachte Geschichte der Herren von Schack Prillwitzer Linie beruht auf einem überaus reichen Quellenstoffe, welchen mein Herr Mitarbeiter, Major Hans von Schack, zum grösseren Theile selbst gesammelt, zum kleineren Theile in den zu diesem Zwecke benutzten Archiven hat zusammentragen lassen. Dieser Quellenstoff wurde noch vermehrt durch Ausfüllung von Lücken, welche die Bearbeitung selbst erst offenbaren konnte. So reichlich und erschöpfend waren die gesammelten Auszüge aus Urkunden, Akten und Druckwerken, dass eine Verwerthung jeglicher Nachricht nicht möglich war. Denn die Aufzählung aller, auch der unbedeutendsten Geschehnisse würde die Lesbarkeit der Darstellung beeinträchtigt, den zur Verfügung gestellten Raum aber überschritten haben. In diesem Sinne ist daher von mir eine Sichtung des Quellenstoffes vorgenommen und ein übrigens geringer Bruchtheil nebensächlicher Nachrichten ausgeschieden worden. Immerhin habe ich auch diese nach Datum und Fundort vermerkt.

Die Rücksicht auf den Umfang des Ganzen erforderte ferner insofern eine Beschränkung der Darstellung, als vielfach gemeinsame Nachrichten nur bei einem der Mitglieder Erwähnung gefunden haben. Das Namenverzeichniss wird das Auffinden solcher Nachrichten leicht ermöglichen. Dieselbe Rücksicht liess es auch angebracht erscheinen, von einer steten Angabe der Quellen bei den vielen Geburts- und Todesdaten besonders der neueren Zeit abzusehen. Sie sind meist den in Betracht kommenden Kirchenbüchern entnommen; im übrigen darf hierfür auf die Sammlungen des Herrn Major von Schack verwiesen werden.

Die in den Urkundenbeilagen auszugweise oder dem vollen Wortlaute nach abgedruckten Quellen habe ich nach den für solche Veröffentlichungen jetzt allgemein üblichen vereinfachenden Grundsätzen eingerichtet. Der leichteren Lesbarkeit wegen sind die Hauptwörter gross geschrieben. In den Anmerkungen der Darstellung ist auf diese Beilagen durch die Bezeichnungen: Urkunden Nr. 1, 2 u. s. w. verwiesen worden.

Auf den beigegebenen Stammtafeln bezeichnen die Jahreszahlen unter den Namen der älteren Zeit das urkundlich nachweisbare erste und letzte Auftreten, bezw. die Zeit, zu welcher ein Mitglied bereits als verstorben bezeichnet worden ist. Die Töchter sind nur als solche erwähnt, für ihre Auffindbarkeit aber durch Hinweis auf die Seite, auf welcher sie behandelt werden, Sorge getragen. Diese Seitenangabe ist auch bei den männlichen Mitgliedern vermerkt worden. Andererseits habe ich in dem darstellenden Theile zur Erleichterung des Auffindens den Namen meist die Stammtafelnummer in Klammern beigefügt.

Stettin, im Dezember 1895.

Max Bär.

Inhalt.

		S.
I.	Die von Schack in Pommern vor 1437	1.
II.	Die Schack zu Prillwitz von 1437 bis zu Beginn des 16. Jahrhunderts „	6.
III.	Der Joachimszweig . . . . „	11.
IV.	Der Karstenszweig . . . . „	21.
V.	Der Hanszweig . . . . „	44.
VI.	Der Jürgenszweig . . . . „	72.
VII.	Die Besitzungen der Prillwitzer Schacks . . . . „	99.

      A. Stammgüter.

1. Prillwitz	„	99.
2. Klozin	„	110.
3. Lindenbusch	„	115.

      B. Anderweitige Besitzungen.

1. Iminger	„	116.
2. Radichow	„	117.
3. Rosenfelde	„	118.
4. Stolzenberg nebst Leuzen, Blankensee und Pampow	„	119.
5. Wilkersdorf	„	120.
6. Libbehne	„	120.
7. Kehrberg	„	120.
8. Warnitz	„	121.
9. Radibor mit Quoos und Bornitz	„	121.
10. Reichenbach	„	122.
11. Deetz	„	122.
12. Weidenbach	„	123.

VIII. Das Wappen	„	126.
Urkunden	„	137.
Namenverzeichnis	„	191.

      Eine Siegeltafel.
      Vier Stammtafeln.

I.
Die von Schack in Pommern vor 1437.

Die Familie von Schack hat in der Zeit der Kolonisation des Ostens ebenso wie zahlreiche andere deutsche Adelsfamilien eine Ausdehnung von Westen nach Osten gesucht. Aus der westelbischen Urheimath des alten Bardengaues greift die Familie ins Lauenburgische hinüber und gewinnt in früher Zeit schon Ansehn und Lehnbesitz in Holstein und in Meklenburg.

Auch in Pommern hat ein Zweig dieser Familie gesessen und dort in bester Landesgegend eine neue Heimath gefunden. Wo die Plöne in die fruchtreiche Niederung des Pyritzer Weizackers eintritt, lag der Lehnbesitz der pommerschen Schacks: die Güter Prillwitz und Kloxin und dazu gehörig, aber schon früh der benachbarten Mark zuständig, die sogenannte wüste Feldmark Lindenbusch.

Recht als ein Wahrzeichen der unzweifelhaften Zusammengehörigkeit und der Wiedererkennung haben die pommerschen Schacks mit dem Namen der Vorfahren nicht nur deren Waffenzeichen, die Lilie, sondern auch die Waffenfarben, Silber und Roth, in die neue Heimath hinübergenommen. Als dann in der Folgezeit die Helmzier zur allgemeinen Sitte wurde, wählte der pommersche Zweig als Schmuck des Helmes eine wachsende Jungfrau, die fliegenden Haare mit grünem Kranze geziert, in jeder Hand eine Lilie haltend.

Als der älteste Schack, welcher in Pommern auftritt, dürfte ein Zeuge in einer Urkunde anzusprechen sein, durch welche der Herzog Bogislaw IV. von Pommern am 2. Juli 1283 die Besitzungen des Klosters Kolbatz bestätigte. Unter den Rittern, welche als Zeugen dieser Bestätigung aufgeführt sind, steht an letzter Stelle „Zacachow".[1]) Zeit und Ort dieses ersten Auftretens ermöglichen ein näheres Eingehen und weitere Schlüsse, welche zwar nicht mit

---

[1]) Pommersches Urkundenbuch II. 509; Zeugen hinter den Geistlichen: Johannes de Scolentin, Hermannus Mostenkin, Wilkinus de Trampe, Hube, Ulricus Urens, Zacachow, milites, Jacobus de Gustersberg . . . . .

historischer Sicherheit gezogen werden können, die aber doch ein hohes Mass von Wahrscheinlichkeit darbieten.[1])

Zunächst darf ohne weiteres, und zwar mit Sicherheit, angenommen werden, dass dieser in der Begleitung des Herzogs von Pommern befindliche Ritter Schack in den Dienst des Herzogs getreten ist. Das Jahr der Urkunde lädt aber geradezu zu der Vermuthung ein, dass dieser Eintritt in den pommerschen Vasallendienst eben um diese Zeit erfolgt sein wird. Denn zu eben dieser Zeit haben urkundlich nachweisbar Berührungen des pommerschen Herzogs oder der Pommern mit Mitgliedern der überelbischen Schacks stattgefunden. Wenige Wochen, ja wenige Tage zuvor, am 13. Juni 1283, hatten nämlich Herzog Johann zu Sachsen-Lauenburg und die Fürsten, Vasallen und Städte der wendischen Ostseeländer, unter ihnen Herzog Bogislaw, jenes bekannte Landfriedensbündniss zu Rostock abgeschlossen. Unter den Rittern des Lauenburgers befand sich Heino Schacke de Lunenborch.[3]) Eine zweite Berührung fand in denselben Tagen der erstgenannten Urkunde, Anfang Juli, statt, als Verhandlungen mit dem Herzog Otto von Braunschweig-Lüneburg gepflogen wurden, die zu dessen Anschluss an den Rostocker Landfrieden führten. In der Urkunde über diesen zu Boitzenburg am 6. Juli 1283 erfolgten Beitritt erscheint unter den Mitgelobern und Zeugen des Herzogs von Braunschweig-Lüneburg auch Eckehardus Scacko.[4])

---

[1]) Es mag hier ausdrücklich betont werden, dass es durchaus nicht nachweisbar und daher durchaus nicht ganz sicher ist, dass dieser Zeuge der Familie Schack angehört. Im Folgenden soll aber gezeigt werden, dass gewisse Erwägungen die Zugehörigkeit dieses Zacachow zu den späteren Prillwitzaer Schacks durchaus annehmbar erscheinen lassen. Da sein Vorname nicht mit überliefert ist, so würde auch nicht einmal der Versuch möglich sein, ihn in die Stammtafel des Beitrags I der Gesch. der Grafen und Herren von Schack einordnen zu wollen. — Sprachlich liegen für die Annahme der Zugehörigkeit gar keine Schwierigkeiten vor. Andere gleichzeitige Formen des Namens Schack sind: Scachko, Schacco, Schacowe, Scakko, Scaccus und dergl. Vgl. darüber Beiträge zur Geschichte der Grafen und Herren von Schack I, besonders die Nummern 1, 2, 3, 55 u. a.; ferner Meklenburgisches Urk.-B., Personenverzeichniss. Der Namensform Schakko ein slawisches w anzuhängen, lag besonders nahe. Noch 1617 trug der Rektor der Universität Frankfurt a. O. in die Universitätsmatrikel ein: Joachimus a Schackow, eques Pomeranus. Im übrigen bedenke man, dass die schriftliche Wiedergabe der ältesten Namen, besonders wenn dieselben in einer Gegend neu waren, von verschiedenen Umständen abhängig war; vor allem von der Art der Aussprache des Namensträgers und vom Ohr und von der Aussprache des Schreibers. In vielen Fällen wird noch ein Dritter die Verbindung zwischen Beiden hergestellt haben.

[3]) Beiträge zur Geschichte der Grafen und Herren von Schack I, Nr. 165.
[4]) Ebenda Nr. 166.

Aber auch der Ort, an welchem jene pommersche Urkunde ausgestellt ist und noch mehr der Gegenstand derselben kann für die vorliegende Frage wichtig scheinen. Denn es ist vielleicht kein Zufall, dass die Urkunde, zu deren Beglaubigung der Ritter Zscachow als Zeuge hinzugezogen wird, gerade die Bestätigung der Besitzungen des Klosters Kolbatz und die Aufzählung dieser Besitzungen zum Gegenstande hat, die zum Theil in der unmittelbaren Nähe und Nachbarschaft des späteren Schackschen Lehnbesitzes belegen waren. Die Frage, ob nicht etwa bereits jetzt eine Belehnung mit dem späteren Besitz stattgefunden habe, drängt sich geradezu auf. Die Frage muss offen bleiben, denn sie lässt sich nicht beantworten. Immerhin darf die Wahrscheinlichkeit betont werden.³) Und diese Wahrscheinlichkeit erfordert umsomehr eine besondere Betonung, als sie durch die Erwägung folgenden Umstandes nicht unwesentlich gestützt wird.

Der Schacksche Lehnbesitz lag nämlich, wie oben bereits erwähnt, in den pommerschen Dörfern Prillwitz und Kloxin und auf der sogenannten wüsten Feldmark Lindenbusch, welche letztere märkisches Gebiet war. Die Schacks waren daher pommersche, aber auch brandenburgische Lehnleute, eine Eigenthümlichkeit nicht weniger an der Grenze namentlich der Neumark gesessener Vasallen. Nun ist aber durchaus nicht anzunehmen, dass den Schacks jene wüste Feldmark von den brandenburgischen Markgrafen als ein besonderes Lehn übertragen sein sollte. Schon aus Rücksichten der Bewirthschaftung hatte diese Feldmark doch nur Werth und Bedeutung als Theil eines Hauptlehns. Es deutet darauf auch die Bezeichnung hin, welche sich für diese Feldmark noch in dem ältesten erhaltenen märkischen Lehnbriefe v. J. 1499 findet. Dieselbe heisst dort nämlich noch nicht Lindenbusch, sondern geradezu 'die wüste Feldmark Prüllwitz'; erst in dem folgenden Lehnbriefe von 1536 erscheint der Name Lindenbusch.⁴) Noch weniger aber ist eine besondere Belehnung durch Brandenburg anzunehmen, wenn man eine Lehnseröffnung von Prillwitz-Lindenbusch erst für eine spätere Zeit voraussetzt, etwa einige Zeit vor der ersten Erwähnung der Schacks als Besitzer von Prillwitz. Denn damals waren die brandenburgisch-pommerschen Beziehungen derartig schlechte, dass es in hohem Masse unwahrscheinlich ist, dass die Brandenburger trotz ihrer begehrlichen Absichten

---

³) Ueber die frühzeitig ausgestorbenen, muthmaßlichen Vorbesitzer von Prillwitz vgl. unten Abschnitt VII. A., 1.
⁴) Lehnbrief vom 10. März 1499. Urkunden Nr. 1. Desgl. vom 26. März 1536, Urkunden Nr. 3.

auf die pommerschen Landestheile die Lehnleute des Pommernherzogs durch Landbesitz gestärkt haben sollten. Hiernach wird die Annahme Berechtigung haben, dass die Belehnung mit Prillwitz-Lindenbusch zu einer Zeit stattgefunden hat, als die gesammten Oertlichkeiten noch einer einzigen Herrschaft zuständig waren.

Das war aber gerade zu jener Zeit des ersten Erscheinens jenes Schack in Pommern noch der Fall. Denn kurz vorher und wenig später fanden jene heftigen brandenburgisch-pommerschen Grenzfehden statt, die zur Abbröckelung dieser neumärkischen Landestheile um Soldin, Lippehne und Bernstein vom pommerschen Besitze geführt haben. Durchschnitten dann die streitigen und oft verrückten Grenzen nach späterer Festsetzung den Lehnbesitz einer Familie, so nahm dieselbe das Jenseits der durchschneidenden Grenze liegende Land vom neuen Herrn zu Lehn. Dass aber die später Lindenbusch genannten Ländereien thatsächlich von der märkisch-pommerschen Landesgrenze durchschnitten worden sind, das geht aus einer Urkunde v. J. 1612 hervor, in welcher gelegentlich einer Verpfändung und in Bezug auf eine Ackerfläche gesagt wird, dass dieselben „auf'm Lindenbuscher Felde, jedoch pommerschen Grund und Boden" gelegen sei.⁷)

Die eben erwähnten brandenburgisch-pommerschen Grenzkämpfe sind dann in ihrem späteren Verlaufe die Veranlassung zu einer weiteren Erwähnung eines Mitgliedes der Familie von Schack geworden. In einer Berechnung nämlich von 1321 über die Kosten, welche der Krieg gegen Brandenburg durch Gefangennahmen und sonstige Verluste den pommerschen Herzogen verursacht hat, wird unter den Vasallen auch „Ludovic Scake" genannt.⁸)

Nach diesen beiden ältesten Erwähnungen werden nun in der Folgezeit die Familie und einzelne Mitglieder derselben zwar einige Male urkundlich genannt. Aber es sind immer nur einzelne Namen. Sie bezeugen wohl, dass die Familie, wenn auch schwach an Kopfzahl, fortbestanden hat. Ein Zusammenhang zwischen den einzelnen Namen hat sich aber nicht herstellen lassen. Als solche einzelne in Urkunden erwähnte Mitglieder sind hier noch zu nennen Ditlavus Schack und Otto Schack. Den Ersteren nennt der neuerwählte Kaminer Bischof Magnus als Zeugen gelegentlich eines Rechtsgeschäftes mit dem Kaminer Domkapitel im Jahre 1411.⁹) Otto Schack

---

⁷) Vgl. Anm. 376.
⁸) Riedel, Cod. dipl. Brandenb. II, 1, S. 474.
⁹) Original vom 24. März 1411. St. A. Stettin, Bisthum Kamin Nr. 235: Presentibus validis et famosis viris Hinrico Blankenborch, Gotscalco Dametzow,

aber war am 15. März 1422 zusammen mit Kaspar von Ellingen in Königsberg i. N. anwesend, woselbst der dortige Rath eine Mordsühne festsetzte zwischen einem Herman Kanckelwitz und der Familie von Runge. Otto Schack wird hierbei als Vertreter der mit den Schacks später mehrfach verschwägerten Runges thätig gewesen sein.[10]) Wahrscheinlich ist hier auch aufzuführen der Pfarrer Heinrich Schack zu Plathe (1389) und mit noch mehr Wahrscheinlichkeit der Pyritzer Bürgermeister Otto Schack (1397).[10a])

Die folgende Erwähnung weist bereits auf den Prillwitzer Lehnsbesitz.

Ditlavo Schacken, Johanne de Hammen, Conrado Hessen, Henningho Romele Johanne Holch et quam pluribus aliis fidedignis.

[10]) Riedel, Cod. dipl. Brandenb. Bd. 19 S. 318.

[10a]) Im J. 1389 stiftete „Hinricus Scaggke, plebanus in Plote', eine Vikarie. Vgl. Klempin, Diplomatische Beiträge zur Geschichte Pommerns aus der Zeit Bogislaw X, S. 338. — Im J. 1397 war ein Otto Schacke einer der Bürgermeister zu Pyritz. Vgl. Urkunde vom 16. Mai 1397 bei Riedel, Cod. dipl. Brandenb. I, 18 S. 482. Bei diesem Letzteren lässt übrigens der Ort seines Auftretens und sein Vorname eine Zugehörigkeit zur adligen Familie sehr wahrscheinlich erscheinen. Dem Namen Otto begegneten wir soeben beim Jahre 1422 (Anm. 10), ein Otto erscheint ferner 1499 (Anm. 17). Dass Mitglieder adliger Familien als Bürgermeister in Städten auftreten, war damals durchaus nicht ungewöhnlich. Für sehr viele Familien liessen sich dergleichen Beispiele anführen. — Eine später in Pyritz im 17. Jahrhundert auftretende Familie Schack steht mit obigem Bürgermeister in keiner Verbindung. Sie leitete ihre Herkunft, ob mit Grund, bleibe dahingestellt, aus Schottland her. Vgl. Leichenpredigt auf Frau Anna Löperin geb. Schackin auf der Universitätsbibliothek zu Greifswald, Vitae Pomeranorum. — Aus der älteren Zeit ist noch zu erwähnen: In einer Urkunde des Herzogs Wartislaw von Pommern vom 5. Dezember 1319 erscheinen am Schluss unter den Zeugen: Bernardus de Castro et Scacke, consules in Tanglim. Orig. im Stadtarchiv Anklam. Gedr. Stavenhagen, Gesch. der Stadt Anklam S. 848. — Im über proscriptorum der Stadt Stralsund steht beim Jahre 1394 aufgeführt: Schakke, moratus in platea Tribuseceani. Fock, Rüg.-Pomm. Gesch. IV, 238, 239. — Beide Träger des Namens sind wohl als Mitglieder bürgerlicher Familien anzusprechen, welche damals schon auch anderweitig recht häufig mit dem Namen Schack nachweisbar sind. Vgl. Beiträge zur Geschichte der Grafen und Herren v. Schack I, S. 171 u. 183.

II.
Die Schack zu Prillwitz von 1437 bis zu Beginn des 16. Jahrhunderts.

Im Jahre 1437 fand die Eheberedung des Herzogs Joachim von Pommern mit der Markgräfin Elisabeth von Brandenburg und, wie üblich, die Verbriefung eines Leibgedinges statt. Für die Innehaltung seiner Verpflichtung stellte der Herzog eine Anzahl namhafter Bürgen. Unter ihnen „Burgis Schagke tho Prellevicz".[1])

Die Urkunde ist in dreifacher Beziehung wichtig. Zunächst ist dies der älteste urkundliche Nachweis des Lehnbesitzes Prillwitz. Dann aber giebt die Thatsache, dass der Herzog diesen Burgis Schack als Bürgen und Mitgelober namhaft macht, der Annahme Raum, dass derselbe bereits ein Mann von Ansehn und Gewicht und Alter war. Der Name Burgis endlich, eine Abkürzung des in Pommern nicht ungebräuchlichen Namens Liborius, legt, da es ein Schack'scher Vorname nicht ist, die Vermuthung nahe, dass sein Träger in Pommern geboren und nach einem Verwandten mütterlicherseits genannt worden ist. Unter diesem Namen kannten ihn auch die Nachkommen noch nach 200 Jahren. Denn in einem Rechtsstreite, den diese im Jahre 1604 gegen die Krenzower Wedel wegen des Schulzengerichts zu Kloxin führten, machten sie die Angabe, dass bereits i. J. 1400 Liborius Schacke im Dorfe Kloxin einen Rittersitz gehabt habe und sammt allen andern seinen Brüdern

---

[1]) Leibgedingsbrief vom 27. August 1437. Geh. St. A. Berlin, Rep. 78, 13 Bl. 85. Gedr. Riedel, Cod. dipl. Brand. II, 4, S. 154—158.

und Vettern zur gesammten Hand vom Herzog von Pommern belehnt gewesen sei.¹²) Es liegt nahe, jenen Burgis und diesen Liborius als dieselbe Person anzusprechen.

Insgesammt wird dann die Familie Schack als im Lande Stettin gesessen bezeichnet gelegentlich des Aufgebots von Vasallen zur Reise des Herzogs Bogislaw X. nach Braunschweig i. J. 1486.¹³)

Endlich findet sich in einem alten Auszuge aus alten Briefen der Pyritzer Pfarrkirche „Paul Schacke zu Prulvitz" genannt. Er verkaufte i. J. 1493 den Vikarien der Mauritiuskirche in Pyritz 5 Mark jährlicher Pacht.¹⁴) Ueber diesen Paul von Schack macht nun eine zwar keineswegs sichere, aber im allgemeinen sehr gut beleumundete Quelle, der sogenannte Elzowsche Adelspiegel¹⁵) die Angabe, dass er der Vater der beiden unten zu nennenden Brüder Asmus und Otto von Schack gewesen sei. Nach derselben unverbürgten Nachricht war er mit Katharina von Witte a. d. H. Mussin verheirathet.

Mit den nächsten urkundlichen Nachrichten beginnt nun endlich für die Familie die Reihe der fortlaufenden und verwandtschaftlich zusammenhängenden Ueberlieferungen.¹⁶)

Am Sonntag Lätare 1499 fand zu Berlinchen die neumärkische Landeshuldigung statt. Auch Asmus und Otto Schack zu Prillwitz genügten hier ihrer Huldigungspflicht¹⁷) und wurden darauf mit ihrem Theil „an der wüsten Feldmarken zu Prulwitz" belehnt.¹⁸)

---

¹²) Akten betreffend Heinrich von Küssow und die von Schack wider die von Wedel wegen des Schulzengerichts, Strassenrechts und Kirchenlehns zu Kloxin. Aussage Nr. 2 vom 30. März 1604. St. A. Stettin, Hofgerichtsakten.

¹³) St. A. Stettin. Handschr. II, 12 Nr. 25, Bl. 70.

¹⁴) „Extract der alten Briefe, so in der Pfarrkirchen (zu Pyritz) befunden". 1. August 1493. St. A. Stettin, Stett. A.-P. I, Tit. 105, Nr. 14, Bd. 1.

¹⁵) Albrecht Elzow, Kämmerer zu Anklam, gestorben 1698, war der Verfasser dieser wichtigen Sammlung genealogischer Nachrichten und umfangreicher Stammtafeln zur Geschichte des pommerschen Adels. Die Nachrichten beruhen vielfach auf dem von den Familien selbst herbeigeschafften Material, welches, und besonders für die ältere Zeit, mit Vorsicht zu benutzen ist.

¹⁶) Ausser den oben Anm. 10a erwähnten Trägern dieses Namens ist auch noch ein Geistlicher Johannes Schacke zu erwähnen: Am 11. Februar 1493 erhielt Dominus Johannes Schacke eine Vikarie zu Demmin. Vgl. Klempin, diplomat. Beiträge S. 88. — Auch bei ihm lässt der Vorname eine Zugehörigkeit zur Familie v. Sch. nicht unwahrscheinlich erscheinen.

¹⁷) Geh. St. A. Berlin, Rep. 78, 81: Am Sontag Letare zu Berlinicken gehuldigt .... Asmus, Ott Schack zu Brolwitz. Vgl. Riedel, Cod. dipl. Brandenb. III, 2 S. 440.

¹⁸) Lehnbrief vom 10. März 1499. Urkunden Nr. 1.

Durch den Wortlaut dieses ältesten erhaltenen Lehnbriefes wird ersichtlich, dass mit demselben keine Neubelehnung ausgesprochen wurde, sondern dass es die Bestätigung alten Lehnbesitzes gewesen ist. Aus dem Umstande dieser Belehnung und dem weiteren, dass dieselbe zur gesammten Hand stattgefunden hat, geht aber hervor, dass Asmus und Otto die beiden einzigen lehnfähigen und lehnberechtigten Mitglieder der Familie waren. Etwaige unmündige Söhne eines dritten Stranges würden in dem Lehnbriefe auch lehnrechtmässig aufgeführt worden sein. Wenn daher wenig später in einer Urkunde vom 6. September 1504 Asmus als der Vormund seines Brudersohnes Achim bezeichnet wird, so dürfte daraus folgen, dass Asmus und Otto Brüder waren und dass der bald nach 1499 verstorbene Otto der Vater Achims gewesen ist.[19]) Es muss hierbei bemerkt werden, dass der in der bezeichneten Originalurkunde angeführte Name Achim immerhin nicht ganz sicher feststeht. Denn in dem freilich nur in einem nahezu gleichzeitigen Kopialbuche erhaltenen Willebriefe des Herzogs Bogislaw von Pommern von demselben Tage und über dasselbe Verkaufsgeschäft wird der Brudersohn nicht Achim, sondern Henning genannt.[20])

Dieser Achim oder Henning muss bald darauf und zwar ohne Lehnserben verstorben sein, da in dem pommerschen Lehnbriefe von 1514 seiner keine Erwähnung geschieht.[21])

Asmus von Schack, der älteste urkundlich nachweisbare Stammvater der Prillwitzer Linie, tritt nur noch einmal urkundlich auf. Am 26. Januar 1506 verpfändete er nämlich einige Pächte aus Prillwitz an Jost von Küssow.[22]) Nach dem handschriftlichen Adelsspiegel Elzows soll er mit Katharina von Runge verheirathet gewesen sein, angeblich einer Tochter des Werner Runge auf Dickow und Schönow

---

[19]) Achim Wrech und dessen Ehefrau Anna Herboldes bekunden, dass sie mit herzoglicher Bewilligung „von Asmus Schacken, erbsten to Prullevitz, von wegen eines unmundigen Brodersunes Achim Schacken soven Hare to Clonin und to Prullevitz twe Hove" auf Wiederkauf gekauft haben. 1504. Freitag nach Egidii, Stettin. Original im St. A. Stettin, Privata 347.

[20]) Herzog Bogislaw gestattet dem „Asmus Schack to Prillwitze erbseten, Henrick Schaken eines Brodersons rechte Vormunder, umme des jungen Schult und anliggende Noth, dat he van Henninges zine unmundigen Vedderen wegen den erbaren Achim Wreghe, wanaftich to Stettin, und Anna Herbolden, einer ehlken Itzsfrowen" 2 Hufen zu Prillwitz und 7 Hufen zu Kloxin wiederkäuflich überlasse. Stettin, am Freitag nach Egidii 1504. St. A. Stettin. Handschr. II, 13 Bl 109.

[21]) Lehnbrief vom 1. Dezember 1514. Urkunden Nr. 2.

[22]) Bestätigung des Herzogs Bogislaw. 1506, Montag nach conversionis Pauli. St. A. Stettin, Handschr. II, 13 Bl. 114.

und der Elisabeth von der Marwitz. Asmus wird dann i. J. 1514 oder doch nicht lange vorher gestorben sein. Denn der am 1. Dezember 1514 seinen Söhnen ertheilte Lehnbrief des Herzogs Bogislaw von Pommern kann eben nur durch den kurz vorangegangenen Tod des bisherigen Lehnträgers veranlasst worden sein.

Asmus starb mit Hinterlassung von fünf Söhnen: Asmus, Karsten, Hans, Jürgen und Joachim.²²ᵃ) Diese Namen und Verhältnisse ergeben sich aus einer Urkunde v. J. 1517. Im Jahre 1504 hatte nämlich, wie oben erwähnt, der alte Asmus Schack für seinen Brudersohn Achim oder Hennig 7 Hufen zu Kloxin und 2 Hufen zu Prillwitz an Joachim Wreech für 450 Gulden verpfändet.²³) Nach des Neffen Tode waren diese verpfändeten Hufen an Asmus selbst bezw. an dessen Söhne gefallen und diese Letzteren beschlossen die Wiedereinlösung derselben. Da nur der älteste Sohn Asmus über die nöthigen Baarmittel verfügte, so übernahm derselbe die Wiedereinlösung vom Pfandinhaber Joachim Wreech. In jener erwähnten Urkunde von 1517 gestattete nun der Herzog Bogislaw den Brüdern Hans, Karsten, Jürgen und Joachim eine solche Wiedereinlösung der von ihrem Vater verpfändeten Hufen durch ihren Bruder Asmus, zugleich mit der auferlegten Verpflichtung, Asmus die Pfandsumme zu erstatten, wenn sie denselben später aus den Pfandstücken entsetzen wollen.²⁴)

Diese fünf Brüder, Asmus des älteren Söhne, wurden, wie erwähnt, nach des Vaters Tode vom Herzog Bogislaw von Pommern am 1. Dezember 1514 mit den vom Vater ererbten Gütern Prillwitz und Kloxin belehnt.²⁵) Namentlich wird in dem Lehnbriefe nur der älteste Bruder Asmus genannt, die übrigen als „sine mundige und unmundige Brodere" bezeichnet.

Asmus der Jüngere erscheint ausser i. J. 1517 noch 1520 und 1523, beidemale als Bürge für Joachim bezw. Bartholomaeus Runge. Im Januar 1524 ist er in Pyritz zur Huldigung mit seinem Bruder

---

²²ᵃ) Vielleicht hat Asmus auch eine Tochter, Namens Engel Schack, hinterlassen. Sie war die Ehefrau des Georg von Küssow zu Klinken. Am 13. März 1532 bestätigte der Herzog Barnim von Pommern auf Antrag des von Küssow den für seine Frau ausgestellten Leibgedingsbrief. Man kann lediglich vermuthen, dass sie eine Tochter des älteren Asmus und eine Schwester der Brüder Asmus, Karsten, Hans, Jürgen und Joachim gewesen sein wird. Georg von Küssow wird auch zusammen mit Hans, Karsten und Joachim zum Vormund der Wittwe Georgs von Schack ernannt. St. A. Stettin, Lehnsarchiv Tit. VI. Nr. 1. — Vgl. Anm. 32.

²³) Vgl. vorher Anm. 19 und 20.

²⁴) St. A. Stettin, Handschr. II, 13 Bl. 138.

²⁵) Lehnbrief vom 1. Dezember 1514. Urkunden Nr. 2.

Georg anwesend.[36]) Zum letzten Male wird er im Lehnbriefe des Markgrafen Johann von Brandenburg vom 26. März 1536 genannt, durch welchen Asmus, Hans, Kerstian, Jürgen und Joachim die Schacken zu Prülwitz mit der wüsten Feldmark Lindenbusch in der Neumark belehnt werden.[37]) Asmus ist ohne Lehnserben verstorben. Dass er zwei Töchter gehabt hat, erfahren wir aus einer späteren Klage Joachims d. Aelt. gegen Joachim d. J. im Jahre 1572. Hier findet sich die gelegentliche Bemerkung, dass die Mutter Joachims des Jüngeren für die Töchter des Asmus Schack, von denen die eine an einen von Bornstedt, die andere an einen von Schöning verheirathet war, die Aussteuer hergerichtet habe.[38]) In die Besitzungen des Asmus theilten sich dessen vier Brüder bezw. deren Nachkommen.

Nach diesen vier Brüdern werden sich nun im Folgenden vier Zweige verfolgen lassen. Von denselben ist der Joachimzweig bereits in der Mitte des 17. Jahrhunderts ausgestorben, der Karstenzweig erlosch 1767 und der Hansenzweig 1815. Der Jürgenzweig dagegen blüht noch jetzt. In der nachfolgenden Darstellung mögen daher diese vier Zweige und die Schicksale ihrer Mitglieder nach der Reihenfolge ihres Erlöschens zur Betrachtung gelangen.

[36]) 1520, Donnerstag vor Martini und 1523. Beide Urkunden in St. A. Stettin Stett. A. P. I, Tit. 105 Nr. 14 Bd. 1. — Huldigungsregister v. 1524, ebenda Stett. A. Tit. 77 Nr. 2.
[37]) Lehnbrief vom 26. März 1536. Urkunden Nr. 3.
[38]) Vgl. Anm. 29.

III.
Der Joachimzweig.

Joachim I. (I, 3) war als jüngster der Söhne des Asmus von Schack etwa um 1504 geboren.[29]) Der Sitte der Zeit gemäss wurde er in jungen Jahren in fremden Dienst gegeben. Nach der einen Angabe sandte ihn seine Mutter bereits im 12. Lebensjahre nach Meklenburg in Dienst, von wo er erst im 40. Jahre nach dem Tode seiner Brüder Asmus und Georg zurückkehrte.[30]) Nach einer andern Angabe soll er 22 Jahre ausser Landes gewesen sein. Während seiner Abwesenheit fand eine Theilung der Güter in 4 Theile statt. Joachims Güter wurden von seinem Bruder Georg über 20 Jahre verwaltet.[31]) Als er nach dessen Tode in die Heimath zurückkehrte, wurde er zum Mitvormund der Wittwe desselben i. J. 1550 ernannt.[32]) Von jetzt ab erscheint er häufiger in den überkommenen urkundlichen Nachrichten.[33]) 1557 wurde er neben andern auch zum

[29]) I. J. 1572 erhob Joachim gegen seinen Neffen Joachim den Jüngern, Georgs Sohn, Ansprüche aus der Zeit, da Georg Joachims des Aeltern Güter verwaltete. Der Beklagte machte mit Recht den Einwand der Verjährung geltend und hob die Thatsache hervor, dass der Kläger, trotzdem er sein, des Beklagten, Vormund gewesen, doch nie dergleichen Forderungen erhoben habe. Bei dieser Gelegenheit macht er die Angabe, dass sein Ohm fast 70 Jahre alt sei. St. A. Stettin, Prozessakten J. v. S. d. Aelt. wider J. v. S. d. J. Bagmihlsche Sammlung Nr. 2.

[30]) In einem Rechtsstreite Joachims d. Aelt. gegen seine Vettern über gewisse Grenzirrungen wurden die Schackschen Dienstleute über das Herkommen vernommen. Bei dieser Gelegenheit wurden die obigen Angaben gemacht. St. A. Wetzlar, S. Nr. 23. 9604.

[31]) Angaben in der Klageschrift des in Anm. 29 erwähnten Rechtsstreites.

[32]) Vormundschaftsbrief für Georgs v. Sch. Wittwe Anna von Strauss vom 9. April 1550. St. A. Stettin, Lehnsarchiv VI, 1.

[33]) Joachim wird in den folgenden Jahren ausser bei den obenangeführten Gelegenheiten erwähnt: am 29. November 1567 gelegentlich der Rechenschaftslegung gegenüber seinem bisherigen Mündel Joachim d. J. St. A. Stettin, Bagmihlsche Sammlung Nr. 2. — In Lehnsangelegenheiten, zur Muthung des Lehns, erscheint er 1561, 1566, 1571 und 1576. Geh. St. A. Berlin, Neumärkisches Kopiar Nr. 4 Bl. 129; Nr. 79 Bl. 119; Nr. 6 Bl. 243. — Sein Name steht ferner in den märkischen Lehnbriefen von 1567 und 1571 und in den pommerschen von 1557 und 1576. Vgl. Urkunden Nr. 3, 6, 4, 7.

Vormund der Kinder Georgs ernannt, als die Wittwe desselben sich wieder verheirathete.³⁴) Er galt als vermögender Mann, vermögender als seine Brüder und Neffen, da er nach seiner Heimkehr seine Güter rasch gebessert hatte.³⁵) Elzow rühmt ihm nach, dass er wegen seiner Aufrichtigkeit und wegen seines Verstandes von Jedermann in Ehren und Würden gehalten worden sei.³⁵)

Im Juni 1577 war Joachim krank, „mit Leibesschwachheit beladen," wie er an die brandenburgischen Räthe in Küstrin schrieb, um sein Nichterscheinen in Lehnsangelegenheiten zu entschuldigen.³⁶) Nicht lange danach ist er auch gestorben. Am 2. Mai 1579 ist er schon todt, da an diesem Tage bereits die Vormünder seiner hinterlassenen Kinder ernannt werden.³⁷)

Joachim war verheirathet mit Barbara von Brandt a. d. H. Hermsdorf i. d. Neumark³⁸), welche noch 1604 als Wittwe in Prillwitz lebte und mit den beiden Söhnen und zwei unverheiratheten Töchtern einige Zeit gemeinsame Haushaltung führte.³⁹) Joachim hinterliess zwei Söhne, Joachim und Christoph, und vier Töchter.

Von den Töchtern waren nur zwei verheirathet. Anna heirathete laut der noch erhaltenen Ehestiftung Christoph von Steinwehr zu Fiddichow.⁴⁰) Eine andere Tochter, deren Namen wir nicht kennen, war vielleicht mit Jakob von Runge auf Schönow vermählt, welchen Joachim III. von Schack als seinen Schwager bezeichnet.⁴¹) Die beiden

---

³⁴) „Jürgen Schacken nachgelassenen Wittwen Vormundschaftsbrief", Bärenwalde, den 15. September 1587. St. A. Stettin, Lehnsarchiv VI, 1.

³⁵) Mit dieser Angabe stimmen solche in den Anm. 30 erwähnten Prozessakten überein.

³⁶) Eingabe an die Küstrinsche Lehnskanzlei vom 25. Juni 1577. Geh. St. A. Berlin, Neumark, Kopiar Nr. 6 Bl. 249.

³⁷) Barbara Brandes, Joachim v. Sch. d. Aelt. zu Prillwitz nachgelassene Wittwe, bittet für ihre 6 Kinder, 2 Söhne und 4 Töchter, Vormünder zu ernennen, unter ihnen Joachim d. J v. Sch. Die herzogliche Verfügung an die Vormünder trägt das Datum des 2. Mai 1579. St. A. Stettin, Stett. A. Tit. 100 Nr. 22 Bd. 2.

³⁸) In der unten Anm. 40 zu erwähnenden Eheberedung vom 9. September 1589 erscheint als Bürge der Wittwe Friedrich Brandt zu Hermstorf erbgesessen.

³⁹) Vgl. Anm. 42 und 43.

⁴⁰) Eheberedung vom 9. September 1589. Da solche Eheberedungen für den Vermögensstand der Familie und die wirthschaftlichen Verhältnisse von Werth sind, ist dieselbe neben einigen andern unter die beigegebenen Urkunden aufgenommen worden. Vgl. Urkunden Nr. 9.

⁴¹) Jakob von Runge zu Schönow leiht von seinem Schwager Joachim von Schack 800 Gulden und verpfändet dafür einen Bauer mit 4 Hufen und 2 wüste Hufen zu Prillwitz. 1583, am Tage Catherinae. St. A. Stettin, Lehnsarchiv VI. 5 Bl. 223.

unverheiratheten Töchter hiessen Scholastika und Barbara. Im Jahre 1604 setzten die beiden Brüder Joachim und Christoph einen Vertrag auf, in welchem sie den ihrer Mutter und diesen beiden Schwestern jährlich zu zahlenden Unterhalt bestimmten.[42]) Beide Schwestern lebten noch 1607, mussten sich damals aber, da der Bruder Christoph gestorben, die Lehngüter Joachims aber versetzt waren, bei Freunden aufhalten.[43]) Sie haben wohl in Fiddichow bei ihrem Schwager Steinwehr gelebt, denn dort ist Barbara Ausgang Mai oder Anfang Juni 1611 gestorben.[44])

Joachim III. (I, 5), zur Unterscheidung von seinem Vetter Joachim II., dem Sohne Jürgens, als der Jüngere bezeichnet, besuchte 1579 die Universität Frankfurt a. O.[45]) Im folgenden Jahre finden wir ihn auf dem Pädagogium zu Stettin.[46]) Dann ist er wieder einige Zeit Studirens halber ausser Landes und dadurch an der rechtzeitigen Wahrnehmung seiner märkischen Lehnspflichten verhindert gewesen. Am 22. Februar 1582 war er in Küstrin, wo ihm mit Rücksicht darauf, „dass er noch ein junger Gesell und nicht einheimisch gewesen, sondern in andern Landen studiret", die gesammte Hand nachträglich verliehen wurde.[47]) Mit des Vaters hinterlassenem Lehngut zu Lindenbusch hatte Joachim bereits am 18. Februar 1580 zugleich im Namen seines unmündigen Bruders Christoph die Belehnung erhalten.[48]) Mit seinen pommerschen Gütern wurde er am 23. Juni 1582 belehnt.[49]) Joachim hat sich dann sehr bald dem Hofdienst der pommerschen Herzöge gewidmet, er hat als Hofjunker viele Jahre hindurch aufgewartet und als solcher an einer grossen Anzahl von Reisen und Festen theilgenommen. Als solche seien besonders erwähnt die Vermählungsfeierlichkeiten der meklenburgischen

---

[42]) Unterhaltsvertrag vom 13. November 1604. Urkunden Nr. 14.
[43]) Im September 1607 bitten Scholastika und Barbara von Schack, welche nach Absterben ihres Vaters Joachim v. Sch. d. Aelt. zu Prillwitz mit der Mutter und den Brüdern eine gemeinsame Haushaltung geführt hatten, da Christoph mit Hinterlassung eines Sohnes gestorben, Joachims Güter versetzt und sie selbst sich bei Freunden aufhalten müssen, dass sie wegen ihres Unterhaltes vor den Gläubigern befriedigt werden. St. A. Stettin, Regenblatsche Sammlung v. Sch. Nr. 8.
[44]) Im Juni 1611 bittet Scholastika, dass die Leiche Barbaras von Fiddichow nach Prillwitz gebracht und dort auf Kosten der Lehngüter bestattet werde. Ebenda.
[45]) Matrikel der Universität Frankfurt I, 272.
[46]) Nach dem Album studiosorum des Marienstifts zu Stettin.
[47]) Entscheid der kurfürstlichen Räthe zu Küstrin vom 20. Dezember 1581 bezw. 22. Februar 1582. Geh. St. A. Berlin, Neumärk. Kopiar Nr. 6 Bl. 244. 45.
[48]) Vgl. Lehnbrief vom 18. Februar 1580. Urkunden Nr. 8.
[49]) St. A. Stettin, Stett. A. Tit. 45, 5.

Herzöge Ulrich und Sigmund in Wolgast und Barth, Reisen nach Berlin, Dresden, Krossen, Küstrin, Begräbnisse des Kurfürsten von Sachsen und der Herzöge Ernst, Johann Friedrich und Kasimir von Pommern, mannigfache fürstliche Empfänge, Hofjagden und dergleichen.⁵⁰) Der zu solchem Dienst benöthigte Aufwand wird durch die Thatsache gekennzeichnet, dass Joachim einem Kaufmann Martin Bartholomäus in Stettin bereits im Jahre 1596 für gelieferte Kram- und Seidenwaaren 569 Gulden schuldete, welche Summe im Jahre 1609 für weitere Lieferungen sich auf 1192 Gulden erhöht hatte.⁵¹) Bei so gesteigerten Ausgaben schrumpfte die Hinterlassenschaft des sparsamen Vaters bald zusammen. Es blieb nicht aus, dass Joachim in Verlegenheiten gerieth. Ein Brandschaden in Prillwitz, den die Brüder erlitten, brachte weitere Verluste. Im Jahre 1604 sah sich Joachim bereits „dermassen über alles Verhoffen in Schulden vertiefet", dass er seinem Bruder Christoph einen Theil seiner Güter, nämlich seinen Lindenbuscher Acker, die Schäferei daselbst und den Krüger zu Prillwitz auf 9 Jahre verpfändete.⁵²) Im November 1605 verkaufte er zugleich im Namen der Erben seines inzwischen verstorbenen Bruders zwei Bauernhöfe zu Ising er an seinen Vetter Sigmund von Schack.⁵³) Eine Klage des Hans von Bornstedt gegen Joachim entsprang ebenfalls den Geldverlegenheiten desselben.⁵⁴) Nicht weniger eine solche der Vettern Moritz und Martin von Sanitz, die Joachim jedoch durch Anweisung an Georg Adam von Horcker befriedigen konnte, welcher ihm zu Martini 1608 als Ehegeld seiner Schwester 1000 Thaler zu zahlen versprochen hatte.⁵⁵) Die Verhältnisse Joachims haben sich aber nicht gebessert. 1619 fand eine amtliche

⁵⁰) St. A. Stettin, Bagmihlsche Sammlung v. Sch. Nr. 22. Hier findet sich eine „Designation der Aufwartungen, so Joachim von Schack d. J. auf Erfordern der Herzoge von Pommern gethan".

⁵¹) Ebenda, Bagmihlsche Sammlung Nr. 15. Der Kaufmann Bartholomäus hatte schliesslich den Verkauf von 4 Hufen in Prillwitz beantragt.

⁵²) St. A. Stettin, Bagmihlsche Sammlung v. Sch. Nr. 16, Pfandvertrag vom 11. November 1604 zwischen Joachim und Christoph von Schack. Auch die übrigen Güter muss Joachim bald darauf verpfändet haben; vgl. oben Anm. 49.

⁵³) Diese Bauernhöfe hatten Joachim und sein Bruder Christoph i. J. 1597 von ihrem Ohm Heinrich von Küssow für 1200 Thaler gekauft. Der Kaufvertrag war am 11. November 1597 zu Klozin abgeschlossen worden. Der Wiederverkauf fand am 11. November 1605 zu Prillwitz statt und zwar von Seiten des Joachim v. Sch. für sich und zusammen mit Ernst v. Schöning auf Plöntzig als Vormünder des weiland Christophs von Schack Lehnserben.

⁵⁴) Geh. St. A. Berlin, Neumärk. Kopiar ad Nr. 13 Bl. 131. Küstrin 1. Juni 1607.

⁵⁵) 1609, 16. April und 26. Oktober. Ebenda Bl. 330 und 371.

Abschätzung seines märkischen, 1618 eine solche seines pommerschen Lehnbesitzes statt und am 15. Mai 1621 verkaufte Joachim seine Güter zu Prillwitz, Kloxin und Lindenbusch an seinen Brudersohn Friedrich von Schack bezw. an dessen Vormünder.[56]) Joachim wird in den Lehnbriefen jener Zeit bis zum Jahre 1634 aufgeführt, in den Lehnsakten aus d. J. 1643 wird er nicht mehr genannt.[57]) 1635 hat er aber noch bei der Familie von Steinwehr Gevatter gestanden.[58]) Er wird danach zwischen 1635 und 1643 gestorben sein.

Aus der oben erwähnten Schuldklage der Vettern von Sanitz geht hervor, dass Joachim mit der Schwester des Georg Adam von Horcker verheirathet gewesen ist.[59]) Ob aus dieser Ehe Kinder hervorgegangen sind, steht nicht mit Sicherheit fest. Lehnserben hat Joachim nicht hinterlassen. Es ist aber wahrscheinlich, dass er einen Sohn, Joachim oder mit vollem Namen Joachim Adam, gehabt hat, welcher schon in jungen Jahren sein Leben verlor.

Dieser Joachim von Schack kam am 23. November 1630 in Stargard bei einem Streit mit Martin Friedrich von Wedel auf Spiegel ums Leben. Ueber den Hergang mögen die anschaulichen Quellen selbst sprechen. Friedrich (I, 7) von Schack zu Prülwitz zeigte durch eine Eingabe (vom 24. November 1630) dem Herzoge von Pommern an, dass sein „geliepter Vetter, Joachim von Schacken uf Prülwitz gesessen, gestriges Tages, war der 23. November, von einem Märkischen vom Adel, Marten Friedrich von Wedel zu Spiegel gewesen allhie in Stargard in Kapitain Franz von Wossowen Quartier und desselben Gegenwart bei Abendzeit und gleich im Finstern mit zween Stichen ist verwundet, dergestalt, dass er bald draf des Todes geworden. Ob ich wol wegen dieser Mordthat fast sehr bekümmert bin, so wil dennoch mir als nechstem Agneto schlechter Ding gebüeren, daran zu sein, damit dieses Factum mit gebürender Anklage möge verfolget werden. Thue demnach bei E. f. G. ich mich hiemit angeben, unterthenigst bittend, weil der Thäter uf Beforderung ge-

---

[56]) St. A. Stettin, Bagmihlsche Sammlung v. Sch. Nr. 15.
[57]) Vgl. die Lehnbriefe bis zum 23. Nov. 1634. Urkunden Nr. 8, 12, 13, 15, 16, 17, 19, 20, 21, 26.
[58]) Am 22. Januar 1635.
[59]) Die von Horcker waren eine märkische Familie und in der Soldiner und Königsberger Gegend mehrfach angesessen. — Mit einem Georg von Horcker zu Kärstorf war übrigens eine Katharina v. Schack verheirathet, deren Einordnung in die Stammtafel bei dem Mangel näherer Angaben nicht gelungen ist. Am 29. Nov. 1593 bestätigte Ihr als Wittwe der Kurfürst Johann Georg v. Brandenburg einen Leibgedingsbrief. Geh. St. A. Berlin, Neumärk. Kopiar Nr. 7 Bl. 339.

melten H. Kapiteln von Wussowen, als des entleibten Mutterbrudern, durch Soldaten anitzo bewehret wird, E. f. G. wolten die schleunige Verordnung machen, damit er durch den Landreuter möge abgefordert, in E. f. G. Hofstaat gebracht und daselbst zur ordentlichen Kognition gefenglich behalten werden."

Vom Herzog erging infolgedessen eine Verordnung an den Obersten Sigfried von Damitz, den Angeklagten von Wedel festzunehmen zu lassen. Etwa vier Wochen später berichtete Damitz, dass Martin Friedrich von Wedel beim Durchmarsch schwedischer Reiterei heimlich entwichen sei und sich, wie dessen Ehefrau mitgetheilt, zum König von Schweden begeben habe, um bei demselben freies Geleit zu erhalten. Nach der darauf erfolgenden Darstellung Wedels hatte sich der Unglücksfall wie folgt zugetragen: Er sei mit Jochim Schacken von Prillwitz „zu Stargard ohngefehr in eine Collation bei Kapitain Wussowen in Discurs gerathen, da ich dan unter andern angezeiget habe, dass ich zum Satzig von einem Leutenambt berichtet worden, dass einer mit Namen Joachim Schacke von des Obristen Denhofen Regiment in Polen entritten were und darof gefraget, ob er derselbe were? Ob ich mich nun nicht vermuthet, das Schacke — weil man nach dem gemeinen Sprüchwort an einer Fragen nicht bricht — solches übel solte aufgenommen haben, so hat er doch alsfort eine schwere zinnerne Kanne erwischet und mich damit auf den blossen Kopf geschlagen, das mir das Blut über die Augen, Nase und Ohren gelaufen, welches mir sehre schmerzlich fürgekommen, und weil er nach dem Leuchter gegriffen und ich mich besorgen müssen, dass er mich damit ganz und gar niederschlagen möchte, habe ich meinen Degen zur Defension meines Leibes und Lebendes ausgerücket und denselben vor mich gehalten. Er hat aber nichts minder auf mich zugedrungen und ist darüber tödtlich verwundet worden, auch Todes verblichen. Nun habe ich — bevorab, weil die Leichter, so auf dem Tische gestanden, auskommen und es in der Stuben gar finster gewesen — nicht wissen können, wie entleibeter Scharke die Wunde bekommen, weiss es auch noch nicht. Dan ich nach ihme solte gestossen haben, weiss ich mich in Wahrheit nicht zu erinnern. Derowegen ichs festiglich dafür halte, dass er mich im finstern selbst in den Degen gelaufen, inmassen sich dann, wie das Licht wieder angezündet und in die Stube gebracht worden, befunden, das entleibeter Schacke meinen Degen in Henden gehabt und mir denselben mit Gewalt genommen und ist ganz kein Zweifel, wan er nicht verwundet gewesen und niedergestürzt were, dass ich nicht leer ausgeben werden, sondern auch das Leben hette einbüssen müssen, wie dass berichtet worden, dass ers communiter auf die Spitze gesetzet und den eventum nicht gross geachtet hat." [59a])

Die Persönlichkeit dieses Joachim von Schack hat sich nicht sicher feststellen lassen. Die Verfolgung des Hinweises, dass der Kapitän von Wussow sein Mutterbruder gewesen sei, hat zu einem Ergebniss nicht geführt. Der Vater des Franz von Wussow, Adam, war zweimal verheirathet, zuerst mit Emerentia von Behr, dann mit Anna von Horcker. Aus diesen beiden Ehen hatte er 4 Söhne und 2 Töchter. Die eine Tochter Barbara Emerentia war 1625 noch Jungfrau und heirathete später Adrian von Plötz. Die andere Tochter, Elisabeth Agnes, war gleichfalls 1625 und auch später noch Jungfrau. Von diesen beiden Schwestern des Franz von Wussow kann also keine die Mutter des Joachim Schack gewesen sein. Die Vollständigkeit dieser Nachrichten vorausgesetzt, muss daher jene Verwandtschaftsangabe, dass Franz von Wussow der Mutterbruder Joachims von Schack gewesen sei, auf einem Irrthum beruhen.[59b])

So bleibt für die Feststellung der Persönlichkeit Joachims lediglich bestehen, 'dass Friedrich von Schack sich in seiner Eingabe als nächsten Agnaten desselben bezeichnet hat. Diese Angabe macht es wahrscheinlich, dass Joachim ein Mitglied des Joachimzweiges gewesen ist, vermuthlich ein Sohn Joachims des III. (I, 5). In Berücksichtigung dieser Wahrscheinlichkeit verdient es erwähnt zu werden, dass der bekannte braunschweigische Historiker Johann Friedrich Pfeffinger auf einem handschriftlichen Stammbaum der Prillwitzer Linie eben jenem Joachim III. auch wirklich einen Sohn Namens Joachim Adam zugeschrieben hat.[59c]) Die Richtigkeit obiger Annahme und dieser Angabe vorausgesetzt, würde auch der Irrthum Friedrichs von Schack in der Verwandtschaftsangabe erklärlich werden, weil unter eben jener Voraussetzung die Mutter Joachims eine von Horcker gewesen sein würde und die Mutter oder Stiefmutter des Franz von Wussow ebenfalls eine von Horcker gewesen ist. Auch der zweite bei den Horckers gebräuchliche Name Adam deutet auf eine Ver-

---

[59a]) Die Akten, welche etwas weiteres nicht ergeben, befinden sich im St. A. Stettin, Stargarder Hofger. v. Sch.

[59b]) Diese Angaben entstammen den vom Herrn Hauptmann v. Wussow-Potsdam zur Verfügung gestellten Urkundenauszügen, welche der auf der Universitätsbibliothek zu Greifswald verwahrten Sammlung der Vitae Pomeranorum entnommen sind, Band 44 v. Wussow.

[59c]) Sammlungen des Majors H. v. Schack. Auf der Rückseite dieser Stammtafel bemerkt Pfeffinger, dass dieselbe vom Generalmajor von Schack in russischen Diensten dem Herrn von Schack in Lauenburg 1717 mitgetheilt worden sei.

wandtschaft mit dieser Familie hin und erhöht dadurch die Wahrscheinlichkeit, dass der erstochene Joachim ein Sohn Joachims III. gewesen ist.

Christoph (I, 6), Joachims zweiter Sohn, erscheint zum ersten Mal als mündig bei einer Lehnsmuthung am 10. September 1590.[40]) Gemeinsam mit seinem Bruder Joachim kaufte er, wie oben erwähnt, 1597 zwei Unterthanen zu Isinger. Er erwarb ferner vier Hufen in Prillwitz von Jakob von Runge. Für diesen hatte er nämlich Bürgschaft geleistet gegenüber Martin von Liebenthal auf Krazow und musste infolgedessen eine Summe von 500 Thalern zahlen, für welche er aber in vier dem Jakob Runge gehörige Bauernhufen zu Prillwitz gerichtliche Einweisung erhielt. Runge verkaufte darauf am 4. Mai 1603 seinen gesammten Besitz in Prillwitz, bestehend in 8 Hufen, an die Vettern Christoph und Sigmund von Schack, von denen jeder 4 Hufen in Besitz nahm.[61]) Im folgenden Jahre schloss Christoph dann jenen oben erwähnten Pfandvertrag mit seinem Bruder und gleich darauf das Abkommen wegen des Unterhalts ihrer Mutter und ihrer beiden unversorgten Schwestern.[62]) Christoph ist bald darauf, zu Anfang des Jahres 1605, gestorben, in dem Lehnbriefe vom 8. April 1606 wird er schon nicht mehr erwähnt.[63]) Er war vermählt mit Anna von der Marwitz.[44]) Bei seinem Tode hinterliess er einen Sohn,

---

[40]) Geh. St. A. Berlin, Neumärk. Kopiar Nr. 8 Bl. 98. Vor dieser Zeit wird er einige Male als unmündig bezeichnet. Bis zum 6. April 1601 wird er in den Lehnbriefen aufgeführt. Vgl. Urkunden Nr. 9, 12 u. 13.

[61]) Vom Herzog Bogislaw von Pommern am 23. August 1604 bestätigt. St. A. Stettin. An diesen gemeinsamen Kauf schloss sich dann später im Jahre 1611 eine Auseinandersetzung zwischen Sigmund von Schack und Christophs Wittwe zur Herbeiführung einer gleichmässigen Theilung der 8 Hufen. Sigmund hatte nämlich in Rücksicht auf den bedeutenden Brandschaden, den sein Vetter Christoph erlitten, demselben nachgegeben, dass derselbe den wohlgesetzten Hof mit 4 Hufen in Gebrauch nahm, während Sigmund den wüsten Hof übernahm. St. A. Stettin, Bagmihlsche Sammlung v. Sch. Nr. 17.

[62]) Verträge vom 11. und 13. November 1604. Vgl. oben Anm. 42 und 52.

[63]) Lehnbrief vom 8. April 1606, Urkunden Nr. 15. Das Todesjahr 1605 giebt Christophs Sohn Friedrich von Schack in einem Briefe an den Herzog von Pommern selbst an, wenn er in Bezug auf seinen Vater schreibt: „welcher anno 1605 die schnöde Welt gar in meiner Kindheit, wie ich nur ein halb Jahr etwa meines Alters erreichet gehabt, gesegnet." Der Brief ist aus dem Jahre 1626. St. A. Stettin.

[44]) Dieselbe war eine Schwester eines Hans von der Marwitz und wird als Wittwe Christophs einigemale erwähnt. Im Februar 1619 klagte sie gegen die Frau des Christoph Henning von Wedel auf Gross Letzkow, Metta Katharina geb. von Steinwehr, auf Herausgabe einer goldenen Kette, welche sie derselben Johannis 1612 zur Hochzeit Ottos von Trampe geliehen hatte. Die Kette hatte nach Schätzung

Friedrich mit Namen. Es ist wahrscheinlich, dass Christoph einen zweiten, vor ihm, dem Vater, verstorbenen Sohn hatte, weil sowohl im märkischen Lehnbrief als im Muthungsregister vom 24. Mai 1609 auch noch ein Christoph als Sohn neben Friedrich irrthümlich als lebend aufgeführt wird.[65])

Friedrich (I, 7), Christophs Sohn, ist nach seiner eigenen Angabe im Jahre 1604 geboren.[66]) Trotzdem findet er sich schon im Jahre 1611 als Fridericus a Schacke, haereditarius in Prüllwitz, Pomeranus, in die Frankfurter Universitätsmatrikel eingetragen und zwar, und das ist bemerkenswerth, zusammen mit einigen von der Marwitz, von Plötz und von Sydow. Er ist also von seinen Verwandten, den von der Marwitz, Friedrichs Mutter entstammte diesem Geschlecht, mit nach Frankfurt genommen worden, um dort eine Schule zu besuchen. Mit den Verwandten zusammenwohnend, ist er dann aus äusserlichen Gründen in die Matrikel eingetragen worden. Dergleichen Eintragungen Nichtstudirender lassen sich vielfach nachweisen. Mit der Angabe seiner Geburt im Jahre 1604 stimmt auch überein, dass er im Mai 1621 noch unmündig war, als ihm sein Ohm Joachim seine sämmtlichen Güter verkaufte.[67]) Ob er im Jahre 1622 noch unmündig war, ist unbestimmt, denn im Lehnbrief vom 13. September wird er zwar als Abwesender aufgeführt, von den Abwesenden aber gesagt, dass sie theils krank, theils in Kriegsdiensten, theils unmündig seien.[68]) Am 10. September 1623 tritt Friedrich zum ersten Mal als mündig auf.[69]) Er vereinigte in seiner Hand den gesammten Besitz seines Grossvaters Joachims d. Aelt., theils als Lehnserbe, theils durch den Kaufvertrag vom 15. Mai 1621. Der Besitz war durch die von seinem Vater erworbenen vier Hufen in Prillwitz sogar vermehrt worden, so dass er im Jahre 1626 beim Herzoge durch eine Eingabe vorstellig

---

des Goldschmieds Peter Behr in Landsberg einen Werth von 240 Thaler. St. A. Stettin, Bagemihlsche Sammlung v. Sch. Nr. 20. — Im Oktober 1619 bittet sie um Bestellung neuer Vormünder für ihren Sohn Friedrich, nachdem die bisherigen verstorben. St. A. Stettin, Stett. A. Tit. 100 Nr. 22 III. — Unter den neuen Vormündern befand sich auch Hans von der Marwitz, welcher am 14. August 1609 als Bruder der Wittwe genannt wird. St. A. Stettin, Bagemihlsche Sammlung Nr. 15.

[65]) Vgl. Anm. 43. Auch Sigmund von Schack erwähnt im Jahre 1611 in den Anm. 61 angeführten Akten, dass Christoph „einen Sohn nachgelassen" habe. — Den Lehnbrief vom 24. Mai 1609 vgl. Urkunden Nr. 17; ferner das Lehnregister im Geh. St. A. Neumärk. Kopiar Nr. 17 Bl. 361.

[66]) Vgl. Anm. 63.

[67]) Vgl. Anm. 56.

[68]) Pommerscher Lehnbrief vom 23. September 1622. Urkunden Nr. 21.

[69]) Vgl. Anm. 1.

2*

wurde, dass diese Neuerwerbung in seinem Lehnbriefe Aufnahme finden möge.⁷⁰) In den folgenden Jahren wird Friedrich einigemale erwähnt, als Bürge für Bertram von Plötz 1626, in Pyritzer Kreisangelegenheiten am 31. Mai 1630 und gelegentlich einer Schuldklage des Joachim von Wreech auf Adamsdorf gegen ihn und Reimar von Schack in den Jahren 1632 und 1633.⁷¹) In dem pommerschen Lehnbriefe vom 22. November 1634 wird Friedrich zum letzten Mal erwähnt, und in der neumärkischen Lehnregistratur am 1. Juni 1647 wird seiner bereits als verstorben gedacht.⁷²) Er hat keine Lehnserben hinterlassen und ist anscheinend auch nicht verheirathet gewesen. Mit ihm erlosch der Joachimsche Zweig des Prillwitzer Hauses. In die Besitzungen theilten sich die übrigen drei Zweige.

⁷⁰) Vgl. Anm. 69.
⁷¹) 1626: St. A. Stettin, Hofgericht, v. Küssow. — 1630: St. A. Stettin, Hofgericht, v. Wedel wider v. Domow (1631) und v. Runge wider v. Schack. — 1632/33: St. A. Stettin, Hofgericht, v. Wreech.
⁷²) Lehnbrief vom 23. Nov. 1634 im St. A. Stettin. — 1647: Geh. St. A. Berlin, Kopiar 30 III. — In einem Schackschen Vergleich vom 17. Aug. 1641 wird „Friedrich von Schacken Kohlgarten" erwähnt. Doch ist das kein Beweis, dass er noch am Leben gewesen, da es als eine historische Erinnerung aufgefasst werden kann. St. A. Stettin, Starg. Hofger. 16.

IV.
Der Karstenzweig.

Karsten (II, 1), des Asmus Sohn, wird zum ersten Male 1517 genannt.[73]) 1536 tritt er in Landesangelegenheiten auf, insofern sich sein Name unter einer Verschreibung der pommerschen Landschaft befindet.[74]) Die nächste Nachricht, die sich über Karsten erhalten hat, betrifft eine „Verwirkung", welche er sich hat zu Schulden kommen lassen. Welcher Art dieselbe gewesen, verschweigen die Quellen. Thatsache ist, dass der Herzog Barnim von Pommern Karsten von Schack in Alt-Damm ins Gefängniss setzen liess, „von wegen siner Verwerkung". Die Verwandtschaft und Freundschaft Karstens wandte sich an den Greifenberger Landvogt Joachim von Maltzan mit dem Erbieten der Bürgschaftleistung; Maltzan trug das Gesuch dem Herzoge vor. Der Herzog liess sich durch die Fürbitte des Landvogts bewegen: in einer Besprechung mit den Freunden Karstens am 16. Juli 1540 wurden die Bedingungen seiner Entlassung — Zahlungsversprechen über 300 Gulden und Urfehde — festgestellt. Die Bürgschaft übernahmen Jürgen von Küssow zu Klocken, Karstens Brüder Hans und Georg, und Bartholomaeus von Ronge zu Schönow. An den Rath von Altdamm erging darauf der Befehl des Herzogs, Karsten Schack Urfehde schwören zu lassen, denselben nach Erstattung der Kosten aus dem Gefängniss zu entlassen und die Urfehde dem Herzog zu übersenden. Schon am 17. Juli berichteten Bürgermeister und Rath dem Herzoge über die erfolgte Ausführung seines Befehls.[75])

[73]) Vgl. oben Anm. 24.
[74]) Sammlungen des Majors Hans von Schack.
[75]) Die Akten über Karstens Gefängniss und Urfehde befinden sich im St. A. Stettin, Stett. A. Tit. 45 Nr. 59 y. In dem Briefe an den Herzog berichtet die Stadt Damm über Karsten: „Ok gnediger Furst und Herr hebbe wy, J. f. Gn. Befehl na, demsulvigen de togeschickde Orfeide vorlesen laten, de he denne mit upgerichtedem Arm und utgestreckden Vingern nagesecht und geschwaren, darto in allem, wo dat J. f. Gn. von ehm begeret, alk underdenichlik und gehorsamlik geholden heft."

Karsten wird in den folgenden Jahren noch einigemale genannt. Er gehört später zu den Vormündern der Wittwe seines Bruders Georg,[76]) gerieth aber gemeinsam mit seinem Bruder Joachim mit den Mitvormündern in Streit über gewisse Besitztheile in Prillwitz. Der Streit, welcher bereits 1551 begonnen hatte, fand erst im Februar 1557 eine gütliche Beilegung.[77]) Wenig später, im Lehnbrief vom 3. September und in einem Vormundschaftsbrief für Georgs von Schack Wittwe vom 15. September 1557 wird Karsten zum letzten Male erwähnt.[78]) Er wird im Jahre 1561 gestorben sein. Denn am 5. August 1561 erschien Joachim von Schack infolge Absterbens seines Bruders Karsten in Küstrin zur Muthung. Acht Tage später, am 12. August, regelte Joachim auch die Lehnsangelegenheiten der drei unmündigen Söhne des Verstorbenen, Sigmund, Peter und Georg, und erhielt zur Abstattung der Lehnspflicht für dieselben Anstand bis zu deren Mündigkeit.[79]) Bei Elzow findet sich zu Karsten die Bemerkung: „Karsten ist ein qualificirter Mann gewesen; hat zur Ehe gehabt Anna von Brandten a. d. H. Hermsdorf in der Neumark, Tochter des Peter von Brandt auf Hermsdorf."

Karsten hinterliess drei unmündige Söhne, Sigmund, Peter und Georg. Von diesen Söhnen war, wie aus den Abstattungen ihres Lehneides hervorgeht, Sigmund (II, 2) i. J. 1567, Peter (II, 3) i. J. 1571 mündig.[80]) Letzterer wird noch im Lehnbrief vom 28. Januar 1575 als in Pyritz anwesend genannt; er hat sich aber bald darauf in auswärtigen Kriegsdienst begeben, aus dem er nicht wiederkehren sollte. Nach Elzow ist er in Polen im Kriege geblieben. Gelegentlich der Lehnsmuthung seiner Vettern am 11. Mai 1576 in Küstrin wird er schon als todt bezeichnet.[81]) Der jüngste der Söhne, Georg (II, 4), ist auch im Januar 1575 noch unmündig.[82]) Er starb schon im folgenden Jahre in ausländischem Kriegsdienst, nach Elzow in Frankreich.[83])

---

[76]) Vgl. Anm. 82.

[77]) Vertrag vom 9. Juli 1551 und 11. Februar 1557. St. A. Stettin, Bagmihlsche Sammlg. v. Sch. Nr. 2.

[78]) Lehnbrief vom 3. Sept. 1557, Urkunden Nr. 4. Vormundschaftsbrief v. 15. Sept. 1557, St. A. Stettin. Lehnsarchiv VI, 1.

[79]) Geh. St. A. Berlin, Neumärk. Kopiar Nr. 4 Bl. 129.

[80]) 1567, Juni 2, Küstrin: Geh. St. A. Berlin, Neumärk. Kopiar Nr. 4 Bl. 129 ff. — Lehnbrief vom 23. März 1571 s. Urkunden Nr. 6.

[81]) Geh. St. A. Berlin, Neumärk. Kopiar Nr. 6 Bl. 243—46.

[82]) Lehnbrief vom 25. Januar 1575 Urkunden Nr. 7.

[83]) Joachim I. schrieb darüber am 25. Juni 1577 an die Räthe in Küstrin „nachdem im jüngst verflossenem 76. Jahr meines seligen Vetter Jürgen Schacke

Sigmund (II, 2) wird etwa ums Jahr 1549 geboren sein, da er nach den märkischen Lehnsakten am 16. Mai 1566 noch als minderjährig bezeichnet wird, am 2. Juni 1567 jedoch bereits, wie oben erwähnt, als mündig in Lehnsangelegenheiten auftritt. In der folgenden Zeit ist er, wie seine Brüder, ausser Landes gewesen und hat vermuthlich in den Jahren 1575 und 1576 an dem Hugenottenkriege in Frankreich theilgenommen, welcher auch manchem anderen pommerschen Edelmann die erwünschte Gelegenheit bot, das Verlangen nach Krieg und Abenteuern zu stillen.⁵⁴) Mit dem Jahre 1577 ist Sigmund „aus Frankreich anheim kommen" und erledigte am 11. Februar und 28. Juni seine Lehnsobliegenheiten in Küstrin.⁵⁵) In der Folgezeit erscheint nun Sigmund ausser in Lehns- und andern Angelegenheiten besonders häufig als Vertreter seiner Familie bei Aufwartungen am herzoglichen Hofe. Der Kriegsdienst ausser Landes und dadurch erworbenes gewandtes Auftreten mag ihn zu solchem vielfachen Herrendienst besonders geeignet haben erscheinen lassen. In der Zeit von 1580 bis 1618 ist er als Begleiter fürstlicher Personen auf Reisen besonders nach Berlin, oder zum Dienst bei fremden in Stettin zum Besuch anwesenden Fürstlichkeiten sehr oft verschrieben worden, nicht weniger zu Aufwartungen bei Huldigungsfeierlichkeiten und Hochzeiten. Sechs seiner Herzöge hat er zu Grabe geleitet.⁵⁶)

Wir sahen oben, dass Joachim III. ebenfalls vielfach zu dergleichen Aufwartungen verwandt worden war und dass dieser sein Hofdienst wohl mit für seinen Vermögensverfall verantwortlich zu machen war. Bei Sigmund war das keineswegs der Fall. Seine Vettern rühmten ihm Sparsamkeit und eine einfache Lebensweise nach. Seine Reisen und Aufwartungen haben ihn daher nicht über Vermögen belastet, jedenfalls lange nicht so hoch, als er selbst und

---

Gott der Allmächtige durch den natürlichen Tod von diesem Jammerthal gefordert, so ausserhalb Landes gewesen und darnach einen Bruder hinter sich im Leben verlassen . . . ." Geh. St. A. Berlin, Neumärk. Kopiar 6 Bl. 249.

⁵⁴) Auch zwei sehr nahe Landsleute Sigmunds nahmen an jenem Kriege Theil, Lupold und Achas von Wedel von der Kremzower Linie. Vgl. Bär, Lupold von Wedels Beschreibung seiner Reisen und Kriegserlebnisse. Stettin 1895. S. 51.

⁵⁵) Geh. St. A. Berlin, Kopiar 6 Bl. 243 f.

⁵⁶) Einige zwanzig solcher Aufforderungsschreiben Seitens der Herzöge an Sigmund von Schack sind erhalten in St. A. Stettin, Ragewilhsche Sammlg. v. Sch. Nr. 22. Hier ein Beispiel: Herzog Bogislav XIII wollte im Februar 1605 die Erbhuldigung entgegennehmen und damit in Stargard beginnen. Er befahl daher Sigmund v. Sch. zur Aufwartung nach Stargard. Am 4. Februar 1605 Mittags möge er in Sarow oder Bruchhausen sich stellen mit „drei guten reisigen Pferden und Dienern, für Deine Person mit schwarzen sammeten oder zierlichen Gewand,

seine Erben diese Antwendungen später dargestellt haben.[57]) Sigmund war, wie aus seinen mehrfachen Lehnsvermehrungen[58]) hervorgeht, sogar ein sehr wohlhabender Mann. In gleichzeitigen Gerichtsakten wird geradezu erwähnt, dass Sigmund allen seinen Vettern an Reichthum überlegen gewesen sei. Vielfach wurde er um Bürgschaftleistungen angegangen.[59])

Mutzen, so nicht übrig lange Schoosse haben, auch nicht aufgeschnitten sein, auch mit guldenen Ketten und andern Ornat, dergestalt, wie es in solchen Ehrenzugen Dir Standes halben gebueret und selbst ruhmlich ist. Knecht und Jungen aber in krausen Reitrocken, langen Stiefeln und schwarzgestickten Hueten mit Kranigfedern und keinen langen Plumasien,*) silbern Tolchen und beschlagenen Schwertern wolgestaffieret".

[57]) Sigmund versuchte nämlich die zu seinen Aufwartungen verwandten Kosten von den übrigen Mitgliedern seiner Familie erstattet zu erhalten. Er erwirkte auch einen fürstlichen Befehl vom 6. Dezember 1617 an Franz, Otto, Lüdeke, Peter von Schack und zu Christoph von Schacks Wittwe, gemeinschaftlich die Kosten von 871 Thalern zu bezahlen, welche Sigmund von Schack für die auf Erfordern der Herzöge von Pommern von 1580—1617 ausgeführten Reisen liquidirt habe. Die Verklagten wenden sich zunächst dagegen, als habe Sigmund die Schackschen Lehne bedienen müssen; „Dan Gottlob in unserm Geschlechte auch mehr Leute, ausser Ihme, gefunden, welche man in der gnedigen Herrschaft Aufwartung antzlich gebrauchen konnen". Sigmunds Erben halten im Januar 1619 die Forderung aufrecht. Die Verklagten wandten ferner ein, dass auch Joachim III (Christophs Bruder) viele Jahre als Hofjunker aufgewartet und für seine Fürsten einige tausend Gulden ausgegeben habe, deren Erstattung derselbe aber nicht beantragt habe. Sie bemängelten besonders die Höhe der berechneten Kosten. Sigmund habe z. B. für eine Reise nach Berlin i. J. 1580 200 Thaler angesetzt. Bei seiner einfachen Lebensweise und Sparsamkeit habe er gewiss nur 2—3 Thaler verwendet, da von den Fürsten freies Mahl und Futter für die Pferde gegeben werde. Andere Reisen zu 75 Thaler seien ebenfalls zu hoch angesetzt. Seit 1600 und namentlich seit 1603 und 1605 habe Sigmund auch seine Frau und seine Kinder mitgenommen. Für eine Reise zu Herzog Philipps Beilager habe Sigmund 200 Thaler berechnet; thatsächlich habe derselbe drei Pferde für 40 Thlr., 28 Thlr. und 28 Thlr. dazu gekauft, welche er nach der Rückkehr wieder für 60 fl., 54 fl. und 40 Thlr. verinssert habe. Goldene Ketten, silberne Dolche, Hüte und krause Röcke für das Gesinde seien vorhanden gewesen. Sigmunds ältester Sohn Hans habe noch jetzt die Sammetmützen im Gebrauch und könne dieselben noch viele Jahre benutzen. St. A. Stettin, Bagnitzsche Sammlg. v. Sch. Nr. 22.

[58]) Sigmund erwarb 1593 von Lüdeke Schack 16 Scheffel Mühlenpacht pfandweise aus den beiden Prillwitzer Mühlen und einen wüsten Hof zu Lindenbusch. St. A. Stettin, Lehnsarchiv VI, 8 B. 968—975. Geh. St. A. Berlin, Neumärk. Kopiar 9, 232. — Betreffs anderer Erwerbungen vgl. Anm. 61 und 53.

[59]) Bürgschaften hatte Sigmund u. a. übernommen: 1597 für Kaspar von Brederlow auf Gartz, 1614 für Georg von Steinwehr d. Aelt. zu Wollack, 1615 für Christoph von Schack und für Thomas von Strauss zu Wormsfelde, 1616 für Christoph von Steinwehr zu Fiddichow. St. A. Stettin, Stargarder Hofgericht:

*) Eigentlich aus lat. pinnacium, Federklossen.

Schon 1610 fühlte Sigmund das Herannahen des Alters. Mit Rücksicht auf seine sonstigen Geschäfte lehnte er „Alters und Schwachheit halben" damals die Vormundschaft über des kurz vorher gestorbenen Georg von Schack Sohn ab. Trotzdem nahm er noch an drei herzoglichen Leichenbegängnissen Theil, am 19. März 1618 erwies er seinem Herrn Philipp II. diese letzte Ehre.⁹⁰) Bald nach diesem Begräbniss ist Sigmund gestorben. Am 24. September 1618 erscheint bereits sein Sohn Hans in Lehnsangelegenheiten in Stettin und im Januar 1619 wird Sigmund als verstorben aufgeführt.⁹¹) Nach Elzow war er fürstlich pommerscher Assessor beim Pyritzschen Land- und Burggericht und auch Landrath. Bei Mikraelius heisst es über ihn: Sigmund, nachdem er sich in unterschiedlichen Aufwartungen gebrauchen lassen, ist endlich zum Landrath verordnet worden, in welcher Bedienung ihm sein Sohn Hans gefolgt.⁹²)

Sigmund war, wie aus einem Leibgedingsbrief⁹³) hervorgeht, verheirathet mit Margarethe von Strauss, der Schwester des Hans von Strauss auf Zarnekow und Wormsfelde. Dieselbe war nach Elzow die Tochter des Lorenz von Strauss auf Wormsfelde und der Margarethe geb. von Ploetz a. d. H. Wartenberg.

Bei seinem Tode hinterliess Sigmund drei Söhne, Hans, Christian-Sigmund und Lorenz,⁹⁴) ferner drei Töchter, von denen nur zwei dem Namen nach bekannt sind, Ursula Maria und Margarethe.

Von diesen Töchtern war die Ungenannte verheirathet mit Wilhelm von Steinwehr auf Deetz. Das geht aus einem Konsens des Kurfürsten Friedrich Wilhelm vom 11. Mai 1653 hervor, welcher für Christoph Dietrich von Steinwehr auf Lugken und Woitäck ertheilt war in Ansehung der Mitgift von dessen verstorbener Frau, der oben genannten Tochter Sigmunds, Margarethe.⁹⁵) Die dritte Schwester

---

v. Billerbeck 104. — Begräbnisse Sammlg. v. Sch. 24. — Stargarder Hofgericht v. Güntersberg — Handschr. III, 84 Bl. 122. — Stargarder Hofger. v. Steinwehr z. Jahre 1639. —

⁹⁰) Vgl. v. Behr und v. Bohlen, Personalien und Leichenprozessionen der Herzöge von Pommern S. 295.

⁹¹) Vgl. Lehnbrief v. 24. Sept. 1618 Urkunden Nr. 19 und zu Jan. 1619 oben Anm. 87.

⁹²) Mikraelius, Sechs Bücher vom alten Pommerland, VI, 373.

⁹³) Leibgedingsbrief des Sigmund v. Schack für Margarethe von Strauss vom 20. Okt. 1589. Urkunden Nr. 10.

⁹⁴) Vgl. Lehnbrief vom 17. Aug. 1620. Urkunden Nr. 20.

⁹⁵) Geh. St. A. Berlin, Neumärk. Kopiar Nr. 84 Bl. 1. — Ebenda Nr. 85 Bl. 39 eine weitere die Erbschaft der Margarethe betreffende Urkunde d. d. Küstrin, 11. März 1657.

Ursula Maria war mit Heinrich von Schöning auf Lübtow verheirathet.[96])

Hans (II, 5), der älteste Sohn Sigmunds, war bei des Vaters Tode i. J. 1618 bereits mündig und hat denselben schon 1614 in dem Rechtsstreit mit den Vettern wegen der Schulzengerechtigkeit zu Prillwitz häufig vertreten.[97]) Er hat zusammen mit seinem Bruder Christian Sigmund 1609 in Frankfurt a. O. studirt.[98]) In den Lehnbriefen von 1620 ab und auch sonst in Rechtsstreitigkeiten, Vormundschaftsbriefen und dergl. Akten wird er öfter genannt.[99]) Sehr häufig findet sich sein Name in den Landtagsakten der damaligen für Pommern so schweren Zeiten. Hans war Landrath, er gehörte zu den regelmässigen Besuchern der ständischen Zusammenkünfte und ist oft mit seiner Meinung rathend aufgetreten. Als die Schwedennoth des bedrängten pommerschen Vaterlandes nach dem Tode des letzten Herzogs immer grösser wurde, erwiesen sich die Schacks zu Prillwitz als treue Anhänger des brandenburgischen Hauses. Als solche unterzeichneten sie jene feierliche Erklärung pommerscher Landstände im Januar 1638, dass sie allein durch die Noth der Zeit gehindert worden seien, ihrer schuldigen Pflicht gegen den Kurfürsten von Brandenburg nachzukommen. Folgende Mitglieder der Familie stehen unter jener Urkunde: Hans, Peter, Christian Sigmund, Otto, Reimar und Lorenz.[100]) Der Noth seines eigenen Kreises nahm sich der Landrath Hans im besonderen an und verwaltete 1639 das Pyritzer Kreiskommissariat für die Trank- und Scheffelsteuer. Als dann im November 1640 jener berühmte Landtag bevorstand, auf welchem die Schweden eine schwedisch-pommersche Regierung einzuführen bestrebt waren, stand auf der Liste der Einzuladenden

---

[96]) In einer Schuldurkunde Heinrichs v. Schöning für seinen Schwager Lorenz v. Sch. vom 11. Nov. 1625 erwähnt er, dass die hinterlassenen Gelder seiner verstorbenen Frau Ursula Maria auf deren Brüder und Schwestern übergegangen seien. St. A. Stettin, Begaubliche Sammlg. v. Sch. 26.

[97]) Ueber diesen Rechtsstreit vgl. unten Abschnitt VII, A, 1.

[98]) Friedländer, Matrikel der Universität Frankfurt I, 540: Joannes v. Schack Pomeranus nobilis. Christoph Sigmund v. Schack, Pomeranus nobilis. Mit dem Zweiten kann trotz des Irrthums Christoph eben nur Christian Sigmund gemeint sein.

[99]) Z. B. 1638: Bürgermeister und Rath zu Pyritz wider Hans von Schack wegen Eindrangs im Bierbrauen und Ausschänken. St. A. Stettin, Staatskanzlei 33, 5. (Akten fehlen.) — In demselben Jahr ist er Vormund von Eickstedtscher Kinder. Vgl. v. Eickstedt, Urkunden zur Geschichte der v. E. II S. 187.

[100]) Gedr. von Bohlen, die Erwerbung Pommerns durch die Hohenzollern S. 86. 87.

auch Landrath Hans von Schack, ausserdem sein Bruder Christian Sigmund. Beide haben auch an den denkwürdigen Verhandlungen theilgenommen, die zur gänzlichen Ablehnung der schwedischen Vorschläge führten.¹⁰¹) Im folgenden Jahre geriethen Hans und sein Bruder Lorenz in Streit mit ihren Vettern Reimar, Otto und Balzer Dietrich von Schack wegen der gemeinen Hütungen und Freiheiten in Prillwitz. Sie seien in den letzten Jahren zum Theil abwesend gewesen, sagen die Brüder in ihrer Klageschrift. Sie werden in jenen Jahren das Loos so vieler pommerscher Patrioten getheilt haben, welche auf längere oder kürzere Zeit um Noth und Bedrückung zu entgehen ins „Elend", d. h. in die Fremde gezogen sind.¹⁰²)

In einer Bürgschaftsklage Christophs von Liebenthal gegen Hans von Schack, aus einer Bürgschaft des Vaters desselben für Klaus von Bröcker v. J. 1616 herrührend, wird Hans zum letzten Male am 6. März 1651 genannt.¹⁰³) Am 24. September 1652 ist er schon todt und wohl ganz kurz vorher gestorben, denn seine Wittwe Hippolita von Ramin trifft die Vorbereitungen seiner Beerdigung.¹⁰⁴)

Hans war vermählt mit Hippolita von Ramin, Tochter des Kaspar von Rammin auf Stolzenburg und der Dorothea geb. von Eickstedt a. d. H. Rothen-Clempenow.¹⁰⁵) Sein Bruder, Christian Sigmund, hatte eine Schwester, Anna von Ramin, zur Frau. Hans hinterliess nachweisbar nur einen Sohn, Christian Friedrich mit Namen, welcher nach den Lehnsakten noch am 7. Juni 1658 unmündig gewesen ist.¹⁰⁶) Nach Elzow soll Hans noch einen älteren Sohn Sigmund gehabt haben, der aber in der Kindheit gestorben sei.

Christian Sigmund (II, 6), Sigmunds 2. Sohn, studirte, wie oben erwähnt, 1609 zusammen mit seinem Bruder Hans in Frankfurt. 1614, am 9. Juli, wurde er in die Greifswalder Universitätsmatrikel eingetragen.¹⁰⁷) Schon daraus ist zu ersehen, dass seine Erwähnung im Lehnbrief von 1618 unter den Abwesenden oder Minderjährigen

---

¹⁰¹) Vgl. darüber Bär, die Politik Pommerns während des dreissigjährigen Krieges. Leipzig 1896.
¹⁰²) Processakten von 1641, St. A. Stettin, Stargarder Hofger. v. Sch. Nr. 16. S. den Vergleich vom 17. Aug. 1641 Urkunden Nr. 29.
¹⁰³) St. A. Stettin, Stargarder Hofger. v. Sch. Nr. 17.
¹⁰⁴) Hippolita von Ramin leiht zur Beerdigung ihres Gemahls Hans von Schack von dem Bürger und Seidenhändler Martin Necker zu Stettin 100 Thaler. 1652, 24. Sept. St. A. Stettin, Starg. Hofger. v. Necker.
¹⁰⁵) Vgl. die Punktation vom 15. Jan. 1635 Urkunden Nr. 27.
¹⁰⁶) Geh. St. A. Berlin, Kopiar Nr. 30, II Bl. 528 ff.
¹⁰⁷) Vgl. Anm. 98. — Friedländer, Matrikel der Universität Greifswald I, 417.

auf das erstere zu beziehen ist.¹⁰⁸) Er widmete sich sehr bald dem Hofdienst und ist sicher schon vor 1625 als Hofjunker in Dienst getreten. Lange Zeit hat er als solcher keine Besoldung erhalten. Man weiss, dass die Einkünfte des letzten Herzogs von Pommern immer geringer wurden und dass seine Räthe vergebliche Versuche machten, eine Besserung herbeizuführen. Die Gründe lagen nicht sowohl in jener schlimmen Zeit der kaiserlichen Einquartierung und dem darauffolgenden Kriegszustande, als in der heillosen Wirthschaft am Hofe des kranken Herzogs.¹⁰⁹) Die Ausgaben überstiegen die Einnahmen, die Beamten blieben mit ihren Besoldungen im Rückstande und wurden dann nach Laune und Stimmung durch Schenkungen herzoglicher Güter befriedigt. Auch Christian Sigmund wandte sich 1632 an den Herzog Bogislaw XIV. mit dem Hinweis auf einen bereits siebenjährigen Besoldungsrückstand. Der Herzog übertrug ihm daher zur Begleichung der Forderung erb- und eigenthümlich zwei Bauern und einen Kossäten zu Prillwitz. Die Marienstiftskirche in Stettin, die bisherige Nutzniesserin dieses Besitzes, wurde anderweitig — durch 2 Bauern und 2 Kossäten in Mellen — abgefunden.¹¹⁰)

Der Theilnahme Christian Sigmunds an den politischen Begebenheiten namentlich der Jahre 1638 und 1640 ist oben bereits gedacht worden. Nachdem im November und Dezember 1640 von den pommerschen Landständen der von den Schweden vorgelegte Regierungsentwurf abgelehnt worden war, richteten die schwedischen Machthaber sofort und ohne weitere Rücksicht auf die Landstände eine schwedische Zwischenregierung ein. Im März 1641 fanden jene vielfachen Ernennungen zu den nothwendig zu besetzenden Aemtern statt und einige Pommern fanden sich bereit, im schwedischen Auftrage ein Amt zu übernehmen. Auch Christian Sigmund glaubte den Thatsachen und dem Umstande Rechnung tragen zu müssen, dass in Wirklichkeit die Schweden Herren des Landes seien und dass es für die Landeseingesessenen immerhin noch besser sei, von Landsleuten unter schwedischer Vollmacht regiert zu werden, als nur von den Fremden. So ist die noch erhaltene schwedische Dienstanweisung für Christian Sigmund als Hauptmann des Amtes Pyritz zu erklären.¹¹¹) Später ist er

---

¹⁰⁸) Vgl. Lebebrief vom 24. September 1618 und die folgenden Lebebriefe bis 1634. Urkunden Nr. Nr. 19—22 u. 26. — Bei der Huldigung vom 11. Nov. 1643 war Christian Sigmund krank. Am 5. Febr. 1650 genügte er seiner Lebenspflicht. Geh. St. A. Berlin. Kopiar Nr. 30, II Bl. 528 ff.

¹⁰⁹) Vgl. über diese Zustände Bär, die Politik Pommerns, Abschnitt III.

¹¹⁰) Die Verleihungsurkunde vom 30. Nov. 1632. Urkunden Nr. 25.

¹¹¹) Dienstanweisung für Christian Sigmund von Schack vom 6. März 1641. Vgl. Urkunden Nr. 28.

dann auch schwedischer General-Kriegskommissar in Vorpommern geworden.

Schon damals hatte übrigens Christian Sigmund einen Besitzwechsel vorgenommen, der ihm schon durch seine Lage in Vorpommern eine immer grössere Rücksichtnahme auf Schweden gerathen erscheinen lassen musste. Er hatte nämlich mit seinem Bruder Hans einen Erbvertrag geschlossen und demselben seinen Lehnsantheil in Prillwitz für 8000 Gulden und jene Verleihung des Herzogs v. J. 1692 für 2000 Gulden abgetreten.[112]) Diese Gelder hat er später auf dem Gute Stolzenburg in Vorpommern angelegt, welches nebst Zubehör ihm als „künftigen Eidam" schon am 15. Januar 1635 sein Schwiegervater Kaspar von Ramin unter gewissen Bedingungen abgetreten hatte.[113]) Durch diese Erwerbung von Stolzenburg wurde Christian Sigmund nach dem Friedensschluss und der Theilung Pommerns schwedischer Vasall, während er als Lehnsträger seines Antheils in Lindenbusch auch brandenburgischer und als Gesammthänder in Prillwitz auch hinterpommerscher Lehnsmann blieb. Auf diese Weise wurde er i. J. 1654, als man dem letzten Pommernherzog 17 Jahre nach seinem Tode ein Leichenbegängniss berrichtete, von beiden Seiten zum Erscheinen in Stettin befohlen.[114])

Christian Sigmund hat am 11. März 1657 noch gelebt.[115]) Er wird hier, soweit man sehen kann, zum letzten Male als lebend erwähnt. Er ist dann noch als Kommissar in Konkursangelegenheiten der Familie von Wussow thätig gewesen. Eine die Abschätzung der Wussowschen Güter betreffende Urkunde vom 10. März 1658 besagt, dass Christian Sigmund von Schack inzwischen krank geworden und gestorben sei, daher nicht mit unterzeichnen könne.[115a]) Am 25. Juli 1660 verpachtete seine Wittwe Anna von Ramin ihren Antheil an Stolzenburg und Pampow an einen Rittmeister Peter von Klingspor.[116])

[111]) Am 20. März 1637 quittirte Christian Sigmund seinem Bruder Hans über die Bezielchung dieser Summen. St. A. Stettin, Stett. A. Tit. 77, 179.

[112]) Punktation vom 15. Januar 1635. Urkunden Nr. 27.

[114]) Christian Sigmund von Schack an den hinterpommerschen Kanzler Dr. Friedrich Runge. Er könne sich auf das Ausschreiben des Kurfürsten zum Leichenbegängniss des Herzogs Bogislaw XIV. nicht stellen, da er inzwischen von der Kgl. Maj. von Schweden gleichfalls den Befehl erhalten habe, in Stettin zu erscheinen und als Vorpommerscher von Adel dem Leichenbegängniss beizuwohnen. Er könne sich dem nicht entziehen, und bitte, ihn zu entschuldigen. Stolzenburg, 7. Mai 1654. St. A. Stettin, Bohlensche Sammlung 382.

[115]) Vgl. oben Anm. 95. — Die Angabe in Gauhes Adelslexikon, dass er 1657 im 63. Lebensjahre gestorben sei, dürfte zutreffend sein. Vgl. unten Anm. 127.

[115a]) Universitätsbibliothek Greifswald, Vitae Pomeranorum, Bd. 44, Wussow.

[116]) St. A. Stettin. Konsense 1660, Nr. 25.

Christian Sigmund war, wie schon oben erwähnt, verheirathet mit Anna von Ramin, Tochter des Kaspar von Ramin und der Dorothea geb. von Eickstedt a. d. H. Rothen-Clempenow. Er hatte drei Söhne, Bogislaw Sigmund, Hans Christian und Christian Sigmund (II, 11). Dieser Letztere aber, der vielleicht der älteste gewesen ist, ist schon in jungen Jahren gestorben, jedenfalls vor dem 8. Juli 1669, da bei der Lehnsmuthung in Küstrin an diesem Tage nur die beiden andern als Christian Sigmunds hinterlassene Söhne aufgeführt werden.[117]) Uebrigens ist dieser Sohn Christian Sigmund in Dänemark gestorben und zu Kopenhagen begraben worden.[118]) Den Vater überlebten ferner 4 Töchter:

1. Dorothea Margarethe, für welche der Bruder Bogislaw Sigmund 1669 um Aufnahme in das Kloster Marienfliess nachsucht.[119]) Nach Elzow soll sie sich dann mit einem von Schack auf Prillwitz verheirathet haben, doch liess sich näheres nicht feststellen. Noch 1678 wird sie von ihrem Bruder Hans Christian als „älteste Jungfer Schwester Dorothea Margarethe" aufgeführt.[118])

2. Ursula Maria, noch 1680 als „Jungfer" aufgeführt.[118])

3. Juliana Katharina, vermählt mit dem Kornet Heinrich Schwichell.

4. Elisabeth Hedwig, vermählt mit Bernd Erdmann von Kleist aus Gr. Tychow, welcher nach späterem Eintritt in das dänische Infanterieregiment seines Schwagers Hans Christian von Schack zur Stellung eines Obersten gelangte. Die Wittwe lebte 1716 zu Gr. Tychow.[119a])

Bogislaw Sigmund (II, 9), Christian Sigmunds Sohn, widmete sich dem Soldatenstande. Schon 1669 heisst es von ihm, dass er sich in französischem Kriegsdienste befinde.[120]) Gelegentlich der

---

[117]) Geh. St. A. Berlin, Kopiar Nr. 30 II Bl. 528. Vgl. Anm. 120.

[118]) Hans Christian v. Sch. hat später eine Rechnung aufgestellt über das, was er zum allgemeinen Nutzen seiner Geschwister verausgabt hat. Da findet sich ein Posten: „Was ich vor meines sel. H. Bruder Christian Sigmund Sch. vorschossen: zu dessen Unterhalt, nöthigen Kleidern und dessen rühmliches Begräbnuss in Copenhagen 300 Thlr." 1687. Mai 23. St. A. Stettin, Greifswalder Hofgericht, v. Ramin R. 26 Bl. 120 ff. Vgl. Urkunden Nr. 32.

[119]) St. A. Stettin, Stett. A. Pars II Tit. 9 Nr. 407.

[119a]) Näheres Geschichte des Geschlechts von Kleist III, 2 S. 131.

[120]) Geh. St. A. Berlin, Kopiar 30, II. Bl. 528 f. Nach Absterben Christian Sigismund von Schack, weiland kgl. schwed. General-Kriegskommissarius in Vorpommern, hat im Namen der hinterlassenen 2 Söhne, Bogislaw Sigmund und Hans Christian, welche sich in französischen und dänischen Kriegsdiensten aufhalten sollen, dero nechster Vetter Christian v. Sch. auf Prillwitz sich bei der kurf. Lehnskanzlei angegeben und die Lehn und gesammte Hand über die Feldmark Lindempusch gemuthet. Es liegt aber den Abwesenden ob, bei Ihrer Wiederkunft sich persönlich zu gestellen. Küstrin, den 8. Juli 1669.

Muthung der Lehne seines verstorbenen Vetters Hans Christoph (II, 12) 1679 erscheint er als Rittmeister unter den Generalstaaten.[121]) Bei der gleichen Gelegenheit i. J. 1689 ist er in demselben Dienste Obrist zu Ross[122]) und wird noch in demselben Jahre von seinen Vettern als in England aufhältlich bezeichnet[123]), nachdem er im Jahr zuvor mit der Flotte des Prinzen von Oranien in See gegangen war. Nach Elzow ist er 1694 Brigadier zu Pferde in Holland. Auch 1699 ist er Brigadier. Er starb 1702 als holländischer Generalmajor.

In seiner Heimath hat sich Bogislaw Sigmund nur ganz vorübergehend aufgehalten. Im J. 1667 war er beim Abschluss der Eheberedung seines Vetters Christian Friedrich (II, 8) anwesend und hat dieselbe auch mit unterzeichnet.[124]) Auch bei Ertheilung des Lehnbriefes vom 1. Mai 1668 war er noch in der Heimath anwesend.[125]) Nachdem er 1669 in Frankreich gewesen, stellte er sich am 14. April 1670 zur Abstattung seiner Lehnspflicht in Küstrin. Durch den Tod seines am 11. Januar 1679 gestorbenen Vetters Hans Christoph trat er in den Besitz von einem Drittel der Lehnstheile desselben, die er, wie oben erwähnt, 1679 und 1689 von Holland aus gemuthet hat. Auch 1699 wird er bei der Erneuerung der Lehnbriefe des Geschlechts aufgeführt.[126])

Nach Elzow soll Bogislaw Sigmund mit einer von Hinpoxen vermählt gewesen sein, Kinder aber nicht hinterlassen haben.[126a])

---

[121]) Die Brüder Bogislaw Sigmund Schack, Rittmeister unter den Generalstaaten, und Hans Christian Schack, Oberst zu Fuss in braunschweig-lüneburgischen Kriegsdiensten, bitten als nächste Agnaten ihres „am 11. April 1679" verstorbenen Vetters Hans Christoph Schack um einen Muthzettel über dessen ihnen zugefallene Lehngüter. — Muthzettel wurde ertheilt unterm 22. April 1679. — Schon hieraus geht hervor, dass obiger Todestag des 11. April ein Schreibfehler ist. Hans Christoph ist, wie unten gezeigt werden wird, am 11. Jan. 1679 gestorben. — St. A. Stettin, Lehnsarchiv.

[122]) Bogislaw Sigmund v. Sch., unter den Generalstaaten bestallter Obrist zu Ross, und Hans v. Sch., unter I. K. Maj. zu Dänemark bestallter Generallieutenant über die Infanterie, muthen ihren Antheil an ihres verstorbenen Vetters Hans Christoph hinterlassenen Lehngütern. — Hans Sch. (d. i. Hans Christian) bevollmächtigte dann von Kopenhagen aus Franz Valentin v. Sch. zur Abstattung des Lehneides. 3. Sept. 1689. St. A. St. Lehnsarchiv.

[123]) Eingabe der Schacks an den Kurfürsten vom 24. Sept. 1689. St. A. Stettin, Lehnsarchiv.

[124]) Eheberedung vom 29. Sept. 1667. St. A. Stettin, Lehnsarchiv. Konsense 1690 Nr. 11 b. S. Urkunden Nr. 30.

[125]) Lehnbrief v. 1. Mai 1668. Urkunden Nr. 31.

[126]) Lehnbrief vom 11. Dez. 1699. Urkunden Nr. 33.

[126a]) Die Lesart Hinpoxen bei Elzow ist nicht einmal sicher. Nach einer Mittheilung des Reichsarchivs im Haag ist dort dieser oder ein ähnlicher Name nicht bekannt; allenfalls könne auf den Namen van Hinjoms geschlossen werden.

Auch Bogislaw Sigmunds Bruder Hans Christian (II, 10), oft auch nur Hans genannt, Christian Sigmunds anderer Sohn, widmete sich dem Soldatenstande. In dänischen, dann in braunschweigischen und schliesslich wieder in dänischen Diensten erreichte er die höchsten Ehren und Würden, die einem Soldaten seiner Zeit erreichbar waren. Ueber seine soldatische Laufbahn handelt ein Aufsatz in dem bekannten Gauheschen Adelslexikon aus der Mitte des vorigen Jahrhunderts. Derselbe möge hier Platz finden, da er in knapper Form das ereignissreiche Leben Hans Christians zur Darstellung bringt:

„Er war aus der Pommerschen Linie dieses ansehnlichen Hauses entsprossen, und ein Sohn Christian Sigismundi auf Stoltzenberg, Peulwitz, Lentzen und Blanckensee, der des Churfürsten Friedrich Wilhelms des Grossen zu Brandenburg Hoffmeister in der Jugend gewesen und 1651, alt 63 Jahre, als Ober-Kriegs-Commissarius in Vor-Pommern verstorben, den ihm seine Gemahlin Anna von Rammin 1642 gebohren. Nach seines Vaters Tode trat er Jahres drauf 1658 bei dem damaligen Schwedischen General-Major von Weyer als Page in Dienste; das folgende Jahr aber liess er sich als Dragoner unterhalten, und wurde in dem Treffen auf der Insel Fühnen von den Dänen gefangen. Diese Gefangenschaft war der Anfang seines Glücks. Denn der Dänische Feldherr Hans von Schack, dem sein munteres Wesen gefiel, machte ihn 1660 zum Sergeanten, 1661 zum Fähndrich und nicht lange hernach zum Capitain-Lieutenant. Im Jahre 1665 ward er Capitain und 1674 erhielt er die Stelle eines Obrist-Wachtmeisters; da er zugleich die Ehre hatte, dass ihn der König Christian V. zu seinem eignen General-Adjutanten erklärte, und durch ihn dem schon auf dem Richtplatz stehenden Reichs-Cantzler Greiffenfeld Gnade zurufen liess. Im Jahre 1675 half er die Städte Wissmar und Landscron wegnehmen, an welchem letzteren Orte er durch einen Schuss gefährlich verwundet wurde. Im Jahre 1676 erlangte er die Stelle eines Obristen über das Fühnische Regiment, und nach geschlossenem Frieden wurde er zum Commandanten in Nieburg ernannt. Im Jahre 1677 trat er in Hertzoglich-Braunschweigische Dienste, und hielt sich als Obrister über das Leib-Regiment vor Stettin so tapfer, dass ihn der Churfürst von Brandenburg unter ansehnlichen Bedingungen in seine Dienste zu ziehen suchte. Er konnte sich aber dazu nicht entschliessen, sondern ging, nachdem sich Stralsund ergeben müssen, mit den Hertzoglichen Truppen nach Braunschweig, und wurde über diese Stadt 1679 zum Commandanten bestellet. Noch dasselbige Jahr that er eine Reise nach den Vereinigten Niederlanden, und wartete dem Printzen Wilhelmen von Oranien auf, welcher ihn sehr gnädig empfing. Im Jahr 1681 nahm ihn der König von Dänemark Christianus V. wieder in seine Dienste, und machte ihn zum General-Major und Stattbalter von Coppenhagen, der Prinz von Oranien aber ernannte ihn zum Domprobst in Utrecht. Im Jahre 1682 warb er ein Bataillon an, welches er bald in vollkommenen Stand setzte, und sich sowohl dieses als das folgende Jahr die meiste Zeit über bei der Armee in Hollstein and bei dem Könige zu Rendsburg befand. Im Jahre 1684 empfing er den Ritter-Orden von Danebrog, worauf er sich beständig in Coppenhagen aufhielt, bis er 1686 mit den Dänischen Truppen vor Hamburg gehen musste. Im Jahre 1688 machte er aus seinem Bataillon ein Regiment von 2000 Köpfen, legte auf der Insel Amack noch unterschiedliche Festungswerke an und setzte die Residenz Coppenhagen in bessern Defensions-Stand. Im Jahre 1689 ward er zum General-Lieutenant über die Infanterie gestellt und erhielt das völlige Gouvernement über die Festung Cronenburg. Im Jahre 1693 rückte er mit einigen Völkern ins Sachsen-Lauenburgische, bombardierte die Stadt Ratzeburg, und machte ihre Festungswerke der Erde gleich. Zu dem Ende dieses Jahres trugen ihm die beiden Hertzoge zu Braunschweig Rudolph August und Anton Ulrich die Stelle eines General en Chef über ihre Truppen an, wobei er zugleich ihr geheimder Kriegs-Rath, Stattbalter zu Braunschweig und Wolffenbüttel, wie auch Obrister über die Guarde zu Pferde und 2 Regimenter zu Fuss sein sollte; allein sein König wollte ihn nicht weglassen, liess es aber doch 1695 geschehen, dass er die ihm von den Hertzogen angetragenen Bedienungen annehmen durfte, wiewohl dergestalt, dass er wechselsweise ein halb Jahr zu Coppenhagen und das andere halbe Jahr zu Braunschweig sein Gouvernement versehen musste. Im Jahre 1697, da der Friede mit Franckreich geschlossen war, gab er die Hertzoglichen Dienste wieder auf, und blieb den Sommer über zu Coppenhagen, woselbst ihn der König 1698 im Decembr. zum wircklichen geheimden Rath erklärte, nachdem er dem Hertzoge von Sachsen-Römhild den Elephanten-Orden überbracht hatte. Im Jahre 1699 half er bei der Krönung des Königs Friedrichs IV. den Himmel tragen, liess auf dessen Befehl alle zu Coppenhagen und in Seeland befindliche Truppen schwören, und beschützte die ihm anvertraute Residentz mit wenig regulirtem Volcke so tapfer, dass die Schwedischen und Holländischen Flotten nichts ausrichten konnten, als welche er, sobald sie nur die geringste Bewegung machten, mit denen von ihm erfundenen Pramen übel zurichtete. Nachdem diese Unruhe durch den 1700 zu Travendal geschlossenen Frieden gestillet war, suchte er auch seine eigene Ruhe, und erhielt endlich den 12. Dec. seine Erlassung, worauf er sich auf seine in der Grafschaft Lippe gelegene Güter begab, und daselbst 1706 den 9. Dec. das Zeitliche segnete. Seine Wittwe hat nach seinem Tode ihm zu Ehren einem ihr zugehörigen Gut, so sonst Lappenhoff geheissen, den Namen Schackenburg beigelegt, und es mit einem neuen Pallast zieren lassen".[127])

Soweit eine Nachprüfung möglich war, hat sich diese Darstellung als stichhaltig erwiesen. Hans Christian wurde i. J. 1676 Oberst in dänischen Diensten und trat dann, eine selbst zu Ende des 17. Jahrhunderts noch häufige Erscheinung im Soldatenleben, in andere und zwar in braunschweigische Dienste über. Im J. 1681 erscheint er dann wiederum als dänischer Officier und in der Mitte der neunziger Jahre, ohne aus dem dänischen Dienste zu scheiden, gleichzeitig als braunschweigischer General bis 1697.[128])

---

[127]) Gauhe, Adelslexikon 2. 1739. Das in Lippe Detmold gelegene Gut Schackenburg führt noch jetzt diesen Namen.

[128]) Aus dieser Zeit des Aufenthalts in Braunschweig möge hier die einer gleichzeitigen Druckschrift entnommene Beschreibung eines Hoffestes Platz finden, an welchem Hans Christian nebst Gemahlin theilgenommen hat: „Am Dienstag den 16. Februar 1697 sollte die italienische Oper „Il pastore d'Anfriso" vorgestellt werden. Weil nun selbige eine Schäferei, als kam der ganze Hof nebst den fremden Standespersonen in grosser Anzahl, in lauter Schäfer, Hirten und Bauern verkleidet, da hinein. Nachdem sie in solcher Gestalt die Oper bis zu Ende angesehen, begaben sie sich auf die Redoute oder Saal des Opernhauses, allwo eine lange Tafel angerichtet stunde, an welcher sie nach Dorfmanier aus irdenen Schüsseln, hölzernen Tellern und Kannen die Mahlzeit einnahmen, unter welcher einige bald um die Tafel herumdanzten, andere jochsten, pfiffen oder auf andere Manier die Lustbarkeit der Landleute vorstelleten. Als sie von der Tafel aufgestanden, führte ein Jeder seine durch das Loos ihm zugetheilte Frau wieder hinunter nach dem Parterre, welches inzwischen mit mehr als tausend weissen Wachslichtern an denen Aushiegungen der Logen von unten bis oben hinauf war illuminiret worden, allwo sie nach dem Klang der Schallmeyen allerhand lustige bäurische Tänze und Spiele trieben, bis die späte Nacht dem Carneval ein Ende gabe." Am Schluss der Beschreibung werden die vornehmsten Theilnehmer durch Verse gefeiert. Ueber den als Bauer erschienenen Generallieutenant Hans Christian von Schack heisst es: „Wo ist ein Bauer deinesgleichen? — Die Krieger fürchten Dich, Du hältst sie auch im Zwange. — Wenn Deine Knechte durch die Dörfer streichen — So wird im ganzen Land den Bauern angst und bange". Ueber die Frau des Generallieutenants, welche als Bäuerin theilnahm: „Es mögen andere sich um andres Lob bemühen — Für eine Bäurin ist wol die der grösste Preis, — Wenn sie das Ihrige wol kann an Rathe ziehen — Und ihrem Hans und Hof recht vorzustehen weiss". Türken-Ballet und Bauern- oder Hirten-Masquerade, gehalten in der Braunschweigischen Winter-Messe 1697. Wolffenbüttel i.°

Seinen Lehnsverpflichtungen ist er, wie oben erwähnt, gemeinsam mit seinem Bruder Bogislaw Sigmund nachgekommen. Ende des Jahres 1679 hatte er sogar die Absicht, seiner Lehnspflicht persönlich nachzukommen, doch musste er schliesslich seinen Vetter Franz Valentin mit der Wahrnehmung seiner Gerechtsame beauftragen, denn er „sei anfangs durch einen harten febrilischen Affekt abgehalten worden und dann sei er von seinen Herren, den Fürsten von Braunschweig-Lüneburg, eiligst zurückberufen worden, so dass er sich, noch nicht völlig restituirt, auf die Rückreise habe begeben müssen". Von Prillwitz aus bevollmächtigte er daher seinen Vetter Franz Valentin am 26. Oktober 1679.[129])

Seinen Prillwitzer Lehnsbesitz hat Hans Christian pfandweise veräussert, wie aus einer kurfürstlichen Genehmigung dieser Absicht vom 20. Juni 1699 hervorgeht.[130]) Ausser diesem nach seinem Tode an den nächsten Agnaten Hans Friedrich von Schack (II, 13) fallenden Prillwitzer Lehnsbesitz besass Hans Christian noch die von seinem Vater ererbten Gutsantheile in Stolzenburg und Zubehör (Lentzen, Pampow und Blankensee). Diese Güter hatte seine Wittwe ihres Eingebrachten wegen noch i. J. 1714 in Besitz. Ueber einen aus diesem Güterbesitz erwachsenen Rechtsstreit wird unten berichtet werden.[131])

Seine letzten Lebensjahre verlebte Hans Christian in der Heimath seiner Frau in der Grafschaft Lippe, woselbst er am Freitag den 10. Dezember 1706 zu Iggenhausen „morgens um 8 Uhr nach ausgestandenen wenigtägigen Brust- und hitzigen Fieberbeschwerungen" gestorben ist.[132])

Hans Christian hatte sich am 27. März 1689 verheirathet mit Amalia Katharina Mauritia von dem Brinck, geboren am 24. August 1666, gestorben als Wittwe 1752. Sie war die Tochter des gräflich Lippeschen Landraths und Hofgerichtsassessors, auch Ritterschaftsdeputirten, Otto von dem Brinck, Erbherrn auf Iggenhausen, Riepen, Lappenhof und Stadthagen, und der Lucie Justine geborenen von Donop. Eine

---

[129]) St. A. Stettin, Lehnsarchiv.
[130]) St. A. Stettin, Stett. A. Tit. 77, Nr. 179.
[131]) Vgl. unten Abschnitt VII, B, 4.
[132]) Die Wittwe liess diese Angaben über den Tod ihres Mannes an den meklenburgischen Oberst Schack gelangen, Bruder des nachmaligen Stettiner Bürgermeisters Balthasar Schack. Iggenhausen, 13. Dec. 1706. St. A. Stettin, Staatskanzlei Tit. 21, 2461. Bl. 123. Ebenda Bl. 95 giebt Balthasar Schack an, dass jener Brief an seinen Bruder gerichtet gewesen. — Vgl. oben Anm. 10ᵃ, wo die Pyritzer Familie Schack erwähnt ist, zu welcher die obigen Brüder gehörten.

nähere vermögensrechtliche Abmachung mit seiner Frau findet sich in einem am 23. Mai 1687 zu Kopenhagen aufgenommenen Notariatsakt, welcher auch sonst und besonders dadurch bemerkenswerth ist, dass sich in demselben eine Aufzählung der Ausgaben befindet, welche Hans Christian im Interesse seiner Geschwister und als Lehnsfolger Hans Christophs für dessen Schwestern geleistet hat.[133])

Hans Christian hinterliess drei Töchter:

1. Charlotte Amalia, verm. mit Freiherrn von der Recke, kgl. preussischem Drost zu Haaren in der Grafschaft Mark.

2. Anna Lucia, geb. 1685, gest. 27. Januar 1735 zu Schaumburg, verm. am 29. September 1704 mit Arthur von dem Brinck auf Riepen, darmstädtischem Drost zu Schaumburg, geb. 12. Mai 1683, gest. 1748.

3. Sophia Augusta, gest. 1756, verm. mit Konrad Gisbert Freiherrn von der Recke, Herrn zu Offenberg und Wenge, preussischem Justizrichter zu Kleve, gest. 28. Mai 1716 im 46. Lebensjahr.

Lorenz (II, 7), Sigmunds dritter Sohn, wird in dem Lehnbrief vom 24. September 1618 unter denen genannt, welche entweder abwesend oder unmündig oder beides waren. In dem folgenden Lehnbrief vom 17. August 1620 dagegen ist er wohl schon mündig gewesen, denn er wird ohne die sonst übliche Bemerkung des Gegentheils in demselben aufgeführt. Er war dann nach den folgenden Lehnbriefen vielfach abwesend. Im Jahre 1621 hat er in Frankfurt a. O. studirt, am 12. April 1625 wurde er in die Greifswalder Universitätsmatrikel eingetragen.[134]) Als dann die Schweden zu ihrem Siegeszuge auf deutschen Boden gekommen waren, gehörte auch Lorenz von Schack zu denen, welche ihren Arm dem Schwedenkönige boten, dem angeblichen Befreier Pommerns. Im Oktober 1631 spricht Lorenz gelegentlich einer Klage die Absicht aus, sich in schwedische Kriegsdienste zu begeben.[135]) Hier verlieren wir ihn aus den Augen.

---

[133]) Kopenhagen, 23. Mai 1687. Urkunden Nr. 52.

[134]) In der Frankfurter Matrikel (Her. v. Friedländer, I, 656) steht: Laurentius Schack in Putwitz, eques Pomeranus. Es ist kein Zweifel, dass der eintragende Rektor den Namen Prillwitz verhört oder verschrieben hat. — Greifswalder Matrikel (Her. v. Friedländer) I, 471.

[135]) Im Oktober 1631 klagt Lorenz gegen Christoph von Billerbeck auf Zahlung von 200 Gulden Kapital, welche die Gebrüder von Kienitz geliehen und für welche Billerbeck Bürgschaft geleistet. — Am 11. November 1623 bekennen Gottfried, Christian und Felix Gebrüder von Kienitz zu Zellow und Wutenow von den Vormündern des Lorenz v. Sch. zu Prillwitz 200 Gulden erhalten zu haben. St. A. Stettin, Bagmihlsche Sammlg. v. Sch. Nr. 25. — Danach wäre Lorenz 1623 noch unmündig gewesen. Der Wortlaut des Lehnbriefes vom 17. Aug. 1620 spricht

Vermuthlich hat er nicht lange nachher geheirathet, denn schon 1637 wird seine am 12. August desselben Jahres geborene Tochter in der Stettiner Jakobikirche getauft. Auch in den folgenden Jahren befand er sich in der Heimath. Neben anderen seiner Vettern unterschrieb er jene oben erwähnte Erklärung für den Kurfürsten von Brandenburg vom 26. Januar 1638.[135]) Und gemeinsam mit seinen beiden Brüdern erschien er auf dem bereits erörterten wichtigen Landtage im November und Dezember 1640 in Stettin, obwohl er auf der Liste derjenigen fehlte, welche die Schweden zu jenen heiklen Berathungen eingeladen hatten.[137]) Als dann die übrigen Vettern am 11. November 1643 zur Muthung des Lindenbuscher Lehnbesitzes in Küstrin erschienen, verspätete sich Lorenz und kam dort erst nach bereits erfolgter Belehnung an, als der Kanzler Sigismund von Götzen bereits im Aufbruch begriffen war. Er ist nicht lange nachher gestorben. Am 30. Juni 1646 wurde bereits seinem hinterlassenen unmündigen Sohne Hans Christoph ein Muthzettel ertheilt.[138])

Lorenz ist zweimal verheirathet gewesen. Die erste Frau hat sich dem Namen nach nicht feststellen lassen. Von ihr hatte Lorenz, soweit bekannt geworden, drei Töchter: Die oben erwähnte Margarethe Elisabeth, welche vor ihren beiden andern Schwestern gestorben ist; ferner Dorothea Marie, welche seit 1676 an Heinrich von Sydow verheirathet war, und die jüngere Anna Margarethe, welche i. J. 1680 Hans Ernst von Billerbeck heirathete und bereits im Februar 1681 ohne Leibeserben verstorben ist.[199])

Lorenz heirathete in anderer Ehe Anna Sophia von Briesen, Tochter des Hans von Briesen auf Triencke. Die noch erhaltene

dagegen. Lorenz wird eben abwesend gewesen sein und seine bisherigen Vormünder haben seine Geschäfte weiter versehen.

[135]) Vgl. Anm. 100.
[137]) Vgl. oben S. 26.
[138]) Lehnregister vom 11. Nov. 1643 und 30. Juni 1646. Geh. St. A. Berlin, Koplar 80, II Bl. 528.
[199]) Quelle hierfür und für einen Theil der folgenden Angaben ist eine Eingabe der Schwestern Dorothea Marie und Anna Margarethe v. Sch. an das herzoglichen Hofgericht vom März 1679. Die Schwestern geben hier selbst an, dass Hans Christoph ihr Halbbruder sei und aus der 2. Ehe stamme. St. A. Stettin, Stargarder Hofgericht v. Sch. — Ferner Prozessakten v. J. 1679 in St. A. Wetzlar S. 88. — In dem unten Anm. 144 zu erwähnenden Inventar über Hans Christophs Verlassenschaft wird eine Ehestiftung vom 2. März 1676 zwischen dem von Sydow und Dorothea Marie angeführt. — Diese wird auch einige Male Theodora Marie genannt.

Eheberedung wurde am 23. Februar 1643 abgeschlossen.[140]) Die
Wittwe lebte noch 1667,[141]) war aber 1679 schon todt. Aus dieser
Ehe stammte des Lorenz einziger hinterlassener Sohn Hans Christoph.

Hans Christoph (II, 12) ist nach Vorstehendem in der Zeit von
1643 bis 1646 geboren.[142]) Michaelis 1667 hat er in Pinnow der
Eheberedung seines Vetters Christian Friedrich von Schack mit Anna
Katharina von Holtzendorf beigewohnt und den Vertrag mit unter-
schrieben. Er wird dann im Lehnbrief vom 1. Mai 1668 genannt
und ebenfalls in Lehnsangelegenheiten am 11. Januar 1671.[143]) Bereits
am 11. Januar 1679 ist Hans Christoph unverheirathet gestorben.
Seine Lehnsbesitzungen, der dritte Theil vom vierten Theil in Prill-
witz und ein Antheil in Lindenbusch, gingen an seine nächsten
Vettern über, an die Brüder Bogislaw Sigmund (II, 9) und Hans
Christian (II, 10). In Abwesenheit derselben liessen die beiden
Schwestern des Verstorbenen schon am 1. Februar 1679 zu Prillwitz
ein Inventar über die gesammte Hinterlassenschaft des Verstorbenen
an beweglichem und unbeweglichem Vermögen aufnehmen.[144]) Der
damalige braunschweig-lüneburgische Oberst Hans Christian von Schack
aber veranlasste als Lehnsfolger die Niedersetzung einer Liquidations-
kommission, zu welcher er als seinen Bevollmächtigten Dubslaw von

---

[140]) Eheberedung vom 23. Febr. 1643. Die Braut soll erhalten 3000 Gulden
Ehegeld. St. A. Stettin, Stargarder Hofgericht v. Sch. — Noch in den Jahren
1672 bis 1670 klagte der Sohn aus dieser Ehe, Hans Christoph, gegen die Erben
seines Grossvaters Hans von Briesen auf Zahlung des versprochenen Ehegeldes.
St. A. Stettin, Stargarder Hofgericht, v. Sch. wider von Briesen. — Der gleichen
Angelegenheit galt nach dem Tode Hans Christophs die in Anm. 169 erwähnte
Eingabe seiner Halbschwestern vom März 1679.

[141]) Im Juni 1667 klagt Elisabeth Rochlitz, Martin von Neckers Wittwe,
gegen Anna Sophie von Briesen, Lorenz von Schacks Wittwe, wegen rückständiger
Zahlung einer Waarenlieferung. St. A. Stettin, Stargarder Hofgericht, Familie
von Necker 1667. —

[142]) Vgl. Anm. 138.

[143]) Geh. St. A. Berlin, Kopiar 30 II. Bl. 528 ff. — Eine weitere Erwähnung
findet sich ebenda Nr. 40 Bl. 91 unterm 25. Aug. 1675: Kurfürst Friedrich Wil-
helm gestattet, dass eine Forderung der verstorbenen Anna Margarethe von Man-
teufel an Hans von Benckendorf auf den Erben „der verstorbenen Creditrice" Hans
Christoph von Schack übergebe.

[144]) St. A. Stettin, Stett. A. Tit. 77, 179. Das Inventar ist vielfach sehr
interessant. Zunächst giebt es als den Todestag Hans Christophs den 11. Januar
1679 an. Heinrich von Sydow und dessen Frau Theodora Maria und die unver-
heirathete Schwester Anna Margarethe veranlassten die Anfzeichnung durch einen
Notar, welcher Lupold Ernst von Schöning als Zeuge beiwohnte, ebenso die sieben
Gerichtspersonen aus Prillwitz. Aus der Aufzählung der vorgefundenen Urkunden

Eickstedt ernannte. Durch dieselbe wurde im Juli 1679 festgesetzt, dass der an Heinrich von Sydow verheiratheten älteren Halbschwester Theodora Maria die Aussteuer von 1300 Gulden nach und nach gezahlt, und der unverheiratheten jüngeren Halbschwester Anna Margarethe dieselbe Summe entrichtet werden solle. Am 4. Oktober 1679 bestätigte Hans Christian von Schack diese Festsetzung unter der Bedingung, dass die Schwester „eine anständige Person" heirathe, widrigenfalls die Aussteuer zurückfallen solle. Anna Margarethe heirathete dann ohne Wissen und Willen Hans Christians im folgenden Jahre Hans Ernst von Billerbeck, lebte aber unglücklich und starb schon im Februar 1681. Auf die Aussteuer dieser seiner verstorbenen Schwägerin erhob nun Heinrich von Sydow Anspruch, der ihm vom Hofgericht unterm 21. Juni 1681 auch wirklich zugesprochen wurde. Nach dem 1682 erfolgten Ableben Sydows legte Hans Christian gegen das hofgerichtliche Urtheil beim Reichskammergericht Berufung ein.[145])

Christian Friedrich (II, 8), des Landraths Hans Sohn, findet sich schon 1650, also in sehr jungen Jahren, in die Matrikel der Frankfurter Universität eingetragen. Er befand sich dort zusammen mit seinen älteren Vettern, den Brüdern Franz Valentin (IV, 9) und Joachim Ernst (IV, 10) und wird, wie das nicht selten vorkam, in Frankfurt die Schule besucht und aus äusseren Gründen in die Matrikel eingetragen worden sein.[146]) Später hat er das Stettiner akademische

---

ist die Ehestiftung zwischen Heinrich von Sydow und der verstorbenen Schwester von Werth. Im ganzen wurden 90 Briefe und Urkunden gefunden. An Gewehr fanden sich nur ein Paar rostige Pistolen vor, eine alte rostige Muskete, ein schlechter Seitendegen, ein alter Knebelspiess. Sattel und Reitzeug hat Hans Christoph garnicht besessen. Eingehend ist dann die Beschreibung der Gebäude in Prillwitz und der Schäferei in Lindenbusch, die Beschreibung der Möbel und des Hausgeräths, der Kupfer- und Zinngeräthe, der Ackergeräthe. An Pferden hinterliess der Verstorbene nur einen braunen Wallach, einen alten einäugigen Wallach und eine junge Stute im Werthe von 29,12 bezw. 16 Thaler; 13 Ochsen an 144 Thlr., 8 Paar Rinder 34 Thlr., 12 Kühe, 7 Kälber, 33 Schweine, 25 Hühner, darunter 3 „kalekotische", 224 Schafe.

[145]) Es handelte sich bei dieser Berufung besonders um den Einwand, dass die Aussteuer von 1300 Gulden im Verhältnis zum Werthe des Lehngutes viel zu hoch gewesen sei. Nach pommerschem Recht dürfe den Töchtern nur der dritte Theil des Werthes des Lehns nach Abzug der Schulden als Aussteuer angesetzt werden. Das angestammte Lehngut sei aber lange nicht so hoch im Ertrage gewesen, dass deducto aere alieno 1300 Gulden jeder Schwester das defuncti vasalli pro tertia parte daraus hätte zufliessen können. St. A. Wetzlar, S. 9/13. Ueber den Ausgang der Sache geben die Akten keinen Aufschluss.

[146]) Friedländer, Matrikel der Universität Frankfurt II, 18. Vgl. dazu oben S. 19 zu Friedrich (I, 7).

Gymnasium besucht [147]) Nach den Küstriner Lehnsregistern ist er noch am 7. Juni 1659 unmündig gewesen. [148]) Zum ersten Mal begegnen wir ihm als Mündigen in einem Entscheid der kurfürstlichen hinterpommerschen Regierung vom 8. Februar 1664. [149]) In der Folgezeit wird er öfter in den Lehnsakten genannt. Später wurde er kurfürstlich brandenburgischer hinterpommerscher Landrath. Er ist aber in frühem Alter gestorben, wahrscheinlich 1682. Denn schon am 2. Mai dieses Jahres muthete seine Wittwe, Anna Katharina von Holtzendorf, die väterlichen Lehne für den hinterlassenen einzigen Sohn Hans Friedrich [150]) bei der Lehnskanzlei in Küstrin und als die Vormünder des Unmündigen im August der pommerschen Lehnspflicht in Stargard genügen, bezeichnen sie den Landrath Christian Friedrich als „vor einiger Zeit" verstorben. [151])

Christian Friedrich war verheirathet mit Anna Katharina von Holtzendorf. [151a]) Sie war das einzige Kind des Joachim Ernst von Holtzendorf auf Pinnow und der Lucia Ilse geb. von Sparr a. d. H. Lichterfelde. [152]) Die Eheberedung Christian Friedrichs fand am 29. September 1667 zu Pinnow statt. [153]) Ausser dem obengenannten Sohne hat Christian Friedrich zwei Töchter hinterlassen: Luise Juliana, welche an den brandenburgischen Hauptmann Christian Ernst von Blankenburg auf Wortkow verheirathet war, und Eva Lucia. Diese ist nicht vermählt gewesen und starb am 20. Juni 1745 vom Schlage gerührt in der Kirche zu Pyritz, als man den Sieg bei Hohenfriedberg durch ein Tedeum feierte. Sie wurde in Prillwitz beigesetzt.

[147]) Album studiosorum des Marienstifts z. J. 1655.
[148]) Seine Vormünder mutheten für den Unmündigen. Geh. St. A. Berlin, Kopiar Nr. 30, II. Bl. 528 f.
[149]) Christian Friedrich hatte sich über den Pyritzer Landrenter beschwert und dargethan, dass derselbe nicht, wie geschehen, an den Unterthanen zu Prillwitz etwas zu fordern habe, welche Herzog Bogislaw XIV. i. J. 1632 seinem Hofjunker Christian Sigmund von Schack verliehen hatte. Dem entsprach auch der Entscheid der Regierung. St. A. Stettin.
[150]) Küstrin, 2. Mai 1682. Geh. St. A. Berlin, Kopiar Nr. 30, II.
[151]) Muthzeutel am 28. August 1682 ertheilt. St. A. Stettin, Lehnsarchiv.
[151a]) Ueber ihren Geburts- und Sterbetag vgl. unten Anm. 232.
[152]) Wenn bei dem 1745 erfolgten Tode der Tochter Christian Friedrichs, Eva Lucia, deren Mutter als eine geborene Gräfin Sparr bezeichnet wird, so ist das eine leicht erklärliche Verwechselung mit dem Geburtsnamen der Grossmutter.
[153]) Eheberedung vom 29. Sept. 1667, Urkunden Nr. 80. Anna Katharina vermählte sich später in 2. Ehe mit Peter Otto von Schack auf Prillwitz. — Im November 1683 wird sie noch als Wittwe des Landraths Chr. Fr. genannt, als die Töchter des Joachim Christoph von Wedel eine Schuldklage gegen sie anstrengen. St. A. Stettin, Stargarder Hofgericht, von Wedel. —

Hans Friedrich (II, 13), Christian Friedrichs Sohn, ist im Jahre 1669 geboren.¹⁵⁴) Er ist bereits in ganz jungen Jahren in dänische Dienste getreten. Auf kurze Zeit in die Heimath zurückgekehrt und eben mündig geworden, meldete er sich im Oktober 1688 in Stargard zur Muthung und Abstattung des Lehnseids.¹⁵⁵) Schon 1689 führen ihn seine Vettern wieder als in Dänemark als Fähnrich befindlich an.¹⁵⁶) Sein gut unterrichteter Zeitgenosse Elzow berichtet von ihm, er sei 1690 mit den dänischen Truppen unter des Herzogs Ferdinand Wilhelm von Württemberg Kommando nach England und Holland gegangen und habe sowohl dort als „nachgehends in Brabant und Flandern den Kriegs-Actionibus rühmlich beigewohnt". Im Jahre 1695 ist er dänischer Hauptmann gewesen und kam als solcher auch 1696 auf kurze Zeit in die Heimath. Er stattete damals im Juli seine Lehnspflicht persönlich in Küstrin ab, um mit seinem Lindenbuscher Antheil beliehen zu werden.¹⁵⁷) Diesen Antheil verpfändete übrigens Hans Friedrich i. J. 1706, inzwischen zum dänischen Oberstlieutenant befördert, für 1000 Thaler an Christoph Sigmund von Liebenthal.¹⁵⁸) Als Oberstlieutenant hat er dann auch den dänischen Dienst verlassen und sich auf seine Besitzungen zu Prillwitz-Kloxin begeben. Im Sommer 1708 ist er bereits aus dem Auslande heimgekehrt und leistete endlich in Stargard seinen Lehnseid.¹⁵⁹) Dort erhielt er auch auf sein Ansuchen im folgenden Jahre einen Muthzettel über die Prillwitzer Lehnsantheile des Generallieutenants Hans Christian von Schack, welche nach dessen Tode an ihn, als den nächsten Agnaten, gefallen waren.¹⁶⁰) Ein oben bereits berührter Rechtsstreit mit der Wittwe des Generallieutenants wird im Abschnitt „Besitzungen" erwähnt werden.¹⁶¹) Im Lehnbrief vom 31. Oktober 1714 wird Oberstlieutenant Hans Friedrich zum letzten Male genannt.¹⁶²)

Im darauffolgenden Frühjahre ist er gestorben. Am 23. März 1715 „Abends um 5 Uhr ist der weiland hochwohlgeborene Herr Obrist-

¹⁵⁴) Nach dem Prillwitzer Kirchenbuch vom 23. März 1715.
¹⁵⁵) Hans Friedrich v. Sch. bittet zugleich den Lehnseid abstatten zu dürfen, da er sich bis zur Huldigung nicht im Lande aufhalten könne. Stargard 1688, Okt. 18. St. A. Stettin, Lehnsarchiv.
¹⁵⁶) Eingabe der Lehnsvettern v. Sch. an den Kurfürsten vom 24. September 1689. Ebenda.
¹⁵⁷) Küstrin, 29. Juli 1696. Geh. St. A. Berlin Kopiar 50, II. Bl. 424.
¹⁵⁸) Kurfürstliche Genehmigung vom 30. Juni 1706. Geh. St. A. Berlin, Kopiar 63a a. h. Bl. 18.
¹⁵⁹) Stargard, 2. Juni 1708. St. A. Stettin, Lehnsarchiv.
¹⁶⁰) Stargard, 26. Juli 1709. Ebenda.
¹⁶¹) Vgl. unten Abschnitt VII, B, 4.
¹⁶²) Lehnbrief v. 31. Okt. 1714. Urkunden Nr. 35.

lieutenant von Schack, Sr. K. Maj. zu Dennemark unter dero Leib-Grenadirer wolbestallter Obristl. im 46. Jahre seines Alters sanft und selig eingeschlafen und am 29. eiusdem in sein adeliches Begräbniss eingesetzt worden." [163])

Hans Friedrich hat erst nach seiner Rückkehr aus Dänemark geheirathet. Im Mai 1709 wurde sein erstes Kind geboren. Er war vermählt mit Luise Henriette von Fabian, welche i. J. 1756 gestorben ist [164]) und wohl bis dahin, jedenfalls noch 1738, in Prillwitz gelebt hat.

Ausser den beiden Söhnen Friedrich Eugen und Hans Christian hat Hans Friedrich drei Töchter hinterlassen:

1. Anna Luise, geboren am 2. Mai 1709 zu Prillwitz als „erstes Fräulein Töchterlein". Sie lebte noch 1746 und starb vor 1756. [165])

2. Friederike Amalie, geboren am 5. November 1711. [166]) Sie starb unvermählt im Februar 1780 zu Greifenhagen. [167])

3. Elisabeth Tugendreich, geboren am 18. November 1712 zu Prillwitz. [168]) Sie lebte noch 1746 und starb vor 1756.

Friedrich Eugen (11, 14), Hans Friedrichs älterer Sohn, ist im Jahre 1710 geboren [169]) und kam am 24. Juli 1725, 4 Fuss 10 Zoll

[163]) Eintragung im Prillwitzer Kirchenbuch.

[164]) Eintragung im Prillwitzer Kirchenbuch zum 5. Nov. 1711.

[165]) Ihre Taufzeugen waren: 1. Blankensee von Schlagentin. 2. Anna Katharina von Holtzendorf. 3. Frau Liebste des Herrn Oberst von Küssow. 4. Des Herrn P[eter] O[tto] von Schacken Frau Mutter.

[166]) Taufzeugen: 1. Die Frau Oberstin von Tramp. 2. Fräulein Lovisa Armgard von Schacken. 3. Der Herr von Liebenthal zu Kratzen.

[167]) In ihrem Testamente vermachte sie ihr Wohnhaus zu [Greifenhagen] ihrer Nichte Barbara Juliane Lucie von Blankenburg zu Prenzlau, Tochter des Oberst von Blankenburg und Enkelin ihrer Vaterschwester, der Luise Juliane von Blankenburg geborenen von Schack. Den übrigen Nachlass nahm der Kammerherr von Wreech als Vormund der minderjährigen Kinder des Kammerherrn Cuonsmor Bernd Wilhelm von Schack für seine Mündel in Besitz. Der Kurator des Fräulein von Blankenburg erhob Einspruch dagegen. Ein daraus erwachsener Rechtsstreit endete im März 1784 dahin, dass Fräulein von Blankenburg 5934 Thaler ausgezahlt erhielt.

[168]) Taufzeugen: 1. Karl Heinrich von Küssow. 2. Frl. Amalia von Schacken. 3. Frau Maria Elisabeth Jastern, pastoris loci Ehefrau. „An diesem Kinde hat Gott seine Allmacht sonderlich erwiesen. Die Mutter hat er vom Tode errettet. Deo sit laus."

[169]) Die Schwestern vor und nach ihm waren am 2. Mai 1709 und 5. November 1711 geboren. — Am 17. Jan. 1716 bitten die Vormünder der hinterlassenen Söhne Hans Friedrichs in Stargard um einen Mutschein und machen die Angabe, dass der Verstorbene 2 Söhne nachgelassen habe, „als den ältesten Friedrich Eugenius, so ins 6. Jahr gehet und den jüngsten, Hans Christian von Schack, so noch nicht ein volles Jahr alt ist." Am 28. Jan. 1716 erhalten sie den Mutschein. St. A. Stettin, Lehnsarchiv.

gross, in das corps des cadets zu Berlin, auch „Kompagnie kronprinzlicher Kadetten" genannt. Dort verblieb er 8¼ Jahr und kam dann als Fähnrich in das Regiment von Ludewig. Aus einer Eingabe der beiden Brüder an die Lehnskanzlei[170]) geht hervor, dass Friedrich Eugen 1738 Lieutenant im von Bredowschen Regiment war und sich als Werbeoffizier des Königs im Reiche befand und auch vorher zu derselben Verrichtung öfter ausser Landes gewesen war. Ihren Antheil an Prillwitz verkauften beide Brüder am 24. März 1740 wiederkäuflich bis zum Jahre 1760 an den Oberstlieutenant Otto Bogislaw von Schack. Friedrich Eugen ist am 17. August 1751 unverheirathet gestorben.

Hans Christian (II, 15), Hans Friedrichs anderer Sohn, ist 1715 zu Prillwitz geboren, trat 1732 oder 1733 beim Dragoner-Regiment (Grenadier Regiment zu Pferde) Graf Schulenburg Nr. 3 ein, wurde am 24. März 1738 Fähnrich und am 13. Oktober 1740 Lieutenant. Bei der Theilung des Regiments in Nr. 3 und 4 (von Bissing) kam er zu letzterem am 23. April 1741, wurde am 28. Februar 1757 Stabskapitän und am 10. April 1759 Major. Als solcher wurde er am 3. Juni 1765 in das Kürassier-Regiment Prinz Heinrich Nr. 2 nach Wusterhausen versetzt. Hier starb er am 12. Juni 1767 an einem Stich in den Unterleib, welchen er sich aus Schwermuth selbst beigebracht hatte. Eheliche Leibeserben hat er nicht hinterlassen.[170a] Der Verpfändung seines Lehnsantheils in Prillwitz in Gemeinschaft mit seinem Bruder Friedrich Eugen ist oben bereits gedacht worden. Nach dem Tode desselben hat er auch auf jegliches Einlösungsrecht verzichtet.

[170]) Eingabe vom 14. Okt. 1738. St. A. Stettin, Lehnsarchiv. Die Brüder bitten um Anstand wegen Ablattung ihrer Lehnspflicht und entschuldigen die bisherige Versäumnis. — Sie waren unterm 25. Sept. 1738 zur Verantwortung wegen des begangenen Lehnsfehlers aufgefordert worden mit der Drohung, dass man der ferneren Sammeseligkeit nicht nachsehen werde.

[170a]) Hans Christian hat zwei ausserehelichen Söhne hinterlassen: 1. Johann Christian Schack, 2. Christian Friedrich Schack. Ersterer war 1781 in Filehne Chirurg und starb im April 1822 als Kgl. Regimentschirurg a. D. Der andere, Christian Friedrich, war 1785 Chirurg beim Zietenschen Husarenregiment in Berlin und starb am 22. Mai 1824 als Kgl. General- und Divisionsarzt beim 6. Armeecorps.

V.
Der Hanszweig.

Hans (III, 1), des Asmus Sohn, ist etwa 1490 geboren und wird zusammen mit seinen Brüdern 1517 zum ersten Male urkundlich genannt.[171]) Wir begegnen ihm nur noch einige wenige Male: im märkischen Lehnbrief von 1536 und i. J. 1540, wo er zur Freigebung seines auf Befehl des Herzogs in Altdamm festgenommenen Bruders Karsten durch seine Bürgschaft mitwirkte.[172]) Schon in dem Vormundschaftsbrief seiner Schwägerin, Georgs Wittwe, vom 9. April 1550 wird Hans zum letzten Male, und zwar als einer der Vormünder, erwähnt. Bei der Ertheilung des pommerschen Lehnbriefs vom 3. September 1557 ist er nicht mehr am Leben. Bereits in einem Vertrage vom 11. Februar 1557 wird statt seiner sein ältester Sohn Balthasar genannt.[173])

Hans hat ausser den Söhnen Balthasar, David, Ludecke und Christoph[174]) zwei Töchter gehabt. Mit der einen, Agneta mit Namen, verlobte sich 1583 Hans von Billerbeck auf Hohenwalde. Infolge eines von David von Schacks Wittwe veranlassten Schmähbriefes ging diese Verlobung zurück und Agneta begab sich in das Kloster

---

[171]) In Akten des Stargarder Hofgerichts von 1540 wird Hans als 50 Jahre alt bezeichnet. — Ueber den Inhalt der Urkunde von 1517 vgl. oben S. 9 und Anm. 24.

[172]) Vgl. oben S. 21 u. Anm. 75.

[173]) Vgl. oben Anm. 32. — Lehnbrief vom 3. Sept. 1557 s. Urkunden Nr. 4. — Vertrag vom 11. Febr. 1557 wegen Beilegung des Streites zwischen Georgs v. Sch. Wittwe und Kindern bezw. deren Vormündern einerseits und den Brüdern Karsten und Joachim andrerseits. St. A. Stettin, Bagmihlsche Sammlg. v. Sch. Nr. 2.

[174]) Die drei ersteren werden im Lehnbrief vom 3. Sept. 1557 und öfter aufgeführt; Christoph nur einmal 1567 als Bruder der drei und als verstorben genannt. Geh. St. A. Berlin, Kopiar Nr. 4 Bl. 129.

zu Pyritz.¹⁷⁵) Die andere, wohl ältere Tochter, war Elisabeth, welche als Frau des Hans von Billerbeck zu Warnitz gestorben ist.¹⁷⁶)

Die Söhne Ludecke und Christoph sind beide jung und ohne Erben verstorben. Christoph wird überhaupt nur ein einziges Mal i. J. 1567 und zwar als verstorben genannt.¹⁷⁷) Da er in den Lehnregistern z. J. 1557 und 1561 nicht mit den übrigen Brüdern genannt wird, so ist fast anzunehmen, dass er kurz nach dem Vater gestorben sein wird. Ludecke oder Ludwig wird in dem Lehnbrief von 1557 noch als unmündig bezeichnet. Auch in der märkischen Lehnregistratur wird er i. J. 1561 noch als unmündig und als im Auslande befindlich aufgeführt. Als er dann in die Heimath zurückgekehrt war, „als er einländisch kommen", stattete er am 17. April 1564 in Küstrin seine Lehnspflicht wegen Lindenbusch ab.¹⁷⁸) Er wird dann noch einmal am 16. Mai 1566 in den Lehnregistern aufgeführt. In der Zwischenzeit bis zum 2. Juni 1567 ist er gestorben.¹⁷⁹)

Balthasar (III, 2), des Hans ältester Sohn, wird nach ungefähren Angaben zu schliessen etwa um 1515 geboren sein. In den ersten vierzig Jahren seines langen Lebens erfahren wir nichts von ihm. Denn so lange der Vater lebte, vertrat dieser, wie üblich, die Familie nach aussen; der Sohn wird, wenn Andeutungen des Mikraelius zutreffend sind, sich im Auslande und auf Kriegszügen versucht haben. Erst nach dem Tode des Vaters und zwar mit dem Lehnbriefe vom 3. September 1557 wird Balthasar zum ersten Male urkundlich erwähnt. Wir begegnen ihm jetzt in den Lehnbriefen,

---

¹¹⁵) Prozessakten Baltzer von Schack und dessen Vettern wider Davids von Schack Wittwe und Tochter wegen beleidigender Schmähschrift. St. A. Stettin, Stargarder Hofgericht v. Sch. Nr. 2. Ueber diesen Streit soll unten Anm. 198 nebst Text gehandelt werden. Agneta, als im Kloster zu Pyritz befindlich, wird in Prozessakten erwähnt. St. A. Wetzlar, S. Nr. 23, 9604.

¹¹⁶) Im J. 1607 klagten Ludecke (Davids Sohn) und Peter (Baltzers Sohn) gegen Hans von Billerbeck zu Warnitz auf Zurückgabe des eingebrachten Heirathsgutes seiner verstorbenen Frau, Elisabeth von Schack, ihrer Vaterschwester. St. A. Stettin, Stargarder Hofgericht, von Billerbeck Nr. 55. — In der vorher Anm. 175 angeführten Klage wird eine Schwester der Agneta, also wohl die obige, als verheirathet erwähnt.

¹¹⁷) Küstrin, am 2. Juni 1567. Also haben auch Balthasar und David die Schacken (Gebrüder, Hansens sel. Sone, nach Absterben ihrer andern beiden Brüder Christoffs und Ludwigs sel. derselben Antheil Lehns .... Volge gethan. Geh. St. A. Berlin.

¹⁷⁸) Küstrin, Dienstag nach Laurentii 1561. Geh. St. A. Berlin, Neumärk. Kopiar Nr. 4 Bl. 129. Desgl. Montag nach miseric. dni. 1564. Ebenda.

¹⁷⁹) Vgl. Anm. 177.

bei den Muthungen in Stargard und in Küstrin, in Prozessakten, als
Vormund, als Bürge, als Zeuge noch ein halbes Jahrhundert hindurch
zu vielen Malen.¹⁸⁰) In einem Alter von etwa 80 Jahren entschloss
sich Balthasar, die Last der Güterverwaltung auf seine beiden Söhne
Peter und Eckard zu übertragen. Am 9. Oktober 1597 trat er den-
selben durch einen Vertrag die Güter ab. Ausser dieser Thatsache
selbst wissen wir nichts näheres. Der Uebertragungsvergleich fand
wenig später sowohl die pommersche als brandenburgische Be-
stätigung.¹⁸¹) Aber auch nach diesem Rückzug ins Altentheil hat
Balthasar noch etwa 20 Jahre lang gelebt. In Prozessakten aus
dem Jahre 1614 heisst es, dass er „fast ein Centenarius" sei.¹⁸²) Noch
am 10. Februar 1615 hat er mit zitternder Hand eine Vollmacht für
einen am Reichskammergericht zu führenden Prozess gemeinsam mit
seinen übrigen Vettern unterschrieben.¹⁸³) Elzow giebt das Jahr 1618
als Balthasars Todesjahr an. Diese Angabe ist wohl richtig. In
dem Lehnbrief vom 24. September dieses Jahres wird Balthasar zum
ersten Mal nicht mehr aufgeführt und in dem vom 17. August 1620
ausdrücklich als verstorben bezeichnet.¹⁸⁴) Ueber die Persönlichkeit
Balthasars, der nicht nur durch sein hohes Alter, sondern auch durch
seine Rüstigkeit, durch seine körperliche und geistige Frische den

---

¹⁸⁰) Sein noch jetzt nachweisbares urkundliches Auftreten ist so zahlreich
(einige 40 Mal), dass es nicht möglich ist, hier auch nur flüchtig darauf einzugehen.
Es muss auf die Sammlungen des Majors Hans von Schack verwiesen werden.
Zu dem Zweck seien hier die wichtigeren Daten zusammengestellt: Lehnbriefe
und Lehnregistratur: 1561, 1566, 1567, 1571, 16. 11. 1573, 28. 1. 1575, 11. 5. 1576,
25. 6. 1577, 29. 6. 1577, 19. 2. 1580, 1. 2. 1581, 23. 8. 1582, 10. 9. 1590, 4. 9. 1598,
10. 12. 1600, 6. 4. 1601, 8. 4. 1605, 26. 4. 1608 und 24. 5. 1609. In Prozessakten:
1573, 1583 (gegen David v. Sch. Wittwe wegen Beleidigung) und 10. 2. 1615.
Als Vormund: 15. 9. 1557 und 20. 1. 1573. Als Bürge oder Selbstschuldner:
11. 11. 1569, 14. 3. 1583, 24. 6. 1593.

¹⁸¹) Quelle für diese Nachricht ist das Neumärk. Kopiar 11, IV Bl. 46 im
Geh. St. A. Berlin; Küstrin, 4. Juli 1601: Kurfürst Joachim Friedrich ertheilt zu
dem von Baltzer Schack zu Prollwitz seines hohen Alters halber am Tage Dionisii
1597 mit seinen beiden Söhnen Peter und Eckarten getroffenen Uebertragungsver-
gleich seine Bestätigung für die märkischen Lehne, so wie dies für die pommerschen
Lehngüter am 23. März 1599 durch den Herzog von Pommern geschehen ist. —
Später geschieht dann dieser Güterübertragung einige Male Erwähnung.

¹⁸²) St. A. Wetzlar S. Nr. 22. 9603.

¹⁸³) St. A. Wetzlar. S. 925. Vgl. die Siegeltafel. — Der Sohn Peter sagte
1620, dass sein Vater „in die 100 Jahr lang gelebet". St. A. Stettin, Starg. Hof-
ger. v. Schöning.

¹⁸⁴) Vgl. Urkunden Nr. 19 u. 20.

Zeitgenossen auffiel, erzählt in besonders anschaulicher Weise der alte Johann Mikraelius. Seine Mittheilungen mögen daher hier folgen: „Obgemelter Balthasar, nachdem er bis ins 63. Jahr seines Alters, und unter andern auch unter Philippo, Caroli V. Sohne, sich im Kriege gebrauchen lassen, hat endlich sich verheirathet und noch Kindeskinder gesehen und ist zum wenigsten 105 Jahr alt geworden und etwa vor 18 Jahren verstorben. Er war bis ein halb Jahr vor seinem Tode so wol zu Fusse, dass er das Feld zu versehen und einen ganzen Tag im Wald sich zu belustigen keines Pferdes gebrauchete, auch so fertiger Faust, dass es selten missgelang, wenn er auf einen Vogel losbrannte. Zwei Jahre vor seinem Tode wolte er von seinem Vetter Christian Sigmund noch auf der Laute spielen lernen und als ihm sein hohes Alter entgegengesetzet ward, hat er gemeinet, es wäre ihm bisher alles leicht vorgekommen, was er angefangen hätte, drum wolte er dieses auch wol lernen. Er hätte es auch nicht nachgelassen, wenn ihn nicht ein viertägig Fieber davon abgehalten hätte, darüber er auch endlich verfallen."[185])

Mikraelius berichtet auch, dass Balthasar erst sehr spät geheirathet habe. Den Namen seiner Frau, Ilse von Steinwehr, kennen wir nur aus der überlieferten, im übrigen nebensächlichen Thatsache, dass sie am 6. Juli 1580, 8 Uhr Vormittag, für ihren abwesenden Ehemann eine notarielle Zustellung entgegengenommen hat.[186])

Balthasar hatte, wie aus der oben erwähnten Güterübertragung hervorgeht, zwei Söhne, Peter und Eckard.[187]) Der Letztere ist noch vor seinem Vater gestorben, da Peter bereits 1614 einmal als der einzige Sohn bezeichnet wird.[188])

Peter (III, 6), Balthasars Sohn, übernahm, wie oben erwähnt, i. J. 1597 zunächst gemeinsam mit seinem Bruder Eckard, und nach

---

[185]) Mikraelius, vom Pommerlande VI, S. 873.

[186]) St. A. Wetzlar, S. 915.

[187]) Nach Vanselow, Pommersches Heldenregister, S. 402 soll von Balthasars Söhnen Ekkehard in schwedischen Diensten geblieben sein. Vanselow nennt aber noch zwei andere Söhne, Jürgen und Peter, von denen ersterer in Frankreich, letzterer in Polen geblieben sein soll. Das ist unrichtig, denn Peter hat nachweisbar bis in sein späteres Alter in Prillwitz gelebt. Vanselow begeht augenscheinlich eine Verwechselung mit den beiden gleichnamigen Söhnen Karstens, von denen Elzow die Nachricht ihres Ablebens in Frankreich und Polen überliefert hat. Vgl. oben S. 22. — Der braunschweigische Historiker Johann Friedrich Pfeffinger nennt auf einer handschriftlichen Stammtafel der Prillwitzer Linie als Söhne Balthasars: Petrus, Christopherus, Ekhardt. Vgl. über diese Stammtafel oben Anm. 59c.

[188]) St. A. Wetzlar, S. Nr. 122. 9603.

dessen Tode allein die väterlichen Lehngüter. In Ansehung derselben erscheint er nach dem Tode des Vaters von 1618 an in den Lehnbriefen, schon vorher aber vermöge jener Uebernahme der Güter auch selbstständig handelnd.[189]) Durch ein Darlehn an seinen Vetter Lndeke von Schack erwarb er pfandweise dessen Lehnsantheil in Lindenbusch.[190]) Er tritt ferner in den Prozessen auf gegen Joachim II. wegen eines Gartens in Prillwitz i. J. 1602, desgleichen gegen Sigmund von Schack wegen der Schulzengerechtigkeit während der Jahre 1614 bis 1623. Auch er unterzeichnete am 26. Januar 1638 die bereits mehrfach erwähnte Erklärung der pommerschen Stände für den Kurfürsten von Brandenburg.[191]) Am 28. Juni 1641 ist Peter wohl nicht mehr am Leben gewesen, da sein Sohn Balthasar Dietrich wegen der Hütungen zu Prillwitz selbständig klagend auftritt. Am 11. November 1643 wird er in einer Eintragung der neumärkischen Lehnskanzlei als verstorben bezeichnet.[192]

Nach Elzow hatte Peter zur Frau: Sabine von Trampe, Tochter des fürstlichen Hauptmanns zu Stolpe und Treptow Dietrich Trampe und der Frau Gertrud geb. von Ramin. Ausser dem Sohn soll er eine Tochter Adelgunde gehabt haben, welche unverheirathet gestorben ist.[192a])

Der Sohn Balthasar Dietrich (III, 10) erscheint bereits in Prozessakten des Jahres 1641 und wird dann als Sohn seines verstorbenen Vaters im neumärkischen Lehnregister am 11. Nov. 1643 genannt. Er soll nach Elzow 1646 unverheirathet verstorben sein. Am 1. Juni 1647 ist er sicher bereits todt und zwar ohne Lehnserben hinterlassen zu haben, denn in der neumärkischen Lehnregistratur

---

[189]) Lehnbriefe vom 21. 9. 1618, 17. 8. 1620, 18. 9. 1622 und 24. 11. 1624. Urkunden Nr. 19—21. — Schon 1601 klagte Peter gegen Adam von Wussow wegen zweier gelieheuer Windhunde. Wussow ist geständig, die Hunde erhalten zu haben, er könne dieselben aber nicht zurückgeben, da er sie anderen Leuten, „wie es unter denen vom Adel bräuchlich," überlassen habe. St. A. Stettin, Starg. Hofger. v. Wussow. — Der Klage gegen Hans von Billerbeck i. J. 1607 ist schon oben Erwähnung gethan. Anm. 176. — Am 11. Nov. 1615 verbürgt sich Peter v. Sch. für Christoph von Steinwehr an Fiddichow gegenüber Martin von Liebenthal. St. A. Stettin.

[190]) Kurfürstliche Bestätigung, Küstrin, 30. Aug. 1619. Geh. St. A. Berlin. Kopiar ad 15 Bl. 477.

[191]) Vgl. oben Anm. 100.

[192]) Geh. St. A. Berlin. Kopiar 28 Bl. 204.

[192a]) Der braunschweigische Historiker Johann Friedrich Pfeffinger hat auf einer handschriftlichen Stammtafel der Prillwitzer Linie als Söhne Peters neben Balthasar Dietrich auch einen Georg und einen Ludwig angegeben.

wird vermerkt, dass sein Lehnsantheil an Lindenbusch auf Reimar von Schack übergegangen ist.[193]

David (III, 3), des Hans von Schack zweiter Sohn, erscheint mit dem Bruder Balthasar zusammen seit dem 9. September 1557 in den Lehnregistern, als Vormund oder als Zeuge. Im Mai 1566 war David „ausländisch", sein Bruder vertritt ihn in Küstrin in Lehnsangelegenheiten und entschuldigt sein Ausbleiben. Schon im Juni 1567 ist David wieder in Küstrin[194]) in Lehnsangelegenheiten, wo er zum letzten Male am 23. März 1571 auftritt. Nach Mikraelius hat sich David vielfach in Kriegen versucht und einen bekannten Namen gemacht. Gelegentlich eines Rechtsstreites und der aufgenommenen Zeugenaussagen über Joachim I. von Schack erfahren wir bezüglich Davids, dass derselbe „wegen Heinrich Runge mit Markgraf Hans in der Marke" in grosse Beschwerung gerathen und dass ihm hierbei das Ansehn seines Vetters Joachim von Nutzen gewesen sei.[195]) Im Oktober 1572 befand sich David in Pyritz, um der Abhaltung des herzoglichen Manngerichts beizuwohnen; hier ist er „jämmerlich und erbärmlich nachtschlafender Zeit vom Leben zum Tode gebracht" worden. Seine Wittwe selbst berichtet es an den Herzog und bittet um Vormünder für ihre Kinder, zwei Söhne und eine Tochter.[196]

David war, wie aus obigem ersichtlich, verheirathet, und zwar mit Anna (von) Möhlen (oder von der Möhlen). Er hinterliess zwei Söhne, Lodeke und Reimar und eine Tochter Hippolita.

[193]) Geh. St. A. Berlin, Kopiar 30, III.

[194]) Küstrin, 16. Mai 1566 und 2. Juni 1567. Geh. St. A. Berlin, Neum. Kopiar Nr. 4.

[195]) St. A. Wetzlar S. Nr. 23. 9604.

[196]) In dem Schreiben vom Januar 1573 führt Anna Molen, Davids Wittwe, aus: „dass im verscheinen 72. Jahre, etwa drei Wochen vor Martine, mein seeliger Man David Schacke zu Prulwitz ergesessen in der Stadt Piritz, dar E. f. Gn. Hof- und Manrecht ist gehalten worden, also jammerlich und erbermlich nachschlafender Zeit vom Leben ist zum Tode gebracht und mich nebst dreien kleinen jungen Kinderen, zweihen Sohns und eine Tochter, leider im Leben hinter sich verlassen . . ." Sie bittet, Hans von Küssow, Balser und Marx von Schöning, Balser Schack, Joachim d. J. und Sigmand von Schack zu Vormündern zu ernennen. Das geschah durch herzogliche Verfügung vom 20. Januar 1573. — Im Dezember 1573 schrieb die Wittwe abermals an den Herzog: Von den beiden Schöning sei die Vormundschaft abgesagt worden, Küssow gestorben und „Baltser Schacken, von dem ich und meine Kinder Trost haben solten, mehr Drankaal und Beschwerung bekommen" (wobei es dunkel bleibt, ob Balzer die Drankaal bekommen oder aber, und dies letztere ist anzunehmen: die Wittwe durch Balzer.) Die Wittwe bittet um neue Vormünder. — St. A. Stettin, Stett. A. Tit. 100 Nr. 21 Bl. 852 und 467.

Bei der Wittwe Davids, in den Quellen auch Anna Mahlen und Mohlen genannt, müssen wir eines kulturgeschichtlich und für die Familie im besondern nicht uninteressanten, Aufsehen erregenden Streites wegen noch ein weniges verweilen. Sie lebte, wie aus mehreren Anzeichen hervorgeht, mit den Verwandten ihres verstorbenen Mannes in wenig gutem Einvernehmen, das schliesslich zu häuslicher Feindschaft und einer höchst ärgerlichen Handlungsweise der Wittwe führte. [197]

Agneta Schack, Balthasars und Davids Schwester und demnach die Schwägerin der Wittwe Davids, war am 13. Oktober 1583 mit Hans von Billerbeck zu Hohenwalde gesessen „in Gegenwart ehrlicher Adelspersonen öffentlich verlobt und versprochen worden." Balthasar und die Wittwe Davids waren verpflichtet, die Braut aus den beiderseitigen Lehnen auszusteuern. Ob das der Wittwe, wie die Verwandten der Braut behaupteten, so unangenehm war, dass es für ihr Vorgehen zum Beweggrund wurde, bleibe dahingestellt; jedenfalls versuchte sie, das Verlöbniss rückgängig zu machen. Zu diesem Zwecke liess sie am 2. oder 3. November 1583 durch ihre Tochter Hippolita einen Schmähbrief anfsetzen und befahl ihrer Magd, einer unehelichen Tochter ihres Bruders und auch Anna Mohlen genannt, den Brief im Gutshofe des Bräutigams abzugeben. Die Magd wurde von Balthasar und dessen Vettern Joachim II. und Sigmund zur Haft gebracht und gestand den ihr gewordenen Auftrag ein. Da den Brief Niemand habe annehmen wollen, habe sie denselben an dem Thürriegel befestigt. Thatsächlich hat sich dann der Bräutigam durch jenes Schrift-

---

[197] Schon im Sommer 1578 war es zu einem Streit gekommen zwischen Davids Wittwe und ihrem Schwager Balthasar von Schack; es handelte sich um Zahlung von 700 Gulden Lehngelder. Die Wittwe legte schliesslich Berufung beim Reichskammergericht ein. In Verfolg derselben erging jene oben bereits (Anm. 186) angeführte Ladung an Balthasar. Im Verlauf des Rechtsstreites machte die Wittwe die Angabe, dass nach Absterben der Eltern ihres Mannes Balthasar den Haushalt, die fahrende Habe und über 700 Gulden Baarschaft einbekommen und nach siebenjähriger Verwaltung noch keine Rechenschaft abgelegt habe. Während der ganzen Zeit habe Balthasar an den Lehngütern und Gebäuden nichts gebessert, noch sonsten der Lehn halber den geringsten Heller ausgelegt. Durch seine unvorsichtige Haushaltung und übermässige Pracht habe er nicht nur den Ertrag des Lehns verzehrt, das Vieh verkauft und ausstehende Forderungen eingemahnt, sondern darüber hinaus noch etliche viel hundert Gulden Schulden gemacht, die David Schack nicht mitgenossen und die auch nicht in die gemeinsamen Lehngüter verwandt worden seien. Nach Davids Tode habe nun Baltzer erklärt, ersterer habe darein gewilligt, dass er die Hälfte von solchen Schulden bezahlen wolle, Baltzer habe aber darüber keinen Beweis beibringen können. — Die Angelegenheit ist dann im Reichskammergericht eingeschlafen. St. A. Wetzlar, S. 915.

stück bewegen lassen, die Verlobung wieder aufzulösen.[100]) Die Vettern in Prillwitz klagten darauf beim Hofgericht auf Bestrafung der Wittwe wegen des beleidigenden und verläumderischen Schriftstücks. Wie wenig übrigens die Schmähungen auf Wahrheit beruht haben mögen, geht nicht sowohl aus der strengen Bestrafung der Wittwe hervor, sondern noch vielmehr aus der auffallenden Schnelligkeit, mit welcher das Urtheil erfolgte, nämlich nach Einreichung der Klage im Dezember 1583 bereits am 1. April 1585. Das ist für das damalige Streitverfahren erstaunlich schnell, zumal langwierige Ausführungen beider Theile dazwischen liegen, zumal ein weiterer Rechtsstreit mit hineingezogen wurde und zumal endlich das schliessliche Urtheil von einer auswärtigen Fakultät, von Rostock, geholt worden ist.

Wir verweilen noch bei den Ausführungen der streitenden Parteien, da dieselben zu einer Beleuchtung des damaligen Lebens nicht ohne allgemeinen Werth sind. Die Beklagte führte aus, sie sei von der Gegenseite zu den Schmähungen gereizt worden. Balthasar habe ein mit David gemeinsam besessenes Kossätenhaus nach dessen Tode i. J. 1576 niedergerissen. Ferner habe derselbe 6 Weiden am Rittersitz der Wittwe umhauen lassen und auf ihren Einspruch gedroht, „sie mit dem Knebelspiess zu sohlen." In demselben Jahre habe Sigmund Schack von seinem Gesinde, welches er dazu mit Bier gekauft, einem todten Hunde die Vigilie singen und dann denselben an ihrem, der Wittwe, Thorweg anhängen lassen. Sigmund habe ferner ihr Vieh geschlagen, ein Schwein zu Tode gehetzt und ihren Hunden die Schnauzen zerhauen. Gleichzeitig mit dieser Vertheidigungsschrift erhob die Wittwe aber auch Gegenklage gegen Balthasar, Sigmund und Joachim d. J., in welcher sie einige ihr angeblich widerfahrene Beleidigungen aufführte. Auf alle diese Beschuldigungen antworteten die Vettern von Schack eingehend. So habe Balthasar nur seinen Antheil an jenem Kossätenhause genommen, nachdem die Wittwe es habe einreissen lassen. Die Weiden habe er selbst gepflanzt und dieselben auf den Widerspruch seiner Vettern wieder abhauen lassen. Einen Hund habe er erschiessen lassen, nachdem die Wittwe sich nicht habe zu demselben bekennen wollen. Der Wittwe Vieh laufe durch die schlechten oder zum Theil fehlenden Zäune auf das benachbarte Land und verursache Schaden. Der Antwort der

---

[100]) „Junker Hans von Hogenwalde! ich hebbes erfaren, dat gi willen Agneta Schacken hebben mit eren grauen Haaren . . ." beginnt das Schreiben, das dann ferner unter etwas derben Ausdrücken vor der Heirath mit Agneta warnt. Die Lügenhaftigkeit dieses „anonymen Briefes" steht ausser Zweifel, hat sich doch die Wittwe ohne weiteres bei dem späteren Erkenntniss beruhigt.

— 52 —

Vettern folgte die Gegenantwort der Wittwe. Um eine Verschleppung zu verhindern, erlegten die Schacks die Gerichtskosten im Voraus, um so eine baldige Verschickung der Akten herbeizuführen. Am 1. April 1585 erfolgte der Urtheilspruch, durch welchen die Wittwe „mit zweijähriger Verweisung unserer Lande" bestraft wurde. Ilippolita, die Tochter, wurde „aus erheblichen Ursachen mit solcher Strafe billig verschont, doch dergestalt, dass sie den Injuriaten gebührlich Abbitte, ihren Ehren unverletzlich, zu thun schuldig." Die Wittwe erklärte sich bei dem Urtheil beruhigen zu wollen, falls ihr der Ernte und der Einsetzung eines Verwalters wegen gestattet würde, bis Weihnachten auf dem Gute zu bleiben. Auch möge man davon absehen, sie durch einen Nachrichter oder Henker ausschreien und verweisen zu lassen. Die erbetene Frist wurde auch gewährt und später noch einmal verlängert, von der Wittwe aber nicht innegehalten, so dass die Vettern wiederholt auf Vollstreckung der Strafe dringen mussten.[199])

Reimar (III, 9), Davids, wie es scheint, jüngerer Sohn, wird zusammen mit seinem Bruder Ludeke in dem pommerschen Lehnbriefe vom 28. Januar 1575 und dann in den Küstriner Lehnregistern bis 1580 als unmündig aufgeführt. Ebenda wird er am 1. Februar 1581 schon als todt genannt und die Vettern Balthasar, Joachim und Sigmund muthen für den noch unmündigen Bruder des Verstorbenen, Ludeke, die hinterlassenen Lehngüter. Reimar wird danach unmündig verstorben sein.[200])

Ludeke (III, 8), Davids Sohn, war wohl der ältere der beiden Söhne, da er in der Lehnregistratur mit einer Ausnahme stets vor dem Bruder genannt wird. Noch im Jahre 1586 ist er unmündig. Im Oktober 1589 tritt er zum ersten Male als (mündiger) Zeuge auf und erfüllt am 10. September 1590 in Küstrin seine Lehnspflicht „nachdem er seine mundige Jahr erreicht".[201]) Er wird dann in den märkischen und pommerschen Lehnbriefen und Muthungsregistern bis zum 13. September 1622 regelmässig aufgeführt.[202]) Auch sonst wird er mehrfach genannt, namentlich sind es aber einige Pfandverträge,

---

[199]) Die Prozessakten befinden sich im St. A. Stettin, Stargarder Hofger. v. Sch. Nr. 2.

[200]) Lehnregistratur im Geh. St. A. Berlin, Neum. Kopiar Nr. 6 Bl. 343.

[201]) Vgl. Anm. 93. — Geh. St. A. Berlin, Neum. Kopiar Nr. 8 Bl. 96.

[202]) In den märkischen Lehnbriefen vom 4. 9. 1598, 10. 12. 1600, 24. 5. 1609, 17. 8. 1620; in den pommerschen Lehnbriefen vom 6. 4. 1601, 8. 4. 1605, 26. 4. 1608, 24. 9. 1616, 13. 9. 1622. Vgl. in Abschnitt IX die Urkunden.

welche seinen Namen ausser den obigen Urkunden überliefern. Schon im Juni 1593 verpfändete er seine Prillwitzer Mühlenpächte an seinen Vetter Sigmund von Schack. Bereits damals befand er sich in schlechten Vermögensverhältnissen, denn Sigmund suchte seine Forderung zu sichern durch die ausdrückliche herzogliche Genehmigung. Seine Bitte um dieselbe begründete er mit der Verschuldung Ludekes: „weil ich dan vornommen, dass mein Vetter für E. f. Gn. Burggerichte zu Piritz zimlich angesprochen, dass sein Farnis[203a]) bald weg und wenig mehr vorhanden ist." Im Oktober 1599 verpfändete Ludeke auch „einen wüsten Hof auf dem Lindenpusche" an Sigmund und noch im August 1619 „sein Antheil Lehngut auf der Feldmark Lindenbusch mit allen Pertinentien und Gerechtigkeiten" an Peter von Schack.[203]) Die Verhältnisse waren so zurückgegangen, dass er seinem Sohn Reimar den verpfändeten Lehnsbesitz überliess und ihm zuredete, sich trotz seiner Jugend bald und reich zu verheirathen, um mit Hülfe der Mitgift der Frau die versetzten Gutsantheile wieder einzulösen.[204]) Das ist dann auch geschehen. Aber auch dadurch wurden die Verhältnisse nicht besser. Denn wohl aus Veranlassung jener obigen weiteren Verpfändung des märkischen Besitzes an Peter von Schack erwirkte Reimar eine gegen seinen Vater und an Peter von Schack gerichtete

[203a]) Fahrende Habe, bewegliches Vermögen.

[203]) 24. Juni 1593. Prillwitz. St. A. Stettin, Lehnsarchiv Tit. VI, Nr. 8 Bl. 968—975. Vgl. Anm. 89. — 31. Okt. 1593. Geh. St. A. Berlin, Neum. Kopiar Nr. 9 Bl. 232. — 30. Aug. 1619. Ebd., Kopiar ad 15 Bl. 477.

[204]) St. A. Stettin, Baguthische Sammlg. v. Sch. Nr. 19 (die Akten sind unvollständig): Ludeke v. Sch. zu Prillwitz, welcher seinem Sohn Reimar seine Güter überlassen, hat in Erfahrung gebracht, dass derselbe an Peter v. Sch. diese Güter gegen Pension abtreten will (also verpachten) und beantragt beim Herzog ein Verbot an Reimar. Dieser erwidert im Juni 1618: .... welchergestalt mein Vater vorerwähnte Guetere ausserhalb dem Pauren seinem Vettern verpfändet und weil er dieselben hinwiederumb nicht ablösen konnen, mich dahin persuadiret und beredet, dass ich mit ehrlichen vom Adel fast wieder meinen Willen und Gedanken in meiner blühenden Jugend, die ich sonsten noch eine Zeit lang in Kriegswesen und andern rittermessigen Thaten und Tugenden hette gebrauchen und anwenden konnen, mich befreien mussen, damit von künftigem dote solch vorsetzte altvaterliche Lehne und Guetere von mir reluiret und an den rechten Stammherren wiederumb gebracht werden muchten. Gestalt dan auch solches wirklich erfolget und ich die Guetere nehenst einem Pauren, so er mir aus freiem väterlichem Willen zue besser meiner Unterhaltung dann geschenket und übergehen, zu meinem Nutz und Frommen bis daher gebrauchet. Weil ich aber derselben so hoch, gleich wie solze, der jehrlichen Pension halber, ich mich mit meinem Vetter verglichen, nicht gebrauchen kan noch mag, so kan ich bei weitem nicht absehen, worumb mein Vater mir, der ich sein einiger Sohn bin und die Gueter von dem meinigen eingelöset, solches nicht gonnen und vorstaten wolle."

Verfügung des Herzogs von Pommern vom 15. September 1619, durch welche Peter befohlen wurde, mit Ludeke keinen Vertrag zu schliessen oder Gelder auszuzahlen.[204a])

Bereits bei der Huldigung am 13. September 1622 war Ludeke Schack krank und musste sich „seiner Leibesschwachheit halber" durch seinen Vetter Peter entschuldigen lassen. Von dieser Zeit an nahm die Krankheit, wie der Sohn Reimar in einer Eingabe an den Herzog ausführt, nicht ab, sondern verschlimmerte sich von Tage zu Tage. Am 19. Januar 1623 ist er derselben erlegen.[205])

Nicht verbürgten Nachrichten zufolge soll Ludeke mit seiner Base Agnes von Schack, einer Tochter Balthasars, vermählt gewesen sein.

Er hinterliess zwei Söhne, Reimar und Thomas. Der Letztere wird nur einmal und zwar in dem märkischen Lehnbriefe vom 24. November 1624 erwähnt, später nicht wieder. Da Reimar noch im Juni 1618 sich als den einzigen Sohn seines Vaters bezeichnet[206]), so muss Thomas erst nach dieser Zeit als später Nachkömmling geboren, aber auch wohl bald und noch als Kind verstorben sein.

Reimar (III, 11), Ludekes Sohn, übernahm nach des Vaters Tode dessen verschuldete Lehngüter. In den Lehnbriefen und Lehnregistern wird er bis zum Jahre 1647 genannt. Auch 1653 hat er noch gelebt, wie aus seinem langjährigen Rechtsstreit gegen Ludwig von Brederlow hervorgeht.[207]) Am 15. Dezember 1658 ist er schon todt.

Reimar ist dreimal verheirathet gewesen. Er hat zum ersten Mal als ganz junger Mensch geheirathet. Sein Vater war etwa 1589 erst mündig geworden. Derselbe muss danach ebenfalls sehr jung geheirathet haben, wenn man annehmen will, dass Reimar in der ersten Hälfte des folgenden Jahrzehnts geboren ist. Das muss man aber annehmen, da er bereits 1613 seine erste Ehe eingegangen ist. Wir haben oben die Gründe kennen gelernt, welche den Vater veranlassten, den Sohn zu einer frühen und vortheilhaften Heirath zu

---

[204a]) Im September 1619 bittet Reimar, seinem Vater aufzugeben, dass er das mit Schulden belastete Lehngut nicht an Peter v. Sch. gegen Pension abtrete, da er nach dem Tode seines Vaters solches ankaufen müsse. Darauf erging obige herzogliche Verfügung vom 15. 9. 1619.

[205]) Reimar v. Sch. bittet unter obigen Angaben um Ansetzung eines Termines zur Abstattung seines Lehneides. Am 5. 2. 1623 wurde ihm ein Muthzettel ertheilt. St. A. Stettin, Lehnsarchiv.

[206]) Vgl. Anm. 204.

[207]) St. A. Stettin, Stargarder Hofger. v. Sch. Nr. 9.

bereden.²⁰⁴) So vermählte sich Reimar 1613 mit der Wittwe des
Melchior von Kösecke zu Lindow, Maria geb. von Strauss, des Joachim von Strauss Tochter, welche hiermit bereits ihre dritte Ehe
einging, da sie in erster Ehe mit Ewald von Horcker zu Glaso verheirathet gewesen war.²⁰⁸)

Reimar hat mit dem Ehegelde seiner Frau die von seinem Vater
verpfändeten Lehnstheile wieder eingelöst und dieselben einige Zeit
selbst bewirthschaftet. Er sah aber ein, dass es vortheilhafter für
ihn sein würde, diese Gutstheile seinem Vetter Peter von Schack zu
verpachten und sich der Verwaltung des Köseckeschen Gutes in Lindow zu widmen.²¹⁰) Dieses Gut des zweiten Mannes seiner Frau
bezog er sofort nach seiner Verheirathung 1613 und hat daselbst 11
Jahre bis 1624 gewohnt, vermuthlich bis zum Eintritt der Mündigkeit
seines Stiefsohnes Erdmann Ernst von Kösecke. Etwa im Anfang
des Jahres 1626 starb Reimars Frau.²¹¹) Durch ein interessantes
Schriftstück sind wir sogar über die Kosten unterrichtet, welche das
Begräbniss verursacht hat.²¹²)

Nach dem Tode der ersten Frau hat sich Reimar zum zweiten
Male verheirathet mit Katharina von Wreech, Wittwe des Peter
von Köthen auf Libbehne. Sie ist nicht lange mit Reimar verheirathet gewesen und starb vor dem 30. November 1629, zu welcher
Zeit Reimar seine dritte Ehe einging. Durch seine zweite Frau sind
ihm eine Reihe von Forderungen zugefallen, welche er im Verlaufe
der nächsten Jahren einklagte: So hatte Katharina von Wreech in
in den Jahren 1623 und 1624 Adam Köthen gegen 400 Thaler, 1625

---

²⁰⁴) Vgl. oben Anm. 204.

²⁰⁸) Reimar Schack und Frau quittiren ihrem Schwiegervater bezw. Vater
„Jochim Strossen" über den Empfang einer durch den Verkauf von Gütern zu
Wormsfelde auf sie entfallenden Summe Geldes. Driesen, 20. Jan. 1614. St. A.
Stettin, Stargarder Hofger. v. Schöning Nr. 65. — Obige Personalien der Maria
Strauss und die folgenden Angaben gehen hervor aus einer Eingabe ihrer Kinder
2. Ehe an den Herzog vom Oktober 1634. Aus dieser Ehe waren 2 Kinder: Erdmann Ernst von Kösecke und Marie Elisabeth, welche Hans von Schöning auf
Schwerade heirathete. St. A. Stettin, ebenda.

²¹⁰) Vgl. oben Anm. 204 und 204a.

²¹¹) Ihre Kinder machen in dem Anm. 208 erwähnten Schreiben vom Oktober
1634 die Angabe, dass ihre Mutter vor 8½ Jahren gestorben sei. — Am 27. April
1625 hat sie noch gelebt, wie ein Schuldschein Reimars beweist, durch welchen
er bekundet, dass ihm seine Frau Maria von Strossen in seinen „anliegenden
Nöthen 6 Rosenobel und eine doppelte lötige Krone" geliehen habe. St. A. Stettin,
Stargarder Hofger. v. Schöning Nr. 65.

²¹²) Verzeichnuss, was ich auf meiner s. Frauen Begräbnuss ausgeben.
Urkunden Nr. 23.

dem Jürgen Adam von Runge auf Schönow 50 Gulden und ihr Ehemann Peter von Köthen dem Anton von Dillerbeck zu Warnitz 300 Gulden geliehen.²¹³) Ferner hatte Peter von Köthen an Ludwig von Brederlow auf Gartz 2000 Gulden als Darlehn gegeben. Von den Lehnsnachfolgern Peters wurde diese Forderung der Wittwe desselben für ihre eingebrachte Aussteuer anstatt baaren Geldes überwiesen. Durch ihre Verheirathung ging nun die Forderung auf Reimar über, welcher im Namen seiner Kinder gegen Ludwigs von Brederlow Wittwe, Barbara von Runge, klagte. Die Klage ruhte während der kaiserlichen Einquartierung in Pommern; nach Wiederaufnahme i. J. 1631 ruhte sie wieder von 1637 bis 1648 und führte endlich am 14. Januar 1653 zu einem Vergleich, durch welchen Reimar im Niessbrauch der ihm bereits im Sommer 1632 überwiesenen Ländereien zu Rosenfelde und der von ihm daselbst angelegten Schäferei von 600 Schafen bis zur Zahlung der Schuldsumme von 2221 Gulden verblieb.²¹⁴)

Nach dem Ableben seiner zweiten Frau heirathete Reimar in dritter Ehe Barbara Katharina von Billerbeck, Tochter des Moritz von Billerbeck auf Warnitz und (nach Elzow) der Eva geb. von Horn. Die Ehestiftung wurde zu Warnitz am 30. November 1629 abgeschlossen und auf Pfingsten 1630 die Hochzeit festgesetzt.²¹⁵)

Diese dritte Frau hat Reimar überlebt und nach des Mannes Tode für ihre beiden Söhne Baltzer Dietrich und Peter Otto am 15. Dezember 1658 in Küstrin die Lehnsmuthung bewirken lassen.²¹⁶) Noch im Jahre 1709 lebte sie zu Prillwitz.²¹⁷)

Reimar hatte aus seiner zweiten Ehe eine Tochter und nach einer Mittheilung seines Enkels Friedrich Wilhelm von Schack v. J. 1717 aus erster und dritter Ehe 7 Söhne: Konrad, Joachim, Heinrich, Hans Christian, Moritz, Balthasar Dietrich und Peter Otto. Dieselben

---

²¹³) Klage gegen Peter von Köthen als Lehnsfolger Adams v. K. i. J. 1632. St. A. Stettin, Ragnitbusche Sammlg. v. Sch. Nr. 27. — Klage gegen Anton von Billerbeck 1633. Ebd. Nr. 28. — Klage gegen Jürgen Adam von Runge 1630. Ebd. Starg. Hofger. v. Sch. Nr. 14.

²¹⁴) Processakten im St. A. Stettin, Stargarder Hofger. v. Sch. Nr. 9.

²¹⁵) Ehestiftung vom 30. November 1629 im St. A. Stettin, Starg. Hofger. v. Sch. Nr. 13. Urkunden Nr. 24.

²¹⁶) Nach Absterben Reimar von Schacken hat sich dessen zweier Söhne Baltzer Dietrichs und Peter Ottos Mutter als hinterbliebene Wittwe Barbara Catharina von Billerbeck angegeben und vor ihre unmündige Söhne die Lehn über die Feldmark Lindenpusch gemuthet. Küstrin, den 15. Dezember 1658. Geh. St. A. Berlin, Kopiar, 30, III.

²¹⁷) Vgl. Anm. 165.

scheinen sämmtlich in jungen Jahren gestorben zu sein, denn am 2. April 1669 wird kurfürstlicherseits ein Vergleich der Vormünder des Peter Otto von Schack vom 3. Dezember 1663 bestätigt, durch welchen dieselben Joachim Kaspar von Steinwehr ein Drittel des Lindenbuscher Besitzes wegen der Aussteuer seiner Ehefrau überlassen hatten.²¹⁸) Hätten zu dieser Zeit noch die übrigen Brüder gelebt, so würden auch sie als Betheiligte aufgeführt worden sein. Auch sonst geschieht nirgends der übrigen Brüder mit alleiniger Ausnahme Balthasar Dietrichs Erwähnung, für welchen die Mutter, wie oben erwähnt, im Dezember 1658 die Lehnsmuthung bewirkte.²¹⁹)

Der vorstehend erwähnte Joachim Kaspar von Steinwehr war mit einer Schwester Peter Ottos, Sophia von Schack, verheirathet.²²⁰) Dieselbe dürfte als eine Tochter Reimars 3. Ehe anzusprechen sein.²²⁰ᵃ)

Wir müssen noch einmal zu der Zeit zurückkehren, da Reimar in erster Ehe mit Maria von Strauss zu Lindow lebte. Aus dieser Verbindung erwuchsen ihm mehrfache Streitigkeiten, deren Erwähnung für die Beurtheilung der damaligen Verhältnisse sich in mehrfacher Hinsicht empfiehlt.

Zunächst waren es Angelegenheiten mit den Herren von Wedel zu Kremzow, welche sich aus seiner Verbindung mit der Wittwe des Melchior von Kösecke ergaben. Die Köseckes nämlich waren Afterlehnleute der Kremzower von Wedel und daher in gewisser Beziehung unter deren Jurisdiktion befindlich. Unter diese Gerichtsbarkeit fielen daher auch etwaige Ansprüche an den Besitz der Familie und die

---

²¹⁸) Geh. St. A. Berlin, Kopiar 38 Bl. 119. — Ein ähnlicher Vertrag der Vormünder mit Steinwehr vom 6. Dez. 1663 thut ebenfalls anderer Lehnserben Reimars keine Erwähnung. St. A. Stettin, Lehnsarchiv, Konsense 1665 Nr. 18.

²¹⁹) Vgl. Anm. 216. — Da demnach Balthasar Dietrich 1658 noch unmündig war, so kann, wenn die Eintragung in die Matrikel der Universität Frankfurt i. J. 1652: Balthasar Dietrich von Schack, nobilis Pomeranus, auf ihn zu beziehen ist, diese Eintragung nur eine äussere Veranlassung gehabt haben. Balthasar Dietrich wird also wohl in Frankfurt nur die Schule besucht haben. Friedländer, Matrikel II, 53. Vgl. dazu einen ähnlichen Fall bei Friedrich (I, 7) v. Schack.

²²⁰) Vertrag vom 6. Dez. 1663. Oben Anm. 218. — Im Dezember 1670 beschwert sich Sophie von Schack, Joachim Kaspar von Steinwehrs Wittwe, über ihren Bruder Peter Otto v. Sch., dass er am 29. Dezember 1670 aus einem ihr gehörigen Hause eine Kossätenfrau ausgewiesen, Drohworte ausgestossen habe und sich der Saat auf dem Felde bemächtigen wolle. St. A. Stettin, Starg. Hofger. v. Sch.

²²⁰ᵃ) Sie ist gemeinsam mit ihrem Bruder Peter Otto die Allodialerbin der Wittwe Christoph Dietrichs von Trampe, einer Schwester der dritten Frau ihres Vaters Reimar, Barbara Katharina von Bülerbeck. Vgl. unten Anm. 892 und Text dazu.

Verwalter dieses Besitzes hatten unzweifelhaft als solche auch vor diesem Gericht zu Recht zu stehen. In diesem letzteren Verhältnisse aber befand sich Reimar von Schack, als Ventz (Vincentius) Weiher, welcher Elisabeth Kösecke, eine Schwester Melchiors, zur Frau hatte, gegen Reimars Frau als Wittwe Melchiors wegen eines Anspruchs von 40 Gulden beim Wedelschen Gericht klagbar wurde. Reimar erkannte dieses Gericht nicht als seinen Gerichtsstand an, erbot sich aber später, die 40 Gulden aus seinem Vermögen für seine Stiefkinder zu zahlen. Trotzdem ordneten die von Wedel Zwangseintreibung an und sandten ihre Vögte und einen Gerichtsnotar nach Lindow, um dieselbe in die noch ungetheilte fahrende Habe zu vollstrecken. Der ihnen entgegengesandte Lehrer der Stiefkinder, ein Franzose, bewog sie, abzustehen und in den Krug zu gehen, „wo sie sich toll und voll gesoffen." Von Wedelscher Seite werden die Vorgänge hierbei wie folgt dargestellt: Danach habe der Gerichtsnotar Ernst Vicke sich am 23. Dezember 1613 nach Lindow begeben und Maria Stranss, Reimars Frau, zu sich in den Hof entbieten lassen. Das Gesinde habe ihm den Bescheid gegeben, dass dieselbe nach Stargard verreist und dass auch Reimar von Schack nicht anwesend sei. Darauf sei ein Kerl, ein Franzose, auf den Hof gekommen mit einem langen Rohr und einem Gewehr an der Seite und habe erklärt, dass sie in Abwesenheit ihrer Herrschaft keine Pfändung dulden würden. Reimar von Schack sei nicht unter denen von Wedel gesessen und wenn sie ihm mit Gewalt etwas thun wollten, so sollten sie nur Tag und Stunde vermelden, „so wollte er sich also darauf schicken und wehren, wie ein Ehrlicher vom Adel thun sollte." Später habe dann Reimar, wie die Vögte berichten, hinter ihnen her geschossen, bis zum Dorfe Linaus ihnen nachgerufen und sich vernehmen lassen, wenn die Wedelschen Vögte ihm auf den Hof kämen, so wollte er sie auf die Köpfe schiessen, dass sie „trobbeln" sollten. Ausserdem habe er viel Hagel und Kugeln giessen lassen und auf Geheiss seiner Frau seien die Rohre mit Speck geladen worden, damit den Vögten, wenn sie geschossen würden, auch die Kleider auf dem Leibe brennen sollten. Des Singens und Pochens wegen der verwehrten Pfändung sei zudem kein Ende gewesen.

Einer Ladung der Wedel nach Kremzow leistete Reimar keine Folge, da er nicht unter ihrer Gerichtsbarkeit stände. Als er jedoch, so giebt er selbst an, am 10. Januar 1614 zur Auszahlung etlicher Gelder an Georg Weiher nach Kremzow gekommen sei, da seien von den Herren von Wedel wohl 20 Jungen und Knechte mit Rohren und Spiessen in seine Herberge geschickt worden, welche ihn „beim Mutzen angefasset und zwischen ihnen gleichsam als einen Dieb und Mörder menniglichen zum Spott und Spektakel in den Krug geführet und daselbst handfest gemacht" hätten. Bis zum 11. Januar Abends musste er in Bestrickung verbleiben, zu welcher Zeit er nach der Wedel Aussage „trotz Handgelöbde" davonging. Reimar berief sich auf den Spruch des Herzogs, seine Frau erhob öffentlich Einspruch, aber die von Wedel erklärten, dass Reimar allerdings unter ihrer Gerichtsbarkeit stehe, weil er die Wittwe ihres Lehnsmannes geheirathet und sich in dessen Güter gesetzt habe. An Reimar erging darauf ein herzogliches Mandat: „dass Du an den Ort, da Du bestricket gewesen, Dich hinwieder einstellest, Supplicanten wegen begangenen Excessen und violirter Jurisdiction Abtrag thuest..." Mit einem Protest Reimars hiergegen vom 2. November 1614 schliessen die Akten.[771])

Ein ähnlicher Fall ereignete sich mehrere Jahre später, ohne dass wir etwas über den weiteren Verlauf erfahren. Hier klagte die Frau des Daniel von Strauss, auch eine Kösecke, Margarethe mit Namen, gegen Reimars Frau „wegen etlichen vorenthaltenen Zeuges und Geräthes". Auch sie wurde klagbar vor dem Gerichte der von Wedel und diese erliessen von Fürstensee bezw. von Kremzow aus am 12. Juni 1621 und 7. September 1622 die entsprechenden Aufforderungen an die Beklagte.[772])

Aus seiner 1. Ehe hatte Reimar, wie oben erwähnt, ausser einer Stieftochter auch einen Stiefsohn Erdmann Ernst von Kösecke. Das Verhältniss zu demselben war in den ersten Jahren nach dessen Mündigkeit, nach den überkommenen Quellen zu schliessen, ein durchaus gutes.[773]) Später wurde das Verhältniss getrübt und da Reimar in der Zahlung einer Schuld an Kösecke säumig war, klagte dieser

---

[771]) St. A. Stettin, Stargarder Hofgericht v. Schack Nr. 6.

[772]) St. A. Stettin, Stargarder Hofgericht v. Sch. Nr. 7. Den Akten ist beigefügt eine „Specification des vorenthaltenen Zeuges wie folgt: 12 Taler 8 Ellen sieden Adlastuch, die Elle 1 Taler. — 3 Taler 8 Argent[a]) 5 Ellen blauen Kartzeke[b]), die Elle 15 Argent. — 6 Taler die sieden Schnuere. — 2 Taler Sieda. — 1 Taler Netlohn[c]). — 8 Taler 2 Ellen sieden Triept[d]) vom besten. — 6 Taler ein sammeten Mütze mit einen sobeln Brem[e]). — 1 Taler das Bratspiess. Latus: 39 Taler 3 Argent."

[773]) Am 6. Juli 1625 bekannte Reimar, von seinem Stiefsohn ein Paar Ochsen für 36 Thaler erhalten zu haben, desgl. baares Geld. — Der Stiefsohn bekundet, am 23. Aug. 1625 im Tausche von Reimar ein erheblich besseres Pferd erhalten zu haben als das demselben dagegen gegebene Pferd gewesen sei und verspricht ihm eine Heimzahlung. — St. A. Stettin, Stargarder Hofger. v. Sch.

a) böhmische Münze. b) Kleiderstoff. c) Nählohn. d) Halbsammet. e) Verbrämung.

und erwirkte eine Zwangseintreibung. Am 11. August 1633 erschien der Landreuter von Altdamm, Ernst Bellin d. Aelt., zu Prillwitz, um von Reimar von Schack nochmals gütliche Bezahlung von 69 Gulden zu fordern. Da baares Geld nicht vorhanden war, so übergab ihm Reimar unter Vorbehalt der Einlösung innerhalb 6 Wochen nachstehende Pfänder: „Einen Potogieser[771]) mit einer Oese; 12 silberne Löffel, darunter 6, darauf kein Name, 4 mit krummen Stelen, darauf des alten Peter von Köhten Name und Wapen, uf die andern zwene Riemar von Schacken und seiner sel. Frauen Name, alles ungewogen; 7 Ringe, darunter einer gewesen mit der Turkose, 2 Trauringe, 2 mit Rubinen, einen Denkelring mit 6 Schacken[775]), einen mit einen behemeschen Diamant oder Glosexpus, semptlich von reins und Kronengolde. Noch ein Perlen-Vorbind mit 5 grosen Kronstiften[776]) ohne Perlen. Noch 5 grosse mit Perlen, eine grosse Kronstifte mit einer grünen Schmaragde wie auch 7 kleine Kronstiften mit 14 güldene Rosigen."[777])

Peter Otto (III, 19), Reimars Sohn, wird in den Lehnregistern bis 1671 als unmündig bezeichnet. Die nächste Eintragung vom 14. Mai 1679 berichtet, dass er sich persönlich in Küstrin zur Abstattung seiner Lehnspflicht gestellt habe, „nachdem er seine mündigen Jahre erreicht."[778]) Am 25. Mai 1680 hat er auch wegen seiner pommerschen Lehne um Tagsatzung zur Abstattung seines Lehneides. Aus seiner Eingabe geht hervor, dass er noch unter seines Grossvaters und Vaters Verschuldung schwer zu tragen hatte. Seine wenigen Güter, so schreibt er, seien zwar so mit Schulden belastet gewesen, dass er in Zweifel gestanden, dieselben zu reluiren und anzutreten, doch habe er mit höchstem Fleiss dahin gestrebt, seines seligen Vaters Hand und Siegel einzulösen. Und in einem wenig späteren zweiten Gesuch gleichen Inhalts führt er aus, er habe einen grossen Theil

---

[771]) Goldmünze.

[775]) Ein Denkelring ist ein zum Andenken gegebener Ring; denn nannte man so einen Ring, der aus drei ineinandergefügten Ringen bestand. Der vorliegende hatte anscheinend 6 ineinandergefügte kleinere Ringe. — Schacke ist der Ring in einer Kette. Vgl. Grimm Wörterbuch 8, 1908 und Schiller-Lübben, Mittelniederd. Wb. 4, 30.

[776]) Stift mit kronenartigem Knopf. — Rosigen sind kleine Rosen.

[777]) St. A. Stettin, Starg. Hofgvr. v. Kösecke.

[778]) Geh. St. A. Berlin, Kopiar Nr. 80, 11. — Aus obigem geht hervor, dass die Angabe einer Johanniterahnentafel a. d. J. 1790, nach welcher Peter Otto am 16. Mai 1665 in Köslin geboren sein soll, unrichtig ist. Schon am 15. Dezember 1658 hat er gelebt. Vgl. oben Anm. 216.

seiner Güter von den Kreditoren reluiren müssen und habe im Zweifel gestanden, ob er einen Lehnbrief oder Konsens lösen solle, deshalb seien wenige Jahre über seine Minorennität verstrichen.⁷³⁰) Im übrigen erscheint er mehrfach in den Lehnregistern. Hervorzuheben ist, dass er am 27. Februar 1695 bei der Lehnskanzlei in Küstrin das Ausbleiben seines in ausländischem Kriegsdienst befindlichen Stiefsohnes Hans Friedrich (II, 13) von Schack entschuldigte, dessen Mutter er geheirathet hatte.⁷³¹) Peter Otto tritt zum letzten Mal urkundlich auf i. J. 1706 gelegentlich vermögensrechtlicher Auseinandersetzungen der Familie von Billerbeck.⁷³¹) Am 23. Oktober 1713 ist er zu Prillwitz gestorben.

Peter Otto war verheirathet mit der Wittwe Christian Friedrichs (II, 8) von Schack, Anna Katharina von Holtzendorf.⁷³²) Aus dieser Ehe entsprossen folgende Söhne:⁷³³)
1. Friedrich Wilhelm. 2. Wolf Christoph. Beide sind geboren vor dem 24. September 1689. 3. Bogislaw. 4. Balthasar. 5. Otto Bogislaw, geb. 24. August 1696. 6. Joachim Friedrich, geb. vor dem 6. Oktober 1699, aber nach Otto Bogislaw.⁷³⁴) Von diesen sechs Söhnen überlebten den Vater nur Friedrich Wilhelm und Otto Bogislaw. Die andern starben in früher Jugend. Wolf Christoph und wohl auch Bogislaw und Balthasar schon vor dem 6. Oktober 1699.

Ausserdem sind 2 Töchter Peter Ottos bekannt geworden:
Amalia Tugendreich ist den 13. August 1747 in der Nacht gegen 1 Uhr nach einer langwierigen Krankheit zu Pyritz verstorben und den 14. darauf im Gewölbe zu Prillwitz beigesetzt worden. Anna Charlotte ist in demselben Jahre am 29. September ebenfalls nach langwieriger Krankheit in Pyritz verstorben und am folgenden Tage gleichfalls in Prillwitz beigesetzt worden. Beiden wurde am 31. Oktober Abends 10 Uhr eine Gedächtnispredigt gehalten.⁷³⁵)

⁷²⁹) St. A. Stettin, Lehnsarchiv.
⁷³⁰) Geh. St. A. Berlin, Kopiar 50, II.
⁷³¹) St. A. Stettin, Lehnsarchiv, Konzense 1706 Nr. 10.
⁷³²) Nach der Johanniterahnentafel des Bogislaw Wilhelm v. Sch. (III, 31) war sie am 18. Juli 1689 geboren und starb am 8. Mai 1726. Das Geburtsjahr wird einen Schreibfehler für 1649 enthalten, da sie bereits 1667 ihren ersten Mann Christian Friedrich v. Sch. geheirathet hat. Vgl. oben S. 40.
⁷³³) Nach einer persönlichen Angabe des ältesten Sohnes Friedrich Wilhelm v. J. 1717.
⁷³⁴) Unter den Daten des 24. Septbr. 1689 und 6. Okt. 1699 reichten die von Schack bei der pommerschen Lehnskanzlei Angaben über den Personalbestand ihrer Familie ein. St. A. Stettin, Lehnsarchiv.
⁷³⁵) Beide Schwestern werden in dem Testament ihres Bruders Friedrich Wilhelm erwähnt. Vgl. unten Anm. 241.

Friedrich Wilhelm (III, 20), Peter Ottos ältester Sohn, war vor dem Jahre 1689 geboren.[236]) Er trat in russische Dienste und war schon 1714 Obrist.[237]) Im November 1717 stellte er sich persönlich in Stargard zur Abstattung seines Lehneides als „unter Sr. Czarschen Majestät gewesener Generalquartiermeister" und wurde mit Prillwitz und Kloxin belehnt.[238]) Kurz vorher in den Jahren 1716 und 1717 befand er sich während der Besetzung Meklenburgs durch eine russische Armee bei derselben als Generalquartiermeister und war als solcher eifrig bemüht, eine gerechte Vertheilung der Einquartierungslasten herbeizuführen.[239])

Nach seinem Abschiede aus russischen Diensten lebte Friedrich Wilhelm auf seinen in der Lausitz belegenen Gütern Radibor, Bornitz und Quoos, welche er bereits am 23. Mai 1711 durch einen Vergleich mit seiner ersten Frau, der bisherigen Besitzerin, erworben hatte. Das eine dieser Güter, Quoos, verkaufte er i. J. 1737 an seinen Bruder Otto Bogislaw von Schack, dem er 1745 auch Radibor abtrat. Die pommerschen Lehne hatte er dem Bruder schon früher gegen ein Abstandsgeld von 2000 Thalern überlassen. Am 24. August 1750 ist er zu Radibor ohne Hinterlassung von Kindern gestorben und in seinem Begräbnis zu Neschwitz beigesetzt worden.[239a])

---

[236]) Vgl. die obigen Angaben zu Anm. 234. — Er ist nach 1682 geboren, da in diesem Jahre seine Mutter noch als Wittwe ihres ersten Mannes auftritt. Vgl. Anm. 150. — Die Eintragung im Neschwitzer Kirchenbuch, dass er am 24. August 1750 im Alter von 80 Jahren gestorben sei, ist daher unrichtig.

[237]) Mittheilung seiner Mutter in einer Eingabe an die pommersche Lehnskanzlei vom Jan. 1714. St. A. Stettin, Lehnsarchiv.

[238]) Am 25. Nov. 1717. St. A. Stettin, Lehnsarchiv.

[239]) Ueber die damaligen Vorgänge in Meklenburg vergl. Dohn, Gesch. Meklenburgs S. 141—143. — Die meklenburgische Ritterschaft berief sich in ihren Klagen über die durch den Herzog Karl Leopold herbeigeführte Invasion russischer Truppen sowie über die gerade durch den Herzog veranlasste scharfe Bedrückung der Ritterschaft durch die Einquartierungslasten auf ein Schreiben des russischen Generalquartiermeisters von Schack vom 27. Oktober 1716. „Es hat auch der russische Generalquartiermeister von Schack dem ritterschaftlichen Deputirten eröffnet, dass, weil die russische Truppen damals etwa aus 26—27000 Mann effective nur noch bestunden, überdam aber bei 8000 vacante portiones der Ritterschaft mit aufgebürdet waren, er der Hr. Generalquartiermeister Sr. hochfürstl. Durchl. in Ansehung der grossen Beschwerde der Ritterschaft vorgestellet hatte, dass sie sich gnädigst gefallen lassen mögten, dass gesagte etwa 8000 vacante portiones abgingen. Es hatten aber Sr. hochf. Durchl. darauf geantwortet: Sie könten dabei nichts thun und auch nicht helfen, das müsse so bleiben."

[239a]) Die Eintragung im Neschwitzer Kirchenbuch lautet: „Der hochwohlgeb. H. F. W. v. Sch., Erb- und Lehnsherr auf Radibor . . . . starb in Radibor nach einem langwierigen Lager den 24. Aug., nach Mittags 1/2 5 Uhr, ward den

Friedrich Wilhelm ist zweimal verheirathet gewesen. Seine erste Frau war Katharina Elisabeth geb. von Nostitz, welche in erster Ehe mit Hans Julius von Burkersrode, † 12. 4. 1690, vermählt gewesen war.²³⁹ᵇ) Seine zweite Frau, Sophia Eva Charlotte geb. Reichsgräfin von Flemming, geboren 1684, gestorben 1742, war in erster Ehe seit dem 17. Oktober 1701 mit dem russischen Generalmajor Lebrecht von dem Busche verheirathet gewesen. Sie war eine Tochter des kurbrandenburgischen Generalfeldmarschalls Grafen Heino Heinrich von Flemming und der Dorothea Elisabeth geb. von Pfuhl a. d. H. Buckow. Die Eheberedung Friedrich Wilhelms mit derselben fand am 13. August 1723 statt.²⁴⁰)

Am 7. September 1737 errichtete Friedrich Wilhelm zu Bautzen sein Testament, dem er später am 11. Juni 1748 ein Kodizill anfügte. Durch diese letztwilligen Verfügungen hat er ein Familienvermächtniss errichtet, dessen Grundstock zunächst 12000 Thaler betragen sollte, dann aber vom Stifter auf 10000 Thaler vermindert wurde. Den Zinsgenuss dieses Stammvermögens soll der jedesmalige Aelteste des Geschlechts von Schack auf Lebenszeit erhalten und in der Furcht Gottes und zu des Geschlechtes Aufnehmen verwenden.

Näheres über diese Stiftung findet sich in den letztwilligen Verfügungen des Stifters, welche unter den Urkunden abgedruckt sind.²⁴¹) Das Stammvermögen von 10000 Thalern wurde auf den Gütern Radibor, Quoos und Bornitz eingetragen. Als aber der Neffe des Stifters, Gnemar Bernd Wilhelm von Schack, die Güter i. J. 1765 an den kaiserlichen Generalfeldzeugmeister Freiherrn von Ried verkauft hatte und dieser jenes Stammvermögen von seinen Gütern abzulösen wünschte, wurde dasselbe unterm 9. Februar 1780 auf Kluxin A übertragen. Das Vermögen befindet sich jetzt auf dem Oberlandesgericht zu Stettin.

<small>27. Aug. hieher in seine Erbgruft unter seinem Kirchstübchen beim Altar christadelichem Gebrauch nach zur Ruhe gebracht, alt 90 Jahre." Das Betstübchen steht, nach einer Mittheilung des Neschwitzer Pfarramtes, noch jetzt und hat an einer Wand eine Stelle, wo vielleicht unter einer dicken Kalklage ein stehender Stein sich befindet, auf welchem sich etwas wie der Umriss eines Kopfes abzeichnet.

²³⁹ᵇ) Lehnsregistratur der Oberlausitz auf dem Amtsgericht zu Bautzen.

²⁴⁰) Das Datum ergiebt sich aus dem Testamente Friedrich Wilhelms. Anm. 241.

²⁴¹) Testament des kais. russischen Generalquartiermeisters Friedrich Wilhelm von Schack d d. Budissin, den 7. September 1737. Hinterlegt auf dem kgl. polnischen und kurf. sächs. Oberamt zu Budissin (Bautzen) am 3. Dez. 1738. Kodizill d. d. Radibor, 11. Juni 1748. — Publicirt, Radibor 24. Sept. 1750. Urkunden Nr. 96.</small>

Im übrigen setzte Friedrich Wilhelm seinen Bruder Otto Bogislaw zum Gesammterben seines Vermögens ein. Derselbe soll gegenüber der Frau Friedrich Wilhelms, Sophia Eva Charlotte geb. Reichsgräfin von Flemming, die Bestimmungen der mit derselben zu Hermsdorf am 13. August 1723 errichteten Eheberedung erfüllen. Dieselbe soll auf Verlangen ausser dem in der Eheberedung vorgeschriebenen Hamains von 100 Thalern den ganzen unteren Stock des neuen Radiborschen Hauses zur Wohnung eingeräumt erhalten. An Vermächtnissen bestimmte Friedrich Wilhelm seiner Stiefenkelin Friederike Luise von Nostitz, welche von ihm erzogen worden war, 1000 Thaler und seinen beiden Schwestern, Amalie Tugendreich und Charlotte von Schack, je 100 Dukaten. In dem Kodizill erhöhte Friedrich Wilhelm das Vermächtnis für Fräulein von Nostitz um weitere 1000 Thaler und bestimmte ihr einige werthvolle Andenken an seine inzwischen verstorbene Frau und an ihn selbst.[241])

Otto Bogislaw (III, 24), Peter Ottos hinterlassener jüngerer Sohn, wurde am 24. August 1696 zu Prillwitz geboren.[242]) Er trat in das Gardereiter-Regiment Gens-d'armes ein, wurde in demselben am 1. Februar 1714 Lieutenant, am 1. Oktober 1718 Premierlieutenant und am 1. März 1720 mit einem später auf den 1. März 1719 vordatirten Patent Rittmeister. Am 5. Juni 1723 genehmigte der König auf Vorschlag des Kommandeurs, des Generals, späteren Feldmarschalls Natzmer, dass „in des abgehenden Rittmeisters Wobesers Stellung dem Rittmeister Schack die Kompagnie übergeben werde". Am 18. August 1729 wurde Otto Bogislaw Major, am 11. Juni 1739 gelegentlich einer Besichtigung des Regiments durch den König Oberstlieutenant. Als solcher wurde er am 4. August 1739 in das Kürassierregiment Alt-Waldow Nr. 12, am 18. Juli 1740 in das Dragonerregiment Schonenburg Nr. 3 und am 23. April 1741 in das Dragonerregiment Bissing Nr. 4 versetzt. Er nahm am 17. August 1742 als Oberstlieutenant den Abschied. In demselben Jahre hatte er sich besonders in dem Gefecht bei Fulneck am 18. April ausgezeichnet, in welchem sich das Dragonerregiment von Kannenberg, an dessen Spitze Otto Bogislaw stand, auf eine wahrhaft heldenmüthige Weise schlug.

Aus der Dienstzeit Otto Bogislaws verdient die Thatsache Erwähnung, dass ihm als damaligem Major Anfang November 1730 der

---

[242]) Nach Andern wurde er am 7. August geboren und am 24. Aug. getauft.

traurige Auftrag zu Theil wurde, den unglücklichen Lieutenant seines
Regiments, Hans Hermann von Katte, mit einem Kommando von 30
Pferden nach Küstrin zu geleiten. Am 5. November 1730 zwischen
2 und 3 Uhr Nachmittags lieferte Schack den Verurtheilten in Küstrin
an den dortigen Kommandanten ab und hatte am folgenden Tage,
ebenfalls auf ausdrücklichen königlichen Befehl, den Lieutenant Katte
auf den Richtplatz zu bringen. Der Bursche Schacks bediente ihn
mit den letzten Handreichungen, half ihm den Rock anziehen, die
Halsbinde lösen und reichte ihm die Mütze dar, welche sich der Un-
glückliche über die Augen zog, um dann den Todesstreich zu empfangen.
„Seine Standhaftigkeit und Unerschrockenheit werde mein Tage nicht
vergessen und durch seine Zubereitung zum Tode habe vieles gelernt,
so noch weniger zu vergessen wünsche," schrieb Otto Bogislaw an
den Vater des Hingerichteten.²⁴⁹ ᵃ)

Otto Bogislaw wohnte, nachdem er seinen Abschied genommen
hatte, auf Prillwitz. Dass er sich mit seinem Bruder Friedrich Wil-
helm nach des Vaters Tode dahin verglichen hatte, dass dieser ihm
seinen Antheil an den väterlichen Lehngütern gegen Zahlung eines
Abstandgeldes von 2000 Thalern überliess, ist oben bereits erwähnt
worden. Er erwarb aber später auch noch die übrigen, seinen Lehns-
vettern in Prillwitz zugehörigen Gutstheile und vereinigte somit zum
ersten Male wieder die alten Stammlehn in einer Hand.

Ausser Prillwitz besass er aber auch das Gut Quoos in der
Oberlausitz, welches er 1737 von seinem Bruder Friedrich Wilhelm
gekauft, sowie das Hauptgut Radibor mit Bornitz, welches ihm der
Bruder 1745 abgetreten hatte. Mit Quoos wurde Otto Bogislaw am
12. September 1737 belehnt, die Belehnung mit Radibor erfolgte am
7. September 1745. Diese oberlausitzischen Güter hat er am 22. Mai
1768 seinem Sohne Gneomar Bernd Wilhelm abgetreten. Trotz dieses
grossen Besitzes in Sachsen hat Otto Bogislaw doch seinen Wohnsitz

---

²⁴⁹ ᵃ) Die Angabe in Poellnitz, Memoiren II, 245, dass Schack Mitglied des
Kriegsgerichts gewesen sei, welches über den Kronprinzen Friedrich und über
Katte zu urtheilen hatte, ist unrichtig. Man vergleiche darüber Dannell, Protokolle
des Köpenicker Kriegsgerichts. Berlin 1861. — Ueber die Vorgänge bei der Hin-
richtung hat Schack am 2. Dezember 1730 einen Bericht an den Vater Kattes
gesandt, welcher neben einem anderen Bericht die beste Quelle über diesen trau-
riges Vorgang ist. Man vgl. darüber Hoffbauer, die Hinrichtung des Hans Hermann
von Katte in Küstrin. (Mittheilungen des hist. statist. Vereins zu Frankfurt a. O.
VI. VII).

anscheinend in Prillwitz behalten.²⁴³) Dort ist er auch am 10. Juli 1762 gestorben.

Otto Bogislaw vermählte sich am 7. Dezember 1724 mit Juliane Luise von Waldow, geb. am 29. Oktober 1702 zu Reetz, gest. 27. Mai 1763 (1765?) zu Prillwitz. Sie war eine Tochter des Joachim Friedrich von Waldow auf Niepölzig und der Gottliebe Tugendreich geb. von Horcker a. d. H. Glasow.²⁴⁴) Aus dieser Ehe stammen 4 Söhne:

1. Otto Friedrich, 1725 geboren, am 4. December zu Niepölzig getauft.²⁴⁵) Er trat in Potsdam in das 2. und 3. Bataillon Garde ein, wurde am 27. August 1749 Fähnrich und am 23. Juli 1754 Sekondelieutenant. Am 8. April 1756 wurde ihm der erbetene Abschied bewilligt. Er übernahm darauf die Bewirthschaftung der in der Lausitz belegenen väterlichen Güter, doch muss er bald, jedenfalls noch vor dem Vater gestorben sein. Am 2. September 1762 bezeichnete sich sein Bruder Gneomar Bernd Wilhelm als einzigen Sohn seines Vaters, der weder Brüder noch Schwestern habe.²⁴⁶)

2. Gneomar Bernd Wilhelm, geb. am 6. Dezember 1730.²⁴⁷)

3. Friedrich Peter, geb. am 19. Februar 1733, gest. 1746.

4. Karl Ludwig, geb. 27. Juni 1734. Er soll studirt haben und ist bald darauf gestorben.

Eine Tochter Sophie wurde am 22. Juni 1729 zu Niepölzig getauft.²⁴⁹) Zwei andere Töchter, Wilhelmine Henriette und Karoline Charlotte wurden am 29. Oktober 1735 bezw. am 2. November 1736 geboren.

---

²⁴³) Im St. A. Stettin. Stett. A. P. II Tit. 18, 356 sind Akten erhalten: Jagdrath Kirstein Namens des Amtes Kolbatz wider den Oberstlieutenant Otto Bogislaw von Schack zu Prillwitz wegen angebührlicher Pfändung eines Bauern. 1750. Nach diesen Akten war er von Prillwitz auf einige Zeit nach der Oberlausitz auf seine dortigen Güter verreist.

²⁴⁴) Diese Daten entstammen einer Johanniterahnentafel des Bogislaw Wilhelm v. Sch. a. d. J. 1780.

²⁴⁵) Taufzeugen waren: Major von Beneckendorf, Herr von Liebenthal-Kratzen, Hauptmann (Franz Arnd) von Schack, Frl. von Brederlow und die älteste Frl. von Schack (vielleicht die Muhme Amalie Tugendreich).

²⁴⁶) Gneomar Bernd Wilhelm bittet seinen Lehneid durch einen Bevollmächtigten abstatten zu dürfen. 2. Sept. 1762. St. A. Stettin, Lehnsarchiv.

²⁴⁷) Nach der Johanniterahnentafel des Bogislaw Wilhelm v. Sch. am 6. Febr. 1780 in Berlin.

²⁴⁹) Taufzeugen: Major von Beneckendorf aus Berlin, Rittmeister von Schack, Herr von Brederlow-Gartz, Frau Rittmeister von Schack, des Herrn Oberst von Schack älteste Tochter.

Gneomar Bernd Wilhelm (III, 27), Otto Bogislaws Sohn, geboren am 6. Dezember 1730 in Berlin,²⁴⁹) war 1749 Frei-Korporal in der preussischen Garde. Er hat dann in Frankfurt a. O. studirt²⁵⁰) und war nach den Vasallentabellen von 1756 bei der „Kammer in Berlin". Später wurde er königlicher Kammerherr. Vom Vater ererbte er einen umfangreichen Güterbesitz. Schon im Mai 1758 trat ihm derselbe die in der Lausitz belegenen Güter Radibor mit Bornitz und Quoos ab. Ueber Prillwitz nebst Zubehör erhielt er am 17. September 1762 einen Muthschein.²⁵¹) Die in der Lausitz belegenen Güter verkaufte er jedoch am 30. Oktober 1765 an den österreichischen Wirkl. Geh. Rath Frh. von Ried. Am 1. September 1776 ist er zu Prillwitz gestorben.

Gneomar Bernd Wilhelm vermählte sich 1759 (zum 1. Mal am 12. April aufgeboten) mit Julia Marie Luise von Wreech, geb. 21. April 1738 in Schönebeck, gest. am 21. März 1769 zu Berlin. Sie war eine Tochter des preussischen Generallieutenants Adam Friedrich von Wreech auf Bossow, Tamsel, Grabow und Kolpien und der Eleonore Luise von Schöning a. d. H. Tamsel.²⁵²) Kinder aus dieser Ehe waren:

1. Luise Juliane, geb. 4. Februar 1760 zu Berlin, am 18. Februar daselbst getauft, gest. am 5. Februar 1835 zu Berlin. Sie war vermählt: 1. 1780 mit Heinrich Sigismund Freiherrn, späteren Grafen von Czettritz und Neuhaus, Herrn auf Pohlschildern (Kr. Liegnitz), geb. 14. Dezember 1749 zu Schwarzwaldau, gest. 22. November 1787. 2. am 19. September 1796 zu Dresden mit August Friedrich Ferdinand Grafen v. d. Goltz, preussischem Staatsminister und Oberhofmarschall, geb. 19. Juli 1764, gest. 17. Januar 1832.²⁵³)

2. Ottilie Friederike Juliane, geb. 24. Januar 1761 zu Berlin, getauft 9. Februar, gestorben in jugendlichem Alter vor dem Vater.

3. Wilhelmine Eleonore, geb. 29. Januar 1762 zu Berlin, am

---

²⁴⁹) Vgl. dazu Anm. 247.

²⁵⁰) Unterm 9. Okt. 1750 in die Matrikel eingetragen. Friedländer, Matrikel II, 375.

²⁵¹) Vgl. Anm. 246.

²⁵²) In einem Erbprozess der Geschwister von Wreech v. 11. Sept. 1767 erscheint G. B. W. als ehelicher Assistent seiner Gattin Julie Luise Marie von Wreech. Geh. St A. Berlin, Johanniterordenskopiar Nr. 18 Bl. 433.

²⁵³) Prinz Ferdinand von Preussen bestätigte d. d. Sonnenburg, 5. Nov. 1802 für die Legationsräthin Gräfin Juliane Luise v. d. Goltz, geb. v. Schack, eine gerichtliche Obligation von 22000 Thalern, welche sie dem Gutsherrn von Pieper geliehen. Ebenda, Johanniterkopiar Nr. 24 Bl. 351.

5*

14. Februar getauft und in jugendlichem Alter vor dem Vater gestorben.

4. Otto Friedrich Ludwig, geb. 3. Februar 1763 in Berlin.
5. Bogislaw Wilhelm, geb. 17. Mai 1766 in Berlin.

Für diese beiden Söhne und deren Schwester Luise Juliane muthete deren Vormund, der Kammerherr und Hofmarschall des Prinzen Heinrich von Preussen von Wreech am 28. August 1777 die Schackschen Lehne Prillwitz und Kloxin. Im folgenden Jahre kaufte derselbe den gräflich von Küssowschen Antheil in Kloxin im Küssowschen Konkurse für seine Mündel Otto Friedrich und Bogislaw Wilhelm, welche unterm 21. Januar 1780 eine Allodifikationsverschreibung über diesen Gutsantheil erhielten.[254]

Der jüngere dieser Söhne, Bogislaw Wilhelm (III, 31), wie erwähnt am 17. Mai 1766 in Berlin geboren, wurde schon am 23. Februar 1780 als Johanniterritter expektivirt und am 11. September 1790 investirt. Er wohnte damals in Berlin als königlicher Kammerherr und Legationsrath. Er starb in Wien am 28. März 1794[255]) als Gesandtschaftskavalier bei der preussischen Gesandtschaft daselbst. Die Kirche zu Prillwitz besitzt noch heute eine von ihm geschenkte, an seinen Wiener Aufenthalt erinnernde Kanzelpultdecke von rothem Sammet mit goldenen Franzen, auf welche in der Mitte ein kleineres Stück von grünem Sammet befestigt ist mit folgender Inschrift: „Diese Decke, ein Theil des Fussteppichs, worauf Kaiser Leopold II. den 10. Oktober 1790 knieend gekrönt wurde, hat W. B. von Schack geschenkt der Kirche zu Prillwitz den 27. März 1791."

Otto Friedrich Ludwig (III, 30), der ältere Sohn Gneomar Bernd Wilhelms, wurde am 3. Februar 1763 in Berlin geboren und trat 1777 als Standartenjunker in das Garde-Reiterregiment Gensd'armes ein. In demselben wurde er am 15. Mai 1780 Kornet und 28. Mai 1784 Lieutenant. Am 1. Juni 1786 wurde er — nach erfolgter Expectivirung am 15. August 1779 — als Johanniterritter investirt. Mit dem Jahre 1793 erneuerte Preussen den Feldzug gegen Frankreich, gleichzeitig erfolgte im Osten die Besetzung Polens zur Vorbereitung der zweiten Theilung. Der glühende Wunsch Otto Friedrichs, an dem Feldzuge gegen Frankreich theilnehmen zu können, ward nicht erfüllt. Die Enttäuschung veranlasste ihn zu einer Eingabe an den König, in welcher er seinen Wunsch offenbarte. „Des étran-

---

[254] 28. Aug. 1777. St. A. Stettin. Lehnsarchiv v. Sch. — Ebenda, Lehnsarchiv Tit. IX Sect. 99, Nr. 8, Familie von Küssow.
[255] Nach Lehnsakten am 24. 3. 1794.

gers ont obtenu la permission de faire la campagne future, oserais-je me flatter de la même faveur?"⁵⁴) Vielleicht war es eine Folge dieses Gesuches, dass Otto Friedrich im folgenden Jahre, 1794, an dem polnischen Feldzuge in Südpreussen thatsächlich und in einer so rühmlichen Weise theilgenommen hat, dass ihm der Orden pour le mérite verliehen wurde. Am 6. Februar 1796 wurde er Stabsrittmeister, am 9. Januar 1802 Eskadronchef, am 9. August 1803 Major. Als solcher hat er sich am 29. (n. A. am 24.) September 1815 zu Berlin erschossen.⁵⁷) Er war unvermählt geblieben.

Man weiss, dass in den letzten Jahren König Friedrich Wilhelms II., wie überhaupt gegen die Wende des Jahrhunderts, in Berlin ein leichtes Leben herrschte. Und gerade das Regiment Gensd'armes, dem Otto Friedrich angehörte, soll bei den Thorheiten und Tollheiten der Lebenslust die Führung gehabt haben. Kein Wunder, dass auch Otto Friedrich sich in den Strudel dieses Lebens stürzte. Bei Hof- und anderen Festlichkeiten der damaligen Zeit wird sein Name fast stets erwähnt.⁵⁴) Auch der Liebhaberei kostspieligen Pferdebesitzes scheint er ergeben gewesen zu sein. Dieser Umstand hat seinen Namen sogar mit der Geschichte des deutschen Rennsports verbunden, insofern er einer der Allerersten gewesen ist, welche, wenn auch im kleinsten Maassstabe, ein Wettrennen veranstaltet haben. Im Frühjahr 1797 fand das Rennen seines Pferdes mit dem eines Herrn von der Lancken, eines meklenburgischen Gutsbesitzers, auf der Strasse von Berlin nach Charlottenburg statt. Halb Berlin war auf den Beinen und Tausende wurden gewettet. Das Lanckensche Pferd gewann mit 30 Schritten. Wir sind über dieses Vorkommniss durch den gleichzeitigen Brief eines Zuschauers, eines Herrn A. von Wedel, unterrichtet und lassen das interessante Schriftstück unten folgen.⁵⁹)

---

⁵⁴) Schreiben vom 12. März 1793. Geh. St. A. Berlin R. 80. Nr. 44. S. 112.

⁵⁷) Nach dem Todtenbuch der Potsdamer Garnisonkirche starb er am 29. September. Als Todesursache wird angegeben: unglücklicher Büchsenschuss.

⁵⁸) Zum Beispiel Vehse, Gesch. der deutschen Höfe I. Abthg. Preussen, Bd. 5, S. 171, berichtet über die Feier des Aschermittwoch 1800 bei der Fürstin Radziwill, der Schwester Prinz Louis Ferdinands. Zuletzt seien aufgetreten: der Herzog von Sussex als Don Quixote, Herr von Perponcher (Garde du Corps Offizier) als Dulcinea, Herr von Rothenburg (Rittmeister) als Sancho Pansa, Herr von Schack (Offizier bei den Gensdarmen) als Müller. Sie ritten sämmtlich auf Eseln.

⁵⁹) „Berlin, den 6. Mai 1797. Für Pferdeliebhaber ist hier neulich ein grosses Fest gewesen, das halb Berlin aus seinen Mauern rief. Der Rittmeister

Otto Friedrich Ludwig hatte von seinem Vater ein recht beträchtliches Vermögen geerbt. Bei so kostspieligen Lebensgewohnheiten aber mussten seine Geldverhältnisse sich ungünstig gestalten. Schon im November 1796 suchte er um die königliche Erlaubnis nach, sein „kleines" Gut Kloxin an einen Bürgerlichen verkaufen zu dürfen. Die pommersche Regierung wurde zum Bericht aufgefordert und erklärte: Kloxin sei keineswegs ein kleines Gut, denn es habe nach den Lehnsakten einen Werth von 28407 Thalern; das Hauptgut Prillwitz sei bei der Auseinandersetzung mit der Schwester des jetzigen Besitzers I. J. 1779 auf 38830 Thaler angenommen worden. Auf beiden Gütern hafteten gemeinsam 13800 Thaler, auf Prillwitz besonders 29423 Thaler und auf Kloxin 16000 Thaler. „Dass auch der Rittmeister von Schack ausser diesen noch mehrere Schulden hat, ergehen schon die Landbachakten, nach welchen auf den Antrag zweier nicht eingetragener Gläubiger die Einkünfte beider Güter wegen der Forderungen derselben von 5100 Thalern mit Arrest belegt und die Pächter angewiesen sind, die schuldigen Pächte nicht an den von Schack zu zahlen. So gross diese Schuldenlast indessen auch zu sein scheint, so ist doch so viel gewiss, dass bei dem so ausserordentlich gestiegenen Preise aller Güter auch die beiden von Schackschen Güter jetzt einen ungleich grösseren Werth haben müssen,

---

Schack hielt mit einem meklenburgischen Gutsbesitzer, einem Herrn von Lanken, ein Wettrennen. Es waren Tausende auf beiden Seiten gewettet. Alles war neugierig, wer gewinnen würde. Der Weg nach Charlottenburg war von beiden Seiten mit Wagen und Zuschauern zu Pferde, zu Fuss und gar an einigen Stellen zu Baume besetzt. — Nachdem der Herr von Lanken und für Schack ein englischer Reitknecht gewogen und dem Letzteren, um ihn mit jenem gleich zu machen, 18 Pfund Gewicht aufgelegt waren, wurde mit Trommeln das Zeichen gegeben und beide jagten los. In 3 Minuten machten sie beinahe eine hiesige (englische?) Meile und nach unserm Maass eine Viertelmeile. Lanken kam zuletzt 30 Schritte vor und gewann. Mich interessirte und ärgerte die ganze Geschichte etwas. Dies Pferd, das gewann, habe ich einst ein Vierteljahr geritten, es gehörte damals Bismarck, der es mit meinem Rappen vertauschen wollte. Hätte ich damals den Tausch eingegangen, dann hätte ich einen schönen Profit gehabt, denn dem Lanken sind schon 800 Thaler dafür geboten und gestern hiess es, er hätte es für 1300 Thaler verkauft an den Prinzen Louis. In allen Gesellschaften war dies die allgemeine Unterhaltung und die Damen waren neugierig, den Sieger kennen zu lernen. Wenn er noch nicht verheirathet gewesen wäre, er hätte, glaube ich, durch Vorsprache seines Pferdes eine brillante Partie machen können. A. von Wedell." Der vorstehende Brief ist im „Sporn" abgedruckt und danach in der Elbinger Post v. Febr. 1878. Der „Sporn" erklärt dazu, dass dies das erste Authentische sei, was über den Anfang deutscher Rennen in den Besitz der Redaktion gelangt sei. Der Brief sei von dem Grossvater des jetzigen Herrn v. Wedel-Kannenberg an dessen Mutter gerichtet. (August Wilhelm Jakob von Wedel.)

als er oben angegeben ist und wir glauben daher, dass bei einer
ordentlichen Wirthschaft und Einrichtung der Rittmeister von Schack
im Stande sein muss, beide Güter der darauf haftenden Schulden
ungeachtet zu konserviren."[300]) Auf diesen Bericht hin zog Otto
Friedrich Ludwig am Ende des Jahres sein Gesuch zurück. Er hat
dann aber doch wenig später, am 26. Juni 1797, das ganze Gut
Kloxin für 61 000 Thaler an den Generalmajor Georg Ferdinand von
Damm verkauft. Nach weiteren zwei Jahren, am 6. Juli 1799, ver-
äusserte er auch sein Hauptgut Prillwitz nebst Luisenhof und Linden-
busch für 170 000 Thaler an den Geheimen Finanzrath August Hein-
rich von Borgstede. Trotzdem aber scheint in seine Vermögensver-
hältnisse keine Ordnung gekommen zu sein, denn noch nach seinem
Tode hatte das Kammergericht mit einer Schackschen Schuldange-
legenheit sich zu beschäftigen.[301])

Mit Otto Friedrichs unbeerbtem Tode war der Hauszweig aus-
gestorben.

---

[300]) Bericht der pommerschen Regierung vom 28. Nov. 1796. Geh. St. A.
Berlin, R. 30 Nr. 44. S. 112.

[301]) Im Jahre 1819 verhandelte das Kammergericht mit einem spanischen
Staatsbeamten, einem Ritter von Argumosa, welcher sich damals als Gesandtschafts-
sekretär in Paris befand.

VI.
Der Jürgenzweig.

Jürgen oder Georg (IV, 1), des Asmus Sohn, wird etwa 1500 geboren sein, da er nach Stargarder Hofgerichtsakten im Jahre 1540 als 40 Jahre alt bezeichnet wird. Er wird im Jahre 1517 gemeinsam mit seinen Brüdern erwähnt,[293] ist am 26. Januar 1524 mit seinem Bruder Asmus in Pyritz zur Huldigung erschienen[293] und verbürgt sich 1540 für seinen in Altdamm gefangen gesetzten Bruder Karsten.[294] Während der langen Abwesenheit seines Bruders Joachim (I, 3) hat er dessen durch die inzwischen stattgefundene Theilung demselben zugefallenen Gutsantheil in Verwaltung gehabt und zwar über 20 Jahre lang, wie aus einer Klage hervorgeht, welche Joachim d. Aelt. gegen Georgs Sohn Joachim d. J. auf Grund angeblicher Forderungen aus dieser Verwaltung anstrengte.[295] In den Akten dieser i. J. 1572 schwebenden Klage findet sich auch die Angabe, dass Georg von Schack vor 27 oder 28 Jahren gestorben sei. Danach würde als Georgs Todesjahr etwa 1544 oder 1545 anzusetzen sein. Thatsächlich ist er auch im Jahre 1550 bereits todt, da in der Osterwoche dieses Jahres die Vormünder seiner Wittwe bestimmt werden.[296]

Georg war verheirathet mit Anna von Stramm a. d. H. Wormsfelde. Dieselbe ging später eine andere Ehe ein.[297] Er hinterliess zwei unmündige Söhne, Joachim und Martin. Dieser letztere ist aber jung gestorben. Im pommerschen Lehnbrief von 1557 und in

---

[292]) Vgl. Anm. 24.
[293]) Huldigungsregister im St. A. Stettin, Stett. A. Tit. 77 Nr. 2.
[294]) Vgl. Anm. 75.
[295]) Vgl. Anm. 29.
[296]) Vgl. Anm. 82.
[297]) Herzogl. Verfügung vom 15. Sept. 1557 betr. Bestellung von Vormündern für die Kinder der Wittwe Georgs, „welche sich wiederum in den heil. Ehestand zu begeben Willens." Vormünder wurden z. A. Joachim, Karsten, Balser und David die Schack. St. A. Stettin, Lehnsarchiv Tit. VI Nr. 1.

der märkischen Lehnregistratur v. J. 1561 wird er zusammen mit seinem Bruder als unmündig aufgeführt, 1566 aber bereits als verstorben bezeichnet.⁷⁶⁶)

Joachim II (IV, 2), Jürgens Sohn, wird in den Quellen zur Unterscheidung von seinem Vaterbruder Joachim d. Aelt. als der Jüngere bezeichnet, nach dessen zwischen 1577 und 1579 erfolgten Tode aber zur Unterscheidung von dessen Sohn Joachim III. als der Aeltere. Wir haben oben bereits gesehen, dass er 1557 und 1561 noch als unmündig in der Lehnregistratur aufgeführt worden ist und dass er 1566 ausser Landes war.⁷⁶⁸) Schon im folgenden Jahre ist er zurückgekehrt und stattete in Küstrin am 2. Juni seine Lehnspflicht ab.⁷⁶⁹) In demselben Jahre entlastete er auch seinen Vormund Joachim d. Aelt. bei der vormundschaftlichen Rechnungslegung.⁷⁷⁰) Er wird von jetzt ab regelmässig und ohne erwähnenswerthe Mittheilungen in den Akten der märkischen und pommerschen Lehnregistratur geführt.⁷⁷¹) Auffallend oft ist er als Vormund begehrt: nicht nur für die eigene Familie, so für Davids und Joachims d. Aelt. von Schack Kinder, sondern auch für die befreundeten Familien Runge, Billerbeck, Schöning, Keulen, Küssow und Eickstedt.⁷⁷²) Ein Streit, mit seinem Vaterbruder Joachim d. Aelt. wegen ungleicher Theilung der wüsten Höfe zu Lindenbusch wurde i. J. 1572 gütlich beigelegt.⁷⁷³) Eines andern Streites mit demselben ist schon oben Erwähnung gethan worden.⁷⁷⁴) Joachim wird zum letzten Male am 4. September 1598 in den märkischen Lehnsakten genannt. Vielleicht ist er es gewesen, welcher am 15. März 1600 am Leichenbegängniss des Herzogs Johann

---

⁷⁶⁶) Nach Absterben Martins, Georgen s. Sohn, kamen für dessen Bruder Joachim, „welcher die Zeit auslendisch gewesen," die Vormünder Joachim und Balthasar v. Sch. um Frist ein. Küstrin, 16. Mai 1566. Geh. St. A. Berlin, Neumärk. Kopiar Nr. 6.

⁷⁶⁷) Ebenda.

⁷⁶⁸) Vgl. Anm. 83.

⁷⁷¹) Hier einige Daten: 23. 3. 1574, 24. 1. 1575, 11. 5. 1576, 28. 6. 1577, 18. 2. 1580, 1. 2. 1581, 23. 6. 1582, 10. 9. 1590 und 4. 9. 1598.

⁷⁷²) Die Daten hierzu sind: 20. 1. 1573 (David), 2. 5. 1579 (Joachim d. Aelt.), Dec. 1575 (Runge), Mai 1577 (Billerbeck), Mai 1577 u. Okt. 1578 (Schöning), Juni 1577 (Keulen), Nov. 1578 (Küssow), Juni 1588 (Eickstedt).

⁷⁷³) Küstrin, 18. März 1572. St. A. Stettin, Bagmihlesche Sammlg. v. Sch. Nr. 2 Bl. 58.

⁷⁷⁴) Vgl. Anm. 29 und 265.

— 74 —

Friedrich von Pommern theilnahm. Am 25. Juli 1600 ist er schon todt und es wird bereits von seinen Erben gesprochen.[775]

Joachim ist zweimal verheirathet gewesen. Der Name der ersten Frau ist uns nicht überliefert worden. Die zweite Frau war Elisabeth von Küssow, eine Schwester des Balzer von Küssow zu Megow, welche noch lange als Wittwe lebte und erst zwischen 1633 und 1644 gestorben ist. In Schuldklagesachen wird sie einigemale bis zu dieser Zeit erwähnt.[776] Joachim hinterliess bei seinem Tode 8 Kinder, 3 erster und 5 zweiter Ehe. Diese Angabe findet sich in einer Eingabe der Vormünder der Kinder 2. Ehe, in welcher es heisst, dass „unserer Mündlein seligen Vatern Joachim von Schacken, weiland uf Prüllwitz erbsessen, Mutter nach ihrem auch seligen Absterben eine ansehnliche Barschaft hinter ihr verlassen, welche auf Joachim von Burgstorfen uf Ratstock und Hans Balcken uf Lütchen Mantel Hausfrauen und Georg von Schacken, als Kindern erster Ehe, und dann auch auf unsere fünf Mündlein anderer Ehe vorlediget."[777] Demnach waren die Kinder erster Ehe: Georg, eine Tochter, mit Joachim von Bargsdorf, eine andere mit Hans von Balcke verheirathet. Der Name der Letzteren, Elisabeth, ergiebt sich aus einem Vertrage des Hans Balcke mit seinem Sohne.[778] Die Kinder zweiter Ehe waren Franz, Otto, Joachim und zwei Töchter. Die eine dieser Töchter hiess Barbara und heirathete am 22. October 1626 Ulrich von Sydow.[779]

---

[775] 4. 9. 1598, Neumärk. Kopiar 12, 358. — 25. 7. 1600, Schuldschein des Moritz von Brederlow. St. A. Stettin, Starg. Hofger. v. Brederlow Nr. 59.

[776] Schuldschein Joachims von Küssow für Joachims v. Sch. Wittwe Elisabeth von Küssow v. 25. 11. 1616. - Klage der Wittwe gegen Joachim von Brederlow 1632. Von ihrem Sohne Otto nach ihrem Tode wiederaufgenommen, 1644. — Klage der Wittwe gegen Richard von Küssow 1632—33. — St. A. Stettin, Starg. Hofger. v. Sch. Nr. 10. 12. 10.

[777] Eingabe vom 15. Okt. 1602. Beschwerde über die Kinder 1. Ehe, welche die ausstehenden Forderungen eigenmächtig einziehen. St. A. Stettin, Bagmihlsche Sammlg. v. Sch. Nr. 11.

[778] Vertrag vom 22. 10. 1622. Der Vater tritt dem Sohn sein Lehngut Kl. Mantel ab. St. A. Stettin, Hdschr. III. 34 Bl. 195.

[779] Ottos von Schack Söhne machen in einer Eingabe vom 24. Oktober 1663 die Angabe, „dass Ulrich von Sidowen sel. sich mit unserm sel. Vaters Schwester Barbara von Schaken ehelich anno 1626, den 22. October laut Ehestiftung eingelassen". St. A. Stettin, Hofgericht Greifswald, Konkursakten v. Sydow Nr. II Bl. 101. — Die Namen der Söhne Joachims ergaben sich aus dem Lehnbriefe vom 9. April 1605. Urkunden Nr. 15.

— 75 —

Georg (IV, 4), Joachims II. ältester Sohn, war beim Tode des Vaters bereits mündig.[799] Im Jahre 1605 kaufte er von den Vormündern des Abraham von Burgsdorf dessen Antheil am Dorfe Radichow im Lande Sternberg und zwar mit dem Vermögen seiner Frau und einer aus den väterlichen Besitzungen ihm ausgezahlten Summe von 3000 Gulden.[801] Wohl infolge dieser Erwerbung wird er im pommerschen Lehnbriefe vom 26. April 1608 als abwesend aufgeführt. Es ist dies auch das letzte Mal, dass er als lebend genannt wird. Schon am 22. Mai 1609 führt ihn die märkische Lehnregistratur als verstorben auf. Georg war vermählt mit Barbara von Thuemen und hinterliess einen unmündigen Sohn Erdmann mit Namen.[802]

Erdmann (IV, 8), Georgs Sohn, war bei dem Tode des Vaters noch in sehr jugendlichem Alter. Bis zum Jahre 1622 wird er als unmündig aufgeführt und erst 1624 im Lehnbrief vom 24. November als mündig behandelt. Aus diesem Lehnbrief geht auch hervor, dass der Antheil an Radichow inzwischen wieder verkauft worden ist. Es ist das auf Betreiben der Mutter Erdmanns geschehen, welche ihre auf Radichow eingetragenen 5300 Thaler Ehegeld wieder herausnehmen wollte. Ein Protest des Hans Georg von Wedel, des Vormundes Erdmanns, gegen den bereits 1610 von der Wittwe beabsichtigten Verkauf scheint danach nur einen zeitweiligen Erfolg gehabt zu haben. Für die durch den Verkauf auch für Erdmann freigewordenen, vom Vater ererbten 3000 Gulden (oder Thaler) Lehngelder kaufte derselbe demnächst von Lorenz von Wachholz das Schulzenlehn zu Wilkersdorf im Amte Quartschen. Auch ein Theil des Gutes Libbehne ist in seinem Besitz gewesen.[803] Erdmann wird zum letzten Male am 11. November 1643 als zur Abstattung seiner Lehnspflicht in Küstrin anwesend aufgeführt. Eine nähere Bestimmung seines Todes

---

[799] Vgl. Lehnbrief vom 10. 12. 1600. Auch in den Lehnbriefen vom 6. 4. 1601 und 8. 4. 1605 wird er aufgeführt. Urkunden Nr. 12. 13. 15.

[801] Bestätigung des Kurfürsten Joachim Friedrich von Brandenburg vom 25. 11. 1605. Geh. St. A. Neumark. Kopiar Nr. 10, III; 51.

[802] Am 22. Mai 1609 zahlte seine Mutter „Barbara von Thumb" die Lehngelder für den unmündigen Sohn Erdmann bei Muthung des Lehnantheils in Radichow. Geh. St. A. Berlin, Kopiar 17, 303.

[803] Kurfürstliche Bestätigung vom 6. 8. 1636. Geh. St. A. Berlin, Kopiar 24, 1. Bl. 180. Vgl. unten Anm. 801 und den zugehörigen Text.

ist nicht gelungen.²⁹⁴) Er war vermählt mit Anna Elisabeth von Burgsdorf a. d. H. Rathstock.²⁹⁵) Lehnserben hat er nicht hinterlassen.

Franz (IV, 5), Joachims zweiter Sohn, begann im Winter 1606 auf der Universität Frankfurt zu studiren und wird im Lehnbriefe vom 26. April 1608 zum ersten Male als mündig aufgeführt.²⁹⁶) Ausser in den folgenden Lehnbriefen bis zum Jahre 1624 wird er auch einige Male bei Vollmachtsertheilungen und in geldgeschäftlichen Angelegenheiten genannt.²⁹⁷) Er war Mitvormund des jungen Andreas von Brederlow auf Gartz, Sohn des Rüdiger von Brederlow. Aus einer von den Vormündern übernommenen Zinsbürgschaft gegenüber der Schwester des Rüdiger von Brederlow, Georg Adam von Horckers Wittwe, erwuchs denselben i. J. 1623 eine Klage Seitens des Joachim von Wreech, an welchen die Forderung abgetreten worden war. Der zunächst verklagte und zur Zahlung verurtheilte Wilhelm von Schöning erhob nun weitere Klage gegen seinen Mitbürgen und zwar gegen Otto von Schack, Bruder des inzwischen verstorbenen Franz von Schack. Otto von Schack erklärte sich auch am 7. Juni 1633 zur Zahlung bereit im Falle gleichmässigen Beitrags von Seiten der übrigen Mitbürgen. Auch in einem andern Rechtsstreite, welcher die Folge einer von Franz von Schack übernommenen Bürgschaftleistung war, tritt Otto von Schack i. J. 1632 als Rechtsnachfolger seines Bruders auf.²⁹⁸) Danach wird Franz vor dem Jahre 1632 ohne Leibeserben und unvermählt gestorben sein.

Joachim IV (IV, 7), Joachims jüngster Sohn, scheint nur bei der am 17. August 1620 zu Küstrin stattgehabten Belehnung zur

---

²⁹⁴) Ob er am 21. Sept. 1653 noch lebte, ist nicht ganz sicher. An diesem Tage erhielt der Pfarrer zu Wilkersdorf kurfürstliche Bestätigung einer ihm abgetretenen Forderung an Erdmann von Schack auf Wilkersdorf. Geh. St. A. Berlin, Kopiar 34 Bl. 40.

²⁹⁵) Ehestiftung vom 10. 5. 1626 im Kammergericht zu Berlin. CLXVI Bl. 68.

²⁹⁶) Im Nov. 1606 wurde er immatrikulirt. Friedländer, Matrikel I, 511.

²⁹⁷) So in einer mit seinem Bruder Otto gemeinsam ausgestellten Schuldverschreibung für ihre Mutterschwester Barbara von Küssow, des Michael von Steinbeck Wittwe, v. 25. 11. 1615. St. A. Stettin, Starg. Hofger. v. Güntersberg.

²⁹⁸) Akten Wilhelm v. Schöning wider Otto v. Schack 1633. St. A. Stettin, Hofgericht Stargard, Familie v. Schöning. — Wilhelm v. Schöning, Joachim von Pütz und Otto von Schack wider die Wittwe Rüdigers von Brederlow. 1632. 1633. Ebenda. Familie v. Schack Nr. 11.

Stelle gewesen zu sein. In den Lehnregistern wird er im übrigen in der Zeit von 1600 bis 1622 stets als unmündig oder als abwesend, d. h. ausserhalb Pommerns befindlich, aufgeführt.[790]) Vom Jahre 1617 an hat er Jura studirt, zuerst in Frankfurt, dann in Greifswald.[790]) Als erste Frucht seiner Studien erschien 1620 zu Greifswald eine juristische Untersuchung über das Richteramt.[791]) Er starb bereits am 2. Februar 1624, wie aus einer nicht mehr aufgefundenen, aber anderweitig erwähnten Leichenpredigt hervorgeht, die ihm der Prillwitzer Pastor Andreas Philippi gehalten hat.[792])

Otto (IV, 6), Joachims dritter Sohn, ist noch im Mai 1609 unmündig, erst 1615 tritt er als grossjährig auf.[793]) Eine Bürgschaft für seinen Ohm Balzer von Küssow auf Megow i. J. 1620 trug ihm 12 Jahre später eine höchst langwierige Klage ein Seitens der Gläubiger, zweier Pyritzer Bürger. In den Gerichtsakten findet sich sein Name häufig. Durch seine Verheirathung mit Armgard von Güntersberg, des Adam von Koethen Wittwe, war er nämlich in den Besitz der nicht unbedeutenden Schuldforderungen des Letzteren gelangt. Dadurch erwuchsen ihm aber auch mehrfache Klagen und anderweitige gerichtliche Massnahmen, so gegen Hans von Schöning auf Falkenberg, Martin von Strauss zu Stolzenburg und Anton von Roehden.[794]) Auch gegen Peter von Koethen musste er wegen der

[789]) So in den Lehnregistern von 1600, 6. 4. 1601, 8. 4. 1605, 20. 4. 1609, 25. 5. 1609, 14. 9. 1616 und 13. 9. 1622.
[790]) In der Frankfurter Universitätsmatrikel, her. v. Friedländer, I 613 findet sich z. J. 1617 die Eintragung: Joachimus a Schackow, eques Pomeranus. In der Greifswalder Matrikel, her. v. Friedländer, I, 439 steht unterm 26. Sept. 1619: Joachimus a Schack, nobilis Pomeranus.
[791]) Discursus juridicus de officio judicis, quo judicum munus et potestas in causarum cognitione definitioneque delineatur: quem ob jucundam ejus utilitatem et necessitatem praeside Matthia Stephani, J. U. Doctore ad disputandum in academia Gryphiswaldensi exercitii gratia proponit Joachimus a Schack, nobilis Pomer. Greifswald 1620. 4°.
[792]) Brüggemann, Beiträge zur Beschreibg. des Herzogth. Pommern S. 317 erwähnt: „Leichenpredigt auf Joachim v. Schack, des Joachim v. Sch. auf Prillwitz Sohn, gest. 2. 2. 1624. Von Andreas Philippi, Pastor zu Kloxin und Prillwitz. Stettin 1624. 4°. 6½ Bogen." Die Nachsuchungen nach dieser Druckschrift in den Berliner, Greifswalder und Stettiner Bibliotheken sind erfolglos gewesen.
[793]) Vgl. Lehnbrief vom 24. Mai 1605 und Anm. 287.
[794]) 1633 gegen Schöning. St. A. Stettin. Hofger. Stargard, v. Sch. Nr. 15. — Kurfürstlicher Konsens v. 9. 3. 1639 für Otto v. Sch., über 1000 Gulden, welche der Ehemann sel. seiner jetzigen Frau Armgard von Güntersberg, Adam von Koethen, an Martin von Strauss geliehen. Geh. St. A. Berlin, Kopiar 26 Bl. 156. — Aehn-

Aussteuergelder seiner Frau eine 17 Jahre währende Klage durchführen.²⁹⁵) Otto war mit seinen Vettern im Januar 1638 in Stettin anwesend und unterschrieb jene ständische Erklärung vom 26. Januar zu Gunsten des Kurfürsten von Brandenburg. Gelegentlich einer Rechtsangelegenheit berichtete Balzer Dietrich von Schack im Januar 1646, dass sein Vetter Otto vor wenig Tagen einen unglücklichen Fall gethan habe, der ihn am Reisen und an der Wahrnehmung seiner Interessen hindere.²⁹⁶) Am 14. April 1652 hat Otto noch gelebt.²⁹⁷) Im folgenden Jahre, am 24. Oktober, urkunden bereits seine „nachgelassenen Söhne und Erben".²⁹⁸)

Otto war, wie oben erwähnt, vermählt mit Armgard von Güntersberg, welche in erster Ehe mit Adam von Koethen verheirathet gewesen war. Dieser Adam von Koethen hat noch 1627 gelebt und noch 1632 wird seine hinterlassene Frau als Wittwe bezeichnet.²⁹⁹) Otto von Schack wird daher erst nach dieser Zeit geheirathet haben. Damit stimmt überein, dass seine Kinder bei seinem Ableben noch unmündig waren. Nach dem Lehnbrief vom 1. Mai 1668 hat er einen Sohn Franz Valentin hinterlassen. Bald nach Ottos Tode leisteten die Vormünder seiner hinterlassenen unmündigen „Söhne" die Lehnspflicht. Elzow verzeichnet in seinem Adelspiegel einen zweiten Sohn, mit Namen Joachim Ernst. Wir wissen von ihm nur, dass er 1650 zusammen mit seinem Bruder Franz Valentin sich auf der Universität Frankfurt a. O. befunden hat und dass er im folgenden Jahre das Pädagogium in Stettin besuchte. Nach Elzow ist er „hernach erschossen worden."³⁰⁰) Ausser den Söhnen hat Otto eine Tochter Namens Sophia hinterlassen, welche 1664 Martin Christian von

---

Ueber Konsens v. 11. 11. 1643 über eine Schuld des Anton von Rhöden von 4000 Gulden. Ebd. Kopiar 24, II. Bl. 475.

²⁹⁵) St. A. Stettin, Hofger. v. Sch. 1633—1650.

²⁹⁶) St. A. Stettin, Hofger. v. Sydow.

²⁹⁷) St. A. Stettin. Konsense 1652 Nr. 16 S. Otto v. Sch. u. A. verpfänden wegen ihrer Forderungen an Joachim v. Plötz das Gut Babow an Joachim v. Schmeling.

²⁹⁸) Vgl. Anm. 279.

²⁹⁹) Im J. 1635 klagte die Wittwe des Stettiner Syndicus Dr. Elias Pauli, Barbara Wüsthof, gegen Otto von Schacks Gattin, Armgard v. Güntersberg, wegen einer Schuld, welche deren erster Mann Adam v. Koethen im September 1627 geliehen hatte. St. A. Stettin, Bagnalbische Sammlg. v. Schack Nr. 29. — Im Febr. 1672 erklärt Peter von Koethen als Lehnsfolger Adams wegen einer Schuld desselben verklagt, dass dessen Wittwe zu zahlen verpflichtet sei. Ebd. Nr. 27.

³⁰⁰) Matrikel der Univers. Frankfurt II. 18. — Album studiosorum des Marienstifts zu Stettin.

Blankenburg auf Mogelin und Wartkow heirathete. Diese Thatsache geht aus einem Vertrage hervor, welchen Franz Valentin von Schack mit seinem Schwager Blankenburg wegen des rückständigen Ehegeldes am 8. Dezember 1681 abgeschlossen hat. Franz Valentin trat durch diesen Vertrag dem Schwager sein Theilgut Libbehne ab, welches er nach seines Vetters Erdmann von Schack Tode ererbt hatte.³⁰¹)

Franz Valentin (IV, 9), Ottos Sohn, ist i. J. 1650 in die Matrikel der Universität Frankfurt a. O. eingetragen worden. Nach Elzow hat er dann seine Studien in den Jahren 1655—1658 am akademischen Gymnasium in Stettin betrieben. Nach der märkischen Lehnregistratur war er am 5. Juli 1654 noch unmündig. Schon 1662 tritt er als grossjährig auf und schloss am 7. Dezember einen Vertrag mit seinem Ohm Adam von Güntersberg wegen Regleichung einer durch Erbgang überkommenen Schuld.³⁰²) Er wird dann oft in den Lehnregistern oder als Zeuge genannt. Auch bei der Eheschliessung seines Vetters Christian Friedrich von Schack mit Anna Katharina von Holtzendorf ist er anwesend gewesen und hat dessen Eheberedung vom 29. September 1667 unterzeichnet. Im J. 1686 war er als Vormund des Joachim Christoph von Liebenthal in Küstrin.³⁰³) Als Erbe seines Vetters Erdmann von Schack wurde er Besitzer eines Theils von Libbehne, den er jedoch seinem Schwager Blankenburg, wie oben erwähnt, für das rückständige Ehegeld seiner Schwester abtrat.³⁰⁴) Im Februar 1695 war er persönlich in Küstrin zur Abstattung seiner Lehnspflicht anwesend und vertrat auch seine in fremden Kriegsdiensten abwesenden Vettern Bogislaw Sigmund und Hans Christian von Schack.³⁰⁵) Zum letzten Mal wird Franz Valentin im Lehnbriefe vom 11. Dezember 1699 aufgeführt und in einer diesem Lehnbriefe voraufgegangenen Erklärung der Vettern von Schack wird erwähnt, dass Franz Valentin für eine Schuld drei

---

³⁰¹) Mötzdin, 8. Dezember 1681. In diesem Vertrage wird als Datum der Ehestiftung zwischen Sophia von Schack und dem v. Blankenburg der 11. Januar 1664 genannt. St. A. Stettin, Lehnsarchiv, Konsense 1686 Nr. 64. — Das Antheil an Libbehne verkaufte Blankenburgs Wittwe Sophia und deren Sohn, der Hauptmann Ernst Christian von Blankenburg, an Wilhelm v. Koethen am 14. Juli 1699. St. A. Stettin, Lehnarchiv, Konsense 1699 Nr. 5.

³⁰²) St. A. Stettin, Starg. Hofgericht, Adam v. Güntersberg wider Peter v. Koethen.

³⁰³) Geh. St. A. Berlin, Kopiar 42, 178.

³⁰⁴) Anm. 301.

³⁰⁵) Geh. St. A. Berlin, Kopiar 50, II.

von Küssowsche Hufen in Kloxin angenommen habe.³⁰⁵) Er ist am 29. September 1702 zwischen 4 und 5 Uhr Nachmittags zu Prillwitz gestorben. „Er war ein rechtes Exemplar der Frömmigkeit, Gottesfurcht, Demuth und Redlichkeit, also dass man wohl von ihm sagen konnte, Joh. 1, 47: Er war ein rechter Israelit (Teutscher), in welchem kein Falsch zu finden."³⁰⁶ᵃ)

Franz Valentin war vermählt mit Ilsabe Sophia von Beneckendorf, Tochter des Hans Friedrich von Beneckendorf auf Alten Klücken, Wardin und Helpe und der Ursula Margaretha von Eickstedt a. d. H. Rothen-Clempenow. Franz Valentins Frau ist bereits vor dem 28. Dezember 1683 verstorben, denn als an diesem Tage eine reichskammergerichtliche Ladung an Franz Valentin übergeben werden sollte, war nach dem Bericht des Boten der Junker nach Klebow verreist, die Hausfrau todt, aber eine erwachsene Tochter, Jungfrau Armgarda Luisa, war auf dem Rittersitze in Prillwitz anwesend, welche die Zustellung entgegennahm.³⁰⁷)

Franz Valentin hinterliess 8 Kinder, 4 Söhne: Otto Friedrich, Joachim Ernst, Franz Arndt und Hans Christian und 4 Töchter:

1. Die obengenannte Armgard Luisa, welche am 23. Februar 1723 zu Prillwitz unvermählt in einem geruhigen Alter nach achttägiger Krankheit gestorben ist.

2. Margarethe Juliane, vermählt am 29. Januar 1708 mit dem Hauptmann Joachim Friedrich von Waldow auf Niepöltzig. Derselbe war in 1. Ehe mit Gottliebe Tugendreich von Horcker vermählt gewesen.

3. Sophia Erdmuth, welche wiederholt in den Jahren 1709—1713 als Taufzeugin zu Niepöltzig erscheint. Sie heirathete am 29. Januar 1715 zu Prillwitz den Oberstwachtmeister im Regiment zu Fuss von Wartensleben Wilhelm Christoffel von Beneckendorf auf Wardin. Sie starb am 6. Juli 1728.

4. Ilsabe Tugendreich starb unvermählt am 2. März 1724.

Die oben aufgeführten Söhne Franz Valentins werden zum ersten Male, und zwar in der obigen Reihenfolge, in einer Eingabe vom 24. September 1689 aufgeführt.³⁰⁸) Sie sind sämmtlich in auswärtigen Kriegsdienst getreten. Ein Jahr nach dem Tode ihres Vaters entschuldigte der neumärkische Landrath Wolf Heinrich von Platen bei

---

³⁰⁵) Eingabe vom 6. Okt. 1699. St. A. Stettin, Lehnsarchiv.
³⁰⁶ ᵃ) Prillwitzer Kirchenbuch.
³⁰⁷) St. A. Wetzlar, S. 838.
³⁰⁸) Vgl. Anm. 156.

der Stargarder Regierung ihr Nichterscheinen zur Abstattung des Lehneides: da sie alle vier in wirklichem Kriegsdienste sich aufgehalten und diese Kampagne über in Brabant gestanden; einer derselben habe aus dem Lager bei St. Trujen unterm 28. September an ihn geschrieben und gebeten, ihr Bestes zu observiren.[309]) Einige Zeit darauf, Anfang 1704, kehrten die Brüder, und zwar Rittmeister Otto Friedrich, Lieutenant Joachim Ernst, Fähnrich Franz Arndt und Hans Christian zurück, und baten, während ihres „augenblicklichen Urlaubs" den Lehneid abstatten zu dürfen. Der Zweite der Brüder, Joachim Ernst, ist im Laufe der nachstfolgenden Jahre gestorben. Im Lehnbrief vom 28. November 1719 wird er schon nicht mehr genannt und am 3. Februar 1714 bitten die drei überlebenden Brüder um einen Muthzettel: „unser Bruder Joachim Ernst, weither in coelibatu, (ist) mit Tode abgegangen und wir selbst leben auch ausser der Ehe und sind also noch zur Zeit nicht beerbet."[309a])

Franz Arndt (IV, 13) war zu Anfang jenes Jahres 1714 in der Heimath. Von hier aus benachrichtigte er seine beiden in Holland befindlichen Brüder rechtzeitig von der auf den 21. März angesetzten Landeshuldigung. Diese antworteten am 9. März von Zutphen aus, dass sie unmöglich aus ihren Kriegsdiensten beurlaubt werden könnten und dass sie daher ihren Bruder Franz Arndt zur Abstattung des Lehneides in ihrem Namen bevollmächtigt hätten.[310]) Franz Arndt, später mehrfach als Hauptmann bezeichnet, verheirathete sich am 19. Februar 1726 zu Falkenberg mit Scholastica Elisabeth von Hindenburg, Tochter des Richard Christoph von Hindenburg.[311]) Im folgenden Jahre schloss er mit Philipp Friedrich von Güntersherg einen Vertrag ab, nach welchem dieser sein Antheil am Gute Reichenbach im Saaziger Kreise an Franz Arndt auf 18 Jahre gegen eine Summe von 4200 Thaler verpfändete.[312]) Franz Arndt hat diesen Pfandbesitz nicht lange innegehabt. Er starb am 9. Juli 1732 als holländischer Hauptmann ohne Lehnserben.[313])

---

[309]) Eingabe vom 29. 10. 1703. St. A. Stettin, Lehnarchiv.
[309a]) St. A. Stettin, Lehnarchiv.
[310]) St. A. Stettin, Lehnarchiv.
[311]) Prillwitzer Kirchenbuch.
[312]) Vertrag vom 14. Febr. 1727; Landesherrliche Bestätigung vom 26. Mai 1727. St. A. Stettin, Konsense 1727 Nr. 15.
[313]) Vielleicht ist Franz Arndt identisch mit dem Lieutenant Fr. Scback, welcher nach dem Pyritzer Stadtkataster v. J. 1725 ein in der Grossen Wollweberstrasse daselbst belegenes Haus besass.

Hans Christian (IV, 14), Franz Valentins jüngster Sohn, geboren 1680, trat zusammen mit seinen Brüdern frühzeitig in holländische Kriegsdienste. Als Rittmeister nahm er seinen Abschied und kehrte nach Prillwitz zurück. Im J. 1738 wurde er der Haupterbe seines Oheims, des Majors Wilhelm Christoph von Beneckendorf. Am 24. September 1741 ist er gestorben.³¹⁴) Hans Christian heirathete am 8. Juli 1721 zu Niepölzig Henriette Charlotte von Waldow, geb. am 7. Juni 1699, Tochter des Joachim Friedrich von Waldow auf Niepölzig aus dessen erster Ehe mit Gottliebe Tugendreich von Horcker a. d. H. Glasow. Er hinterliess zwei Söhne: Friedrich Christoph, geboren am 17. April 1725 und Hans Friedrich, geboren am 29. März 1729.

Friedrich Christoph (IV, 17), Hans Christians älterer Sohn, wurde am 17. April 1725 Morgens 10 Uhr zu Prillwitz geboren und am 21. desselben Monats getauft.³¹⁵) Im Mai 1745 bat er bei der Stettiner Lehnskanzlei um Abnahme des Lehneides. Friedrich Christoph widmete sich dem Soldatenstande. Bei der preussischen Leibgarde wurde er Kadett und kam am 7. April 1748 mit einem Patent vom 7. April 1747 als Fähnrich zum Infanterieregiment von Kleist (später von Meyeringk, Nr. 26). Schon am 6. August 1748 wurde er Sekondelieutenant, am 30. Juni 1756 Premierlieutenant und am 30. Januar 1758 mit dem Charakter als Kapitän verabschiedet. Noch in demselben Jahre jedoch, am 5. Dezember, wurde er als Kapitän und jüngster Kompagniechef im Kadettenhaus zu Berlin wieder angestellt. Hier wurde er am 29. November 1768 Major und starb als solcher am 23. Dezember 1773 ohne Lehnserben an der Abzehrung. Am 27. Dezember 1773 wurde er im Gewölbe der Garnisonkirche zu Berlin beigesetzt.

Von seinem Vater hatte er zusammen mit seinem Bruder Hans Friedrich einen Antheil in den Dörfern Prillwitz und Kloxin, das sogenannte Gut Prillwitz C, geerbt. Die Brüder verkauften diesen Antheil am 25. Juni 1754 an den Oberstlieutenant Otto Bogislaw

---

³¹⁴) Das Datum giebt der Vormund der hinterlassenen Söhne, von Braunschweig auf Jagow, in seiner Eingabe an die Lehnskanzlei vom November 1742 an, als er für seine Mündel Friedrich Christoph (geb. 16. Apr. 1728) und Hans Friedrich (geb. 7. Apr. 1729) die Lehne muthete. St. A. Stettin, Lehnsakten. — Die Geburtsangaben der Söhne stimmen nicht genau mit den Angaben des Kirchenbuches.

³¹⁵) Taufzeugen: Oberstwachtmeister von Beneckendorf aus Wardin, Hauptmann von Waldow aus Niepölzig und des seligen Peter Otto von Schack relicta vidua.

von Schack für 15000 Thaler, von denen 8716 Thaler den Gläubigern zufielen und 6000 Thaler als Hypothek auf dem Gute belassen wurden.

Friedrich Christoph heirathete am 24. April 1760 Wilhelmine Sophie von Stephani, deren Vater bei der Verheirathung als Hauptmann im Kadettenkorps gestanden hat. Dieselbe war am 12. September 1742 geboren und starb am 20. Januar 1769. Zwei aus dieser Ehe entsprossene Söhne sind bereits im Jahre ihrer Geburt wieder verstorben: Friedrich Otto Wilhelm, geb. am 17. März, gest. im September 1762, und Friedrich Wilhelm Hans, geb. am 24. Juni, gest. am 7. September 1763.[315 a]

Hans Friedrich (IV, 18), Hans Christians jüngerer Sohn, wurde am 29. März 1729 Abends um 10 Uhr zu Prillwitz geboren und am 3. April getauft.[316] Auch er widmete sich dem Soldatenstande und war 1745 Gefreiter-Korporal im Infanterieregiment von Bredow (Nr. 21) zu Halberstadt. Von hier aus beauftragte er im März 1751 den Hofrath von Quickmann in Stettin mit der Abstattung seines Lehneides. In demselben Jahre wurde er am 5. Juni Fähnrich, erhielt aber schon am 31. Dezember 1751 den Abschied. Er hat dann wohl in Niepölzig, später in Gross Latzkow gewohnt.[317] Die letzte Zeit seines Lebens hielt er sich in Soldin auf. Hier verzichtete er am 18. April 1795 als ein bejahrter Mann, der gar keine Kinder habe, auf alle etwaigen Lehnrechte und starb ebendaselbst am 9. Mai 1800 im Alter von 71 Jahren an der Wassersucht. Er wurde am 10. Mai 1800 auf dem Klosterkirchhof in Soldin begraben.

Hans Friedrich war vermählt mit Tessina Henriette von Dietherdt, gestorben am 5. April 1798 im 75. Jahre ihres Alters und im 44. Jahre ihrer Ehe. Die einzige Tochter dieser Ehe, Luisa Charlotte Vincentia Friederike, wurde am 10. September 1755 zu Niepölzig geboren und ebenda am 17. September getauft.[318] Sie vermählte

---

[315 a] Kirchenbuch der Garnisonkirche zu Berlin. Taufzeugen waren beim älteren Kinde: „Gen. v. Lestewitz, Hauptm. v. Billerbeck, v. Markone, v. Stephani, Frau Feldmarschall v. Lewaldt, Gräfin Lehndorff." Beim zweiten Kinde: „Gen. v. Wreckel(?)-Baddenbrock, Gen. v. Lewitz, Minister v. Hertzberg, Hauptm. v. Stephani."

[316] Taufzeugen: Hauptm. v. Waldow, Hauptm. v. Schack und Frl. Elisabeth Sophia von Schack.

[317] Er wird 1754 auf Niepölzig, 1779 auf Gross Latzkow (Kreis Arnswalde) genannt, doch mag er hier nur bei seinem Schwiegersohne gewohnt haben.

[318] Taufzeugen: Frau Oberstlieutenant v. Schack, geb. Juliane Luise v. Waldow, aus Prillwitz, Landrath von Braunschweig aus Jagow und Kaspar Friedrich von Dietherdt aus Hohengrape.

sich am 28. September 1774 mit Karl Christoph von Waldow auf Gr. Latzkow, Lieutenant, später Hauptmann im von Wulffenschen Dragonerregiment.³¹⁹) Im Juli 1786 wohnte sie als Wittwe in Gr. Latzkow und starb am 30. April 1789.

Otto Friedrich (IV, 11), Franz Valentins ältester Sohn, 1670 geboren, ist in holländischen Kriegsdienst getreten, wo er sich von der Stellung und dem Ansehn seines älteren Vetters, des nachmaligen Generalmajors Bogislaw Sigmond (II, 9) von Schack, Beförderung in seinem Fortkommen versprochen haben wird. Er ist auch thatsächlich in das Regiment seines Vetters im Jahre 1688 als Kadett eingetreten und hat von hier aus die Stufen der militärischen Ehren bis zum Generallieutenant erstiegen. Ein günstiges Geschick hat es gefügt, dass fast die sämmtlichen von den Vereinigten Staaten der Niederlande für Otto Friedrich ausgestellten Bestallungen und Beförderungen auf uns überkommen sind. Auch ein von Otto Friedrich am 10. Februar 1749 ausgestellter und eigenhändig unterschriebener Zettel ist erhalten: „Memorie, wanneer de Generallieutenant von Schack in Dienst gekoomen is." Nach diesen Quellen mögen hier die Daten seiner Beförderungen folgen: Im Jahre 1690, „naar de Bataille van Drogeda in Yrland" wurde er als Kornet angestellt, am 6. August 1693 als Kapitänlieutenant, 10. Juli 1694 als Rittmeister; die Kompagnie bekam er am 11. August 1702. Als Major wurde er am 22. Januar 1712 angestellt, als Colonel commendant am 14. November 1727 und als Colonel effectif am 16. Juli 1728. Am 1. Januar 1742 wurde er zum Generalmajor befördert, im Mai 1747 wurde ihm die gesammte Kavallerie der vereinigten Niederlande unterstellt und am 1. Januar 1748 wurde er zum Generallieutenant ernannt.³²⁰) Als solcher ist er am 1. November 1751 auf dem Kastell zu Mecheln bei Maastricht gestorben.³²¹)

³¹⁹) Ueber sein Vermögen wurde 1786 bei der Regierung zu Küstrin der Konkurs eröffnet.

³²⁰) Die sämmtlichen Otto Friedrich betreffenden Bestallungen befinden sich im v. Schack-Weidenbachschen Familienarchive.

³²¹) Im Oktober 1752 beantragten die Söhne Otto Friedrichs, Otto Franz Christian, Kapitän von der Kavallerie, und Wilhelm Christoph, Kornet von der Garde, beide im Dienst der Generalstaaten, den Lehneid durch einen Bevollmächtigten in Stettin abstatten zu dürfen. Ihr Vater Otto Friedrich sei am 1. Nov. 1751 auf dem Kastell zu Mecheln bei Maastricht verstorben, habe zwar selbst keine Lehne im Besitz gehabt, doch stehe ihnen die gesammte Hand an den Schackschen Lehnen in Pommern zu. Auch ihr Vater habe 1741 einen Muthzettel hierüber erhalten. Ihr Vater habe beständig in holländischen Diensten gestanden und so seien

— 85 —

Otto Friedrich hatte in Pommern keinen Lehnsbesitz, sondern besass nur die gesammte Hand an Prillwitz. In diesem Sinne bevollmächtigte er am 22. Juli 1743 von Namur aus seinen Vetter Otto Bogislaw von Schack mit Abstattung seiner Lehnspflichten. Nach Aussage seiner Söhne hat Otto Friedrich beständig in holländischen Diensten gestanden. Das schliesst nicht aus, dass er inzwischen urlaubsweise auch in Pommern sich aufgehalten hat. Schon eine Klage seines Vetters Peter Otto von Schack gegen ihn wegen Beleidigung im Jahre 1703 lässt darauf schliessen.[322]) Auch die Geburt dreier seiner Töchter in Prillwitz in den Jahren 1716, 1720 und 1723 macht diese Annahme wahrscheinlich.

Otto Friedrich war seit 1712 verheirathet mit Levine Rebekka von Wintzingerode, einziger Tochter des damaligen Obersten und Chefs der friesischen Garde, späteren kurmainzischen Generalmajors Wasmuth Levin von Wintzingerode, Erbherrn auf Kirchohmfeld im Kreise Worbis, und der Anne Françoise du Hôt.[323]) Aus dieser Ehe Otto Friedrichs stammen 4 Töchter und 2 Söhne.

1. Luise Juliane, später Vermählte von Reutern, lebte 1782 als Wittwe zu Karlsruhe und genoss die Zinsen von 1333 Thalern aus Prillwitz.[324])

2. Friederike Wilhelmine, geb. 22. Dezember 1716, 3 Uhr Morgens, zu Prillwitz und den 23. Dezember getauft.[325]) Sie ist unvermählt am 27. August 1739 zu Niepölzig gestorben.

3. Elisabeth Christina Charlotta, geb. 14. März 1720, 8 Uhr Morgens, zu Prillwitz, getauft am 16. März.[326]) Sie verheirathete sich mit Albertus de Meyern und lebte später als Wittwe zu Amsterdam. Dort starb sie im Dezember 1775 und wurde am 27. Dezember auf dem Stesterkirchhof daselbst begraben.[327]

sie auch in Holland geboren und hinterliessen daselbst auch das von ihrem Vater hinterlassene und in Holland erworbene Vermögen. St. A. Stettin, Lehnsarchiv.

[322]) St. A. Stettin, Staatskanzlei Tit. 21 Nr. 593. Leider fehlen die Akten.

[323]) Wintzingerode war am 10. 3. 1671 geboren, starb am 3. 2. 1752. Die Vermählung der Schwiegereltern hatte stattgefunden am 15. 2. 1692 zu Brüssel.

[324]) Sie ist wahrscheinlich dieselbe, welche als Herrn Oberst von Schack älteste Tochter am 22. Juni 1729 in Niepölzig Gevatter stand. Am 29. 11. 1737 war sie noch unvermählt Gevatter in Berbachen.

[325]) Taufzeugen: Major Wilhelm Christoph von Benckendorf aus Wardin, Herr von Liebenthal und Frau v. Schack, geb. v. Holtzendorf.

[326]) Taufzeugen: Hauptmann v. Waldow-Niepölzig, Hauptmann Franz Arnold v. Schack und Frl. Elisabeth Sophie von Schack.

[327]) Sie hatte ebenso wie ihre Schwestern von dem Major W. C. von Benckendorf ein Kapital von 9000 Gulden geerbt, welches durch Vermittelung des Haupt-

4. Ida Amalia, geb. 23. November 1723 Abends 5 Uhr zu Prüllwitz, am folgenden Tage getauft.[328]) Sie muss vor 1768 verstorben sein.

Die Söhne Otto Friedrichs waren Otto Franz Christian und Wilhelm Christoph.

Otto Franz Christian (IV, 15), Otto Friedrichs älterer Sohn, in Holland 1726 geboren, folgte dem Beispiele des Vaters und trat als Kadett in den holländischen Kriegsdienst. Am 30. April 1745 erhielt er ein Patent als Kornet. Er stand als solcher im Regiment seines Vaters, des damaligen Generalmajors von Schack. Schon am 17. Mai 1745 wurde er zum Adjutanten des Vaters ernannt und machte als solcher die Feldzüge in den Jahren 1745 und 1746 mit. Aus pommerschen Lehnsakten geht hervor, dass er i. J. 1752 holländischer Kapitän war.[329]) Als Kapitänlieutenant erhielt er am 13. März 1761 seine förmliche Entlassung aus holländischem Dienst,[330]) denn schon vorher war er thatsächlich aus demselben geschieden, um in das preussische Heer einzutreten. Durch Patent vom 5. Februar 1761 wurde er als Major in dem Freibataillon seines Bruders Wilhelm Christoph angestellt. Da traf ihn das Unglück, am 21. Januar 1762 bei Deutsch-Borne von den Oesterreichern gefangen genommen zu werden. Monate hindurch lebte er in Crembs in Oberösterreich als Gefangener. Der Schmerz seines mit ihm innig befreundeten Bruders war gross und rührend sind die aufopferungsbereiten Briefe zu lesen, welche derselbe an den gefangenen Bruder, zumal in den ersten Tagen nach der Gefangennahme, gerichtet hat. Am 13. November 1762 erhielt er dann von Wien aus die Erlaubniss und einen Pass, sich von Crembs nach Delft in Holland zu begeben, „auf Parole, sich nicht um den preussischen Dienst zu kümmern und sich nach 5 Monaten wieder in Crembs einzufinden.' In den

---

erben Hans Christian (IV, 14) v. Sch. am 4. Juli 1734 auf die Güter Prüllwitz, Klostn and Lindenbusch eingetragen worden war. Diese Hypothek verpfändete Elisabeth Christina Charlotte im Juni 1768 an einen Kaufmann Johann Awing, jedoch ohne den nothwendigen Konsens ihrer beiden Brüder.

[328]) Taufzeugen: Hans Christian v. Schack, Frau Henriette Charlotte v. Sch. geb. v. Waldow. Frau Amalia v. Sch.

[329]) Vgl. Anm. 821.

[330]) Diese bisherigen und die folgenden Angaben entstammen den im v. Schack-Weldenbachschen Archive verwahrten Bestallungen Otto Franz Christians, dem erhaltenen Briefwechsel desselben mit seinem Bruder Wilhelm Christoph und mit seiner Tochter Kornelia Rebekka, verehelichten von Reymond, sowie andern aus seinem Besitz stammenden Papieren.

folgenden Jahren hat Otto Franz Christian in Delft gelebt, wie aus den Briefen Wilhelm Christophs zu ersehen ist. Dieser war inzwischen unausgesetzt thätig, dem Bruder eine Wiederanstellung im preussischen Heere zu verschaffen. Zu dem Zwecke veranlasste er ihn zu einer Eingabe an den König. Die Bemühungen hatten Erfolg. Im Frühsommer siedelte Otto Franz Christian nach Berlin über und wurde am 1. August 1766 als Kapitän und Kompagniechef beim preussischen Garnisonregiment le Noble Nr. 8 in Glatz wieder angestellt. Später stand er im Henkingschen Regiment. Am 1. Oktober 1786 wurde er Major. Bei der Vertheilung der Garnisonregimenter als Depotbataillone zu den Linienregimentern kam er zum Depotbataillon des Regiments Prinz Heinrich Nr. 35 nach Krossen, später nach Kottbus. Endlich erhielt er bei der Umwandlung der Depotbataillone in dritte Musketierbataillone die Invalidenkompagnie des genannten Regiments in Cremmen.[331]) Hier ist er am 10. Mai 1800 gestorben und am 13. Mai mit militärischen Ehren begraben worden.

Otto Franz Christian hat sich in Holland verheirathet und zwar im Winter 1751/52 mit Anna Redelykheit, Tochter eines Arry Redelykheit.[332]) Durch seine Frau besass er eine Besitzung bei Delft, Vyverhof genannt, welche die Ehegatten vor ihrer Uebersiedelung nach Preussen i. J. 1765 verkauften.[333]) Aus dieser Ehe entsprossen 3 Söhne und 3 Töchter. Die Söhne, Adrian Friedrich

---

[331]) Wie aus einem seiner Briefe an seine Tochter, die verehelichte von Reymond, vom 26. Juli 1794 hervorgeht, war er bereits damals Major und Chef der Invalidenkompagnie in Cremmen. Er beklagt sich, dass man ihn hinterlistig ins Unglück gestürzt habe. Seine Einnahmen waren durch diese Stellung bedeutend verringert.

[332]) Zu Mastricht, am 6. 12. 1751, stellte ihm seine Mutter L. R. de Wintaingerode, donairere de Schack, eine Bescheinigung aus wegen der beabsichtigten Heirath mit Anna Redelykheit. Sie bezeichnet ihren Sohn als: „O. Fr. Chr. v. Sch., capitainlieutenant van de Cavallerie onder het regiment van myne man." — Der älteste Sohn wurde noch 1752 geboren. — In einer Urkunde des Weidenbachschen Archivs wird die Frau zwar einmal Anna de R. genannt, doch gehört dieselbe nach Mittheilung des Reichsarchivs im Haag einer holländischen bürgerlichen Familie an. Ein Verwandter, vermuthlich ein Bruder, wird der Major im Ingenieurkorps Redelykheid im Haag gewesen sein, an welchen i. J. 1790 der Schwiegersohn Otto Franz Christians, Lieutenant v. Raymond, schreibt. Der Brief kam mit dem Vermerk zurück, dass der Major schon vor 7 oder 8 Jahren in russischen Dienst gegangen und im vorerwähnten Jahre gestorben sein solle, „es befindet sich keine Nachgelassene hier, diesen Brief an acceptiren."

[333]) Die öffentliche Ankündigung über die Versteigerung dieses Besitzthums ist noch erhalten. v. Schack-Weidenbachschen Archiv.

Otto, geb. 1752, Otto Franz Christian, geb. 1756, welcher 1774 bei
seinen Eltern in Glatz lebte, und Daniel sind sämmtlich jung und
vor dem Vater gestorben. Den Letzteren überlebten die drei Töchter:

1. Kornelia Rebekka, vermählt am 10. Oktober 1784 mit dem
Lieutenant Johann Rudolf von Heymond im Heukingschen Regiment,
später Kapitän im Regiment Prinz Heinrich Nr. 35 zu Krossen.³³⁴)
Sie lebte noch 1808. Am 16. November 1784 verpflichtete sich der
Vater schriftlich, seiner Tochter monatlich 10 Thaler Zulage zu
geben. Diese Zulagen sind ihm, zumal als er später mit geringerem
Einkommen in Cremmen lebte, sehr schwer geworden. Aus den an
seine Tochter gerichteten Briefen ist ersichtlich, unter wie grosser
eigener Sparsamkeit er diese monatlichen Zuschüsse zu ermöglichen
gesucht hat; „um es aber zu borgen, verliere mein Achtung unter
Hohe und Niedrige." Im Januar 1797 — der Schwiegersohn wartete
nach zwölfjähriger Ehe noch immer auf die Kompagnie — musste
der Vater noch 40 Thaler „vor den Juden" schicken. „Also bin
ich durch diese neue Anleihe schon 75 Thaler in Schulden gekommen,
was vor Schimpf und Schande muss ich auf meine letzte Tage er-
leben."³³⁵)

2. Adriane Friederike, vermählt mit Hauptmann Johann Georg
von Willmoth. Sie war am 10. Mai 1800 schon Wittwe und starb
als solche am 8. September 1809 im 55. Lebensjahr zu Kottbus.

3. Luise Juliane, vermählt mit dem Kaufmann Karl Heinrich
Lange in Kottbus. Sie lebte noch 1808.

Wilhelm Christoph (IV, 16), Otto Friedrichs jüngerer Sohn,
ist in Holland 1731 geboren. Im Jahre 1752 war er Kornet von
der Garde zu Pferde im Dienst der Niederlande.³³⁶) Während des
siebenjährigen Krieges verliess er den holländischen Dienst und wurde
am 29. Dezember 1758 mit einem später auf den 29. Mai vordatirten
Patent als Hauptmann und Kompagniechef im preussischen Frei-
bataillon von Quintus angestellt. Nachdem er am 26. Dezember 1760
Major geworden war, erhielt er die Erlaubniss, ein eigenes Freikorps
zu errichten.³³⁷) Mit demselben hat er gute Erfolge erzielt und sich
in den Schlachten bei Zorndorf, Hochkirch und Freiberg, sowie in

---

³³⁴) Der königliche Konsens zu dieser Verheirathung vom 27. 8. 1784 ist
noch vorhanden.
³³⁵) Schreiben vom 12. Jan. 1797 im v. Schack-Weidenbachschen Archiv.
³³⁶) Vgl. Anm. 321.
³³⁷) Ueber die Anwerbung, Errichtung und Führung dieser Freibataillone
vgl. „Soldatenfreund", Jahrg. 81 S. 745 ff.

den Gefechten bei Weissenburg, Hartmannsdorf und Freyberg rühmlich ausgezeichnet.[338]) Nach dem Friedensschluss wurden die sämmtlichen Freikorps aufgelöst. Nur eine kleine Zahl der Offiziere wurde im Dienst behalten. Zu diesen gehörte Wilhelm Christoph, der am 5. Oktober 1763 als Major in das Infanterieregiment von Queis, später von Hake Nr. 8, versetzt wurde. In diesem Regiment wurde er am 20. Mai 1771 mit einem Patent vom 2. Juni Oberstlieutenant, am 20. Mai 1779 Oberst und am 5. Oktober 1779 Kommandeur des Regiments. Als solcher starb er nach nur fünftägiger Krankheit am 6. Januar 1781 zu Stettin, 50 Jahre 2 Monate alt. In einer gleichzeitigen Bemerkung über ihn heisst es: „Er war der beste Ehegatte, ein redlicher Vater. Jede seiner Pflichten erfüllte er mit der grössten Unermüdlichkeit; die Achtung aller Offiziere, sowie Aller, die ihn gekannt, folgt in stiller Betrübniss zu seiner Gruft."[339]) Der Anhänglichkeit an seinen etwas älteren Bruder ist bereits oben gedacht worden. Und dass er auch als Vater und Gatte den Seinigen durch sein Ableben einen unersetzlichen Verlust bereitet hat, geht aus den schmerzerfüllten Zeilen hervor, die seine Wittwe einen Monat nach seinem Tode an ihren Bruder gerichtet hat.[340])

Wilhelm Christoph war verheirathet mit Charlotte Sophie von Pollitz. Ihre Mutter war Hermine geb. von Lottum a. d. H. Scham in Geldern, welche als Wittwe am 21. April 1778 gestorben ist. Ihr Bruder stand als Offizier in Glatz zur Zeit des Todes seines Schwagers. Die Wittwe hat im Jahre darauf durch ein Gesuch an den König vom 30. März 1782 um Verleihung der augenblicklich freien Stelle als Grande-Gouvernante der Prinzessin Elisabeth von Preussen. Sie hat dann aber bei ihrem Schwiegersohne von Ploetz zu Nadrense

---

[338]) Vgl. Lange, Soldaten Friedrichs d. Gr. Leipzig 1853.

[339]) Vgl. auch Biographisches Lexikon aller Helden und Militärpersonen, welche sich in preussischen Diensten berühmt gemacht haben. Berlin 1788/91. III, 358. Hier fälschlich Otto Wilhelm Christian genannt.

[340]) Die verwittwete Obristin von Schack geb. von Pollitz an ihren Bruder in Glatz. Stettin, d. 6. Febr. 1781. Eigenhändige Nachschrift: Ik ben de ongelukkelichste vrouw met meyn dri keinder van de gansche wereld, nu dat ik meyn seer beminde man verloren heb in teyt van 5 dagen vaen een heitsich selber. Meyn omstanden seyn niet van de besten, ik heb aen den koenig geschreven om een pensioen. Soo ik niets bekom, so wet ik geen raet, hoe ik ongelukkelige het maken enel in een vremt laut verlaten van de gansse wereld. Ik ben bestandigk kran en kan mey niet troesten in meyn groet ongeluck. Godt wil meyn lieve senster en de famill bewaren vor soe een heerde slach. Ik kan niet mer schreyven, meyn oogen seyn vol von tranen. Adieux beminde broeder bis in den doet."
v. Schack-Weldenbachsches Archiv.

gelebt. Dort setzte sie am 5. Dezember 1797 ihr Testament[341]) auf und starb ebenda am 24. Juni 1814.[342])

Wilhelm Christoph hatte aus seiner Ehe mit Charlotte Sophie von Pollitz folgende Kinder:

1. Heinrich Otto, geb. 20. November 1755.
2. Heinrich Christoph, geb. 1762, gestorben vor dem Vater.
3. Wilhelmine Dorothea Charlotte, geb. am 25. Februar 1764 zu Stettin, vermählt 1779 mit Johann Sigismund Ernst Christoph von Ploetz auf Krockow und Nadrense. Sie starb am 7. Februar 1829 zu Bukow als Wittwe im Hause ihres Schwagers von Flemming.[343])
4. Amalie Friederike Karoline, geb. 19. Februar 1766. Sie war verheirathet mit Christian Adolf Bogislaw von Flemming, Majoratsherrn der Herrschaft Bukow bei Müncheberg und der Güter Martentin und Schraptow in Pommern, preussischem Lieutenant a. D. und Ritterschaftsrath, geb. 21. Dezember 1768, gest. 9. Juni 1833 zu Bukow. Amalie starb am 24. Juni 1854 zu Schönwelde bei Koepenick. Am letzteren Orte liegt sie begraben.

Heinrich Otto (IV, 22), Wilhelm Christophs Sohn, wurde am 20. Nov. 1755 zu Mastricht geboren. Er trat im Februar 1770 beim preussischen Infanterie-Regiment von Hack Nr. 8 ein, wurde am 4. August 1773 Fähnrich, 21. Juni 1777 Sekonde-Lieutenant, nahm an den Feldzügen 1778/79 (Gefecht bei Briex) Theil, wurde im Januar 1780 Bataillons-Adjutant und demnächst Regiments-Adjutant. Am 4. Juni 1784 wurde er zum Premier-Lieutenant, 25. Mai 1790 zum Stabskapitän und am 11. November 1794 zum Kapitän und Kompagnie-Chef befördert. Im Jahre 1794 machte er den Feldzug in Südpreussen mit. Am 20. Januar 1795 wurde er als Major in das Inf.-Regt. von Graevenitz Nr. 57 nach Schlesien versetzt. Am 19. Oktober 1800 wurde er Kommandeur des aus den Grenadier-Kompagnien vom Regiment 37 (Stockhausen) und 57 (Graevenitz) gebildeten Grenadier-Bataillons (Garnison Rawitsch) und machte als

---

[341]) Testament vom 5. 12. 1797. Oberlandesgericht Stettin, S. 19.

[342]) Ihr 1760 von E. G. Hausmann gemaltes Oelbild wurde von Bruchsal aus an den Antiquar Mai in Berlin verkauft, von welchem es Major Hans von Schack erworben hat.

[343]) Das Geburtsdatum geht unzweifelhaft aus einem Schreiben des Vaters an seinen Bruder in Delft vom 29. 2. 1764 hervor, in welchem er mittheilt, dass die Tochter am 25. Febr. geboren und gleich getauft sei und die Namen Wilhelmine Dorothea Charlotte erhalten habe. Im Taufbuch des Anhalt-Zerbstschen Regiments findet sich der 24. Febr. angegeben. Nach derselben Quelle ist die folgende Tochter am 19. Febr. 1766 geboren.

solcher — am 6. Juni 1806 zum Oberstlieutenant befördert — den Feldzug 1806 bei der fränkisch-thüringischen Armee unter Fürst Hohenlohe mit. Der Rückzug erfolgte über Lychen (27/10) und Prenzlau (28/10) unter Graf Tauentzien bezw. Fürst Hohenlohe. Am 5. Oktober 1808 wurde er als Oberst verabschiedet. Er zog hierauf nach Carlsruhe bei Namslau. Dort ist er am 17. November 1815 an den Folgen einer 1806 am Kopf erhaltenen Verwundung gestorben. Er hat am 6. Januar 1798 gerichtlich allen Ansprüchen an Prillwitz entsagt.

Heinrich Otto ist zweimal vermählt gewesen:

1. Im März 1784 zu Stettin mit Auguste Eleonore Friederike von Loewenclau, ältester Tochter des Ernst Ulrich von Loewenclau auf Gr. und Kl. Wachlin und Roggow, Preuss. Hauptmann im v. Waldeckschen Inf.-Rgt. Sie starb am 18. November 1800 zu Gr. Glogau, 34 Jahre alt.

2. Am 16. Februar 1801 zu Gr. Glogau mit Mariana Helena Augusta von Busse a. d. H. Herrenlauersitz, geboren 28. September 1770 zu Wengeln, Tochter des Christian Daniel von Busse auf Herrenlauersitz und der Juliane Beate Sylvia geb. von Schickfus.

Sie war in 1. Ehe vermählt gewesen mit einem Herrn von Fehrentheil-Gruppenberg und starb als Wittwe am 3. Januar 1835 zu Weidenbach. Auf dem Kirchhofe zu Bernstadt wurde sie begraben.

Kinder aus 1. Ehe:

1. Eduard Ernst Otto Ulrich, geboren 28. September 1786 zu Stettin.

2. Henriette. Sie starb unvermählt etwa 1814 (jedenfalls vor 1816) zu Leipzig, wo sie sich bei Verwandten zum Besuch aufhielt.

3. Eleonore Auguste Amalie, geboren 1794, vermählt 14. November 1822 zu Geilsdorf mit Friedrich Ludwig von Nauendorff auf Kloschwitz, Königl. Sächsischem Prem.-Lieutenant a. D. Er hatte im Kriege 1813 ein Bein verloren. Sie starb 30 Jahre alt im Wochenbett in der Nacht vom 1. zum 2. Juli 1824 zu Kloschwitz und wurde daselbst begraben.

Nauendorff vermählte sich in 2. Ehe als Königl. Sächsischer Rittmeister am 26. April 1827 mit Therese Karoline Christine Luise von Beulwitz a. d. H. Toepen und starb als Farmer in Arkansas.

4. und 5. Zwei todtgeborene Kinder (8. Juni 1797 und 30. Oktober 1800).

Kinder aus 2. Ehe:

6. Ottilie Magdalene Sophie, geboren 2. Januar 1803, vermählt 12. Mai 1823 mit Samm von Schulze auf Jackimiczken bei

Kowno (geboren 17. Januar ..., gestorben 23. Juli 1871 in Teplitz). Geschieden 1832. Sie starb am 6. September 1834 zu Dromsdorf bei Striegau.

7. **Albertina Veronica**, geboren 22. April 1803 zu Rawitsch. Vermählt 17. Mai 1836 mit Ferdinand Heinrich Albert Synold von Schütz, Prem.-Lieutenant im 4. Husaren-Rgt. und Adjutant der 12. Kavallerie-Brigade, geboren 5. August 1803 zu Pless, gestorben als General der Kavallerie z. D. am 10. Februar 1876 zu Liegnitz. Sie starb 15. April 1876 zu Dromsdorf.

8. **Heinrich Gustav**, geb. am 2. März 1807.

9. **Adelaide Johanna Eleonore Caroline**, geboren 28. Dezember 1807 zu Glogau, vermählt 1. Dezember 1829 zu Carlsruhe in Schlesien mit Ernst Wilhelm Leopold Frhr. von Tschammer-Osten und Quaritz auf Dromsdorf und Lonnig, Landschaftsdirektor der Fürstenthümer Schweidnitz und Jauer, geboren 15. Dezember 1803 zu Rothkirchsdorf, gestorben 25. Mai 1857 zu Jauer. Sie starb 29. Dezember 1863 zu Dromsdorf.

10. **Luise Eugenie Juliana**, geboren 23. Juni 1810 zu Carlsruhe in Schlesien, lebte meist in Liegnitz und starb in Gr. Rosen am 3. November 1882 unvermählt.

Ernst Ulrich Otto Eduard (IV, 26), Heinrich Ottos älterer Sohn, geboren am 28. September 1786 zu Stettin, trat frühzeitig in die preussische Armee und wurde am 22. Januar 1808 mit einem Patent vom 10. Oktober 1806 Sekonde-Lieutenant beim Regiment Feldjäger. Am 25. Dezember 1808 wurde er in das ostpreussische Jäger-Bataillon versetzt und in demselben am 8. Dezember 1813 zum Premier-Lieutenant, am 6. Februar 1817 zum Hauptmann und Kompagnie-Chef befördert. Als solcher starb er am 18. Januar 1821 zu Rastenburg am Nervenfieber. Er hat die Feldzüge von 1806, 1812, 1813—14 mitgemacht und sich besonders ausgezeichnet bei Aarhem und im Gefecht bei Hoogstraten. Im letzteren Gefecht wurde er verwundet. Anfang 1814 erhielt er das eiserne Kreuz 2. Kl.

Nach dem unbeerbten Ableben des Majors Otto Friedrich Ludwig von Schack war das von Friedrich Wilhelm von Schack gestiftete Geldmajorat aus dem Hans- in den Jürgenzweig übergegangen.[344]) Dadurch trat Ernst Ulrich Otto Eduard in den Genuss dieses Vermächtnisses. Der einfacheren Verwaltung wegen beantragte er unterm 4. November 1818 die Uebertragung der Oberaufsicht über das Fa-

[344]) Vgl. oben S. 71.

milienvermächtnies von dem Oberamt der Oberlausitz an das Oberlandesgericht zu Stettin. Dies Gesuch wurde im Februar 1819 bewilligt. Nach seinem Tode trat sein Bruder Heinrich Gustav in den Genuss der Stiftung.

Im Sommer 1819 vermählte sich Ernst Ulrich Otto Eduard mit Agnes von Liebenau, geb. 17. Januar 1797, ältester Tochter des Oberstlieutenants a. D. Karl Ludwig von Liebenau und der Karoline Antoinette Eleonore geb. v. Flemming a. d. H. Bukow. Sie lebte als Wittwe zuerst in Bukow, dann in Wollin und starb 7. November 1851; beigesetzt am 10. November in dem von Flemmingschen Grabgewölbe zu Martentin.

Das einzige Kind aus dieser Ehe, ein Töchterchen, geboren und gestorben 1820, 4 Monate alt, wurde in der Familiengruft zu Bukow beigesetzt.

Heinrich Gustav (IV, 27). Heinrich Ottos jüngerer Sohn, geboren 2. März 1807 zu Rawitsch, besuchte zunächst das Gymnasium zu Brieg, dann 1820—23 das Kadettenkorps zu Berlin. Er kam 1823 als Unteroffizier zum 3. Ulanen-Regt., wurde am 15. November 1826 Portepee-Fähnrich, am 15. August 1828 Sekonde-Lieutenant und war von 1833—1834 zur Lehr-Eskadron kommandirt.

Am 6. März 1841 wurde ihm mit dem Charakter als Premier-Lieutenant und der Armee-Uniform der Abschied bewilligt und am 27. August 1853 der Charakter als Rittmeister verliehen. 1872 erhielt er den Rothen Adler-Orden 4. Klasse.

Er kaufte 1841 von den Erben des 1838 verstorbenen Hauptmanns a. D. Karl von Busse das Gut Weidenbach bei Bernstadt, welches er am 1. Januar 1881 an seinen 2. Sohn Konrad abtrat. Von da ab lebte er in Liegnitz, wo er am 15. Februar 1887 gestorben ist. Er liegt in Bernstadt begraben. Mit seinem Tode trat sein ältester Sohn Heinrich Karl Otto in den Genuss des von Friedrich Wilhelm von Schack gestifteten Geldfideikommisses.

Heinrich Gustav ist zweimal vermählt gewesen:

1. am 16. Oktober 1835 zu Weidenbach mit Amalie Therese von Busse, geb. 12. August 1819, gest. 2. September 1845 zu Weidenbach, begraben zu Bernstadt.[344 a])

[344 a)] Amalie von Busse war die jüngste Tochter des Hauptmanns a. D. Karl von Busse auf Weidenbach, geb. 12. 11. 1771, gest. 25. 1. 1836 zu Weidenbach, und der Amalie geb. von Zitzewitz, geb. 10. 10 1788, gest. 2. 8. 1860 zu Bernstadt. Die Eltern des Karl von Busse waren Christian Daniel v. B. und Juliane Beate Sylvia geb. von Schickfus. Vgl. oben S. 91. Die Eltern der Amalie

2. am 6. Mai 1850 zu Thamm mit Elisabeth Therese Auguste von Sydow, geb. 12. September 1823 zu Thamm.³⁴¹ᵇ)

Elisabeth war in 1. Ehe vermählt gewesen seit 10. September 1843 mit Wilhelm Heinrich Balthasar von Busse a. d. H. Würchwitz, Rittergutsbesitzer auf Andersdorf, geboren 25. November 1815, gestorben 25. Februar 1848. Sie starb 12. April 1879 zu Weidenbach, begraben zu Bernstadt.

Kinder aus 1. Ehe:

1. Heinrich Karl Otto, geb. 5. März 1838.
2. Eine Tochter, geb. 29. August 1839 zu Fürstenwalde. Dieselbe starb bald darauf, noch vor der Taufe, am 3. September 1839.
3. Therese Amalie Auguste Alexandra, geb. 3. Dezember 1841 zu Weidenbach, gestorben ebenda 3. Mai 1866, unvermählt, begraben zu Bernstadt.
4. Konrad Heinrich Ewald, geb. 5. März 1844.

Kinder aus 2. Ehe:

5. Otto Heinrich August, geb. 10. August 1851 zu Weidenbach.
6. Alexander Heinrich Otto Asmus, geb. 2. Mai 1853 zu Weidenbach.
7. Max Heinrich Otto, geb. 24. November 1854 zu Weidenbach.
8. Adelaide Amalie Elisabeth, geb. 15. Mai 1857 zu Weidenbach, vermählt 26. September 1882 zu Liegnitz mit Wolfgang Theodor Jesko Freiherrn von Puttkamer a. d. H. Poberow, Majoratsherrn der Schickerwitzer Güter, geb. 30. Juni 1856 zu Zettin.

Heinrich Karl Otto (IV, 28), Heinrich Gustavs ältester Sohn, geb. 5. März 1838 zu Fürstenwalde, besuchte das Gymnasium zu Oels und die Realschule zu Breslau und trat am 15. Februar 1856 als Avantageur in das 3. Ulanen-Regt. ein. Er wurde am 25. Okt. 1857 Fähnrich, am 11. Dez. 1858 Sekonde-Lieutenant und im Juli 1860 zum 2. Brandenbg. Ulanen-Rgt. Nr. 11 versetzt. In den Jahren

von Zitzewitz waren der Kriegs- und Domänenrath von Zitzewitz und Helene Friederike Luise geb. von Siegroth.

³⁴¹ᵇ) Elisabeth v. Sydow war die Tochter des Rittmeisters a. D. August Karl v. Sydow auf Thamm, geb. 6. 12. 1783, gest. 10. 4. 1859, und der Susanna Marie Luise Freiin von Richthofen, geb. 30. 11. 1802, gest. 25. 11. 1824. Die Eltern des A. K. v. S. waren der Ritterschaftsrath Wilhelm Ludwig Leopold v. S. auf Stolzenfelde, geb. 25. 2. 1748, gest. 27. 7. 1828, und Friederike Sophie Wilhelmine Edle von Waltman, Freiin von Grünfeld, geb. 26. 7. 1760, gest. 25. 2. 1821. Die Eltern der Luise v. Richthofen waren Karl Andreas Immannel v. R. auf Bartsdorf, geb. 24. 4. 1762, gest. 17. 11. 1836, und Wilhelmine v. Hohendorf, geb. 9. 6. 1766, gest. 24. 7. 1828.

1860—62 war er zur Reitschule in Schwedt kommandirt. Den Feldzug 1864 machte er als Ordonnanzoffizier bei der 6. Division mit, wurde durch A. C. O. vom 10. März 1864 wegen Auszeichnung im Gefecht bei Missunde belobt und erhielt am 7. Juni 1864 für den Sturm auf die Düppeler Schanzen, bei dem er sich freiwillig der Sturmkolonne II angeschlossen hatte, den rothen Adlerorden 4. Kl. mit Schwertern. Während des Feldzugs 1866 verblieb er bei der Ersatz-Eskadron, wurde am 30. Okt. 1866 Premier-Lieutenant, am 17. Febr. 1871 überzähliger Rittmeister, am 15. Juli 1871 Eskadronchef. Während des Feldzugs 1870/71 machte er die Belagerung von Metz, die Schlachten von Orleans und le Mans mit und erhielt nach der Schlacht bei Beaugency das eiserne Kreuz 2. Klasse. Am 20. März 1878 erhielt er den österreichischen Orden der eisernen Krone 3. Kl. Am 22. März 1881 zum Major befördert, wurde er am 11. September 1883 als etatsmässiger Stabsoffizier in das litthauische Ulanenregiment Nr. 12 versetzt. Am 15. Dezember 1887 wurde ihm unter Verleihung des Charakters als Oberstlieutenant mit der Uniform des Ulanenregiments Nr. 11 der erbetene Abschied bewilligt. Er lebt gegenwärtig in Berlin.

Heinrich Karl Otto vermählte sich am 25 Juni 1875 zu Bornzin mit Susanna Johanna Gertrud Agathe von Zitzewitz, geboren 18. Dezember 1855 zu Alt-Bornzin, Tochter des Wilhelm Theophil von Zitzewitz auf Alt und Neu Bornzin, Gr. und Kl. Crien, Turzig und Gesiffze, Premier-Lieutenant a. D., und der Hedwig geb. von Puttkamer a. d. H. Deutsch-Carstnitz. Susanna starb 18. Juli 1882 zu Halle a. S. Die Ehe war kinderlos.

Konrad Heinrich Ewald (IV, 29), Heinrich Gustavs zweiter Sohn, geb. 5. März 1844 zu Weidenbach, besuchte 1855—56 das Gymnasium zu Oels, von 1856—62 das Kadettencorps zu Wahlstatt bezw. Berlin. Er trat hierauf am 15. Mai 1862 in das 2. schlesische Dragoner-Regt. Nr. 8 als Fähnrich ein und wurde nach Besuch der Kriegsschule in Neisse am 1. Juni 1864 Offizier. Mit seinem Regiment nahm er an den Feldzügen von 1866 und 1870/71 Theil: im ersteren an den Schlachten bei Nachod, Schweinschädel und Königgrätz, im letzteren an der Belagerung von Paris. Gelegentlich des Ausfallgefechts bei Choisy le Roi am 30. November 1870 erwarb er sich das eiserne Kreuz 2. Kl. Schon vorher, am 10. September 1870, war er zum Premierlieutenant befördert worden. Im Jahre 1875, am 18. September, wurde er Rittmeister und Eskadronchef und stand als solcher in Bernstadt, von wo er am 6. Dezember 1878 in das Magdeburgische Dragoner-Rgt. Nr. 6 nach Stendal versetzt wurde. Um die Bewirthschaftung des Gutes Weidenbach zu übernehmen, erbat er seinen Abschied, der ihm mit der Uniform des 8. Dragonerregiments am 11. Juni 1881 bewilligt wurde.

Am 14. Mai 1875 vermählte er sich zu Roschkowitz mit Elisabeth Auguste Erdmuth von Berg, geb. am 24. Juni 1855 zu Berlin, gestorben am 29. Dezember 1892 zu Weidenbach, Tochter des Lieutenants im Jägerbataillon Nr. 6 und Herrn auf Schleerslawitz Paul Christoph Heinrich von Berg [443]) und der Katharina von Taubadel. [444])
Kinder:

1. Therese Amalie Katharina Henriette Elisabeth, geb. am 13. August 1876 zu Bernstadt.

2. Amalie Paula Karoline Elisabeth, geb. am 16. Januar 1878 zu Bernstadt.

3. Eckhard Heinrich, geb. am 6. März 1879 zu Stendal; besuchte von Ostern 1890 bis Oktober 1893 das Gymnasium in Wohlau, bis Ostern 1894 das Johannesstift in Berlin, seitdem die Ritterakademie zu Liegnitz.

4. Paul Asmus Alexander Konrad, geb. am 22. April 1881 zu Weidenbach, besuchte von 1891—92 das Progymnasium in Bernstadt, von 1892 bis Ostern 1893 das Gymnasium in Wohlau, seitdem das Gymnasium zu Oels.

5. Katharina Susanne Elisabeth, geb. am 3. Februar 1886 zu Weidenbach.

6. Ilse Helene Anna Luise Maria, geb. den 23. September 1887 zu Weidenbach.

Otto Heinrich August (IV, 30), Heinrich Gustavs dritter Sohn, geb. 10. August 1851 zu Weidenbach, besuchte von 1864—1866 das Gymnasium zu Oels und von 1866—69 die Ritterakademie zu

---

[443]) Paul von Berg war am 9. Januar 1828 zu Graudenz geboren und starb am 18. April 1855 zu Schierslawitz. Seine Eltern waren Nathanael Christoph v. B., Major in Graudenz, geb. 26. 7. 1779, und Auguste von Crauss, Tochter des Hans Moritz Wolfgang von Crauss, Landschaftsdirektor, Herr auf Schreibendorf u. Henesendorf und einer geb. von Cuettritz aus dem Hause Seliendorf. Nathanael Christoph Eltern waren Christian Heinrich von Berg und Christiane von Boschein.

[444]) Katharina v. Taubadel war die Tochter des Wilhelm v. T., Landraths des Kreises Rosenberg O. S. und Herrn auf Alt- und Neu-Roschkowitz, geb. 17. 5. 1796, gest. 16. 6. 1851, und der Agnes v. Jordan. Letztere war eine Tochter des Martin Ludwig v. Jordan, Herrn auf Schönwald und Jordansmühl, und der Charlotte v. Jordan und Alt-Patschkau a. d. H. Bischdorf. Wilhelm v. Taubadel war ein Sohn von Ernst Gottlieb v. T., Landrath des Kreises Kreuzburg, und der Johanna Gottliebe von Jordan und Alt-Patschkau a. d. H. Bischdorf.

Liegnitz. Am 1. Dezember 1869 trat er beim 2. Schles. Drag.-Rgt.
Nr. 8 ein, wurde am 12. Juli 1870 Portepee-Fähnrich und am 10.
Nov. 1870 Sekonde-Lieutenant.

Er machte den Feldzug 1870/71, im besonderen die Belagerung
von Paris mit. 1876 war er zur Reitschule in Hannover, 1877 zur
Central-Turn-Anstalt in Berlin kommandirt. Am 20. August 1878
wurde er Premier-Lieutenant, besuchte im Oktober 1880 bis 1883
die Kriegs-Akademie und wurde am 13. Mai 1886 zum Rittmeister
befördert. Seit dem 17. Mai 1892 ist er Adjutant der 21. Division.
Am 18. November 1893 wurde er zum Major befördert und erhielt
am 18. Januar 1895 den Rothen Adlerorden 4. Kl.

Am 29. Dezember 1888 vermählte er sich zu Rankau mit
Margarethe Elisabeth Leontine Isabella von Schickfus und Neudorf,
geb. am 13. August 1865 zu Rankau, jüngster Tochter des Oskar
Bonaventura v. S. und N.[347]) Erbherrn auf Rankau im Kreise
Nimptsch und der Anna geb. von Merkatz.[348])

Kinder:

1. Irmgard Margarethe Elisabeth Anna Adelaide, geb. 12.
Oktober 1889 zu Namslau.

2. Alard Otto Heinrich Oskar Max, geb. 10. April 1891 zu
Namslau.

3. Ruth Alice Anna Elly, geb. 22. Juli 1894 zu Frankfurt a. M.

Alexander Heinrich Otto Asmus (IV, 31), Heinrich
Gustavs vierter Sohn, geb. 2. Mai 1853 zu Weidenbach, besuchte
von 1864—67 das Gymnasium zu Oels, von 1867—71 die Ritter-
Akademie zu Liegnitz. Am 1. Nov. 1871 trat er bei dem 2. schles.
Dragoner-Rgt. Nr. 8 ein, wurde am 11. Juni 1872 Portepee-Fähnrich
und am 16. Okt. 1873 Sekonde-Lieutenant. Im Winter 1878—79
war er zur Central-Turnanstalt kommandirt. Im Laufe des Jahres
1879 erkrankte er an der Schwindsucht, ging nach Italien und wurde
à la suite des Regiments gestellt.

Er starb am 15. Juli 1880 zu Weidenbach, kurze Zeit nach
seiner im Mai 1880 erfolgten Rückkehr aus Italien.

---

[347]) Oskar v. S. u. N. ist geb. 17. 4. 1824 zu Baumgarten Kr. Strehlen, gest.
am 20. 7. 1888 zu Brückenau im Riesengebirge. Seine Eltern waren: Leopold
v. S., geb. 18. 9. 1773 zu Rodelsdorf, gest. 2. 2. 1839 zu Baumgarten, und Marie
geb. Sander, geb. 5. 9. 1790, gest. 29. 10. 1859 zu Strehlen.

[348]) Anna v. M., geb. 1. 8. 1834. Ihre Eltern: Eduard v. M., geb. 12. 2. 1788,
gest. 26. 4. 1867 und Leontine v. Lange, geb. 25. 1. 1815, gest. 18. 7. 1889.

Max Heinrich Otto (IV, 32). Heinrich Gustavs fünfter Sohn, geb. am 24. November 1854 zu Weidenbach, besuchte von 1867—72 das Gymnasium zu Oels, von 1872—75 dasjenige zu Breslau, trat am 18. April 1876 in das Kaiser-Alexander-Garde-Grenadier-Regt. Nr. 1 ein, wurde am 11. November 1876 Portepee-Fähnrich, am 12. März 1878 Sekonde-Lieutenant und am 22. März 1887 Premier-Lieutenant. Am 31. Mai 1892 wurde er zum Hauptmann befördert, zunächst ohne Patent, dann mit einem solchen vom 2. September 1892. In der Zwischenzeit unternahm er einige grössere Reisen, so im Juli-August 1886 im Gefolge I. K. H. der Frau Erbprinzessin von Sachsen-Meiningen nach Schweden und Norwegen, bei welcher Gelegenheit ein vierwöchentlicher Aufenthalt am Hofe des Kronprinzen von Schweden in Tullgarn stattfand. Im Jahre 1890 erhielt er den russischen St. Stanislausorden 3. Kl.

VII.

Die Besitzungen der Prillwitzer Schacks.

A. Stammgüter.

1. Prillwitz.

Ueber die Vorbesitzer dieses im nachmaligen Pyritzer Kreise belegenen Gutes Prillwitz sind wir nicht unterrichtet. Es ist indessen wahrscheinlich, dass eine im letzten Viertel des 13. Jahrhunderts vorkommende, aber auch wohl bald nachher ausgestorbene Familie von Prillwitz mit dem Dorfe gleichen Namens in Verbindung zu bringen sein wird.[351])

Später gelangten die Schacks in den Besitz dieses Gutes. Urkundlich nachweisbar ist diese Thatsache jedoch erst mit dem Jahre 1437.[352]) Seitdem ist dieses Gut Prillwitz bis zum Jahre 1799 ununterbrochen der Stammsitz des pommerschen Zweiges des Geschlechtes von Schack gewesen. Als fernere Stammlehne gehörten zu diesem Hauptgute Antheile in dem benachbarten Dorfe Kloxin und an der im Soldinschen belegenen wüsten Feldmark Lindenbusch.

Genaueres über den Umfang dieses Besitzes wird aus dem Lehnbriefe von 1514 ersichtlich. Damals bestand der Lehnbesitz in: 54 Hufen in Prillwitz, eine Mühle, eine Wiese bei Kossin, der sogenannte tiefe See auf dem Prillwitzer Felde[353]); ferner 16 Hufen in

---

[351]) Dietrich von Prillwitz und dessen Söhne werden am 10 November 1277 vom Herzog Barnim von Pommern mit dem Dorfe Hagen belehnt. Pomm. Urk. B. Bd. 2, 358.

[352]) Vgl. Anm. 11. — Die im St. A. Stettin angestellten Nachsuchungen nach früheren Besitzern sind ergebnisslos gewesen.

[353]) Wegen dieses tiefen Sees hatten die von Schack 1623 einen Streit mit der Marienkirche in Stettin, welche über die Beschwerung ihrer Unterthanen durch die von Schack Klage erhub, namentlich wegen der Behinderung des Bauers Karsten Vader in der Fischerei. Die Schacks berichteten, dass sie auf dem Prillwitzschen Felde einen See, der tiefe See genannt, so schon ihre Vorfahren besessen, hätten und dass Karsten Vader den See heimlich bei Nacht befischt habe. St. A. Stettin, Hofgericht Stargard.

Kloxin, 8 Scheffel Mühlenpacht aus der Kloxinschen Mühle, ein Antheil an der Ploene, Kirchenlehn, Gericht, Schulzenlehn und Kruglehn.³⁵⁴) Es befanden sich zu jener Zeit nur einige kleinere Theile von Prillwitz in fremden Händen, die aber nach und nach in den Besitz der Familie übergingen. Dauernde Veräusserungen von Besitztheilen an Fremde haben überhaupt nicht stattgefunden. Die Verpfändungen aber an Fremde, welche vorgekommen sind, waren immer nur von kurzer Dauer und bezogen sich nur auf unbedeutende Theile des Gesammtbesitzes. So hatte Asmus Schack i. J. 1504 für seinen Brudersohn Achim (oder Henning) Schack 7 Hufen in Kloxin und 2 Hufen in Prillwitz an Achim Wreech für 450 Gulden verpfändet.³⁵⁵) Nach 13 Jahren schon wurden diese Pfandstücke eingelöst und zwar durch Asmus Sohn, Asmus von Schack, der jene Hufen nun seinerseits bis zur Einlösung durch seine Brüder in Besitz behielt.³⁵⁶) Derselbe Asmus, der Vater, hatte übrigens auch 1506 einige Zinsen und Pächte zu Prillwitz an Jost von Küssow verpfändet.³⁵⁷)

Noch in demselben Jahrhundert wird dann auf Schackscher Seite das Bestreben erkennbar, die in fremden Händen befindlichen Grundstücke in Prillwitz in den Besitz der Familie zu bringen. Am 25. November 1583 schloss Joachim (I, 5) von Schack mit seinem Schwager Jakob von Runge einen Vertrag ab, nach welchem dieser einen Bauer mit 4 Hufen und 2 wüsten Hufen in Prillwitz an Joachim verpfändete.³⁵⁸) Mit diesem Rechtsgeschäft hing dann wohl zusammen, dass i. J. 1603 Jakob von Runge, vielleicht der Sohn des obigen, mit Einwilligung seiner Vettern seinen Prillwitzer Besitz, einen Bauer und 8 Hufen Land, an die Vettern Sigmund (II, 2) und Christoph (I, 6) von Schack verkaufte.³⁵⁹) Weiteren Besitz in Prillwitz hatte das

---

³⁵⁴) Lehnbrief vom 1. Dezember 1514. Urkunden Nr. 2.

³⁵⁵) Vgl. Anm. 20.

³⁵⁶) Vgl. Anm. 24.

³⁵⁷) Am Montag nach Pauli Bekehrung 1506 genehmigte der Herzog von Pommern diesen Wiederkaufsvertrag. St. A. Stettin, Hdschr. II, 13 Bl. 114.

³⁵⁸) Vgl. Anm. 41.

³⁵⁹) Am 4. Mai 1603. Das Kaufgeld betrug 2500 Gulden. St. A. Stettin, Lehnsarchiv. Vgl. Anm. 61. — Nach Ertheilung des Lehnbriefes von 1603 kam dann Sigmund von Schack zugleich im Namen seines unmündigen Vetters Friedrich (Christophs Sohn) beim Herzog darum ein, dass jene von ihm gemeinsam 1603 gekauften 8 Hufen zu Prillwitz, sowie die von ihm allein 1605 gekauften 2 Bauern zu Islinger künftighin in den Lehnbrief aufgenommen werden möchten. Ebenso ein Rauchhuhn im Kruge zu Kloxin, welches er besitze. An demselben Tage baten auch die übrigen Mitglieder der Familie um Gewährung der gesammten Hand an jenen erkauften Besitzungen. St. A. Stettin, Lehnsarchiv.

Marienstift in Stettin. Es hatte denselben durch einen Tauschvertrag mit Joachim von Hagen zu Naulin im Jahre 1584 erhalten und demselben dafür Besitzstücke in Naulin abgetreten. Nicht lange darauf trat dann Sigmund Schack mit der Stiftskirche in Unterhandlung, um diesen Besitz in Prillwitz gegen seinen Antheil in Isinger einzutauschen. Dieser Versuch führte damals noch zu keinem Ergebniss. Dagegen hat Sigmunds Sohn, Christian Sigmund (II, 6), jenen Besitz, zwei Bauern und einen Kossäten, wirklich erworben, insofern ihm Herzog Bogislaw dieselben zur Entschädigung einer seit 7 Jahren rückständigen Besoldung i. J. 1632 übertrug und die Stiftskirche anderweitig entschädigte.[260])

Von der zweiten Hälfte des 17. Jahrhunderts an war das ganze Dorf Prillwitz in Schackschem Besitz. Das Gut umfasste zu dieser Zeit — nach der Hufenmatrikel von 1628 — 41 Hakenhufen, 22 Kossäten, 2 Müller, 2 Krüge, 1 Schmied, 5 Schäfer, 5 Schäferknechte, 1½ Hirten, 2 Weberstellen (½ Hakenhufe), 5 Iustleute (½ Hakenhufe), 2 Backofen (1 Hakenhufe), 2 Quernen (Handmühlen), 3 Schneider, Schuster u. s. w. und 9 Bauerknechte. Hiervon, sowie von den Zubehörbesitzungen in Kloxin und Isinger stellte das Geschlecht 3 Lehnpferde, so schon nach den Musterrollen von 1521 und 1523. Später, 1689, erklärten die Schacks in einer Eingabe an den Kurfürsten, dass sie ihres Wissens zu 2 Pferden verpflichtet seien.[261]) Damit stimmt dann auch ungefähr überein eine Angabe der Wittwe Peter Ottos (III, 19) v. J. 1714, nach welcher ihr verstorbener Mann ein Viertel von Prillwitz und ein Fünftel des durch den Tod des Friedrich (I, 7) von Schack vererbten Lehnes besessen habe und dass an Lehnpferden zu stellen sei von jenem Viertel ein halbes und von jenem Fünftel ein Fünftel eines halben Lehnpferdes.[262]) An Lehnware und Kanzleigebühren musste das Geschlecht, z. B. 1689, rund 33 Thaler zahlen.

Betreffs der Lehnbriefe des Geschlechts über die in Pommern gelegenen Besitzungen kann hier auf die in den Urkundenbeilagen veröffentlichten Auszüge oder Abdrucke verwiesen werden. Es sind die Lehnbriefe aus den Jahren 1514, 1557, 1575, 1601, 1605, 1608,

---

[260]) Am 30 Nov. 1632. Vgl. oben Anm. 110. Urkunden Nr. 25. — Die Einweisung Seitens der Marienkirche erfolgte am 15. Jan. 1633; sie betraf die Bauern Asmus Nienborg und Philipp Wevergens und einen wüsten Kossätenhof, so davor Chim Hake bestanden.

[261]) Eingabe vom 24. Sept. 1689. Vgl. Anm. 158.

[262]) Eingabe vom 22. Jan. 1714. Vgl. Anm. 237.

1618, 1622 und 1634. Bei dem letzteren muss es fraglich bleiben, ob er überhaupt zur Ausgabe gelangt ist. Er ist nur in einem Entwurf von der Hand des Archivars Jakob Frost erhalten, enthält in Ansehung der Personalien einige Unrichtigkeiten, wie solche in den Entwürfen der Lehnbriefe, bis zu deren endgültiger Feststellung bei der Muthung, vorzukommen pflegen, und er wird schliesslich in den künftigen Lehnbriefen nicht mit erwähnt. Ja noch mehr. Als nach dem Aussterben des pommerschen Herzogshauses ein Theil Pommerns an Brandenburg gefallen war und die Edelleute vom Kurfürsten zur Vorlegung ihrer Belehnungsurkunden aufgefordert wurden, da sprachen die Mitglieder der Familie für die Abfassung des neuen Lehnbriefes gewisse Wünsche aus, z. B. die Aufnahme der 1692 an Christian Sigmund übertragenen vormaligen Marienstiftischen Bauern, Wünsche, welche bereits durch den Lehnbrief von 1634 erfüllt gewesen sein würden, wenn der Entwurf desselben wirklich zur Ausgabe gelangt wäre.

In dieser an den Kurfürsten gerichteten, oben erwähnten Eingabe v. J. 1668 sprachen übrigens die Mitglieder der Familie noch eine weitere Bitte aus, welche deutlich zeigt, wie damals bereits eine gewisse Unklarheit über Umfang und Grenzen des ererbten oder erworbenen Besitzes sich zu verbreiten begann oder doch befürchtet wurde: „Hiernegst müssen wir ferner berichten, wie wegen der theils dunklen, theils gar zu generalen Worte, welche in den vorigen Lehnbriefen enthalten, bisweilen unter unseren Vorfahren einige Irrungen entstanden, indem man die verliehene Gerechtigkeit bald auf Prillwitz, bald auf das Vorwerk Lindenbusch, bald auf Klozin ausdeuten oder hie und da eine ungleiche Eintheilung machen wollen. Damit nun allem Zweifel vorgebeugt und den Nachkommen eine gewisse Kynosura³⁴²ᵃ) ins Mittel gesetzet werden möge, so gelanget an E. churf. Durchl. unser unterthäniges Bitten, sie geruhen uns so gnädig zu erscheinen und in dem neuen Lehnbriefe zwischen den Gütern einen Unterschied zu machen und was zu einem jedwedern gehöret, specifice exprimiren zu lassen."³⁴³)

Trotz dieser Eingabe bestätigte der Kurfürst durch den neuen Lehnbrief vom 1. Mai 1668 lediglich die früheren Lehnsurkunden. An brandenburgisch-pommerschen Lehnbriefen gelangten dann noch zur Ausgabe der von 1699 und der letzte von 1714. Später,

---

³⁴²ᵃ) D. i. das Gestirn des kleinen Bären, nach dem sich die Schiffer richteten, daher im Sinne von Wegweiser.

³⁴³) Eingabe a. d. J. 1668. St. A. Stettin, Lehnsarchiv.

bis zur Aufhebung der Lehne, pflegten dann nur noch Muthscheine ertheilt zu werden.

Im folgenden beobachten wir nun die Vertheilung des Lehnbesitzes zu Prillwitz auf die einzelnen Familienzweige und die schliessliche Veräusserung des Gutes.

In welcher Weise die Gesammtlehngüter auf die einzelnen Zweige des Geschlechtes vertheilt waren, lässt sich im einzelnen nicht mehr genau nachweisen. Die erste Theilung, von der wir Nachricht haben, scheint nach dem Tode des jüngeren Asmus stattgefunden zu haben. Dann die in den Jahren 1551 und 1557 stattgehabten Vergleiche über die Irrungen zwischen den Brüdern von Schack und der Wittwe ihres Bruders Georg setzen eine solche stattgehabte Theilung voraus.[354]) Ueber das Nähere sind wir nicht unterrichtet. Aus späteren Nachrichten wissen wir, dass jeder Bruder 18 Hufen erhielt und dass die nach der Viertheilung übrig bleibende Schulzenhufe an Karsten fiel, woraus vielleicht zu schliessen ist, dass er von den überlebenden vier Brüdern der älteste war. Jedenfalls erhielt später der Karstensche Antheil die Bezeichnung Prillwitz A, während der Antheil des Haus mit B, derjenige des Jürgen mit C und der Joachims mit D bezeichnet wurde. Von diesem Antheil D sind wir übrigens in der Lage uns ein ungefähres Bild seines Umfangs und Werthes durch zwei auf uns gekommene Urkunden zu machen. Die eine betrifft die Abschätzung des Brandschadens, welchen die Brüder Joachim und Christoph durch die Fahrlässigkeit ihrer Mutter i. J. 1598 erlitten hatten.[355]) Die andere ist eine ziemlich genaue Abschätzung des Besitzes des Joachim (I, 5), welcher die Hälfte von Prillwitz D besass, die er später 1621 an seine Brudersöhne verkaufte. Die Abschätzung ist im Jahre 1618 vorgenommen worden.[356]) Dieser ganze letztere Antheil D kam schon um die Mitte des 17. Jahrhunderts, als der Joachimsche Zweig mit Friedrich (I, 7) ausstarb, unter die übrigen lebenden Vettern, allem Anschein nach 5 an Zahl, zur Theilung.[357])

---

[354]) 9. 7. 1551 und 11. 2. 1557. St. A. Stettin, Bagmihlsche Sammlg. v. Sch. Nr. 2.

[355]) Verzeichnus, was in dem Brandschaden, so Jochim und Christoph den Scharcken von der alten Jochim Scharckischen verwarloseten Fauer zugefüget worden, an Gebeuden, Haab und Guttern in die Aschen gesetzet worden. 1598. Urkunden Nr. 11.

[356]) Abschätzung des Besitzes Joachims III in Prillwitz. 1618, Jan. 27. Urkunden Nr. 18.

[357]) Vgl. die Eingabe vom 22. Januar 1714 im Text an Anm. 362.

Der Antheil Prillwitz A war nach verschiedenen Theilungen in den Händen des Landraths Hans Friedrich (II, 19) von Schack, als des einzigen Mitgliedes dieses Zweiges, wieder vereinigt. Nach dessem Tode wurden sich die beiden Söhne in den Verträgen vom 24. November 1736 und 29. Oktober 1737 dahin schlüssig, dass der jüngere Bruder Hans Christian das sogenannte grosse Gut für den Schätzungswerth von 10138 Thalern erhielt, während dem älteren Bruder Friedrich Eugen das sogenannte kleine Gut und der Antheil in Kloxin für den Anschlag von 5263 Thalern zufiel. Es ist wahrscheinlich, dass dieses sogenannte kleine Gut der Lehnsantheil Hans Christophs (II, 12) gewesen ist, der nach dessen Tode an die überlebenden Vettern dieses Zweiges fiel, dann aber in Hans Friedrichs Hand wieder vereinigt worden war.

Friedrich Eugen verkaufte das kleine Gut durch Vertrag vom 24. März 1740 an den Oberstlieutenant Otto Bogislaw (III, 24) von Schack zunächst wiederkäuflich auf 20 Jahre für 5000 Thaler. Auch der andere Bruder Hans Christian verkaufte 11 Jahre später durch Vertrag vom 17. August 1751 das grosse Gut und das ihm zustehende Einlösungsrecht am kleinen Gut nebst Zubehör erblich an Otto Bogislaw für 17500 Thaler.[※4] Auf Antrag des Oberstlieutenants Otto Bogislaw wurde unter Einleitung des üblichen Verfahrens und da die übrigen noch lebenden Agnaten — der holländische General Otto Friedrich (IV, 11) und die Brüder Friedrich Christoph (IV, 17) und Hans Friedrich (IV, 18) — ihr Lehnrecht nicht geltend machten, die Lehnseigenschaft der so erworbenen Güter gelöscht und dieselben durch Verordnung vom 28. Januar 1752 als Allod erklärt.

Der Antheil des Jürgenzweiges, Prillwitz C, war nebst den Zubehörungen in Lindenbusch und Kloxin in der Hand Franz Valentins (IV, 9) vereinigt. Nach dessen Ableben fiel er gemäss dem brüderlichen Theilungsvertrage vom 18. März 1717 zu dem abgeschätzten Werthe von 14 634 Thalern dem jüngsten Sohne zu, dem Rittmeister Hans Christian (IV, 14) von Schack. Von diesem ging er auf den Sohn Friedrich Christoph (IV, 17) über. Dieser aber verkaufte Prillwitz C mit Genehmigung seines jüngeren Bruders Hans Friedrich durch Vertrag vom 25. Juni 1754 für 15 000 Thaler ebenfalls an den Oberstlieutenant Otto Bogislaw von Schack. Die Brüder Otto Franz Christian (IV, 15) und Wilhelm Christoph hatten zuvor auf ihr Vorkaufsrecht verzichtet, sich aber ihr Lehnrecht ausdrücklich vorbehalten.

[※4] Königl. Bestätigung v. 18. Sept. 1751.

Da nun Otto Bogislaw in dem brüderlichen Vergleich vom 26. Januar 1728 seinen älteren Bruder, den russischen Generalmajor Friedrich Wilhelm von Schack, durch Auszahlung von 2000 Thalern mit seinen Ansprüchen an die väterlichen Lehngüter abgefunden und dadurch den ganzen Antheil des Hansenzweiges für sich erworben hatte, so war nunmehr nach den beiden Erwerbungen von Prillwitz A und C das ganze Gut Prillwitz nebst Zubehör zum ersten Mal wieder seit 250 Jahren in einer Hand vereinigt.

Nach Otto Bogislaws Tode erbte das Gut sein Sohn Gneomar Bernd Wilhelm (III, 27). Nach dessen Absterben wurden die unmündigen Kinder Otto Friedrich Ludwig, Bogislaw Wilhelm und Luise Juliane durch ihre Vormünder am 29. Juni und 25. Oktober 1779 derart auseinandergesetzt, dass die beiden Brüder die Güter gemeinschaftlich besitzen sollten. Nach dem unbeerbten Tode Bogislaw Wilhelms war Otto Friedrich Ludwig alleiniger Besitzer. Er hat das Hauptgut Prillwitz nebst den Vorwerken Luisenhof und Lindenbusch, welches in dem Erbvergleich von 1779 auf 38 630 Thaler geschätzt worden war, am 7. Juli 1799 an den Geheimen Finanzrath August Heinrich von Borgstede verkauft. Zwei Jahre zuvor hatte er bereits Kloxin veräussert. Die übrigen Agnaten hatten auf ihre Lehnsansprüche verzichtet.

Die näheren Umstände dieser Verzichtleistungen verlohnen ein kurzes Eingehen auf dieselben.

Durch das bei Lehngutsverkäufen übliche Verfahren wurde festgestellt, dass ausser dem Verkäufer Otto Friedrich Ludwig an lehnberechtigten Agnaten noch folgende am Leben waren: Otto Franz Christian (IV, 15), Hans Friedrich (IV, 18) und Heinrich Otto (IV, 22) von Schack. Die von keiner Seite in Zweifel gezogenen Lehnsansprüche derselben erstreckten sich auf zwei Antheile in Prillwitz und einen Antheil in Kloxin — die Ansprüche auf das letzte Drittel und auf ein Antheil in Kloxin waren bereits 1752 durch Nichtgeltendmachung erloschen —; die Lehnsansprüche erstreckten sich ferner auf ein auf den Gütern ohne Eintragung stehendes Lehnstammkapital von 4500 Thalern.

Mit diesem letzteren hatte es folgende Bewandniss. Bei dem 1751 stattgehabten Verkauf des sogenannten grossen Gutes von Seiten des Hans Christian (II, 15) blieben demselben damals von dem Kaufgelde 7510 Thaler übrig, welche Summe ohne Eintragung auf dem Gute zinsbar stehen bleiben sollte. Hans Christian starb hiernächst 1767 und seine Schwester Friederike Amalia von Schack wurde seine Allodialerbin. Als dieselbe im Februar 1780 zu Greifenhagen starb, wurde sie von der Enkelin ihrer Vaterschwester, Fräulein Juliane von Blankenburg, beerbt. Diese klagte nun neben andern Forderungen der Friederike Amalia von Schack an das Gut Prillwitz auch jenen Kaufgelderrückstand von 7610 Thalern ein. Die Vertreter der Beklagten, der minderjährigen Söhne Gneomar Bernd Wilhelms, konnten nun aus dem Uebergabeprotokoll vom 7. Juni 1752 nachweisen, dass die rückständigen Kaufgelder ausdrücklich als Lehnseigenschaft behaltend erklärt worden seien. Durch Tribunalentscheid vom 20. Februar 1784 wurde darauf in 3. Instanz nach einigen Abzügen festgestellt, dass 4500 Thaler als Lehnstamm anzuerkennen seien.³⁶⁷)

Die obengenannten drei Agnaten haben nun aber ihre unzweifelhaften Lehnsansprüche nicht geltend gemacht. Otto Franz Christian meldete sich überhaupt nicht und wurde, da sein Aufenthaltsort unbekannt war, als unbekannter Agnat nicht berücksichtigt. Er starb übrigens 1800 ohne Lehnserben. Der zweite Agnat, Hans Friedrich, gab am 18. April 1795 zu Soldin auf die Aufforderung der Lehnskanzlei, seine Lehngerechtsame wahrzunehmen, zu Protokoll, dass ihm von solchen ihm zustehenden Lehngerechtsamen an Prillwitz und Kloxin nichts bekannt sei, dass er auch keine Urkunden darüber besitze und da er überdies keine Kinder habe, so wolle er sich hiermit aller Ansprüche auf Prillwitz und Kloxin gänzlich begeben haben. Der dritte Agnat endlich, Heinrich Otto von Schack, war über die Verhältnisse zwar durchaus unterrichtet und liess seine Ansprüche zunächst im Lehn- und Successionsregister vermerken. Aber schon zwei Jahre später am 6. Januar 1798, stellte er eine gerichtlich beglaubigte Entsagungsurkunde aus, wodurch er sich der ihm zustehenden Lehnrechte an Prillwitz und Kloxin gänzlich begeben hat.

Der einzige lehnberechtigte Agnat blieb hiernach der Verkäufer Otto Friedrich Ludwig, welcher 1815 unbeerbt gestorben ist. Durch Edikt vom 26. September 1800, sowie durch Entscheidung des Oberlandesgerichts zu Stettin vom 28. September 1818, versehen mit der Bescheinigung der Rechtskraft vom 14. Januar 1819, wurden

---

³⁶⁷) Aus diesem Entscheid geht übrigens hervor, dass dies Lehnskapital beim Tode des Hans Christian nach Lehnrecht hätte vererben müssen. Mit Hans Christian war die Karstenlinie ausgestorben. Die beiden andern Linien standen gleich nahe. Es hätte daher die Succession nach der Nächstigkeit des Grades der damals aus beiden Linien lebenden Agnaten bestimmt werden müssen. Aus der Jürgenlinie lebten damals Otto Franz Christian, Wilhelm Christoph und Hans Friedrich, aus der Hansenlinie nur der um eine Generation dem Erblasser ferner stehende Gneomar Bernd Wilhelm. Es hätte also das Lehnskapital nicht, wie geschehen, an diesen, sondern an die drei erstgenannten fallen müssen.

darauf sämmtliche Schacks mit allen Lehnrechten an die ehemals Schackschen Besitzungen gänzlich und für immer ausgeschlossen und endlich diese Güter selbst nebst obigem Lehnstammkapital durch Verordnung vom 9. Dezember 1839 als Schacksche Lehne gelöscht.

Inzwischen war übrigens das Gut von dem von Borgstede an den Prinzen August von Preussen durch Vertrag vom 15. Juni 1821 verkauft worden. Dieser hat das Gut seinem Sohne August von Prillwitz[30a]) nach dem Testamente vom 17/18. April 1843 für 175000 Thaler in väterlicher Verlassenschaft vererbt. Nach dem Tode des August von Prillwitz besassen das Gut dessen vier Geschwister, für welche der Besitztitel unterm 9. November 1852 berichtigt wurde.[30b]) Nach dem pommerschen Güteradressbuch von 1892 befindet sich Prillwitz jetzt im Besitze eines Stadtrathes Kaspar Lachmann zu Berlin.

Im Anschluss an diese Besitzgeschichte von Prillwitz mögen hier noch einige Streitigkeiten Erwähnung finden, die den Schacks durch das Zusammenwohnen und durch den nachbarlichen Besitz miteinander und mit Fremden erwuchsen.

Zu solchen Streitigkeiten innerhalb der Familie selbst musste es bei dem Zusammenleben in einem Dorfe, bei theils getrenntem, aber zum Theil auch gemeinsamem Besitz mannigfache Anlässe geben. Um die Mitte des 16. Jahrhunderts hatten, wie wir oben gesehen, die Brüder Karsten, Hans, Jürgen und Joachim, übrigens in des letzteren Abwesenheit, ihre Lehngüter in Prillwitz getheilt. Auf jeden Bruder waren 19 Hufen gefallen. Eine übrig bleibende Hufe wurde als gemeinsames Eigenthum dem an Karsten gefallenen Schulzenhofe zugelegt. Gemeinsam blieben ferner die Gerichtsbarkeit und die Kruggerechtigkeit.

Schon i. J. 1571 begannen die Streitigkeiten. Sie betrafen zunächst Grenzfragen. Joachims des älteren Brudersöhne hatten einen Zaun aufgerichtet, der nach des ersteren Meinung für ihn selbst hinderlich war. Eigenmächtiges Niederreissen desselben, Wiedererrichtung und Wiedervernichtung pflanzte den verbitternden Streit auf die Erben fort. Anderer Zwist entstand über einen

---

[30a]) Die 5 natürlichen Kinder des Prinzen August von Preussen wurden unter dem Namen des Gutes als „von Prillwitz" geadelt. Zunächst am 12. 7. 1826 deren Mutter Maria Arndt, dann in den Jahren 1828 bis 1831 nach und nach auch die 5 Kinder. Vgl. Gritzner, Matrikel der brandenburgisch-preussischen Standeserhöhungen und Gnadenakte.

[30b]) v. Schöning, Handbuch des Pyritzer Kreises, Stettin 1856. S. 441.

Baum, der als Mal auf einer Grenzscheide gesetzt war. Es war ein Birnbaum und als eines Sonntags Joachims und Karstens Frauen unter dem Baum sassen und des Obstes geniessen wollten, kam Junker Balthasar mit einem Spiesse gelaufen und verjagte den Knecht, der die Früchte abschlagen sollte. Ein dritter Zwist entstand durch die Anlage eines Kohlgartens, den Joachim d. Aelt. nach Meinung seiner Vettern über sein Viertheil Landes hinaus erstreckt hatte. So kleine Verbitterungen nährten grösseren Zwist oder erschwerten doch gütliche Einigungen über grundsätzliche Fragen. Die Schäfereigerechtigkeit, noch mehr aber die Kruggerechtigkeit schafften der Familie langdauernden Hader.

Die beiden Krüge in Prillwitz waren bei der brüderlichen Auseinandersetzung gemeinsames Eigenthum geblieben. Die Brüder und später Joachim und seine Brudersöhne genossen gemeinsam die Einkünfte, bestimmten den „Bierherrn", d. h. denjenigen, welcher den Krügen das Bier zu liefern hatte, und empfingen von demselben jährlich eine halbe Tonne Bier. Es wurde Pyritzer Bier getrunken und wenn die Schacks zur Stadt kamen, so hatten sie und ihr Gesinde freies Obdach und freien Verzehr beim Bierherrn. Die Güte des Bieres liess wohl zu wünschen übrig. Joachim hielt sich über das „böse" Bier auf und machte einigen seiner Neffen den Vorschlag, ihm zu gestatten, dass er selbst die Krüge mit Bier versorge, er wolle an sie auch die entsprechenden Leistungen abführen. Die jungen Neffen gingen darauf ein. Aber nicht nur die halbe Tonne Bier blieb aus; auch in Pyritz mussten sie nun „aus ihrem eigenen Beutel zehren".

Am meisten wurden die Gemüther erbittert durch den 1614 beginnenden Streit um die Schulzengerechtigkeit. Der Schulzenhof war an Karsten gefallen, jene bei der Theilung übrig gebliebene eine Hufe als gemeinschaftliches Eigenthum zum Schulzenhofe gelegt worden. Karstens Sohn Sigmund beanspruchte nun für sich allein das Recht der Wahl und Einsetzung eines Schulzen und wollte den übrigen Vettern nur zugestehen, dass der von ihm eingesetzte Schulze ihnen als Mitgerichtsherren den Eid leiste. Während der bisherige Schulze entsprechend den zwei zum Hofe gehörigen Hufen 2 Pferde zur Hofwehre hatte, legte Sigmund dem neuen Schulzen ein drittes Pferd zu. Die übrigen Vettern erblickten darin nicht nur einen Eingriff in ihre gerichtsherrlichen Rechte, sondern befürchteten auch, dass durch die vermehrte Hofwehre des Sigmundschen Schulzenhofes der Anschein hervorgerufen werden könnte, als sei die dritte Hufe ebenfalls ein Sigmund zustehendes Zubehör des Schulzenhofes. Und Sigmond erklärte auch wirklich seinerseits, dass die fragliche Hufe nicht erst bei jener Theilung ihrer Väter zu dem Hofe gelegt worden sei, sondern seit 100 und mehr Jahren zu demselben gehört habe. Der Rechtsstreit wurde übrigens sowohl vom Burg- als vom Hofgerichte zu Sigmunds bezw. seines Sohnes Hans Ungunsten entschieden. Der Letztere legte dann Berufung beim Reichskammergericht ein, wo die Angelegenheit aber nicht einmal zur Behandlung, geschweige denn zur Entscheidung gelangte. Auch betreffs der Kruggerechtigkeit entschied am 17. Januar 1620 der Pyritzer Burgrichter, dass im Dorfe zwei Krüge sein sollen und dass es bei den bisherigen Kruglagen gelassen werde. Die Krüge sollen gemeinsam sein und gemeinsam der Bierherr ernannt werden.

Es ist nicht möglich, oder würde doch viel zu weit führen und viel zu viel Raum beanspruchen, vor allem aber, es würde ermüdend wirken, alle diese und ähnliche Rechtsstreitigkeiten in ihrem Verlaufe zu verfolgen. Mit Theilnahme freilich liest sich der Inhalt dieser abschreckend umfangreichen Gerichtsakten aus jener eigenmächtigen und oft gewaltthätigen Zeit, deren Lebensäusserungen unser feineres Gefühl oft roh empfindet. Und oft auch wieder welch anschauliches Bild von dem Leben der Vorfahren für die heutigen Nachkommen. Da haben an einem Aprilabend des Jahres 1620 ein Gerichtsschöffe und ein Bauer eine Ladung des Hofgerichts den Schacks in Prillwitz zu überbringen. Die Boten gehen zuerst zum Rittersitz des Hans Schack. Dieser nimmt die Zustellung entgegen und geht damit auf Peter von Schacks Hof. Er war nicht zu Haus, aber sie, seine Frau, war in der gewöhnlichen, also in der Wohnstube und liess sich nun durch den „Praeceptor" ihrer Kinder das Schriftstück vorlesen und versprach, es ihrem Junker bei seiner Heimkunft zu berichten. Sie möchten es nur der Christoph Schackeschen auch zustellen. Auch diese trafen sie thätig in der Wohnstube. Inzwischen war es später geworden und als die Boten auf Joachims Ritterhof kamen, da trafen sie „die Frau" in der Stube beim Abendessen sitzend und legten das Schriftstück „vorn ufm Tische". Sie aber erklärte, dass sie es ihrem Sohne zustellen wolle.

Jene Akten sind aber vor allem reich an sogenannten Personalnachrichten. In diesem Sinne sind sie weitaus wichtiger als in Ansehung des sachlichen Inhalts und des Streitgegenstandes selbst. Ein grosser Theil der in diesem Buche mitgetheilten Nachrichten ist aus diesen Akten hervorgegangen.

Im übrigen verliefen diese Prozesse durchaus gleichmässig. Sie begannen am Pyritzer Burggericht. Von dem Urtheil des Burgrichters

— 110 —

legte der Unterlegene Berufung an das herzogliche Hofgericht ein, vom Hofgericht an das Reichskammergericht. Von diesem aber ist in keinem einzigen Prillwitzer Prozess ein Entscheid erfolgt.[369 c]

2. Kloxin.

In Kloxin, bei Prillwitz im Kreise Pyritz belegen, sind die von Schack bereits im Jahre 1504 urkundlich nachweisbar angesessen gewesen.[370]) Aus dem Lehnbriefe von 1514 ist dann ersichtlich, dass der Besitz der Familie in Kloxin damals in 16 Hufen bestand, 8 Scheffel Mühlenpacht, ein Antheil am Plöneflass und in Kirchenlehn, Gericht, Schulzenlehn und Kruglehn. Dass dieser Lehnbrief nicht neues Recht schuf, sondern nur die Verbriefung älterer Gerechtsame darstellte, geht schon aus der Thatsache hervor, dass wirklich urkundlich nachweisbar schon 1504, wie oben erwähnt, die Schacks Besitz in Kloxin hatten. Es ist aber wahrscheinlich, dass dieser Besitz noch viel weiter zurückreicht. Es ist oben schon einmal erwähnt worden, dass die Mitglieder der Familie gelegentlich eines Rechtsstreites im Jahre 1604 die Angabe machten, dass schon im Jahre 1400 Liborius Schack einen Rittersitz in Kloxin gehabt habe. So greifbare Aussagen, die gewissermassen durch Vererbung von den Vätern auf die Söhne überkamen, pflegen, wenn die Möglichkeit der Nachprüfung gegeben ist, sich meist zutreffender zu erweisen als die Angaben, welche sich auf das eigene Erinnern des Aussagenden stützen. Es pflegen solche historischen Reminiscenzen, wenn nicht der Zeit nach, so doch sachlich zuzutreffen. Dass ein Liborius Schack aber für das Jahr 1437 beglaubigt ist, ist oben nachgewiesen worden.

Ausser den Schacks waren im 16. Jahrhundert auch die von Steinwehr, noch mehr die von Wedel und besonders die von Küssow in Kloxin angesessen.[371]) Der Steinwehrsche Besitz war der geringste

---

[369 c]) Die für die oben erwähnten Streitigkeiten in Betracht kommenden Akten sind: im St. A. Stettin, Stargarder Hofger. Nr. 4 und 6; im St. A. Wetzlar. S. Nr. 9603 und 9604.
[370]) Vgl. Anm. 20.
[371]) Aus den Angaben gelegentlich jenes mehrfach erwähnten Rechtsstreites i. J. 1604 geht hervor, dass damals die Wedel 10 Hufen, die Küssows 24 Hufen besassen. — Der Küssowsche Antheil war im 15. Jahrhundert angeblich im Besitz eines Kurt von dem Borne. Noch 1604 zeigte man den Graben, den er um seinen Rittersitz gezogen und die Wälle, sowie sein Wappen in der Kirche zu Kloxin. Das durch den Tod des Borne heimgefallene Lehn verlieh der Herzog von Pommern an Werner von der Schulenburg (1490), der es ein Jahr später dem

und wurde, wie es scheint, von den Schacks angekauft. Jedenfalls erwarben in den Jahren 1615 und 1616 Peter und Ludecke von Schack Steinwehrschen Besitz in Kloxin als erblichen Lehnbesitz.⁹⁷²) Seitdem blieben auch im allgemeinen die drei Antheile der betheiligten drei Familien in sich abgegrenzt bestehen, bis gelegentlich des Konkurses des Obersten von Küssow zwei Küssowsche Bauernhöfe und eine Hufe auf dem Kloxinschen Felde für Schacksche Forderungen in den schliesslichen Besitz des Franz Valentin und des Landraths Christian Friedrich von Schack 1666 und 1670 übergingen. Und fast zu derselben Zeit hatten auch die von Wedel ihren Besitz in Kloxin an die von Küssow veräussert. Durch Vertrag vom 3. September 1651 nämlich verkaufte Lupold von Wedel 9 Bauernhöfe zu Kloxin an Bernhard Friedrich von Küssow.⁹⁷³)

In dem späteren Landbuche finden sich in Kloxin nun vier Antheile. Antheil A und B waren Küssowsche, C und D Schacksche Lehngüter. Kloxin C war derjenige Antheil, welchen Friedrich Eugen (II, 14) von Schack zusammen mit dem kleinen Gute Prillwitz besass und am 22. Oktober 1737 zunächst auf 12 Jahre wiederverkäuflich an Otto Bogislaw (III, 24) von Schack verkaufte. Dass dann sein Bruder Hans Christian diesen Antheil neben seinem Prillwitzer Besitz dem Käufer erblich überliess, ist oben unter Prillwitz bereits behandelt worden. Auf den Verkauf von Kloxin C bezog sich daher auch die Präklusion der Agnaten im Jahre 1752. Kloxin D gelangte durch Erbgang in der Hauslinie von Peter Otto auf seinen Sohn Otto Bogislaw, so dass dieser nach der Vasallentabelle von 1756 in Kloxin 18 Landhufen besass.

Den Antheil D verkaufte Otto Bogislaw durch einen Vertrag vom 31. Oktober 1747, doch unter Vorbehalt des Obereigenthums und der Regalien, an einen Christian Thiede, der es hiernächst an den Inspektor Kochheim abgetreten hat. Gegen diesen Letzteren klagte dann Otto Bogislaws Sohn, der Kammerherr Gneomar Bernd Wilhelm von Schack, im Jahre 1773 auf Rückgabe dieses Antheils. Die Zeit für diese Klage war günstig. Denn bekanntlich hatte damals die preussische Regierung das ausgesprochene Bestreben, den bürgerlichen Besitzern adliger Rittergüter den Besitz zu erschweren und die Güter nach Möglichkeit in adlige Hände zurückzubringen.

St. Ottostift in Stettin abtrat. Nach der Reformation vertauschte der Herzog 1549 diesen Kloxinschen Antheil an Jürgen und Joachim von Küssow gegen deren Lehngüter an Islmyer und Barnimskunow.
⁹⁷²) St. A. Stettin Lehnsarchiv Tit. VI Nr. 10 Bl. 285 und 287.
⁹⁷³) Konsens von 1665. St. A. Stettin, Lehnsarchiv, Konsense Nr. 23.

Durch Urtheil vom 4. Januar 1775 wurde daher entschieden, dass Kochheim binnen 3 Monaten eine königliche Erklärung über seine fernere Besitzfähigkeit beibringen oder nach deren Ablauf gegen Erstattung des gezahlten Kaufpreises und der nachweisbaren Verbesserungen Kloxin D) wieder abtreten müsse. Letzteres ist dann geschehen.

Die beiden Küssowschen Antheile A und B hat dann der Hofmarschall Friedrich Wilhelm von Wreech als Vormund der beiden minderjährigen Söhne des Kammerherrn Gneomar Bernd Wilhelm erworben. Und zwar Kloxin A im Küssowschen Konkurse durch Rechtsspruch vom 9. März 1778 für das Meistgebot von 18500 Thalern. Den kleineren Antheil Kloxin B erwarb er am 27. Januar 1785 Namens seiner Mündel durch Kauf für 5000 Thaler von dem Grafen Karl Wilhelm von Küssow. Beide Antheile A und B wurden durch Präklusion der Küssowschen Agnaten vom 1. Mai 1769 bezw. 22. März 1782 als Allodialgüter erklärt. Demnach hatte nur noch Kloxin D Lehnseigenschaft behalten. Nachdem die Schackschen Agnaten gleichzeitig mit ihrem Verzicht auf die Lehnrechte an Prillwitz auch auf ihre Rechte an Kloxin verzichtet hatten, wurde auch die Lehnseintragung von Kloxin durch Verfügung vom 9. Dezember 1839 gelöscht.[574])

Die beiden Söhne Gneomar Bernd Wilhelms von Schack waren Otto Friedrich Ludwig und Rogislaw Wilhelm. Nach dem unbeerbten Absterben dieses jüngeren Bruders war daher Otto Friedrich Ludwig der alleinige Besitzer, wie von Prillwitz, so auch von Kloxin. Seiner misslichen Geldverhältnisse ist oben schon gedacht worden. Sie veranlassten ihn, unterm 12. November 1796 die königliche Genehmigung zum Verkauf von Kloxin nachzusuchen. Infolge eines Berichtes der pommerschen Regierung zog er diesen Antrag zurück.[575]) Aber schon am 26. Juni 1797 verkaufte er das Gut Kloxin für 61000 Thaler an den Generalmajor Georg Ferdinand von Damme.

Der Sohn des Georg Ferdinand von Damme, Bertrand Karl Ferdinand, verkaufte das Gut schon 1802 an den Landwirth Karl Heinrich Gaetke, dieser 1806 an den Hauptmann Henning Friedrich von der Osten-Blumberg. Aus dem Ostenschen Konkurse kaufte es 1820 der Verwalter Thorein. Von dessen Wittwe hat es der Schwiegersohn derselben, der Hauptmann von Randow, für 50000 Thaler am 24. Juni 1835 erworben.

[574]) Brüggemann, Beiträge zur ausführlichen Beschreibung des Herzogthums Pommern II S. 111 ff.
[575]) Vgl. das genauere darüber oben S. 70.

Nach dem pommerschen Güteradressbuch von 1892 befindet sich Kloxin noch im Besitze der Familie von Randow.

Wie in Prillwitz, so gab es auch in Kloxin Anlass zu Besitzstreitigkeiten. Hier theilten sich drei Familien in den Besitz des Dorfes. Die von Schack, die von Küssow und die von Wedel. Seit der ersten Hälfte des 16. Jahrhunderts sind Streitigkeiten nachweisbar. Schon aus dem Jahre 1536 kennen wir ein den Wedels günstiges hofgerichtliches Erkenntniss, nach welchem dieselben im Besitz des Schulzenamts und der zu demselben gehörigen Hufen und im Besitz des Kruges zu belassen seien und dass es den Schacken nicht gezieme, die Kläger im Besitz und Brauch obiger Gerechtigkeiten zu stören. Von den Schacke wurde übrigens, wie aus den späteren Prozessakten hervorgeht, dieser Entscheid als auf den Theilbesitz der von Wedel bezüglich angesehen. Nur so kann er auch wohl verstanden werden.

Diese späteren Prozessakten beginnen mit dem Jahre 1604. Damals wurde der Streit wieder aufgenommen. Es handelte sich um das Strassenrecht in Kloxin, d. h. eben um die Gerichtsbarkeit, und um das Patronatsrecht. Der Rechtsstreit wurde von den Schacks gemeinsam mit den Küssows gegen Joachim den Jüngeren, Busso und Dubschlaf von Wedel geführt. Gegenüber den Eingriffen der von Wedel, welche jene Rechte allein beanspruchten, führten die Schacks in einer sehr langen Erklärung vom 30. März 1604 aus, dass ihnen in ihren Lehnbriefen auch die Gerichtsbarkeit und das Kirchenlehn verliehen sei und dass sie daher auch den auf sie entfallenden Antheil, nämlich ein Drittel des Zehnten und der sonstigen Gefälle, erhielten. Wenn während einer längeren Verpfändung ihrer Kloxiner Bauern während der ersten Hälfte des 16. Jahrhunderts zu der Zeit, als die Söhne des Asmus meist ausserhalb Landes waren, vom Pfandinhaber Joachim von Wreech ihre Rechte nicht genügend wahrgenommen seien, so könne ihnen das nicht nachtheilig sein. Das von den Wedel erstrittene Urtheil von 1536 könne doch nur auf deren Antheil bezogen werden. Die Schacks seien auch nach jenem Urtheil stets im Besitz ihrer Rechte geblieben. Zum Beweise dessen führen sie eine Reihe von Fällen auf, welche die Ausübung ihrer Gerichtsbefugnisse darthun.[375a)]

[375a)] So habe Hans von Schack einmal seinen Unterthan Lenz Kloxin wegen Unzucht mit einer ziemlichen Geldbusse gestraft. — Joachim Schack habe einmal seinen Bauer Thomas Kloxin ins Gefängnis gelegt und mit 50 Mark Geldstrafe bestraft, weil derselbe während der Predigt aus der Kirche gegangen sei und, vom Geistlichen öffentlich gescholten und zum Bleiben ermahnt, trotzdem dem Pastor auf der Kanzel höhnisch geantwortet und davongegangen sei. — Als vor etwa

H

Uebrigens seien die von Wedel auch garnicht in der Lage, mit ihren 7 Bauern ein vollständiges Gericht zu bestellen. Das Schulzenamt befinde sich bei Heinrich Küssows Hofe. Von den Küssows aber sei den Schacks stets ihr Antheil am Schulzengericht zugestanden worden. Auch der Empfang des Rauchhuhnes, das sie von ihren Unterthanen jährlich, aus dem Kruge im dritten Jahr erhielten, sei ein Beweis, denn es sei „landsittlich", dass wer das Rauchhuhn erhalte, auch die Gerichtsbarkeit ausübe. — Auch an dem Kirchenlehn, d. h. an dem Patronatsrechte, seien sie betheiligt. Schon äusserlich werde das klar durch den Umstand, dass der Pfarracker im ganzen Kloxinschen Felde zu Ende von den Hufen der Schacks, der Küssows und der Wedels abgepflügt und zweifelsohne die Kirche von allen drei Patronen dotirt sei. Sie genössen auch beim Absterben ihrer Familienglieder des mehrwöchigen Glockengeläutes und hätten 1531 und 1539 bei der Nominirung und Vocirung des Geistlichen mitgewirkt. Erst 1569 habe Hasso von Wedel ohne Vorwissen der Mitpatrone einen neuen Geistlichen, Urban Gülich, eingesetzt. Aber auch dieser habe die Schacks nach einem durch das Stettiner Konsistorium herbeigeführten Vergleiche v. J. 1570 als Patrone anerkennen müssen.

Aehnlich wie die Schackschen Ausführungen lauteten auch die Küssowschen, abweichend die Wedelschen.

Erst am 20. April 1611 und 29. März 1614 ergingen vom Stettiner Hofgericht Entscheide, die den Wedels günstig waren. Im ersteren Urtheil hiess es, dass die Wedel im Besitz der streitigen Jurisdiktion und Patronat zu lassen seien. Jedoch seien dieselben schuldig, sich auf die von den Beklagten vorgebrachten Dokumente einzulassen und ihr jus gleichfalls zu deduciren. Durch das zweite Urtheil wurde dies erste lediglich bestätigt.

Die Schacks und Küssows legten daher Berufung an das Reichskammergericht ein. Die Erregung war gross. Lieber, so erklärten Beide, wollten sie ihre 15 Bauern und 28 grossen Hufen in Kloxin verlieren, als jene Rechte aufgeben. Am 16. August 1614 wurde die Berufung in Speier angenommen und der Bote mit der Ladung an die von Wedel am 26. August von Speier abgefertigt. Infolge schlechter Witterung und eines Umweges über Meklenburg kam der Bote aber nicht rechtzeitig an.[375 b]) Die Berufung wurde daher ab-

---

80 Jahren ein Schackscher Bauer Matthias Möglink einen andern gestochen, habe er den Schacks 24 Gulden Strafe erlegen müssen.

[375 b]) Bemerkenswerth erscheint die in den Akten befindliche Behauptung, dass ein Bote in 9—10 Tagen von Speier nach Stettin gehe, ein reitender oft in 7 Tagen.

gelehnt und die Schacks und Kossows hatten nöthig, mit Rücksicht auf dies von ihnen nicht verschuldete Versehen die restitutio in integrum zu beantragen. Diese wurde gewährt und erneute Ladung erging. Aber gleich darauf schliessen die Akten. Ein Urtheil ist nicht ergangen.³⁷⁵ᵃ)

3. Lindenbusch.

Es ist oben im Abschnitt I bereits als wahrscheinlich erwiesen worden, dass gleichzeitig mit der Belehnung der von Schack mit Prillwitz auch die Belehnung mit der sogenannten wüsten Feldmark Lindenbusch stattgefunden hat. Der später märkische Theil dieser Feldmark ist im Kreise Soldin in der Neumark belegen. Nach Beendigung der märkisch-pommerschen Grenzkämpfe und bei Festlegung der brandenburgisch-pommerschen Landesgrenze lief diese durch die Feldmark Lindenbusch sogar hindurch, so dass immer noch ein kleiner Theil des Lindenbuscher Feldes pommerscher Grund und Boden blieb.³⁷⁶) Trifft diese oben angenommene Wahrscheinlichkeit zu, so erklärt sich dadurch von selbst der sonst auffallende Umstand, dass die pommerschen Schacks von den Markgrafen mit einer von ihren Prillwitzer Rittersitzen aus zu bewirthschaftenden Feldmark belehnt worden sind.

Seit dem Jahre 1490, dem Datum des ältesten erhaltenen märkischen Lehnbriefes, lässt sich urkundlich der Schack'sche Besitz auf Lindenbusch nachweisen. Asmus und Otto von Schack zu Prillwitz wurden damals mit drei Antheilen an der wüsten Feldmark „Prulwitz", wie sie in diesem Lehnbrief noch genannt wird, belehnt. In den folgenden Lehnbriefen sind es dann stets drei Antheile in Lindenbusch geblieben, mit denen die Familie belehnt wurde. Diese folgenden, in ihrem sachlichen Inhalt, wie gesagt, übereinstimmenden Lehnbriefe datiren aus den Jahren 1596, 1567, 1571, 1600, 1620 und 1713.³⁷⁷)

Neben den Schacks lassen sich als Theilbesitzer in Lindenbusch noch nachweisen für das 16. Jahrhundert die von Wreech,

---

³⁷⁵ᵃ) Die für diesen Rechtsstreit in Betracht kommenden Akten ruhen im St. A. Stettin, Stargarder Hofgericht und im St. A. Wetzlar, S. 925.

³⁷⁶) Das geht auch aus einem Vertrage zwischen Joachim von Schack (I. 5) und Zabel von Dossow vom 28. 6. 1612 hervor. Letzterem waren für eine Schuld des Ersteren 14 Morgen Acker „anfm Lindenbuscher Felde, jedoch pommrischen Grund und Boden" gerichtlich angewiesen worden. Joachim gestattete, dass Dossow diese demselben unbequem gelegenen Landstücke an Joachims Brudersöhne weiter gäbe. St. A. Stettin, Bagmihlsche Sammlg. v. Sch. Nr. 15.

³⁷⁷) Vgl. die Urkunden Nr. Nr. 3. 5. 6. 12. 20. 34.

für das 17. Jahrhundert die von Steinwehr. Der Theilbesitz der Ersteren geht aus einem Rechtsstreit hervor, in welchem Joachim von Wreech i. J. 1568 mit den Prillwitzer Schacks gerieth.[378] Mit den von Steinwehr haben die Schacks einige Verträge geschlossen, durch welche uns die Kenntniss von deren Besitz in Lindenbusch überkommen ist. Christoph Dietrich von Steinwehr hatte Sigmund von Schacks Tochter, Margarethe, geheirathet und stellte deren ihm auf Lebenszeit zu Niessbrauch verschriebenes Heirathsgut denen von Schack dadurch sicher, dass er ihnen seinen Antheil in Lindenbusch verpfändete. Die Verhandlungen darüber fallen in die Jahre 1643 und 1657.[379] Wenige Jahre später, 1663, fand übrigens umgekehrt eine zeitweilige Verpfändung eines Schackschen Antheils in Lindenbusch an einen Steinwehr statt und zwar von Seiten der Vormünder des Peter Otto von Schack an Joachim Kaspar von Steinwehr. Der Letztere hatte Peter Ottos Schwester, Sophia, zur Frau und liess sich die Ehegelder derselben auf diese Weise sichern.[380] Auch sonst fanden mehrfach zeitweilige Verpfändungen Lindenbuscher Antheile Seitens der Schacks an Fremde oder auch untereinander statt.[381]

In der zweiten Hälfte des 17. Jahrhunderts wird Lindenbusch mehrfach als ein zu Prillwitz gehöriges Vorwerk bezeichnet. Diese Eigenschaft haben die Schackschen Antheile auch bis zuletzt behalten. Im übrigen hat dann Lindenbusch nach Vereinigung des gesammten Lehnbesitzes in den Händen Otto Bogislaws von Schack die Schicksale des Hauptgutes Prillwitz getheilt.

B. Anderweitige Besitzungen.

1. Isinger.

Isinger, im Kreise Pyritz gelegen, war früher im Besitz der Familie von der Leine, von welcher es schon im 15. Jahrhundert

---

[378] Der Streit betraf die Hütung auf Lindenbusch und wurde durch einen zu Küstrin am 9. Februar 1568 abgeschlossenen Vergleich beigelegt. St. A. Stettin, Matrikel des Stettiner Marienstifts T. I. S. I Nr. 1. Bl. 377.

[379] Vgl. Anm. 93.

[380] Kurfürstl. Bestätigung vom 2. April 1669. Geh. St. A. Berlin, Nemm. Kopiar 88 Bl. 119.

[381] Am 31. Okt. 1593 erhielt Ludeke Schack Konsens zur Verpfändung eines wüsten Hofes an Sigmund v. Sch. — Am 30. August 1619 bestätigt der Kurfürst die Verpfändung eines Antheils seitens Ludekes an Peter v. Sch. — Joachim v. Sch. verpfändete einen Theil an Paul von Brandt zu Hermsdorf, den dieser an die Vormünder Christophs von Schack am 23. 12. 1612 verkaufte.

an die von Küssow und an die St. Ottenkirche in Stettin überging. Die von Küssow erhielten 1540 einen Lehnbrief über Isinger, benutzten aber ihren Besitz theilweise zur Abrundung ihres Grundbesitzes in Kloxin, indem sie 1543 Güter in Kloxin gegen Lehne in Isinger und Barnimskonow vom Herzoge Barnim X. von Pommern eintauschten. Von Heinrich von Küssow erwarben dann i. J. 1597 auch die Schacks und zwar die Brüder Joachim und Christoph (I, 5 und 6) zwei Unterthanen und einen Kossäthen. Diese Erwerbung wurde vom Herzog am 20. Mai 1598 bestätigt. Als dann in diesem Jahre die Brüder durch eine Feuersbrunst in Prillwitz schweren Schaden erlitten und durch den Wiederaufbau in Geldnoth geriethen, verkauften sie bezw. Joachim und Christophs Erben diese Isingersche Erwerbung am 11. November 1605 an Sigmund von Schack. Dieser versuchte seinen neuen Besitz gegen zwei der Stettiner Marienkirche zu Prillwitz gehörige Bauern einzutauschen. Diese Verhandlungen führten jedoch nicht zum Ziele. Infolgedessen bat sein Sohn Hans bei der herzoglichen Lehnskanzlei um Aufnahme der Isingerschen Bauern in den Lehnbrief des Geschlechts. Da das nicht geschehen ist und auch sonst dieser Besitz ferner nicht erwähnt wird, so ist anzunehmen, dass er wenig später durch Kauf oder Tausch in andere Hände übergegangen ist.

2. Radichow.

Etwa ums Jahr 1595 verkaufte Abraham von Löben einen Antheil am Gute Radichow im Lande Sternberg an Hans von Burgsdorf. Die Vormünder des unmündigen Sohnes Abraham von Burgsdorf verkauften dies vom Vater erworbene Theilgut weiter an Georg (IV, 4) von Schack zu Prillwitz. Am 25. November 1605 genehmigte der Kurfürst diesen Verkauf. Zum Ankauf hatte Georg neben dem Ehegelde seiner Frau auch 3000 Gulden pommerscher Lehngelder verwendet. Infolgedessen wurden auch die Lehnsvettern mit der gesammten Hand an Radichow belehnt.

Georg erwuchs während der kurzen Zeit, dass er dies Gut bewirthschaftete, — er starb schon 1608 oder 1609 — mehrfach Aerger und Streit aus diesem Besitz. Zunächst mit den Burgsdorfs selbst.[2]) Dann besonders mit Melchior von Löben, welcher Holz

---

[2]) Schack hatte nach Uebernahme einige Stein Wolle vorgefunden, deren Herausgabe die Burgsdorf verlangten, Schack aber verweigerte. 1606, April 7. (Geh. St. A. Berlin. Kopiar Nr. ad 13 Bl. 23. — „Stein" ist eine Gewichtsbezeichnung.

schlagen liess, das nach Georgs von Schack Meinung zu dem von ihm gekauften Gute gehörte. Letzterer verweigerte daher den Burgsdorfs die Restzahlung.³⁸³) Ferner hatte Melchior von Löben einen Hammer angelegt, von dem Schack und die Einwohner von Radichow Nachtheile für ihre Grundstücke zu haben behaupteten, mit ihrer Klage aber abgewiesen wurden.³⁸⁴)

Ueber den durch die Wittwe veranlassten Verkauf von Radichow zwischen 1620 und 1624 — noch 1620 wird Georgs Sohn Erdmann als auf Radichow gesessen bezeichnet — ist oben schon berichtet worden.³⁸⁵)

3. Rosenfelde.

Peter von Koethen zu Libbehne hatte an Ludwig von Brederlow zu Gartz 2000 Gulden geliehen. Diese Forderung war an Koethens Wittwe und durch diese an deren zweiten Mann, Reimar (III, 11) von Schack, gelangt. Da Ludwig von Brederlow bezw. dessen Wittwe nicht zahlen konnte, erhielt Reimar von Schack am 11. Januar bezw. 12. Juli 1632 die Besitzeinweisung in einen Brederlowschen Bauerhof zu Rosenfelde im Kreise Pyritz. Derselbe umfasste die Hofstätte nebst Haus und Wirthschaftsgebäuden, 53³/₄ Morgen Acker, das zum Krügerhof gehörige Land, zu demselben Werthe angesetzt, also auch wohl von demselben Umfange, und mehrere Wiesen. Reimar hat diese Pfandstücke, besonders durch Anlegung einer grösseren Schäferei, nach Möglichkeit genutzt. Nach Möglichkeit, denn während der Kriegszeit und besonders seit dem Morazinschen Einfall war an eine Nutzung des Ackers fast 8 Jahre hindurch nicht zu denken, „wo er nicht zuweilen ein Endchen, wenn man dazu kommen können, besäet hat, welches mehr gekostet, als es getragen."

Wegen dieses Besitzes gerieth übrigens Reimar mit den Brederlows bezw. mit deren Erben in einen Rechtsstreit, der sich von dem Augenblick der Verpfändung an durch die Kriegszeit hindurch fast 20 Jahre hingeschleppt hat. Die Wittwe von Brederlow behauptete zunächst, Reimar Schack habe bei der Einweisung zuviel Acker zugetheilt erhalten. Bei der Abschätzung nach dem Kriege stellte sich heraus, dass es unter Berücksichtigung der Schackschen Zinsforderungen vielmehr zu wenig sei. Am 14. Januar 1653 kam ein

---

³⁸³) 1608. Ebenda Bl. 214.
³⁸⁴) 1607. Ebenda Bl. 188.
³⁸⁵) Vgl. oben S. 75.

Vergleich zu Stande. Bald nach demselben sind dann wohl die
Handstücke eingelöst worden.³⁹⁵)

4. Stolzenburg nebst Lenzen, Blankensee und Pampow.

Seit Mitte des 16. Jahrhunderts befand sich Stolzenburg nebst
Zubehör, bei Stettin im Kreise Randow belegen, im Besitz der
Familie von Ramin. Kaspar von Ramin hatte vier Töchter, von
denen die drei älteren mit den Brüdern Hans (II, 5) und Christian
Sigmund von Schack und mit Kaspar Otto von Glasenapp ver-
heirathet waren. Christian Sigmund von Schack hatte sich von
seinem Bruder unter Abtretung der Lehne durch Empfang von 8000
Gulden abfinden lassen. Die ihm 1632 für seine rückständige Be-
soldung vom Herzog verliehenen 2 Bauerhöfe in Prillwitz hatte er
ebenfalls an seinen Bruder für 2000 Gulden verkauft. Diese Gelder
verwandte Christian Sigmund insofern zur Erwerbung neuen Lehn-
besitzes, als er mit seinem zukünftigen Schwiegervater am 15. Januar
1635 einen Vertrag abschloss, durch welchen dieser ihm seinen Besitz
zu Stolzenburg nebst Zubehör abgetreten hat. Christian Sigmund
von Schack übernahm dagegen die Verpflichtung, die beiden andern
Tochtermänner in Ansehung der ihnen zustehenden Ehegelder zu
befriedigen, die jüngste noch unverheirathete Tochter auszusteuern
und den Schwiegervater standesgemäss zu unterhalten.³⁹⁷)

Nach dem 1657 erfolgten Ableben Christian Sigmunds wurde
in Ansehung seines Nachlasses und bei den Ansprüchen der Gläubiger
vom Hofgericht zu Greifswald am 12. Januar 1666 entschieden, dass
wegen der 8000 Gulden Lehngelder und wegen der weiteren 2000
Gulden den Lehnsfolgern ihre Rechte billig reservirt bleiben sollten,
nachdem die Gläubiger zufriedengestellt seien. Nach dem unbeerbten
Ableben der drei Söhne Christian Sigmunds hatte dann die Wittwe
des mittleren der Söhne, des dänischen Generallieutenants Hans
Christian, die Güter in Besitz. Sie gerieth wegen dieses Besitzes
mit Hans Friedrich (II, 13) von Schack in einen Rechtsstreit. Dieser
erhob Ansprüche wegen jener Lehngelder, wurde aber durch Urtheil
vom 26. März 1716 abgewiesen, da jene Gelder zur Befriedigung der
Gläubiger verwandt worden seien.³⁹⁸)

---

³⁹⁵) Nach den Prozessakten im St. A. Stettin, Stargarder Hofger. v. Sch.
Nr. 9. — Auch ebenda, Familie v. Brederlow Nr. 16.
³⁹⁷) Vertrag vom 15. 1. 1635. Urkunden Nr. 27. Vgl. dazu 20, 3, 1637.
Anm. 112.
³⁹⁸) Näheres über diese rechtlichen Entscheidungen findet sich in Chr. Darm.
von Schwedern Anmerkungen über die hinterpommersche Lehnskonstitution,
Rostock 1766.

Haus Christians Wittwe besass nach ihrer eigenen Aussage die Hälfte der genannten Dörfer, welche sie einzeln verpachtete. Die andere Hälfte war auch damals noch in Raminschem Besitz. Widerwärtigkeiten mit dem Theilbesitzer und mit ihren Pächtern, Schädigungen während der Kriegsjahre, die Entlegenheit der Güter — die Wittwe wohnte in Iggenhausen — mögen dieselbe dann veranlasst haben, diesen Besitz durch Vertrag vom 28. September 1716, zunächst auf 20 Jahre, an Friedrich Wilhelm von Versen auf Tietzow zu verkaufen.[389]) Eine Wiedereinlösung ist nicht erfolgt.

5. Wilkersdorf.

Erdmann von Schack hatte aus dem obigen Verkauf von Radicbow jene 3000 Gulden Lehngelder, die sein Vater zum Ankauf verwendet hatte, wieder zurückerhalten. Die Lehnseigenschaft dieser Gelder wurde durch die Küstriner Lehnskanzlei am 24. November 1624 ausdrücklich wieder bestätigt und die Lehnsvettern zur gesammten Hand damit beliehen. Auch wurde bestimmt, dass die Gelder nur mit Wissen und Bewilligung der Lehnskanzlei angelegt werden dürften. Erdmann hat dann später das Schulzenlehn zu Wilkersdorf im Amte Quartschen von Lorenz von Wachholz zunächst auf 12 Jahre gekauft. Die kurfürstliche Genehmigung wurde am 6. Juni 1636 ertheilt.[390])

6. Libbehne.

Das Antheilgut in Libbehne, im Kreise Pyritz, welches Erdmann (IV, 8) von Schack pfandweise besass, ging nach dessen Tode an seinen Vetter Franz Valentin von Schack über. Dieser trat es am 8. Dezember 1681 an seinen Schwager Martin Christian von Blankenburg auf Mogelin und Wartkow ab, wegen der Ehegelderforderung seiner Schwester Sophie. Nach Martin Christian von Blankenburgs Tode verkaufte die Wittwe Sophie und deren Sohn das Antheilgut Libbehne am 14. Juli 1699 an Jürgen Wilhelm von Koethen.[391])

7. Kehrberg.

Im Frühjahr 1686 war die Wittwe des Christoph Dietrich von Trampe zu Kehrberg, Sophia Elisabeth von Billerbeck, gestorben. Deren Antheil und Gerechtsame in Kehrberg, im Kreise Greifenhagen,

---

[389]) Vertrag vom 28. 9. 1716. St. A. Stettin, Lehnsarchiv Tit. VII Sect. 51 Nr. 23.

[390]) Geh. St. A. Berlin, Kopiar 24 Nr. 1 Bl. 180.

[391]) Vgl. oben Anm. 301.

erbten ihr Schwestersohn, Peter Otto von Schack, und dessen Schwester, Sophia von Schack, verwittwete von Steinwehr. Mit dem Lehnsfolger Hans Christoph von Trampe geriethen sie des Erbes wegen in einen Rechtsstreit und verkauften wohl auch aus diesem Grunde schon am 4. Juli 1688 ihr Recht an Kehrberg für 3106 Thaler an den kurfürstlich brandenburgischen Rath Cölestin Hofmann von Greifenpfeil.²⁹²)

8. Warnitz.

Bei dem Konkurse des verstorbenen Moritz von Billerbeck gelangte am 11. Oktober 1694 ein Theil seines Gutes Warnitz, Kr. Pyritz, an seine Tochter Barbara Katharina, vermählt mit Reimar (III, 11) von Schack. Ein anderer Theil gelangte an den Schwiegersohn für eine Forderung desselben von 1435 Gulden. Beide Theile erbten die Kinder Reimars, Peter Otto und Sophia, vermählt an Joachim Kaspar von Steinwehr. Ausserdem erbte Peter Otto einen weiteren Antheil an Warnitz von seiner Mutterschwester, der verwittweten Frau Margarethe von Zühlsdorf, geb. von Billerbeck. Er verkaufte diesen Antheil an seine damals schon verwittwete Schwester Sophie am 11. April 1690.²⁹³)

Beide Geschwister haben dann ihren gesammten Besitz in Warnitz am 26. März 1706 an die Gebrüder Anton Christoph und Heinrich von Billerbeck verkauft.²⁹⁴)

9. Radibor mit Quoos und Bornitz.

Diese in der sächsischen Oberlausitz bei Bautzen gelegenen Güter waren mit Ausnahme von Quoos, welches zur Herrschaft Neschwitz gehörte, seit dem Anfang des 15. Jahrhunderts nach und nach im Besitze der Familien von Bolberitz, von Planitz und von Haugwitz. Ein Sigmund von Haugwitz veräusserte Radibor nebst Zubehör 1606 an Christoph von Minckwitz.²⁹⁴ᵃ) Fast während des ganzen 17. Jahrhunderts waren die Güter im Besitze dieser Familie, bis Georg Christoph von Minckwitz Radibor mit Quoos und Bornitz am 22. November 1685 an Hans Julius von Burkersrode verkaufte. Dieser starb am 12. April 1690 und hinterliess einen Sohn Heinrich

---

²⁹²) St. A. Stettin, Lehnsarchiv, Konsense 1688 Nr. 42 und 1690 Nr. 2; Stargarder Hofger. v. Trampe Nr. 11 Bl. 99.

²⁹³) St. A. Stettin, Lehnsarchiv, Konsense 1691 Nr. 5.

²⁹⁴) St. A Stettin, Lehnsarchiv, Konsense 1706 Nr. 10.

²⁹⁴ a) Vgl. Knothe, Gesch. des oberlausitzer Adels v. 13. bis 16. Jahrhundert. Leipzig 1879. 87. Bd. I S. 563 u. 564, Bd. II S. 66.

Julius und eine Wittwe Katharina Elisabeth geb. von Nostitz. Nach dem Tode des Sohnes im Juli 1703 fielen die Güter an dessen Lehnsvettern, gelangten aber bald darauf wegen der starken Verschuldung zur Zwangsversteigerung und wurden in derselben am 15. Juli 1705 von der oben genannten Wittwe des Hans Julius von Burkersrode erworben. Dieselbe hatte schon vorher den Oberstlieutenant Friedrich Wilhelm (III, 20) von Schack geheirathet und trat am 23. Mai 1711 ihrem Gatten die obigen Güter ab. Am 15. Januar 1712 wurde Friedrich Wilhelm von Schack belehnt. Das Gut Qnoss hat derselbe am 10. September 1737 an seinen Bruder, den damaligen preussischen Major Otto Bogislaw von Schack, verkauft und demselben am 21. August 1745 auch Radibor und Bornitz abgetreten.

Otto Bogislaw hatte am 12. September 1737 bezw. am 7. September 1745 die kurfürstliche Belehnung erhalten. Sein ältester Sohn Otto Friedrich übernahm die Bewirthschaftung. Das scheint wenigstens aus der Vasallentabelle von 1756 hervorzugehen, wo es von demselben heisst: Otto Friedrich, 30 Jahre, Lieutenant a. D., hält sich auf den sächsischen Gütern auf. Da Otto Friedrich noch vor dem Vater starb, so gingen dessen gesammte Besitzungen an den zweiten Sohn, den Kammerherrn Gneomar Bernd Wilhelm, über, dem der Vater die obigen Güter bereits am 22. Mai 1758 abgetreten hat. Schon am 30. Oktober 1765 hat Gneomar Bernd Wilhelm den gesammten sächsischen Besitz an den Generalfeldzeugmeister Joseph Freiherrn von Ried verkauft.[394 b])

10. Reichenbach.

Am 14. Februar 1727 schloss der Hauptmann Franz Arndt von Schack (IV, 13) einen Pfandvertrag ab mit Philipp Friedrich von Güntersberg, nach welchem dieser seinen Antheil an Reichenbach, Kreis Pyritz, an Franz Arndt auf 18 Jahre, wiederkäuflich für 4200 Thaler, veräusserte. Am 26. Mai 1727 erhielt dieser Vertrag die lehnsherrliche Genehmigung.[394 c])

11. Deetz.

Am 20. Dezember 1764 schreiben Otto Franz Christian (IV, 15) und Wilhelm Christoph von Schack an die Lehnskanzlei: „wir haben zwar gegenwärtig keine Lehne in Besitz, haben aber ein unstreitiges Lehnrecht und die gesammte Hand an den altväterlichen Lehngütern

---

[394 b)] Auskunft des Lehnsarchivs der Oberlausitz, Amtsgericht Bautzen.
[394 c)] Vgl. oben Anm. 312.

Prillwitz, einen Antheil in Kloxin, dem Gute Deetz und Lindenbusch." Eine weitere Nachricht über den Besitz in Deetz, im Kreise Soldin belegen, ist nicht aufgefunden worden.

12. Weidenbach.

Weidenbach ist im Kreise Oels in Schlesien, 2½ Meile von der Kreisstadt, ½ Meile von Bernstadt entfernt, an der Weide gelegen.

Für die älteste Zeit fehlt es an Nachrichten. Nachweisbar ist nur, dass der Ort schon sehr früh zum Besitze der Familie von Krompusch gehörte. Im Anfang des 16. Jahrhunderts veräusserten zwei Brüder, Georg und Clement von Krompusch, neben anderem Besitz auch Weidenbach an ihren Schwager Hans von Sliwen genannt Gumpricht.[995])

In der Mitte desselben Jahrhunderts ist dann die Adelsfamilie Stwolinski im Besitze des grössten Theiles von Weidenbach. Im besondern wurde Georg von Stwolinski 1552 mit dem ganzen Gute Weidenbach belehnt, einschliesslich des Theiles, welcher etwa nach dem Tode Christoph Gumprichts dem Herzoge von Münsterberg und Oels heimfallen würde.[996]) Durch eine Erbtochter aus dieser Familie, Margaretha, Tochter desselben Georg Stwolinski, gelangte das Dorf an deren Ehemann Joachim Prittwitz von Gafron zu Ripin.[997]) Dieser verkaufte schon 1570 das Gut an Hans Nassengnieff Brodiczki zu Brodicz, welcher es aber sofort im folgenden Jahre mit herzoglicher Bewilligung an Ludwig Wolf veräusserte.[998]) Im Besitz dieser Familie ist das Gut dann längere Zeit gewesen. So wird i. J. 1606 ein Christoph Wolf zu Weidenbach genannt, welchem seine Schwester Magdalena über den Empfang ihrer Aussteuer quittirt.[999]) Um die Mitte des 17. Jahrhunderts gerieth die Familie in Vermögensverfall. Die gesammten Wolf-Weidenbachschen Gläubiger verkauften daher am 23. Mai 1653 das Gut, und zwar an ein Mitglied der Familie,

---

[995]) St. A. Breslau. Urkunde vom Mittwoch nach Vincentii 1504.

[996]) Montag nach Palmarum 1549 verglich sich Georg Stwolinski mit seinen Geschwistern über gewisse, denselben aus dem Gute W. zustehende Zahlungen. St. A. Breslau, Oelser Konfirmationsbuch III, 22 m.

[997]) Am 22. Mai 1570 bestätigten die Herzöge Heinrich und Karl von Münsterberg und Oels den Verkauf von Weidenbach Seitens des Prittwitz als Vormund seiner Frau Margarethe Tschwolinski an H. Nassengnieff Brodiczki. — Hier wird die Belehnungsurkunde für Georg Stwolinski von 1552 erwähnt. St. A. Breslau, Oelser Konfirmationsbuch III, 22 o Bl. 39 b.

[998]) 1571, Dezember 3. Ebenda Bl. 49.

[999]) 1606, Februar 3. Ebenda III, 22 s Bl. 3.

an Sigmund von Wolf, für 8500 Thaler.[400]) Um sich die Bezahlung der vereinbarten Kaufsumme zu erleichtern, nahm Sigmund von Wolf eine Theilung des Gutes vor und verkaufte am 14. August desselben Jahres einen Theil desselben an einen der Gläubiger, an den fürstlichen Kanzleiverwandten Christian Aichler.[401])

Diese Theilung hat aber nur wenige Jahre bestanden. Zunächst nämlich verkaufte Christian Aichler im August 1665 seinen Antheil an den damaligen Notar Johann Tschepe zu Bernstadt für 5200 Thaler[402]) und ein Vierteljahr später veräusserte auch Sigmund von Wolf seinen Antheil für 5375 Thaler an denselben Johann Tschepe, der übrigens mit einer Forderung von 3000 Thalern der Gläubiger Sigmund Wolfs war.[403]) Nach dem Tode des Johann Tschepe, welcher später Bürgermeister von Oels gewesen ist, liess dessen Wittwe das Gut zunächst verwalten, bis der eine der Söhne, der bisherige Hauptmann David Tschepe, durch einen mit seiner Mutter und seinen Geschwistern abgeschlossenen Vertrag vom 9. August 1697 das Gut für 16500 Thaler übernahm.[404])

Gegen das letzte Viertel des 18. Jahrhunderts ist Weidenbach im Besitze einer Frau von Gutsmuths, geb. von Sebottendorf gewesen, gleich darauf wird eine Frau Generalin von Stedingk, Eleonore Dorothea geb. von Gutsmuths, als Besitzerin genannt.[405]) Von dieser erwarb Karl Christian von Riemberg auf Ober- und Nieder-Ludwigsdorf im Juni 1776 das „freie Allodialrittergut Weidenbach" für den Preis von 30000 Thalern,[406]) verkaufte es aber schon im September 1787 weiter an Helene Friederike Luise verehelichte Kriegs- und Domänenrath von Zitzewitz, geb. von Siegroth für 48000 Thaler und 100 Dukaten Schlüsselgeld und zwar 46000 Thaler für das Gut und 2000 Thaler für die alten Getreide- und Holzbestände.[407]) Die nunmehrige Besitzerin setzte durch ein Testament vom 9. Juli 1790 ihre Tochter Amalie zur Gesammterbin ein, welche denn auch nach dem Tode der

---

[400]) Original-Kaufvertrag im St. A. Breslau, Oels III, 17 a Nr. 29.

[401]) Original-Kaufvertrag ebenda Nr. 30.

[402]) Kaufvertrag vom 9. Aug. 1665. Ebenda Nr. 47.

[403]) Kaufvertrag vom 4. November 1665. Ebenda Nr. 46.

[404]) Ebenda III, 17b Nr. 52.

[405]) Zimmermann, Beiträge zur Beschreibung von Schlesien. Brieg 1785. Bd. IV, 304. 305 — Nach einer hier befindlichen Angabe zählte Weidenbach damals 149 Einwohner.

[406]) Kaufvertrag vom 25. Juni 1776. St. A. Breslau, Oels III, 18 f. Bd. IV Bl. 341.

[407]) 1787, Sept. 7. Ebenda Bl. 341.

Mutter als Eigenthümerin des Gutes am 2. Dezember 1791 in das Hypothekenbuch eingetragen worden ist.[408])

Durch Amalie von Zitzewitz gelangte Weidenbach an deren Ehemann, den nachmaligen Hauptmann a. D. Karl von Busse. Eine Tochter dieser Ehe war die am 12. August 1819 geborene Amalie Therese von Busse, welche sich am 16. Oktober 1835 mit Heinrich Gustav von Schack vermählt hat. Nach dem Tode seines Schwiegervaters hat dann Heinrich Gustav von Schack von den Erben des Verstorbenen i. J. 1841 das Gut Weidenbach käuflich erworben.

Einige Zeit vor dieser Erwerbung hatte Weidenbach ausser dem herrschaftlichen Wohnhause und 2 Vorwerken eine Wassermühle, einen Eisenhammer, eine Brennerei, einen Kretscham, eine Schmiede, eine Ziegelei, 20 Gärtner und 9 andere Häuser mit zusammen 229 Einwohnern, von denen 3 katholisch waren.[409]) Einige Jahre später (1845) fanden sich ausser dem Schloss und den Vorwerken 32 Häuser vor mit 253 Einwohnern (5 katholisch), dazu eine evangelische Schule, eine Wassermühle, eine Brennerei und 2 Wirthshäuser.[410]) Nach einer neueren Feststellung[411]) endlich hat die Landgemeinde Weidenbach einen Flächeninhalt von 38 Hektar, 2 Wohnplätze, 24 Wohngebäude mit 38 Haushaltungen und 144 Einwohnern, von denen 9 katholisch. Der Gutsbezirk Weidenbach dagegen umfasste gleichzeitig 410 Hektar Flächeninhalt, 2 Wohnplätze und 7 Wohngebäude mit 19 Haushaltungen und 63 evangelischen und 26 katholischen, zusammen 89 Einwohnern.

---

[408]) Ebenda Bl. 842.
[409]) Görlitz, Neueste Oisnographie, Oels 1837 S. 93.
[410]) Knie, Alphabet. statist. geogr. Uebersicht der Dörfer, Flecken und Städte der Provinz Schlesien. 2. Aufl. Breslau 1845. S. 727.
[411]) Gemeindelexikon der Provinz Schlesien, bearbeitet vom kgl. statist. Bureau. Berlin 1887. — Zu vergleichen auch Schlesisches Güteradressbuch. Breslau 1886 S. 793 und Weigel, Geogr. Beschreibung des Herzogthums Schlesien. 7. Theil. Berlin 1803. S. 52.

VIII.
Das Wappen.

Bevor wir das Wappen der Prillwitzer Linie nach den noch erhaltenen Siegelabdrücken einer Betrachtung unterziehen, mögen zunächst die Beschreibungen dieses Wappens hier Platz finden, welche sich in einigen älteren und jüngeren Werken vorfinden.

Der älteste Gewährsmann, welcher eine Beschreibung des Wappens geliefert hat, ist Johann Mikraelius, welcher von 1597—1658 lebte und als Professor, später als Rektor am Pädagogium in Stettin wirkte. Er schrieb „Sechs Bücher vom alten Pommerlande", die im Jahre 1639 zum ersten Male, 1723 zum zweiten Male aufgelegt worden sind. Im 6. Buche dieses Werkes handelt Mikraelius von des Pommerlandes Gelegenheit und Einwohnern und beschreibt auf Seite 623 der ältesten Ausgabe zwei verschiedene Schacksche Wappen wie folgt: „Schacken, ein alt Geschlecht Stetinisches Ortes, führen eine französische Lilie halb roth im weissen und halb weiss im rothen und auffm Helm eine weisse französische Lilie zwischen zwei Hörnern." Es ist kein Zweifel, dass Mikraelius mit diesen Worten ein ihm mitgetheiltes Wappen einer andern Schackschen Linie wiedergegeben hat.[18]) Ferner: „Schacken, ein alt Geschlecht Stetinisches Ortes, führen 3 französische Lilien roth und weiss in ihrem Wapen, unten im Schilde eine Lilie, oben auf dem gekrönten Helm eine Jungfrau mit einem grünen Kranze auf den blossen fliegenden Haaren gezieret, die in der Hand eine französische Lilie träget."

[18]) Ob diese Angabe des Mikraelius richtig ist, wird in einem der folgenden Beiträge zu untersuchen sein. Thatsächlich führt nämlich von der Gültzower Linie nur der Zweig den getheilten Schild, welcher sich der Familienüberlieferung nach etwa zwei Generationen hindurch in Pommern aufgehalten haben soll. Die anderen Gültzower Schack führen auch jetzt noch den ungetheilten Schild. Man wird es daher zunächst dahingestellt sein lassen müssen, ob nicht vielleicht das Wappen dieses einen Gültzower Zweiges durch die Beschreibung des Mikraelius beeinflusst worden ist. Uebrigens steht noch garnicht fest, ob überhaupt zur Zeit des Mikraelius ausser den Prillwitzer Schacks Mitglieder irgend eines andern Schackschen Familienzweiges sich in Pommern aufgehalten haben.

Mit diesen Worten beschreibt Mikraelius das Wappen der Prillwitzer Linie. Seine Ausdrucksweise ist ungenau, der Sinn aber nicht zweifelhaft. Von den drei roth-weissen Lilien ist die eine im Schilde und zwar, wie man nothwendig annehmen muss, im getheilten Schilde. Den Helmschmuck bildet die Jungfrau, in jeder Hand eine Lilie haltend. In dieser Weise will auch Chr. F. A. von Meding in einem alten Stammbuche ein 1619 gemaltes Wappen gesehen haben.[413] Aehnlich und zwar unter ausdrücklicher Berufung auf Mikraelius beschreibt Konrad Lüder von Pentz in seiner Genealogisch-historischen Beschreibung des Geschlechts von Schack das Prillwitzer Wappen.[414] Auf welche Weise Mikraelius, der gewiss keine eigenen heraldischen Kenntnisse besass, seine Mittheilungen gesammelt hat, wer seine Gewährsmänner gewesen sind, lässt sich nicht mehr nachprüfen. Es muss aber gleich hier betont werden, dass seine Angaben mit den noch vorhandenen Siegeln nicht übereinstimmen.

Andere Albrecht Elzow, welcher ein reichliches Menschenalter nach Mikraelius lebte[415] und durch seine handschriftliche Sammlung genealogischer Nachrichten und umfangreicher Stammtafeln in Ansehung dieser Arbeiten und für seine Zeit als ein Fachmann angesehen werden kann. Nach ihm führen zu seiner Zeit, also im letzten Viertel des 17. Jahrhunderts, die Schacks in einem ungetheilten (blauen!) Schilde „eine weisse französische Lilie und aufm gekrönten Helm eine Jungfrau mit einem grünen Kranz auf den blossen fliegenden Haaren gezieret, die in jeder Hand eine französische Lilie träget."[416] Er hat sich in der Schildfarbe geirrt, aber die Thatsache das ungetheilten Schildes insofern richtig wiedergegeben, als dieselbe mit den überlieferten Siegeln übereinstimmt.

Wiederum im allgemeinen richtig, weil der inzwischen eingetretenen Wappenänderung entsprechend, beschreibt schliesslich Bagmihl in seinem pommerschen Wappenbuche das Schacksche Wappen wie folgt: „In einem von Roth und Silber quergetheilten Schilde eine Lilie mit den abwechselnden Tincturen des Schildes. Auf dem gekrönten Helm eine wachsende, rothbekleidete Jungfrau mit fliegendem Haar und grünem Kranz auf dem Kopfe, in jeder Hand abwärts eine Lilie wie im Schilde haltend. Helmdecken silbern und roth."[417]

[413] v. Meding, Nachr. von adel. Wappen. 3 Bde. 1786—91. Bd. I, 720 ff.
[414] Pentz starb 1782. Die nur handschriftliche Aufzeichnung befindet sich im Archive zu Schwerin.
[415] Albrecht Elzow war Kämmerer zu Anklam und starb 1698.
[416] Elzows handschriftlicher Adelspiegel im St. A. Stettin.
[417] J. T. Bagmihl, Pommersches Wappenbuch. Stettin 1843—55. Bd. V, 88.

Nach diesen Beschreibungen beobachten wir nun die Ueberlieferung des Prillwitzer Wappens. Diese Ueberlieferung ist leider eine sehr mangelhafte. Es ist eine bedauerliche Thatsache, dass, obgleich die Familie schon zu Anfang des 15. Jahrhunderts nachweisbar durch mehrere Personen in Pommern vertreten war und nach Aussage der späteren Mitglieder der Familie sogar in mehreren Zweigen,[418]) dass sich doch im Staatsarchive zu Stettin keine älteren Urkunden mit Schackschen Siegeln haben auffinden lassen. Wir müssen uns daher bei Betrachtung der Schackschen Siegel auf das 17. und 18. Jahrhundert beschränken. Aus diesem Grunde, das mag gleich hier schon bemerkt werden, ist es auch nicht möglich gewesen, die Entwickelung des Prillwitzer Wappens aus dem ursprünglichen Stammwappen, der querliegenden Lilie, nachzuweisen.[419])

Die ältesten erhaltenen Schackschen Siegel befinden sich im Staatsarchive zu Wetzlar unter einer Prozessvollmacht vom 10. Februar 1615.[420]) Es sind in einer Reihe die Siegel des Balzer, Sigmund, Ludike und Peter von Schack. Unter den Siegeln befinden sich die eigenhändigen Unterschriften. Die Siegel weisen sämmtlich eine senkrechte Lilie im Wappenschilde auf; den Helmschmuck bildet eine Jungfrau mit fliegendem Haare (und Kranze), in beiden Händen fast wagerecht je eine Lilie haltend. Das Siegel des ältesten der Vettern, das des Balzer, ist am einfachsten gestaltet. Es enthält nur den Schild mit der deutlich herausgearbeiteten Lilie, über dem Schilde die Anfangsbuchstaben B. S. Die andern drei Siegel weisen die Helmzier, die Jungfrau, in sehr deutlicher Weise auf und in einer der damaligen Zeit eigenthümlichen Grösse. Bei dem Siegel Sigmunds nimmt Helm und Zier über die Hälfte der Höhe des ganzen Siegels in Anspruch.

Dieses Sigmundsche Siegel fordert auch sonst noch zum Verweilen auf. Während bei den andern drei Siegeln die Lilie ganz deutlich auf dem ungetheilten Schilde ruht, kann man das von dem Siegel Sigmunds nicht mit voller Sicherheit behaupten. Denn hier liegt quer über der Lilie ein Strich, von dem man zwar ganz gewiss nicht behaupten kann, dass er eine Schildtheilung andeuten soll; man mag diese Deutung aber auch nicht geradezu ablehnen, schon deshalb nicht, weil ja thatsächlich, wenn auch erst ein sehr reichliches Jahrhundert später, eine Schildtheilung bei der Prillwitzer Linie üblich geworden ist. Der Umstand, dass der Strich fast wie ein Stab auf

---

[418]) Vgl. Anm. 12.
[419]) Vgl. Beitrag I, Siegel Nr. II, III und XV auf Tafel 1, 2 und 7.
[420]) St. A. Wetzlar, S. 299,925. — Man vgl. zum Folgenden die Siegeltafel,

der Lilie liegt, mit dem oberen Schildrande nicht vollständig wagerecht verläuft und übrigens die Lilie nicht einmal in der Mitte theilt, spricht durchaus gegen die Annahme einer Schildtheilung. Soll eine Erklärung dieser Erscheinung versucht werden, so kann dieselbe lediglich in der Vermuthung bestehen, dass hier ein Bruch des Siegelstempels infolge eines Sprunges oder eines Schlages herbeigeführt worden ist.

Auffallenderweise zeigt das vierte Siegel, dasjenige, mit welchem Balzers Sohn Peter siegelt, nicht die Buchstaben P. S., sondern ebenso wie das zweite Siegel die Buchstaben S. S. Peter hat also dieses Siegel von einem Andern übernommen; nach dem Buchstaben S kann er es aber einzig und allein von Sigmund übernommen haben.[171]

Man wird daher annehmen müssen, dass Sigmund früher ein anderes Siegel geführt hat. Das vorliegende aber, welches sich auch durch das weit fliegende Haar der Jungfrau und eine deutlichere Darstellung des Kranzes auszeichnet, hat er sich neu anfertigen lassen. Sein vielfacher Hofdienst hat ihm vielleicht solch kleinen Aufwand umsomehr nahe gelegt, als seine günstige Vermögenslage ihm denselben wohl gestattete. Die Veranlassung aber wird nicht sowohl die Art der Zeichnung des Siegels als vielleicht die Form des Ringes gewesen sein, möglicherweise auch der Umstand, dass das ältere Siegel ein Petschaft war und er bei seinen vielen Reisen einen Ring mit Stein zu besitzen wünschte.[172]

Aus ungefähr derselben Zeit, welcher die obigen Siegel entstammen, sind uns einige Schack'sche Wappen in gewissermassen bildlicher Darstellung erhalten. Die Kirche zu Prillwitz besitzt nämlich einen Abendmahlskelch mit der Jahreszahl 1598, auf dessen Fusse, einem Sechspass, in einem Felde der gekreuzigte Christus dargestellt,

---

[171] Eine solche Siegelung mit einem anderen Familienmitgliedern gehörigen Siegel ist öfter nachweisbar. Vgl. Beitrag I S. 144 Anm. Auch ein Siegel des Friedrich von Schack vom 10. September 1623 lässt auf eine Übernahme des Wappens von einem andern schliessen, insofern die den ganzen Raum über dem Wappenschilde einnehmenden Buchstaben F. S. mit einem spitzen Instrument in den Siegelabdruck eingeschnitten worden sind. Es werden also die ursprünglich auf dem Petschaft, wie aus dem Raum zu schliessen, nothwendig vorhanden gewesenen Buchstaben ausgefüllt worden sein. Das Siegel hat übrigens genau die Gestalt wie das oben behandelte Balzersche Siegel. St. A. Schleswig, A. I, 443.

[172] Es muss erwähnt werden, dass Bagmihl, Bd. V Tafel 41, noch ein Siegel des Sigmund v. Sch. v. J. 1604 giebt, welches die Lilie im ungetheilten Schilde enthält und zu den Seiten der Kleinoder die Buchstaben S. S. Dieses Siegel ist nicht wieder aufgefunden worden. Wenn die Zeichnung richtig ist, so ist es abweichend von den beiden obigen, also wohl ein drittes Siegel Sigmunds.

im andern der Name des Pastors Urban Genlich verzeichnet ist. Im dritten bis sechsten Felde sind folgende Schacksche Wappen eingestochen: 1. Das Wappen des Balthasar von Schack. 2. Das des „Jochim von Schack der Olte". 3. Ehewappen des Sigmund von Schack und seiner Frau Margarethe von Strauss. 4. „Jochim und Christoph de Broeder de Schacken." Nach zwei zu verschiedenen Zeiten angefertigten Zeichnungen und nach einer vom Herrn Pastor Götsch zu Kloxin gelieferten Beschreibung gleichen diese übrigens sehr flach gestochenen Wappen durchaus denjenigen, welche sich auf den obigen Siegeln befinden. Bei keinem derselben, auch nicht bei dem Sigmunds, ist eine Schildtheilung angedeutet.

Mit diesen Darstellungen des Prillwitzer Wappens stimmen nun auch alle aufgefundenen Schackschen Siegel der folgenden Jahre überein: die senkrechte Lilie im ungetheilten Schilde, auf dem Helm die oben beschriebene Jungfrau. Das ist z. B. der Fall bei den vier Siegeln der Gevettern Ludike, Peter, Franz und Otto von Schack auf Prillwitz unter einer notariellen Urkunde vom 25. März 1621 und ebenso bei den fünf Siegeln der Peter, Franz, Reimar, Otto und Friedrich von Schack unter einer Urkunde vom 10. September 1623.[12]) Das ist auch noch der Fall bis tief in das 18. Jahrhundert hinein bei den Siegeln des Otto Friedrich (IV, 11) und Hans Christian (IV, 14) von dem Jürgenzweige und bei den Siegeln der Brüder Bogislaw Sigmund und Hans Christian (II, 9 und 10) und des jüngeren Hans Christian (II, 15) von dem Karstenzweige.[13])

Aus der Beobachtung aller dieser Siegel ergiebt sich demnach, dass die Angabe des Mikraelius vom getheilten Schilde der Prillwitzer Schacks mit den überlieferten Siegeln nicht übereinstimmt, dass seine Beschreibung vielmehr beeinflusst zu sein scheint durch die von ihm unmittelbar vorher gegebene Darstellung eines andern Schackschen Wappens. Die Pentzsche Beschreibung kommt überhaupt nicht in Betracht, da sie sich auf Mikraelius stützt. Dagegen ist ferner festzustellen, dass Elzows Beschreibung, was die Angabe des ungetheilten Schildes anlangt, mit der Ueberlieferung übereinstimmt.

Erst gegen die Mitte des 18. Jahrhunderts kommt bei den Prillwitzer Schacks eine Schildtheilung in Aufnahme.

Derselbe Otto Friedrich (IV, 11), welcher 1714 mit einem ungetheilten Schilde siegelte, bedient sich als Generalmajor i. J. 1743 des quergetheilten Schildes, die obere Hälfte roth. Gleichzeitig mit

---

[12]) St. A. Schleswig. A. I, 443.
[13]) St. A. Stettin, Lehnsarchiv Tit. IX. Sect. 172 Nr. 4, 5, 6.

ihm siegelt der Lieutenant im Dragonerregiment Hans Christian (II, 15) mit getheiltem Schilde, wie es scheint, die untere Hälfte roth, nachdem er wenige Jahre zuvor, noch 1738, als Fähnrich im Schulenburgschen Regiment mit einem ungetheilten Schilde gesiegelt hat. Wir können hier das gleichzeitige Vorkommen des getheilten Schildes in zwei verschiedenen Zweigen, dem Jürgen- und Karstenzweige, feststellen. Vielleicht schon vorher bediente sich des getheilten Schildes auch der russische General Friedrich Wilhelm (III, 20) von Schack vom Hanszweige. Er siegelt, leider ohne Zeitangabe, aber etwa 1742, mit getheiltem Schilde, die untere Hälfte roth. Sein Neffe und Erbe Gueomar Bernd Wilhelm siegelt 1762 ebenfalls mit getheiltem Schilde, aber die obere Hälfte roth.

Nach solchen Schwankungen kommt dann von der Mitte des 18. Jahrhunderts an die getheilte Schildform, die obere Hälfte roth, zur allgemeinen Annahme. Friedrich Christoph (IV, 17), Otto Franz Christian (IV, 15), Wilhelm Christoph (IV, 16) und Heinrich Otto (IV, 22) siegeln 1745, 1752 und 1794 mit dem getheilten, in der oberen Hälfte rothen Schilde.[475])

Von selbst tritt nun die Frage entgegen: Durch welche Umstände kann eine in ihrem Eintreten zeitlich so begrenzbare Veränderung hervorgerufen worden sein? Was kann z. B. in der Zeit von 1714, wo Otto Friedrich von Schack mit dem ungetheilten, bis zu dem Jahre 1743, wo er mit getheiltem Schilde siegelte, geschehen sein? Solche Fragen und die Versuche ihrer Beantwortung pflegen in den allermeisten Fällen ganz müssige zu sein. Der Zufall, Willkür oder Unaufmerksamkeit des Stempelschneiders, die Mode und andere abseits liegende Umstände pflegen zu solchen Veränderungen die Veranlassung zu geben, die sich der nachweisbaren Feststellung fast immer entzieht. Im vorliegenden Falle ist das vielleicht einmal nicht der Fall. Was war in der Zeit von 1714 bis 1743 geschehen?

Da drängt sich denn nicht nur die Vermuthung auf, nein, man wird zu der Annahme geradezu gezwungen: dass der Neudruck der Sechs Bücher vom alten Pommerlande des Johann Mikraelius hier von nachtheilig bestimmendem Einfluss gewesen ist. Im Jahre 1723 erschien nämlich, drei Menschenalter nach dem ersten Erscheinen, zu Stettin eine neue Auflage dieses damals längst vergriffenen Werkes. Wie etwas ganz Neues erschien das Buch den Zeitgenossen und wurde als die einzige ausführlichere Darstellung der pommerschen Vergangenheit von den Söhnen des Landes viel und gern und umso-

---

[475]) Ebenda Nr. 5 und 6.

mehr gelesen, als es in der Zeit des grossen deutschen Krieges entstanden war, den damaligen Zustand des Landes eingehend schilderte und eben der damaligen und der folgenden unruhigen Zeiten wegen nicht die allgemeine Beachtung hatte finden können. Aus diesem schon durch das Alter ehrwürdigen Buche werden auch die Prillwitzer Schacks die zwar thatsächlich irrige, aber nach ihrer Ueberzeugung richtige frühere Beschaffenheit ihres Familienwappens erfahren und die gewonnene Kenntniss durch thatsächliche Anwendung der Schildtheilung auch verwerthet haben.

Wir kehren noch einmal zu den ältesten Siegeln zurück, um auch die Wappenfigur selbst, die Lilie. In Ansehung ihrer Gestaltung zu beobachten.

Die Darstellungsform der heraldischen Lilie darf als bekannt vorausgesetzt werden. Die Blumenkrone wird durch ein aufrechtstehendes, unten und besonders oben zugespitztes Blatt dargestellt mit zwei Seitenblättern, welche, in der Mitte umgebogen, nach auswärts herabhängen und bei ebenfalls spitzem Verlauf der Blätter vielfach an den Enden wieder etwas aufgebogen erscheinen. Die drei Blätter sind unten durch ein Band zusammengehalten, unter welchem die eben beschriebene dreitheilige Figur sich umgekehrt und ,bedeutend verkleinert wiederholt. Auf der beiliegenden Siegeltafel wird diese Form in dem Siegel des Gneomar Bernd Wilhelm von Schack einigermassen richtig wiedergegeben. Dieselbe Form findet sich aber auch auf allen den zahlreichen Lilienwappen aller Zeiten und Völker. Und wenn auch der Kelch selbst durch Beigabe von Staubfäden, durch Auseinanderziehung der Blätter, durch Schlitzung derselben oder auf andere Weise verändert ist, immer erscheint der Fuss als eine verkürzte Wiedergabe des eigentlichen oberen Lilienkelches. Gegen diese Regel wird im Allgemeinen nichts einzuwenden sein. Diese heraldisch feststehende, einfache und edle Form der Lilie, wie sie im französischen Lilienwappen enthalten ist, findet sich denn auch auf allen alten Schackschen Siegeln.[129])

Es muss daher bei Betrachtung der Schackschen Siegel der Prillwitzer Linie sofort auffallen, dass auf denselben eine, wie man zugeben wird, unschöne Veränderung der alten heraldischen Liliendarstellung stattgefunden hat. Der Fuss der Lilie erscheint nämlich

---

[129]) Vgl. die Siegeltafeln des Beitrags I.

nicht, wie üblich, verkürzt, sondern in derselben Grösse und demselben Bilde dargestellt, wie der obere Kelch.[177]) Man könnte diese Form im Gegensatze zu der einfachen heraldischen Form gewissermassen als eine nach unten zu wiederholte und daher doppelte Lilie bezeichnen. Es findet sich diese Form sowohl auf dem Prillwitzer Abendmahlskelch v. J. 1598, als auch auf allen angeführten Siegeln der Prillwitzer Linie. Eine Ausnahme machen nur drei Siegel: Das des Reimar von Schack unter der Urkunde vom 10. September 1623, das Siegel des dänischen Generallieutenants Hans Christian von Schack aus dem Jahre 1689 und das Siegel des Kammerherrn Gneomar Bernd Wilhelm von Schack aus dem Jahre 1762.[178])

Wie diese Thatsache zu erklären ist, diese Frage ist schon deshalb nicht mit Sicherheit zu beantworten, weil wir ältere Prillwitzer Siegel, die den Entwickelungsgang dieser Erscheinung beobachten liessen, nicht besitzen. Aber auch ohne diese Unterlage wird man die Empfindung haben, dass hier eine unschöne Veränderung der heraldisch feststehenden Form der Lilie stattgefunden hat. Rein aus diesem Gesichtspunkte betrachtet, lässt sie sich nur erklären als die Folge eines Strebens nach Gleichmaass. Dass dieses Streben nach gleichmässiger Anordnung aller Theile der Wappenkunst überhaupt eigenthümlich ist, bedarf keines weiteren Eingehens. Für die Annahme einer etwa missverständlichen Anwendung dieser heraldischen Eigenthümlichkeit in Ansehung der Prillwitzer Lilie darf ein Umstand nicht unerwähnt bleiben: eine gewisse vorauszusetzende Unbekanntschaft der älteren pommerschen, im besonderen der Stettiner Stempelschneider mit dem Wesen der heraldischen Lilie. Denn die Zahl der pommerschen Familien, welche in der damaligen Zeit eine heraldische Lilie als Wappenschild oder als Helmzierrath geführt haben, lässt sich an den Fingern einer Hand herzählen.[179]) Dass für die

---

[177]) Vgl. hinten die Siegeltafel.

[178]) Vgl. ebenda. Auch ein Siegel des Heinrich Otto von Schack v. J. 1794 zeigt zwar nicht die einfache, aber auch nicht die vollständig verdoppelte Lilie, denn der untere Theil ist immerhin etwas kleiner als der obere. Endlich findet sich die einfache Lilie auch auf einigen Siegeln, betreffs deren die Mitglieder, welche sie geführt haben, nicht genau festgestellt werden konnten. Sammlungen des Herrn Major Hans von Schack.

[179]) Solche Familien waren die Lebbuhn, welche aber früh erloschen sind; die ganz mitgliederarmen Familien Witting, Pustar und Edling; weit hinten im Lauenburgischen die Jatzkow und Krockow; in Vorpommern die Steinkeller und Mörder. Letztere haben ganz gewiss nicht in Stettin arbeiten lassen, ebensowenig wohl die Lauenburgischen und die Pustar, welche bei Kolberg gesessen waren. Die v. Köller führen keine heraldische, sondern eine natürliche Lilie als Helmzierrath.

Nothwendigkeit, die Lilie der Helmjungfrau in die Hände zu geben, eine Verlängerung nach unten sehr dienlich war, mag nur nebenbei erwähnt werden.

Eine Frage, welche in Ansehung der Wahrscheinlichkeit der vorstehenden Annahme von erheblichem Einfluss sein muss, ist diese: War man sich auf Seiten der Zeitgenossen dieser von der heraldischen Lilie abweichenden verlängerten Form überhaupt bewusst? Die Beantwortung dieser Frage ist sogar noch von weiterer Bedeutung. War man sich nämlich im 17. Jahrhundert der abweichenden Form bewusst, so würde damit zwar nichts gegen die obige Annahme ihrer Entstehung gesagt sein, immerhin aber würde dieser Form eine gewisse erworbene historische Berechtigung nicht abgesprochen werden können. War man sich aber in Unkenntniss über die Abweichung, so würde dieselbe jeder Berechtigung entbehren und es müsste geradezu eine heraldische Pflicht sein, der alten Form der heraldischen Lilie, wie sie auch die ältesten Schackschen Siegel thatsächlich zeigen, wieder allseitig zu ihrem Rechte zu verhelfen.[*])

Jene Frage nach der bewussten Führung ist nun aber ganz entschieden zu verneinen. Schon die obigen Ausnahmen auf den Siegeln des Reimar, des Hans Christian, des Gneomar Bernd Wilhelm von Schack und anderer Familienmitglieder sprechen dagegen. Noch mehr aber die gleichzeitigen Wappenbeschreibungen. Denn sowohl Johann Mikraelius wie auch Albrecht Elzow bezeichnen beide als Wappen der Prillwitzer Schacks eine „französische Lilie". Wäre man sich der von der heraldischen Form der französischen Lilie abweichenden unschönen Verlängerung bewusst gewesen, so würde wahrscheinlich schon bei Mikraelius ein Niederschlag davon zu merken sein. Ganz gewiss aber würde der von Mikraelius unabhängige, meist nach den Angaben der Familien selbst arbeitende Elzow jener Thatsache eine beschreibende Erwähnung gethan haben. Dass man endlich bei Einführung der Schildtheilung, die man doch höchst wahrscheinlich auf die Angabe der Neuauflage des Mikraelius begründet hat, trotz der ebenda befindlichen Angabe der französischen Lilie doch die bisherige verlängerte Form beibehalten hat, darf ganz gewiss unter Erwägung des oben Gesagten als ein Zeichen dafür betrachtet werden, dass man sich des Unterschiedes der bisherigen

---

[*] Soeben während des Druckes theilt Herr Hauptmann Max v. Sch.-Berlin mit, dass von einigen der lebenden Mitglieder der Prillwitzer Linie die alte Form der Lilie bereits wieder geführt wird.

Form von derjenigen der französichen Lilie nicht bewusst gewesen ist. Zudem musste, von solcher Erwägung abgesehen, gerade die Schildtheilung für die Beibehaltung der bisherigen Form förderlich sein, weil durch diese Form bei der nothwendigen Theilung der Lilie die grössere Möglichkeit heraldischen Gleichmaasses geboten wurde.[431])

Nach alledem und unter Beobachtung der Einzelheiten der überlieferten Siegel wird als richtiges Wappen der Herren von Schack von der Prillwitzer Linie das folgende angesprochen werden müssen: Eine silberne heraldische Lilie senkrecht im rothen Schilde. Aus dem roth-silber bewulsteten Helme wächst eine Jungfrau heraus in rothem Gewande, mit fliegenden Haaren und grünem Kranze, in jeder Hand seitwärts eine silberne Lilie haltend. Helmdecken roth-silber.

[431]) Richtig, aber nicht schön, ist die Theilung der heraldischen Lilie im Siegel des Gneomar Bernd Wilhelm v. Sch. Vgl. Siegeltafel.

Urkunden.

1. Märkischer Lehnbrief für die von Schack. 1499, März 10.
Geh. Staatsarchiv Berlin, Neumärk. Kopiar Nr. 41, Bl. 60.

Wir Joachim, Churfurst etc. und Albrecht, Gebrudere, Marggraven zu Brandenburg, bekennen und thun kunt offintlichen mit dissem unserm Brive vor uns, unser Erben und Nachkomen, Marggraven zu Brandenburg und sonst vor allermeniglich, die inen sehen, horen oder lessen, das wir unsern liben getreuen, Assmus und Otten Schacken zu Prulwitz und iren menlichen Leibslehnserben zu rechtem Manlehne und gesampter Hand gnediglichen gelihen haben iren Teil an der wusten Veltmarken zu Prulwitz mit allen und iglichen seinen Nutzungen und Zugehorungen, inmassen sie die von unser Herschaft zu Brandenburg zu rechtem Manlehne und gesampter Hand gehabt, besessen und gebraucht haben und leihen inen die in Craft und Macht disses Drives und also, das sie und ir menliche Leibslehnserben selbe obgenante Guter von uns, unsern Erben und Nachkomen, Marggraven zu Brandenburg, zu rechtem Manlehne und gesampter Hand haben, so oft und dick des not ist nemen und entpfangen, uns ouch darvon halten, don und dinen sollen, als Manlehns und gesampter Hant Recht und Gewonheit ist. Wir verleihen ine hiran alles, das wir ine von rechtswegen daran verleihen sollen und mogen, doch uns an unssen und sunst ydermann an seinem Rechten one Schaden. Geben zu Berlinchen, am Samtag Letare in der Vasten im XCIX. Jare.

2. Pommerscher Lehnbrief für die von Schack. 1514, Dezember 1.
St. A. Stettin, Handschr. II, 16 Bl. 47. Auszug.

Anno etc. decimo quarto, Fridach nach Andree apostoli, heft myn gnediger Herre Asmuse Schacke und sinen mundigen und unmundigen Brodern ere vederlike Erve und Lehn, wes so in den Dorpen hirna geschreven hebben, erstlik 54 Hoven in deme Dorpe Prallevitze, eine Mole,¹) eine Wese by Kessyn und dat depe Scheken,

---
¹) Mühle.

in dem Dorpe Kloxin 16 Hoven, 8 Scheffel Molenpacht up der Kloxinschen Molen und ihre Deil an der Plone, dat Kerklehn, dat Gerichte, dat Schultlehn und dat Krochlehn, mit allen Gerechticheiden, Herlicheiden und Friheiden, so id in sinen Scheiden und Malen belegen und ehre Vader dat allerqwitest beseten, gnedichlik vorreket und gelegen etc. Presentibus etc.

3. Märkischer Lehnbrief für die von Schack. 1536, März 26.
Geh. St. A. Berlin, Neumärk. Kopiar Nr. 2a Bl. 76.

Markgraf Johann von Brandenburg belehnt Asmus, Hansen, Kerstian, Jorgen und Joachim die Schacken, Gebrüder zu Prilwitz, mit drei Theilen der wüsten Feldmark Lindenbusch.

Gegeben auf dem Schloss zu Küstrin, Sonnabends nach dem Sonntag Laetare. 1536.

4. Pommerscher Lehnbrief für die von Schack. 1557, September 3.
St. A. Stettin, Handschr. III, 8 Bl. 203. Abschrift.

Wir Barnim, Hertzog to Stettin, Pommern etc., bekennen hiemit vor uns, unsere Erben, nachkommende Herschaft und jedermenniglich, das uns de erbarn unsere Lehnleute und lieben Getrewen, Kersten und Joachim, Gebrudere, weiland Asmus Söhne, Balzer, David und Ludeke, weiland Hansens Söhne, auch Gebrudere und Vettern de Schacken vor sich und in Namen ihrer unmundigen Vettern Joachim und Martin, auch Gebrudere de Schacken, weiland Georgen Schacken Söhne, mit undertheniger Bitt ersucht, ihnen ihrer Eltern anererbt veterlich Erb- und Stamlehn an den Dorpern Prullevitz und Kloxin mit allen andren zubehörenden und besetenen Gerechtigkeit, Inhalt des hochgebornen Fursten, unsers freuntlichen geliebten Hern und Vaters Bugschlaffes hochseliger Gedechtnuss, gezeigten Briefs und Siegels, gnedichlich zu verleiben. Wan wir dan betrachtet ihre fleissige Bitte auch vielfaltige Treue und gehorsame Deinste, de ihre Eltern unserm Hern Vater, hochloblichen Gedechtnuss, und uns vorhin gethan, sie auch ihre Erben uns auch unsern Erben hinfurbas auch noch wol thuen können, sollen und mogen, haben wir auf solch ihr Suchen und aus sondern Gnaden ihnen und ihren Erben gemelts Dorf Prullevitz und die Gerechtigkeit an Hebungen, Frachtbrauchung, Pechten, Mublenpechten und Nutzungen in dem Dorf Kloxin, inmassen solchs ihre Eltern bievor, und sie bis daher innegehabt und besessen, auf sie geerbt und belassen, an Eckern, Wisen, Weyden, Mulen, Pechten, Diensten, Holtzungen, Jachten, Sehen, Wessern, Stromen, Mulensteten, Fischereyen, ihre Teil an der Plone, so sie in ihren Feldern liegt, an Muren[1]), Bruechen, Stuveten[2]), hogesten und niedrigsten Gerieht, on Hand und Hals, Kirchlehn und Kruegelehn, Schultzenlehen und aller andern Zubehöringen und Gerechtigkeit, wie solchs alles in ihren Grentzen und Malen belegen, mit der samenden Hand zu einem rechten Manleben vorreichet, gegonnet und vorliehen, als wir auch kraft dieses Briefs, so vile wir von rechtswegen thun konnen, ihnen und ihren Erben gonnen und leihen, jdoch uns unsern Erben und menniglichs Rechten unschedlich. Und sollen auch Ludike, Joachim und Martin de unmundige Schacken zur Zeit, wen se ihre mundige Jare erreichen, dis hir obengemelts Lehn und alle de Schacken, so oft es Noth ist, vor uns oder unsern Erben suchen und entpfangen, darvon dienen und alle dasjenige thun, wie Lhens Recht und Gewonheit ist. Urkundlich mit unserm furstlichen Ingesiegel erkreftiget und geben zu Alten-Stettin, am 3. Septembris nach Christi unsers lieben Herrn Geburt im 1557. Jahre.

5. Märkischer Lehnbrief für die von Schach. 1567, Juni 2.

Geh. St. A. Berlin. Neumärk. Kopiar Nr. 3 Bl. 83.

Markgraf Johann von Brandenburg belehnt „Achim[3]); Balthasar und David, Gebrüder, die Schacken, Hansen sel. Söhne, Jochim, George sel. Sohne, und Sigmund wegen seiner und seiner unmündigen Brüder Peter und George, Kerstens sel. Sone" mit drei Theilen der wüsten Feldmark Lindenbusch in der Neumark.

Küstrin, Montags nach Corporis Christi 1567.

[1]) Moor.
[2]) Niedriges Gebüsch, Gesträpp.
[3]) Aus dem Lehnbrief vom 3. 9. 1557 und sonst ist ersichtlich, dass hier und im Lehnbrief vom 23. 3. 1571 ein schreibliches Versehen vorliegt. Denn Achim kann nur sein Joachim I., der Vaterbruder von Balthasar und David. Es ist daher hinter Achim ein ; gesetzt worden. Solche Versehen sind leicht erklärlich und kommen in Lehnbriefen leider nicht ganz selten vor.

6. **Märkischer Lehnbrief für die von Schack.** 1571, März 29.
Geh. St. A. Berlin, Neumark. Kopiar Nr. 74. Bl. 25.

Kurfürst Johann Georg von Brandenburg leiht „Achim¹); Baltzern und Daviden, Gebrudern den Schacken, Hansen sel. Sonen, Joachim, Georgen sel. Sohne und Sigmunden und Petern von ireut und ires unmundigen Bruders Georgen wegen, denselben die Lehne bis zu seinen mundigen Jaren zu getreuen Handen furzutragen, als Kerstens sel. Sonen und iren allerseits menlichen Leibes Lehens Erben" drei Theile „an der wusten Feldmarke Lindenpasch in unserm Furstenthumb und Lande der Neumark gelegen."

7. **Pommerscher Lehnbrief für die von Schack.** 1575, Januar 28.
St. A. Stettin, Lehnsarchiv.

Herzog Johann Friedrich von Pommern bestätigt den Lehnbrief vom 3. September 1557 für Joachim den Aelteren, Baltzer, Joachim den Jüngeren und Peter, die Schacken zu Prüllwitz gesessen, für sich u. von wegen ihrer Vettern Sigismund, Jurgen, Ludeken und Reimar die Schacken, — — — jedoch dergestalt, dass Sigmund Schack zum allerfurderlichsten, Jurgen, Ludeke und Reimar die Schacken, wenn sie zu ihren mundigen Jahren kommen, sich mit gleicher Lehnspflicht als Joachim der Aeltere und Joachim der Jüngere, Baltzer und Peter die Schacken heut Dato gethan, uns sich verwandt machen. Pyritz, 28. Januar 1575.

8. **Märkischer Lehnbrief für die von Schack.** 1580, Februar 18.
Geh St. A. Berlin, Neumark. Kopiar Nr. 7 Bl. 67.

Kurfürst Johann Georg von Brandenburg belehnt nach Absterben des Achim Schack des Aeltern zu Prüllwitz dessen Sohn Joachim und zugleich des Letzteren unmündigen Bruder Christoph, imgleichen Baltzer Schack und dessen verstorbenen Bruders David nachgelassene unmündige Söhne Ludike und Reimar und dann Joachim den Aeltern,²) Georgens, und Sigmund, Kerstens sel. Söhne mit drei Theilen an der wüsten Feldmark Lindenbasch. Küstrin, den 18. Februarii 1580.

¹) Vgl. die vorige Anmerkung.
²) Seit Achims des Aelteren Tode als Joachim d. Aelt. bezeichnet.

9. Eheberedung zwischen des verstorbenen Joachims d. Aelt. Tochter Anna von Schack und Christoph von Steinwehr zu Fiddichow. 1589, Juli 9.

St. A. Stettin, Stargarder Hofgericht v. Schack Nr. 18. Abschrift.

Im Namen der heiligen unzertheilten Dreifaltigkeit Amen. Zu kund und wissen sei jedermenniglich, dass Gott dem Almechtigen zu Lob, dem heiligen Ehestande zu Ehre, zue Fortpflanzung und Aussbreitung der christlichen Gemein, auch Vermehrung und Bestetigung ferner Freundschaft heuten unten geschriebenen Dato zwischen der edlen und ehrntugentsamen Barbara Brandes, Jochim Schacken seligen hinterlassene Witbe und dero freundlichen geliepten Sohnen, den auch edlen und ehrnvesten Jochim und Christoff Schacken zu Prulwitz, von wegen ihrer freundlichen lieben Tochter und Schwester, der edlen und ehrntgeutsamen Jungfer Anna Schacken, und den auch edlen und ehrnvesten Christoff Steinwehr zu Viddichouw erbsessen andertheils, nach gnediger Versehung Gottes des Almechtigen, und auch mit und durch ihrer und beiderseits nehesten Freunden und Vormundern vorgehapten zeitigen reifen Raht, eine eheliche Heyrat und Ehestiftung behandelt, abgeredt und beschlossen ist worden inmassen wie folget und also:

Dass gedachte Wittwe und ihre Sohne gemelte ihre freundliche liebe Tochter und Schwester, Jungfer Anna Schacken, obgemelten Steinwehren zur heiligen Ehe zu geben und solches nach der christlichen Kirchenordnung und alten löblichen Gebrauch zu bestetigen und zu vollenziehen geredet und gelobet halen. Darauf ist behandelt und von beiden Theilen gewilliget und angenommen worden, dass genante Wittwe und ihre Söhne ihrer freundlichen lieben Tochter und Schwester 1000 fl. pomrischer Wehrunge Gelt, Ehesteur und Heyratgoet mitsampt einem ehrlichen adlichem Geschmuck, Kasten und Kasten-Gerete, als nachfolgig zum Theil verzeichnet, mitgeben, erlegen und verreichen sollen und wollen, nemblich:

Zweyhundert Goltgulden zu Ketten am Halse; Ein Halsband von 40 Ducaten.

An Kleidern:

Einen weiten sammet Rock von einem seiden atlass Bodem;[1]) Einen weiten Sammet mit einem sammet, einss seiden atlass Bodem verbremet; Einen weiten seiden Atlass mit Modellsammet [2]) ver-

---

[1]) Der untere Band?
[2]) Unten als gemödelter Sammet bezeichnet, von modeler = eine bestimmte Form geben, also entweder gepresst oder mit Muster gewebt.

bremet; Einen weiten Damassken mit Sammet gebremt; Einen engen Sammet mit gulden Knupsel¹) verbremet; Einen engen roten Damassken mit gulden Sammet gebremet; Einen schwartzen Damassken mit gemödelten Sammet gebremet; Einen leibfarben Tafften mit guldem Knupsel gebremet; Noch einen schwartzen mit gemodelten Sammet verbremet; Einen schwarzen seiden Grobgruen²) mit Sammet gebremet; Einen schwartzen hallseiden Grobgruen mit Sammet gebremet; Einen gruenen Grobgruen mit Borden gebremet; Noch einen roten Grobgruen; Einen schwartzen Arrass³) mit unechtem Sammet gebremet; Einen schwartzen Soden mit Sammet gebremet.

An Schurtzen:

Eine guldentuch Tuchschurtz mit Glantzborden gebremet; Eine sammeten mit gezogenen Borden; Eine guldene seitenattlass mit Knupsel gebremet; Eine schwarze seiden attlass mit Modellsammet gebremet.

An Manteln:

Einen sammet mit gulden Knupsel gebremet; Eine schwartze seidrn attlass mit Sammet eines seiden attlass Boden gebremet; Eine von seiden Ruff;⁴) Noch eine damassken mit Mardern ausgeschlagen.

An Brustken:⁵)

Funf Brustken, darunter eins mit gezogenen Borden und eins mit Knupsel gebremet, die andern imgleichen ungestreflich.

An Ermeln:

Ein Par von gulden Tuche; Ein Par rote seiden attlass mit Knupsel gebremet; Ein Par gulden seiten attlass und sonst so viel ihr zu tragen nötig sein werden, unstreflich.

An Hauben:

Die beste von 6 Lot Perlen und 1¹/₂ Dutz⁶) geschlagene Rosen, die ander von Perlen und Golde unstreflich, oder an der Statt 5 Dutze geschlagene Rosen. Die dritte 10 Thlr., die vierte 10 Thlr., die funfte 6 Thlr. wert, und sonsten an notturftigen Hauben.

---

¹) Knöpfen.
²) Grobgrün ist in der Regel ein grobes gewirktes Zeug, eine Art Rasch, doch giebt es auch, wie oben, seidenes Grobgrün. Die letzte Silbe bedeutet nicht grün, sondern ist aus granum (grain) gebildet. Der Franzose nennt es gros grain, der Italiener grosso grano.
³) Ein dünnes wollenes Gewebe, nach dem Herstellungsorte Arras genannt.
⁴) Stoffbezeichnung.
⁵) Brüstchen.
⁶) Dutzend.

An Bortlein:¹)

Funf Bortlin, darunter eins von Perlen und Cronstiften, und eins von Perlen und gezogenem Golde, die andern anstreflich.

Ein Perlenschnur, so anstreflich.

An Berrette,²) derselben so viele, als ihr zue tragen nötigk, worunter eins von Cronstiften, und eins von Perlen und Cronstiften, die andern anstreflich.

Ein Par Schleyer anstreflich.

Ein lang und kurz silbern Gurtel mit einer silberne Scheide mit geschlagen Messern anstreflich.

An Bettegewant:

Eine damasken Decke; 12 Betten, darunter 4 Ueberbetten mit breslauischen Büeren;³) 8 Haupt-Pfuehle; 8 Küssen mit Welsch⁴) uberzogen; 20 Par Laken, darunter ein Par Welsche, die ander von 5 und 4 Breiten;⁵) 20 gezwelichte⁶) Tischtuecher; 20 gezwelichte Hanttucher.

Imgleichen zwo Kusten und drey Laden, woll beschlagen, und dermassen mit andern hierinne unbenanten Leinengerehte versehen, dass sie ein Gennegen haben kann.

Soviel aber die Erbschaft anlangen thut, ob wol Christoff von Steinwehr also fort und itzo dieselbige von seiner vielgeliepten Brant Mutter und Bruedern zue fordern guete Fuege und Macht hette, wil er doch auf ihr instendiges Anhalten und Christoff von Schacken angezogene Minderjerikeit, bis er zu seinen mondigen Jahren komme, der Mutter und Bruedern zue Gefallen, bis sie zur bruderlichen Theilung schreiten werden, damit friedlich sein. Alsdan er wegen seiner kunftigen gelieptén Hausfrau ihren Antheil an Barschaften, so itzo vorhanden und kunftig erworben werden mochten, Fahrnussen, und was zur Erbschaft geboret, nichts ausgenommen, gewertig sein will.

Ist demnach ferner von der Wittwen und ihren Sohnen gewilliget und zuegesagot, das die berurto 1000 fl. Christoff Steinwehren auf zwey Termin, nemblich auf Catharinae des bevorstehenden 90. Jahrs 500 fl. und letzlich dan auf Catharinae, wen man schreiben wirt 91, 500 fl. richtig und zur Gennege erleget und bezahlet werden sollen, sich auch daneben verpflichtet, da kunftig

---

¹) Borten. ²) Baret.
³) Bühre — Bettsieche, Bettüberzug.
⁴) Bezeichnung der Leinewand.
⁵) Webebreiten.
⁶) Zwillig.

den andern ihren Tochtern und Schwestern an Ehegelde oder sonsten etwas mehr, besser und anders, als hie beruret, versprochen und gegeben wurde, dass solches alles dieser ihrer geliepten Tochter und Schwester gleichfals erstattet und vergnueget werden soll.

Dargentkegen hat Christoff von Steinwehr angenommen, sich verpflichtet und zugesaget, das er kegen Erlegungen solcher obgemelten 1000 fl. Ehegelt gemelte seine kunftige liebe Hausfrau auf 1500 fl., darunter ihr 500 fl. zur Besserung kommen, innerhalb Jahrsfrist nach gehalten ehelichen Beylager durch ein Leibdingsverschreibung mit angehangten fürstl. Consens gnugsamb versichern will, und darine eine gelegene Behausung oder an desser Statt 200 Thlr. und auf drey Personen ein nottorftiges Aliment mit benennen will. Jedoch mit dem Vorbehalt und Bedinge, da Christoff von Steinwehr vor ermelte seine kunftige Hausfrau mit Tode verfiel, welches Gott in Gnaden lange verhueten wolte, das sie gedachte Behausunge oder das angemachte Geld und Aliment nicht weiter als alleine die Zeit ihrs unverruckten Witwenstandes gebrauchen und geniessen solle. Da sie aber ihren Wittwenstand verrucken und zur andern Ehe schreiten wurde, alsden sollen itz gemeldte Posten wieder zurugke an seinen nehesten Erben gefallen sein. Was ihr sonsten daruber auf itzo berurten Todesfall an ihrer fraulichen Gerechtigkeit und nach dieses Landes Gebrauch von Recht und Erbs wegen von dero Verlassenschaft gebueret, soll ihr unvermindert gefolget werden.

Des alles zue mehrer Sicherheit, steter, vester und unverbruchlicher Haltunge, hat die Witwe und ihre Sohne zue sachwaldigen Burgen gesetzt die edle und ehrnveste Antonius Blanckensee zue Schonenwerder, Jurgen Kussow zu Klucken und Jochim Schacke zu Prulvitze, als der Wittwen und ihren Tochtern verordnete Vormunder, und den Baltzer und Siegmunt Schacke zue Prulvitze, Jochim Drederlow zue Gartze, Friederich Brandt zue Hermstorf alle erbsassen. Hinwiederumb hat Christoff Steinwehr zue sachwaldigen Burgen eingesetzt die edle und ehrnveste Jochim, Ernst und Jurgen Gebrueder und Gevettern die Steinwehr zu Cossin und Selcho und Christoff Trampe zue Lindow alle erbsessen.

Und wir itzgemelte Burgen bekennen beiderseits semptlich und sonderlich, das diese obgeschriebene Heyratberedung mit allen eingelieften Puncten, durch uns und beiderseits guete Freunde und mit unsern Wissen und Willen unterhandelt, abgeredet und geschlossen ist, haben darauf ein den andern zuegesaget und bey adlichen Ehren und Trewen angelobet, den allen und jeden, so viel der unser jeder Theil, wie berurt, verbindlich gemacht, aufrichtig, getreulich, und ohne alle Gefahr nach zu kommen.

Urkuntlich haben wir Burgen beneben den Principalen unsere angeborne Pitschaft zue Ende dieser Ehestiftung, deren jeden Partey eine bekommen, wissentlich aufgedrucket und uns mit eigen Handen unterschrieben. Geschehen und gegeben zue Prulvitze, den Mitwoche nach Marien Heimsuchung Anno der mindern Zahl 589.

10. Leibgedingsverschreibung des Sigmund von Schack zu Prillwitz für seine Frau Margarethe von Strassn.
1589, Oktober 20.
St. A. Stettin, Lehnsarchiv Tit. VI. Nr. 7 Bl. 170. Abschrift.

Ich Sigmund Schacke zu Prüllevitz erbsessen thue vor mich, meine Erben und Lehnsfolger, auch sonsten idermenniglich, hiemit kund und bekennen: Nach dem ich aus Schickung Gottes des Almechtigen, vorgehabten Rat meiner freundtlichen lieben Mutter und anderer Freundschaft, dan auch nach Ordnung der heiligen christlichen Kirchen, die edle und vieltugendsame Margaretha Straussen, Hans Straussen, etwan zu Zernckow, Wormbsfelde und Kregenick erbsessen, freundliche liebe Schwester, vorschiener Zeit mir ehelich vertrauen und beilegen lassen, und am 19. Septembris des nehest abgelaufenen acht und achtzigisten Jahres, nach Absterben obgemeltes Hans Straussen, die gestrenge, edle, ehrnveste, achtbare und hochgelarte, der Churfürstlichen Brandenburgischen Regierung zu Cüstrin verordnete Rathe, alle zwischen mir und gedachts Hansen Straussen Lehnsfolgern, als Daniel, Hansen und Egidius den Straussen, wegen vorberedter ehlichen Hausfrauen Ehgeldes, Kleider und Geschmucks, Kisten und Kistengerets, so wol auch des Geldes halben an den Hals, und was dem mehr anheugig, eingefallne Irrungen in Behör genommen, auch entlich zur Gnete entscheiden und vortragen dergestalt, das mir obgedachte Lehnsfolgere für obgesetzte alles 3100 fl. pommerischer Wehrung, als 2000 fl. für Ehegeld, und 1100 fl. für Geschmucke, Kleidung und sonsten, auf Zeit und Termin, dem Vortrage einvorleibt, erlegen und zalen sollen und wollen. Ich aber hientkegen hinwiederumb auch vorwilliget und angenommen zu Erstattung des Ehegeldes, Vorbesserung desselben und sonsten benante meine liebe Hausfrau auf ein gewisses alsbald zuvorsichern und zuvorleibgedingen, die Leibzucht auch bei Erlegung des ersten Termins als 1000 fl., so auf Martini knnftig fallen sollen, ihr zu ihren Handen zu uberantworten, und das Schein den Lehnsfolgern furzubringen, das ich auf solche meine Vorpflichtung und weil ich ohnedas bei mir erwogen und betrachtet, mit was mennigfaltigen und vielen Beschwerungen diss zeitliche Leben umbgeben, was fur Unfelle teglich gesehen und gesparet werden, und wie daher nichts gewissers den der Tod, die Stunde aber desselben ungewiss, meiner Hausfrauen vielgedacht zu Vorgeltung ihrer Liebe und Treue, so sie mir bisanhero bezeiget hat, und ferner wol bezeigen kan und wirt, auch sonsten zu Bezeigung eines dankbaren Gemuts, so ich zu ihr trage, auf den Fall ich vor ihr nach dem Willen Gottes ohne menliche Leibeslehnserben aus diesem Jammerthal abscheiden wurde, mit Vorwissen meiner Vettern und Lehnsfolgern, jedoch auch auf furstlichen Consens, den ich verhoffentlich hiruber erbitten will, zum Leibgedinge vormacht, verordnet und verschreiben, wie ich ihr den auch zum kreftigsten, als es immer geschehen kan und mag, in Kraft dieses alles, so volgt, hiemit vorschreibe:

Als zum Ersten 2000 fl. Ehegeld und, wo fern die vor meinen todtlichen Hinfalle volnkomblich auszezalt werden, darauf 1000 fl. Besserung, wo die aber vor der Zeit vollig mit erlegt und auskommen worden, den dritten Pfenning Besserung, auf alles was erlegt und auskommen ist, und das, das ihr iderzeit frey sein, auch zu ihrer Wahl stehen soll, Erbe zu nehmen und die Schulde bezalen zu helfen oder aber der Schulde und des Erbes sich genzlich zu entenssern.

Zum Andern, so will ich, oder da ichs nit erlebete, sollen und wollen meine Vettern und Lehnserben ihr ein Wonhaus zu Prallevitz, mit notturftigen Gemechern, ohne ihre Zuthat erbauen, die Gebau und Zaune auch in Worden erhalten, wo nit, ein Wonhaus in einer Stadt, dar es ihr am gelegensten, kaufen und dasselbige ehe sie die Guter nach geendigten Gnadenjahre und gebuerlicher Abfindung des ihren, oder aber an derer Vergleichung reumet, ihr zu ihrem ruhiglichen Besitze einantworten, auch so lange sie lebet und im Wittwenstande bleibet, sie darin unvorhindert lassen, imgleichen, sie sei zu Prallewitz oder in einer Stadt, mit notturftiger Holzung zur Feurung, auch Brau und Backen und dan, wo sie in Prallevitz bleibet, auch mit notturfter Fischerei sie versehen und versorgen.

Vorss Dritte, so sollen und wollen ihr meine liebe Vettern und Lehnsfolgere nach meinem Absterben zu ihren notturften teglichen Underhaltung jehrlich aus meinen Lehn und Gutern, so ich nach mir lassen werde, 3 Winspel Roggen, 4 Winspel Gersten, 1 Winspel

Hafern, 3 Scheffel Weitzen, 2 Scheffel Buchweitzengrutze, 2 Scheffel Erbsen, einen feisten Ochsen, oder anstadt desselben 12 fl., 4 gute Merzhamel oder 6 fl., 4 gute Schneitschafe oder 2 fl., 8 Gense und 30 Huener, so ihr bei den Leuten sollen angewiesen werden, jehrlich unweigerlich reichen und folgen.

Also auch vors Vierte jehrlich 3 Scheffel Lein auf gut Lande seyen, und solches von den Kotzen¹) nach aller Gebuer und Notturft begaden und ausmachen lassen.

Vors Funfte aber sollen und wollen ihr meine liebe Vettern nach meinem Tod, fullendenten Gnadenjahr und geburlicher Abhandlung anweisen zwo Kossatenhoefe, so itzund Tewes Zösta und Tewes Witte bewohnen, mit Pechte, Diensten und Zehenden, derer sich zu gebrauchen. Ingleichen, wen sie zu ihren Freunden oder sonst nach ihrer Gelegenheit verfahren will, des Jahres einmal zwei oder drey, und nit daruber, es were dan ihr eigener guter Wille, mit notturftiger Fure befurdern.

Fürs Sechste und Letzste sollen und wollen ihr meine liebe Vettern und Lehnsfolger ungefehr 6 Heupter Rindvlehe jerlich ausfuetern und notturftig Heu und Strau darzu zu jeder Zeit folgen lassen.

Wo sie aber den Witwenstand verlassen und zur andern Ehe hinwieder greifen worde, soll ihr die vermachte Underhaltung mehr nicht folgen, sondern fallen und todt sein und sie, wan ihr ihre eingebrachts Ehegeld mit der Besserung, und auch was sie an Geschmucke, Kledung, Kisten und Kistengeradte und sonsten mehr mitbekommen, oder in stehender Ehe und hernach erzeuget, folget und vorsichert werde, an pommerischem Gebrauch sich genugen lassen. Doch sollen ihr zur Ausweisung ein behangen Wagen mit zwen Pferden, 50 fl. wert, 20 fl. zum Traurkleide und ein Stücke weiss Leinewand, 12 fl. wert, und 6 Tonnen Bier, 4 Seiten Speckes und 2 Achtenteil Butter von meinen lieben Vettern auf den Fall auch unweigerlich gereichet und gegeben werden. Und damit solches desto mehr und fester gehalten und daruber unnotige Disputation künftig nicht eingefuhret werden muge, habe ich neben meinen freuntlichen lieben Vettern Daltzer, Joachim den Eltern, Joachim den Jüngern, auch Christoff und Ludike den Schacken diese meine Leibgedinge Vermachnuss, so gegeben zu Prullevitz, den zwantzigsten des Monats Octobris anno im tausend funfhundert und neun und achtzigsten Jahre, nicht alleine mit unsern erblichen Pittschafften versiegelt,

¹) Kossäten.

sonder auch uns allesambt und sonderlich mit eigenen Handen underschrieben.

Locis sigillorum.

Siegmundt Schack   Mein Baltzer Schacken
meine eigene Hand.   eigene Hand.
Jochim Schack itz der Elter   Jochim Schack der Junger
m. p.   mein eigene Hand.
Ich Lüdike Schack
meine eigene Hand.

11. Verzeichnis des Brandschadens, welchen die Brüder Joachim und Christoph von Schack 1598 erlitten haben.

St. A. Stettin, Stargarder Hofgericht von Schack Nr. 7. Abschrift.

Vortzeichnus, was in dem Brandschaden, so Jochim und Christoff den Schacken von der alten Jochim Schackischen vorwarloseten Feuer zugefüget worden, an Gebeuden, Hab und Gutern in die Aschen gesetzet worden.

1. Das Thorhaus 22 Gebind[1]) mit Ziegeln gedeckt und mit einem dielen Boden.
2. Der Viehstall von 9 Gebind.
3. Die lange Scheune von 19 Gebind.
4. Der Pferdestall von 9 Gebind.
5. Die ander Scheune hinderm Hofe von 11 Gebind.
6. Das Kornhaus 7 Gebind und mit einem gewundenem Boden.
7. Das Brauhaus von 8 Gebind und mit einem dielen Boden.
8. Das Wohnhaus von 17 Gebind mit einem gewundenen Boden and mit einem dielen Boden.
9. Die Cammer am Wohnhause, welche gemauert gewesen, mit einem gewundenen und dielen Boden.
10. Ein Stall von 6 Gebind.
11. Ein Mastboden mit 4 Gebind und einem gewundenem Boden.

Diese Gebeude sein in ihrer brüderlicher Theilunge umb 1500 Thlr. angeschlagen worden, sie vormugen aber dieselben in diesem grossen Brandschaden weiniger 2000 Thlr. nicht aufzubauen.

Was an Korn vorhrand:

Rogken: 60 Wispel Rogken in Mandeln,[2]) vor jeder Mandel nur 1½ Scheffel, facit 90 Wispel.

---

[1]) Gebinde nennt der Zimmermann Riegel und Streben, die durch zwei aufrecht stehende Balken verbunden sind.

[2]) Die Rechnung stimmt, wenn man den Wispel unausgedroschenen Korns zu 24 Mandeln rechnet.

Gersten: 48 Wispel an Mandeln, die Mandel zu 2 Scheffel¹) gerechnet, thut — 96 Wispel.

Habern: 16 Wispel an Mandeln, die Mandel auf 2 Scheffel gerechnet, thut 32 Wispel.

1 Pferd vorbrand vor 35 Thlr.

An Flachse vorbrand facit 100 fl.

An Hen vorbrand für 29 Thlr.

16 Dohnbetten, das Bette zu 10 fl. gerechnet mit den Buhren,²) facit 160 fl.; 15 andere Betten mit bunten Buhren auf 150 fl. gerechnet.

40 Seiten Specks, die Seite 2 Thlr. gerechnet, macht 80 Thlr.; Butter, Kerse und andern kleinen Fleischwerk gerechnet auf 100 Thlr.

3 W. Maltz.

Zinnern, messings und kupfern Geräthe auf 100 Thaler. 2 Braukessel 40 fl.

An Bohdemen³) und Tonnen 40 fl.

15 Tonnen Bier, die Tonne 2 fl., thut 30 fl.

Das Leinengeräthe 400 fl.

Der Mutter und Jungkfrauen an Kleidungen vorbrand 200 Thlr.

Christoff Schacken Kleidung 200 Thlr.

An Dischen, Bencken, Bedden, Kisten, Thuren, Riecheln auf 200 fl., die Obstbäume auf 400 fl. gerechnet.

An Röhren⁴) und andern Rustungen vorbrand auf 200 fl.

An Fenstern gerechnet auf 300 fl.

12. Märkischer Lehnbrief für die von Schack. 1600, Dezember 10.

Geh. St. A. Berlin. Neumärk. Kopiar Nr. 11 I, Bl. 13.

Kurfürst Joachim Friedrich von Brandenburg belehnt Joachim und Christoph, Achims sel. Söhne, Baltzer, Hansens sel. Sohn, Ludike, Davids sel. Sohn, Georg und dessen unmündige Brüder Otto, Franz und Jochim, Jochims des Aeltern sel. Söhne, und Sigismund, Kerstens sel. Sohn, Gebrüder und Vettern von Schack mit drei Theilen an der wüsten Feldmark Lindenbusch in der Neumark zur gesammten Hand. Küstrin, Mittwochs nach Nicolai 1600.

---

¹) In der Vorlage steht hier statt Scheffel versehentlich Wispel.
²) Bühre, Bettzieche, Bettüberzug.
³) Bottich. ⁴) Flinten.

13. Pommerscher Lehnbrief für die von Schack. 1601. April 6.
St. A. Stettin. Lehnsarchiv.

Herzog Barnim von Pommern bestätigt die der Familie von Schack ertheilten Lehnbriefe vom 3. September 1557 und 28. Januar 1575 und zwar für Baltzer, Hansens Sohn, Sigmund, Karstens Sohn, Joachim und Christoph, Joachims des Aeltern Söhne, Georg und zugleich für dessen abwesende drei Brüder Otto, Franz und Joachim, seligen Joachims des Jüngeren Söhne, und für den kranken Ludeke, Davids Sohn, alle Gebrüder und Gevettern die Schacken zu Prillwitz. Alten-Stettin, 6. April 1601.

14. Unterhalts-Vertrag zwischen den Brüdern Joachim und Christoph von Schack gegenüber ihrer Mutter und ihren unverheiratheten Schwestern. 1604. November 13.
St. A. Stettin, Bagmihlsche Sammlg. v Schack Nr. 18. Abschrift.

Demnach die edle und ehrnveste Joachim und Christoff Gebruedere die von Schacken, zu Prillwitz erbgesessen, mir durch einen Vertrag gezeigt, wie sie schon anno 1597, am 15. Julii, ihre von ihrem in Gott seelig ruhenden Vater Joachim von Schacken angeerbte Lehn und Guter nach ihrer vorlaufenen Minderjerigkeit in zwei Theile, ein jeder zue seinem selbsteigen Nutz und Gebrauch, von einander gesetzt und donebenst ihrer herzlichen Mutter und noch unausgesteureten zweien Schwestern, Jungfer Scholasticam und Jungfer Barbaram von Schacken eine Jerliche Alimentation bis zur Austeuer vormacht, weil aber solche Vormachung ihnen untreglich bedeucht, die Mutter auch derselbigen sich in etwas, ihren geliebten Söhnen zum besten, zu begeben erkleret, so haben sie mit wolbedachtem Rate ihrer nehesten untenbenanten Vorwanten und Proxeneten hierin zu ihrer billichen adelichen Unterhandlung diese Moderation folgendergestalt abgeredet und geschlossen, also, das gemelte beide Brudere oder ihre Erben ihrer herzlichen Mutter sambt denen bei ihr noch wohnenden beiden Jungfern, ihren Schwestern, ingesambt deputirt und jerlich zu reichen versprochen und gewilliget:

Zur Wohnung das neue Thorhaus, unten und oben, so viel ihnen nötig, darzo den Krautgarten beim Steinhause und den weissen Kohlgarten im Siegebruch belegen, mit bedingter nötiger Stallung.

Von 1000 Gulden die Zinsen, davon die Mutter ihre Kleidung zu zeigen und Ihr Gesinde zu lonen; 30 Gulden Leibgedingshebung.

5 Wispel Rogken; 3 Wispel Gersten und dazu 16 Scheffel Hopfen; 3 Wispel Habern; 4 Scheffel Erbsen; 8 Scheffel Bochweitzen; 1 Scheffel Weitzen; 10 Thaler zum Ochsen.

Vier zweyjerige Schweine, dazu of das erste Jare die Mastung von den 5 Wispel Rogken obgesatzt zu nemen, wo es aber nicht anreichen könte, wollen die Brudere fernere Notturft zuschiessen.

Vier Hamel; 4 Schnitschafe; 20 Gense; 30 Huner von den Kossaten zu heben und im Fall einer oder mer Höfe vorledigt wurden, sollen und wollen die Bruedere oder ihre Erben solche Anzal von den ihrigen ersetzen.

Die 6 Haubt Rindvieke, welche noch von denen, so der Mutter in der bruderlichen Theilung zuvor ausgemacht, und itzo übrig, futtert ihnen Christoff Schack alleine aus und nimbt den Mist davon, dakegen gibt Joachim ein Achtentheil Butter und ein Achtentheil Keese.

Ferner in gemein: 6 Tblr. zur Gewurtze; Landung zu 2 Scheffel Lein zu seen und davon den Flachs bis ofs Spinnen durch ihre Unterthanen zu begaden; 1 Tonne Luneburger Salz; ½ Tonne Heering; 2 grosse Steine Bergerfisch;¹) Frische Fische anlangend, domit wollen sie ihre geliebte Mutter und Schwestern aus Gutherzigkeit wochentlich wol bedenken.

Item nohtwendige Furen. Auch was noch hiebero nicht gesetzt und etwa vorgessen, gleichwol Notturft nach zu reichen.

Den Jungkfern jerlich jeder 12 fl. zu Jargelde und 12 fl. zu teglicher Kleidungk. Item notturftig Jungkfern Geschmuck, zu Ehren geburend.

Das Golt an den Hals sollen sir sich schaffen von den Geldern bei Georg Kussowen aussteudig, so die Brudere of ihre Selbstancosten vollends ausfordern wollen und sich ihres Theils nebenst den andern Schwestern daran begeben, jedoch wo es nicht zureichen kunte, wollen die Brudere gutwillig zuschiessen.

Zur notturftigen Holzung und Feurung wollen die Gebruedere ihnen 4 Klafter aus des Churfürsten Heiden kaufen und durch die Unterthanen setzen und anfuren lassen und wo es nicht zureichte, aus ihrem Holze etwas zugeben. Wurde auch in einem Jare etwas uberbleiben, sol es in das ander folgende Jahr, die vier Faden zu

¹) Stockfisch.

compliren, zu Hulfe kommen, alles itzo auf Martini anzufahen und nomals jerlich also znerfolgen.

Von obgesetzten Deputat soll nach der Mutter Tode oder Absterbong der dritten Person das Drittentheil gekurzt werden, die andern beiden Theile sollen bis zur letzten Anstener beieinander bleiben.

Weil auch die vier Schwestern von Vaters Erbe, welches sich sonsten wol so hoch, in Erwegung aller farenden Haabe, so den Brudern allein gelieben, und baren Geldern, die zum Theil, die ausgesteurten Schwestern damit abzufinden, angewendet worden, (so doch so viel aus dem Leben hette sollen herkommen) erstrecket, nichts bekommen, sollen dieselben nach der Mutter Tode die im vorigem Vertrage benaute 1700 fl. fur sich alleine und zu Muttererbe kunftig nichts mer zu furdern haben, auch das vorbenante Rindviehe den Drudern alleine lassen; ohn was an Betten und Hausgerät oder barem Gelde, so die Mutter for sich gehabt und verlassen wurde, sol nach der Schwestern Aussteuer unter sie samentlich zu theilen sein.

Zudem soll den beiden noch unvorbeyrateten Schwestern alles jenige, was in derer bereits ausgesteurten Ebereces an Ehegelde, väterlichen Erbe und andern darin specificirten Stücken zu befinden, uf solchen Fall ebenmessig und zu rechter Zeit unweigerlich auch gefolget werden.

Der Mutter Begrebnuss of den nach göttlicher Schickong gewissen, doch in ungewisser Zeit zugewartenden Sterbefall, sol aus dem Lehne vorrichtet werden.

Dieses alles also stet und feste, ohne alle Gefar und Argelist, zu halten, haben vielobgedachte Gebrudere die von Schacken von mir erforderten Notario gebeten, aus dem Concept mit ihrer eigenen Handunterschrift bekreftigt, in diese Form zu bringen und unter ihren angebornen und gewonlichen Pitzschaften zu meherem Glauben zu unterschreiben. Welches Ich dan Ambts halben vernommener Pilligkeit nach nicht zu voreussern gewusst, sondern als Documentum daruber vorfertiget. Geschehen zu Prillevitz in Kegenwart der edlen und ehrnvesten Christoff von Steinwers, Pauls und Friederichs von Branden, uf Viddlehow und Hermstorf erbgesessen, als besondern hirzu erbetenen Freunden und Proxeneten, den 13. Novemb. 1604.

(L. S.) Jochim v. Schacke. (L. S.) Christoff Schacke.

Michael Siefert, Notarius.

— 155 —

15. Pommerscher Lehnbrief für die von Schack. 1605, April 8.
St. A. Stettin, Lehnsarchiv.

Herzog Bogislaw von Pommern bestätigt die der Familie von Schack ertheilten Lehnbriefe vom 3. 9. 1557. 28. 1. 1575 und 6. 4. 1601 und zwar für Baltzer, Sigmund, Joachim, Ludeke und Jürgen die Schacken zu Prillwitz, zugleich für deren unmündige Vettern und Brüder Franz, Otto und Joachim, seligen Joachims Kinder und Friedrich, seligen Christophs Sohn. Stargard, 8. April 1605.

16. Pommerscher Lehnbrief für die von Schack. 1608, April 26.
St. A. Stettin, Lehnsarchiv.

Herzog Philipp II. von Pommern bestätigt die früheren der Familie von Schack ertheilten Lehnbriefe, im besondern den vom 8. April 1605, und zwar für Baltzer, Hansens Sohn, Sigmund, Karstens Sohn, Ludike, Davids Sohn, Joachim, Joachims Sohn und Franz, Joachims Sohn, zugleich für die abwesenden und minderjährigen Vettern und Brüder Jürgen, Otto und Joachim, Joachims Söhne und Friedrich, Christophs Sohn, die Schacken zu Prillwitz. Alten Stettin, 26. April 1608.

17. Märkischer Lehnbrief für die von Schack. 1609, Mai 24.
Geh. St. A. Berlin, Kopiar Nr. 15 Bl. 186.

Kurfürst Johann Sigismund von Brandenburg belehnt Baltzer, Hansens sel. Sohn, Joachim, Achims sel. Sohn, Christophen,[1] Friedrichen, so noch unmündig, Christophs sel. Sohn, Ludike, Davids sel. Sohn und Franz zugleich für dessen beide noch unmündige Brüder Otto und Joachim von Schack mit drei Theilen an der wüsten Feldmark Lindenbusch zur gesammten Hand.

18. Abschätzung des Joachim von Schackschen Besitzes in Prillwitz.
1618, Januar 27.
St. A. Stettin, Bagmihlsche Sammlg. v. Schack Nr. 15.

Zwischen Jochim von Schacken an einem und Christoff von Schacken Söhnen und deren Consorten am andern Theil in

---

[1] Hier liegt ein Schreibfehler vor. Der folgende Name Christoph wird aus einem Versehen herangezogen worden sein. Das erstere Christoph dürfte daher zu streichen sein.

puncto aestimationis und alienationis etlicher Lehengüter, erkennen und sprechen von Gottes Gnaden Wir Philipp, Herzog zu Stettin, Pommern pp. uf ergangene Acta und unserer Commissarien Relation vor Recht, das nachspecificirte Jochim von Schacken pomrische Lehenguter, und zwarten anfangs im Dorf Prullevitz und dessen Feldgrenzen die in actis specificirte viertehalbe Huefe neben dem Platze, so zu Anlegunge eines neuen Rittersitzes deputirt, auch zusampt der halben Huefen, davon jährlichen der Kirchen anderhalb Gulden gereichet wirt, item dem specificirten Pflug Acker, so im Hägeholz des Orts belegen, auch neben allen zu solchen Guetern gehörigen Wiesenwachs, ingleichen zusampt Jochim von Schacken Antheil an der Jurisdiction, item der Fischerey, auch den Mühlenhäbungen und Gerechtikeiten, wie auch an Jagten und Holtzungen zu Prullevitz und Kloxin, und don neben der bei der Feldmarkt Lindebusch befundenen Zimmern, auch Schaf- und Viehe-Triften, Hütungen und Weide bei benanten Dorfern und Feldmarkten, auch sonsten zusampt aller zu solchen Jochim von Schacken Lehengutern gehörigen Herlig- und Gerechtikeiten, 3900 fl.; — ferner im selbigen Dorfe Prullevitz der Paurhof, welchen ein Wehrsman (?)im Fritze bewohnet, neben dazu belegenen zwoen Huefen, auch allen andern Zubehörungen, das auch zusampt Jochim von Schacken Quota an der Kruegkgerechtigkeit daselbsten, uf 800 fl.; — und dan die zwo woeste Paurhöfen und Hofstäte, welche Christoff von Schacken Erben anjetzo im Gebrauch haben, neben allen deroselben Pertinentien gleichsfalls auf 800 fl.; — weiters im Dorf Kloxin der halber Theil an einem Paurhofe und dessen Pertinentien. pro rata uf 450 fl.; — endlich alle in actis specificirte Kossaten, neben einem Lustmanne auf 391 fl.; — und also alle und jede obbemelte Jochim von Schacken in den Dorfern und Feldmarkten Prullevitz, Kloxin und Lindebusch zugehörige Lehenguter, zusamen uf 6351 (!)fl, in Erwegunge aller Umbständen und Gelegenheiten, auch uns von solchen Gutern zustehenden Ross- und Manndiensten, zu schätzen und zu aestimiren, auch dergestalt unserer Commissarien Taxation zu moderiren und zu erclären sei, als wir hiemit dieselben Gueter in specie et genere uf solche Summ aestimiren. Und dan beneben auf Jochim von Schacken jüngsthin am 3. Julii eingekommene Supplication ferner verordnen, das Christoff von Schacken Söhne Vormunder ihre am 15. Mai anno 1616 gerichtlich gethanes Vorbringen, das nemblich Jochim von Schacke etliche der nunmehr aestimirten Lehenstücken gegen Empfahunge einer gewissen Summa Geldes ihrer Mundlein seligen Vatern jure antichriseos zugepranchen eingeraeumet,

imgleichen das sie etlicher Jochim von Schacken Creditoren
jura an sich erhandelt hätten, in neberem Gerichtstage gepnerlichen
zu bescheinigen nnd zu dem Ende die Obligationes und Pfand-Verschreibungen wie auch der Creditoren cessiones in glaubwordiger
Form ad acta zu exhibiren oder die einhabenden Guetor richtig zu
berechnen schuldig sein. Dazu Wir sie hiemit condemniren, die
Unkosten aber, so bishero nfgewant, compensiren: Alles von rechtsswegen. Publicatum Alten Stettin den 27. Januari 1618.

19. Pommerscher Lehnbrief für die von Schack.
1618, September 24.

St. A. Stettin, Lehnsarchiv, Tit. IX, Sect. 172 Nr. 1. Entwurf, von der Hand
des Kanzlers Paul von Damitz gezeichnet.

(Gekürzter Abdruck.)

  Wir Franz, Herzog zu Stettin Pommern, thun kund, dass vor
uns heute erschienen sein die erbaren unsere lieben getreuen
Joachim der Eltere,[1]) Joachims sel. Sohn zu Prullewitz, Luetke,
Davids Sohn, Peter, Baltzers Sohn, Hans, Sigmunds Sohn, Franz
und Otto, Joachims des Eltern Söhne, fur sich nnd ihre abwesende
und minderjerige Vettern und Brudern, als Christian Sigmund
und Lorenz, Joachim (Joachims Sohn),[2]) Friedrich, Christofs
Sohn und Erdmann, Jürgens Sohn, die Schacken, zu Prullewitz
gesessen, mit unterthenigen Bitt, wir ihnen ihre Erb und Lehen
mit der gesambten Hand nicht allein gnediglich gonnen und leihen,
sondern auch die von Heinrich Küssowen zu Klozin und Jacob
Runzen hiebevor an ihr Geschlechte kaufsweise gebrachte Lehnstucke itzigem unserm Lehnbriefe mit inseriren lassen wolten.
  Wan nun Hans Schacke for sich und seine zum Teil abwesende, theils auch noch unmundige Brudern drei unterschiedliche
Kaufbriefe, darunter der eine am Tage Martini 1597, nnd der daranf
erhaltene Consons den 20. Mai 1598, der ander aber den 4. Mai
1603 und der fürstl. Consens den 23. Aug. 1604 und dann der dritte
am Tage Martini 1605 nnd der Consens den 6. December 1605
datiret ist, in originali furgepracht hat und daraus erscheinet, dass
Heinrich Küssow zwene seiner Underthanen zu Isinger, dazu

---

  [1]) Joachim III (I, 5), nach Joachims d. Aelt. (IV, 2) Tode als der Aeltere
bezeichnet im Gegensatz zu des Letzteren Sohn Joachim (IV, 7).
  [2]) Diese nothwendig zu ergänsenden Worte fehlen im Entwurf. Vgl. die
entsprechende Stelle im Lehnbrief Nr. 21 und 26.

seinen dritten Theil am Holze vor dem Dorfe, so wol auch auf dem Kramwerder und sonsten, ingleichen auch umbs fünfte Jar seinen dritten Theil an Kruggerechtigkeit erblich verkauft und zu Kaufe gegeben, dass auch gemelter Joachim Schack für sich und in Vormundschaft seines Bruders Christof Schacken sel. Söhnen vermuge des dritten Kaufbriefs seinem Vettern Sigmund Schacken, Hansen Vater, solche vorangezogene Güter zu Isinger hinwieder gleichfalls erblich überlassen, und dann vermuge des andern angezogenen Kaufbriefes gemelter Sigmund Schack neben seinen Vettern Christoff Schacken von Jacob Rnagen auf Schonow 8 Hoefen sampt einem Puaren gleichfals erblich an sich gebracht und dieselbe Gueter bisher zu Lehn getragen und empfangen haben, — so haben wir nicht allein ihr alte Erb und Lehen, als das Dorf Prulwitz mit aller Gerechtigkeit an Hebungen, Fruchtbrauchungen, Pechten, Mühlenpechten und Nutzung im Dorf Kloxin, sondern auch was Sigmund Schack in demselben Dorf Prullewitz und dann auch in dem Dorf Isinger vermuge vorangezogener Kaufbriefe an sich gebracht, mit der gesampten Hand nicht allein gnediglich gelieben, sondern auch die hierüber ihnen gegebenen Lehn und gesampten Handsbrief bestetiget. Alten Stettin; den 24. Monatstag Septembris 1618.

20. Märkischer Lehnbrief für die von Schack. 1620, August 17.
Geh. St. A. Berlin, Kopiar 21 a. b. Bl. 98.

Kurfürst Georg Wilhelm von Brandenburg belehnt folgende von Schack zur gesammten Hand mit drei Theilen an der wüsten Feldmark Lindenbusch: Joachim d. Aelt., Jochims sel. Sohn, Peter, Baltzers sel. Sohn, Friedrich, so noch unmündig, Christophs sel. Sohn, Ludicke, Davids sel. Sohn, Franz, Otto und Joachim, Jochims sel. Söhne, Erdmann, Georgs sel. auch noch unmündigen Sohn, zu Radichow, Hans, Christian Sigmund und Lorenz, Sigmunds sel. Söhne. Küstrin, am 17. August 1620.

21. Pommerscher Lehnbrief für die von Schack.
1622, September 13.
St. A. Stettin, Lehnsarchiv.

Herzog Bogislaw XIV. von Pommern belehnt die von Schack (genau wie Herzog Franz im Lehnbriefe vom 24. 9. 1618) und zwar: Joachim d. Aelt., Joachims Sohn, Franz und Otto, Joachims d. Aelt. Söhne, Peter, Baltzers Sohn, Hans und Christian Sigmund,

Sigmunds Söhne, und die abwesenden Ludeke, Davids Sohn, Joachim, Jochims Sohn, Friedrich, Christophs Sohn, item Lorenz, Sigmunds Sohn, und Erdmann, Jürgens Sohn, welche theils krank, theils Krieges und Studirens halber abwesend und theils unmündig sind. Alten Stettin, den 13. Septembris 1622.

22. Kurfürst Georg Wilhelm von Brandenburg belehnt Erdmann von Schack mit einer aus dem Lehnbesitz stammenden Summe von 3000 fl. und ertheilt dessen Vettern von Schack die gesammte Hand. 1624, November 24.

Geh. St. A. Berlin. Kopiar 22a b Bl. 19.

Wir von Gottes Gnaden Georg Wilhelm, Churfürst, bekennen, dass wir, nach Absterben George v. Schacks zue Fürstenwalde, seinem Sohne Erdtmann von Schacken und seinen männlichen Leibeslehnserben die 3000 Gülden zu 18 Argent, so sein Vater aus dem Lehngut Prüllwitz in Pommern anhero in die Mark gebracht, und vor dieselbe, sowohl andere Gelder, ein Stück Lehn im Dorfe Radichow in unserem Ländlein Sternberg belegen, erkauft, dasselbe aber hernacher mit der Herrschaft Coosens hinwiederumb verkauft, diese 3000 fl. aber, so aus Pommern kommen, vermöge der vetterlichen Verträge Lehn sein und bleiben mussen, zum rechten Mannlehn, und seinen Vettern, als Franzen und Otten, Jochims sel. Söhnen, item Joachim dem Aelteren', Joachims Sohn, Peter, Baltzers Sohn, Friedrich, Christoffs Sohn, Hansen, Christian Sigmu'ndt und Lorenzen, Sigmundes sel. Söhnen, und dann Reimar und Thomassen, Lüdickens sel. Söhnen, Gebrüdern und Vettern denen von Schacken, und ihren männlichen Leibeslehnserben, die gesambte Hand gnediglichen daran geliehen haben, dergestalt und also, dass gemelter Erdmann und seine Vettern die von Schacken, und ihre männliche Leibeslehnserben dieselbe 3000 fl. von uns, unseren Erben und Nachkommen, Marggrafen zur Brandenburg, zu rechtem Mannlehn und gesambter Hand haben und geniessen und gebrauchen, so oft es noth thut, die Lehn und gesambte Hand daran suchen, nehmen und empfangen, uns auch von solchen 3000 fl. thun und leisten sollen, als Mannlehens und gesambter Hand Recht und Gewohnheit ist. Und wir verleihen ihnen hieran alles, was wir ihnen von Rechts und Gnaden wegen verleihen sollen und mögen, doch uns an unseren und sonsten männiglichen an seinen Rechten ohne Schaden. Damit aber solche Lehngelder nicht verungewissert werden, soll der Lehnträger dieselbe allewege mit unserer Neumärkischen Räthen, die der Lehnssachen befehliget sein, Vorwissen und Bewilligung an einen gewissen Ort auf Zinse ansleihen, und auch von dar nicht ohne Vorwissen wegnehmen, bis sie wiederumb an ein gewisse Lehnstücke kaufsweise angewendet werden.

Urkundlich . . . Cüstrin, den 24. Novembris 1624.

23. Die Begräbniskosten der Frau des Reimar von Schack. (1626.)

St. A. Stettin, Stargarder Hofgericht, von Schöning 65.

Verzeichnus, was ich auf meiner s. Frauen Begräbnus ausgeben:[1]

Für die Dehlen zum inwendigen Sark gegeben 1 fl.; 12 g. pomm. dem Tischer zu machen.

6 Arg. für 2 Bucher Papier; 1 Arg. für grün Wachs und Blaack.[2]

2 fl. für ein Schwein; 2 fl. 6 Arg. für 7 Gense; 2 fl. für ein Schwein; 1 fl. 9 Arg. noch für ein Schwein; 9 fl. 6 Arg. für 4 Hamel, das Stück 7 Ortsthaler; 6 Arg. für eine Gans.

8 Arg. für 3 Holtzkannen.

7½ Thlr. für den Ochsen und 8 Scheffel Korn, damit er gefuttert, 8 fl.

1 fl. 9 Arg. für die Dehlen zum obern Sark.

3 Scheffel Roggen den Mastschweinen, den Scheffel 1 fl.; 4 Scheffel Haber den Mastgensen, den Scheffel ½ Thlr.; 21 Arg. für die Potte;[3] 9 Arg. für Merredig; 9 Arg. Peterzillige. 1 grossen Stein Bergelfisch[4] für 2 fl. und 9 Lübschilling.

5 Elle Gewand auf die Bahre, die Elle 1 Thlr.; 16 Elle Bade umb die Wende 6 fl.

1 Achtentheil Butter 3 Thlr., ½ Achtentheil Butter 2 fl.; 1½ Scheffel Weitzen 2 fl. 8 gr.; 1 hollandischen Kese 1 fl.; 1 Scheffel Roggen den Mastschweinen 1 fl.; 6 Riegen Pollen[5] 3 Arg.; 24 fl. für einen Winspel Roggen, so gebacken, davon aber geblieben von

---

[1] Aus der Rechnung selbst geht hervor, dass der Gulden zu 18 Argent gerechnet ist.
[2] Schwarze Tinte.
[3] Töpfe.
[4] Fisch aus Bergen: Stockfisch.
[5] Zwiebeln.

9 Scheffel; 1 Tunne Saltz 2 fl. 9 Arg.; 3 Scheffel Epfel auf die Tische, zum Backen und Confect, den Scheffel 1 fl.

4 Fuder Backholz machen 2 fl.; 6 Fuder zum Kochen und Siedbrennen, jedes Fuder 1 fl.

17 Elle Karteke,[1]) die Elle 8 Arg.: 7 fl. 10 Arg.; 24 Elle Zindel,[2]) Elle 3 Arg.; 2 Arg. fur eiserne Stiften zu dem Wande[3]) anzuschlagen.

18½ Tunne Bier, facit 54 fl. 3 Arg. Davon 4 Tunnen Bier über blieben; 16 Reichsthaler fur den Wein.

1 Scheffel Haber noch die Mastschweine bekommen 12 Arg. Dem Tischer fur das Obersark zu machen 1 fl.

·1 Thlr. zum weissen Brod. Das Gewürtz vermuge der Verzeichnus. 6 Arg. for Weisbrod.

8 fl. fur Medicamente und Cristir setzen, ohn das was ich zu Stargard dem Doctor und in der Apoteken geben muss.

1 Achtentheil Hering 1 Reichsthaler; 4 Thlr. fur die Wapele;[4]) 6 Kelber, Stück 6 Ohrt;[5 a]) 1 fl. fur Talglichte;

3 fl. furs Pfund Wachs.

8 Arg. Bottelohn fur die Brieffe nach Gerlsdorpf;[3]) 16 Arg. fur Bottelohn nach Bruckhagen;[6]) 16 Arg. dem Botten, so die Ahnen von Bruckhagen bracht.

17 Huner, Stuck 3 Arg.; 8 Mandel Eier 1 Thlr.; 6 Fercken 2 fl.

3 Arg. fur eiserne Nagel zur Kuchen; 2 Arg. fur 8 Bretnagel zum Sarck.

12 Arg. dem Futterschneider. 30 Scheffel Haber aufgefuttert, den Scheffel 12 Arg., thut 20 fl.

Dem Koch 6 Scheffel Roggen fur alles Gerehte gegeben, machen 6 fl. und 5 Reichsthaler Besoldung.

Den 3 Priester, idem 1 Reichsthaler; Küstern, idem einen Reichsortsthaler; 4 Schulern, idem 1 Arg.

2 fl. Frantz Ernst v. Steinwer gegeben, welche er fur das Leinwand, das Maria Elisabet bekommen, ausgeleget zum Westerhemde,[7]) ist klar gewesen.

Was die Fuhren betreffen werden.[8])

---

[1]) Wollener Kleiderstoff. — [2]) Eine Art Taft.
[3]) Tuche, Stoffe, Zeug. — [4]) Wappen der vier Ahnen?
[5 a]) Vierte Theil einer Maass. — [5]) ?
[6]) Bruchhagen, Kreis Angermünde, wo die von Holtzendorf gesessen waren.
[7]) Taufflingskleid.
[8]) Anscheinend ein Vermerk des Schreibers, um diesen Posten später nicht zu vergessen.

24. Eheberedung zwischen Reimar von Schack und Barbara Katharina von Billerbeck. 1629, November 30.

St. A. Stettin, Stargarder Hofgericht, v. Schack Nr. 42. Abschrift.

Im Namen der h. Dreifaltigkeit usw. ist heute dato den 30. Novembris des 1629. Jahrs zwischen dem woledlen und vesten Moritz von Billerbecken auf Warnitz an einem, und dann auch dem woledlen und vesten Reimar von Schacken auf Prilvitz, beiderseits erbsessen, anderenteils, wegen der auch woledlen, viel ehr-tugentreichen Jungfrau Barbara Cathrina von Billerbecken, des woledlen und vesten Moritz von Billerbecken Tochter, auf vorgehabten Raht und Mitbewilligunge beiderseits angewanten Freundschaft und nebesten Lehnsagnaten, eine ehrliche und christliche Heirath und Ehestiftunge abgeredet, bedinget und beschlossen, also, dass obgemelter Moritz von Billerbeck vorgedachte Jungfrau Barbara Cathrina von Billerbecken, als seine hertzliebe Tochter, Reimar von Schacken, auf seine christliche und adeliche Anwerbunge ehelichen versprochen und zugesaget, sich auch dabei miteinander des Ehegeldes und anderer geborlicher Ausstatunge, Haupt- und Halsgeschmuck, Kleidung, Betgewandt, Kisten und Kistengerehte, auch was dem mehr anhengig, sowol des Vorleibgedinges und Gegenvermachunge halber, wie es damit zu allenteilen itziger und kunftiger Zeit soll gehalten werden, freundlichen vereiniget und verglichen:

Das erstlich mehrgemelter Moritz von Billerbeck Reimar von Schacken wegen seiner geliebten Tochter zugesagt 1500 fl. an Ehegelde; 460 Florenn vor Kleidunge, Gold und Hauptgeschmuck; 200 fl. vor die Hochzeit, was sonsten dazu verehret, sol nichts davon gekurtzet werden.

An Hauptgeschmuck zwei „Perlen-Kronsbörde¹); eine Perle-Knefe²); ein paar goldene Armbende; ein Portegläser³); ein silbern Gurtel nebenst dem dritten Theil an einer güldenen Ketten, welchs die Mutter ihr verehret.

Ein schwartz monsseret⁴) Sammet mit Posementen, welcher an die 460 fl. decurtirt; ein schwartz seiden Attlass, mit vier Sammetschnuren verbremet; ein pomerantzenfarbe taften Rock mit silbern

---

¹) Borde = Borte, Band, Gürtel; wahrscheinlich eine mit Perlen besetzte Kopfbinde.
²) Perlenhaube.
³) Münze.
⁴) Vermuthlich gemustert.

— 163 —

Gallunen¹) eingefaßt; ein schwartz Taften; ein halbseiden Borath²); ein schwartz Vierdratenrock³); eine schwartze Sammotmantel mit Mardern ausgeschlagen; eine schwartze dammastken Mantel.

An Kisten, Kastengerethe und Betten: 15 Paar Laken; 12 Tischtücher; 12 Handtücher; 9 Betten; 9 Heuptpföle; 6 Kussen. Zwo Kisten, zwo Laden anstraflich.

Auch werden alle Erbschaften, sie sein wie sie wollen, nichts ansgenommen, vorbehalten. Daferne auch von den andern Schwestern einer wurde laut dieser Specification mehr gegeben werden, behelt sich Reimar von Schacken auch zu fordern bevor.

Die Termin botreffende, soll und will Moritz von Billerbecke vor sich, seine Erben und Erbnehmer, bei seinen adlichen Ehren verpflichtet haben folgendergestalt zu entrichten und abzutragen: 100 fl. wegen der Hochzeit auf Pfingsten 1630; 200 fl. of Catbrinae eodem anno; anno 1631 auf Catharinae 300 fl., darunter 100 fl. Hochzeitgeld soll gerechnet werden. Und also folgents alle Jahr auf Catharinae Tag 200 fl. bis die 1500 fl. Ehegeld, nebenst den 460 fl. vor Gold, Kleidunge und Hauptgeschmuck gentzlichen erleget sein.

Zur Versicherunge dieses hat Moritz von Billerbecke hiefür zu Burgen gesetzet die woledlen und vesten Christoff und Adam Gebrudere die von Billerbecken auf Sallentin und Striesen erbsessen. Und wir Burgen verpflichten uns bei unsern adelichen Ehren und Treuen, vor uns und unsere Erben mit anstrucklicher Renunciation exceptionum, excussionis et divisionis, dafern unser Vetter Moritz von Billerbecke, seine Erben oder Erbnehmen in Erlegung solcher Gelder seumig erfunden wurde, das wir demselben getreulliche Folge leisten wollen und auf unser eigene Schuld zahlen und gelten, dawider uns wieder geist- oder weltlich Recht, gemein oder besonders, wie die beschrieben oder kunftig erdacht werden mochten, noch einigerlei Beholf oder Schein nicht schutzen oder entbinden soll, getreulich und ohne Gefehr.

Dakegen wil Reimar von Schack Junfer Barbara Cathrina solch Ehegeld 1500 fl., noch halb so viel als 750 fl., auf seine Lehngueter, wie er die itzo in Besitz hat und kunftig an ihm verfallen oder an sich bringen mochte, bestendigster Weise, und den in diesen Landen wolhergebrachten furstlichen Privilegien besage des Wollinschen Abscheides und Gebrauch nach, craft dieser Ehestiftunge und inmassen seines Vettern Peter von Schacken Hausfrau

¹) Borte, Tresse.
²) Baret.
³) Drat ist Zwirn.

verleibgedingt . . . . . . ¹). Alles getreulich und ohne Gefehrde. Solches zu mehrer Urkund, steter und fester Haltunge haben beide Theile und mitbenandte Freunde dieses mit ihren angebornen Pitzschaften versigelt und ein jeder sich mit eigenen Handen unterschrieben.

Actum Waruitz, den 30. Novembris 1629.

25. Herzog Bogislaw XIV. von Pommern belehnt Christian Sigmund von Schack zur Erstattung rückständiger Besoldung mit zwei Bauern und einem Kossäten zu Prillwitz.
1632, November 30.

St. A. Stettin, Lehnsarchiv, Tit. IX, Sect. 172 Nr. 2. Abschrift.

Wir Bogislaw usw. thun kund und bekennen hiermit fur uns, unsere Erben, nachkommende Herrschaft und sonst jedermänniglich, dass uns der vöste, unser Lehnmann, Hofjunker und lieber Getreuer, Christian Sigmund von Schacke, zu Prullwitz gesessen, unterthäniglich applicirend ersuchet und gebeten, wir ihm zu Erlangung seiner bei unser fürstlichen Landkammer restirenden siebenjährigen Besoldung und Habern gnädiglich verhelfen wolten, darzu wir uns auch Billigkeit nach geneigt befunden. Weil aber desfals itziger Zeit keine fügliche Mittel vorhanden gewesen, als haben wir uf Supplicantens selbstgethanen Vorschlag gnädiglich gewilliget, dass ihme die zwene Pauren und ein Cossathe zu Prullwitz, so bisher unser St. Marien Stiftskirche allhie gewisse Pacht und Dienstgeld gegeben, anstatt vorberegten seines richtig liquidirten Restes erblich und eigenthumblich zugeschlagen worden, der Kirche aber dakegen zwene andere Pauren und zwene Kossaten im Dorffe Mellen, wodurch auch derselben Condition melioriret wird, hinwiederumb kraft unserer sonderbaren Verschreibung cediret und abgetreten sein sollen. Immaassen wir denn hierauf den verordneten Capitularen gemelter unserer Stiftskirche, auch Provisoren allhie unsers fürstlichen Paedagogii gnädiglich anbefohlen, hierüber mit unsern Cammerräten sich eines gewissen Permutationsvertrages zu einigen und uns denselben zur Notification einzubringen. Cediren, gönnen und leihen demnach ihme Christian Sigmund von Schacken für seinen obberurten restirenden wol und richtig liquidirten Nachstand obgemelte zwene Pauren und einem Cossaten zu Prullewitz, wollen ihm auch dieselbe vermittelst kräftiger Immission in völligen

---

¹) Hier fehlt der Schluss des Satzes, etwa: auch verleibgedingen.

Besitz und Nutzbrauch, seiner besten Gelegenheit nach sich derer zu gebrauchen, erb- und eigenthumblich ubergeben und anweisen, Ihme auch dieselbe gnädiglich gewehren, imgleichen seinen Bruder und Vettern jure proximioris successionis' erbliche Cession und daran die gesambte Hand vergonnen und ferner geschehen lassen, dass dieselbe dem Lehnbriefe inseriret werden soll, jedoch unsern und männigliches Rechte ohne Schaden und dass dieselbe von uns und unsern Successoren neben andern ihren Lehnen zu Lehn gesuchet, empfangen und verreichet werden sollen.

Des zu Urkund haben wir diesen unsern Ubergabebrief mit unserm fürstlichen Insiegel anch eigener Handunterschrift beglaubiget und geben lassen in unser Residenz-Stadt Alten Stettin, den 30. Monatstag Novembris 1632.

Bogislaff. (L. S.)

26. Lehnbrief des Herzogs Bogislaw XIV. von Pommern für die von Schack. 1634, November 23.

St. A. Stettin, Lehnsarchiv Tit IX, 173 Nr. 1 Bl. 65. Entwurf.
(Gekürzter Abdruck.)

Vorbemerkung. Dieser Lehnbrief ist nur im Entwurf vorhanden und zwar von der bekannten Hand des Archivars Jakob Frost. Die Personenangaben, welche aus dem Lehnbrief von 1622 entnommen zu sein scheinen, weisen einige Unrichtigkeiten auf. Er ist wohl nicht vollzogen und der Familie nicht ausgeliefert worden. Auch wird er in den folgenden Lehnbriefen vom 1. 5. 1668, 11. 12. 1699 und 23. 10. 1714 trotz seines wichtigen Inhalts nicht mit erwähnt. Vgl. ferner dazu oben S. 102. Eben dieses wichtigen Inhalts wegen ist er aber unter die Urkundenbeilagen aufgenommen worden.

Wir Bogischlaff XIV, Herzog zu Stettin Pommern, thun kund, dass uns die veste unsere liebe getreue Joachim der Aelter, Joachims Sohn zu Prailwitz, Peter, Baltzers Sohn, Franz[1]) und Otto, Joachims des [Aeltern Söhne, item Hans und Christian Sigmund, seligen Sigmunds Söhne, Gevettern und Brudern die Schacken für sich und im Namen ihrer zum Teil kranken, auch teils Kriegs und Studirens halber abwesenden, zum Teil unmündigen Vettern Lutken,[2]) Davids Sohn, Joachim,[3]) Joachims Sohn, Friedrich, Christophs Sohn, Lorenz, Sigmunds Sohn, und den Ertmann, Jürgens Sohn, ihre von uns den 19. Sept. 1622 erneuerte

---

[1]) Starb vermuthlich schon vor 1632; vgl. oben S. 76.
[2]) Starb schon am 19. 1. 1623; vgl. oben S. 54.
[3]) Starb schon um 2. 2. 1624; vgl. oben S. 77.

Lehnbriefe unterthenigllich reproduciret und gebeten, weil darin das
Rockhuhn im Kruge zu Kloxin ausgelassen, ihnen auch die gnedige
Vertröstung gethan, dass die 2 Pauren und der eine Cossate zu
Prullwitz, welche Christian Sigmund Schack in ehrlichen Besitz er-
languet, ihren altväterlichen Lehnbriefen eingerucket werden möge,
wir gerubeten, ihnen alle solche Lehnstücke neben andern ihren Erb
und Lehnen nicht allein zu leihen, sondern auch die darüber von
unsern Vorfahren erlangte Lehnbriefe zu bestetigen, imgleichen die von
Henrich Kussow zu Kloxin und Jacob Ruogen an ihr Geschlechte
kaufsweise gebrachte Lehnstücke neben dem Rockhuhn zu Kloxin
diesem erneuerten Lehnbriefe mit inseriren zu lassen.

Wan nun obgemelter Hans und dessen Bruder Christian
Sigmund die Schacken fur sich und im Namen ihres abwesenden
Brudern Lorenzen drei unterschiedliche Kaufbriefe in originali
abermalen furgebracht haben (hier folgt die Aufführung und Inhalt-
liche Mittheilung derselben Kaufbriefe wie oben in Nr. 19) . . . . .
dan auch darüber Christian Sigmund Schack den uf unsern Bevehl,
Consens und Cession de dato Alten Stettin, den 30. Novemb. 1632
erfolgten Permutationscontract d. d. 2. Jan. 1633 uber zwene Bauern
zu Prullwitz und einen wusten Cossatenhof imgleichen originaliter
furgebracht und daraus, wie auch wegen des Rockhuens im Kruge
zu Kloxin aus dem decreto 26. Apr. 1608 der Sachen allenthalben
gute Richtigkeit zu vernehmen, so haben wir nicht allein ihr alt-
väterlich Erb und Lehn, als das Dorf Prullwitz mit aller Gerechtig-
keit an Hebungen, Fruchtbrauchen, Pächten, Mühlenpachten und
Nutzungen zusampt dem Dorfe Kloxin beneuenst dem Rauchhun
ausm Kruge daselbst, sondern auch was Sigmund und desselben
Sohn Christian Sigmund Schacke in demselben Dorfe Prillwitz
und dann auch im Dorfe Isinger vermoege vorangezogener unter-
scheidlicher Kauf und Permutationbriefe an sich gebracht, mit der
gesambten Hand nicht allein gnediglich geliehen, sondern auch die
hierüber ihnen gegebenen Lehn und gesambte Handbriefe bestetiget.
Alten Stettin, am Tage Catharinae 1634.

27. Vertrag zwischen Kaspar von Rammin und Christian Sigmund von Schack wegen Abtretung von Stolzenburg nebst Zubehör. 1635, Januar 15.

St. A. Stettin, Lehnsarchiv VII, 51 Nr. 1.

Punctation, welchergestalt Caspar von Rammin nebenst
seinen beiden Tochtermännern Hansen von Schack und Caspar

Otto v. Glasenappen sich der Stoltzenburgischen Güter halber mit ihrem respective künftigen Eidamb, Schwager und Bruder Christian Sigismund Schacken verglichen.

Es hat der wohledle, gestrenge und veste Caspar von Rammin seine Lebengüter zu Stoltzenburg sambt dero Pertinentien, Herlig- und Gerechtigkeiten mit allen Abnutzungen seinem künftigen Eidamb, dem wohledlen, gestrengen und vesten Christian Sigismund von Schack auf nachfolgende Conditionen gäntzlich abgetreten und eingeraumet:

Fürs erste soll er nicht allein wegen seiner geliebten Gesponn und künftigen Hausehren, Jungfer Anna von Rammin, Aussteuer, benantlich 2000 fl. Ehegeld, 500 fl. für Halsgeschmuck, 420 fl. für die Kleidung und dann 400 fl. für die Hochzeit, wie auch ihren Antheil mütterlicher Erbschaft als 5593 fl. und also in Summa 8913 fl. an sich behalten, sondern auch seinem freundlichem lieben Bruder Hansen Schacken desselben nachständige Aussteuer als 8763 fl., ingleichen Caspar Otto Glasenappen 6019 fl. sambt 300 fl. Zinsen bezahlen, und dann der jüngsten annoch unausgesteurten Tochter, Jungfer Marien Hedewigen, so lange sie in jungfräulichem Stande bleiben würd, die 5593 fl. mütterlichen Erbes landüblichen verzinsen, wann sie aber ausgesteuert werden solte, nicht allein solche 5593 fl., wofern dero künftiger Bräutigam selbige Gelder ihme länger zinsbar nicht lassen will, sondern auch obgesatzte Aussteuer, wie sie Christian Sigismund von Schack assigniret, entrichten und abstatten, wesshalb ihnen die vaterliche Lehen insgesambt, soviel darzu vonnöthen, loco hypothecae nach wie vor haften sollen, sich auf den Nichtzahlungsfall an Capital, Zinsen und Unkosten ohne einigen Rechtsstreit davon bezahlt zu machen.

Fürs andere soll er dem Vater Caspar von Rammin standesgemäss nebst einem düchtigen Jungen alimentiren; und gehöret zu solcher Alimentation ein freyer Tisch auf den Schwiegervater und dessen Jungen, eine Stube und Kammer, auch zu Hitzung der Stuben notbdürftige Holtzung, Betten auf ihn und den Jungen, freie Wäsche auf beide Personen. Ingleichen 150 fl. an Gelde zu täglichen Ausgaben und Kleidungen, jedoch dass alle Quartal ihme 25 Rthlr. vorausgegeben werden.

Item Fuhren, wann dieselbe nöthig, oder wann sich der Vater in der Jacht oder sonsten ergetzen wolte, notwendig Leinengeräthe zu beiden Personen gegeben werden sollen. Ingleichem medicamenta, wie auch fleissige Wartung in des Schwiegervatern Schwachheit.

Für die Bespeisung des Vatern und des Jungen würd Christian Sigismund Schacken jährlich gewilliget 100 fl.; wann nun dieselbe zu obigen 150 fl. addiret werden, entspringen daraus 250 fl., von welchen eine jede Ihren Antheil proportionaliter pro rata accepti vel sub usuris crediti alle Quartal ohnfeilbar abstatten und Christian Sigismund von Schacken einreichen will.

Wann auch Gott der Allmächtige nach seinem unwandelbaren Rat den Hrn. Vater durch den zeitlichen Tod abfordern würd, sollen und wollen die Kinder sambtlich ihn adelich zur Erde bestatten und die Begräbnusskosten, medicamenta und medici salarium sambtlich bezahlen, solche Begräbnusskosten aber aus den Lehnen von denen Lehnsfolgern hinwieder fordern. Das Leinengeräthe aber wollen die drei ältisten Töchter, so lange bis die Jungfer auch verheirathet, dem Hrn. Vater und dessen Jungen schaffen und beide Personen damit versorgen.

Die mobilia bleiben bei des Vatern Leben in denen Gütern ungetheilt, und weil Hans v. Schack auch Caspar Otto Glasenapp auf künftigen Fall ihren Antheil Christian Sigismund von Schack geschenket, als hat er sich künftig mit der unausgesteurten Jungfer und dero künftigem Bräutigamb des vierten Theils halber zu vergleichen. Zum Dritten haben oberwehnte beide Tochtermänner, als die wohledle gestrenge und veste Hans von Schack auf Prüllwitz und Caspar Otto Glasenapp auf Wissebuhr und Ballefantz erbsessen, angenommen, ihren freundlichen lieben Schwager und Bruder Christian Sigismund von Schack den Besitz und Geniessbrauch, so weit dasjenige, was sie von ihme in rei veritate erlanget, sich erstrecket, zugewehren und dass er die Güter nicht eher, bis er von den Lehnsfolgern alles dasjenige, was er ihnen würklich entrichtet, auch der jüngsten Tochter geben und bezahlen würd, auch was ihme seiner künftigen Ehewürtin halber rechtswegen gebühret, auf einem Brett erlanget, hinwieder zu räumen nicht schuldig sei, nebst ihm zu befordern und zu recht zu erstreiten.

Und als diese beide besantlich Hans von Schack und Caspar Otto Glasenapp zum vierten ihres freundlichen lieben Bruders und Schwagers guten geneigten Willen, und dass er dem Hrn. Vater in der schweren Bürden der Haushaltung entlästiget und dieselbe über sich gewelitzet, auch sie ihrer Bewerbnüss halber desto schleuniger abzufinden angenommen, gespüret: so haben sie zu Erzeigung ihrer geneigten Affection ihme von ihrem Ehegeld jeder 1000 Rthlr. oder 1500 fl. erlassen und nachgegeben, hoffen auch, es werde der Jungfer Tochter künftigen Bräutigamb ein ebenmässiges thun.

Wobey endlich zu erinnern, dass die Müntze nach Stetinischer Wehrung in diesem Contract angeschlagen worden. Alles getreulich und sonder Gefährde.

Urkundlich hat nicht allein der Vater, nebenst obbenamten beiden Tochtermännern und Christian Sigismund Schack, sondern auch der Jungfer Tochter verordneter litis curator, der ehrenveste, achtbare, wohlweise und wohlgelahrte Hr. Johannes Pascovius, Ratsverwandter und fürstl. pommerischer Hofgericht-Advocatus, diesen Recess unterschrieben und versiegelt. Geschehen in Stettin, den 15. Januarii anno 1635.

(L. S.) Caspar von Rammin.
Hans von Schack.
Caspar Otto Glasenapp.
(L. S.) Christian Siegmund von Schack.
Johannes Meier.
Johannes Pascovius.

26. Schwedische Dienstanweisung für Christian Sigmund von Schack als Hauptmann zu Pyritz.[1]) 1641, März 6.

Abschrift im St. A. Stettin, St. A. P. II Tit. 21 Nr. 68.

Weil auf Ihr Königl. Mayt. allergnedigste Ratification Herrn Gouverneur und Rähte Hrn. Christian Sigismundt Schacken darzu bestellet, dass er des Ampts Piritz Inspection als ein Hauptman bestermassen über sich nemen soll,

1. Als wird er sich fürderligst dahin begeben und fleissig Acht geben, dass den Kirchen-Visitations-Bescheiden nachgelebet werde, die Kirchen-Hebungen richtig einkommen, an die Oerter, dazu sie von den gottseeligen Vorfahren gewiedmet, vorwandt, die Priester und ander Kirgendiener das Ihrige, so sie verdienen, bekommen, imgleichen es mit Bestellung der vacirenden Pfardinste, Küster, Provisoren oder Vorsteher, Abhörung der Kirchen Register, Erhaltung der Gottesheuser, Hospitalen und Kustereyen, nach Anleitung gedachter Visitationes-Bescheide, jeder Kirchen Matricul und voriger Observantz gehalten werde.

2. Nit weiniger soll er ein wachendes Aug darauf haben, dass so weinig von Ein- als Ausländischen einige Eingriffe in die jura

---

[1]) Die nachfolgende Dienstanweisung ist für die Geschichte der schwedischen Verwaltung in Pommern und besonders der ersten Anfänge derselben von Werth. Auch aus diesem Grunde empfahl sich ein Abdruck.

episcopalia, regalia, landesfürstl. hohe Obrigkeit, jurisdictionalia, Jagten, Fischerey, Weyde, Grenzen, Geld- und Korn-Hebungen, so in die Ampts-Register gehören, geschehen, und daferne dawieder gehandelt wird, alle competentia remedia juris et facti dawieder gebrauchen, auch Gouverneur und Rähte solches denuntüren.

3. Weiters soll er guete Acht haben, dass denen unter dem Burggerichte des Orts gehörigen vom Adel und Landeseinwohnern die liebe Justis gebührlich und rechtmessig administriret oder verwaltet werde, und zu dem Ende nebst deme ihme zugeordneten Rechtsgelarten der Parteyen schrift- und mündliche Recesse und Handlungen reiflichen und wol erwegen.

4. Imgleichen alle Bemühung anwenden, dass den Amptsunterthanen oder Pauren, wann sie unter sich Streitigkeiten erregen, in Gleichheit und Guete zu rechte verholfen werde und keine Weitleuftigkeiten dannenher entstehen mögen, worinnen er sich voriger guten Gebrauche und wohlhergebrachten Gewohnheiten bedienen und denselben folgen wird.

5. Die Oeconomey anreichend, soll er fürderlichst ein Inventarium von des Ampts und Ackerhöfe Beschaffenheit confirmiren lassen, solches nebst dem Amptschreiber unterschreiben, und davon ein Exemplar in die Königl. Cammer zur Nachricht überschicken, auch eines davon beym Ampte behalten.

6. Seine Gedanken dahin richten, wie das Ampt wieder im Aufnehmen und zum Geniessbrauch gerahten möge, deswegen er daran sein wird, dass stets zu gebührender Zeit mit Begahtung des Ackers und Bestellung der Saat verfahren und dabei kein Mangel verspüret werde.

7. Weiters darauf sehen, das alle Intraden, Hebungen, Pächte und Gefälle an Gelde, Korne, Viehe und Victualigen, und wie dieselben sonsten Namen haben und in vorigen Amptsregistern specificiret sein, zu rechter Zeit eingehoben, fleissig zu Register gebracht und der Königl. Rentcammer jedesmal, wan es begehret wird, richtige Rechnung davon gethan, auch hierunter der alten ausstehenden Pechte Einforderung, so viel dieser wierigen Zeiten Praxis zugeben will, nicht in Vergessen gestellt werde.

8. Sich dahin bearbeiten, dass aus eine Zeit in die ander Rintviehe, Schafe und andere, mit Vorwissen und Beliebung der Königl. zur Oeconomey verordneten Officirer, zugekauft, selbiges fleissig gewahret und der jährliche Zuwachs davon aufgezogen und zugefüget, imgleichen anizo und fürs erste auf den Scheffereien, in Mangelung ander Mittel, Schaff zum halben Geniess angeschaffet, und also der

Ackerbau in der Begatung so viel besser befodert werde und hat er sich auf solchen Fall mit den Scheffern nach dem jetzigen Landgebrauch zuvergleichen.

9. Bei Erntezeit das Korn auf den Stücken richtig zahlen und nebenst dem Amptschreiber die Proben von jeder Art Korn dreschen lassen, darnach den ohngefährlichen Ueberschlag des Wachsthumbs oder Einschnitt machen, davon Nachricht in die Königliche Cammer überschicken.

10. Dass das Korn jedesmal, wan es in dem höchsten Preise ist, mit seinem Fürwissen verkaufet werde, erinnern, auch monatlich von dem Amptschreiber Extracte aller Einnahme und Ausgabe abfordern, so auch die Versehung thun, dass selbe monatlich in die Königl. Cammer geschickt werden.

11. Die Holzungen ofte sowohl selbst bereiten, als durch die Ihme untergebene Amptsdienere bereiten lassen, selbige bestermassen schonen und ausserhalb nothwendigen Bau- und Feurung nicht schmälern lassen, weiniger den Pauren oder andern solches zu thun verstaten.

12. Dess Wildfellens, ausserhalb expresser Zulassung, sich allerdingst enthalten, auch solches keinen andern verstaten, vielmehr aber, dafern sich Jemandes dessen unterfinge, deswegen fleissige Erkündigung anstellen und es an die Königl. Regirung zu Stettin notificiren, damit zu gebührlicher Abstrafung Veranlassung gemacht werden könne.

13. Dass die Zimmer so wol aufm Schlosse, als uf den Ackerwerken und Schaffereien, imgleichen der Amptsunterthanen Hoefe und Kasten in baulichen esse gehalten, auch an denen Oertern, da es nötig, mit Beliebung zur Oeconomay bestelten Dienern, neue uffgeführet werden, befördern.

14. Imgleichen dass, wan die Amptsunterthanen vom Adel oder Städte, so hiebevorn ins Ampt gesteuret, Contributiones oder Steuren ausgaben müssen, es mit Colligirung und Einbringung derselben nach alter Gewohnheit gehalten werde.

15. Alss auch in den pommerschen Erbverträgen und andern Landes- wie auch Amptsverfassungen disponiret wird, was der Hauptleute Ampt in Haltung reiner oder sicherer Strassen, Policey- Paur- Schäfer- und Bettler Ordnungen, Verrichtung der Execution und sonsten sein solle, wie er sich auch solchen dispositionibus gemess erzeigen.

16. Und damit unter diesem allen kein Mangel aus Unwissenheit verspüret werden möge, nebest dem Amptschreiber fleissig nachfragen, ob nicht vorige beim Ampte gewesene Kirchenvisitationes, Ampts-

und Rechnungsbescheide, wie auch Amptsbücher annoch vorhanden. Dafern aber selbige nicht aufgefunden werden, davon Abschrift, wie auch aus bemelten Landesverfassungen Extracta aus dem Archivo und Land-Rentcammer bei Hofe nehmen und sich nebst andern Amptsdienern darnach achten.

17. Und uberall, wie einem getrenen Diener und Hauptmanne, wie auch fleissigem Hauswirte wohl anstehet und gebühret, vermöge seiner abgestateten Pflichte erzeigen und erweisen.

Für solche seine Mühewaltung soll ihm bei Ueberuehung der Oeconomie eine richtige Destallung neben ehrlichen Unterhalt ausgefertiget, auch Königl. Schutz und Schirm gehalten werden.

Urkundlich unter des Herrn General-Gouverneurs Excellenz fürgedrucktem Secret. Signatum Alten Stettin, den 6. Martii anno 1641. (L. S.)

29. Vergleich zwischen Hans und Lorenz von Schack einerseits und Reimar, Otto und Balser Dietrich von Schack andrerseits wegen der Wiesen und gemeinen Hütung zu Prillwitz.
1641, August 17.

Entwurf im St. A. Stettin, Stargarder Hofgericht, v. Sch. Nr. 16.

Kund und zu wissen sei hiemit meniglichen, insonderheit denen hieran gelegen, dass nachdem zwischen den woledlen und vösten Hans und Lorentz an einem, sodan Reimar, Otto und Baltser Friederich[1]), Gevettern den von Schacken am andern Theil, wegen ihrer Erblehn im Dorf Prülvitz ezliche Differentien und Irrungen entstanden, die Sache auch zum gerichtlichen Behör veranlasset, heute unterschriebenen dato dieselbe aus Verleihung göttlicher Gnade verglichen und durch einen bestendigen Erbvertrag folgendergestalt mit beider Part Verwilligung zum Grunde aus hingeleget und vertragen:

Anfenglich ist wegen der Wiesen, so im Mühlenfelde belegen und von Alters her der Rönningk genand, verabredet und geschlossen, dass, weil bei Verwüstung und Desolation der Coasäten im Dorf Prülvitz, welche selbte Wiese aus Vergünstigung und Concession voriger derer von Schacken von undenklichen Jahren genützet und gebrauchet, die von Schacken wegen der Theilung sich nichts ver-

---
[1]) Verschrieben für Dietrich.

gleichen können, dass keiner solcher Wiesen mit Bemehung und Absammlung des Heugrases sich anmassen, sondern derselben allerdings ohne die Hütung, so einem jeden frei und ungewehret, enthalten solle, zum dem Ende jährlich das Grass davon soll abgeponret werden, bis so lang nach Gottes Willen Cossäten wiederumb angebawet, denen dan pro numero der Cossäten, wan dieselben die gewöhnliche Dorfdienste davon thun und leisten werden, die Vermessung und Abtheilung mit Vorwissen der semptlichen von Schacken nach alter Observantz geschehen und solche Wiese zu dero Geniessbrauch ihnen eingereümet werden soll.

Die Paurwiesen, als eine zwischen beiden Mühlteichen, an beiden Seiten des freien Wassers, die andere vom obersten Mühlteiche, an beiden Seiten des Fliesses bis an Friedrich von Schacken Kohlgarten, beim weissen Springe belegen, so die semptliche der Dorfschaft Prülwitz wonhafte Pauren von Alters her genützet und jährlichen verkaavelt, sollen nach hergebrachter Gewohnheit getheilet, verkaavelt, und die nachtbarliche Dorfdienste proportionaliter davon geleistet werden.

Der übrigen gemeinen Freiheiten und Hütungen mit Absammlung des Heugrases soll gleichsfals keiner der Oberkeit oder Unterthanen sich anzumassen unterstahen, sondern es sollen dieselbe abgehütet und wegen Vermeidung allerhand Streitigkeiten das übrige Grass jährlich abgebrennet, und von allen Seiten zur nachtbarlichen Einigkeit Anlass gegeben werden.

Welches alles von beiderseits Interessenten den von Schacken umb fester Haltung gerichtlich gewilliget und beschlossen, auch dieser Vertrag abgefasset und unterm gewöhnlichen Gerichtssiegel beiden Parten ausgeandwortet worden. Actum Stettin, den 17. Aug. anno etc. 41.

30. Eheberedung zwischen Christian Friedrich von Schack und Anna Katharina von Holtzendorf. 1667, September 29.

St. A. Stettin, Lehnsarchiv, Konsense 1690 Nr. 11 b. Abschrift.

Kund und zu wissen sei hiemit Jedermänniglich, insonderheit denen daran gelegen, das heute dato zu Erhaltung göttlicher Ordnung zwischen denen hochedelgebornen Herrn, Herrn Hauptmann Georg Friederich, und Herrn Hennig, Gevettern von Arnimb, respective auf Sparrenwalde, Pinnow und Sternhagen Erbherrn, wie auch der hochedelgebornen Frauen, Frauen Luciae Ilse von Sparren, als Stiefvater, Frau Mutter und verordnete Vormund Jungfer Anna Catharina von Holtzendorffen, des weiland hochedelgebornen Herrn, Herrn Joachim Ernst von Holtzendorffen auf Dargistorf, Vietmistorf und Gollin Erbherren, hinterlassene einzige Jungfer Tochter, an einem, und dem hochedelgebornen Herrn, Herrn Christian Friederich von Schacken, auf Prülwitz, Kloxsin und Lindenbusch Erbherren, andern Theils, eine christliche Eeberedung geschlossen und vollenzogen worden:

Dass namblich obbemeldte Herr Stiefvater, Frau Mutter und Herr Vormund, auf gebührliches Ansuchen ihre obbenante Jungfer Tochter und Verpflegte mit ihren selbsteigenen Consens und frei Bewilligunge obgedachten Herrn Christian Friederich von Schacken zum Stande der heiligen Ehe, bis auf des Priesters Hand und Einsegung, zugesaget und versprochen, der auch solche Zusage mit höchstem Dank acceptiret und seiner herzliebsten Jungfer Braut und künftigen Ehegenossin in aller Lieb, Treu und Einigkeit, wie einem frommen, gottseeligen, alelichen und verstendigen Ehemann eignet und gebühret, beizuwohnen, sich kreftigstermassen verpflichtet, darentkegen ihme hinwiederumb wolermeldte Jungfrau alle eheliche Liebe, Treu und Freundschaft zu beweisen angenommen. Und nachdem der Jungfer Braut seeliger Hr. Vater ohne männliche Erben zeitlich Tods verblichen, hat er seine Lehengüter cum oneribus auf seinen vielgeliebten Bruder, Herrn Hans Georg von Holtzendorfen verstammet, sein Erbe aber nach märkischem Gebrauch auf der Mutter und Tochter, zu gleichem Theile, und nochmals die Frau Mutter als Tochter durch gütliche Unterhandlung derer dazu confirmirten Herrn Commissarien, so wol wegen der Mutter Befugnüss, als auch des vater- und grossmütterlichen, Frau Anna von Ramminen Erbtheils, mit ein gewisses an Gütern von dem Vetter und dessen Vormund, Hern Liborii Joachim [von Holtzendorfen, abfinden lassen, vermöge darüber aufgerichteten Recessen, de dato Dargistorf, den 6. Februarii 1654, wie auch des weiter darauf gemachten Theilungs-Vergleich, den 7. Julü selbigen Jahres, und dan zwischen Mutter und Tochter und derer Herren Vormund Vergleichs, was die Tochter von der am 6. Februarii 1654, verwilligten Summa zu eigen haben soll, de dato Pinnow, den 20. May 1657, daraus dan so viele zu ersehen, dass die Jungfer von dem Gelde, was im Dorf Vietmistorff zugeschlagen, mit ihrem Part an Baukosten vons erste haben soll 3225 Reichsthaler.

Vors ander, was die Frau Mutter von dem Niederlandischen Kaufgelde an sich genommen, 350 Reichsthaler.

Vors dritte, aus gedachtem Vergleiche vom 7. Julii selbigen Jahres an unterschiedlichen Pösten, 524 Reichsthaler, worunter eine Obligation sub dato Pinnow, den 8. Septembris 1635, bei sel. Christoff Hennig von Wedeln Frau Wittiben zu Grossen Latzkow an Capittal ohn den Zins 200 Reichsthaler.

Vors vierte, eine Ukermarkische Landschaftobligation sub dato Prentzlow am Tage Andreae 1589, an Capital ohne den Zins 1000 Reichsthaler.

Demnach auch vors fünfte der Jungfer vermöge allegirten Recess, de dato Dargitzorff den 6. Februarii 1654 aus ihren sel. Herrn Vatern Lehn und Güter eine Aussteur pro qualitate feudi et mariti reserviret worden und der Lehensvormund Her Liborius Joachim von Holtzendorffen, auf gerichtliche Ansprache im churfürstlichen Brandenburgischen Hof- und Landgericht zu Prentzlow sich gütlich erkleret, so viele gesunde Obligationes abzutreten, davor 1000 Reichsthaler bahr könten behandelt werden: so hat es zur Erhötung Weitleuftigkeit auf beschebene Ratification des Herrn Breutgams hiebei sein Verbleiben und soll die Extradition der Obligationen nebenst genugsamer Cession dem Herren Breutigam in beständiger Form Rechtens im Monatsfrist würklich geschehen und ausgeantwortet werden.

Von diesen obspecificirten Pösten werden vors Sechste der Jungfer Braut 2000 Reichsthaler, jeden zu 24 Silbergroschen, zum Ehegelde mitgegeben, also dass dasselbe Ehegeldes Recht- und Gewonheit haben und behalten soll, auch zuforderst, es sei von welcher Post es wolle, was zuerst einkombt, davon die 2000 Rthaler erfüllet werden, das übrige aber paraphernal[1]) und Erbgut verbleiben und dessen Recht und Gewonheit behalten. Auch bleibet der Jungfer Brant expresse vorbehalten, Ihr Amptpart[2]) an denjenigen Foderungen, so noch sub lite schweben, als bei denen von Stülpenageln, den von Glöden und Potzerschen Erben, auch was ihr von der Zarnekowischen Creditoren Post bei der Landschaft möchte zufallen und was sonst das väterliche und grosmütterliche Inventarium besaget und in vorgemeldten Theilungsrecessen nicht mit begriffen. Und damit der Herr Breutigam sich desfals zu informiren habe und die Sachen so viel möglich mit befordern möge, sollen nach vollenzogener Hochzeit ihme zu seiner dienlichen Nachricht von allen Urkunden und Recessen vidimirte Copei mitgetheilet und ausgeantwortet werden.

Weil auch vors Siebende beliebet und verabredet, dass der Her Breutigam die Hochzeit zu Prülwitz ausrichten will und entschlossen,

[1]) Brautgabe.
[2]) Antheil.

mittelst göttlicher Verleihung auf den 16. Jannarii des mit Glücke und Friede herannahenden 1668. Jahres damit zuerfahren; als verspricht der Iler Schwiegervater Georg Friedrich von Arnimb, von dem Gelde, was die Frau Mutter, wie oberwehnet, an sich genommen, auf Catarinen in Alten Stettin 200 Reichsthaler zum Hochzeitsgelde zu erlegen.

Sonsten bekombt vors Achte die Jungfer Braut an Haupt-, Halsgeschmück, Kleidung, Betten und Leinengeräthe, Kisten und Kasten mit, und zwar:

An Haupt- und Halsgeschmuck:

68½ Cronen an allerhand Geld. Ein gulden Balsam Büchschen à 4 Rthlr. 100 Loht an Silber. 3 Loht 1½ Quentin Perlen, das Loht à 12 Rthlr., 2 Loht klein Perlen, das Loht à 9 Rthlr.

An Kleidung:

Einen Oberrock mit dem Leibichen von Stoff[1]) mit reichen guldenen Streifen, mit einer Gold in Silber breiten Kanten an die Ermel. Einen . . . . [2]) Oberrock mit dem Leibichen, ist mit silbern Spitzen dobbelt verbremet. Einen schwarzen geblümeten Atlassrock mit dem Leibichen. Einen silberfarbenen seidenen Stopfen-[3]) Oberrock mit dem Leibichen, mit silbern Gallaunen [2a]) verbremet. Einen schwarzen Taffet-Oberrock mit dem Leibichen. Einen braunen . . . . [3]) Oberrock mit dem Leibichen und guldenen Gallaunen verbremt. Einen schwarzen Cronen-Raschen Oberrock mit dem Leibichen. Einen leibfarben Stoffen[1]) Unterrock mit bunten Streifen und einer breiten Gold in Silber Spitzen verbremet. Einen grünen Tertionellen[4])- Unterrock mit golden und silbern Spitzen. Ein Spreichtuch[5]) von hochleibfarben gewasserten Taft mit goldern und silbern Spitzen.

Eine braun damastken Tischdecke mit guldenen Posementen. Eine schwarze geblümete sammeten Tischdecke. Vier bunte genähete Pulster. Mit täglicher Kleidung ist sie auch billig versehen.

Darnach an Betten und Leinengeräte:

12 grosse Betten. 6 Hauptpfüle. 8 Küssen. Ein Par Welsche Lacken, 16 Par andere Lacken. Zwei Par Tafeltücher, 17 Tischtücher

---

[1]) Stoff oder Estoff ist ein seidenes Gewebe, mit Blumen und Ranken überschlagen.

[2]) Hier fehlen drei in der Abschrift verderbte Worte. — [2a]) Borte, Tresse.

[3]) Verderbtes Wort.

[4]) Terzinel ist ein einfarbiges seidenes von gewirrten Faden geschlagenes Gewebe.

[5]) Ein Tuch, das man über etwas ausbreitet; (spreden — ausbreiten).

21 Handtücher. 3 Dutzend Sewietten. 11 Par Küssebüren¹). 3 Bet-Vorheng, worunter eine von hochleibfarben Taffet, mit solcher Art von Fransen umb den Kranz.

2 Rustkasten ond 3 Laden, wol ausgezieret und mit väter- und mütterlichen Ahnen gezeignet.

Vors neunte und letzte werden der Junfer Braut auch alle Erbfälle, welche noch auf ihr von rechtswegen kommen können, ausdrücklich hiedurch vorbehalten, also dass sie daran pro rata mit participiren und unverkurzet bleiben soll.

Da entkegen hat der Herr Breutgam Christian Friedrich von Schacke seiner vielgeliebten Braut und künftigen Ehegemalin, Jungfer Anna Catarina von Holtzendorffen, und ihren Erben nicht allein obgedachtes Ehegeld und dessen Besserung, wie es üblich und Herkommens, sondern auch alles was ihr sonst mit gegeben, so wol auch hernach gesetzete Alimenta und was dem ferner anhengig, mit seinen Lehn- und Erbgütern, in specie denen Forderungen in Prülwitz, Lindenbusch, Gloxsin, so ihme wegen seiner sel. Frau Mutter, Frau Hypolite von Ramminen, und Frau Mutterschwester, Frau Catarina Tugendreich von Glasenappen, geborne Ramminen, vermöge der im churfürstlichen hinterpommerischen Hoffgerichte zu Colberg am 29. Junii 1663 daselbst ergangenen Prioritäturtel und darauf am 14. Julii 1664 von dem verordneten Herren Commissarien verrichteter Specialdistribution zukommen, und allen andern Angefällen, so viel dazu von nöhten, nach Pfandesart und Weise, zu assecuriren und zu versichern, sie auch mit einer rümlichen Morgengabe nnd 200 Reichsthlr., wie Morgengabesrecht mit sich bringet, zu versehen und darüber allenthalben churfürstliche und seiner nechsten Vettern Consens auszuwürken; auch, immittelst dieses alles geschiehet und erfolget sub hypotheca omnium bonorum sich dazu verpflichtet und angenommen.

Es soll auch auf einen oder andern Fall folgendergestald gehalten werden: Da es sich nach dem Willen Gottes begebe, dass Jungfer Anna Catharina von Holtzendorffen, welches Gott der Almechtige in Gnaden lange Zeit verhüten wolle, vor ihren herzliebsten Breutgam und künftigen Ehegemahl, Herren Christian Friedrich von Schacken, mit Tode abgehen und keine Kinder von ihnen beiden gezeuget hinterlassen solte, das alsdan ihren Erben, so weit rechtens, nicht allein der eingebrachte Brautschatz nebst der Besserung, auch alles andere, so sie eingebracht und immer Namen haben mag, sambt

¹) Bühre, Bettaleche, Bettüberzug.

der Morgengabe, mit abgefolget werden. Und damit die Jungfer Braut und ihre Erben der Wiederkehr halber so viel mehr gesichert sein mögen, als hat der Herr Breutgam angelobet, das Ehegeld zu Befreiung der Güter, und Bezahlung der vornembsten Creditoren, so es nötig, anzuwenden und derer Gerechtigkeit auf seine freundliche liebste Jungfer Braut und künftige Ehegemahlin zu transferiren und also ihre Pfandrecht dadurch zu erbessern.[1])

Solte sich es aber begeben, das der Herr Breutigamb Christian Friedrich von Schacke vor seiner vielgeliebten Braut und künftigen Ehegemalin ohne Leibeserben (welches auch der allmechtige Gott gnedigst verhüten wolte) mit Tode abgehen oder ander Fälle sich begeben würden, so soll seine vielgeliebte Jungfer Braut, Anna Catarina von Holtzendorffen, ihres liebsten Breutigams Lehen und Gueter nicht ehe zu reumen schuldig sein, bis dass ihr ihre Ehegelde nebenst landsüblicher Besserung und alles andere, so sie ihrem Ehemann zugebracht, auch was sie in wehrenden Ehe von den Ihrigen gesenget, nebst der Morgengabe, mit abgeführet werden, und sich des Pfandrechts und juris retentionis über alle Befugnuss der Güter zu gebrauchen zugelassen sein. Auch soll ihr dazu aus den Gütern ein guter bedeckter Wagen, nebst zwo gute Pferde und tauglichem Zeuge, wie denn auch gebürliche adeliche Trauerkleider zum wenigsten gegeben werden. Wan ihr aber vorberührtes alles erstattet und abfolget ist und sie die Lehne reumen muss, sollen ihr die Herren Lehnfolgere an den Ort, dahin sie sich begeben würd, jedoch das es nicht über 12 Meilen sei, die Abfuhre zu thun und jährlich, so lange sie in unverrückten Wittibenstande verbleibet, an dem Ort, da sie ihre Habitation und Wohnung haben wirt, nachgesetztes einzuliefern verpflichtet sein:

18 Reichsthaler zur Wohnung; 40 Reichsthaler zu täglicher Kleidung; 10 Reichsthaler zu Gesindelohn; 30 Reichsthaler zu Holz, Fische und Gewürze.

Ein feister Ochsen oder an dessen statt 15 Reichsthaler; 4 feiste Schweine; 4 Hammel; 4 Schlachtschafe; 30 Gänse; 30 Hüner.

3 Achtentheil Putter; 3 Achtentheil Kese; ½ Tonne Hering; 2 Winspel Rocken; 2 Winspel Gersten; 2 Winspel Habern; 4 Winspel Weitzen; 4 Scheffel Erbsen; 4 Scheffel Buchweitzen; 12 Scheffel Hopfen.

Wolte sie sich aber ihres Eingebrachten begeben und mit zu Herrn Christian Friederich von Schacken Erbschaft kiesen und wehlen, und an dessen sembtlicher Verlassenschaft mit participiren, sol

---

[1]) Vermuthlich verderbt aus versichern oder dergl.

ihr solches freisteben. Letzlichen soll anch beiden Eheleuten, von dem Ihrigen per ultimam voluntatem etwas gewisses zu disponiren, hiemit unbenommen sein.

Dieses nun fest und unverbrüchlich zu halten, haben so wol der Hr. Stiefvater, Frau Mutter, verordenter Herr Vormund und negster Herr Vetter, wie auch der Herr Breutgam nebst seinen negsten Herren Vettern diese Ehestiftung, welcher zwei eines Lautes verfertiget und gegeneinander ausgeantwortet, und durch ihre angeborne Pitschaft corroboriret und bestätiget. Actum Pinnow an der Ucker, am Tage Michaelis 1667.

(Folgen die durch die Abschrift zum Theil verderbten Unterschriften.)

31. Pommerscher Lehnbrief für die von Schack. 1668, Mai 1.
St. A. Stettin, Lehnsarchiv.

Kurfürst Friedrich Wilhelm von Brandenburg bestätigt die der Familie von Schack ertheilten Lehnbriefe vom 3. 9. 1557, 28. 1. 1575, 6. 4. 1601 und 8. 4. 1605 und zwar für Bogislaw Sigmund, Christian Sigmunds Sohn, Christian Friedrich, Hansens Sohn, Franz Valentin, Ottos Sohn, und Hans Christoph, Lorentz' Sohn, die Schacken zu Prillwitz, zugleich für deren unmündige oder abwesende Vettern und Brüder Johann Christian, Christian Sigmunds Sohn, und Peter Otto, Reimars Sohn.

32. Der Generalmajor Hans Christian von Schack verschreibt seiner Frau zur Sicherstellung des Brautschatzes derselben seine Güter in Stolzenburg und Prillwitz und die auf diesen Lehnbesitz verausgabten Gelder.
1687, Mai 23. Kopenhagen.
St. A. Stettin, Greifswalder Hofgericht, von Bammin 26 Bl. 129.

Kund und zu wissen sey hiermit jedermänniglich, insonderheit denen es von nöhten, dass heute untengesetzten Dato, auf Requisition des hochwolgebornen Hrn. Hans Schack, Ritter, Ihre Königl. Maj. zu Dennemark und Norwegen etc. General Major zu Fuss und Commendant der Königl. Residentz und Vestung Copenhagen, Erbherr auf Stoltzenburg, Prullwitz und Blanckensee, habe ich Königl.

constituirter Notarius Publicus, nebst untenstehenden hierzu absonderlich erbetenen Zeugen, mich in dero Behausung allhier auf dem Neuen Markt eingefunden, allwo Ihre Excell. nach der Länge vermäldet, dass nachdem Sie entschlossen wäre, gegen die ohnlängst von Ihren Hrn. Schwiegervater, dem hochwolgebornen Herrn Otto von Brinck, Erbherr auf Iggenhausen u. Lappenhof, mit zum Brantschatz gegebene und geschenkte, nun aber von Ihre Excell. zu beider Ihrer Nutzen wieder anwendende 10000 Reichsthlr. specie, Ihre Gemahlin die hochwohlgeborne Frau Emilia Catharina Mauritia, als des wohlgebornen Hrn. von Brincken Fräulein Tochter, eine Versicherung zu thun, als habe Sie darzu und zu dem Ende deputirt, wie Sie auch hiermit deputire alle die in Stoltzenburg und Prüllwitz cum omnibus et legitimis pertinentiis als wegen 1. Stoltzenburg, das darzu gehörige Blanckensee und was Sie jure anticretico besitzen, 2. Lentzen, 3. Pampo, 4. Steinberge, 5. Glasshütten, 6. Gehöltzunge, 7. Mastungen, 8. Fischereien, 9. Mühlen, 10. Jagten, 11. Schäfereien, 12. Juspatronatus, 13. und was denen anhängig und nicht specificiret werden kann. Dan wegen Prüllwitz, Kloxin und Lindenbusch cum jure patronatus, Mühlen, Schäfereien, Fischereien etc. laut guter Rechnung von Ihnen eingewandte und annoch künftig einwendende Gelder dergestalt und also, das Ihre Gemahlin die hochwolgeborne Frau Emilia Catharina Mauritia nach ihres Eheherrn, des Hrn. General Major hochwolgebornen Hrn. Hans Schack Tod, nicht allein gedachte Guter Stoltzenburg und Prüllwitz cum omnibus et legitimis pertinentiis zum Leibgeding haben, sondern sie oder dero Erben auch solang die ruhige Possession in denen bevorstehenden Gutern und darzu gehörigen Pertinentien iure retentionis behalten solle, bis sie, die Frau Gemahlin oder dero Erben, wegen des von ihrentwegen herkommenen Brantschatzes, auch die in gedachte Gutern bis dato eingewandte und annoch künftig einwendende Geldern, nebst denen Verbesserungsgeldern und wes sonsten nach pomerischen Rechten denen adelichen Wittwen nach ihrer Männer Tod gebühret, vollenkommentlich vergnügt und selbige so lang unwiederruflich jure prioritatis haben, behalten, besitzen und nutzen, bis sie gedachte Frau Gemahlin oder dero Erben, vor die gantze Summa der bis dato eingewanten und unten specificirten, auch künftig noch einwendenden Geldern mit laufender Interesse, würde bezahlet worden sein, worin sie oder dero Erben kein Mensch, er sei auch wer ess wolle, turbiren, hindern oder austreiben sollte, könte oder möchte. Dass aber Ihre Excell. die 10000 Reichsthlr. zum Brantschatz und Geschenk albereit theils empfangen, theils gewisse Assignationes darauf haben und unten genannte Summam von 18903 Reichsthlr. von anno 1669 bis heut dato in obgeregten Gutern eingewant, solches habe Sie an Eides Statt bei der ewigen Wahrheit bekräftiget und demzufolge mir Notario Ihr in folio in weiss Pergament eingebundenes Guter- und Rechnungs-Buch vorgelegt, darneben requirendo, dass ich daraus die Rechnung der in besagte Guter eingewante Geldern ersehen, selbige extrahiren und summiren, nach fleissiger Collationirung annotiren und Ihr darob ein oder mehr offene instrumenta, wo nöthig, umb die Gebühr ausfertigen, wie auch das an Hrn. Lieutenant Faschen ohnlängst aus Iggenhausen gesante Instrument kraft dieses auctorisiren wolle.

Wenn ich denn solch Ihre Excell. Suchen amthshalben fuglich nicht zu verweigern gewust, als habe ich obgedachte Ihr Guter- und Rechnungsbuch für mich genommen und darinnen befunden, so weit Ihro Excellence annoch bewust, dass in das Stoltzenburgische Gut eingewant bis dato, wie folget Wort von Wort also:

Stoltzenburgische Geld Rechnung de anno 1679.

Was ich nach gäntzlichen Ruin der Guter zum allgemeinen Nutzen meiner sämtlichen Geschwister hochnöhtig vorschiessen müssen:

Jungfer Ursule Marien gegen Quittung zu hochnötigen Ausgaben gethan, so sie berechnen wirt, 254 Rthlr.; derselben 34 Rthlr.; 4. 6. derselben 50 Rthlr.; derselben 300 Rthlr.; Novbr. derselben 394 Rthlr. 28 G.; derselben 230 Rthlr.; 1680, 24. 1. derselben 400 Rthlr.; 1680, 4. 3. derselben 400 Rthlr.; 1680, 3. 5. derselben 560 Rthlr.

Prüllwitzsche Geld-Rechnung de anno 1679.

10/4. Meiner Jungfer Schwester Dorotheen Margarethen auf Rechnung zu hochnötigen Ausgaben 20 Rthlr. Der Frau Sidowen[1] auf ihr Ehegeld gezahlet 50 Rthlr. 5/5. Durch meinen Hofmeister der Frau Landräthin 300 Rthlr. 14/7. Jungfer Agnes Marien Schacken Alimentengelder 17 Rthlr. 12 g. 14/7. Hrn. Lieut. Beorlowen[2] zu Einlösung sel. Hans Christoffel Obligation 42 Rthlr. Hrn. Sidowen auf dessen Liebsten Ehegelder 400 Rthlr. Jungfer Anne Margarethen[3] Schacken Alimentengelder auf Rechnung 22 Rthlr. 14 g. Meiner Jungfer Schw. Jungfer Dorotheen Margaretha 4 Rthlr. An Frantz Schacken, so auf der Kirchen Schuld decurtiret, 40 Rthlr.

[1] Theodore Maria, Tochter von Lorenz v. Sch.
[2] Broderlow? — [3] Tochter von Lorenz v. Sch.

Was ich meiner wohlsel. Frau Mutter vorgesetzet und sie hinwieder in Stoltzenburg hochnötig und hochnützlich verwandt:

Anno 1669. Durch Hrn. Berendt Otto von Remmin zahlen lassen, die ich an Mons. Wangelin gezahlet, 30 Rthlr.; zu Pferden 50 Rthlr. Gegen meiner Frau Schwester der Frau Schwichelin Hochzeit 40 Rthlr.

1672. Wie meine wohlsel. Frau Mutter bei der Fr. Schwicheln gewesen: 30 Rthlr.

Was meine älteste Jungfer Schwester Dorotee Margarethe von mir empfangen:

1678. Ihr übermachen lassen 40 Rthlr.; von Hrn. Frantz Schacken 12 Rthlr. 24 g.

Was meine sel. Fr. Schwester Juliane bekommen:

Zum Brautkleide 40 Rthlr.; dem Tischler, so ihr gearbeitet, sind gezahlet 8 Rthlr.; einen Rink 21 Rthlr.; von der Frau Mutter in Stettin empfangen 12 Rthlr.

Was meine Jungfer Schwester Ursule Marie von mir empfangen:

Anno 1680. 4/3. Noch ein Kleid, kostet 53 Rthlr.; von der Fr. Mutter, wie sie bei der Frau Obristin Petern gewesen, 12 Rthlr.; von der Frau Mutter gegen des Hrn. Landraht Schacken Hochzeit 13 Rthlr.; von der Frau Mutter in Stettin 12 Rthlr.

Was meine Fr. Schwester die Fr. Kleistsche von mir empfangen:

Anno 1681. Noch von meinem Bruder in Holland bekommen 250 Rthlr.

Was ich vor meinem sel. Hrn. Bruder Christian Sigmundt Schack verschossen:

Zu dessen Unterhalt, nötigen Kleidern und dessen rühmliches Begrabnüs in Copenhagen 300 Rthlr.

Was mein Bruder Hr. Bogislaff von mir empfangen:

Nacher Franckfurt am Mayn geschickt 56 Rthlr.; nacher Hamburg 30 Rthlr.; auf des Vettern Hrn. Franz Schacken Schuld empfangen 60 Rthlr.

Hingegen hat der Bruder Hr. Bogislaff wieder angelegt:

An die Fr. Schwester die Frau Kleistsche 250 Rthlr. Noch hat er Hrn. Wangelin in Holland geliehen, so von Hrn. Remmin in Stoltzenburg bezahlet und auch da wieder verwandt, 21 Rthlr.

Also das bemelte Summen, so viel derer anitzo ist befunden worden, in eine zusammen machen 18 993 Reichsthlr., wobei aber Ihre Excell. sich vorbehalten, dass wann sich etwas dessen angebende

inskünftige mehr befinden solte, welches nicht annotiret, es Ihr und
Ihro Gemahlin und deren Erben zum besten bleiben solte, als ob es
hierinnen Wort von Wort mit eingeführet wäre.

So geschehen in dieser Königl. Residence und freien Reichs-
Stadt Copenhagen im Jahr Christi 1687 den 23. Mail.

(L. S.)   Sacrae Regiae Maiestatis
Daniae et Norvegiae Not. Publicus
Georgius From.

33. Pommerscher Lehnbrief für die von Schack. 1699, Dezember 11.
St. A. Stettin, Lehnsarchiv.

Kurfürst Friedrich III. von Brandenburg bestätigt die der Familie
von Schack ertheilten Lehnbriefe vom 3. 9. 1557, 28. 1. 1575, 6. 4. 1601,
8. 4. 1605 und 1. 5. 1668 und zwar für Franz Valentin, Ottos
Sohn, — welcher zugleich Vollmacht des dänischen Generallieutenants
Hans Christian, Christian Sigmunds Sohn, nachwies und dessen
Bruder, den Brigadier Bogislaw Sigmund, mit angab, — ferner
für Peter Otto, Reimars Sohn, und den abwesenden Kapitän Hans
Friedrich, Landrath Christian Friedrichs Sohn. Stargard, 11.
Dezember 1699.

34. Märkischer Lehnbrief für die von Schack. 1713, November 28.
Geh. St. A. Berlin, Kopiar Nr. 67 a b. Bl. 22.

König Friedrich Wilhelm I. von Preussen belehnt die von
Schack mit drei Theilen an Lindenbusch und zwar: Otto Friedrich,
Franz Arndt und Hans Christian, Franz Valentins sel. Söhne,
Friedrich Wilhelm und Otto Bogislaw, Peter Ottos sel. Söhne
und Hans Friedrich, Christian Friedrichs sel. Sohn. Küstrin, den
28. November 1713.

35. Pommerscher Lehnbrief für die von Schack. 1714, Oktober 31.
St. A. Stettin, Lehnsarchiv.

König Friedrich Wilhelm I. von Preussen bestätigt die der
Familie von Schack über die Güter Prillwitz und Kloxin ertheilten
Lehnbriefe aus den Jahren 1557, 1575, 1601, 1605, 1668 und 1699
und zwar für Oberstlieutenant Hans Friedrich, des Landraths
Christian Friedrich Sohn, des Landraths Hans Enkel, Major Otto
Friedrich, Lieutenant Franz Arndt, Lieutenant Hans Christian,
Franz Valentins Söhne, Ottos Enkel, Otto Bogislaw und dessen
abwesenden Bruder Oberst Friedrich Wilhelm, Peter Ottos Söhne,
Reimars Enkel. Stargard, den 31. Oktober 1714.

36. Testament des russischen Generalquartiermeisters Friedrich Wilhelm von Schack auf Radibor. 1737, September 7. Nebst Kodizill. 1748, Juni 11.

Nach einer im Besitze des Fideikommissinhabers befindlichen Abschrift.

Kund und zu wissen sei hiermit, wann und wo es von nöthen: Demnach ich Friedrich Wilhelm von Schack auf Radibor, Quoss und Bornitz, Russ. Kais. Maj. bestallter General-Wacht- und Quartiermeister, aus heiliger göttlicher Schrift sattsam versichert bin, auch die tägliche Erfahrung genugsam bezenget, dass das Leben aller Menschen dem zeitlichen Tode unterworfen und also auch ich als ein sterblicher Mensch nichts gewissers, als meines Todes, mich täglich zu versehen habe, zumal die Stunde unsers Abschiedes nicht offenbaret ist, sondern ein jeder Christ Ursache hat, seine grösste Sorgfalt stündlich dahin zu richten, dass er allemal bereit erfunden werde, wenn und zu welcher Zeit Gott dem allmächtigen Herrn über Tod und Leben es gefället, ihn aus dieser jammervollen Welt abzufordern und seiner mühseligen Wallfahrt eine erfreuliche Endschaft zu gehen: Als bin ich in Betrachtung dessen bewogen worden, bei annoch gesunden Tagen und vollkommenen guten Verstande freiwillig und ungezwungen diesen meinen letzten Willen, wie und welcher Gestalt es mit dem von Gott mir gnädigst bescheerten zeitlichen Vermögen nach meinem Gott gebe seeligen Abschiede aus dieser Welt zur Verhütung alles Zankes und Streites gehalten werden solle, aufzurichten.

Gleichwie ich mir zuvörderst meine durch Christi Blut theuer erlösete Seele, wenn sie vom Leibe abscheiden wird, in den Schooss ihres himmlischen Vaters und in die liebreichen Hände ihres Erlösers Jesu Christi herzlich befehle und ergebe, in der gewissen Hoffnung und festem Glauben, es werde dieselbe zu Gnaden auf- und angenommen und in die ewige himmlische Freude und Seeligkeit mit anderen Auserwählten Gottes versetzet werden, also will ich zugleich, dass mein verblichener Körper christadelichem Gebrauche nach, jedoch ohne übermässigem Gepränge, von meinem nachgesetztem Erben in mein Begräbniss zu Neschwitz, daferne mein zeitlich Ableben zu Radibor oder sonsten unweit Neschwitz erfolgen möchte, zur Erde bestätiget werden solle. Und weilen es dem allwaltenden Gott gefallen, in meiner zweifachen Ehe mich ohne Kinder und Leibeserben zu lassen, so will ich hiermit meinen herzlich geliebten Herrn Bruder, Herrn Otto Bogislaw von Schack auf Prillwitz, Kloxin und Lindenbusch, Königl. Majestät in Preussen und Churfürstl. Durchleuchtichkeit zu Brandenburg zur Zeit bestallten Obristwachtmeistern, oder wofern derselbe sodann nicht mehr am Leben, dessen vorhandene sämmtliche Söhne, gleich als ob sie hier mit Namen genennet wären, keinen ausgeschlossen, und zwar letztere zu gleichen Theilen, zu meinen einzigen wahren und ungezweifelten Erben meiner Güter Radibor, Quoos und Borniz, oder was sich sonst nach meinem Tode an Gütern und Vermögen finden wird, auch woferne ich zeitlebens noch mehrere ankaufen sollte, zugleich mit in dieselbe, nebst Ihren Inventarienstücken, Vorräthen, worunter auch die Orangerie und grosse Feuerspritzen mit zu rechnen sein sollen, item was an Mobilien und Semorentien vorhanden, folglich zu allen meinen Feudal- und Allodialvermögen, als Erben hiermit vollkommen eingesetzet haben, dergestalt, dass der- oder dieselben dessen als Eigenthumbs-Herren gleich nach meinem Ableben sich anmaassen mögen. —

Jedoch sollen obwohlermeldter mein Herr Bruder und Erben aus diesen meinem gesamhten Vermögen:

Erstlich meiner herzinnigstgeliebtesten Gemahlin, Frauen Sophien Even Charlotten von Schack, geb. Reichsgräfin von Flemming, wegen alles desjenigen, was die zwischen derselben und mir sub dato Hermsdorf, den 13. Augusti 1723 aufgerichtete und confirmirte Eheberedung besaget, vollkommene Satisfaktion leisten und solche genau erfüllen.

Zum Andern. Ueberdieses aber verordne und will ich, dass mein Herr Bruder und Erben meiner Gemahlin, ohngeachtet derer in der Ehestiftung vorgeschriebenen einhundert Thaler Hauszinses, die Zeit ihres Lebens auf ihr Verlangen den untern ganzen Stock meines neuen Radiborischen Hauses benebst den Keller zur linken Hand bei der Küche zu ihrer Wohnung einräumen und sie ungehindert darinnen lassen sollen.

Zum Dritten, so vermache und bescheide ich hiermit noch meiner obwohlermelten Gemahlin allen weiteren in meinem Radiborischen Hause befindlichen Hausrath und Mobilien, welche zur Zeit meines Abschiedes von dieser Welt darinnen über die ihr denen Rechten nach sonst zustehende Geradestücken, oder die meinen Lehnserben gehörigen Heergeräthsstücken vorhanden sein werden, es bestehen selbige in Gold, Silber, Juwelen, Tapezereien, Leinengeräthe, Betten, Bettstellen, Tischen, Bildern, Schränken, Kisten und Kasten, oder worinnen es wolle, in Summe alles was nur fortgeschafft werden kann, als welches Alles derselben mein Herr Bruder und Erben unverschmälert und unwidersprechlich überlassen und sie damit nach ihrem Gefallen gebahren lassen sollen.

Zum Vierten legiere und vermache ich Fräulein Friederiken Louisen von Nostitz, so von mir erzogen worden, ein Tausend Thaler, solche sogleich nach dem dreissigsten baar an dieselbe zu bezahlen, dargegen ich mich aber auch gewiss versehe, es werde sothane Fräulein Stiefenkelin in Ihrer zeitherigen guten Conduite fortfahren, meiner Gemahlin allen gebührenden Respekt und Gehorsam leisten, auch endlich mit Consens derselben eine anständige Heirath treffen. Sollte aber über Verhoffen diese mein Fräulein Stiefenkelin ihre gute Conduite ändern und obige Conditiones nicht erfüllen, so soll selbige von diesem Legato exkludiret sein, diese ein Tausend Thaler aber, als ob sie nicht legiret wären, im Lehn verbleiben.

Zum Fünften legire, bescheide und vermache ich meinen geliebtesten zwei Fräulein Schwestern, Namens Amalien Tugendreich und Charlotten, Geschwistern denen von Schack, jeder derselben einhundert Dukaten zum Andenken.

Zum Sechsten soll mein Herr Bruder und Erben meinen zeitherigen getreuen Bedienten, Namens Joachim Copey, wegen seiner mir geleisteten treuen Dienste, wofern er darinnen kontinuiret, und ich ihm selbige nicht schon bei meinen Lebzeiten bonificiret, zweihundert Reichsthaler anzahlen, als welche ich ihm solchen Falles hiermit vermacht haben will.

Zum Siebenden. Hauptsächlich aber legire hiermit zwölf tausend Thaler zu Errichtung eines Majorats-Stammes von meinem Vermögen, und ist diesfalls mein ausdrücklicher Wille und Verordnung, dass sothane zwölf tausend Thaler als ein zinsbares Capital auf Ratibor, Borniz und Quoos, oder wofern sothane Güter veralienirt werden mussten und solche zwölf tausend Thaler darauf nicht erhalten werden könnten, auf einem anderen Gute unter nöthiger Hypothek stehen bleiben und versichert werden sollen. Die Zinsen aber davon sollen allemal dem vorhandenen ältesten des Geschlechts von Schack zum Splendeur des Geschlechts und seiner desto besseren Erhaltung, zu 6 %/o jährlich, ad dies vitae abgesetzet und wenn mein Herr Bruder stürbet, so sonsten der erste Percipient ist, dessen ältester im Lehn befindlicher Sohn, auch nach dessen Ableben dessen Descendenten männlicher lineae, oder wenn es daran fehlet, dessen hinterbliebener ältester Bruder, darzu admittiret und also successive damit fortgefahren werden, inmassen der Genuss so lange in einer linea fortgehet, als darinnen successionsfähige Mannsbilder vorhanden, das Schacksche Majorat auch so lange zu erhalten, als einer des Geschlechts von Schack sich dazu legitimiren kann, wie denn ein jeder nächstgesippter des Geschlechts von Schack, welcher die Zinsen vermöge gegenwärtiger meiner Disposition empfähet, dieselbe in der Furcht Gottes, zu des Geschlechts Aufnehmen mit anwenden, keinesweges aber böslich verschwelgen oder durchbringen soll, damit es nicht seiner Exklusion bedürfen möge.

Allermassen ich nun zu meinem Eingangs wohlernannten Herren Bruder und instituirten Lehns- und Allodialerben des festen Vertrauens lebe, als werden dieselben diesen meinen letzten Willen und Testament in allen und jeden Punkten vollkommentlich erfüllen und besonders mit meiner herzinnigst geliebtesten Gemahlin in beständigem guten Vernehmen und beharrlicher Freundschaft leben, selbige auch darum zugleich ersuche; also will ich denenselben zu meinen Gutern göttlichen Seegen und besonders dieses dabei angewunschet haben, dass diese meine Guter bei meines herzlich geliebten Herrn Bruders und instituirten Erben succedirenden Nachkommen des Geschlechts derer von Schack, vor welches allemal besondere Consideration gesetzet, auf die späteren Jahre durch die Gnade Gottes conserviret werden mögen und will hiermit im Namen Gottes diesen meinen letzten Willen beschliessen, welcher, wo nicht als ein zierliches Testament, doch wenigstens als ein Codizill, Fideikommiss, Uebergabe von Todes wegen, Legatum, Schenkung, oder andere zu Recht beständige Verordnung bestehen und gelten soll, inmaassen ich zu mehrer Erfüllung und Festhaltung alles dessen, was darinnen verordnet und vermachet worden, das Königliche und Churfürstliche Sächsische hochlöbliche Ober-Ambt dieses Marggrafthums Ober-Lausitz zum Exekutoren dieses meines letzten Willens verordnet, und anbei dienstergebenst gebeten haben will, über diesen meinen letzten Willen steif und feste zu halten, einen jeden bei seinem Vermächtnisse und Antheil kräftiglich zu schützen und niemanden daran selber darwieder handeln zu lassen, wiewohl mit dem ausdrücklichen Reservat, solch Testament nach Befinden wieder zu ändern, zu mehren, zu mindern oder gar wieder aufzuheben, gestalt denn auch, wofern in einem oder andern Stücke meine Meinung noch auf einem besonderen Zettel deklariret, es ebenfalls vor gültig angesehen und, als ob solches dem Testament wörtlich mit einverleibet wäre, geachtet werden solle.

Kund dessen habe ich diesen meinen letzten Willen und Testament auf allen Seiten unterschrieben, mit Bedruckung meines angeborenen adelichen Petschafts bestätiget und bekräftiget und soll solches zur gerichtlichen Insinuation übergeben werden.

So geschehen Budissin, den 7. September anno 1737.

Dieses ist mein letzter Wille.

(L. S.) Friedrich Wilhelm von Schack.

Kodizill.

Im Namen der heiligen hochgelobten Dreifaltigkeit!

Demnach ich, Friedrich Wilhelm von Schack, Russischer Kaiserlicher Generalquartiermeister, bereits vor 10 Jahren meinen letzten Willen aufgesetzet und solchen den 3. December 1738 bei einem hochlöblichen Ober-Amte zu Budissin judicialiter übergeben, worinnen ich nicht nur meinen vielgeliebten Bruder, den Herrn Obristlieutenant Hrn. Otto Bogislaw von Schack zum Universalerben instituiret, sondern auch unterschiedene Legata ausgesetzet, gleichwohl aber nach der Zeit unterschiedene von meinen Legatariis vor mir verstorben, wodurch ich denn bewogen worden, einige Aenderung zu treffen, als habe vor nöthig erachtet, annoch gegenwärtiges Codicill zu errichten und selbigem nachfolgende Punkte zu inseriren, nemlich:

1. soll es zwar bei meinem obgedachten und einem hochlöblichen Ober-Amte zu Budissin niedergelegten Testamente lediglich verbleiben, und was sowohl die Einsetzung meines vielgeliebten Bruders, des Herrn Obristlieutenants von Schack, zu meinem Universalerben, als auch das meiner Pflegetochter und Pathe, Fräulein Friederike Louisen von Nostitz ausgesetzte Legatum betrifft, es hierbei nochmals sein unverändertes Bewenden haben, jedoch was

2. das konstituirte Majorat anlanget, so will ich solches, um das Gut nicht gar zu sehr zu beschweren, auf zehntausend Reichsthaler Capital gesetzet und moderiret, auch hierbei verordnet haben, dass solches nur mit 5% verzinset werden soll. Hiernächst legire ich:

3. meiner Pflegetochter, oberwähnten Fräulein Friederiken Louisen von Nostitz, über die ihr im Testamente legirten 1000 Thaler annoch eintausend Reichsthaler, jedoch mit der Bedingung, dass wenn sie mit Einwilligung ihrer Eltern eine anständige Heirath thun würde, ihr solche eintausend Reichsthaler Capital zwar baar ausgezahlet werden sollen, ausserdem aber und da sie unverheirathet bliebe, sollen ihr von den 1000 Thalern ad dies vitae nur die Zinsen à 5% gereichet werden, nach ihrem Tode aber das Capital meinen Erben verbleiben. So legire ich auch

4. Ebenderselben die silberne Tavoletta von meiner seeligen Gemahlin und verhoffe, es werde meine vielgeliebte Frau Schwägerin besagter meiner Pflegetochter auch den dazu gehörigen Spiegel und die zwei kleinen Leuchterchen, so sie in ihrer Verwahrung hat, zurücke geben, ausserdem derselben hiervor ein Aequivalent aus deren Erbe zu reichen. Nicht weniger legire ich

5. meiner Pflegetochter, erwähnter Fräulein von Nostitz, zu Ersetzung der sonst darzu gehörig gewesenen und bei dem Bernischen Kaufe verschenkten Giesskanna und Becken mein silbernes Barbierbecken nebst Seifenkapsul, und hoffe, sie werde solches zu meinem Andenken conserviren.

Endlich vermache ich auch

6. meinem Laquey, Hans Herzogen, daferne er bis an mein Ende in meinen Diensten verbleibet, meine sämmtlichen Kleider und Wäsche, so er nemlich in seiner Verwahrung hat.

Dieses ist also dasjenige, was ich annoch per modum Codicilli zu verordnen vor nöthig befunden, als worüber ich auch unverbrüchlich gehalten wissen will.

Urkundlich habe ich dieses Codizill eigenhändig unterschrieben und besiegelt, auch solches bei denen allhiesigen Gerichten niederzulegen beschlossen. So geschehen Radibor, den 11. Juni 1748.

(L. S.) Friedrich Wilhelm von Schack.

Namen-Verzeichniss.

Aichler, Christian 124.
Altdamm 21.
Argomosa, Ritter von 71.
Arndt, Maria 107.
v. Arnim, Georg Friedrich 173, 176.
    " Heusing 173.
Assing, Johann 86.

v. Balcke, Hans 74.
Bartholomaeus, Martin 14.
v. Behr, Emerentia 17.
  " (Uraus) Ulricus 1.
Behr, Peter, Goldschmied 19.
Bellin, Ernst 60.
v. Beneckendorf, Major 66.
    " Oberstwachtmeister 82.
    " Hans 36.
    " Wilhelm Christoffel 80.
    " Wilhelm Christoph 82, 85.
v. Berg, Christian Heinrich 90.
  " Elisabeth Auguste Erdmuth 96.
  " Nathanael Christoph 96.
  " Paul Christoph Heinrich 96.
v. Beulwitz, Therese Karoline Christine Luise 91.
v. Billerbeck, Familie 61, 73.
    " Hauptmann 83.
    " Adam 163.
    " Anton 56.
    " Anton Christoph 121.
    " Barbara Katharina 42, 56, 57, 131, 162.
    " Christoph 86, 163.
    " Hans zu Hohenwalde 44, 50, 51.
    " Hans zu Warnitz 46, 48.

v. Billerbeck, Hans Ernst 57, 59.
    " Heinrich 121.
    " Margarethe 121.
    " Moritz 66, 121, 162, 163.
    " Sophia Elisabeth 190.
v. Blankenburg, Barbara Juliane Lucie 42.
    " Christian Ernst 46.
    " Ernst Christian 79.
    " Illericus 4.
    " Juliane 106.
    " Martin Christian 78, 79, 120.
Blankensee 119.
v. Blankensee 42.
    " Antonius 148.
v. Boeckeln, Christians 96.
v. Bolberitz 121.
v. Burgstede, August Heinrich 71, 105, 107.
v. d. Borne, Kurt 110.
Bornitz 62, 63, 65, 67. Besitzgeschichte 121.
v. Bornstedt 10.
    " Hans 14.
Brandenburg, Markgrafen u. Kurfürsten 6, 10, 15, 25, 46, 49, 75, 139—142, 151, 158, 159. 179, 183.
v. Brandt, Anna 22.
    " Barbara 12, 103, 149, 150, 162.
    " Friedrich 12, 146, 154.
    " Paul 116, 154.
    " Peter 22.
Braunschweig 34.
Braunschweig-Lüneburg, Otto, Herzog von 2.
v. Braunschweig 82, 83.
v. Brederlow 66, 181.
    " Andreas 74.

— 192 —

v. Bruderlow, Joachim 74.
	» Joachim 146.
	» Kaspar 24.
	» Ludwig 54, 56, 118.
	» Moritz 74.
	» Rüdiger 74, 76.
v. Briesen, Anna Sophia 37, 38.
	» Hans 37, 38.
v. d. Brinck, Amalia Katharina Mauritia 35, 180.
	» Arthur 36.
	» Otto 35, 180.
Brodicski, Hans Nassengulcff 123.
v. Bröcker, Klaus 27.
Bruchhagen 161.
v. Burgsdorf, Abraham 75, 117.
	» Anna Elisabeth 76.
	» Hans 117.
	» Joachim 74.
v. Burkersroda, Hans Julius 83, 121.
	» Heinrich Julius 121, 122.
	» Katharina Elisabeth 122.
v. d. Busche, Lebrecht 63.
v. Busse, Amalie Therese 93, 125.
	» Christian Daniel 91, 93.
	» Karl 93, 125.
	» Mariana Helena Augusta 91.
	» Wilhelm Heinrich Balthasar 94.
Copsy, Joachim 186.
v. Creuss, Auguste 96.
	» Hans Moritz Wolfgang 96.
v. Czettritz 96.
v. Czettritz und Neuhaus, Heinrich Sigismund, Graf 67.

Daenemark, Christian V., König v. 82.
Dametzow, Gotzeakus 4.
v. Damitz, Sigfried 16.
v. Damm, Bertrand Karl Ferdinand 112.
	» Georg Ferdinand 71, 112.
Deetz, Bealtzgeschichte 122.
v. Dietherdt, Kaspar Friedrich 83.
	» Teraina Henriette 83.
v. Donop, Lacle Justine 35.
v. Dossow, Zabel 115.
Du Hôt, Anne Françoise 35.

v. Edling 133.
v. Eickstedt, 73.

v. Eickstedt, Dorothea 27, 30.
	» Dubslaw 32.
	» Ursula Margarethe 80.
v. Ellingen, Kaspar 5.

v. Fabian, Luise Henriette 42.
v. Ferenthell-Gruppenberg 91.
v. Flemming, Christian Adolf Bogislaw 20.
	» Heino Heinrich, Graf, 63.
	» Karoline Antoinette Eleonore 23.
	» Sophia Eva Charlotte, Gräfin, 63, 64, 184.
From, Georg, Notar 183.
Frost, Jakob. Archivar 102, 165.

Gaethe, Karl Heinrich 112.
Gerisdorf (?) 161.
Gerulich s. Gülich.
v. Glasenapp, Kaspar Otto 119, 166-169.
	» Katharina Tugendreich geb. v. Ramin 171.
v. Glöden 172.
v. Götzen, Sigismund 37.
v. d. Goltz, August Friedrich Ferdinand, Graf 67.
Greifzapfzel s. Hofmann.
Greiffenfeld, dänischer Kanzler 82.
Grünfeld s. Waltmann.
Gülich, Urban 114, 130.
v. Güntersberg, Adam 78.
	» Armgard 77, 78.
	» Jakob 1.
	» Philipp Friedrich 81, 122.
v. Gumpricht, Christoph 123.
Gumpricht s. Sliwen.
v. Gutsmuths 124.
	» Dorothea 124.

v. Hagen, Joachim 101.
Hake, Joachim 101.
Hammen, Johannes de, 5.
v. Haugwitz 121.
	» Sigmund 121.
Hausmann, E. G. 20.
Herbolden, Anna 6.
v. Hertzberg 63.
Herzog, Hans 189.
Hessen, Conradus 5.

v. Hindenburg, Richard Christoph 81.
       "   Scholastica Elisabeth 81.
v. Illjenss (?) 81.
v. Hispozen (?) 81.
Hobe (Habe) sollen 1.
Hofmann von Greifenpfeil, Coelestin 121.
v. Hohendorf, Wilhelmine 84.
Hohenlohe, Fürst 21.
Holk, Johannes 5.
v. Holtzendorf, Anna Katharina 38, 40,
                42, 61, 79, 85, 101,
                173, 174, 177, 178.
    "   Hans Georg 174.
    "   Joachim Ernst 40, 174.
    "   Liborius Joachim 174, 175.
v. Horcker, Anna 17.
    "   Ewald 55.
    "   Georg 15.
    "   Georg Adam 14, 15, 76.
    "   Gottliebe Tugendreich 56,
                80, 82.
    "   N. 14, 15.
v. Horn, Eva 58.
du Hôt, Anne Françoise 26.

Jaster, Maria Elisabeth 42.
v. Jatzkow 133.
v. Jordan, Agnes 26.
    "   Charlotte 26.
    "   Johanna Gottliebe 26.
    "   Martin Ludwig 26.
Jeiager 14, 18 und oft. Besitzgeschichte
                116.

Kanckelwitz, Herman 5.
v. Katte, Hans Herman 66.
Kehrberg, Besitzgeschichte 120.
v. Keulen 73.
v. Kleoltz, Christian 86.
    "   Felix 86.
    "   Gottfried 86.
Klein-Mantel 74.
v. Kleist, Bernd Erdmann 30, 182.
v. Klingspor, Peter 29.
Klonin 1, 2, 6 und oft; 63, 68, 70, 71.
        Besitzgeschichte 110.
Klozin, Lenz 113.
    "   Thomas 113.
Kochbahn, Inspektor 111, 112.

v. Köller 131.
Königsberg i. N. 5.
v. Koemcke, Elisabeth 58.
    "   Erdmann Ernst 55, 58.
    "   Margarethe 58.
    "   Marie Elisabeth 55.
    "   Melchior 55, 57, 58.
v. Koethen, Adam 55, 56, 77, 78.
    "   Jürgen Wilhelm 120.
    "   Peter 55, 56, 60, 77, 78, 79,
                118.
    "   Wilhelm 79.
Kolbatz, Kloster 1.
v. Krockow 131.
v. Krumpasch 123.
    "   Clement 123.
    "   Georg 123.
v. Küssow 42, 68, 73, 110 f., 117 f.
    "   Balzer 74, 77.
    "   Barbara 76.
    "   Bernhard Friedrich 111.
    "   Elisabeth 74.
    "   Georg 2.
    "   Hans 42.
    "   Heinrich 8, 14, 114, 117, 152.
    "   Joachim 74, 111.
    "   Jost 8, 110.
    "   Jürgen 21, 111, 144.
    "   Karl Heinrich 42.
    "   Karl Wilhelm, Graf 112.
    "   Richard 74.

Labhahn, Familie von 138.
Lachmann, Kaspar 107.
v. d. Lancken 69, 70.
Lange, Karl Heinrich 88.
v. Lange, Leontine 27.
Lehndorf, Gräfin 83.
v. d. Leine 118.
Lensen 118.
Leopold II, Kaiser, 62.
v. Lestewitz 83.
v. Lewaldt 83.
v. Lewitz 83.
Libbehne 76, 79; Besitzgeschichte 120.
v. Liebenau, Agnes 83.
    "   Karl Ludwig 83.
v. Liebenthal 66, 85.

v. Liebenthal, Christoph 27.
    „   Christoph Sigmund 41.
    „   Joachim 79.
    „   Martin 18, 48.
Lindenbusch 1, 8 und oft; Besitzgeschichte 116.
Lindow 55 ff.
v. Löben, Abraham 117.
    „   Melchior 117, 118.
Löper, Anna 5.
v. Löwenclau, Auguste Eleonore Friederike 81.
    „   Ernst Ulrich 81.
v. Lottum, Hermine 89.
Luisenhof 71.

v. Maltzan, Joachim 21.
v. Manteufel, Anna Margarethe 38.
v. Markone 83.
v. d. Marwitz 19.
    „   Anna 16, 19.
    „   Elisabeth 9.
    „   Hans 18, 19.
Meier, Johannes 189.
Meklenburg, Karl Leopold, Herzog v. 62.
    „   Sigmund, Herzog von 14.
    „   Ulrich, Herzog von 14.
Mellen 28, 164.
v. Merkatz, Anna 97.
    „   Eduard 97.
de Meyern, Albertus 85.
v. Minckwitz, Christoph 121.
    „   Georg Christoph 121.
Möglingk, Matthias 114.
v. Möhlen, Anna 49, 50 ff.
v. Mörder 133.
Mohlen, Anna 50.
Münsterberg und Oels, Herzoge von 129.
Musteke (Mostenkin), Herm. de 1.

Namengnieß s. Brodicahl.
v. Natzmer 64.
v. Nauendorff, Friederich Ludwig 81.
Necker, Martin 27, 84.
Neachwitz 62, 184.
Nienburg, Armus 101.
v. Nimptsch, Luise Erdmuth 96.
v. Nostitz, Friederike Luise 64, 186, 188, 189.

v. Nostitz, Katharina Elisabeth 63, 122.

Oranien, Prinz Wilhelm von 82.
v. d. Osten-Blumberg, Henning Friedrich 119.

Pampow 29, 118.
Pascovius, Johannes, Advokat 162.
Pauli, Elias, Dr., Syndikus 78.
v. Perpuncher 62.
Peter, Frau Oberst (?) 182.
v. Pfuhl, Dorothea Elisabeth 63.
Philippi, Andreas 77.
v. Pieper 67.
v. Planitz 121.
v. Platen, Wolf Heinrich 80.
v. Ploetz 19.
    „   Bertram 20.
    „   Ernst Christoph 69, 20.
    „   Joachim 76, 78.
    „   Margarethe 26.
v. Politz 89.
    „   Charlotte Sophie 89, 90.
Pommern, Herzoge von 1, 2, 5–9, 14, 18, 21, 22–25, 28, 29, 40, 75, 99, 101, 117, 142, 155, 157, 158, 161, 185.
Potzersche Erben 175.
Preussen, August, Prinz von 107.
    „   Elisabeth, Prinzessin von 59.
    „   Friedrich Wilhelm I., König von 183.
    „   Friedrich Wilhelm II., König von 69.
    „   Louis Ferdinand, Prinz von 67, 69, 70.
Prillwitz 1, 2, 6 und oft; Besitzgeschichte 99 ff.
v. Prillwitz, ausgestorbene Familie 99.
    „   Dietrich 99.
    „   Nachkommen des Prinzen August von Preussen 107.
    „   August 107.
v. Prittwitz von Gaffron, Joachim 123.
v. Pustar 133.
v. Puttkamer, Hedwig 95.
    „   Wolfgang Theodor Jesko 94.
Pyritz 5, 7, 29, 91, 169.

v. Quickmann 83.
Quooe 62, 63, 65, 67; Besitzgeschichte 121.

Radibor 62, 63, 65, 67, 184; Besitz-
    geschichte 121.
Radichow 75; Besitzgeschichte 117.
Radziwill, Fürstin 62.
v. Ramel, Henning 6.
v. Ramin, Anna 27, 29, 80, 82, 157, 182.
    " Anna 174.
    " Bernd Otto 182.
    " Gertrud 44.
    " Hippolita 27, 177.
    " Kaspar 27, 29, 30, 119, 166f–69.
    " Katharina Tugendreich 177.
v. Ramdow 112.
v. d. Recke 80.
    " Konrad (lisbert, Frhr. 36.
Bedelykheid, Anna 87.
    " Arry 87.
    " Major 87.
Reichenbach 81; Besitzgeschichte 122.
v. Reutern 80.
v. Reymond, Johann Rudolf 87, 821.
v. Richthofen, Karl Andreas Immanuel 84.
    " Susanne Marie Luise 84.
v. Ried, Joseph, Freiherr 58, 67, 122.
v. Riemberg, Karl Christian 124.
Rochlitz, Elisabeth 84.
v. Roehden, Anton 77, 78.
Rosenfelde 56; Besitzgeschichte 118.
v. Rothenburg 69.
Runge, Friedrich, Dr. 29.
v. Runge, 5, 73.
    " Barbara 56.
    " Bartholomaeus 9, 21.
    " Heinrich 42.
    " Jakob 12, 100.
    " Jakob 16, 100, 157, 158.
    " Joachim 8.
    " Jürgen Adam 58.
    " Katharina 8.
    " Werner 8.

Sakow 78.
Sachsen-Lauenburg, Johann, Herzog v. 2.
Sander, Marie 97.
v. Sanitz, Martin 14, 15.
    " Moritz 14, 15.

v. Schack, Ditlavus 4, 5.
    " Eckehard 2.
    " Hans, dänischer Feldherr 32.
    " Heino 2.
    " Ludovic 4.
    " Otto 4, 5.
v. Schack s. a. Zaeanhow.

v. Schack, Priflwitzer Linie:
    " Achim (Henning) (I, 4) 8, 9, 100.
    " Adelaide Amalia Elisabeth
        (T. v. IV, 27) 94.
    " Adelaide Johanna Eleonore
        Karoline (T. v. IV, 22) 92.
    " Adelgunde (T. v. III, 6) 44.
    " Adrian Friedrich Otto (IV, 19)
        87, 88.
    " Adriane Friederike
        (T. v. IV, 15) 88.
    " Agnes (T. v. III, 2?) 54.
    " Agnes Marie 181.
    " Agneta (T. v. III, 1) 44, 45,
        50, 51.
    " Alard Otto Heinrich Oskar
        Max (IV, 35) 87.
    " Albertine Veronica
        (T. v. IV, 22) 92.
    " Alexander Heinrich Otto
        Asmus (IV, 31) 94, 97.
    " Amalia 42.
    " Amalia Friederike Karoline
        (T. v. IV, 16) 90.
    " Amalia Paula Karoline
        Elisabeth (T. v. IV, 29) 96.
    " Amalia Tugendreich
        (T. v. III, 19) 61, 64, 66, 186.
    " Anna (T. v. I, 3) 12, 143.
    " Anna Charlotte (T. v. III, 19)
        61, 64, 186.
    " Anna Lucia (T. v. II, 10) 36.
    " Anna Luise (T. v. II, 13) 42.
    " Anna Margarethe (T. v. II, 7)
        37, 38, 39, 181.
    " Armgard Luise (T. v. IV, 9)
        42, 80.
    " Asmus d. Aelt. 7, 8, 9, 100,
        115, 118, 182.
    " Asmus d. J. 9, 10, 11, 72,
        100, 103, 139, 140.

13*

— 196 —

v. Schack, Balthasar (III, 2) 44, 45, 49, 50, 51, 52, 108, 126, 129, 130, 140—142, 148, 149, 150, 151, 152, 153, 157.
" Balthasar (III, 23) 61.
" Balthasar Dietrich (III, 10) 27, 68, 172.
" Balthasar Dietrich (III, 16) 56, 57, 78.
" Barbara (T. v. I, 8) 13, 152.
" Barbara (T. v. IV, 2) 74.
" Bogislaw (III, 22) 61.
" Bogislaw Sigmund (II, 2) 30, 31, 35, 38, 79, 84, 130, 179, 182, 183.
" Bogislaw Wilhelm (III, 31) 61, 66, 68, 106, 112.
" Burgis 6.
" Catharina s. Katharina.
" Charlotte Amalia(T. v. II.10)38.
" Christine s. a. Karsten.
" Christian Friedrich (II, 9) 27, 31, 34, 89, 40, 61, 79, 111, 173, 174, 177-179, 182.
" Christian Sigmund(II, 8)25-30, 47, 101, 102, 110, 157—159, 184—189.
" Christian Sigmund (II, 11) 90, 182.
" Christoph (I, 0) 12, 13, 14, 18, 19, 24, 100, 108, 109, 116, 117, 130, 142, 143, 148, 149, 150, 151, 152, 154, 155, 156, 158.
" Christoph (Sohn von I, 9) 19.
" Christoph (III, 5) 44, 45.
" Christopherus 47.
" Conrad s. Konrad.
" Cornelia s. Kornelia.
" Daniel (IV, 21) 88.
" David (III, 8) 44, 45, 49, 50, 51, 72, 73, 140—142, 151.
" Dorothea Margaretha (T. v. II, 9) 30, 181, 182.
" Dorothea Marie (T. v. II, 7) 37.
" Eckard (III, 7) 46, 47.
" Eckhard Heinrich (IV, 33) 98.
" Eleonore Auguste Amalie (T. v. IV, 22) 91.

v. Schack, Elisabeth (T. v. III, 1) 44.
" Elisabeth (T. v. IV, 2) 74.
" Elisabeth Christine Charlotte (T. v. IV, 11) 85, 88.
" Elisabeth Hedwig (T. v. II, 6) 30, 182.
" Elisabeth Sophia 33, 55.
" Elisabeth Tugendreich (T. v. II, 13) 42.
" Engel 2.
" Erdmann (IV, 8) 75, 76, 79, 118, 120, 157, 158, 159, 168.
" Ernst Ulrich Otto Ednard (IV, 26) 91, 92, 93.
" Eva Lucia (T. v. II, 6) 40.
" Frans (IV, 5) 24, 74, 78, 130, 151, 152, 155, 157—159, 168.
" Frans Arndt (IV, 13) 66, 80, 81, 85, 129, 183.
" Frans Valentin (IV, 9) 31, 35, 59, 78, 79, 80, 104, 111, 120, 179, 181, 182, 183.
" Friedrich (I, 7) 15, 17—19, 100, 101, 102, 128, 130, 155, 157, 158, 159, 165, 173.
" Friedrich Christoph (IV, 17) 82, 83, 104, 131.
" Friedrich Eugen (II, 14) 42, 43, 104, 111.
" Friedrich Otto Wilhelm (IV, 24) 83.
" Friedrich Peter (III, 28) 60.
" Friedrich Wilhelm (III, 20) 17, 56, 61, 62 - 64, 65, 92, 93, 105, 122, 131, 183, 184 ff.
" Friedrich Wilhelm Hans (IV, 25) 83.
" Friederike Amalie (T. v. II, 13) 42, 105, 106.
" Friederike Wilhelmine (T. v. IV, 11) 85.
" Georg (IV, 4) 25, 74, 75, 117, 118, 151, 152, 155, 159.
" Georg 48.
" Georg s. a. Jürgen.
" Gneomar Bernd Wilhelm (III, 27) 42, 63, 65, 66, 67, 105, 106, 111, 112, 129, 131, 132, 133, 134.

v. Schack, Hans (III, 1) 9, 10, 21, 44,
   103, 107, 118, 140, 151.
 „ Hans (II, 5) 24—27, 29, 109,
   117, 119, 157, 158, 159,
   163, 160, 167, 168, 169, 179.
 „ Hans Christian (II, 10) 30—36,
   38, 39, 41, 79, 119, 130,
   133, 134, 179, 180, 183.
 „ Hans Christian (II, 15) 42,
   43, 104, 105, 111, 130, 131.
 „ Hans Christian (III, 16) 56.
 „ Hans Christian (IV, 14) 80,
   82, 86, 104, 130, 183.
 „ Hans Christoph (II, 12) 31,
   36, 87, 88, 39, 104, 179, 181.
 „ Hans Friedrich (II, 13) 35,
   40, 41, 42, 81, 104, 119, 183.
 „ Hans Friedrich (IV, 18) 82,
   83, 104, 105, 106.
 „ Heinrich (III, 15) 56.
 „ Heinrich Christoph (IV, 26) 90,
 „ Heinrich Gustav (IV, 27) 92,
   93, 123.
 „ Heinrich Karl Otto (IV, 28)
   93, 94, 95.
 „ Heinrich Otto (IV, 22) 90, 91,
   105, 106, 131, 132.
 „ Henning s. Achim.
 „ Henriette (T. v. IV, 22) 91.
 „ Hippolita (T. v. III, 3) 49,
   50, 51, 52.
 „ Ida Amalie (T. v. IV, 11) 88.
 „ Imbe Tugendreich (T v. IV, 9)
   80.
 „ Ilse Helena Anna Luise Maria
   (T. v. IV, 29) 96.
 „ Joachim s. a. Achim.
 „ Joachim I (J, 3) 9, 10, 11, 12,
   13, 19, 22, 49, 72, 73, 109,
   107, 108, 140—143, 152.
 „ Joachim II (IV, 2) 10, 11, 12,
   13, 48, 49, 50, 72, 73, 74,
   130, 140 · 142, 146, 149,
   150, 151.
 „ Joachim III (J, 5) 12, 13, 14,
   15, 17—19, 28, 21, 51, 73,
   100, 103, 109, 115, 117,
   130, 142, 143, 149, 152,
   151, 152, 154—159, 165.

v. Schack, Joachim (III, 14) 56.
 „ Joachim (IV, 7) 74, 76, 77,
   151, 159, 155, 157, 159,
   159, 165.
 „ Joachim Adam 15—18.
 „ Joachim Ernst (IV, 10) 39, 78.
 „ Joachim Ernst (IV, 12) 80, 81.
 „ Joachim Friedrich (III, 25) 81.
 „ Irmgard Margarethe Elisabeth
   Anna Adelaide (T. v. IV, 30)
   97.
 „ Jürgen (Georg) (IV, 1) 9—12,
   21, 22, 44, 79, 102, 107,
   140.
 „ Jürgen (II, 4) 22, 141, 142.
 „ Jürgen s. a. Georg.
 „ Juliane Katharina (T. v. (1, 6)
   30, 182.
 „ Karl Ludwig (III, 29) 66.
 „ Karoline Charlotte
   (T. v. III, 24) 60.
 „ Karsten (II, 1) 9, 10, 21, 22,
   44, 79, 103, 107, 108, 140,
   151.
 „ Katharina 16.
 „ Katharina Susanne Elisabeth
   (T. v. IV, 20) 96.
 „ Konrad (III, 13) 56.
 „ Konrad Heinrich Ewald
   (IV, 21) 92, 94, 95.
 „ Kornelia Rebekka (T. v. IV, 15)
   86, 88.
 „ Liborius 6, 110.
 „ Lorenz (II, 7) 25, 96, 37,
   66—83, 157, 158, 159, 165,
   166, 172.
 „ Ludeke (III, 4) 44, 45, 140,
   141, 142.
 „ Ludeke (III, 8) 24, 45, 48,
   49, 52, 53, 64, 111, 116,
   124, 130, 149, 150, 151, 152,
   155, 157, 158, 159, 165.
 „ Ludwig 43.
 „ Luise Charlotte Vincentia
   Friederike (T. v. IV, 18)
   83, 84.
 „ Luise Eugenie Juliana
   (T. v. IV, 22) 92.

v. Schack, Luise Juliana (T. v. II, 8) 40, 42.
- Luise Juliana (T. v. III, 27) 67, 68, 100.
- Luise Juliana (T. v. IV, 11) 65.
- Luise Juliana (T. v. IV, 15) 82.
- Margaretha (T. v. II, 2) 25, 116.
- Margaretha Elisabeth (T. v. II, 7) 37.
- Margaretha Juliana (T. v. IV, 9) 80.
- Martin (IV, 3) 72, 75, 140, 141.
- Max Heinrich Otto (IV, 82) 94, 98.
- Moritz (III, 17) 58.
- N. (T. v. I, 3) 12.
- Otillie Friederike Juliane (T. v. III, 27) 67.
- Otillie Magdalene Sophia (T. v. IV, 22) 81.
- Otto (I, 2) 7, 8, 115, 132.
- Otto (IV, 9) 24, 26, 27, 74, 76, 77—79, 130, 131, 152, 155, 157, 158, 159, 165, 172.
- Otto Bogislaw (III, 24) 48, 61, 62, 64, 65, 81, 82, 85, 104, 105, 111, 116, 124, 183, 184, 188.
- Otto Franz Christian (IV, 13) 54, 86—88, 104, 105, 106, 127, 131.
- Otto Franz Christian (IV, 20) 82.
- Otto Friedrich (III, 26) 66, 122.
- Otto Friedrich (IV, 11) 80, 81, 84, 104, 130, 131, 182.
- Otto Friedrich Ludwig (III, 30) 68—71, 92, 105, 106, 112.
- Otto Heinrich August (IV, 30) 94, 96, 97.
- Paul 7.
- Paul Armus Alexander Konrad (IV, 84) 96.
- Peter (II, 3) 22, 141, 142.
- Peter (III, 6) 24, 26, 45, 46, 47, 53, 54, 85, 109, 111, 116, 128, 129, 130, 157,

158, 159, 163, 165.
v. Schack, Peter Otto (III, 19) 42, 56, 57, 60, 61, 62, 65, 101, 111, 116, 121, 178, 183.
- Reimar (III, 9) 20, 49, 52, 141.
- Reimar (III, 11) 26, 27, 49, 53, 54—60, 116, 121, 130, 133, 134, 159, 160, 162, 163, 172.
- Ruth Alice Anna Elly (T. v. IV, 30) 97.
- Scholastica (T. v. I, 3) 13, 152.
- Sigmund (II, 2) 14, 18, 22—25, 46, 48, 50, 51, 52, 53, 100, 101, 108, 109, 116, 117, 124, 129, 130, 141, 142, 146, 147, 150, 151, 152, 155, 157, 158, 162.
- Sigmund 27.
- Sophia (T. v. III, 11) 57, 116, 121.
- Sophia (T. v. III, 24) 64.
- Sophia (T. v. IV, 6) 78, 120.
- Sophia Augusta (T. v. II, 10) 36.
- Sophia Erdmuth (T. v. IV, 9) 80.
- Theodore Maria (T. v. II, 7) s. a. Dorothea M. 37, 38, 39, 181.
- Therese Amalia Augusta Alexandra (T. v. IV, 27) 94.
- Therese Amalia Katharina Henriette (T. v. IV, 29) 96.
- Thomas (III, 12) 54, 152.
- Ursula Maria (T. v. II, 2) 25, 26.
- Ursula Maria (T. v. II, 6) 80, 181, 182.
- Wilhelm Christoph (IV, 16) 84, 86, 87, 88, 89, 90, 104, 106, 129, 131.
- Wilhelmine Dorothea Charlotte (T. v. IV, 16) 90.
- Wilhelmine Eleonore (T. v. III, 27) 67.
- Wilhelmine Henriette (T. v. III, 24) 66.
- Wolf Christoph (III, 21) 61.

v. Schack (?) Johannes 7.
   „   Heinrich 5.
   „   Otto 5.
Schach, Familie in Pyritz 5, 35.
   „   consul 5.
   „   in Stralsund 5.
   „   Balthasar 35.
   „   Christian Friedrich 43.
   „   Johann Christian 43.
   „   Oberst 35.
v. Schickfus, Juliane Beate Sylvia 91, 98.
v. Schickfus und Neudorf, Leopold 97.
   „   Margarethe 97.
   „   Oskar Bonaventura 97.
v. Schmeling, Joachim 78.
v. Schöning 10, 71.
   „   Balzer 49.
   „   Eleonore Luise 67.
   „   Ernst 14.
   „   Hans 55, 77.
   „   Heinrich 29.
   „   Lupold Ernst 38.
   „   Marx 49.
   „   Wilhelm 78.
Schorrentin (Scolentin) Joh. de L.
v. d. Schulenburg, Werner 110.
v. Schulze, Samm 91, 92.
Schwichelt, Heinrich 30, 182.
Schottendorf a. Gatzmaths.
Siefert, Michael, Notar 154.
v. Siegroth, Helene Friederike Luise 94, 124.
v. Sliwen, Hans gen. Gampricht 129.
v. Sparr, Lucia Ilse 40, 172.
v. Stedingk 124.
v. Steinbeck, Michael 78.
v. Steinkeller 133.
v. Steinwehr 110, 116.
   „   Christoph 12, 13, 24, 48, 148, 149, 149, 154.
   „   Christoph Dietrich 25, 116.
   „   Ernst 149.
   „   Franz Ernst 181.
   „   Georg 24, 149.
   „   Ilse 47.
   „   Joachim 149.
   „   Joachim Kaspar 57, 116, 121.

v. Steinwehr, Motta Katharina 18.
   „   Wilhelm 25.
Stephani, Matthias 77.
v. Stephani, Wilhelmine Sophie 83.
Stettin, Marienstift 98, 99, 101, 154.
   „   Ottenkirche 117.
Stolzenburg 29, 35, 129 ff.; Besitzgeschichte 119.
v. Strauss, Anna 11, 12, 72, 108.
   „   Daniel 59, 147.
   „   Egidius 147.
   „   Hans 15, 147.
   „   Hans 147.
   „   Joachim 55.
   „   Lorenz 2.
   „   Margarethe 25, 130, 147.
   „   Maria 55, 57— 59.
   „   Martin 77.
   „   Thomas 24.
v. Stülpnagel 175.
v. Stwolinski, Georg 123.
   „   Margarethe 123.
Susorz, Herzog von 59.
v. Sydow 19.
   „   August Karl 94.
   „   Elisabeth Therese Auguste 94.
   „   Heinrich 57, 88, 89, 181.
   „   Ulrich 74.
   „   Wilhelm Ludwig Leopold 94.
Synold von Schütz, Ferdinand Heinrich Albert 92.

v. Tauhadel, Ernst Gottlieb 96.
   „   Karl Gottlieb 96.
   „   Katharina 96.
   „   Wilhelm 96.
Tarentaien, Graf 91.
Thiede, Christian 111.
Thornin, Verwalter 112.
v. Thuemen, Barbara 75.
v. Trampe 12.
   „   Christoph 144.
   „   Christoph Dietrich 57, 120, 121.
   „   Dietrich 48.
v. Trampe, Otto 18.
   „   Sabine 48.
   „   Wilhinus 1.

— 200 —

v. Tschammer-Osten, Ernst Wilhelm Leopold 92.
Tschepe, David 124.
» Johann 124.

Vader, Karsten 99.
v. Versen, Friedrich Wilhelm 120.
Vicke, Ernst 58.
Vyverhof 87.

v. Wachholz, Lorenz 75, 120.
v. Waldow 82, 83, 85.
» Henriette Charlotte 82, 86.
» Joachim Friedrich 66, 90, 82.
» Juliane Luise 66, 88.
» Karl Christoph 84.
v. Waltman, Friederike Sophie Wilhelmine, Edle v. W., Fraila v. Grünfeld 94.
Wangelin 182.
v. Wedel 6, 67 ff., 110 ff.
» Achaz 23.
» August Wilhelm Jakob 69, 70.
» Busso 113.
» Christoph Henning 18, 175.
» Dubslav 113.
» Hans Georg 75.
» Hasso 114.
» Joachim d. J. 113.
» Joachim Christoph 40.
» Lepold 23, 111.
» Martin Friedrich 15, 18.
Waldenbach 93; Besitzgeschichte 123 ff.
v. Weiher 32.
» Georg 58.
» Vincentius 56.
Wevergena, Philipp 101.
Wilkersdorf 75, 76; Besitzgeschichte 120.

v. Willmoth, Johann Georg 86.
v. Wintzingerode, Levine Rebekka 85, 87.
» Wasmuth Levin 86.
v. Witte, Katharina 7.
v. Witting 133.
v. Wobeser 64.
v. Wolf, Christoph 123.
» Ludwig 123.
» Magdalena 122.
» Sigmund 124.
v. Wrechek(?)-Buddenbrock 83.
v. Wreech 42, 68, 115.
» Achim 8, 9, 100, 112.
» Adam Friedrich 67.
» Friedrich Wilhelm 112.
» Joachim 116.
» Joachim 20, 76.
» Julia Marie Luise 67.
» Katharina 55.
Württemberg, Ferdinand Wilhelm, Herzog von 41.
Wüsthof, Barbara 74.
v. Wussow 22.
» Adam 17, 48.
» Barbara Emerentia 17.
» Elisabeth Agnes 17.
» Franz 15—17.

v. Zitzewitz 94.
» Amalie 93, 124, 125.
» Helene Friederike Luise 124.
» Susanna Johanna Gertrud Agathe 96.
» Wilhelm Theophil 95.
Zacnachow, miles 1, 2, 3.
v. Zühlsdorf, Margarethe 121.

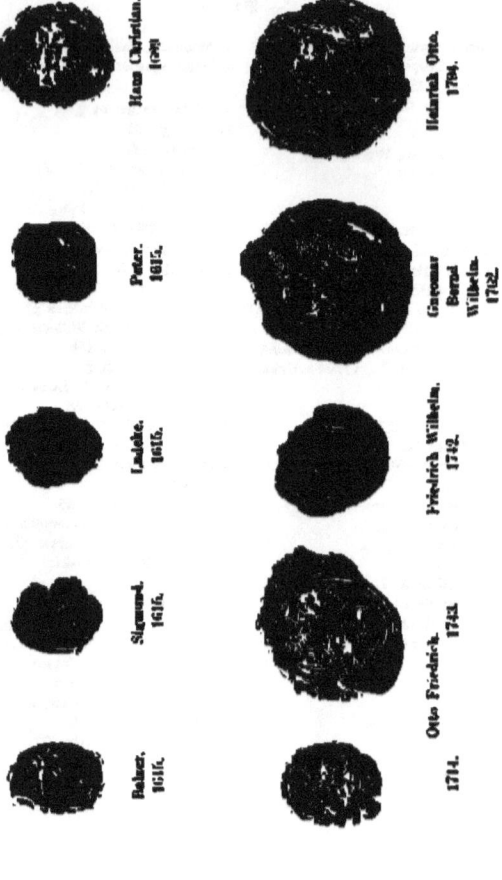

Stammtafel I.

```
                1. Asmus I.  S. 7, 8.
                   1893, 1804, 1806.
                (Gem. Katharina v. Bunge?)
   ┌───────────────────┼───────────────────┐
Asmus II. S. v.      Karsten              Hans
  1314—36.        s. Stammtafel II.   s. Stammtafel III.
   │
2 Töchter. S. 16.
```

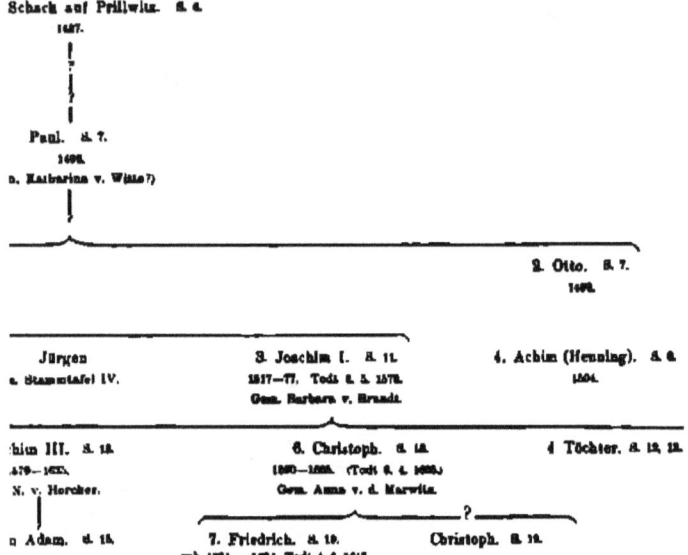

Stammtafel II.

2. Sigmund. S. 22.
Geb. um 1540.—1618. (Todt Jan. 1619.)
(Gem. Margarethe v. Straus.)

5. Hans. S. 25.
Landrath. 1629. † 1632.
(Gem. Hippolita v. Ramin.)

6. Christian Sigmund. S. 27.
1629—1687. (Todt 10. 3. 1688.)
Fem. Heffunker.
Hauptmann zu Pyritz.
Schwed. Kriegskommissar.
Gem. Anna v. Ramin.

8. Christian Friedrich, S. 89.
Landrath.
1660. † 1682.
Gem. Anna Katharina
v. Holtzendorf.

9. Boguslaw Sigmund. S. 39.
Holländischer Generalmajor.
1669 † 1702.
(Gem. N. v. Hinpoxen?)

10. Hans Christian. S. 39.
Dänischer Generallieutenant.
1669. † 10. 12. 1704.
Gem. Amalia Katharina Mauritia
von dem Brinck.

11. Christ:
† v

13. Hans Friedrich. S. 41.
Dänischer Oberstlieutenant.
Geb. 1689. † 1715.
Gem. Luise Henriette v. Fabian.

2 Töchter. S. 40.

3 Töchter. S. 44.

14. Friedrich Eugen. S. 42.
Preussischer Lieutenant.
Geb. 1710. † 17. 3. 1751.

15. Hans Christian. S. 43.
Preussischer Major.
Geb. 1715 † 12. 6. 1767.

3 Töchter. S. 42.

Der Karstenzweig.

1. Karsten. S. 21.
1617—67. (Todt 5. 8. 1663.)
(Gem. Anna v. Brandt?)

3. Peter. S. 22.
1651—75. (Todt 11. 5. 1675.)

4. Jürgen. S. 22.
1651—72.

7. Lorenz. S. 22.
1616—49. (Todt 30. 6. 1646.)
Gem. 1. N.
   2. Anna Sophia v. Briesen.

3 Töchter. S. 23.

igmund. S. 20.
7. 1649.

4 Töchter. S. 20.

12. Hans Christoph. S. 22.
(geb. 1642—48. † 11. 2. 1678.

8 Töchter. S. 27.

Stammtafel III.

Geb. etwa

- 2. **Balthasar.** S. 45.
  Geb. um 1545. 1557–1618. Todt 24. 9. 1618.
  Gem. Ilse v. Steinwehr.

- 3. **David.** S. 49.
  1557. † Oktober 1572.
  Gem. Anna v. Mühlen.

- 6. **Peter.** S. 47.
  1587–1639. Todt 11. 11. 1643.
  (Gem. Sabine v. Trampe?)

- 7. **Eckard.** S. 47.
  1597. † vor 1614.

- 8. **Lüdeke.** S. 52.
  1575. † 19. 1. 1623.
  (Gem. Agnes v. Schack?)

- 10. **Balthasar Dietrich.** S. 48.
  1641 63. Todt 1. 6. 1647.

- 11. **Reimar.** S. 54.
  1613–52. Todt 18. 12. 16..
  Gem. 1. Maria v. Strauss
   2. Katharina v. Wrech
   3. Barbara Katharina v. Billerbeck.

- 13. Konrad. S. 56.
- 14. Joachim. S. 56.
- 15. Heinrich. S. 56.
- 16. Hans Christian. S. 56.
- 17. M.. S. 5

- 20. **Friedrich Wilhelm.** S. 62.
  Kais. russ. Generalquartiermeister.
  Geb. vor 1689. † 24. 8. 1750.
  Gem. 1. Katharina Elisabeth v. Nostitz.
   2. Sophia Eva Charlotte Reichsgräfin v. Flemming.

- 21. **Wolf Christoph.** S. 61.
  † jung vor 6. 10. 1699.

- 22. **Boguslaw.** S. 61.
  † jung.

- 23. Balth... 1 ..

- 26. **Otto Friedrich.** S. 64.
  Preussischer Lieutenant.
  Geb. 1725 — 1730. Todt 2. 9. 1762.

- 27. **Gneomar Bernd** V.
  S. 67
  Preussischer Kam..
  Geb. 6. 12. 1734. † 1..
  Gem. Julie Marie Lau..

- 30. **Otto Friedrich Ludwig.** S. 68.
  Preussischer Major.
  Geb. 3. 2. 1762. † 29. (24.) 9. 1815.

- 31. **Boguslaw Wilhelm.**
  Preuss. Kammerherr und L..
  Geb. 17. 5. 1764. † ..

Der Hanszweig.

Hans. S. 44.
.....; 1503. Todt 3. u. 1537.

4. Ludeke. S. 45.   5. Christoph. S. 45.   2 Töchter.
1537—88. Todt 2. 6. 1597.   † jung.   S. 44. 45.

9 Rehnur. S. 52.   1 Tochter. S. 48
1575. Todt 1. 2. 1601.

12. Thomas. S. 54.
1576. † jung.

...ritz.   18. Balthasar Dietrich.   19. Peter Otto. S. 60.   2 Töchter.
....   S. 56.   1624. † 23. 10. 1712.   S. 56. 57.
   1658. † jung.   Gem. Anna Katharina v. Holtzendorff.

r. S. 61.   24. Otto Bogislaw. S. 64.   25. Joachim Friedrich S. 64.   2 Töchter S. 61.
g.   Preuss. Oberstlieutenant.   Geb. 1697 ... † jung.
   Geb. 14. 8. 1696. † 18. 2. 1762.
   Gem. Juliane Luise v. Waldow.

Vilhelm.   28. Friedrich Peter. S. 64.   29. Karl Ludwig. S. 66.   3 Töchter. S. 66.
.   Geb. 1734. † 1766.   geb. 1734. † jung.
.rbett.
. 1774.
v Wreech

1 S. 66   3 Töchter. S. 67.
.rationsrath.
. 1794.

… Der Jörgenzweig.

gan. S. 72.
…ed. … aus 1545.
…us v. Strauss.

6. Martin. S. 72.
1557. Tods 1568.

7. Joachim. IV. S. 76.
1627. † 2. 2. 1621.

2 Töchter 1. Ehe.
2 Töchter 2. Ehe. } S. 76.

7A. 1 Tochter. S. 76.

Arndt S. 81.
Hauptmann.
† 9. 7. 1722.
…tika Elisabeth
…indenburg.

14. Hans Christian. S. 82.
Holland. Rittmeister.
Geb. 1680. † 24. 8. 1731.
Gem. Henriette Charl. v. Waldow.

4 Töchter.
S. 82.

17. Friedrich Christoph. S. 82.
Preussischer Major.
Geb. 17. 1. 1725. † 23. 10. 1773.
Gem. Wilhelmine Sophie v. Stephani.

18. Hans Friedrich. S. 82.
Geb. 20. 3. 1729. † 3. 5. 1801.
Gem. Tenzina Henriette v. Diethert.

24. Friedrich Otto Wilhelm.
S. 82.
Geb. 17. 3. 1762. † 1762.

25. Friedrich Wilhelm Hans.
S. 82.
Geb. 24. 6. 1763. † 1763.

1 Tochter. S. 82.

2. Max Heinrich Otto. S. 90.
Hauptmann.
Geb. 21. 11. 1854.

2 Töchter 1. Ehe.
1 Tochter 2. Ehe. } S. 90.

Statuten

des Familienverbandes

der Grafen und Herren
von Schack

Statuten

des Familienverbandes

der Grafen und Herren von Schack.

I. Zweck.

1. Der Familienverband soll für die uradelige, die Lilie im Wappen führende Familie der Grafen und Herren von Schack eine Vereinigung bilden zur gemeinsamen Wahrung des Ansehens des Geschlechts und des ererbten ehrenvollen Namens.

II. Mitglieder.

2. Mitglied des Verbandes kann werden jedes ehrenhafte, in achtbarer Lebensstellung befindliche Familienmitglied, welches

das 17. Lebensjahr vollendet hat und sich den Statuten des Familienverbandes unterwirft.

Aufnahmegesuche sind unter Angabe des beabsichtigten Jahres-Beitrags (vergl. Ziffer 21) an den Vorsitzenden des Familienraths zu richten.

III. Familienrath.

3. Der Familienrath leitet und vertritt den Familienverband, sowie die Familienstiftung in allen Angelegenheiten, einschließlich derjenigen, welche nach den Gesetzen eine Spezialvollmacht erfordern, sowohl Privatpersonen wie Behörden gegenüber.

Im Besonderen liegt dem Familienrath ob

a) die Entscheidung über Aufnahme in den Familienverband,

b) die Einberufung der Familientage,

c) die Verwaltung der Familienstiftung,

d) die Förderung der Familiengeschichte und die Führung der Geschlechts-Register,

e) die Entscheidung bei Meinungsverschiedenheiten über die Auslegung der Statuten des Familienverbandes.

4. Der Familienrath wird aus der Zahl der stimm-

berechtigten Mitglieder des Familienverbandes auf die Dauer von 3 Jahren gewählt und besteht aus

    dem Vorsitzenden,
    dem ersten und zweiten Beisitzer,
    dem Schatzmeister,
    dem Schriftführer.

Wiederwahl ist zulässig, darf jedoch von dem betreffenden Mitglied abgelehnt werden.

Bis zum Zusammentritt des ersten Familientages übernehmen die unterzeichneten Stifter des Familienverbandes die Obliegenheiten des Familienraths.

5. Scheiden während der dreijährigen Wahlperiode ein oder zwei Mitglieder durch Tod, Krankheit ꝛc. aus dem Familienrathe aus, so bleibt letzterer trotzdem beschlußfähig. Jedoch ist der Familienrath berechtigt, sich in solchem Falle bis zum nächsten Familientage nach eigener Wahl aus der Zahl der stimmberechtigten Verbandsmitglieder zu ergänzen. Eine derartige Ergänzung muß stattfinden, sobald zwei Mitglieder ausscheiden und der nächste Familientag nicht binnen einem Halbjahr bevorsteht, außerdem bei Ausscheiden von mehr als zwei Mitgliedern des Familienraths. — Der Vorsitzende wird gegebenenfalls durch das an Lebensjahren älteste Mitglied des Familienraths vertreten.

6. Der Familienrath faßt seine Beschlüsse nach Stimmenmehrheit. Bei Stimmengleichheit entscheidet die Stimme des Vorsitzenden.

Zur Vollziehung der gefaßten Beschlüsse genügt die Unterschrift des Vorsitzenden und des Schriftführers bezw. Schatzmeisters.

Gegen alle Entscheidungen des Familienraths ist Rekurs beim Familientage zulässig.

7. Macht sich ein Mitglied des Familienverbandes in außergewöhnlich hervorragender Weise um das Ansehen des Geschlechts verdient, ohne in der Lage zu sein, die geschäftlichen Obliegenheiten des Vorsitzenden des Familienraths zu übernehmen, so kann dieses Mitglied zum lebenslänglichen Ehren-Vorsitzenden des Familienraths gewählt werden. Der Ehren-Vorsitzende kann an allen Berathungen des Familienraths stimmberechtigt Theil nehmen und giebt bei Stimmengleichheit seine Stimme den Ausschlag.

IV. Familientag.

8. Die Familientage sollen das Gefühl verwandtschaftlicher Zusammengehörigkeit unter den Mitgliedern des Familienverbandes fördern und eine gemeinsame Berathung der Angelegenheiten des Familienverbandes ermöglichen.

9. Den Familientagen bleibt vorbehalten:

a) die Wahl des Familienraths, gegebenenfalls des Ehren-Vorsitzenden,

b) die Entscheidung über Rekursgesuche gegen Beschlüsse des Familienraths,

c) die Prüfung der Verwaltung der Familienstiftung,

d) die Prüfung der Geschlechts-Register,

e) die Ausschließung von Mitgliedern aus dem Familienverbande,

f) jede Abänderung der Statuten.

Nach Erledigung der geschäftlichen Angelegenheiten findet an den Familientagen eine gesellige Zusammenkunft mit Damen statt. Die Einführung von Nichtmitgliedern des Familienverbandes unterliegt der Genehmigung des Familienraths.

10. Die Berufung eines Familientages hat in Zeiträumen von je drei Jahren und zwar in der Regel Mitte Oktober nach Berlin zu erfolgen, falls auf dem vorhergehenden Familientage nicht anderweite Bestimmung getroffen ist.

Die Berufung eines außerordentlichen Familientages ist zulässig, wenn der Familienrath dies nach Lage der Geschäfte für dringend erforderlich erachtet (vergl. Ziffer 18).

Der Familienrath bestimmt Zeit und Ort des Familientages, wählt das Versammlungslokal, stellt die Tagesordnung fest und erläßt unter Bekanntgabe der letzteren — spätestens sechs Wochen vor dem gewählten Tage — brieflich die Aufforderungen zur Theilnahme. Die Mitglieder sind verpflichtet, die erhaltene Aufforderung baldmöglichst, spätestens aber innerhalb drei Wochen zu beantworten.

11. Zur Beschlußfähigkeit des Familientages ist die Anwesenheit von mindestens einem Viertel sämmtlicher stimmberechtigten Mitglieder erforderlich. Hat ein regelmäßiger Familientag wegen Mangels der Beschlußfähigkeit vertagt werden müssen, so ist der demnächst einzuberufende neue Familientag ohne Rücksicht auf die Zahl der anwesenden Mit-

glieder beschlußfähig, sofern auf diese Folge in der Aufforderung ausdrücklich aufmerksam gemacht worden ist.

12. Auf den Familientagen sind diejenigen persönlich erscheinenden männlichen Mitglieder des Familienverbandes stimmberechtigt, welche einen Beitrag zur Familienstiftung zahlen und mündig sind. Eine Stellvertretung abwesender Mitglieder ist nicht zulässig; es ist vielmehr jedes Mitglied auch im Falle des Nichterscheinens an die auf dem Familientage gefaßten Beschlüsse gebunden.

13. Der Familientag faßt seine Beschlüsse nach Stimmenmehrheit, jedoch kann die Wahl eines Ehren-Vorsitzenden, die Ausschließung von Mitgliedern aus dem Familienverbande, sowie die Abänderung der Statuten nur mit einer Mehrheit von mindestens zwei Drittheilen der Stimmen erfolgen.

In denjenigen Angelegenheiten, in welchen einfache Stimmenmehrheit genügt, entscheidet bei Stimmengleichheit der Ehren-Vorsitzende oder, falls ein solcher nicht anwesend ist, der Vorsitzende des Familienraths bezw. dessen Stellvertreter.

Handelt es sich um die Wahl des Vorsitzenden, so entscheidet der Ehren-Vorsitzende oder das Loos.

14. Die Neuwahl des Familienraths hat am Schluß der geschäftlichen Sitzung des Familientages zu erfolgen und zwar ist zunächst die Neuwahl des Vorsitzenden, dann des Schatzmeisters und Schriftführers, demnächst des 1. und 2. Beisitzers zu bewirken.

Ergiebt sich bei einer Wahl nicht sofort die absolute Majorität, so sind bei einem zweiten Wahlgang nur diejenigen zwei Mitglieder zur engeren Wahl zu bringen, für welche vorher die meisten Stimmen abgegeben waren.

15. Der Ausschluß aus dem Familienverbande kann durch Beschluß des Familientages erfolgen, wenn ein Mitglied sich unehrenhafter Handlungen schuldig gemacht hat oder der Ehre und Würde der Familie zuwiderhandelt.

16. Jedes stimmberechtigte Mitglied des Familienverbandes hat die Befugniß, Anträge zur Berathung auf den Familientagen zu stellen. In der Regel sind solche Anträge bis zum 1. August desjenigen Jahres, in welchem der regelmäßige Familientag stattfindet, dem Vorsitzenden des Familienraths schriftlich mitzutheilen; eine Begründung darf nicht fehlen. Ausnahmsweise können einzelne Anträge auch unmittelbar vor dem Familientage oder auf demselben angebracht werden, wenn die Veranlassung sich erst im Laufe der Verhandlung ergiebt. Derartige Anträge müssen zur Berathung zugelassen werden, wenn sich wenigstens drei der anwesenden stimmberechtigten Verbandsmitglieder dafür erklären.

Der Antrag auf Ausschließung eines Mitglieds kann nur vom Familienrathe gestellt werden.

17. Der Familienrath veranlaßt die genaue Protokollirung der auf dem Familientage geführten Verhandlungen und der gefaßten Beschlüsse. Das Protokoll ist von mindestens zwei Drittel der anwesenden stimmberechtigten Verbandsmitglieder zu unterschreiben und demnächst bei dem Geschlechts-Register aufzubewahren. Den nicht zugegen gewesenen Verbandsmitgliedern ist von dem Protokoll auszugsweise Kenntniß zu geben.

18. Zur möglichsten Einschränkung der außerordentlichen Familientage ist der Familienrath berechtigt, über Angelegenheiten, welche der Entscheidung des Familientages unterliegen

und einen Aufschub nicht gestatten, eine Abstimmung auf schriftlichem Wege herbeizuführen. In diesem Fall ist sämmtlichen stimmberechtigten Mitgliedern des Familienverbandes von der Sachlage Kenntniß zu geben und ist für die Stimmabgabe eine Frist von mindestens vier Wochen zu gewähren. Zur Beschlußfassung gehört in diesem Fall entsprechend den Festsetzungen in Ziffer 13 einfache oder Zweidrittel-Mehrheit innerhalb der Zahl sämmtlicher stimmberechtigten Mitglieder. Von dem gefaßten Beschluß ist sämmtlichen Verbandsmitgliedern Kenntniß zu geben.

V. Familienstiftung.

19. Die Familienstiftung ist bestimmt:

a) zur Unterstützung unvermögender Familienmitglieder beiderlei Geschlechts, insbesondere Gewährung von Beihülfen zur Erziehung und zur Ausbildung für einen bestimmten Lebensberuf;

b) zur Förderung der Bearbeitung einer Familiengeschichte, insbesondere durch Uebernahme von Archiv- und Druckkosten, sowie zur Erhaltung von Familien-Denkmäler.

20. Die Familienstiftung wird gebildet:

a) durch Jahres-Beiträge der Mitglieder des Familienverbands,

b) durch den Reinerlös derjenigen familiengeschichtlichen Drucksachen ꝛc., deren Herausgabe auf Kosten des Familienverbandes veranlaßt ist,

c) durch Schenkungen, Vermächtnisse ꝛc.

21. Die Mitglieder des Familienverbandes sind verpflichtet, einen ihrer Vermögenslage entsprechenden Jahres-Beitrag zu zahlen. Die Höhe des Jahres-Beitrags bleibt dem eigenen Ermessen der Mitglieder anheimgestellt, darf jedoch im Allgemeinen nicht weniger als zwölf Mark betragen.

Ueber Anträge auf Ermäßigung oder völligen Erlaß des Jahresbeitrags entscheidet der Familienrath. Mitglieder, welche keinen Jahresbeitrag zur Familienstiftung zahlen, sind in Angelegenheiten des Familienverbandes nicht stimmberechtigt.

22. Die Beiträge sind in vierteljährlichen Raten und zwar im ersten Monat eines jeden Vierteljahres an den Schatzmeister des Familienraths einzusenden, doch bleibt es den Mitgliedern freigestellt, Beiträge für zwei oder mehrere Quartale im Voraus zu übersenden.

Bleibt ein Mitglied mit seinem Beitrag trotz einmaliger Mahnung mehr als sechs Wochen im Rückstand, so ist der Schatzmeister berechtigt, den rückständigen Betrag durch Postvorschuß einzuziehen. Wird die Zahlung des Postvorschusses verweigert, so gilt das betreffende Mitglied als aus dem Familienverband ausgeschieden.

Der Schatzmeister ist zur Uebersendung einer Empfangsbescheinigung nur verpflichtet, wenn Beiträge für mehrere Quartale im Voraus übersandt werden, andernfalls gilt der Postschein als Quittung.

23. Aus den Jahresbeiträgen sind zunächst die Verwaltungskosten, d. h. die baaren Auslagen des Schatzmeisters, Schriftführers 2c. an Bankgebühren, Porto 2c. vorweg zu bestreiten. Eine Erstattung von Reisekosten ist unzulässig.

Die Hälfte des verbleibenden Restes an Jahresbeiträgen und Zinsen kann nach Ermessen des Familienraths zur Unterstützung von Familienmitgliedern und — soweit hierzu nicht benöthigt — zur Förderung der Familiengeschichte verwendet werden.

Die andere Hälfte der Jahresbeiträge und Zinsen wird so lange zum Kapital der Familienstiftung geschlagen, bis dieses die Höhe von 30000 Mark erreicht hat.

Alsdann können drei Viertel der Jahresbeiträge und Zinsen nach Abzug der Verwaltungsunkosten zu Unterstützungen bezw. im familiengeschichtlichen Interesse verwendet werden; ein Viertel wird auch weiterhin zum Kapital geschlagen. Eine Inanspruchnahme des Stiftungskapitals ist in keinem Falle zulässig.

24. Die Einkünfte aus dem Erlös familiengeschichtlicher Drucksachen 2c. sind in erster Linie zu familiengeschichtlichen Zwecken zu verwenden.

Schenkungen und Vermächtnisse werden voll zum Stiftungs-Kapital geschlagen, sofern Seitens des Geschenkgebers nicht ausdrücklich etwas anderes bestimmt wird.

25. Die Verwaltung der Familienstiftung liegt dem Familienrath, insbesondere dem Schatzmeister ob. Die Verwaltung muß im Wesentlichen nach den Grundsätzen für die Verwaltung öffentlicher Kassen erfolgen; es muß ihr daher eine regelmäßige Buchführung über Einnahmen und Ausgaben

zu Grunde liegen, auch müssen Einnahmen und Ausgaben ordnungsmäßig belegt werden.

Diejenigen Mittel der Familienstiftung, deren sofortige Verwendung nicht in Aussicht steht, sind in Preußischer Staats-Anleihe, kleinere Beträge in einer öffentlichen Sparkasse zinstragend anzulegen. Erworbene Stücke der Preußischen Staats-Anleihe sind, so lange eine Eintragung in das Preußische Staatsschuldbuch nicht angängig ist, auf den Namen des Vorsitzenden des Familienraths bei der Reichsbank in Aufbewahrung zu geben.

26. Das Verwaltungsjahr der Stiftung beginnt mit dem 1. Oktober und endet mit dem 30. September des folgenden Jahres.

Der Familienrath hat jährlich mindestens einmal und zwar im Oktober — gegebenenfalls vor Zusammentritt des Familientages — die Verwaltung der Familienstiftung zu prüfen und dem Schatzmeister Decharge zu ertheilen. Auf den Familientagen ist das Kassenbuch nebst den Depotscheinen ec. und sämmtlichen Belägen, sowie eine von dem Familienrath vollzogene Zusammenstellung aller seit dem letzten Familientage stattgehabten Einnahmen und Ausgaben zur Prüfung vorzulegen.

27. Gesuche um Unterstützung können nur von stimmberechtigten Verbandsmitgliedern, jedoch auch zu Gunsten anderer Familienmitglieder gestellt werden. Die Gesuche sind eingehend begründet bis zum 1. August jeden Jahres an den Vorsitzenden des Familienraths einzureichen; derselbe veranlaßt die Klarlegung der Verhältnisse, in zweifelhaften Fällen auch den Nachweis ehelicher Abstammung aus der Familie und

führt demnächst eine Abstimmung des Familienraths darüber herbei, ob bezw. in wie weit dem Gesuch stattgegeben werden soll.

28. An weibliche Familienmitglieder, welche durch Verheirathung in eine andere Familie übergegangen sind, dürfen Unterstützungen aus der Familienstiftung nicht gewährt werden; wohl aber können solche bewilligt werden an Ehefrauen bezw. Wittwen von Familienmitgliedern, so lange dieselben den Namen der Familie führen. Angehörige von Mitgliedern des Familienverbandes sind vorzugsweise zu berücksichtigen.

29. Der Familienrath ist nicht verpflichtet, die Ablehnung eines Gesuchs dem Antragsteller gegenüber zu begründen. Der Antragsteller ist zwar berechtigt, ein Rekursgesuch dem nächsten Familientage vorzulegen, doch steht Niemand ein gesetzlicher Anspruch auf eine Unterstützung zu.

30. Der Familienrath hat alle eingehenden Gesuche zu registriren und mit dem behufs Klarlegung der Verhältnisse geführten Schriftwechsel im Original aufzubewahren. Von der getroffenen Entscheidung ist eine Abschrift zurückzubehalten. Die Aufbewahrung erfolgt bei dem Geschlechts-Register.

31. Bei Austritt oder Ausschluß aus dem Familienverband kann keinerlei Anspruch erhoben werden auf Rückgewährung der gezahlten Beiträge oder Geschenke.

32. So lange noch ein Mitglied der uradeligen, die Lilie im Wappen führenden Familie der Grafen und Herren von Schack vorhanden ist, dürfen die Mittel der Familienstiftung zu keinem anderen als dem in Ziffer 19 angegebenen Zweck verwendet werden. Insbesondere ist bei einer etwaigen Auflösung des Familienverbandes eine Theilung der Familien-

stiftung unzulässig, vielmehr fällt dieselbe dann dem preußischen Staat anheim zur möglichsten Verwendung in einer der Grundidee der Stiftung entsprechenden Weise.

VI. Familiengeschichte und Geschlechts-Register.

33. Der Familienrath hat die Bearbeitung und Herausgabe einer Familiengeschichte nach Möglichkeit zu fördern, auch veranlaßt derselbe eine sorgfältige Führung des Geschlechts-Registers. Zu diesem Behuf sind die Verbandsmitglieder verpflichtet, von allen Personalveränderungen innerhalb ihres Familienzweiges (Geburten, Taufen, Verehelichungen, Todesfällen, Aenderungen in der Lebensstellung und im Wohnort), sowie von allen Veränderungen im Grundbesitz dem Schriftführer des Familienraths binnen drei Monaten nach Eintritt des Ereignisses Kenntniß zu geben. Das Geschlechts-Register ist an den Familientagen zur Prüfung und Anerkennung auszulegen.

VII. Stiftungstag.

34. Die unterzeichneten Stifter des Familienverbandes haben als Stiftungstag den 2. August 1890 gewählt, den Tag, an welchem ihr um das Ansehen des Geschlechts hoch-

verdienter Ehren-Vorsitzender, der Wirkliche Geheime Rath Graf Adolf Friedrich von Schack auf Zülow, 75 Jahre seines reich gesegneten Lebens vollendet.

Zülow ꝛc., den 2. August 1890.

Adolf Friedrich Graf von Schack, auf Zülow.

Karl von Schack, Generallieutenant z. D.

August von Schack, Oberhofjägermeister.

Rudolf von Schack, auf Brüsewitz.

Heinrich von Schack, Oberstlieutenant a. D.

Hans von Schack, Königl. Kammerherr und Hauptmann a. D.

Hans Lehnsgraf Schack zu Schackenburg.

Hans von Schack, Major im Generalstabe.

www.ingramcontent.com/pod-product-compliance
Lightning Source LLC
Chambersburg PA
CBHW022145300426
44115CB00006B/358